2011
北京广播影视年鉴
Beijing guangboyingshinianjian

北京广播影视年鉴编辑委员会 编

中国广播电视出版社
CHINA RADIO & TELEVISION PUBLISHING HOUSE

图书在版编目（CIP）数据

北京广播影视年鉴. 2011 / 北京广播影视年鉴编辑委员会编. -- 北京 : 中国广播电视出版社，2011.12
ISBN 978-7-5043-6569-9

Ⅰ. ①北… Ⅱ. ①北… Ⅲ. ①广播事业－北京市－2011－年鉴②电影事业－北京市－2011－年鉴③电视事业－北京市－2011－年鉴 Ⅳ. ①G229.271-54②J992-54

中国版本图书馆CIP数据核字(2011)第265983号

2011北京广播影视年鉴

北京广播影视年鉴编辑委员会 编

责任编辑　林曦
装帧设计　一北工作室

出版发行　中国广播电视出版社
电　　话　010-86093580　010-86093583
社　　址　北京市西城区真武庙二条9号
邮　　编　100045
网　　址　www.crtp.com.cn
电子信箱　crtp8@sina.com

经　　销　全国各地新华书店
印　　刷　廊坊市飞腾彩印制版有限公司

开　　本　787毫米×1092毫米　1/16
字　　数　658（千）字
印　　张　33
版　　次　2011年12月第1版　2011年12月第1次印刷

书　　号　ISBN 978-7-5043-6569-9
定　　价　128.00元

编 辑 说 明

一、《北京广播影视年鉴》是一部综合性资料工具书和史料文献的大型年刊，由北京市广播电影电视局主持编纂，北京广播电视台、北京人民广播电台、北京电视台、中国电影博物馆、各区县文化委员会、各区县广电中心等协助编纂。

二、本年鉴全面反映北京市广播影视的基本情况和发展变化，客观记录上一年全市广播影视业各方面的新情况、新变化。特殊事项，在前后年份上有所延伸。

三、本年鉴以马克思列宁主义、毛泽东思想、邓小平理论、“三个代表”重要思想为指导，认真贯彻落实科学发展观，坚持实事求是的编辑方针，贯彻“贴近实际，贴近生活，贴近群众”的宣传原则，为广播影视从业人员、教学科研人员、决策管理人员以及社会各界了解和研究北京市广播影视提供可靠信息。

四、本年鉴自2005年起，每年编印一卷。2011年版为第七卷，全书共有20个栏目：图片、特载、专项纪事、概况、产业发展、广播电视覆盖、频率频道、节目栏目、新媒体与网络传播、科技发展、电影、电视剧、书报刊出版、受众调查、组织机构、获奖作品、经验、统计、大事记、索引。

五、本年鉴采用规范语体文，行文力求朴实、简洁、通畅。以记述文章体裁为主体，同时包含志、传、图、表、录等。

六、本年鉴计量单位按照1984年2月27日公布的《中华人民共和国法定计量单位》执行。

七、本年鉴统计数字以统计部门公布的为准。统计部门缺遗的数字，以各单位的为准。

八、本年鉴稿件由各单位、各部门确定专人撰写（特殊约稿除外），经各单位、各部门主要领导审核，最后由年鉴编委会总审。

九、本年鉴的编辑工作得到各撰稿单位、部门及各方面的热情关怀和大力支持，在此深表感谢。由于水平有限，对本书的疏漏之处与不足，恳请各界批评指正，以利于今后改进。

北京市广播电影电视局史志办（本刊编辑部）

2011年10月

编 辑 委 员 会

委　员：

王海楠　北京市广播电影电视局办公室（安全监管办公室）副主任
李　伟　北京市广播电影电视局政策法规处（产业促进处）处长
索宇琴　北京市广播电影电视局宣传管理处处长
王　健　北京市广播电影电视局电影管理处处长
马德献　北京市广播电影电视局传媒机构管理处处长
丁　梅　北京市广播电影电视局网络视听节目管理处处长
陈　煜　北京市广播电影电视局科技处处长
秦　华　北京市广播电影电视局计划财务处处长
秦固生　北京市广播电影电视局组织人事处处长
单志忠　北京市广播电影电视局机关党委专职副书记
王学理　北京市广播电影电视局工会副主席
张大烨　北京市广播电影电视局纪监处处长
马广胜　北京市广播电影电视局史志办主任
郭祥庚　北京市广播电影电视局离退休人员管理中心主任
王　晶　北京市广播电影电视局后勤服务中心主任
郑新梅　北京市广播电影电视局信息中心副主任
魏利明　北京市广播电视监测中心主任
谢　杰　北京音像资料馆副馆长、研究中心副主任
智黎明　北京广播影视作品审查中心主任
张常珊　北京广播电视台办公室主任
亢亚志　北京人民广播电台副总编辑
孙　巍　北京人民广播电台总编室主任
冯　平　北京电视台史志办主任
杨志华　北京歌华文化发展集团办公室副主任
刘晓辉　北京歌华有线电视网络股份有限公司办公室主任
张　平　北京电视艺术中心主任
尤小刚　北京中北电视艺术中心有限公司总导演
许建海　北京紫禁城影业有限责任公司总经理
李　浩　北京广播电视报社社长
颜丙利　北京音像公司总经理
郭长征　北京广播电视台服务中心主任
何公明　北京北广传媒数字电视公司总经理兼瑞特影音贸易公司总经理
罗晓军　北京北广传媒移动电视公司总经理
刘亚辉　北京北广传媒影视公司副总经理
张学朝　北京北广传媒城市电视公司总经理
阎伟力　北京北广传媒地铁电视有限公司常务副总经理
蔡恒平　鼎视数字电视传媒有限公司总经理
刘　志　北京北广置业有限公司总经理
陈炳岩　北京中广传播有限公司副总经理
李承刚　北京市东城区文化委员会主任
李征帆　北京市西城区文化委员会主任
黄晓伟　北京市朝阳区文化委员会主任
陈　静　北京市海淀区文化委员会主任
王艳秋　北京市丰台区文化委员会主任
高洪雁　北京市石景山区文化委员会主任
陈世杰　北京市门头沟区文化委员会主任
李立新　北京市房山区文化委员会主任
王　健　北京市大兴区文化委员会主任
杜德久　北京市通州区文化委员会主任
刘振河　北京市顺义区文化委员会主任
王振国　北京市平谷区文化委员会主任
焦安琦　北京市怀柔区文化委员会主任
陈玉起　北京市昌平区文化委员会主任
李洪仕　北京市密云县文化委员会主任
张素枝　北京市延庆县文化委员会主任
郑海涛　北京经济技术开发区社会发展局副局长
奚传斌　北京市朝阳区广播电视新闻中心主任
牛爱忠　北京市海淀区新闻中心主任
谷　卫　北京市丰台区广播电视中心主任
魏志安　北京市石景山区广播电视中心主任
宋　奇　北京市门头沟区广播电视中心主任

李晓梅　北京市房山区广播电视中心主任
李岭涛　北京市大兴区广播电视中心主任
王志刚　北京市通州区广播电视中心主任
王　颖　北京市顺义区广播电视中心主任
刘义华　北京市平谷区广播电视中心主任
刘晓红　北京市怀柔区广播电视中心主任
刘晓梅　北京市昌平区广播电视中心主任
赵力杰　北京市密云县广播电视中心主任
孟昭旭　北京市延庆县广播电视中心主任
王长田　北京光线传媒有限公司总裁
王忠军　华谊兄弟传媒股份有限公司董事长
刘燕铭　海润影视制作有限公司董事局主席
腾　站　金英马影视文化股份有限公司总经理
英　宁　北京英氏影视艺术有限公司总经理
王正华　北京京都世纪文化发展有限公司总经理
丁　芯　北京鑫宝源影视投资有限公司董事长
蒲树林　华夏视听环球传媒（北京）有限公司董事长
刘晓霖　北京中联华盟文化传媒投资有限公司董事长
魏丽丽　北京慈文影视制作有限公司总经理
李　明　北京小马奔腾影视文化发展有限公司董事长
肖　岗　北京艺德环球文化艺术有限公司总裁

主编　副主编

主　　编： 洪　兵　北京市广播电影电视局巡视员
常务副主编： 马广胜　北京市广播电影电视局史志办主任
张常珊　北京广播电视台办公室主任
副　主　编： 孙　巍　北京人民广播电台总编室主任
冯　平　北京电视台史志办主任
王廷富　北京市广播电影电视局史志办高级编辑（特聘）

编辑部编辑与特约编辑

编辑部编辑： 段燕燕　北京市广播电影电视局史志办责任编辑
潘　怡　北京市广播电影电视局史志办责任编辑（特聘）
徐向丽　北京市广播电影电视局史志办责任编辑（特聘）

特约编辑：

苗本长　北京市广播电影电视局办公室（安全监管办公室）副调研员
吴　彤　北京市广播电影电视局政策法规处副调研员
李真然　北京市广播电影电视局宣管处干部
韩云杰　北京市广播电影电视局电影管理处干部
钟立红　北京市广播电影电视局传媒机构管理处副调研员
王　乐　北京市广播电影电视局网络视听节目管理处干部
石　磊　北京市广播电影电视局科技处干部
金长林　北京市广播电影电视局计划财务处副调研员

杨志平　北京市广播电影电视局组织人事处干部
路　梅　北京市广播电影电视局机关党委干部
刘思思　北京市广播电影电视局工会干部
冯　颢　北京市监察局驻北京市广播电影电视局监察处干部
车　静　北京市广播电影电视局离退休人员管理中心副主任
李　淙　北京市广播电影电视局后勤服务中心干部
田杰鹏　北京市广播电影电视局信息中心干部
马　丽　北京市广播电视监测中心干部
檀鲁敏　北京音像资料馆（研究中心）干部
马晓宇　北京市广播影视作品审查中心干部
张　莉　北京市广播电视学会干部
刘　洋　中国电影博物馆研究部干部
李　剑　北京广播电视台办公室副主任
史博华　北京人民广播电台网络信息中心台史办主任
刘　莹　北京人民广播电台总编室主任助理兼宣管科科长
唐晓燕　北京电视台史志办编辑
魏向东　北京电视台史志办编辑
杨　蕾　北京紫禁城影业公司办公室干部
梁一雯　北京歌华文化集团党委办公室宣传主管
王晓芳　北京歌华有线电视网络公司办公室干部
孔　婷　北京电视艺术中心办公室干部
马晓晨　北京中北电视艺术中心有限公司办公室
杨　林　北京广播电视报社办公室干部
郝振林　北京音像公司办公室干部
赵丽艳　北京瑞特影音贸易公司办公室主任
孙　云　北京广播电视台服务中心办公室干部
郑向英　北京北广传媒数字电视有限公司干部
闫育军　北京北广传媒移动电视有限公司办公室副主任
何　颖　北京北广传媒影视有限公司办公室主任
童丽娟　北京北广传媒城市电视有限公司办公室干部
杨　磊　北京北广传媒地铁电视有限公司办公室主任
朱智成　鼎视数字电视传媒有限公司办公室干部
彭穗新　北京北广置业有限公司办公室主任
张　宁　北京中广传播有限公司干部
白国龙　北京市东城区文化委员会干部
周爱平　北京市西城区文化委员会主任科员
李雪梅　北京市朝阳区文化委员会干部
李广敏　北京市海淀区文化委员会干部
王　蕊　北京市丰台区文化委员会干部
张桂霞　北京市石景山区文化委员会主任科员
张　晨　北京市门头沟区文化委员会干部
白　杨　北京市房山区文化委员会干部
李晓雷　北京市大兴区文化委员会干部
邱　巍　北京市通州区文化委员会干部
刘金莲　北京市顺义区文化委员会干部
刘东莹　北京市平谷区文化委员会科员
梁　祎　北京市怀柔区文化委员会科员
白玉峰　北京市昌平区文化委员会办公室副主任
康连兴　北京市密云县文化委员会文化市场指导科科长
刘满利　北京市延庆县文化委员会政办室副主任
郑　浩　北京经济技术开发区社会发展局
邱　阳　北京市朝阳区广播电视新闻中心总编室
刘丹丹　北京市海淀区新闻中心办公室干部
马藻茹　北京市丰台区广播电视中心办公室干部
白莫菊　北京市石景山区广播电视中心干部
高艳蕊　北京市门头沟区广播电视中心办公室干部
莘德艺　北京市房山区广播电视中心办公室副主任
王开余　北京市大兴区广播电视中心研发培训部主任
张娟娟　北京市通州区广播电视中心办公室副主任
白京川　北京市顺义区广播电视中心办公室干部
朱京平　北京市平谷区广播电视中心办公室主任
王　纲　北京市昌平区广播电视中心办公室主任
姜亦萍　北京市怀柔区广播电视中心办公室副主任
石晓访　北京市密云县广播电视中心总编室主任
高景祎　北京市延庆县广播电视中心办公室副主任
徐　丹　光线传媒有限公司
姜　朋　华谊兄弟传媒股份有限公司
王存林　海润影视制作有限公司行政总监
郭丙泰　北京英氏影视艺术有限公司
李俊宏　北京金英马影视文化公司
焦云飞　北京鑫宝源影视投资有限公司
饶　军　北京京都世纪文化发展有限公司
李　霞　华夏视听环球传媒（北京）有限公司
赵　娟　北京中联华盟文化传媒投资有限公司
何　鹰　北京小马奔腾影视文化发展有限公司
魏　兰　北京艺德环球文化艺术有限公司

2010北京市广播影视数字

机 构

市级广播电台1座，电视台1座，区县广播电台9座，电视台10座，近郊电视播出平台4个；全市广播影视制作单位1238个，其中社会广播影视制作单位1206个；

人 员

全市广播影视从业人员市级24651人，区县级1616人；

覆 盖

广播人口综合覆盖率100%，电视人口综合覆盖率99.99%；

网 络

有线广播电视网络干线总长14.89万公里，
其中光缆3.02万公里，电缆11.87万公里，
有线广播电视用户448.1万户，
其中数字电视277万户，高清交互用户133万户；

资　产

总资产445.3亿元，净资产236.77亿元；

创　收

广播影视创收154.53亿元，其中广告收入61.37亿元，电影票房收入11.81亿元；

节　目

全年制作广播节目14.37万小时；全年制作电视节目8.43万小时。

电视剧

全年制作电视剧64部，2232集；

动画片

全年制作动画片17部，831集，8699分钟；

电　影

全年北京地区生产影片270余部，电影放映74.3万场。

2010年11月19日，中共中央政治局常委李长春（前左四），在中共中央政治局委员、北京市委书记刘淇（右一），中共中央政治局委员、中央书记处书记、中宣部部长刘云山（前左三），北京市委常委、宣传部长、副市长蔡赴朝（右二）陪同下视察第五届北京文博会广播影视展。

2010年5月7日中共中央政治局常委李长春（前排左四）、中共中央政治局委员、中央书记处书记、中宣部部长刘云山（前排左二），中共中央政治局委员、国务委员刘延东（前排左六），中共中央政治局委员、中央书记处书记、中组部部长李源潮（前排左一）等在北京电视台BTV大剧院观看朝鲜歌剧《红楼梦》。

2010年1月15日，中共中央政治局常委、中央政法委书记、中央社会治安综合治理委员会主任周永康（前排左一），中共中央政治局委员、北京市委书记刘淇（前排左二）出席由北京电视台录制的《崇高的荣誉-首都政法综合治理系统春节联欢晚会》。

2010年5月14日，在第六届中国（深圳）国际文化产业博览交易会上，中共中央政治局委员、中央书记处书记、中宣部部长刘云山（左二）视察北京歌华有线电视网络股份有限公司展区“高清交互”应用业务，北京市委常委、宣传部长、副市长蔡赴朝（左一），北广传媒集团党委书记刘志远（右一）等陪同。

2010年7月1日，中共中央政治局委员、中央书记处书记、中组部部长李源潮（前左三）在人民大会堂出席电影《第一书记》首映式。

2010年4月16日，原全国人大常委会副委员长何鲁丽（中）到中国电影博物馆参观考察。

2010年5月26日，中央巡视组组长徐光春（右二）在北京市副市长刘敬民（右三）的陪同下到北京歌华大厦调研，北京歌华文化发展集团、北京歌华有线电视网络股份有限公司负责人介绍国有企业发展情况。

2010年3月1日，中共北京市委副书记、市长郭金龙（右三）到北京电台城市服务管理广播调研，并在《城市管理我论我谈》论坛上讲话。

2010年12月23日，中共北京市委副书记、北京市政协主席、市委政法委书记王安顺（左）出席北京电视台在人民大会堂录制的《文明新北京——“做文明有礼的北京人”》主题晚会，并为章子怡颁发形象大使聘书。

2010年5月31日，北京广播电视台成立。中宣部副部长孙志军（左二）、国家广电总局副局长赵实（右二）、中华全国新闻工作者协会党组书记翟惠生（右一），北京市委常委、宣传部长、副市长蔡赴朝（左一）出席成立大会并揭牌。

2010年10月23日，国家广电总局副局长赵实（中）率队到北京市广电局考察全国广播电视编辑记者、播音员主持人资格考试情况，市广电局局长李春良（右一）等陪同考察。

2010年11月18日，国家广电总局副局长张海涛（前右二）在北京市广电局局长李春良（前右一）、副局长丁百之（前左一）的陪同下参观第五届北京文博会北京歌华有线电视网络股份有限公司展区。

2010年10月29日，国家广电总局副局长田进（中）在北京市广电局局长李春良（左）陪同下参观“2010年秋季首都电视节目推介会”海报长廊。本次推介会有海内外200多家影视机构参会。

2010年8月20日，中共北京市委常委、宣传部长、副市长蔡赴朝（右二）、副市长苟仲文（左一）在北京电视台视察“三网融合”工作。

2010年9月10日，中共北京市委常委、宣传部长、副市长蔡赴朝和副市长苟仲文到北京市广播电视监测中心、北京歌华有线电视网络股份有限公司和北京天天宽广网络科技有限公司（悠视网）开展三网融合试点工作第二次专题调研。

2010年10月22日，北京市副市长、市工商联主席程红（左）率市工商联会员参观考察民营企业——北京光线传媒股份有限公司，光线总裁王长田（右）介绍企业发展情况。

（领导关怀图片：由广播影视相关单位提供）

↑ 2010年1月22日，北京市广播电影电视局召开全市广播影视工作会议。

↑ 2010年4月9日，市广电局党组书记、局长李春良在与北京银行战略合作协议签约仪式上致词。

↑ 2010年4月29日，北京市广电局党组副书记、副局长杨淑琴在开展创先争优暨党员作风建设年活动动员大会上讲话。

↑ 2010年7月14日，北京市广电局党组成员、副局长臧增祥在北京市互联网视听节目服务持证机构培训班上讲话。

↑ 2010年10月29日，北京市广电局党组成员、副局长庞微主持秋季首都电视节目推介会开幕式。

↑ 2010年11月26日，北京市广电局副局长杨培丽在“十二五”电子政务规划编制座谈会上讲话。

2010年4月29日，北京市广电局党组成员、纪检组长王立平在开展创先争优暨党员作风建设年活动动员大会上讲话。

2010年4月14日，北京市广电局党组成员、副局长丁百之（左）在广播影视十二五规划课题签约仪式上签字。

北京市广电局党组成员、副局长王霞（中）在门头沟区杜家庄治安检查站督查综治工作。

2010年1月15日，北京市广电局党组成员、总工程师何桂芝（右）在广播电视安全播出总结动员会议上颁奖。

2010年4月12日，北京市广电局党组成员、副巡视员宋春华（右二）率团参展2010年戛纳电视节。

2010年6月13日，北京市广电局巡视员洪兵在广播影视十二五规划研讨会上讲话。

↑ 2010年4月，北京市广电局举行"十二五"广播影视发展规划重大课题签约仪式。

↑ 2010年4月9日，北京市广电局与北京银行签署"支持广播影视产业发展战略合作协议"。

↑ 2010年4月14日，北京市广电局召开北京市电影工作会议。

↑ 2010年12月22日，北京市广电局召开影视审查委员会工作会议。

↑ 2010年1月19日，北京市广电局召开收听收看工作总结会。

↑ 2010年6月1日，北京市广电局副局长庞微（左三）率队到北京国立常升影视文化传播公司调研。

行业管理

2010年3月22日，浙江省广电局一行到北京市广播电视监测中心考察调研，北京市广电局总工程师何桂芝（右四）陪同调研。

2010年4月30日，北京市广电局召开安全监管工作会议。

2010年12月23日，北京市广电局在京郊密云县组织无线广播电视安全播出应急演练总结会。

2010年12月17日，北京市广播电视监测管理工作会召开。

改造升级的北京市广播电视监测中心电视屏幕墙。

2010年5月8日，北京市广电局局长李春良（右）、副局长臧增祥（左）到北京新浪互联信息服务有限公司调研。

2010年7月14日，北京市广电局召开北京市互联网视听节目服务持证机构培训班，114家网站参加。

2010年2月3日，北京市广电局与市网管办、通管局、执法总队联合召开分类处理视听节目网站专项工作会。

2010年10月21日，北京市广电局网络视听节目管理处一行赴优酷网考察调研。

2010年11月17日，北京市广电局召开市、区（县）两级行政审批数据共享研讨会。

行业管理

2010年3月4日，北京市广电局召开全市境外卫星电视整治工作专项行动部署会。

2010年6月18日，北京市广电局召开全市广播电视节目制作经营机构管理工作会议。

2010年11月17日，北京市广电局召开村村通有线广播工程验收暨培训会。

2010年8月20日，北京市广电局召开“小金库”专项治理工作会。

2010年8月20日，北京市广电局召开第二轮修志研讨暨总局国家各台联系会。

2010年2月1日，北京市广电局召开北京广播影视年鉴组稿工作会议。

（行业管理图片：由北京市广电局处室、直属单位提供）

2010年5月31日，北京广播电视台成立，中宣部、全国新闻工作者协会、国家广电总局、北京市和市广电局领导出席，并与广播电视台及两台领导合影。

北京广播电视台党委书记刘志远在成立大会上讲话。

2010年12月31日，北京广播电视台党委副书记、台长兼北京电视台台长王晓东（左）为聘请知名旅行者黑剑颁发特邀记者聘书。

2010年8月10日，北京广播电视台常务副台长兼北京电台台长汪良在第三届“赢在创意”全国广播栏目大赛颁奖典礼致词。

2010年11月7日，北京广播电视台副台长陆莹（右）在28集电视剧《五湖四海》新闻媒体见面会上讲话。

← 2010年7月20日，北京市委宣传部副部长、首都精神文明办主任陈冬（右）到歌华有线调研，北京广播电视台副台长兼歌华有线党委书记、董事长郭章鹏（左）陪同调研。

↑ 2010年10月25日，意大利总统纳波利塔诺（左一）参观中华世纪坛并与北京广播电视台副台长兼北京歌华文化发展集团党委书记、董事长王建琪（右）亲切交谈。

↑ 2010年11月14日，北京广播电视台纪委书记王伟（右）、北京广播电视台副台长苏仁先（左）到北京电视台调研。

↑ 2010年6月8日，北京市委副秘书长肖培（左二），北京广播电视台常务副台长、北京电台台长汪良（左一），北京广播电视台副台长陆莹（右二），北京电台总编辑席伟航（右一）点亮多媒体数字广播开播标识。

↑ 2010年12月29日，北京电视台BTV新闻高清机房启用，总编辑赵多佳（左二）启动播出按钮。

（市级广电综合图片：由北京广播电视台及直属单位提供）

RBC北京人民广播电台

2010年5月4日至8日，北京电台在上海世博会期间圆满完成为期5天的世博会特别节目《世博直通车》直播，左四为北京电台副总编辑陈晓海。

北京电台9套无线广播节目：

新闻广播（AM828/FM100.6/有线调频90.4）
城市服务管理广播（AM1026/FM107.3 有线调频91.9）
故事广播（AM603/有线调频89.1）
体育广播（FM102.5）
音乐广播（FM97.4/有线调频94.6）
文艺广播（FM87.6/有线调频93.8）
交通广播（FM103.9/有线调频95.6）
外语广播（AM774/有线调频97.8）
爱家广播（AM927/有线调频92.7）

2010年2月1日，北京电台推出了6小时音视频同步直播的春节大联欢特别节目——“广播达人为爱加油”。

2010年4月20日至6月9日，北京电台开展了第四届“听众喜爱的名牌栏目”评选活动。

2010年3月1日，北京电台城市服务管理广播成立五周年庆祝晚会。

2010年7月-11月，北京交通广播"一路随行，我最精彩"京城全品牌4S店评选颁奖现场，北京电台总编辑席伟航（左五）、副总编辑亢亚志（左四）出席。

2010年7月24日至8月1日，北京交通广播主办的"1039动力假期"活动现场。

2010年3月1日，北京电台新闻广播员工慰问密云县古北口敬老院，并进行现场直播。

2010年3月26日，北京电台节目制作中心为加强广播剧创作，成立广播剧社。

2010年5月26日，北京电台《音乐周刊》在创刊6周年之际，为革命老区河北省阜平县马兰小学捐赠一架崭新的钢琴及音乐教室专用课桌椅和少儿读物。

↑ 2010年6月，南非世界杯期间，北京电台体育广播推出35期音视频共做特别节目—“世界杯大家谈”。图为嘉宾金志杨、谢锋做客节目。

↑ 2010年11月12日至28日，北京电台派出20人的报道团赴广东采访第十六届亚运会。图为体育广播记者采访泰拳运动员。

↑ 2010年2月5日，由北京音乐广播主办的“2009年度北京流行音乐典礼”在国家奥林匹克中心体育馆举行。

↑ 2010年6月至12月，北京电台外语广播推出网络版“全球外国人汉语才艺大赛”，来自世界65个国家的526位选手参加，共收到参赛作品420余个。

← 2010年9月至11月，北京电台外语广播推出“第二届北京百校少年儿童外语艺术大赛”，全市共有180所学校，5万余名中小学生报名参赛。

↑ 2010年1月28日，北京电台文艺广播推出“第五届原创新春祝福短信大赛”。

↑ 2010年8月11日—9月11日，北京电台文艺广播和北京曲协共同主办“第一届北京青年相声节”。

↑ 2010年5月13日，北京电台音乐广播《先听为快》与热心听众一起共享“阳光早餐会"。

↑ 2010年1月24日，北京电台故事广播推出“北京印记——讲述我和新北京的故事”大型故事征集活动，活动历时4个月。

↑ 2010年4月27日，北京电台爱家广播启动“毛毛狗快回家－爱家宝宝故事会”评选活动。

↑ 2010年12月4日，北京电台主办的第五届北京高校青春歌会总决赛在北京广播大厦举行。

（市级广电广播图片：由北京电台提供）

电视

2010年9月26日，北京电视台制作的大型系列片《人民大会堂》举行新闻发布会。

北京电视台12个频道：

BTV北京　卫视频道
BTV文艺　文艺频道
BTV科教　科教频道
BTV影视　影视频道
BTV财经　财经频道
BTV体育　体育频道
BTV生活　生活频道
BTV青少　青少频道
BTV公共　公共频道
BTV卡酷　卡酷动画卫视频道
BTV高清　北京电视台高清频道
BTV国际长城平台北京电视台国际频道
卫星频道（北美/亚洲/欧洲/加拿大）

2010年12月29日，北京电视台文艺频道在高标清同播的新系统、新机房正式播出。

2010年10月28日，北京电视台与北京大学、清华大学、中国人民大学、中央财经大学、中国传媒大学、北京邮电大学、北京航空航天大学七所高校共建实习基地举行签约仪式。

2010年6月23日，北京电视台举行电影《第一书记》上映典礼。

← 2010年1月，北京广播电视台台长兼北京电视台台长王晓东看望参加北京市“两会”报道组一线记者。

↑ 2010年5月，北京电视台全面报道上海世博会，图为记者在世博会现场采访报道。

↑ 2010年11月，北京电视台全面报道“第十六届亚洲运动会，图为《星耀亚洲》直播节目在播出。

↑ 2010年2月13至28日，北京电视台加拿大温哥华“冬奥会”报道组报道冬奥会赛况，取得多个报道亮点。

↑ 2010年12月18日，由北京电视台体育节目中心和国家体育场联合主办的第二届“鸟巢欢乐冰雪季”开幕，图为现场直播前北京电视台记者做准备。

↑ 2010年6月21日，格鲁吉亚、马来西亚、尼泊尔等21个国家的40余位广播电视中高层管理(官员)组成的研修班来北京电视台参观访问。

↑ 2010年9月1日，北京电视台总编辑赵多佳（左五）、副总编辑张亮（右四）等会见日本北海道HBC放送株式会社官员。

↑ 2010年6月10日，日本东京电视台动漫考察团来北京电视台参观访问。

↑ 2010年6月9日，香港“紫荆花计划” 12名大学生到北京电视台进行为期 2个月的实习。

↑ 2010年7月26日，由中共北京市委宣传部、中共河北省委宣传部、张家口市委市政府主办，北京电视台承办的《饮水思源 相约沽源—第十届“京张心连心”大型演出》在张家口市沽源县闪电湖举行。图为现场观众。

↑ 2010年4月29日，第六届中国国际动漫节暨动漫产业博览会上北京电视台卡酷动画的展台。

2010年2月4日，《2010北京电视台春节联欢晚会》在北京卫视首播。

2010年2月6日，北京电视台《BTV网络春晚》开创全国“三屏合一新春晚”模式受到观众欢迎。

2010年12月19日，北京电视台卡酷动画春节晚会现场。

2010年12月23日，北京电视台录制的《文明新北京——“做文明有礼的北京人”主题晚会》在人民大会堂隆重举行。

北京电视台录制的《2010年首都迎新春双拥文艺晚会》现场。

2010年4月25日，北京电视台录制《“我的北京 我的家”群众文化年启动仪式晚会》现场。

（市级广电电视图片：由北京电视台提供）

北京北广传媒数字电视有限公司

Beijing All Media and Culture Digital TV Co.,Ltd

2010年7月2日，北广传媒数字电视有限公司召开《政风行风》栏目工作部署会。

办有数字电视频道11套
每个频道每日24小时循环播出

付费电视及广播
京视剧场、爱家购物、动感音乐、车迷频道、考试在线、优优宝贝、四海钓鱼、弈坛春秋、环球旅游、新娱乐、置业及戏曲广播、爵士音乐广播

图文信息平台：
北京之窗主频道、首都政务、天气出行、影视演出、打折资讯、窗友活动

2010月11月19日，北广传媒数字电视有限公司《政风行风》栏目在播出。

2010年1月30日，北广传媒数字电视有限公司拍摄《九华温泉大闯关》专题节目现场。

北广传媒数字电视公司在2010年北京文博会亮相新展台。

2010年3月24日，北广传媒移动电视公司举行公交车显示屏招标会。

北京移动电视

移动电视日播出17小时 终端屏幕达2.4万块

受观众欢迎的节目栏目：

《移动播报》、《财经早知道》、《体育连连看》、《出行导航》、《食尚》、《大城小家》、《完美婚嫁》、《玩转北京》《百姓就业》、《数说北京》、《96310》、《一路同行》、《悦读时间》、《封面聚焦》、《时尚工厂》、《移动拍客》、《国家大剧院》、《教育纵横》

2010年7月1日6点，北广传媒公交平台和地铁平台播出信号正式由歌华大厦新制播机房发出。

2010年12月24日，北广传媒移动电视公司召开“2010年度节目部观众座谈会”。

2010年10月21日至22日，北广传媒移动电视总经理罗晓军在第三届移动电视产业高峰论坛暨2010中广协会移动电视分会年会上发言。

2010年9月，移动电视第一辆新屏样车运营中。

2010年10月1日，城市电视大屏联播网转播国家大剧院2010国庆音乐会盛况。

城市电视日播出15小时
终端屏幕达1.2万块

受观众欢迎的节目栏目：
《城市播报》、《图片新闻》、
《生活提示》、《财经新闻》、
《体育新闻》、《演艺罗盘》、
《工会之窗》、《书香北京》、
《城市之家》、《百姓就业》、
《这里是北京》、《中歌榜》、
《玩转地球》、《廉政公益片》、
《绿豆蛙》、《消防小提示》、
《文明礼仪宣传片》、《豆儿》

2010年11月18日至21日，城市电视参展的三通便民缴费机亮相北京文博会。

2010年7月20日，城市电视公司组织员工参观2010中国户外传播展。

2010年6月25日至10月3日，城市电视举办百日安全播出创先争优活动。

2010年8月10日，北广传媒地铁电视试播，图为新落成的播控中心。

地铁车站终端电视屏幕在播出，播出时间和地铁运营时间同步。

地铁电视日播出18.5小时
终端屏幕达1.08万块

制作集成节目：

《新闻地铁报》、《每日文娱（地铁版）》

《法治进行时（地铁版）》

《这里是北京（地铁版）》

《时尚装苑》、《卡酷》

直播节目：

路况播报节目《移动直通车》

转播节目：

转播CCTV《新闻联播》

转播BTV《北京新闻》

合作节目：

《美食0换乘》、《国家大剧院》、

《光影随行》、《玩转地球》、

《请您欣赏》、《中歌榜》、

《时尚工厂》、《北京胡同》、

《生活实验室》、《生活大调查》、

《音乐风云榜》、《影视风云榜》

《娱乐现场》、《最佳现场》

《全球娱乐通》、《绿豆蛙》

2010年7月2日，北广传媒地铁电视公司与华视传媒公司就北京地铁电视系统广告经营协议举行签约仪式。

2010年1月31日，北广传媒地铁电视公司召开工作计划会。

TOP V 鼎视传媒

2010年3月25日，鼎视数字电视传媒有限公司展台亮相国际广播电视信息网络展。

鼎视上星传输的33套标清节目：

“鼎视多”节目包、“鼎视家和”节目包、“鼎视风尚”节目包、“鼎视单选频道”和“鼎视自选套餐”，包含《四海钓鱼》、《收藏天下》、《证券资讯》、《家庭健康》、《时代家居》、《时代美食》、《时代出行》、《时代风尚》、《碟　市》、《职业指南》、《家庭理财》、《车　迷》、《读　书》、《新娱乐》、《环球旅游》、《人　物》、《考试在线》、《快乐宠物》、《优优宝贝》、《财富天下》、《家　政》、《电子体育》、《数码时代》、《中国气象》、《百姓健康》付费频道。

传输5套高清卫视节目：

北京卫视、湖南卫视、深圳卫视、广东卫视、黑龙江卫视

↑ 鼎视传媒员工在展会上介绍付费电视情况。

↑ 鼎视传媒员工在展会上介绍付费电视情况。

↑ 鼎视传媒员工集体合影。

↑ 2010年，新成立的北京中广传播有限公司承担起移动多媒体广播项目（CMMB）在北京地区的建设和运营。

公司采用中国自主研发的移动多媒体广播（CMMB）技术，通过自身运维的多媒体广播覆盖网向在北京地区的手机、PDA、MP4、GPS、笔记本电脑等小屏幕接收终端，传送高质量广播电视节目和提供数据增值服务。

↑ 品种多样的CMMB手机

↑ 北京中广传播有限公司参展展台。

↑ 北京电台推广使用的1039新媒体机，成为“公众服务信息平台”之一。

↑ 北京电台推广使用的DAB数字多媒体广播接收机——听立方。

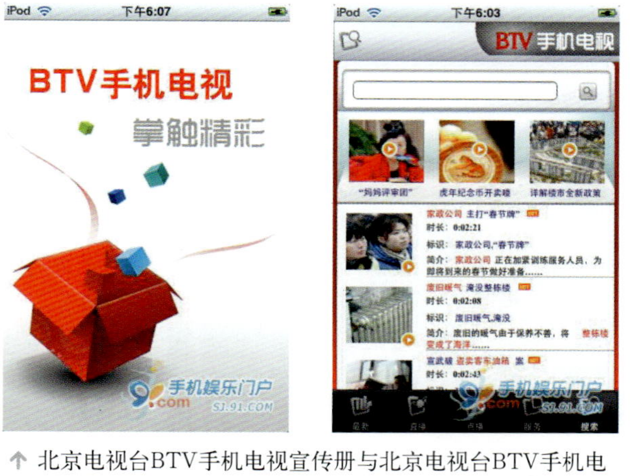

↑ 北京电视台BTV手机电视宣传册与北京电视台BTV手机电视画面。

（市级广电新媒体图片：由北京广播电视台及直属单位提供）

2010年1月30日，北京歌华有线电视网络股份有限公司召开2010年工作会议，总结和部署工作，并对2009年度“歌华有线星级员工”进行表彰。

2010年7月1日，湖南省委常委、宣传部长路建平（左一）一行到歌华有线公司调研，北京市委宣传部常务副部长陈启刚（右一）等陪同调研。

2010年6月9日，北京市广电局局长李春良（右二）等考察本市高清交互推广及机顶盒生产情况。北京广播电视台副台长兼歌华有线党委书记、董事长郭章鹏（左二）、总经理卢东涛（右一）陪同考察。

2010年2月8日，北京市政府副秘书长戴卫（中）带领中关村科技企业到歌华有线公司调研，歌华有线公司总经理卢东涛（左一）等陪同调研。

2010年2月9日，北京市文化局局长降巩民（右一）及首都图书馆领导一行向歌华有线公司赠送锦旗，对歌华有线公司在支持农村文化信息建设方面表示感谢。

网络传输

歌华有线2002年2月实现“一市一网”。现拥有光缆线路2万余公里、电缆线路20万余公里、有线电视用户448万（其中高清交互133万）、可承载视频、语音、数据的超大型信息化基础网络，成为北京地区全程、全网、全业务的综合信息服务提供商。共传输节目百余套（其中模拟电视节目50余套，数字电视节目150余套，高清数字电视节目13套，调频广播节目18套，数字广播节目16套），是全国传输数字电视节目和高清电视节目最多的网络公司之一。

↑ 2010年，北京歌华有线电视网络股份有限公司安全传输工作常抓不懈，确保了全市有线电视用户正常收视。

↑ 歌华有线公司现代化的总前端机房电视屏幕墙。

↑ 歌华有线公司员工在进行线路安全检查。

↑ 歌华有线公司员工在进行线路安全检查。

↑ 歌华有线公司光缆施工现场。

2010年7月16日，北京市广电局副局长臧增祥（右二），市政府督查室副主任、专项督察处处长刘尧勋（左四）等七单位联合检查组到丰台区了解歌华有线公司高清交互数字电视推广情况。

2010年7月17–18日，歌华有线公司联合《法制晚报》在朝阳区常营经济适用房小区举办“住福爱心，服务进社区”活动，为近千用户发放、安装高清交互机顶盒。

2010年7月17日，歌华有线高清交互数字电视推广现场之一。

2010年4月21日，歌华有线高清交互数字电视推广现场之一。

2010年1月21日，石景山区在八角街道举行“杨中社区开通高清交互数字电视‘社区资讯’栏目启动仪式”，该栏目由歌华有线公司和石景山区有关单位合作开发。

↑ 2010年10月20日，歌华有线城中分公司夕照寺街营业厅正式开业。

↑ 2008年11月，北京歌华有线公司在总部基地购置一栋办公楼，于2010年启用，建筑面积10432平方米。

↑ 歌华有线公司一批用户营业厅朝着规范统一的标准建设。

↑ 2010年歌华有线公司取得市工商局颁发的《广告经营许可证》，于11月19日启动高清交互数字电视广告招标业务。

↑ 2010年1月18日，上海市文化广播影视管理局一行到歌华有线公司考察调研高清交互业务。

↑ 2010年12月11日，江苏省广播电视信息网络股份有限公司一行到歌华有线公司考察调研高清交互业务。

（网络传输图片：由歌华有线公司提供）

中国电影博物馆
CHINA NATIONAL FILM MUSEUM

2010年1月，中国电影博物馆上映巨幕3D电影《阿凡达》，观众清晨排队购票。

2010年9月29日，北京市委宣传部副部长张淼（中）率队到中国电影博物馆检查安全工作。馆党委副书记、纪委书记李米莉（前左一）、副馆长邢建毅（前左二）陪同检查。

2010年5月5日，导演黄建新（左）做客中国电影博物馆“公益观影团”，并捐赠《黑炮事件》、《建国大业》等12部导演作品电影剧本。馆长杨永安（右）向他颁发证书。

2010年3月27日，《〈阿凡达〉现象透视》读者见面会举行，该书主编、中国电影博物馆馆长杨永安（右）为读者签名留念。

2010年，中国电影博物馆迎来第100万名幸运观众。

← 2010年10月30日，中国电影博物馆举行2010学术年会。

↑ 2010年7月27日，由北京紫禁城影业有限责任公司和中国电影博物馆联合主办电影《第一书记》主题曲发布暨电影物品捐赠仪式，导演陈国星（右）、主演杨立新（中）参与活动。

↑ 2010年11月12日起，中国电影博物馆主办的“中国优秀军事题材影片巡回展”先后在4所军事院校展出。

↑ 2010年5月21日，斯里兰卡电影代表团参观中国电影博物馆。

↑ 2010年5月22日，阿拉伯世界国家代表团参观中国电影博物馆。

↑ 2010年7月31日，中国电影博物馆举办“《唐山大地震》影评人座谈会”。

↑ 2010年11月28日，中国电影博物馆“电影大讲堂”走进清华大学校园，举办“电影剧本创作与技巧”讲座。

↑ 2010年4月24日，中国艺术研究院研究员、中国电影评论学会会长章柏青在“电影大讲堂”主讲“新的辉煌——近5年来中国电影产业的发展概况”。

↑ 2010年12月1日，“中国电影博物馆第四届青年论坛之电影特效特技制作人论坛”举办。

↑ 2010年12月27日至28日，中国电影博物馆上演音乐舞台剧《光影人生》。

↑ 2010年6月5日，《云水谣》的导演尹力（右）参加“公益影展观影团”活动。

影视场馆

2010年3月13日，中国电影博物馆举办春节志愿者服务交流会。

2010年8月18日，中国校园健康行动——首届少年儿童电影配音大赛颁奖典礼在中国电影博物馆举行。

2010年9月21日至25日，中国电影博物馆举办露天电影放映活动，共吸引周边近4000名观众前来观影。

2010年4月17日，中国电影博物馆会员俱乐部组织公益爱心之旅户外植树活动。

2010年5月18日，中国电影博物馆举办“国际博物馆日”专题活动，工作人员为观众免费体验语音导览器作讲解。

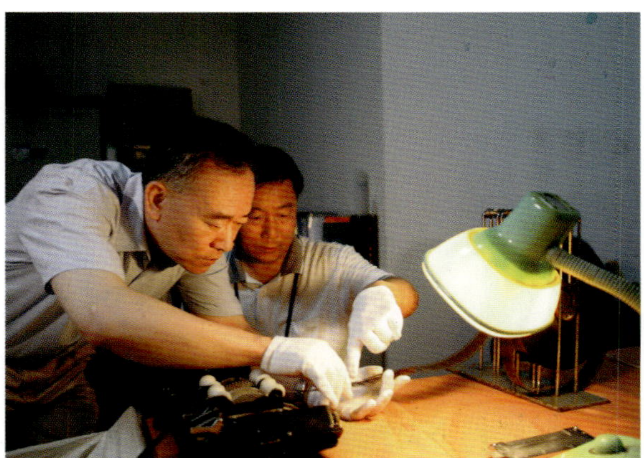

2010年，中国电影博物馆鉴定电影《雨》的拷贝。

（影视场馆图片：由中国电影博物馆提供）

歌华集团
BEIJING GEHUA CULTURAL DEVELOPMENT GROUP
北京歌华文化发展集团

2010年12月3日（国际残疾人日），2010年广州亚残运会圣火采集仪式在中华世纪坛成功举办。

2010年3月2日至15日，北京歌华开元大酒店承接全国人大十一届第三次会议浙江、云南人大代表团接待任务。

2010年2月7日，歌华文化发展集团与意大利文化遗产与活动部举行合作签约仪式。北广传媒集团副总经理兼歌华集团董事长王建琪（右）与意方代表签约。

2010年6月1日至16日，中华世纪坛举办《我们让世界更美丽》书画展。

2010年11月18日至23日，中华世纪坛当代艺术馆免费向公众展出《世纪光影——2010全国摄影艺术展览》。

↑ 2010年7月21日，“2010沙特阿拉伯文化周”在北京中华世纪坛世界艺术馆开幕。

↑ “2010沙特阿拉伯文化周”开幕式文艺演出。

↑ 2010年5月20日，“2010非洲文化聚焦”系列文化活动在中华世纪坛世纪大厅举行。

↑ 2010年6月1日至5日，北京歌华莱恩文化体育发展有限公司分别在广州、上海、北京三地成功举办“迈克尔·波顿2010中国巡演唱会”。

↑ 2010年12月31日，《合·盒》新媒体装置艺术展在中华世纪坛当代艺术馆开幕。

↑ 2010年11月22日，由北京歌华文化发展集团承办的第五届北京文博会“广播电影电视高峰论坛”在北京歌华开元大酒店举办。

2010年8月，北京歌华中体文化体育发展有限公司承担的奥运城市夏日文化广场活动成功举办，活动由奥城露天剧场、爱动健身营、玲珑露天影院、主题展览、奥运徽章收集展等组成。

↑ 奥运城市体育文化节萨马兰奇纪念展。

↑ 北京奥运城市体育文化节玲珑露天影院。

↑ 奥运城市体育文化节北京奥运会摄影图片展。

↑ 奥运城市体育文化节朝阳区非物质文化遗产成果展演。

↑ 2010年8月8日至29日，2010年北京节拍文化广场活动。

↑ 2010年12月31日，由北京电视台、北京电台、北京歌华文化发展集团共同主办的“京昆名家名段演唱会”在中华世纪坛当代艺术馆小剧场举办。

歌华文化

↑ 2010年7月18日，北京歌华中体文化体育发展有限公司承担的北京市第十三届运动会开幕式。

↑ 2010年8月28日，北京歌华中体文化体育发展有限公司承担的北京首届世界武搏运动会开幕式在国家体育馆举行。

← 2010年4月5日，中华世纪坛管理中心、海淀区羊坊店青少年活动中心、海淀区羊坊店第五小学共同举办“追思文化先贤·传承世纪伟业——中华世纪坛清明节主题祭祀活动”。

↑ 2010年10月15日，北京歌华文化发展集团与北京天竺综合保税区签署战略合作协议。

↑ 2010年歌华集团获得多个奖项

（歌华文化图片：由北京歌华文化发展集团提供）

↑ 北京市委宣传部、安徽省委宣传部、北京市广电局、北京广播电视台、北京人艺、安徽演艺集团、安徽广电传媒产业集团、安徽电影制片厂、北京紫禁城影业公司联合摄制的电影《第一书记》海报。

↑ 央视电影频道、北京紫禁城影业公司、北京华源顺通国际文化交流公司摄制的电影《惊沙》海报。

↑ 北京紫禁城影业公司、英皇星艺（北京）、株式会社富士电视台、华夏电影发行公司、新经典娱乐传媒、英皇电影公司、合艺典藏（北京）传媒联合摄制的电影《隐婚男女》剧照。

↑ 北京紫禁城影业公司等摄制的电影《堵车》剧照。

↑ 电影《堵车》主要演员在2010年12月27日新闻发布会上。

↑ 唐山广电传媒、中影集团、华谊兄弟传媒、上影（集团）、浙江影视（集团）、寰亚电影公司、英皇影业公司出品的电影《唐山大地震》海报。

↑ 华谊兄弟传媒、冯小刚影视工作室、浙江影视（集团）、英皇影业公司、华谊兄弟国际公司出品的电影《非诚勿扰II》海报。

↑ 联能传媒、华谊兄弟、北京亚环时代、北京盟将威影视、浙江金球影业、东川国际传媒（北京）出品的电影《西风烈》海报。

华谊兄弟传媒、华谊兄弟国际发行公司出品的电影《狄仁杰之通天帝国》海报。→

华谊兄弟、福克斯国际制作公司、星空电视亚洲公司出品的电影《全城热恋》海报。

华谊兄弟、韦恩斯坦国际影业公司出品的电影《谍海风云》海报。

上海电视传媒、华谊兄弟传媒、迪士尼HSM中国制作公司出品的电影《歌舞青春》海报。

银都机构、华谊兄弟传媒、英皇影业出品的电影《线人》剧照。

北京小马奔腾影业有限公司、香港寰亚综艺集团联合出品的电影《剑雨》海报。

↑北京光线影业公司、深圳电影制片厂、香港天马电影公司联合摄制的电影《花田喜事2010》海报。

←北京光线影业公司内地独家发行、日本电视、机器人、VAP东宝、电通、中国电影集团联合摄制的电影《变相黑侠》海报。

↑北京光线影业公司内地独家发行，英皇影业、中国电影集团、亚洲动画多媒体公司出品的电影《出水芙蓉》海报。

↑北京光线影业公司内地独家发行、北京盛世华锐电影投资公司、北京朗天中盛国际文化传媒联合摄制的电影《感情生活》海报。

↑ 北京光线影业公司、山西电影厂、寰宇娱乐、广州英明文化、深圳电影厂出品的电影《全城戒备》海报。

↑ 海润影视公司、上海凯羿影视摄制的电影《宅男总动员》海报。

↑ 海润影视公司摄制的电影《巴黎宝贝》剧照。

↑ 北京光线影业公司、寰亚电影、上影寰亚出品的电影《精武风云-陈真》海报。

↑ 北京光线影业公司内地独家发行，天津北方电影集团、天使之翼影视、乐道文化公司、外企景鸿公司出品的电影《爱出色》剧照。

↑ 北京电视艺术中心、北京广播电视台、北京电视台、北京世纪星润影视、东阳花儿影视出品的电视剧《金婚风雨情》海报。

《金婚风雨情》导演郑晓龙（右二）在拍摄中。→

↑ 北京电视艺术中心、上海电视传媒、北京星格拉影视、东阳花儿影视出品的电视剧《后宫·甄嬛传》海报。

↑ 北京中北电视艺术中心有限公司摄制的38集电视连续剧《大唐女巡按》海报。

北京华录百纳影视公司摄制、发行的30集电视剧《黎明之前》海报。→

↑ 2010年3月31日，北京中北电视艺术中心有限公司与俄罗斯REN–TV电视台合作的28集电视剧《猎人笔记之谜》首映式在北京隆重举行。

↑ 2010年7月，北京广播电视台党委书记刘志远（左三）、中影集团副总江平（右四）探望《风车》剧组。

↑ 2010年11月7日，28集电视连续剧《五湖四海》在福州开机。

↑ 北京北广传媒影视公司出品的38集电视连续剧《风车》剧照。

← 由北京北广传媒影视公司出品，海润影视公司、南京军区政治部、连奕名工作室联合摄制的电视剧《五湖四海》剧照。

↑ 北京霸王龙文化传播、北京紫禁城影业公司、北京儒意欣欣影业联合摄制的24集电视连续剧《李春天的春天》剧照。

↑ 浩安（北京）影视、北京紫禁城影业公司联合摄制的36集电视连续剧《微风吹乱的爱情》剧照。

↑ 上海电视传媒、国安文化传媒、北京紫禁城影业公司、宁波广播影视联合摄制的30集电视连续剧《双城生活》剧照。

↑ 北京紫禁城影业公司、北京儒意欣欣影业、北京舍得文化公司、北京快乐视线影视联合摄制的38集电视连续剧《以母亲的名义》剧照。

↑ 北京紫禁城影业公司、北京博瑞龙腾文化传播公司联合摄制的33集电视连续剧《人是铁饭是钢》剧照。

北京电视台投资参与摄制的电视连续剧：

↑ 36集电视连续剧《媳妇的美好时代》剧照。

↑ 23集电视连续剧《憨媳当家》剧照。

↑ 43集电视连续剧《铁梨花》剧照。

↑ 36集电视连续剧《父爱如山》剧照。

↑ 30集电视连续剧《黎明之前》剧照。

30集电视剧《杜拉拉升职记》剧照。→

海润影视制作有限公司总裁赵智江（前排右二）作为“2010年十大中国著作权人”之一，与国家新闻出版总署、国家版权局领导合影。

海润影视公司、深圳艾科影视公司联合摄制的34集电视连续剧《火烧云》剧照。

海润影视公司、云南润视荣光影业公司联合摄制的36集电视连续剧《护国军魂传奇》剧照。

海润影视公司、广东润视影音制作公司联合摄制的34集电视连续剧《断箭》海报。

海润影视公司摄制的28集电视连续剧《断喉弩》剧照。

↑ 海润影视公司、云南润视荣光影业公司联合摄制的36集电视连续剧《风雨桃花镇》剧照。

↑ 海润影视公司摄制的27集电视连续剧《流泪的新娘》剧照。

← 海润影视公司、广东润视影音公司联合摄制的34集电视连续剧《尖刀战士》剧照。

← 海润影视公司、润亚影视公司、成都金山数字娱乐公司联合摄制的33集电视连续剧《剑侠情缘》海报。

海润影视公司、海南海润影视公司联合摄制的32集电视连续剧《江湖奇案》剧照。→

← 海润影视公司、浙江海润影视公司联合摄制的34集电视连续剧《扇娘》海报。

← 海润影视公司、安徽电视台、上海电影集团、陕西电视台、广东南方电视台、吉林电视台、西安海润影视公司、二炮政治部电视艺术中心联合摄制的35集电视连续剧《水上游击队》海报。

↑ 海润影视公司、北京华夏恒业文化传播公司联合摄制的28集电视连续剧《天阵》海报。

海润影视公司摄制的36集电视连续剧《重案六组4》海报。→

华谊兄弟传媒股份有限公司出品的30集电视连续剧《复婚》海报。

华谊兄弟传媒、北京华谊兄弟娱乐公司、云南电视台、山东电视台、浙江电视台、四川电视台、广东南方电视台联合出品的30集电视连续剧《追捕》海报。

华谊兄弟传媒、北京华谊兄弟娱乐公司、浙江华谊兄弟影业公司、天津电视台出品的30集电视连续剧《风声传奇》海报。

华谊兄弟传媒、浙江华谊兄弟天意影视联合出品的42集电视连续剧《故梦》海报。

华谊兄弟传媒、北京华谊兄弟娱乐投资公司、四川广播电视台出品的电视连续剧《梦想光荣1942》海报。

← 北京华谊兄弟娱乐投资公司、华谊兄弟传媒、广东南方电视台联合出品的43集电视连续剧《我的孩子我的家》海报。

↑ 华谊兄弟娱乐投资有限公司、华谊兄弟传媒、云南电视台联合出品的32集电视连续剧《拯救女兵司徒慧》海报。

光线传媒投资制作发行的电视剧《我和老妈一起嫁》海报。→

↑ 《爱上女主播》剧照。

浙江广电集团、华谊兄弟传媒、浙江卫视、浙江华谊兄弟天意影视出品的电视连续剧《爱上女主播》海报。→

金英马影视公司、厦门金好风影视公司联合摄制的30集电视连续剧《郎心如铁》海报。

金英马影视公司摄制的33集电视连续剧《侠隐记》海报。

金英马影视公司、厦门金好风影视公司联合摄制的24集电视连续剧《生死大营救》剧照。

《生死大营救》剧照

金英马影视公司、成都电视台联合摄制的23集电视连续剧《匪娘》剧照。

← 金英马影视公司、北京鑫宝源影视联合摄制的30集电视剧《家，N次方》海报。

↑ 金英马影视公司摄制的34集电视连续剧《傻春》剧照。

↑ 金英马影视公司摄制的34集电视连续剧《傻春》剧照。

↑ 北京京都世纪文化发展有限公司摄制的40集电视连续剧《8090向前冲》海报。

↑ 电视连续剧《8090向前冲》剧照。

（影视艺术图片：由相关影视制作单位提供）

2010年2月，朝阳区广播电视新闻中心以“朝阳传媒”作为名称，出资冠名“2010北京朝阳国际风情节”，图为开幕式现场。

2010年2月，游人在朝阳传媒“2010北京朝阳国际风情节”活动现场。

2010年11月，朝阳区广播电视新闻中心举办2010年度记者节活动，图为颁奖现场。

朝阳区广电新闻中心访谈节目《和谐在线》开办五六年来不断得到市民的关注，成为品牌。图为2010年节目录制现场。

2010年2月6日，朝阳区广播电视新闻中心召开新颖的年终总结大会现场。

2010年1月5日，海淀区区委常委、常务副区长杨志强(右二)到海淀区新闻中心调研，海淀区新闻中心主任牛爱忠汇报情况。

2010年2月9日，北京市广电局副局长藏增祥（左二）到海淀区新闻中心检查节日安全播出情况。

2010年12月22日，海淀区文委举办广播电视设施安全保障宣传活动。

2010年4月7日湖北省武汉市洪山区宣传部部长来海淀区新闻中心调研。

2010年3月23日，海淀区新闻中心与前来交流的平谷区区委宣传部领导座谈。

2010年10月29日，丰台区常务副区长冀岩（右二）到区广电中心做人口普查电视动员讲话。

2010年1月28日，北京市广播电视局副局长王霞（左三）到丰台区广播电视中心检查消防安全工作。

2010年4月7日，丰台区广播电视中心召开通联工作会，获得优秀记者站称号的各委办局、街乡镇通讯员上台领奖。

丰台区广电中心品牌电视栏目——《百姓直通车》。

2010年8月28日，丰台区广电中心录制首地大峡谷开业现场。

↑ 2010年5月25日，石景山区区委常委、宣传部长王文光（左二）到区广电中心调研，区广电中心主任魏志安（左一）陪同调研。

↑ 2010年1月15日，石景山区第三届《北京—清明诗会》研讨会在区广电中心召开。

↑ 2010年3月30日，石景山区广电中心与四川省资阳市广播电视局互派新闻工作者交流学习工作启动，区委常委、副区长付生柱参加启动仪式。

↑ 2010年11月19日，14区县广电主任联谊会在石景山区广电中心举行，会议就如何推出新的合作模式和促进事业发展进行了交流。

↑ 石景山区广电中心派记者三进西藏，拍摄石景山区援藏干部生活、工作专题片。

↑ 2010年，石景山区广电中心新开办电视栏目《百姓明星》，该栏目坚持“走进社区、走进学校、走进军营”为基层文化活动搭建电视舞台。

2010年9月24日，门头沟区广电中心组成报道团队报道北京现代杯首届北京国际山地徒步大会。

2010年7月20日，门头沟区人大常委会主任李慷云到区广电中心调研。

2010年6月29日，门头沟区代区长王洪钟到区广电中心调研。

2010年3月17日，门头沟区广电中心召开2010年工作会并为年度先进个人颁奖。

2010年3月29日，门头沟区广电中心到顺义区广电中心参观学习。

2010年7月16日，房山区广电中心举办“打造新型都市传媒暨房山广电新传媒启动盛典”现场。

2010年7月16日，房山区区委副书记、区长祁红（左）和市广电局总工程师何桂芝（右）在广电新传媒启动盛典上共同启动广电中心新标识。

2010年7月16日，房山区区委常委、宣传部长赵佳琛（右）在广电中心新标识启动仪式上为FM969顾问颁发聘书。

2010年11月8日，房山区广电中心庆祝第十一个记者节，为优秀编辑记者颁奖。

2010年9月22日，房山人民广播电台FM969主持人在长阳音乐节现场直播。

大兴人民广播电台→
主持人集体合影。

↑ 2010年4月24日，国家广播电影电视总局相关人员到大兴区广电中心检查广告播出工作。

↑ 2010年4月21日，中央民族大学部分学生到大兴区广电中心参观学习。

↑ 大兴电视台品牌栏目之一《大兴新闻》主持人宣传照。

↑ 大兴电视台品牌栏目《女子别动队》。图为主播“大侃”和记者“五朵金花”宣传照。

↑ 2010年12月31日，通州区区长岳鹏，区委常委、宣传部长张秀余，副区长刘淑华到区广电中心调研。

↑ 2010年10月30日，通州电视台承办文明礼仪知识竞赛现场。

↑ 2010年3月，通州区文化馆领导一行向区广电中心赠送锦旗。

↑ 通州电视台记者采访区人大、政协“两会”代表和委员。

↑ 2010年7月13日，通州区新建的广播电视发射塔正式竣工。

2010年，顺义区广电中心以多种体裁全方位、多角度报道区人大、政协“两会”情况。

2010年5月8日，顺义区广电中心与北京人民广播电台并机直播“鲜花港郁金香文化节”。

2010年6月6日，顺义区广电中心与北广传媒城市电视大屏联合直播“第十九届燕京啤酒节”。

2010年1月26日，顺义区广电中心举办第二届“顺义的骄傲”大型评选活动。图为颁奖盛典。

2010年10月26日，顺义区广电中心举行“同在一座城，共建一个家”城市管理征文颁奖座谈会。

← 2010年1月13日，平谷区广电中心记者全方位、多角度报道区人大、政协“两会”。

↑ 2010年2月28日，平谷区广电中心记者在“秧歌进城大拜年”活动进行现场报道。

↑ 2010年10月12日，平谷区广电中心节目主持人在区“庆祝重阳节”文艺演出中主持节目，担当重要角色。

↑ 2010年4月17日，平谷区广电中心记者在“桃花节暨全民体育健身节开幕式”上采访区委常委、副区长王晓光（右）。

↑ 2010年11月6日，平谷区广电中心全体员工以参观马坊工业园区和物流基地的形式，庆祝第十一个记者节。

↑ 2010年8月19日，怀柔区广电中心举办提高德才兼备能力的特别演讲比赛。中心主任刘晓红（左）等领导与获奖人员合影。

↑ 2010年8月22日，怀柔区广电中心召开"怀柔好人"专题片座谈会。

↑ 2010年12月24日，怀柔区广电中心召开小调频补点覆盖与村村通维修维护座谈会。

↑ 2010年9月1日，怀柔区广电中心参加市广电局组织的无线电视安全防范应急演练。

↑ 2010年4月19日，怀柔区广电中心全力报道"中、美、巴国际文化交流周暨2010′慕田峪长城国际文化节"开幕式。

↑ 怀柔电视专题《百年敛巧饭》和广播专题《满族风情闹汤河》，在市广电局"弘扬传统文化"优秀专题栏目评比中获一等奖。

← 2010年12月15日，昌平区广电中心召开2010年工作总结暨先进工作者表彰大会，部署2011年工作。

↑ 2010年6月，昌平电视台开办《创先争优促发展》专栏。

↑ 2010年7月3日，昌平电视台记者在十三陵水库对国际铁人三项洲际杯赛进行现场报道。

↑ 2010年4月9日，昌平电视台《法治纪事》专题栏目拍摄现场。

↑ 2010年 6月1日，昌平永安公园大屏幕播出昌平电视台综合频道节目。

2010年5月19日，密云县代县长王海臣带队到县广播电视中心检查指导工作。

2010年11月23日，密云县广播电视中心记者赴香港采访京港洽谈会。

2010年1月26日，密云县广电中心与市委讲师团共同开办市民理论学校活动。

2010年11月9日，密云县广电中心记者参加记者节演讲赛。

2010年1月6日，密云县广播电视中心记者在采访县人代会情况。

2010年8月12日，密云县广播电视中心记者协助北京电视台拍摄密云水库50周年专题片。

2010年11月8日，延庆县广电中心以“今年我最棒”为主题欢庆第十一届记者节。县委宣传部、县新闻中心、县交通局、县公安局等联办栏目单位出席。

2010年9月28日，延庆县副县长赵志萍（前）到旧县镇检查有线广播“村村通”建设工程。

2010年12月14日，延庆县广电中心媒资管理站正式挂牌，中心主任孟昭旭（左一）为媒资管理站揭牌。

2010年4月21日，延庆县广电中心进行无线覆盖转播站配套道路工程招标工作现场。

2010年11月30日，延庆县广电中心副主任张树清一行到北京交通台（FM103.9）参观学习。

（区县广电图片：由区县广电中心及文委提供）

↑ 2010年6月30日，北京市广电局召开纪念建党89周年暨“群众心目中的好党员”表彰大会。

↑ 北京市广电局新老党员重温入党誓词。

↑ 2010年2月10日，北京市广电局召开思想政治工作会。

↑ 2010年12月16日，北京市广电局召开党风廉政建设责任制专项检查工作会。

↑ 2010年12月29日，北京市委宣传部检查市广电局党风廉政建设责任制落实情况。

↑ 2010年3月11日，北京市广电局召开学习《廉政准则》座谈会。

↑ 2010年4月15日，北京市广电局计财处、监测中心党支部联合举办爱国主义教育活动。

↑ 北京市广播电视监测中心与平谷鱼子山村党支部联合举行党日教育活动。

↑ 2010年10月29日，北京市广电局机关党委、信息中心党支部开展“创先争优我是党员我承诺”活动。

↑ 2010年8月25日，北京市广电局传媒机构管理处、纪检监察处和信息中心联合组织“军营一日”活动。

↑ 2010年5月21日，北京音像资料馆（研究中心）进行科级干部竞聘工作。

↑ 2010年9月2日，北京市广电局电影处、科技处开展“学习三人行”活动。

2010年10月26日，北京广播电视台召开第一次领导干部大会。会议主旨：“深入学习贯彻党的十七届五中全会精神和市委市政府对北京广播电视台的工作要求，进一步统一思想、凝聚共识、明确任务、开创新局面”。

2010年9月21日，北京电台召开“知荣辱、讲奉献、重操守、懂礼仪，做高素质电台人”主题教育活动报告会。

2010年10月26日，北京广播电视台党委召开北广传媒集团各单位参加的纪念建党89周年暨先进表彰大会。

2010年6月28日，北京人民广播电台召开纪念建党89周年暨创先争优活动动员大会。

2010年7月，北京电台组织新员工到延安等艰苦地区培训锻炼。

2010年8月18日，北京电台部分党团干部到内蒙参观“治多伦一亩沙地，还北京一片蓝天”活动成果。

↑ 2010年2月26日，北京电台召开2010年思想政治工作会议。

↑ 2010年4月14日，北京电视台召开2010年思想政治工作会议。

↑ 2010年4月12日，北京电视台举行深入开展“三项学习教育”活动动员会。

↑ 2010年6月28日，北京电视台举行庆祝建党89周年暨先进表彰大会。

↑ 2010年10月22日，北京电视台办公室党支部组织党员参观国旗班。

↑ 2010年11月26日，北京电视台组织2010年下半年制片人岗位能力测试。

2010年7月1日，北京歌华文化发展集团召开“开展创先争优活动暨表彰大会”。

2010年10月10日，北京歌华有线电视网络公司召开共青团第二次代表大会，图为集体合影。

2010年4月29日，北京歌华文化发展集团组织“世界艺术进校园 城乡共建携手行”文化下乡活动。

2010年1月19日，北京歌华有线电视网络公司党委副书记、纪委书记张家祥到通州分公司调研党建工作。

2010年4月26日，北京广播影视物业管理中心举行业务主管竞聘大会。

2010年9月26日，北京广播影视物业管理中心工会为职工集体过生日。

↑ 2010年7月22日，北广传媒移动电视公司召开“爱岗敬业爱企如家”活动阶段性总结暨深入推进“创先争优”活动部署会议。

↑ 2010年11月10日，热心观众丁新玲女士一家专程来到移动电视对举办的“中秋盼团圆 家书抵万金”家书征集活动表示感谢，并送上锦旗。

↑ 2010年11月4日至5日，北广传媒城市电视公司组织“非财务管理人员的财务管理”培训。

↑ 2010年4月14日，北广传媒城市电视公司团支部发出倡议，为玉树震区、西南旱区捐款。

↑ 2010年3月9日，北广传媒城市电视公司召开工会委员会成立大会，图为员工在填写选票。

↑ 2010年12月22日，北广传媒地铁电视公司举办培训班，就地铁1、2号线地铁电视及乘客信息系统（PIS）对员工进行培训和考核。

↑ 2010年5月13日，海淀区新闻中心召开"优质服务做表率，科学创新促发展"主题实践活动动员大会。

↑ 2010年7月8日，丰台区广播电视中心召开庆祝建党89周年暨优秀党员表彰大会。

↑ 2010年11月12日，石景山区委组织部到区广电中心召开处级班子考察汇报会。

↑ 2010年10月31日，门头沟区广电中心组织的党员特色党日活动。

↑ 2010年5月8日，房山区广电中心举行公开招聘员工笔试现场。

↑ 2010年4月29日，大兴区广电中心举行"做一名优秀的广电人"演讲比赛。

↑ 2010年11月7日，通州区广电中心员工参观宋庄国际美术馆。

↑ 2010年6月26日，怀柔区广电中心组织全体党员到西柏坡参观学习。

↑ 2010年6月26日，平谷区广电中心组织全体党员参观辽沈战役纪念馆。

↑ 2010年8月31日，昌平区广电中心工会召开第一届会员大会。

↑ 2010年6月30日，密云县广电中心党员和积极分子到董存瑞烈士纪念碑前重温入党誓词。

↑ 2010年6月6日，延庆县广电中心举行科级干部竞争上岗演讲测评会。

（队伍建设图片：由广播影视相关单位提供）

2010年9月，北京市广电局、北京广播电视台承办的全国广电系统职工第二届“中国移动杯”乒乓球赛取得成功。

↑ 2010年7月，北京市广电局参加市直机关第三届运动会定点投篮比赛。

↑ 2010年6月，北京市广电局干部职工参加市直机关第三届运动会定点射门比赛。

↑ 2010年6月，北京市广电局参加市直机关第三届运动会集体跳绳比赛。

↑ 2010年2月9日，北京市广电局举行春节联欢会，北京音像资料馆热舞节目获得好评。

文体活动

2010年北京电台职工春节联欢现场，台长汪良的书法作品成为晚会特等奖的奖品。

2010年2月26日，北京电视台举行2010年职工新春大联欢。

2010年5月13日，北京电台举办“红五月”歌会。

2010年12月4日，北京电视台举行羽毛球比赛。

2010年10月30日，北京电台团委组织团员参加北京国际长走活动。

2010年6月19日，北京电视台举行乒乓球比赛。

2010年7月，北京歌华有线电视网络公司“歌华杯”篮球赛取得成功。

2010年8月，北京歌华有线电视网络公司“歌华杯”乒乓球赛取得成功。

2010年10月23日， 北京歌华文化发展集团举行“第四届职工羽毛球比赛”。

2010年10月27日，北广传媒移动电视公司全体员工在八达岭举办金秋十月长城之旅摄影比赛取得成功。

2010年5月14日，北广传媒城市电视公司足球队与歌华有线亦庄分公司足球队举行足球友谊赛。

2010年，北京广播电视报社代表集团参加北京新闻界乒乓球赛，取得好成绩。

文体活动

2010年2月6日，朝阳区广电新闻中心在年终总结会上以自编自演的文艺节目喜迎虎年。

2010年6月10日，海淀区新闻中心参加区运动会龙舟比赛，并获得三等奖。

2010年2月8日，丰台区广播电视中心在春节团拜会上自编自演文艺节目喜迎虎年。

2010年5月4日石景山区广电中心办公室组织员工与区统计局进行篮球比赛。

2010年6月20日，门头沟区广电中心组织职工进行户外拓展训练。

2010年6月10日，房山区广电中心编辑记者参加房山区第九届全运会体操比赛。

2010年4月21日，中央民族大学部分学生到大兴区广电中心参观学习。

2010年7月31日，怀柔区广电中心参加区组织的工间操表演。

2010年10月13日，平谷区广电中心组织趣味活动比赛。

2010年6月23日，昌平区广电中心参加全区运动会。

密云县广电中心女子羽毛球队获得密云县“现代杯”女子团体冠军。

延庆县广电中心《生活全方位》栏目全体编辑记者庆祝节目开办1000期。

（文体活动图片：由广播影视相关单位提供）

后勤工作

2010年4月10日，北广传媒集团党委书记刘志远（前右）率队到延庆植树。

2010年4月8日，北京市广电局后勤服务中心组织植树活动。

2010年9月，北京广播电视台纪委书记王伟（中）检查建外办公区设备安全工作。

2010年9月10日，北京广播影视物业管理中心接收歌华总部基地办公楼物业管理，图为完成大楼图纸及设备间钥匙的交接工作。

2010年5月，北京广播影视物业管理中心工作人员检测建外办公区热力站设备，以备冬季供暖。

（后勤工作图片：由广播影视相关单位提供）

2010年，北京电视台卫生所加强职工防病工作，图为开展的职工疾病预防与健康维护讲座。

北京电台卫生所是提供对内服务的医保定点医疗机构。2010年累计接诊1万3千余人次，为职工健康提供了保障。

2010年7月22日，北京市广电局后勤服务中心举行新党员入党活动。

2010年11月18日，北京电台德太楼员工餐厅正式开业。缓解了原来一个餐厅就餐高峰时拥挤的矛盾，更好地满足员工需求。

2010年，北京歌华文化发展集团后勤工作人员在维护中华世纪坛旋转体设备。

（后勤工作图片：由广播影视相关单位提供）

目　　录

特　　载

专项纪事

概　　况

产业发展

广播电视覆盖

频率频道

节目栏目

新媒体传播

科技发展

电 影

电视剧

书报刊出版

受众调查

组织机构

获奖作品

经 验

统 计

大事记

索　引

特 载

《北京市“十一五”时期广播影视发展规划》终期评估报告（摘要）

《北京市“十一五”时期广播影视发展规划》(以下简称《规划》)，是指导全市2006年-2010年广播影视业发展的重要纲领性文件。为全面总结《规划》实施情况，评价行业发展水平和质量，为制定“十二五”广播影视业发展规划提供依据，有必要对《规划》目标和重点任务的完成情况进行分析和评价。

本报告以《规划》确定的总体目标、重点任务和保障措施为主要评估对象，对“十一五”期间的行业发展情况、政策实施效果和存在的问题进行了客观评价和系统分析。

一、“十一五”时期广播影视发展总体情况评估

“十一五”时期，在市委市政府领导下，一系列广播影视相关政策措施的出台，有力推动了广播影视发展。网络技术和信息技术的不断提升，进一步加快了行业创新和产品升级。在上述各项因素综合作用下，“十一五”时期，全市广播影视业较好地完成了规划目标和任务，事业产业发展迈上了新的台阶。

表1 “十一五”时期北京市广播影视规划完成进度表

目标	“十五”期末	“十一五”期末	规划期内目标完成情况
广播电视人口综合覆盖率100%	广播人口覆盖率100%，电视人口覆盖率99.99%	99.99%	基本完成
有线电视实现行政村基本覆盖		已实现	提前完成
城镇有线电视用户数字化转换基本实现	无	已覆盖276.79万户，占有线电视用户的比重达到61.8%。	完成
移动电视网延伸到远郊区县	无	已覆盖18个区县	提前完成
影视剧生产能力大幅提高	2005年生产电视剧21部429集	电视剧生产部集数比2005年分别增长204.8%和420.3%。	完成
广播电视广告收入实现30亿元	23.6亿元	61.37亿元	完成
广播影视总资产达到400亿元	182.6亿元	445.3亿元	完成
北京成为全国影视节目制作和交易中心		电影产量占全国一半以上，电视剧产量居全国首位	完成

二、"十一五"时期广播影视主要任务评估

（一）坚持正确舆论导向，提升宣传引导水平

1. 基本建立起保障正确舆论导向的长效机制

建立起对市属电台和电视台节目常规与临时结合、分散与集中结合、评议与交流结合的高效监听监看机制。播出机构以制度建设和人员培训为重点，完善选题管理、播出管理、三级审查、责任追究等规章制度，基本建立起抵御低俗之风的长效机制，为坚持正确舆论导向提供了重要保障。

2. 基本建立起重大新闻事件报道快速反应机制

成立了突发公共事件应急报道小组，进一步完善重大灾害和突发事件报道应急机制。圆满完成南方雪灾、5.12 地震灾害、甲型H1N1 流感防控等一系列突发公共事件报道任务。

3. 圆满完成奥运报道和国庆60周年报道任务

采用不间断、多频道报道方式，圆满完成奥运报道任务。北京电台、电视台以大型重点宣传、系列专题报道和文艺作品相结合的形式，推出了一批高水准的国庆60周年献礼节目。中国电影博物馆举办了"庆祝新中国成立60周年系列公益电影展映"活动，放映了数百部优秀国产影片。

4. 以少儿节目为重点，公益性节目成果丰富

北京电台开播《生态北京》，保证了科教节目的播出时间。少儿节目《男孩女孩》、《爱星满天》分别获得广电总局全国优秀少儿广播栏目一等奖、三等奖，并得到国家少儿精品发展专项资金扶持。北京电视台在原有科教频道、青少频道、卡酷频道的基础上，对青少频道进行了新媒体与传统媒体的融合改版，打造电视、网络、手机三位一体的全新社区式新青年电视。卡酷动画卫视开发和制作了《七色光》等7档知名度较高的少儿动画栏目以及《福娃奥运漫游记》等一系列原创动画片。

5. 加强广播影视网站建设，网上宣传作用初步发挥

升级原有广播影视网络，开通网站视频分享功能，扩大网络资源和宣传影响力。北京广播网"播播视频"改版后，拥有节目资源超过1万小时。北京电视台网络视频平台"BTV在线"主推影视剧、动画片和优秀电视节目点播业务，可提供1500小时的电视节目，供5000网民同时在线点播。

（二）实施精品化和品牌化战略，繁荣广播影视内容生产

1. 精品建设卓有成效，品牌栏目日益成熟

一是健全评价奖励机制。每年组织"北京广播影视奖"评选，从获奖作品中推荐参加全国评选。"十一五"以来共有21部作品获全国新闻奖。

二是主要播出机构频率频道品牌建设得到加强。北京电台打造了"交通广播"、"文艺广播"、"音乐广播"等品牌频率，以及《一路畅通》、《城市零距离》、《资讯早八点》等品牌栏目。北京电视台卫视频道改版后强化新闻宣传以及《中华文明大讲堂》、《真情耀中华》等栏目的推出，受到了国家广电总局的充分肯定。卡酷动画频道推出了《福娃奥运漫游记》等动画精品和衍生产品，发展前景看好。

三是精品示范作用进一步发挥。北京电台开办《主持人节目展播》和《精彩节目联播》两档节目，加强了各专业广播之间的交流。北京电视台实施"五个一工程"，对获奖作品、有广泛社会反响的电视剧精品进行集中展播，展播量达到全年播出总量的20%。

2. 影视剧生产数量质量同步提升

一是政策支持力度加大。采取奖项引导、推荐播出、资金资助等一系列制度和措施，促进精品电视剧的创作生产。电视动画片创作生

表2 电视剧与动画片生产情况比较

	2005年		2010年	
	部数	集数	部数	集数
电视剧	21	429	64	2232
动画片	8	1578	17	831

产的审查期限由法定50天缩短为20天，加快了办理时效。制定了专项资金广播影视项目评审办法（试行），进一步规范重点项目扶持。

二是影视生产能力显著提高。“十一五”期间，北京地区共出品电影1000多部，比“十五”时期增长60.7%；电视剧267部8408集，比“十五”时期增长69.69%；生产动画片71部3.24万分钟，比“十五”时期增长368%。影视剧投资额、创作数量和节目销售额均居全国省市首位。

三是作品质量明显提升。全市共有64部广播电视节目栏目、广播影视作品荣获“五个一”工程奖、电影“华表奖”、电视剧“飞天奖”等国家级和国际奖项。华谊兄弟、海润影视、中北、英氏等影视制作公司影响力不断扩大，已形成品牌风格。

（三）深化体制机制改革创新，增强事业产业发展活力

1. 完善宣传管理体制，推进行业自律

一是强化宣传管理体系建设，建立了收听收看中心、广播电视作品审查中心和广播电视监测中心，《收听收看报告》和收听收看员队伍等组成的“三个中心、一个报告、一个队伍”的监管体系。“十一五”以来，对电台、电视台70余个频率频道和栏（节）目进行了重点监管。

二是推进行业协会组织建设。协调有关部门，成立了影视动画协会，到“十一五”末已有会员84个。由47家机构发起成立了首都广播电视节目制作业协会，到“十一五”末会员单位已发展到了159家。在企业维权、行业自律等方面取得初步成效。

2. 深化内部人事和收入分配制度改革

一是规范局属事业单位工资制度。电台和电视台按照事业单位改革和人员聘用的新办法，推进了工资制度改革。二是完善人员聘用制度。北京电台出台了新员工的人事薪酬管理办法，为优秀人才转成编制内人员制定专门政策。北京电视台制定了从业人员管理暂行办法，并加强编外人员队伍管理，明确从业人员类别，细化人事管理流程，对非编制人员基本实现了社会化、法制化、规范化、动态化管理。三是建立健全人员激励约束机制。北京电视台实行目标责任管理，以收视贡献率和投入产出率作为节目评价标准，出台了节目评价办法及计财、人事、广告、节目管理的配套方案，取得了明显成效。

3. 推进宣传与经营“两分开”改革

一是积极促进节目制作与播出分离。北京电台成立了节目制作中心，形成了内部竞争机制，为进一步成立节目制作公司、开展对外融资奠定了基础。北京广播电台成立北京银龙

广播电视节目制作有限公司，将电台的节目制作业务剥离到该公司，建立面向市场的节目制作与销售平台。北京电视台有25部影片实现了与社会公司的业务合作。二是推进国有广播影视企业产权制度改革。北京广播公司的二级公司按照现代企业制度，完成了产权制度改革。三是建立了广告运营新模式。北京电视台建立了广告业务市场化运作模式，实现了统一价格体系、统一政策基础上的规范运作，改革后当年广告总收入同比增长59.47%（2007年），创收增幅达历史最高点。

4．推进广播影视资源整合

转变广播影视管理部门政府职能，更名挂牌成立北京市广播电影电视局，实现电影管理职能划转，新增网络视听节目管理职能，加挂产业促进处、安全监管办公室、信息网络视听节目传播监管中心和广播电视安全播出调度中心牌子，行业监管职能进一步扩大完善。组建北京广播电视台，首都广播影视资源进一步优化，整体实力明显增强。北京电视艺术中心转企改制工作顺利完成。

（四）大力发展广播影视产业，增强竞争力

1．产业发展势头良好，竞争力不断增强

一是行业规模迅速扩大。2010年，北京地区广播影视节目制作交易机构累计达到1238家，比2005年增长385.5%。网络传播视听节目持证机构达到126家，位居全国省市首位。资产总额445.3亿元，比2005年增长143.8%；市级广播影视从业人员2.63万人，比2005年增长134.8%，其中专业技术人员1.05万人，比2005年增长101.9%（图1）。

二是效益稳步提升。2010年，全市广播影视总收入154.53亿元，其中广告收入61.37亿元，分别比2005年增长191.7%和124.3%，圆满实现“十一五”规划目标(图2)。广告收入占创收收入比重稳步下降，收入来源日益多样化（图3、图4）。北京电台创收收入连续多年位居全国电台第一，北京电视台创收收入居全国省级台前列。

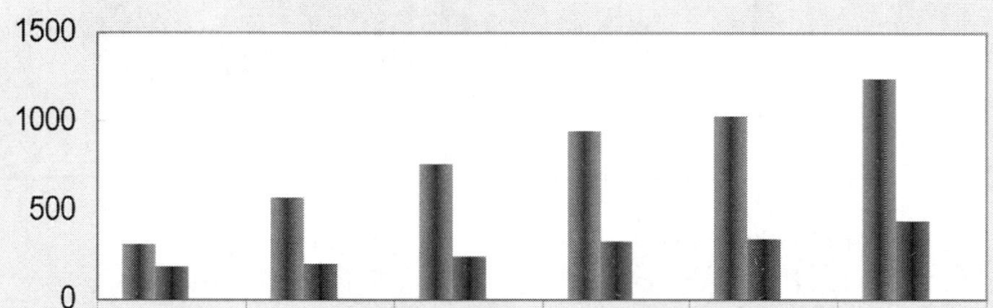

	2005年	2006年	2007年	2008年	2009年	2010年
单位数（个）	315	565	762	942	1033	1238
总资产（亿元）	182.6	200.98	245.34	328	347.8	445.3
从业人员（万人）	1.12	1.39	1.47	1.84	1.95	2.63

图1　北京市广播影视业“十一五”以来发展概况

2．新媒体业态逐步成熟，业务范围不断扩大

一是运营平台逐步完善。成功组建移动

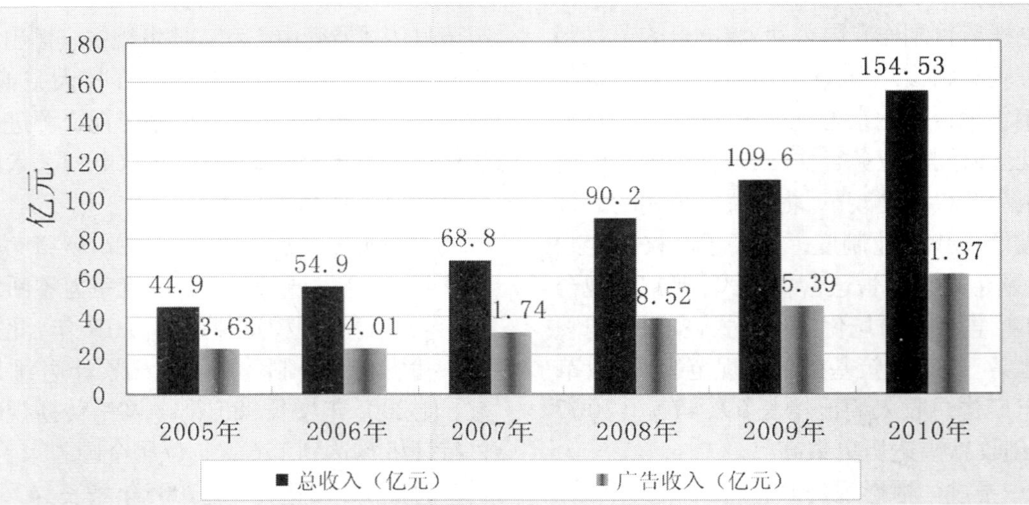

图2　十一五期间广播影视业创收收入情况

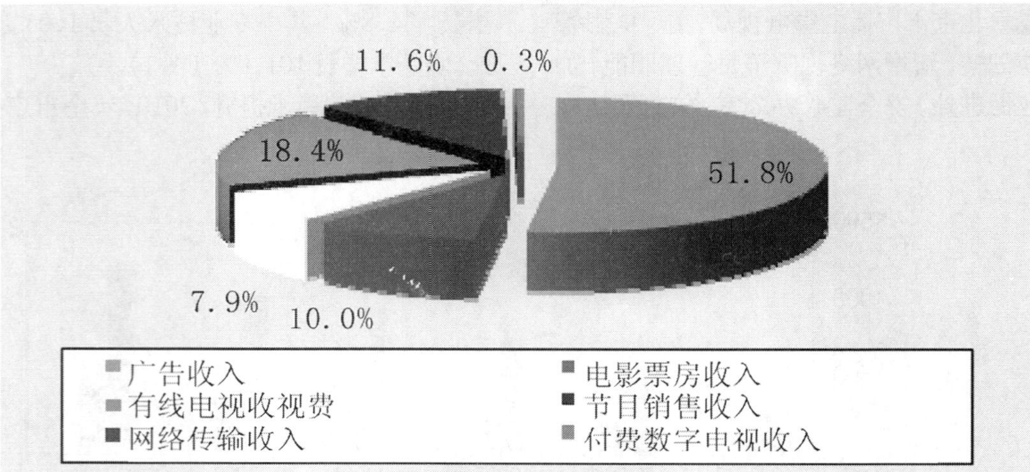

图3　2010年广播影视业收入结构

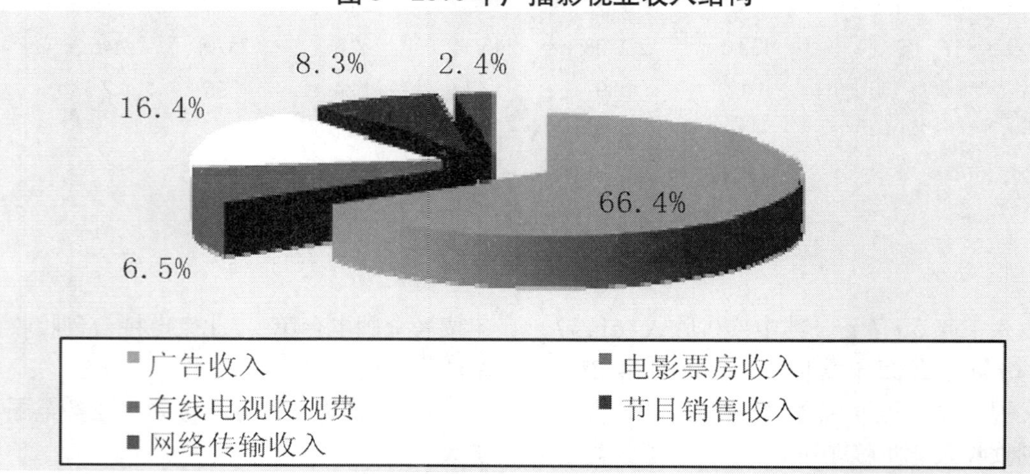

图4　2005年广播影视业收入结构

多媒体广播电视（CMMB）北京子公司。北京广播网音视频资源进一步丰富，日访问量接近15万次。数字音频广播（DAB）已具备播出视频节目的基本条件。BTV网站视频保有量达到8632小时，日访问量最高达到24万人次。北京电视台IPTV实现了10套节目的网上直播。

二是覆盖范围不断扩大。移动电视网已全面覆盖北京市六环以内地区，面积超过6000平方公里。拥有2.4万块车载移动电视终端、1.2万块城市电视终端、1.08万块地铁电视终端，户外大屏幕电视8块。歌华有线宽带数据业务个人客户达到11.2万户，在“十五”期末基础上翻了一番。

3.产业集聚初现规模，发展模式不断创新

一是给予政策支持。出台《北京市关于支持影视动画产业发展的实施办法（试行）》，进一步推动本市动画产业的发展。

二是大力推进集聚区发展。位于海淀、石景山和通州区的国家动画产业基地等影视产业集聚区建设已具备良好基础；国家新媒体产业基地星光影视园被国家广电总局授予“中国北京星光电视节目制作基地”称号，已入驻企业59家；中国（怀柔）影视基地龙头企业中影集团数字基地正式开业，注册资金超过10亿元人民币，2009年底入驻影视类企业198家，影视生产能力占到全国的60%；CBD国际传媒产业集聚区入驻国际新闻机构167家，占驻京海外新闻机构的80%以上，凤凰国际传媒中心工程顺利启动，北京电视台新址建设和北京广播大厦全部完成。

三是不断探索企业合作发展的新模式。光线传媒成功实现与北京银行建立战略合作伙伴关系，获得国内民营影视公司最大规模单笔贷款2亿元。华谊兄弟成功上市，成为国内首家上市的影视制作企业。俏佳人传媒股份有限公司成功收购美国国际视听传播公司，北京西京广告有限公司投资收购了英国普罗派乐电视有限公司，北京四达时代通讯网络技术有限公司在8个亚洲国家开展了广播电视终端类产品投资业务。

4.节目资源经营开发迈出新步伐

面向新媒体内容市场、开辟新的收入渠道，北京电视台大力发展视频网站和手机电视业务，并与新浪网、搜狐网、TOM网、新华网等近10家网站开展合作。华谊兄弟成为首家在国内上市的影视制作企业，乐视网成为国内首家A股网络视频网站，搜房网和优酷网先后在纽约证券交易所挂牌上市，北京保利博纳电影发行有限公司在美国纳斯达克上市。积极加强节目版权出售，依托北京电视台节目品质的提升以及版权策略的调整，京视传媒的版权发行业绩大幅提升。

（五）推进体系建设，强化安全播出保障

1.强化保障体系，安全播出工程进展顺利

完善了安全播出领导小组、指挥部和调度中心等组织机构，建立了总局—市—市属单位—区县文委、广电中心四级安全播出预警系统。完善了全市广播电视安全播出应急预案和非法信号干扰事件报告程序，升级改造了预警信息发布平台，与自建有线电视网络单位及其上级主管机构、移动电视传输和播放单位等签订了安全播出责任书，及时处置了非法信号干扰事件。

2.强化硬件建设，安全保障能力得到提升

建立起较为完善的广播电视监测网络系统、广播电视安全播出调度系统和互联网视听节目传播监管系统，广播电视安全播出保障能力大幅提高，互联网视听节目传播监管及时有效。建立完善视频会议、800M集群电话指挥、卫星电话、预警信息发布等安全播出指挥系统，完成全国指挥调度平台北京分节点建设。“三线”搭挂隐患整治工作圆满完成，安全保障能力大大提高。

3.推进灾备系统建设，确保运行安全

市属播出机构、歌华有线均已完成安全

播出灾备系统建设，并在异地建立了容灾备份系统，为运行安全提供了有力保障。北京电台更新了部分存储设备并为该系统更换了新的UPS电源，大大提高了灾备系统的应急保障能力。北京电视台频道播出系统采用全硬盘服务器播出方式，并建立了应对紧急情况的播出应急上载系统。

（六）完善覆盖城乡的公共服务体系，提高服务水平和公益性

1. 有线电视实现区县全覆盖

全市有线电视光、电缆实现了由城区向远郊区县的延伸，光缆线路长达3.02万公里，电缆线路长达11.87万公里，已覆盖全市所有行政村。

2. 农村广播电视重点由全覆盖转向改造升级

一是提前完成村村通工程。2006年，广播电视村村通工程提前全面完成，当年开始升级改造，惠及854个自然村90多万农民群众。完成254个浅山区村电视信号弱工程、448个已建“村村通”系统电视节目增加到8套以上工程、156个已建10年以上“村村通”系统升级改造工程。奥运期间，在全市679个村村通系统加装收看中央电视台奥运频道接收设备。自然村“村村通”收视电视节目达到9套。

二是提升农村无线广播收听节目套数，改善农村广播收听状况。建成怀柔、房山、门头沟、密云、延庆5座高山无线转播站，使北京新闻广播人口覆盖率从84%提高到了97.8%。充分利用五座高山无线转播站，实施了加载数字音频广播（DAB）系统工程，使山区农村收听北京电台广播节目由1套增加到13套，在全国率先实现全境广播数字化。

三是建立完善“村村通”维修维护长效机制。出台《关于做好广播电视村村通系统维修维护工作的意见》，明确了维护工作的组织领导、队伍建设、经费来源、监督管理等事项，并定期进行检查，确保广播电视“长期通”。北部山区的7个区县初步建立了以区县为中心、乡镇为基础、服务广大用户的农村广播电视运行维护体系。

3. 电影覆盖面和影响力进一步扩大

到2010年底，北京拥有电影院线13条，影院102家，银幕510块，流动放映设备331台，固定放映设备3897台。2010年，电影票房收入11.81亿元，在全国城市票房收入排名中位居第一，比2005年增加8.85亿元，增长率为300%。仅2010年，北京市全年电影放映74.3万场次，农村放映公益电影48.13万场，观影人次2728万人，领先于全国其他地区。

4. 重点工程提前完成，作用初步发挥

中国电影博物馆顺利开馆，展陈功能得到了有效发挥。北京广播大厦建设完成，北京电视中心全面完工，歌华大厦投入使用，有效改善广播影视发展环境，为提高北京广播影视的整体实力，促进北京广播影视发展，发挥了重要作用。

（七）加快推进数字化建设，拓展新技术应用领域

1. 有线电视数字化转换取得积极进展

成立了由市领导和区县主管领导组成的北京市推进有线电视数字化工作小组，出台了扩大有线电视数字化试点工作的意见，对数字化机顶盒发放给予专项财政补助。有线电视数字化进展顺利，推广数字电视用户276.79万户（图6）。全力推进高清交互数字电视应用工程，高清交互数字电视用户达到133.01万户，北京电视台的卫视频道、文艺频道成功实现高、标清同播。节目内容更加丰富，有线电视数字网络传输158余套数字标清电视节目、14套高清电视节目、16套数字广播节目。自办付费电视频道11套，集成48套，代理播出9套。建成北京移动电视单频网，覆盖范围达到北京城区六环路内95%以上地区，覆盖效果和质量在国内城市移动电视网络内居于领先地位。

2. 广播电视机构数字化、网络化整体水

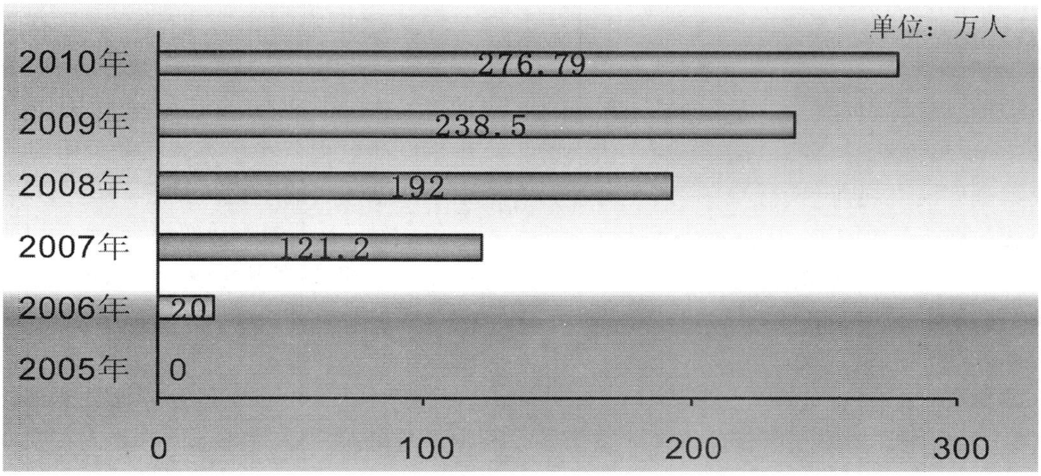

图5　北京市有线电视用户数字化转换进展

平明显提高

北京电台实现了节目制作的网络化和播出的自动化。北京电视台新址实现了“前期数字化、编辑制作网络化、播出硬盘化、存储数据化、管理科学化”五大目标，大大提高了台内数字化、网络化水平。

（八）实施“走出去”工程，扩大国际影响力

1.拓展境外合作,落地播出节目数量增加

“十一五”期间，北京电台在原有22家境外合作电台的基础上，与美国洛杉矶1300、德国之声、澳大利亚2AC华人电台和新西兰中华电视网电台建立了境外合作交流关系，建立境外合作关系的电台达到26家。外语广播每天向海外传送节目，在20多个国家和地区播出。借助国际互联网开办了北京市第一家外语广播网络电台（www.netfm.com.cn），进一步拓宽了外宣渠道。北京电视台国际频道（长城平台BTV频道）全面进入长城美国平台、亚洲平台、欧洲平台、加拿大平台、拉美平台和东南亚平台，收视率保持在长城平台各频道前五位。北京电视台长城平台用户达到10万户，比“十五”末期增长了2倍，总收入达2亿元。还与美国纽约中文卫视、斯克拉教育电视网等5家海外电视媒体机构开展合作，为其提供节目，传播力、影响力显著提高。

2．积极拓展影视节目外销渠道

北京电视台先后与天映企业有限公司、台湾从乐国际多媒体有限公司、亚欧洲际影视法国有限公司签订了栏目播映权和音像版权合约；节目销售业务拓展到马来西亚、文莱、法国、印尼等国家和地区，建立了多元的、良好的合作关系。由中北电视艺术中心有限公司与俄罗斯REN-TV共同创作、合作拍摄的电视剧《勇士的最后秘密》（又名《猎人笔记之谜》），在俄罗斯REN-TV电视台晚间黄金时段播出后，受到广泛好评。2008年至2010年，北京广播影视机构积极赴海外参展，共达成交易金额2000多万美元。

（九）实施人才发展战略，建设高素质人才队伍

1．编制人才规划，明确人才发展目标

由市广电局牵头，编制了“十一五”时期广播影视人才规划，明确了人才建设的指导思想、目标和重点任务，为加强广电系统人才工作，造就高素质的广播影视人才队伍，为推动广播影视事业和产业繁荣发展提供人才储备和智力支持奠定了基础。

2．以职能调整为契机，加快人才队伍建设

根据有关规定和新“三定”后履行职责的要求，市广电局制定了《贯彻“三重一大”集体决策制度议事规则（试行）》。有效开展了干部交流轮岗、人才引进、干部培训等工作，进一步提高了干部队伍的素质。制定完善了《建立健全惩治和预防腐败体系2008–2012年工作实施办法》和《党风廉政建设责任制任务分工》等规章制度。

3．加大培训力度，培育优秀人才队伍

结合首都广播影视工作实际，不断加大人才培养力度和干部培训力度。“十一五”期间，共投入经费4000多万元，举办各类培训班936期，参训人数达10万多人次；举办境外培训班19期，参训人数288人次。引进广播影视优秀人才19人。共有12760人次参加广播电视编辑记者、播音员主持人资格考试，5147人获得合格证书；103名从业人员取得广电播音系列专业技术资格证书；27人被列为全市宣传系统“四个一批”人才，1人荣获“长江韬奋奖”，2人荣获“范长江奖”，2人被市列为百千万工程培养人员。

（十）转变政府职能，加强依法管理

1．调整机构设置，转变政府职能

按照市委市政府“三定”工作部署，完成了新一轮职能调整和机构改革工作，市广电局增加了电影管理、网络视听节目管理等职能，并更名为“北京市广播电影电视局”。在完善广电职能部门内设机构的基础上，调整设置了广播电视监测中心（加挂局信息网络视听节目传播监管中心、市广播电视安全播出调度中心）、广播影视作品审查中心、信息中心和后勤服务中心，建立了政务大厅，行业监管和职责规范进一步加强。

2．强化政策调节，行业研究实力和水平显著提升

加强调查研究，促进科学决策。编制发布了《北京市“十一五”时期广播影视发展规划》，进行了任务分解和督促落实工作。加强调研工作，开展了“广播电视无线覆盖”、“北京市广播电视公共服务体系建设研究”等30余个课题项目的研究。加强了形势分析工作，每年2次召开发展形势研讨会、编印《形势分析报告》。开展了数据统计、情况通报、信息综合等基础性研究工作，编发多种内部刊物，改版了北京广播影视年鉴和广播影视学刊，促进了资料收集和学术交流，为促进科学决策奠定了基础。

3．推进依法行政，管理方式和管理手段不断创新

完善了行政许可配套制度、行政执法责任制考核制度、行政执法协调工作制度、法规与规章实施准备和评估工作办法等，细化了依法行政规范。全面推行行政执法责任制，组织开展了行政执法责任制评议考核工作。修订了《北京市广播影视行政许可工作手册（2007版）》。完成政务大厅建设，实行了全程办事代理、全日制办公、无缺位办公和首问负责制等制度。建立了法律顾问制度，提高了法律服务水平。推进立法调研，积极探索地方立法方向。组织了贯彻执行《中华人民共和国政府信息公开条例》的相关工作，编修了政府信息公开指南和公开目录，建立了政府信息公开工作机制和制度规范，并已全面运行。

4．加强广播影视节目的监督、管理

积极完善了广播电视监测系统，实现了对北京电视台和中央电视台高清节目、远郊区县无线转播站、宾馆饭店视频点播系统和网络视听节目的监测监管。高度重视媒体机构管理。集中开展了依法整治非法接收传输境外卫星电视节目专项行动。制订了新建小区有线电视网络工程验收方案。加强对违规视听节目服务网站查处力度，开展无证视听节目网站集中治理行动。成立了影视动画协会，强化了监管

职能。

三、“十一五”时期广播影视发展存在的主要问题

（一）广播影视体制改革步伐艰难

一是改革涉及的成本和风险较大，阻力也较大。二是制播分离下的竞争环境还不完善，由于缺乏符合市场规律的有效的节目准入、评审和交易机制，影视制作机构与播出机构之间形成依附关系，而不是平等的市场关系，制约了影视制作的利益驱动力，也违背了制播分离改革的初衷。三是改革所需要的社会经济环境、政策环境和法制环境仍不健全，在一定程度上增加了社会力量与电视界合作的难度，成为制约社会资本以及外资进入电视行业的一个“瓶颈”。

（二）影视作品质量和品牌影响力亟待提升

一是影视作品虽然产量逐年递增，但高质量、有影响的优秀作品不是很多。影视作品产量与播出量比例严重失衡，一些影视剧盲从市场、争占资源、跟风和克隆现象比较普遍。二是品牌影响力亟须扩大。品牌建设还处在初期阶段，主要表现是品牌频道较少、全国影响力弱，初级品牌多、地位巩固的品牌少，品牌体系尚未形成。

（三）节目制作交易中心建设任重而道远

一是广播影视制作和交易市场还处于培育期，自我调节能力较弱。广播影视节目制作交易中的创作、人才等环节和要素发展滞后，主要表现在运营主体数量多，领军企业少；剧集产量高、质量低；演员支出占到总支出的半数以上，成本多、利润少、资本积聚能力较弱，等等。同时，在产业容量高速扩张的同时，产业集中度不高，规模小的企业占了绝大多数。二是新媒体产业发展受运营资质的限制。与上海相比，北京市新媒体运营资质存在取得晚、范围窄、限制多等问题，不利于进一步拓展市场。三是产业集聚区集聚度不高。缺乏促进产业集聚的引导政策，产业布局零散，难以实现规模经济。

（四）公共服务供给途径和长效机制不足

一是基层播出平台和渠道不足。在区县频道设置上，将区县频道并入公共频道后，区县播出资源严重不足，压缩了区县广电的发展空间；朝阳、海淀等开辟独立数字频道的区，频道资质问题悬而未决；市级播出机构在对区县的宣传报道中，缺少反映区县动态的新闻栏目。二是长效运营机制缺失。在广播电视公共服务的政策制定、资金投入、体系建设、管理运营、监测评估等方面，多以行政命令为主，缺少建立在深入调研论证基础上的、系统的、长期的考虑和总体部署，短期行为较多，具有稳定性、可操作性和可持续性的长效机制尚未建立。三是公益性影视作品数量不足。三农、青少年、科技类影视作品占作品总数的比例不到10%。

（五）有线电视发展受到多方制约

一是基础设施建设受政策制约。缺少专用网络基础线路，对有线电视网络覆盖和安全构成了较大制约。二是有线电视网络定位模糊不清，仍在事业化和产业化、公益服务和有偿服务之间摇摆。在现行体制下，有线电视网络一方面需要迅速完成数字电视整体转换，资本开支短期内集中释放，成本费用压力巨大；另一方面基本收视维护费提升和按终端收费模式无法确立，对用户收费面临舆论压力，进一步加大了有线电视网络和数字电视的经营压力。三是对数字电视节目的差异化发展缺少规划。数字电视的付费节目与免费节目在内容上没有明显差异，缺少特色和吸引力，甚至在一些节目的制作上还落后于免费节目。行业主管部门对免费频道资源与付费节目的发展方向没有明确的规划与区分，二者存在明显的趋同现象，影响付费频道的发展。

（六）文化产品国际化程度受限

一是政策扶持体系不完善。虽然国家出台了促进文化产品出口的相关政策，如《关于

进一步加强和改进文化产品和服务出口工作的意见》(中办发[2005]20号)、《关于鼓励和支持文化产品和服务出口的若干政策》(国办发[2006]88号)等，但尚未建立完善的资金补助、税收减免、出口奖励等政策扶持体系，使已有政策实施难度很大，受限企业较多，难以享受到政策的优惠。例如电影出口退税率一再降低，已由最初的17%降到13%；某些税收减免政策只适用于2004年以后成立的公司，局限性很大；对优秀企业或项目，特别是版权交易领域的合资合作，没有相关的鼓励政策和激励机制；产品进出口报关、审批等一系列程序烦琐、复杂，剧组专用账户开立、现金提取限额等方面没有考虑到影视制作交易企业的特殊性，等等，使政策效益大打折扣。二是对国外市场的了解程度不足，产品国际化水平低。对国际文化市场和受众的调查研究不够，市场信息闭塞，缺少联系渠道，难以根据国际市场需求策划、生产和营销产品。例如，与国外媒体的高峰交流会太少，缺乏了解国外发展情况的平台和渠道；电台、电视台受人员、经费等因素的限制，对外的节目缺乏针对性，难以有效扩大海外影响力。

(北京市广播电影电视局政策法规处供稿)

专项纪事

2011/《北京广播影视年鉴》

——记录行业情况　服务业内和社会——

北京市高清交互数字电视应用工程取得较大进展

北京市委、市政府高度重视高清电视发展，并将高清交互数字电视工作作为一项惠民工程大力实施。2009年以来，按照北京市《高清交互数字电视应用工程项目一揽子工作方案》，积极稳妥地推进高清交互电视应用工程。

一、北京市委、市政府大力支持高清交互电视发展

北京市委、市政府高度重视高清电视发展，将发展高清电视作为北京市加强公共文化服务、提升信息化基础设施建设、提升首都形象的一项重点工程。在《北京市信息化基础设施提升计划》和《北京市调整和振兴电子信息产业实施方案》中，均将高清交互数字电视工程列入重点发展项目。2009年底市政府专题会原则通过《高清交互数字电视应用工程项目一揽子工作方案》，针对工程项目中北京电视台频道高清化、高清交互基础设施建设和普及高清交互电视机顶盒三项重点工作，制订了分期实施计划：2009年至2011年，完成300万用户双向网络改造，推广260万户高清交互机顶盒，实现北京电视台3个频道高清化的整体建设目标。同时明确资金筹措方案，市政府安排固定资金投资支持北京电视台频道高清化建设；市财政、区财政、企业及个人按3.5∶3∶2∶1.5比例承担高清交互机顶盒资金。

北京市在推进高清交互电视发展的同时，加大高清交互电视的宣传。通过近两年的推广，高清交互电视得到了北京市民的普遍认可。北京市广电局委托市统计局统计中心于2010年10月进行入户调查，调查结果显示，被访用户中对推广高清交互数字电视的支持程度从2009年11月的78.4%上升到调查时的95.8%，政府主导推广高清交互数字电视应用工程得到了市民的高度认可；拥有高清电视机的用户从2009年11月的37.2%上升到55.9%，推广高清交互数字电视对拉动平板电视消费的效果非常明显；在已播出的13套高清数字电视频道中，最受用户喜爱的是BTV北京高清频道，北京电视台的节目得到市民的充分认可。

为有效提升北京市广播影视数字化网络化的整体水平，全面推进北京市区县电视台频道高清化建设进程，市广电局为区县广电中心向市财政申请了用于购置高清新闻节目拍摄、制作、存储、传输设备的部分资金，专项支持各区县购置电视新闻节目高清化设备，以此拉动区县电视节目高清化的发展。市广电局同时提出了《关于加快区县广电中心高清建设的指导意见》，明确建设的指导思想和基本原则，确定发展目标，并提出了高清建设的工作要求。

二、高清电视频道传输和高清交互数字电视机顶盒推广

（一）高清电视频道落地传输

北京歌华有线电视网络股份有限公司按照国家广电总局的要求，在歌华有线电视网络内共传输国家广电总局批准的14套高清频道。具体情况如表1所示。

（二）高清交互机顶盒推广现状

2009年9月18日正式启动北京市高清交互数字电视机顶盒推广工作，2010年推广100

表1 歌华有线电视网络传输的高清频道表

序号	频道名称	类别
1	CCTV-1综合高清	高、标清同播
2	CCTV 高清	有线、地面无线高清
3	CHC高清电影	付费高清频道
4	新视觉	付费高清频道
5	BTV纪实高清	有线、地面无线高清
6	BTV北京高清	高、标清同播
7	BTV文艺高清	高、标清同播
8	湖南卫视高清	高、标清同播
9	江苏卫视高清	高、标清同播
10	浙江卫视高清	高、标清同播
11	东方卫视高清	高、标清同播
12	黑龙江卫视高清	高、标清同播
13	广东卫视高清	高、标清同播
14	深圳卫视高清	高、标清同播

万高清交互机顶盒、2011年推广130万户机顶盒的工作均作为市政府为民办实事项目，市广电局为主责单位，市发改委、市财政局、市经信委、各区县政府为协办单位。

（三）高清交互机顶盒推广规划

2011年将继续在北京市行政区域内各区县开展高清交互机顶盒推广工作，计划在年底前完成130万户高清交互机顶盒发放，达到累计260万户高清交互机顶盒用户的目标。

三、高清电视系统建设、节目储备和队伍建设

按照国家广电总局要求，根据北京市《高清交互数字电视应用工程项目一揽子工作方案》的部署，北京电视台承担频道高清化建设的实施。

（一）高清电视频道现状。

截至2010年12月29日，北京电视台共播出三套高清电视节目，具体情况如下。

1.BTV纪实高清（原BTV奥运高清）。

BTV纪实高清频道于2008年5月开播，采用有线、无线两种传输方式，覆盖北京地区。该频道全天播出时长为16小时，节目内容包括文化类品牌栏目、电视剧和频道宣传等，且已实现100%高清制作和播出。

2.BTV北京高清。

BTV北京高清频道于2009年9月28日开播，于2010年12月20日实现高清网络化制播，采用有线、卫星两种传输方式，覆盖全国。该频道与BTV北京标清频道同步播出，全天播出时长为24小时，节目内容包括自制节目、电视剧、广告宣传时段等，高清节目播出率达70%以上，节目同播率达100%。

3.BTV文艺高清。

BTV北京高清频道于2010年12月29日开播，执行高清网络化制播流程，采用有线传输，覆盖北京地区。该频道与BTV文艺标清频道同步播出，全天播出时长为20小时，节目内容包括自制节目、外购节目、影视剧、广告宣传时段等，高清节目播出率可达70%，节目同播率达100%。

（二）高清系统建设。

市政府大力支持北京电视台高清系统建设，分两期投入资金用于“北京电视台高清晰度电视技术系统工程项目”的建设。

该项目一期工程已基本完成，基本实现了BTV北京高清、BTV文艺高清的高清网络化制播。该项目二期工程现已开始实施。二期项目将在一期项目的基础上对高清技术支撑平台进行扩建与完善，以满足生产规模扩大的需求。结合实际情况，二期项目的建设目标为力争于2011年内实现BTV公共·新闻频道的高标清同播。

（三）高清节目储备。

自北京电视台节目高清化工作启动以来，伴随着“BTV纪实高清”的开播和“BTV北京”、“BTV文艺”频道的高标清同播，已积累了大量高清节目和高清素材。据粗略统计，北京电视台磁带管理系统累计储备高清节目带约5000盘，媒资管理系统累计储备高清节目素材达3600小时。

（四）高清队伍建设。

北京电视台陆续组织多次高清业务方面的相关培训和演练，培训演练涉及全台所有参与高清频道节目制播的技术、节目部门，内容涉及标准规范、生产流程、设备使用等多个方面。通过培训演练，已逐步建设起一支适应新要求、新流程的高清队伍，并在高清系统项目建设、投入运行的过程中进行了实战练兵，圆满完成了高清新系统安全稳定过渡切换的任务。

（五）BTV北京高清频道落地传输。

BTV北京高清频道目前已在全国28个中心城市、78个地级城市、16个县级城市落地，在落地地区北京电视台免费赠送卫星接收解密卡。

（北京市广播电影电视局科技处）

北京广播电视台成立

为进一步推动首都文化大发展、大繁荣，做强做大北京市广播电视事业和产业，根据中央关于推进文化体制改革的有关精神，经市委、市政府批准，在整合原北京北广传媒集团、北京人民广播电台、北京电视台的基础上，组建北京广播电视台，为市委、市政府直属差额拨款事业单位，是北京市集传统广播电视和新媒体发展、艺术生产、人才培养以及综合市场开发为一体的大型现代传媒机构。

2010年5月31日，北京广播电视台成立大会在广播大厦隆重举行。中央宣传部副部长孙志军，国家广电总局党组副书记、副局长赵实，中华全国新闻工作者协会党组书记、常务副主席翟惠生，北京市委常委、宣传部长、副市长蔡赴朝出席成立大会，并为北京广播电视台揭牌。

北京广播电视台成立，是为了适应建设“人文北京”、“科技北京”、“绿色北京”和建设世界城市的要求，顺应全国文化体制改革和广播影视发展的大趋势，实现了北京北广传媒集团、北京人民广播电台、北京电视台的资源整合，从而，翻开了北京广播影视事业产业大繁荣、大发展的新的一页。

赵实代表国家广电总局对北京广播电视台的成立表示热烈祝贺。她指出，北京广播影视是全国广播影视最具活力的重要组成部分，有着广阔的发展前景，北京广播电视台的成立有利于进一步整合资源，深化改革，优化事业产业运营方式，促进北京广播影视事业发展再上新台阶，对于带动全国广播影视的发展将起到良好的示范作用。她强调，当前，广播影视行业正处在改革发展的关键时期，前景喜人，形势诱人。党中央国务院对于发展文化产业和推进文化体制改革，提出了新的更高的要求，文化产业已经成为我国转变经济发展方式的重要领域，这就要求我们要始终牢牢把握新的机遇，全面迎接新的挑战，以改革创新的精神和加倍努力，全面推进广播影视的大发展大繁荣。作为首都的主流媒体，希望北京广播电视台深入贯彻落实中央关于文化事业产业发展和文化体制改革的精神，积极进取，勇于创新，顽强拼搏，为北京广播电视台在新的历史起点上发展建设再创新高而努力奋斗。希望北京广播电视台要继续发扬优良传统，坚持宣传创新，坚持正确的舆论导向，坚持新闻立台的理念，不断提高舆论引导水平，不断拓展新媒体新阵地，不断提高广电媒体的公信力、传播力和影响力。要进一步深化体制机制改革创新。积极探索建立台属事业产业统筹协调、分开运行、分类管理、科学发展的运行机制。要切实加强内部资源整合，扩大外部合作与交流，不断增强北京广电媒体的整体实力和市场竞争力。要进一步加强业务创新、科技创新、管理创新。积极主动适应新闻媒体和新媒体发展的特点，力求技术领先、配套、安全，内容丰富、新颖、独特，管理科学、规范、高效，做到勇于变革、勇于创新，永不僵化、永不停滞。要进一步加强人才队伍建设，努力造就一支高素质、有本事、靠得住的优秀广播影视名家、名人和各类优秀人才。

蔡赴朝代表市委、市政府和市委宣传部讲话指出，组建北京广播电视台，是市委市政府贯彻落实科学发展观，着眼于不断提高新形势下舆论引导能力，着眼于做大做强本市广电事业和产业做出的重大决策。北京广播电视台要按照“高举旗帜、围绕大局、服务人民、改革创新”的总要求，牢牢把握正确舆论导向，大力推动社会主义核心价值体系建设，不断促进社会主义文化大发展大繁荣，努力为首都经济社会又好又快发展营造和谐向上的宣传舆论氛围；要加大投入力度，抓好内容研发，创作生产更多为广大人民群众喜闻乐见的精品力作；积极推进改革创新，努力发挥整体优势和竞争合力；积极应用新技术、发展新媒体、抢占新阵地，不断拓展发展空间，抢占信息传播的制高点；积极应对三网融合、台网融合的新挑战，努力打通产业链，实现广播电视和新媒体的融合发展，打造具有重要影响力的大型文化传媒。

他希望全台干部职工充分认识到肩负的历史使命和巨大责任，团结奋进、努力拼搏，在新的历史起点上，积极发挥广播电视和新媒体宣传科学理论、服务经济发展、弘扬先进文化、促进社会和谐的重要作用，为建设繁荣、文明、和谐、宜居的首善之区，作出新的更大贡献！

北京市广播电影电视局党组书记、局长李春良致辞。他表示，成立北京广播电视台是在中宣部、国家广电总局和市委市政府的关心、领导与支持下，北京广电系统深入贯彻中央关于文化体制改革精神的重大决策，对于整合我市广播影视资源，进一步提高舆论引导与公共文化服务水平，提升广播影视产业竞争力、影响力，有着重要的历史意义。我们坚信，新组建的北京广播电视台在台领导班子的带领下、在全台干部职工的共同努力下，一定会在新的历史起点上牢牢把握发展机遇，充分利用和发挥首都广播影视良好的资源优势，积极进取、科学发展，为全台建设的提升、跨越和发展作出新的努力和贡献，为“人文北京”和世界城市建设、为北京广播影视大发展大繁荣再创辉煌！

北京广播电视台党委书记刘志远在发言中表示，在中宣部和国家广电总局的关心指导下，在市委、市政府、市委宣传部领导下，北京广电系统适应建设“人文北京、科技北京、绿色北京”和“世界城市”的目标要求，顺应全国文化体制改革和广电业发展的大趋势，实现了北京北广传媒集团、北京人民广播电台、北京电视台的整合。北京广电事业发展翻开了新的一页。我们承担的使命更加崇高，我们担当的责任更加重大。应当说，经历几十年的发展，北京广电在内容生产、技术传输、人才建设、产业发展等诸多方面取得了有目共睹的成绩；整合意味着北京广电站在了新的发展起点上。新的目标，新的高度，激发我们新的豪情、新的干劲，新的更大的作为！

我们所处的时代，对包括广电在内的北京文化创意产业的发展，带来了前所未有的历史机遇：转变发展方式、调整产业结构，文化产业成为国民经济的新增长点；北京瞄准高端、建设世界城市，对首都文化软实力的提升提出了新标准，这一切，都为促进北京广电高水平、高科技含量的可持续发展提供了良好的机遇和条件。我们相信，整合之后，北京广电的整体战略目标将更加清晰，产业布局及产业链构建将更加完善，资源的统筹调配、利用将更为高效；产业协同优势将更加突出，产业活力将进一步释放，北京广电的整体品牌力、影响力、传播力将大大提升。我们始终坚持媒体的政治属性和喉舌功能，坚持以内容生产为核心，牢牢把握“三网融合”背景下新媒体产业的发展机遇，大力营造干事业氛围，脚踏实地，埋头苦干，就会在探索中发展，开创北京广电事业新局面。

北京广播电视台党委书记刘志远还代表北京广播电视台领导班子和全体员工表示：如果把未来北京广播电视台的发展，看做是北京广电事业的新的征程，那么今天的成立大会，就是吹响了前进的号角。我们将团结一致，开拓创新，不惧艰险，不辱使命，为首都广电事业的发展、繁荣竭尽全力！

（北京广播电视台办公室）

互联网视听节目管理不断加强

2010年，北京市广播电影电视局对互联网视听节目一手抓管理，一手抓繁荣，以管理促进发展，以管理保障发展，积极引导网络视听节目服务行业健康有序发展。

一、严把审核关，保障互联网视听节目服务持证单位稳步发展

按照有关规定，严格审核互联网视听节目服务单位申请及变更证照材料，把好行业准入关。截至2010年底，《信息网络视听节目许可证》持证单位126家，比去年增加57家，增长83%，约占全国持证网站数量的1/5。北京市互联网视听节目从业人员已达5300多人。在126家视听节目服务持证网站中，国有及国有控股单位24家，民营102家，民营网站约占持证网站总数的81%。为了积极探索新的业务形态和经营模式，一些有实力和影响力的网站通过上市、兼并重组等方式，不断扩大发展规模。新浪、搜狐、百度、酷6等网站成功上市后，2010年8月12日乐视网成功在深圳证券交易所创业板上市，成为国内首家A股网络视频网站。12

月9日，优酷网的境外公司在纽约证　交易所挂牌上市。北京市持证视频网站实力和影响力不断提升，民营网站成为推动视听行业发展的重要力量。同时，主流媒体开展网络视听新业务力度不断加强，北京广播电视台成立后，高度重视互联网媒体业务发展，加大了资金投入，加紧整合北京电台、电视台网络视听节目资源和人员力量，积极筹建北京网络广播电视台。

二、加强网络视听节目日常监管工作

充分利用现有的技术手段加强网上日常监看，分类处理各种违规信息。对有轻微违规行为的网站，及时通知确保立即删除，对节目内容屡次违规或无证运营的网站，进行诫勉谈话，限期整改；对传播淫秽色情和低俗有害信息的视听节目网站，协调市文化执法总队坚决予以查处，情节严重的，提请市通管局予以关闭。加强重大节日和敏感期的网络视听节目监管工作，制定了《敏感日期间网络视听节目服务安全保障和重大事件处置工作应急预案》，有效应对网络突发事件。理顺工作机制，畅通沟通渠道，建立有效监管制度。一是制订了北京市互联网传播视听节目日常监管工作方案，明确了指导思想，突出了工作重点，健全了组织领导，确定了职责分工，规范了监管流程。二是通过召开工作会议和专题会、短信电话通知、RTX即时通信软件在线沟通等方式，向持证网站及时传达上级精神，部署工作任务，提出工作要求。三是加强与北京市互联网宣传管理领导小组各成员单位的密切联系与合作，通过座谈会、会商会和联席会等形式，通报工作情况，及时研究解决工作推进中的难点问题，积极寻求支持。与市通管局、市公安局和市文化市场行政执法总队、市版权局共同签署联席会议制度文件，建立有效联动机制，形成监管合力，保障违法违规视听节目服务网站的监管查处工作顺利进行。

三、加强网络视听节目社会监督

一是组建互联网和手机媒体社会监督员队伍。从全市行政机关、企事业单位、大专院校和人民团体等机构的人员中聘请社会监督员，依照有关规定，对全市信息网络视听节目服务持证网站重点节目内容进行监看，并定期提交监看报告。二是与市网管办合作组建北京网络监督志愿者队伍，发动126家持证网站从业人员，北京市广电局机关各处室和局属各单位工作人员踊跃报名参加，组建了100多人的网络志愿者队伍，对网络视听节目日常监看力量进行了有效补充。三是开通举报电话及举报邮箱，发动广大人民群众积极举报互联网和手机媒体等传播违法和不良的视听节目。

四、强化市属视听节目服务持证机构从业人员培训，促进培训工作制度化、规范化

按照分层集中培训原则，通过采取专家授课、经验交流方式，帮助持证机构及时了解行业主管部门各项管理政策措施，强化媒体责任意识，引导持证网站依法经营，不断提高持证机构自身管理能力和从业人员业务水平，逐步建立行业管理教育培训工作的长效机制。

（北京市广播电影电视局网络管理处）

北京市广播影视安全播出保障有力

2010年，北京市广播电视系统围绕开展安全播出质量管理年活动，以建立安全播出管理体系、全面提升安全播出管理水平为目标，认真做好各项工作。北京电台全年播出62126小时，停播2分44秒，停播率0.26秒/百小时；北京电视台播出98498小时，停播727秒，停播率0.74秒/百小时；歌华有线公司总前端传输516840小时，鼎视公司传输318936小时，移动电视公司播出6017小时，数字电视公司播出72072小时，确保了安全播出无重大事故。

一、认真做好安全播出管理规定的宣传贯彻

为贯彻落实国家广电总局《安全播出管理规定》及实施细则，北京市广电局举办了安全播出管理规定及专业实施细则培训班，邀请广电总局安全播出调度中心常务副主任杨一曼授课，局总工程师何桂芝主持，局长李春良出席并讲话。北京广播电视台所属各单位，各区县广电中心、局监测中心等单位领导、技术部门负责人参加培训。为使管理规定落实到位，市广电局还将管理规定印发各播出、传输单位科室、班组，确保规定及实施细则人人皆知。

在做好培训学习的基础上，组织全市各安全播出责任单位开展自评估活动，通过自评估，查找安全播出风险，制定整改措施，做好安全播出风险防范工作。北京电台、北京电视台、歌华有线公司、鼎视传媒、数字电视公司等市属单位均达到了一级水平。在区县广电中心中海淀和顺义达到了一级水平，其他12各区县均达到了三级水平。

二、开展安全播出质量管理年活动

按照市委宣传部的指示精神，北京市广电局决定于2010年开展广播电视安全播出质量管理年活动。

一是全面动员，从组织上、经费上予以保障。2010年初，北京市广电局召开了全市广播电视系统安全播出质量管理年活动动员大会，局长李春良到会动员部署，明确工作目标和任务。为落实安全播出质量管理年活动要求，北京市广电局成立了以局长为组长的安全播出质量管理体系建设工作领导小组，由相关单位主管领导和局有关部门负责人组成了工作办公室，明确了职责分工和各阶段工作任务。各单位也相应成立了领导小组和工作办公室，积极开展安全播出保障工作。为确保此项工作顺利推动，还特成立了安全播出管理体系建设项目推进小组，由市广电局安全播出主管人员和各单位总工办派员参加，使项目从组织上得到了保证。项目实施各阶段，主管领导多次主持召开工作进展推进会议，听取工作汇报，解决存在问题。为确保安全播出质量管理年活动顺利开展，市广电局安排了专项经费，在财力上给予保障。为引入ISO9000标准构建安全播出管理体系，选择了咨询和培训机构，聘请质量管理专家作为顾问对安全播出管理体系建设工作提供全程技术支持和指导。

二是明确目标，分阶段、分步骤实施。市广电局制订了《质量管理年活动实施方案》，确定了项目的总体目标和各阶段的任务和要求。整个项目分调查研究、过程识别、体系策划、文件起草、深入实施、检查验收等6个阶段，先行试点，取得经验，然后再全面推开。

三是周密安排，各单位、各部门全面推进。在调研评估阶段，运用ISO9000标准的“过程方法”和“系统的管理方法”，采取面谈、查阅资料、问卷、现场观察等方式，以广播电视安全播出为主题对北京市广电局科技处、监测中心和北京电视台、歌华有线公司及移动电视公司的相关部门进行了为期一周的调研。针对调研过程中发现的问题进行了分析和评估，撰写了评估报告。在调研的基础上，针对广播电视安全播出行业特点和各播出单位所管控过程的不同，承担的风险性质、种类各异等具体情况，构思广电系统安全播出管理体系模式的框架。在此基础上，编制了北京市《广播电视安全播出体系－要求》内部“标准”（初稿）。该“标准”以ISO9001为基本框架，适宜地嵌入了广播电视安全播出过程中的风险管理内容和广电总局62号令的元素，对方针目标的建立、体系的策划、管理职责、资源的提供，监视、测量和分析体制的建立，以及围绕节目制作、播出和传输的全过程均作出了规定。在安全播出质量管理年活动中，对各播出单位科级以上负责人和主管领导进行ISO9000标准方面的培训，宣传ISO9000科学的管理理念，提高全系统管理人员对开展这项工作的认知程度，从识别与评价风险的方法、风险管理目标的建立、风险管理控制的要求、以及风险的应急管理等都进行了详细讲解，使各单位人员不但树立了风险意识，而且还掌握了科学的应对风险的方法。

四是齐心协力，完成安全播出管理体系建设工作。北京市广电局组织试点单位北京电视台、歌华有线公司、北京移动电视公司共同编写了《安全播出管理体系手册》和分手册4个、程序控制文件152个，并设计了相应的记录表格。通过开展安全播出管理体系建设，提高了各单位对安全播出管理的认识，优化了安全播出管理流程，健全了安全播出管理体系，确保了安全播出管理规定的落实。

三、抓好日常安全播出管理工作

坚持安全播出例会制度。每月召开一次市属单位安全播出例会，及时传达上级精神，分析监测情况，提出预警；坚持重要时期主管领导召集现场会议和进行安全播出检查制度，协调解决问题，确保“元旦”、“春节”、“两会”、“五一”、世界杯足球赛、上海世博会、“国庆”、广州亚运会等重要保障期的安全播出。

四、开展技术能手培训和技术能手竞赛活动

2010年，组织开展了有线电视系统和供电系统技术培训，举办了北京市广播电视技术能手竞赛活动，表彰了有线电视系统技术能手6名，供配电系统技术能手10名，选拔选手参加国家广电总局技术能手竞赛，并有1人获一等奖，2人获三等奖。

五、组织开展应急预案演练

2010年，北京市广电局举办了2次防范无线广播电视非法插播应急演练。演练由局主管领导担任总指挥，全市广电系统内部分区县文委和14个区县广电中心有关人员参加了演练。演练内容包括：发现非法无线电视插播突发事件后，调度中心呼叫各单位处置人员迅速到达现场查找非法信号源对非法信号源的压制、专业设备的使用等。

六、加强转播站安全运行监督管理

为确保北京市广电局所属5个远郊区县转播站的安全转播工作，北京市广电局定期分别对各转播站进行全面检查。检查内容包括转播站信源传输情况、供配电情况、应急发电机维护、油料准备情况、设备运转以及转播站留守人员安全情况等。根据季节变化，委托专业公司对转播站进行防雷、防雨、防雪检测，及时排除安全隐患。

七、完善监测机制，提高安全播出监测能力

北京市广电局监测中心加强管理，规范工作流程，认真梳理和细化监测科岗位职责，强化岗位责任意识，严格执行上岗考核制度，制定有效的监测工作奖惩措施，研究编制值班手册，修订值班员操作规程和应急预案。同时，为不断改进和提高值班员的业务能力，每月召开一次监测会，对安全播出事故的判定、报告、短信发布等处置流程进行分析和交流。进一步完善和统一事故处理方法，提高应急处置的及时性和有效性，不断提高监测质量，建立高效的监测工作机制。

（北京市广播电影电视局科技处）

北京市“三网融合”试点稳步推进

2010年1月21日，国务院以国发[2010]5号文件印发了《推进三网融合的总体方案》。文件下发后，北京市广播电影电视局及时向国家广电总局、工信部及部分省市了解三网融合工作动态与北京市经信委、北京市通管局共同召集广电、电信企业了解网络现状和业务开展情况，听取企业对参与三网融合工作的意见；组织部分国务院三网融合工作专家小组成员，以及广电、电信领域专家召开座谈会，论证北京市开展三网融合工作对进一步拉动首都经济发展和提升信息化水平的重要作用。2010年6月12日，《国务院三网融合试点方案》（即35号文件）出台后，北京市广播电影电视局、北京市经信委、北京市通管局等单位，对照试点方案中试点城市的要求，进一步分析北京市开展三网融合工作的基础条件，共同听取了北京歌华有线公司、北京联通公司等相关企业对参与三网融合工作的想法和考虑。在充分尊重企业意见的基础上，从北京未来经济发展、建设世界城市的要求出发，拟写了《北京市人民政府关于申请作为三网融合首批试点城市的函（代拟稿）》。同时责成申请参与试点的企业提出试点实施方案，报市政府批准。2010年6月18日，北京市向国务院三网融合协调小组办公室报送了《北京市人民政府关于申请作为三网融合首批试点城市的函》和《北京市三网融合试点实施方案》。6月30日，国务院正式批准北京市成为三网融合第一批试点城市。

一、建立领导机构，启动三网融合试点工作

经北京市政府批准，成立了由北京市委常委、宣传部长、副市长蔡赴朝，副市长苟仲文任组长，两位副秘书长和市发改委、市经信委、市财政局、市广电局、市通管局局长任副组长，市相关委办局及各区县政府共38个单位组成的北京市三网融合工作协调小组，同时参照国务院三网融合工作方式，协调小组下设由广电、电信、大专院校等有关方面专家组成的专家小组，为三网融合提供技术决策咨询；设立由市委宣传部、市外宣办、市经信委、市公安局、市安全局、市广电局和市通管局的专家组成的安全评估小组，负责安全评估工作。

二、深入调查，了解试点单位及相关企业情况

市协调小组成立后，主要成员单位领导先后到北京电视台、北京市广播电视监测中心、北京歌华有线公司、北京移动公司和北京数码视讯科技公司、北京天天宽广网络科技有限公司等参与三网融合工作的相关单位，开展三网融合调研工作。在调研中，听取了相关单位的汇报，观看了演示，对各单位如何在开展三网融合试点工作中更好地发挥职能作用也提出了具体指导意见。与此同时，市三网融合协调小组办公室还到其他试点城市，与试点工作牵头部门及广电、电信部门座谈，了解IPTV集成播控分平台和监管平台建设情况，学习它们的试点经验。

三、认真研究，制定北京市三网融合试点方案

按照国家对三网融合试点工作的要求和市协调小组对试点方案编制工作的具体要求，市协调小组办公室组织相关部门开展方案编制工作。市广电局作为牵头单位，会同市经信委、市通管局、市发改委、市财政局等单位，围绕首都城市定位和发展战略，结合北京信息化基础设施提升计划，本着统筹规划、促进发展的原则，共同编制北京市三网融合试点总体方案。在方案编制过程中，要求各试点单位、企业制订具体的实施方案，积极协调并促成

IPTV试点单位——北京电视台和北京联通公司试点方案的一致性。市三网融合协调小组办公室在编制北京市三网融合总体方案和审核各试点企业制订的具体实施方案过程中，掌握的原则是在符合国务院35号文件的前提下，搁置争议，寻求共同发展。

为使北京市三网融合试点方案符合国务院文件要求，符合网络信息安全和文化安全的有关要求，协调小组办公室组织召开了三网融合试点方案专家评估会，专家对《北京市三网融合试点总体方案》及各试点单位的实施方案进行论证，在一致通过方案的同时，也提出了非常好的建议，尤其是对试点企业的方案提出了从制度、人员、技术措施等方面进一步细化的建议。会后，各试点企业对方案进行了完善。完善后的试点方案经过市三网融合协调小组审议通过，提请市政府常务会议审议。市领导高度重视北京市的三网融合工作，市长郭金龙主持市政府常务会议，审议并原则同意北京市三网融合试点方案。会后，北京市三网融合试点方案以市政府名义报送国务院三网融合工作协调小组办公室审批。

四、加快基础设施建设，做准备，促发展

北京市在2009年制订的《北京市信息化基础设施提升计划（2009–2012年）》和《北京市调整和振兴电子信息产业实施方案》中，均将高清交互数字电视工程列入重点发展领域。2009年北京市政府专题会议通过了《北京市高清交互数字电视应用工程项目一揽子方案》，明确了在2009年至2011年期间完成300万户双向网改造，推广260万户高清交互机顶盒，同时明确了市政府对双向网络改造的补助和政策支持方式，明确了高清交互机顶盒市财政、区县财政的补助比例。政府政策、资金的支持和歌华有线公司的加大投入，为开展三网融合工作准备了条件。截至2010年底，北京市已推广高清交互机顶盒133万户。2010年10月，市广电局委托北京市统计局统计中心进行入户调查，调查结果显示，被访用户中对推广高清交互数字电视的支持程度从2009年11月的78.4%上升到95.8%，政府主导推广高清交互数字电视应用工程得到了市民的认可。拥有高清电视机的用户从2009年11月的37.2%上升到55.9%，推广高清交互数字电视对拉动平板电视的消费效果明显。在现有的13套高清数字电视频道中，最受用户喜爱的是BTV北京高清频道，北京电视台的节目得到了市民的认可。

同时，北京歌华有线公司加快推进交互式数字电视增值服务平台建设，积极研究开发各类新业态服务，为下一步三网融合正式实施奠定良好基础。

五、搭建IPTV播控及监管平台，确保与IPTV中央平台的对接

按照国务院《三网融合试点方案》和广电总局关于IPTV集成播控平台、监管平台建设的有关要求，北京电视台负责建设北京IPTV集成播控分平台。市广电局积极协调北京IPTV集成播控分平台接入全国IPTV监管总平台的工作，与北京电视台一起参加了总局监管中心召开的工作协调会，就北京IPTV集成播控分平台接入全国IPTV监管平台的具体工作内容进行了沟通，并形成一致意见。会后市广电局积极协调北京电视台落实接入工作，并向北京电视台发出《关于做好北京IPTV集成播控分平台监管设备接入工作的通知》，要求北京电视台按照会议纪要的工作安排，配合总局监管中心做好接入工作。

2010年9月30日前，北京电视台搭建的北京IPTV集成播控分平台，与中央IPTV集成播控总平台对接、与北京联通公司的传输链路连通。国家广电总局有关司领导到北京电视台进行了验收。同时，市广电局监测中心搭建的监管平台系统同步实现对北京IPTV集成播控分平台的播出监测。

（北京市广播电影电视局科技处）

广播电视“走出去工程”成效显著

2010年，北京市广播电影电视系统大力实施文化“走出去工程”，精办广播电视对外宣传节目，加大与海外广播电视主流媒体合作力度，积极参加海外影视动画展览评比活动，不断巩固和拓展海外宣传阵地，取得了良好的效果。

一、借助国际活动平台，提高海外推广和营销能力

北京市广播电影电视局连续三年组织首都影视制作机构赴法国参加戛纳电视节，2010年组织16家企业赴法参展，参展电视剧36部1146集、电影16部、动画片1部、纪录片栏目1个，有6家参展公司实现交易，7个项目达成合作意向，总金额约为830万美元；组织北京动画企业参加第十五届德国及数字技术领域的知名企业及行业协会开展交流，首次在世界级动画行业专业展会上举办以中国影视动画为主题的活动，首次向世界动画业界介绍北京影视动画产业的发展现状及产业；组织北京市电影行业协会的15家电影制作机构、2家放映机构、1家媒体参加了东京国际电影节，并在电影节上展映了《唐山大地震》、《十月围城》、《非常完美》、《孔子》等6部影片，展示了北京电影行业近年来取得的成绩，受到广泛关注。

二、传播中国文化，影视节目出口取得成效

北京中北电视艺术中心制作的电视剧《勇士的最后秘密》登陆俄罗斯REN-TV电视台，面向俄罗斯全境及独联体国家和以色列电视台播放，收视效果良好，引起俄各方关注。该中心创作的电视剧《对手》还获莫斯科国际侦探电影电视节最佳电视剧奖，这是国产电视作品在该项影展上首次获此殊荣。此外，《杨贵妃秘史》、《加油优雅》、《鹿鼎记》等电视剧，《甲方乙方》等10部电影，《大熊猫》等7部纪录片，《小鼠和大象的创意》、《健康博士100答》等动画片在欧美、亚洲、大洋洲等地区取得了良好的发行销售成绩。据不完全统计，北京广播电视系统各类电视节目出口总额达到1508万元，总时长为1568小时。

在商务部等四部委公布的《2009—2010年度国家文化出口重点企业目录》和《2009—2010年度国家文化出口重点项目目录》（广播影视类）中，共测评出北京地区的国家文化出口重点企业（广播影视类）18个，文化出口重点项目（广播影视类）43个，各占全国比例的30.5%和47.3%。

三、三大平台联动，广播节目扩大对外覆盖面和传播力

北京人民广播电台外语广播2010年开辟更多海外合作项目特别是网络合作项目，Radio774、网络电台、海外合作电台三个平台联动，分别发挥三大平台广播内容、传播渠道、沟通全球的节目优势，形成传播内容各具特色、传播方式相互补充、传播手段不断丰富的新机制，增强了传播力和影响力。

传统外语广播Radio774注重服务在京居住的外国受众，保留了现有的较受听众欢迎的《外国人的北京生活》、《感受北京》等新闻性、服务性、欣赏性、娱乐性较强的节目，同时力推英语教学节目，培养潜在受众。外语广播网络电台新推《节目互动区》、《英语服务区》、《英语学习区》、《汉语学习区》、《海外华人区》等五大板块，针对特定人群，增强节目互动，进行精准服务。在对外节目制作方面，《今日北京》制作周期从改为每周1期，时效性及对社会热点的关注程度都明显提高。网络电台精心制作了《中国音乐八千年》、《电影音乐往事》、《传承》3个新节目，每个节目都推出中英文两个版本，不仅在传统外语广播和网络电台播出，更作为重点推荐节目在海外主流媒体和华语电台播出；品牌外宣活动“我的汉语生活—外国人讲汉语故事”大赛变身为网络版“全球外国人汉语才艺大赛”，充分利用互联网特性，把大赛推广到一个更为宽阔的舞台上，吸引更多人参与其中。

此外，2010年北京人民广播电台专门启动了年度重大品牌推广活动“我爱地球——环球交通环保行”，组成7路采访组深入采访亚、欧、非、美、大洋洲等五大洲有代表性的城市，全面展现国际社会促进交通便捷与环境保护的成就和可借鉴经验；与加拿大国际广播电台共同策划了中加建交40周年越洋音视频直播节目，先后采访温哥华、多伦多、蒙特利尔三地多位官员及知名人士，录制了大约400分钟的视频资料。

四、提升自身实力，电视台中英文节目海外落地率攀升

北京电视台2010年制作的英语新闻受到境外媒体关注，在美国联邦公共广播公司、美洲长城平台播出的同时，被CNN采用播出17条，位居CNN采用中国媒体新闻数量榜首。英文杂志性栏目《这里是北京》，在美国联邦公共广播、GlobeCast卫星公司、长城平台连续播出；汉语外宣节目以长城平台为主体，以纽约中文电视、加拿大城市电视台、美国斯科拉教育电视网、美国联邦广播公司、CNN、凤凰欧洲台、凤凰美洲台7家境外媒体为补充，24小时滚动播出。2010年全年，在境外播出2117个小时，收视排名第五位。

另外，将《非常接触》、《天下收藏》、《这里是北京》、《非常夫妻》、《食全食美》、《首都经济报道》6个周播栏目传送加拿大城市台、纽约中文电视、美国斯科拉教育电视网、凤凰卫视境外播出，累积播出455小时。

（北京市广播电影电视局宣传管理处）

北京市广电局电影备案审查扎实推进

2010年，北京市广播电影电视局贯彻国家广电总局指示，认真做好电影剧本（梗概）属地备案、国产影片属地审查的各项准备工作，全面完成了审查厅及附属设备的建设和审查设备的采购、安装、调试与试运行工作，为属地审查做好硬件准备。同时组建了电影审查委员会，对电影审查委员会委员进行了培训；建立了备案、审查程序；制定了审查委员会运行规则及保密规定；同局影视审查中心签订了委托书，进行了工作衔接；完成了备审准备工作，并于2010年7月1日起，全面履行电影剧本（梗概）备案、电影片属地审查试行工作。

全年共接收影视制作单位备案材料658件，批准电影剧本（梗概）备案476部，初审并上报中外合拍影片12部；国产电影片审查23部，全年北京地区生产影片270部左右。办理出品单位变更、影片更名、聘用境外主创人员、影片英文译名批复、特殊题材剧本审读函、撤项申请等300余件。

在电影备审管理工作过程中，北京市电影投资主体参与电影创作和投资的热情高涨，对电影产业充满信心和希望，这是北京市电影制片业保持发展的重要保证，北京市广电局将通过科学管理、宏观引导等多种方式来推动、引导电影制片业的可持续发展。

（北京市广播电影电视局电影管理处）

北京市电影公益放映工程成效显著

2010年，北京市委、市政府把进一步推进基层电影公益放映工程，作为民生工程的一件重要实事，加强领导，狠抓落实，取得了显著成效。

一、农村电影放映工程继续推进

2009年8月，北京市电影管理职能划转后，北京市广播电影电视局高度重视电影公益放映工作，进一步加大电影文化基本权益保障力度，对农村数字电影厅和流动电影放映队以及两条数字院线，给予政策指导、技术培训、制度建设和资金支持。2010年，全市基层电影公益放映48.13万场，惠及社区群众、农民、流动人口等低收入人群2728万人次，超额完成全市农村电影公益放映任务。

二、电影公共服务水平不断提升

为了加强对农村电影公益放映工作的指导和管理，在组织建设上，协调各区县调整完善了农村电影放映工程领导小组，加强了农村电影公益放映工作的组织领导，在制度建设上，下发了《北京市电影公益放映场次公示制度》、《北京市电影公益放映补贴使用登记上报制度》，建立健全了农村影厅《消防安全制度》、《放映员操作规程》和《观众须知》等，使公益电影放映各项管理工作有章可循；在业务管理上，根据北京市农村电影放映的新情况、新特点，对公益放映场次提出切合实际的调整意见，将农村每个村级固定影厅放映场次核定为40场/年，街乡流动放映场次核定为50场/年。

三、电影公共服务主题鲜明

2010年，北京市广电局组织了“看电影过大年”主题放映活动，向农村提供一批农民群众喜闻乐见、类型多样的影片，在农村创造欢乐祥和、欢欢喜喜过大年的节日气氛。组织拍摄、放映了《电影惠民暖人心》宣传片，在全市公益放映系统中连续放映两个月，共1.5万余场。电影《第一书记》在京上映后，积极做好流动放映和农村公益放映的协调安排工作，为全市中小学生放映165场，中小学生观影3万余人次。

四、区县文委对农村电影放映工程狠抓落实

2010年，各区县文委、电影服务中心和奔小康、世纪东方院线公司，按照北京市广电局农村公益电影放映工作总体部署，结合各自工作条件，开展了各具特色、卓有成效的工作。东城区、怀柔区、通州区、延庆县、平谷区将农村电影放映工程列入区县政府的折子工程。怀柔区文委出资150余万元，为全区各行政村配备专业文化协管员。昌平区文委加强对农村电影放映服务工作，对全区近300个数字影厅实行24小时服务，同时常年坚持为福利院、打工子弟学校放映电影。房山区对已建成的农村数字影厅进行了复查，开展了“同在一片蓝天下，人人享有观影权”主题电影展映年活动，做到“月月有主题、周周有活动、天天有影看”。密云县建立了“联席例会制度”，开展了“生态密云科技电影月”活动。门头沟区要求各镇政府每年要给农村电影放映工作适当的财政开支。顺义区2010年建立了5个露天电影放映点，丰富农民群众文化生活。朝阳区指定专人对电影放映队的工作进行有效的监督与评价，定期召开座谈会，及时沟通和解决工作中的问题。海淀区组织了“光影的盛宴——电影展映月”以及“儿童片展”、“爱情喜剧片展”、“传统影片展映”等主题活动。石景山区将流动放映与区政府的主体工作相结合，大力协助区政府推动落实首钢转型等工作。大兴区建立了农村文化专管员制度，实行专人负责制。西城区严格执行公示制度，在政府网站对公益放映场次进行公示。丰台区定期对各街乡的放映场次情况进行检查。

（北京市广播电影电视局电影管理处）

农村有线广播“村村通”试点工程圆满完成

2010年，北京市广播电影电视局在门头沟区王平镇、昌平区流村镇、延庆县旧县镇、密云县河南寨镇进行了有线广播“村村通”试点工程。截至11月初，这4个乡镇、97个行政村的有线广播“村村通”试点工程圆满完成。

农村有线广播曾是农村广播宣传的一条重要渠道，是党和政府联系农村广大农民群众的纽带和桥梁。近些年来，由于电视事业的发展，农村有线广播发展不足，致使很多农村特别是边远山区根本听不到广播。为了加强农村有线广播事业建设，使农民群众既能看好电视，又能听好广播，市委、市政府决定在农村进行有线广播“村村通”试点工程。

做好“村村通”有线广播试点工程建设，市广电局首先完善了工作流程，在方案制订、专家论证、项目申报、资金落实、部署推动、技术培训、组织实施、设备采购、设备下发、工程施工、工艺检查、督促进度、工程验收、竣工总结等环节层层把关，市广电局和区县文委还签订了责任书，明确了各自的职责任务。

按照有关规定，有线广播设备必须实行政府采购。为确保技术设备质量，年初，市广电局“村村通”工作专家组、技术小组对“村村通”设备采购、技术方案等进行严格把关，并编制了招标文件。4月13日发布设备公开招标公告，经过公开招标，完成了设备采购工作。5月25日，与设备中标商签定了政府采购合同。

为确保有线广播工程质量，在实地调研、充分论证、并参考国家有关标准基础上，市广电局“村村通”专家组和技术小组起草了《北京市广播电视村村通有线广播工程施工工艺规范（试行）》、《北京市广播电视村村通有线广播工程技术要求及验收规范（试行）》、《北京市广播电视村村通有线广播工程建设专项资金管理制度（试行）》三个文件，下发区县及相关单位执行。有线广播工程施工期间，技术小组和区县技术人员深入一线进行技术指导，检查施工工艺、工程质量，对出现的问题及时予以解决。

10月底，经过市、区县广播电视部门及相关单位人员的不懈努力，完成了4个乡镇、97个行政村有线广播工程施工任务。11月初，组成验收小组按照国家有关标准，采取主观评价和客观测试相结合的方式，对有线广播“村村通”试点工程进行了抽查验收，合格率为100%。

（北京市广播电影电视局传媒机构管理处）

北京市广电局积极搭建广播影视投融资平台

为切实解决民营广播影视企业融资难和拍摄资金短缺的问题，2010年，北京市广播电影电视局积极与金融机构加强合作，构建广播影视投融资服务平台。4月9日，北京市广播电影电视局与北京银行股份有限公司正式签署了《支持北京市广播电影电视产业发展全面战略合作协议》。根据协议，北京银行将在今后三年内为首都广播、电影、电视文化创意企业提供意向性100亿元人民币专项授信额度，并对北京市广播电影电视局推荐的优秀广播影视制作企业和重点项目提供绿色通道。在签约仪式当天，北京银行与北京慈文影视制作有限公司签署了1500万元贷款协议，以支持由著名导演张纪中执导的大型电视剧《西游记》的拍摄和制作。此项工作截至2011年3月底，共有71家影视企业的122个项目获北京银行19.6164亿元资金支持。此外，北京市广播电影电视局还与北京银行共同组织了信贷业务知识培训讲座。“北京市广播影视投融资服务平台建设”已被评为2010年度全市创新创优项目。

（北京市广播电影电视局产业促进处）

北京市开展整治非法卫星电视接收设施专项行动

2010年，北京市广播电影电视局协同有关部门积极开展整治非法卫星电视接收设施专项行动，为营造首都安全有序、和谐稳定的舆论环境和社会环境做了大量卓有成效的工作。

为进一步建立健全机构，完善协调沟通机制，形成综合治理的合力，年初，成立了由市委宣传部、首都综治办、市国家安全局、市经济和信息化委员会、市工商局、市广电局、市旅游局、北京海关、市公安局治安总队、市城管执法局、市文化市场行政执法总队及各区县文委主管领导和负责人参加的市境外卫星电视整治专项行动工作领导小组，专项行动办公室设在市广电局，负责全市境外卫星传播秩序专项整治工作的协调和具体落实。3月，组织召开工作部署会议，全面部署了全年整治专项行动工作，印发工作方案，明确指导思想、总体目标、工作原则、职责分工和工作任务。

为加强指导，落实制度，强化整治，市广电局先后印发了有关加强管理的通知，制定了考核标准及评分细则，将卫星整治工作纳入首都综治年度考核评比中。

加强基层基础建设，全面推进工作。各区县迅速成立了工作机构，结合各自的实际情况，制订、完善工作方案，组织区县文委、城管大队、旅游局、工商分局、街道、乡镇等部门扎实开展专项整治。

以重要时期、重点区域、重大案件为重点，加大执法力度，组织协调市、区各有关部门集中力量，查处大案要案，先后集中对北京市51家涉嫌严重违法接收境外卫星电视节目单位进行核查，对8家违规接收境外卫星电视节目的单位立案调查。积极支持和配合市公安局昌平分局对涉案经营金额达20多万元、非法获利8万多元、非法安装用户200余家的刘某等涉及非法经营卫星地面接收设施的案件进行查处，严厉打击了非法销售、安装使用卫星地面接收设施的行为。

这一年，全市共动员居民个人自行拆除卫星天线68套，市、区县共出动执法检查人员5528人次，执法车辆1101台次，检查卫星电视地面接收设施单位、卫星电视安装服务机构等1740余家次，检查市场41个次，检查经营户2242户，收缴、拆除违规卫星电视地面接收设施819套，数字卫星电视接收机、解码器等117台，发放宣传材料29100余份，收缴相关“小广告”600余份，取缔擅自销售卫星电视地面接收设施门店34家、查处摊点27个，立案、处罚46起，罚款122460元。

（北京市广播电影电视局传媒机构管理处）

概　况

2011/《北京广播影视年鉴》
——记录行业情况　服务业内和社会——

2010年北京市广播影视概况

一、基本情况

2010年，本市拥有市级广播和电视台各1座，市级数字付费、公交移动、城市楼宇、地铁移动、手机电视、户外大屏幕电视，以及DAB、RBC数字广播等多个新媒体；拥有区县级（远郊）广播电台9座、电视台10座，近郊电视播出平台4座。

全市拥有广播影视节目制作经营机构1238家，网络视听网站126家。全市广电行业从业人员2.63万人，经营创收达154.53亿元(其中市级141.57亿元，区县级1.16亿元，电影票房11.8亿元）资产总额445.3亿元。

北京人民广播电台办有9套无线广播节目，日播出188小时；移动多媒体广播（DAB）播出17套广播节目和6套电视节目（9套开路模拟广播，15套有线调频广播，17套数字音频广播，试验播出4套数字视频广播，2个数据服务频道，16套有线数字广播和1个动感音乐数字电视频道）；北京电视台办有12套电视节目，其中4套为无线（是有线又是无线）、8套为有线，日播出256小时；办有公交移动电视节目1套，日播出17小时，终端屏幕2.4万块；办有城市楼宇电视节目1套，日播出15小时，终端屏幕1.2万块；办有地铁电视节目1套，日播出17小时，终端屏幕1.18万块；办有数字电视付费频道11套，每个频道每日24小时循环播出；付费频道在全国落地销售区域达170个。京产电视剧64部2232集，京产动画片17部831集8699分钟，审查国产影片23部。

广播电视有线传输网集成数字广播电视节目158套、数字广播节目16套；有线网络干线总长14.89万公里，其中光缆3.02万公里、电缆11.87万公里；收视用户总户数达448.1万户，其中数字电视277万户，高清交互用户133万户。

二、宣传工作情况

1．圆满完成年度宣传报道任务。北京人民广播电台、北京电视台和各区县广播电视播出机构始终坚持正确舆论导向，牢牢把握宣传工作主动权，紧紧围绕实施“人文北京、科技北京、绿色北 京”发展战略和“建设有中国特色世界城市、打造东方影视之都”的工作目标，出色完成了十七届五中全会、全国和北京市“两会”、上海世博会、北京武博会、广州亚运会，以及玉树地震、舟曲泥石流、南方旱灾、北京对口援建什邡、玉树、和田地区等一系列重大宣传报道，形成了传统媒体与新媒体之间相互联动的全方位、立体式、广覆盖的宣传格局。特别是各媒体新开辟的《深入学习实践科学发展观，建设人文北京、科技北京、绿色北京》、《加快转变首都经济发展方式》、《创先争优，加强基层党组织建设》、《回眸十一五展望十二五》等系列专栏，以及推出的“记者走一线”、“乡村新发现”等大型新闻行动，全力配合了北京市的中心工作，积极推动了首都的科学发展，取得良好效果。

2.进一步培育名优品牌节目栏目。加强频率频道专业化建设，推动内容形式创新、栏目节目创新、传播手段创新，培育了一批高品位、高格调的名优节（栏）目。北京人民广播电台《城市零距离》栏目受到市领导高度重视，市领导多次到《市民对话一把手》节目直播间接受访谈，网络点击量超过400万人次；交通、文艺、音乐广播等众多节目在北京地区继续保持受众群体数量的领先地位。北京电视台加强《北京新闻》节目改版创新，收视率继续在本台排名第一；北京卫视成功举办“2010黄陵大祭祖”、“大型专题片《人民大会堂》首播新闻发布会”等大型活动，特别是组织承办的“金话筒奖”颁奖典礼，创意新颖；《2010北京电视台网络互动春晚》开创全国电视、网络、手机“三屏合一新春晚”的晚会模式，《点亮智慧人生》、《北京影响力》、《时尚大典》等一批节目栏目成为知名品牌。大兴电台阳光调频FM986实现网络视频同步直播。房山电视台通过3G网络视频传输，首次实现异地电视新闻当天采访、当场初编、当时传输、当晚播出，为传统媒体与新媒体联动互动进行了有益探索。年内全市共有9件作品和2名个人分别荣获中国新闻奖、全国广播电视“金话筒”奖等国家级奖项；334件作品荣获北京新闻奖、北京广播影视奖等市级奖项。北京卡酷动画卫视连续四年被国家广电总局评为全国优秀动画频道一等奖。

3．广播影视创作生产繁荣发展。继续实施策划引导、奖项鼓励、推荐播出、资金资助等政策，精品创作产量不断攀升，全年京产电视剧64部2232集，京产动画片17部831集，审查国产影片23部。北京已成为全国广播影视创作生产核心区域，年内推出电影《第一书记》、《唐山大地震》、《剑雨》，电视剧《黎明之前》、《金婚风雨情》、《雪域天路》等三性统一、特色鲜明、叫好叫座的影视精品。制作播出60集广播剧《非常编辑部》，制作完成30集情景广播剧《幸福街35号》、14集贺岁广播剧《麻辣姻缘》，节目销售已覆盖到全国49家省、市级广播电台。东方影视之都集聚效应日益凸显，中国北京星光电视节目制作基地、中国动画产业基地、中国（怀柔）影视制作基地已吸引众多业内机构和生产要素汇聚；开展相关大型活动的经验更加丰富，成功举办了第17届北京大学生电影节、2010年北京青少年公益电影节和首届北京民族电影展等。

4．广播影视产品对外覆盖和传播力扩大。推动广播影视产品和服务走出去，加大海外推广营销体系建设，全年各类广播电视节目出口总额1508万元，总时长为1568小时。北京人民广播电台已与12家境外媒体开展合作，在境外9家媒体落地播出，平均每天向海外传送节目近90分钟。北京电视台45个栏目整合编排的时长为2117小时的外宣节目在长城平台播出，每天首播节目达6.5小时，全年共计播出8760小时。全年17条英语新闻被美国有线新闻网CNN采用播出。每期60分钟的英文栏目《这里是北京》在美国MHZ电视台播出52期。成功组织首都影视制作机构参展法国戛纳电视节和亚洲电视论坛，交易额分别为830万美元和473万美元。首次组织北京动画企业参加第十五届德国斯图加特动画数字娱乐展览会。组织北京18家影视公司参加了第二届东京国际电影节影展。积极支持民营影视公司并购海外广播电视公司。动画电影《浩昊文字国历险记》，电视剧《内线》、《对手》、《勇士的最后秘密》在海外影视节展获奖。《杨贵妃秘史》、《加油优雅》、《鹿鼎记》等电视剧，《甲方乙方》等10部电影，《大熊猫》等7部纪录片，《小鼠和大象的创意》、《健康博士100答》等动画片在欧美、亚洲、大洋洲等地区取得良好的发行成绩。

三、事业产业发展情况

1．广播影视产业健康发展。积极搭建广播影视投融资平台，新审批节目制作经营单位285家。与北京银行签署100亿元人民币专项授信额度的“战略合作协议”。北京歌华有线电视网络股份有限公司16亿元可转换公司债券和乐视网、搜房网、优酷网、保利博纳电影发行有限公司成功上市。歌华有线、华谊兄弟荣获“全国文化企业30强”称号。成功举办第五届文博会广播影视展览及论坛活动和首都春、秋（两季）电视节目推介会。全市广电行业经营创收达154.53亿元(其中市级141.57亿元，区县级1.16亿元，电影票房11.8亿元），资产总额445.3亿元。全年电影放映74.3万场次，新建影院18家，新增银幕137块；全市影院已达102家、银幕510块。

2. 三网融合试点工作稳步推进。北京为全国首批12家试点城市之一，市广电局作为牵头单位，协调全市38家相关部门成立全市三网融合工作协调小组、专家小组、安全评估小组，建立了良好的工作机制。会同相关部门和单位编制完成《北京市三网融合试点总体方案》及《北京地区IPTV集成播控平台建设实施方案》等8个子方案，受到国务院三网融合协调小组办公室充分肯定。北京IPTV集成播控平台和监管平台已与中央总平台实现对接。

3. 新媒体产业化发展格局形成。北京电台建成全国唯一成功运营、覆盖城乡的数字广播网（DAB）系统，多媒体广播节目RBC综合频道正式开播，北京广播网综合影响力位于全国省级电台网站前列；北京问城网开通新功能，进行"台网融合"开放性尝试。北京电视台网站建设初具规模，BTV手机电视客户浏览量突破200万，同比增长近300%，客户总量已达60余万。北京中广传播手机电视在全国实现商用，已在全国302个城市开通了信号。公交移动电视全年更新车辆终端屏幕1.2万块，终端总量达2.4万块；城市楼宇电视全年新增800多块屏幕，终端总量达1.2万个；地铁电视安装电视终端1.08万个；户外大屏幕电视达7处8块；数字电视付费频道在全国落地区域达170个。

4. 会展品牌影响继续扩大。北京歌华文化发展集团实力进一步增强，成为广电系统乃至市重点会展项目的龙头。先后承办"2010年北京首届世界武博运动会开闭幕式"、"北京市第十三届运动会开幕式"、"广州亚运会体育展示项目"、"第五届北京国际文博会广播影视展"、"北京市庆祝中国共产党成立90周年大型主题展览"、"迈克尔·波顿'爱是全世界'——北京、广州、上海巡回演出"等一批全国和北京市重大文化会展和演出活动。围绕世界城市建设，积极打造"北京国际设计周"、"世界艺术馆"、"中华世纪坛春节文化庙会"和"北京节拍"文化广场活动等新的文化品牌。中国电影博物馆逐渐成为会展的重要场所，全年举办"青年论坛之电影特技特效制作人论坛"、"电影技术设备展"、"巨幕电影展映月"、"电影大讲堂"等一批纪念中国电影105周年系列活动，取得良好的效益。

四、行业管理与公共服务情况

1. 加大行业监管力度。通过制度建设、内容管理、监听监看评议等方式，杜绝了广播影视节（栏）目低俗化、媚俗化、庸俗化倾向。修订《北京市关于促进电影产业发展的实施意见》、《北京广播电视节（剧）目内容补贴资金管理办法（试行）》、《北京市互联网和手机媒体等信息网络传播违法违规视听节目举报工作管理暂行办法》、《北京市广播电视村村通有线广播工程建设专项资金管理制度（试行）》、《北京市高清交互数字电视应用工程建设项目管理暂行办法》等规章制度。对违规广播电视站进行了集中整顿，加强了公共视听载体属地管理。加大无证视听节目网站分类处理工作力度，集中开展了清理整治境外卫星电视节目落地工作，巩固了专项整治行动成果。

2. 安全播出工作保障有力。贯彻总局《安全播出管理规定》，组织开展安全播出质量管理年活动，引进ISO9000标准，建立安全播出质量管理体系，优化管理流程，制定规范性文件，加强安全播出应急演练与培训，以科技创安为手段，与实时监测相结合，确保了重要保障期、重点时段、重要节目的安全播出和传输。加强了广播电视和互联网视听节目监测监管力度。建立境外卫星电视节目监看系统、互联网视听节目监管系统以及广播电视视频点播监管系统，加强对重点监控对象和节目的实时监控。

3. 调整管理体制。北京北广传媒集团、北京人民广播电台、北京电视台整合组建北京广播电视台，为市直属单位。整合后，北京广播电视台业务范围涵盖广播电视的采编、制作、播放、传输以及新媒体开发等全部领域，产业链完整。中国电影博物馆划转为市直属单位。市广电局全面履行属地电影剧本（梗概）备案、重大革命和重大历史题材影片、重大理论文献影片和中外合作影片以及其他影片中的胶片电影初审，对其他数字电影终审，以及电影行业管理和影院安全监管等职能。组建电影审查委员会，实行公共视听载体属地管理。

4．公共服务水平不断提升。扎实推进电影公益放映工程，全年电影公益放映场次累计48.13万场，超额完成任务。圆满完成2010年度高清交互数字电视100万户推广任务，高清交互数字电视用户已达133万户；实现北京电视台两套节目的高、标清同播。如期完成门头沟、昌平、密云、延庆四个区县乡镇97个村“村村通”有线广播试点工程建设。对700余个行政村开展北京新闻广播无线覆盖普查，制订收听盲区覆盖方案，并在545个行政村建设小功率调频发射点。建成广播影视媒资管理共享交换平台，利用中心平台和14个区县媒资节点的互联互通达到信息和资源的共享。援建新疆广播影视一市三县工作全面展开。

（马广胜　李剑　吴彤）

北京市广播电影电视局概况

北京市广播电影电视局是负责全市广播电影电视事业管理工作的市政府直属机构，成立于1979年9月，原称北京市广播事业局，1984年5月改为北京市广播电视局，2009年2月根据中共中央、国务院批准的北京市人民政府机构改革方案和《北京市人民政府关于机构设置的通知》，改称北京市广播电影电视局。

主要职责：

1．贯彻执行党和国家关于广播电影电视宣传、创作的方针、政策，把握正确的舆论和创作导向。

2．起草全市关于广播电影电视和信息网络视听节目服务方面的地方性法规、政府规章草案；依法监督检查有关法规、规章和政策的执行情况；推进广播电影电视领域的体制机制改革。

3．负责全市广播电影电视行业管理；会同有关部门拟广播电影电视事业、产业发展规划，指导协调广播电影电视事业、产业发展；管理广播电影电视活动。

4．组织推进全市广播电影电视领域的公共服务，组织实施广播电影电视重大工程，扶助农村广播电影电视建设和发展，指导、监管广播电影电视基础设施建设。

5．负责全市广播电影电视、信息网络视听节目服务机构和业务的监管，按照有关规定实施准入和退出的审核，负责对全市民办广播电影电视节目制作机构的监管。

6．负责全市广播电影电视节目、信息网络视听节目和公共视听载体播放节目的监管。

7．管理全市广播电影电视和信息网络视听节目服务行业的科技工作，贯彻落实广播电影电视行业技术标准，负责监管广播电影电视节目传输、监测和安全播出。

8.指导、管理全市广播电影电视行业对外及对港澳台的交流与合作；按照有关规定管理境外来京影视摄制组和中外合作、与港澳台合作拍摄电影电视剧事项。

9.依法对全市广播电影电视行业的安全工作承担管理责任，对以市广电局名义组织的各类活动的安全工作承担主体责任。

10.承办市政府交办的其他事项。

2010年，北京广播电影电视局深入贯彻落实科学发展观，围绕“人文北京、科技北京、绿色北京”发展战略和“建设中国特色世界城市、打造东方影视之都”的工作目标，以高度的政治责任感，解放思想、改革创新、扎实工作，较好地完成了全年各项工作任务。

一、宣传工作

1.新闻宣传导向正确

北京电台、北京电视台和各区县广播电视播出机构始终坚持正确舆论导向，牢牢把握宣传工作主动权，出色完成十七届五中全会、全国和北京市“两会”、上海世博会、北京武博会、广州亚运会等一系列重大宣传报道，在推动内容形式创新、栏目节目创新、传播手段创新，增强新闻信息量和时效性，提升舆论引导与传播能力等方面成效明显。通过制度建设、内容管理、监听监看评议等方式，有效杜绝广播影视节（栏）目低俗化、媚俗化、庸俗化倾向，确保了新闻宣传导向正确，并培育一批高品位、高格调的名优节（栏）目。全年共有9件作品和2名个人分别荣获中国新闻奖、全国广播电视“金话筒”奖等国家级奖项；334件作品荣获北京新闻奖、北京广播影视奖等市级奖项。北京电视台卡酷动画卫视连续四年被国家广电总局评为全国优秀动画频道一等奖。北京广播电视节目在北京地区继续保持市场占有率领先地位，在全国的传播力、影响力不断增强。

2.广播影视创作生产繁荣发展

北京已成为全国广播影视创作生产核心区域，优秀作品不断涌现。电影《第一书记》、《唐山大地震》、《剑雨》，电视剧《黎明之前》、《金婚风雨情》、《雪域天路》等已成为三性统一、特色鲜明、叫好叫座的影视精品。东方影视之都集聚效应日益凸显，中国北京星光电视节目制作基地、中国动画产业基地、中国（怀柔）影视制作基地已吸引众多业内机构和要素汇聚。由国家广电总局和北京市政府主办、国家广电总局电影局和市广电局承办的首届“北京国际电影季”，作为北京市一项重要文化活动，各项筹备工作进展顺利。联合举办了第17届北京大学生电影节、2010年北京青少年公益电影节和首届北京民族电影展。

二、事业产业发展

1.广播影视产业健康发展

充分发挥政府主导、政策引导、产业集聚的功能和作用，全市广播影视累计创收已达154.53亿元，积极搭建广播影视投融资平台，市广电局与北京银行签署《支持北京市广播电影电视产业发展全面战略合作协议》，为首都广播影视产业三年内提供100亿元人民币专项授信额度，已为9家企业的11个投融资项目发放贷款9.9亿元。歌华有线、华谊兄弟荣获“全国文化企业30强”称号。乐视网在深圳证券交易所创业板成功上市，成为国内首家A股网络视频网站。搜房网和优酷网先后在纽约证券交易所挂牌上市。北京保利博纳电影发行有限公司在美国纳斯达克上市。成功举办第五届文博会广播影视展览、论坛活动和2010年首都春、秋（两季）电视节目推介会，在国内业界颇具影响。

2.三网融合试点工作稳步推进

北京市广电局作为牵头单位，本着积极稳妥推进的原则，会同有关单位积极落实、协调全市38家相关部门成立了全市三网融合工作协调小组、专家小组、安全评估小组，建立了良好工作机制，成功获准为全国首批12家试点城市之一。开展三网融合工作调研，组织专题讲座，会同相关部门并组织试点企业单位编制完成《北京市三网融合试点总体方案》等文件，受到国务院三网融合协调小组办公室充分肯定。北京IPTV集成播控平台和监管平台已与中央总平台实现对接。

3.新媒体建设成效明显

加快推进新媒体产业发展，北京电台建成全国唯一成功运营、覆盖城市和农村的数字广播网（DAB）系统；多媒体广播节目RBC综合频道正式开播；北京广播网综合影响力稳居全国省级电台网站首位；北京问城网开通新功能，用网络内容反哺节目、进行“台网融合”开放性尝试，成为与公众交流沟通的桥梁和纽带。北京电视台网站建设初具规模；BTV手机电视客户浏览量突破200万，同比增长近300%；客户总量已达60余万，收费客户10余万；总营业额突破200万元，同比增长40%。移动电视全年更新车辆终端屏幕1.2万块，终端总量已达2.4万块；城市电视全年新增800多块屏幕，终端总量达1.2万个；地铁电视安装电视终端1.08万个；户外大屏幕电视已达7处8块，规模化、产业化的新媒体发展格局逐步形成。

4.推动广播影视产品走出去

积极推动北京广播影视产品和服务走出去，加大海外推广营销体系建设，支持北京广播影视企业及其产品走入国际节展和交易市场，鼓励北京原创广播影视作品出口海外市场，全年各类广播电视节目出口总额1508万元，总时长为1568小时。继续扩大广播影视节目对外覆盖面和传播力，成功组织首都影视制作机构参展法国戛纳电视节和亚洲电视论坛，交易额分别为830万美元和473万美元；首次组织北京动画企业参加第十五届德国斯图加特动画数字娱乐展览会；组织北京18家影视公司参加第二届东京国际电影节展，深入宣传推广北京电影产业。积极支持民营影视公司并购海外广播电视公司。此外，动画电影《浩昊文字国历险记》，电视剧《内线》、《对手》、《勇士的最后秘密》在海外影视节展获奖，对首都广播影视产品开拓国际市场产生积极作用。

三、公共服务

1.公共服务成效显著

坚持高起点、高标准、高效能，不断加大对公益类广播影视节目的支持力度。扎实推进电影公益放映工程，全年电影公益放映场次累计48.13万场，超额完成政府办实事任务。圆满完成2010年度高清交互数字电视100万户推广任务；北京电视台实现两套节目的高、标清同播。如期完成门头沟、昌平、密云、延庆四个区县各一个乡镇实施“村村通”有线广播试点工程建设。对700余个行政村开展北京新闻广播无线覆盖普查，制订收听盲区覆盖方案，建设小功率调频发射点。建成广播影视媒资管理共享交换平台，利用中心平台和14个区县媒资系统节点的互联互通达到信息和资源的共享。援建新疆广播影视一市三县工作全面展开，编制建设规划和实施方案，为广播影视对口援疆重点工程建设奠定基础。

2.行业管理和服务水平不断提升

加强广播影视宏观研究，编制《北京广播影视“十二五”规划》、《2010北京电影市场发展报告蓝皮书》等，为首都广播影视跨越式发展理清了思路。重点加强广播影视行政管理和行业监管工作，修订完善《北京市关于促进电影产业发展的实施意见》、《北京广播电视节（剧）目内容补贴资金管理办法（试行）》、《北京市互联网和手机媒体等信息网络传播违法违规视听节目举报工作管理暂行办法》、《北京市广播电视村村通有线广播工程建设专项资金管理制度（试行）》、《北京市高清交互数字电视应用工程建设项目管理暂行办法》

等政策措施和规章制度，保障行业健康有序发展。组建电影审查委员会，全面履行属地电影剧本（梗概）备案、电影片审查等电影行业管理和影院安全监管工作。对违规广播电视站进行集中整顿，加强公共视听载体属地管理。加大无证视听节目网站分类处理工作力度，集中开展清理整治境外卫星电视节目落地工作，巩固专项整治行动成果。全年共受理行政许可1567项，没有出现违规和行政投诉问题。配合市委市政府、市委宣传部圆满完成了中国电影博物馆职能划转和北京广播电视台成立组建工作。

四、安全播出工作保障有力

组织开展安全播出质量管理年活动，认真贯彻落实广电总局《安全播出管理规定》，引进ISO9000标准，强化安全播出管理。建立安全播出质量管理体系，优化管理流程，制定出台规范性文件，加强安全播出应急演练与培训，以科技创安为手段，与实时监测相结合，确保重要保障期、重点时段、重要节目的安全播出和传输。加强广播电视和互联网视听节目监测监管力度。建立境外卫星电视节目监看系统和互联网视听节目监管系统以及广播电视视频点播监管系统，加强对重点监控对象和节目的实时监控。

五、队伍建设

1.党的建设

局党组和所属单位党委以建设有中国特色世界城市、学习十七届五中全会精神等为重点，加强理论武装工作。及时做好基层党组织换届工作，采取领导干部上党课、党员轮训、好书推荐、请专家下基层等教育培训形式，保证党建工作与改革发展同步进行、同步加强。集中表彰一批“群众心目中的好党员”，增强党组织的凝聚力、战斗力，在全市和宣传系统交流市广电局创先争优的主要做法和工作经验，受到市委组织部、市委宣传部等上级部门充分肯定。

2.精神文明建设

加强群众性精神文明创建活动，市广电局机关、北京人民广播电台、北京歌华文化发展集团、北广传媒数字电视有限公司、北京市广播电视监测中心、北京市广播影视作品审查中心等单位分别荣获全国、首都和市直机关“文明单位”称号。

完善干部任用工作机制，加大竞争性选人用人工作力度，努力实现人岗相宜、人尽其才。组织部分事业单位开展岗位设置工作，积极推进基层广播影视文化队伍建设。

3.培训工作

组织完成公务员能力建设、电子政务、媒体经营管理、广播影视业务等各类专业培训66批次，培训人员6071人次。圆满完成北京地区3098名广播电视编辑记者播音员主持人资格考试和2296名从业人员执业资格注册工作。

4.推进廉政建设

加强党风廉政建设对市广电局组织人事工作、项目招投标、高清电视项目推进、政务大厅行政许可和非行政许可业务办理工作进行跟踪监督。加强了政府资金预算管理和执行的审计工作，推进廉政风险防范体系建设，开展“小金库”、假发票专项治理，落实党风廉政责任制，促进领导干部廉洁从政、廉洁自律。

5.做好服务工作

各级广播影视信息简报、统计分析、预算管理、绩效管理、信息公开、政务公开、提案建议议案办理、史志工作等均取得喜人成绩；信息化建设、综合行政、后勤保障等工作发挥了重要的服务保障功能；工会、共青团、老干部工作充分发挥了党联系群众的桥梁纽带作用；北京广播电视学会、北京影视艺术家协会、首都广播电视节目制作业协会等社团组织，为促进北京广播影视业繁荣发展作出了积极贡献。

（北京市广播电影电视局办公室）

北京市广播电影电视局工会概况

北京市广播电影电视局工会成立于2006年9月。2010年主要工作：

一、组织文体活动

1. 组织参加运动会

组织参加北京市直机关第三届运动会。本次运动会历时四个月，共有72人次报名参加7项比赛。会后工会制作一期橱窗专栏对参赛情况进行宣传报道。

2. 筹备、承办乒乓球赛

积极筹备、牵头承办全国广电系统第二届职工乒乓球赛。工会负责总体协调工作，包括筹建领导小组、策划活动方案、组建参赛队伍、选定场馆和宾馆、联系冠名单位，与总局工会对接、各小组具体任务分工安排等。本次赛事活动规格高（部级、司局级领导近60位）、人数多（运动员、工作人员达600余位）、亮点迭出（开球球台、开球嘉宾、奖杯、青年志愿者队伍、纪念光盘等），CCTV、BTV、RBC、北广传媒城市电视、北广传媒移动电视、北京广播电视报等多家媒体广泛关注，并大力宣传报道。总局领导给予极高评价，赞誉本次活动“无与伦比”。

3.组织参加羽毛球赛

组织参加北京市职工羽毛球赛，局工会牵头组建市广播影视系统羽毛球代表队，报名参加“金世尊·目标杯”2010年首届北京市职工羽毛球比赛，并取得佳绩。

二、做好劳模宣传申报工作

按照市总工会的统一部署，组织完成北京市劳模、先进工作者、北京市模范集体的推荐申报和信息录入工作。积极部署落实劳模征文活动，向市总工会上交征文42篇，书法作品若干幅。配合市总工会做好2010年劳模体检工作，组织开展“五一关爱劳模”有关活动。

组织系统内先进工作者赴海南休疗。

三、加大对职工帮扶关怀力度

1.加大帮扶力度

重点慰问一线职工360多人，并发放慰问信和慰问品，将局党组的关心带给广大职工。局系统工会帮扶特困家庭110户，捐款5.5万元；局机关工会帮扶特困家庭5户，捐款2500元。局机关工会对在职劳模、伤残军人、困难职工的代表等进行慰问；对亲属不幸去世的8名机关职工及时给予慰问和补助，带来组织的关心；给各工会小组发放书籍《解读健康密码》。为每一位工会会员送上精美的生日贺语和蛋糕券；为机关全体会员办理北京市总工会发行京卡·互助卡。成功组织承办局2010年新春联谊会。

2. 恢复开展工间操

积极响应市总“恢复开展工间操”文件要求。市直机关运动会广播操比赛备战期间，各工会小组都培养了一批广播操小教员，根据局办公场所条件，局工会向各工会小组长下发通知，要求落实开展工间操活动，并发放广播操图解和光盘，切实关心职工健康。

3. 做好职工保险工作

认真做好职工保险工作，局系统职工保险代办处办结的保险理赔业务7人，理赔金额5.6万多元，局机关工会完成互助保障计划续保工作。

四、规范经费的收、管、用

局工会严格按照《党章》及廉洁从政《准则》的有关规定，自觉接受群众监督。局工会接受市总工会对2010年度工会财务状况的检查，未发现任何违法违纪现象。局工会经费审查委员会对局属各单位工会经费使用情况进行全面检查，坚持经费审查的透明、公开，确保工会经费的正常使用。

五、加强自身建设

局工会和机关工会全年共召开8次两委会议，学习领会上级精神，进行阶段工作总结和部署下阶段工作安排，着力研究解决工作中的难点和工会经费预决算情况。2010年6月，在全国广电系统第八届工会工作经验交流会论文评比中，局工会提交的《构建和谐广电工会大有可为》一文荣获一等奖。

重视健全各基层工会组织，认真督促各基层工会及时完成换届改选或增补工作。上半年指导北京电视台女工委员会成功进行换届改选。

（北京市广播电影电视局工会）

北京市广播电影电视局离退休人员管理服务中心概况

北京市广播电影电视局离退休管理服务中心成立于2000年11月，前身为北京市广播电视局老干部活动站。2009年3 月31日，更名为北京市广播电影电视局离退休管理服务中心。

主要职责：到2010年底离休干部为39人；退休人员为44人。负责他们的日常管理、服务工作，离退休人员的政治学习和思想教育工作，离退休人员的政治待遇和生活待遇的协调、落实工作，组织离退休人员开展各种文化、体育活动和其他有关工作。2010年主要工作：

一、认真落实政治待遇

及时向大家传达有关重要文件和重要会议精神，通报有关重要情况，经常与老同志进行思想沟通，及时征求他们的意见和建议；组织一系列参观、考察活动，开阔他们的思想和眼界；认真处理老同志来信来访，较好地保持老同志队伍的稳定。

二、全面落实生活待遇

协调局有关部门按时、足额为老同志报销医药费并按时发放退休金；协助组织老同志年度体检；尽量满足老同志看病及活动用车；及时看望生病住院的老同志；安全完成老同志年度休疗任务；为有生活困难的同志申请经济补助，在一定程度上帮助这些同志解决困难，渡过难关。

三、开展文体活动

组织棋牌比赛、书画摄影展、春秋游、垂钓、年度休疗等活动，较好地丰富老同志的精神文化生活。

四、引导老同志多作贡献

积极引导老同志关心国家大事，不断鼓励老同志继续为国家和人民多作贡献。

（北京市广播电影电视局离退人员管理服务中心）

北京市广播电影电视局后勤服务中心概况

北京市广播电影电视局后勤服务中心成立于2006年8月，前身为北京市广播电视局机关后勤服务部。

主要职责：指导全局各单位安保、消防工作的开展，建立健全安保、消防工作制度；对全局的房管、房改工作进行政策指导、咨询、落实；负责车辆的管理、调配以及全局交通安全管理；负责机关的政府采购和固定资产管理；负责机关医疗、绿化、印刷、办公用品等日常服务管理。2010年主要工作：

一、安全保卫

与局机关签订《平安北京责任书》，落实安全责任，开展消防、安全检查，及时下达整改通知书，消除安全隐患；更换2010年度临时出入证、会客证400多个，对120个工作证进行重新授权，配合武警新兵上岗验证；联系、安排上级单位车辆进入停车场的相关事宜30批次；对楼内监控设施进行检查，补装监控摄像头，为武警更新哨位视频摄像头；配合公安局文保处进行监控信息的统计。

二、房管房改

完成处室办公用房22间的调整、搬迁及办公家具配置；撤销、调整60余部办公电话，协调落实政务大厅增加电话语音自动咨询服务工作。6月中下旬开展局公共机构节能宣传周和能源紧缺体验日活动，开展节水型单位的创建工作，组织博物馆、“两台”、局机关及局属事业单位90余人参加绿化植树活动，植树260余株。

三、车辆管理

根据上级压缩经费精神要求，制定《局2010年公务用车费用调配方案》、《局公务用车维修、保养费用规范办法（试行）》等数件文件。规范公车管理，在停驶并封存30%机动车辆的情况下，保障日常用车的运行准点无误、安全有序，顺利完成年初计划。落实“两办”指标要求，完成职工班车的置换，有效改善职工乘车条件；加强对车队司机的交通安全教育工作，不断提高其安全服务意识，节假日、“两会”期间签署交通安全保证书；推广落实局机关各处室及信息中心、后勤服务中心所属驾驶人员（驾证持有者）及机动车辆（含公、私机动车）登记制度；办理局属车辆ETC卡的安装工作；对局、集团停车场车位、号码进行统一喷涂，安装地锁。

四、综合服务

完成局固定资产清查盘点工作并出具报告，总结固定资产管理工作中存在的问题，提出了建议和思路；补缺部分办公家具，完成局机关办公家具、办公设备等政府采购及台式计算机的购置分配工作；制定《局办公用品申领办法（试行）》、《局办公设备维修办法（试行）》等规章制度，规范了办公用品申领、维修；负责协调会议室的使用；完成干部职工医疗体检工作；完成了局手袋、信封、笔记本等印刷。

（北京市广播电影电视局后勤服务中心）

北京市广播电影电视局信息中心概况

北京市广播电影电视局信息中心组建于2006年下半年，正式成立于2007年1月18日。

主要职责：承担本市有线电视、共用天线以及地面接收卫星电视节目新建工程的检验检测工作，负责内部系统信息化建设工作，承担局机关电子政务、网络运行的技术保障工作。2010年主要工作：

一、研究编制电子政务“十二五”规划

为促进局广播影视业的科学发展，推进电子政务的应用，提高电子政务的决策支持力度，根据《2006～2020年国家信息化发展战略》和北京市《2006～2020年首都信息社会发展战略》等文件精神，围绕北京广播电影电视发展的总体目标，着手制定2011年至2015年局电子政务发展规划。

二、突出重点项目建设

1．综合业务平台建设成效显著

结合局电子政务发展建设的需要，邀请有关专家对项目开发利用进行专题研讨，并对机关相关处室进行认真调研，制定出科学的实施方案。7月份完成综合业务平台项目（一期）顺利招投标工作。在各有关业务处室的大力配合下，共进行调研共计10余次，参与讨论人员计50多人次。

2．机房改造项目按时完成

机房改造项目8月中旬进入实施阶段，严格按照要求，对设备类进行政府采购，改造部分进行招投标。11月完成柜式空调的安装和机房整体保洁，年底按时竣工，完成改造验收。

三、建立行政审批系统运转工作机制

注重加强跟处室之间的沟通协调，主动上门联系，及时解决相关问题。9月初，联系局纪检监察处到市发改委信息中心调研行政审批系统相关情况，解决审批事项超时问题；9月底，配合局办公室召集相关处室，优化政务大厅行政审批系统操作流程程序，建立行政审批系统运转工作机制；10月初配合局纪检监察处与市纪检监察局进行及时沟通，协调解决行政审批系统流程运转工作存在的超时、越权等问题。

四、突出技术支持保障

1．做好“两会”代表网上咨询活动的保障工作

为保障市“两会”代表询问、委员咨询活动通信、信息安全的任务，展开部署，共配置8台终端，另外购置10余套其他会议设备，进行2次实地演练，顺利完成“两会”咨询活动的信息安全保障工作。

2．实现局办公软件正版化

通过和市经信委的沟通，在签署保密协议之后，市经信委免费提供Office2003的正版安装程序，利用两周工作时间对局100多台电脑进行正版化检查，对非正版办公软件进行及时更换，局软件正版化率达到99%以上。

五、完善各项规章制度

继续完善《北京市广播电影电视局网络与信息安全事件应急预案》和《北京市广播电影电视局信息中心管理规定》，根据工作情况适当补充，以适应现在的工作范围和工作内容。

六、做好电子政务绩效考核工作

按照市政府相关文件精神要求，高标准、严要求，顺利完成年底考核各项工作，稳步推进局电子政务工作再上新台阶。

七、在创先争优活动中实现创新发展

1.加强政治素养的培训学习，牢固构筑思想防线

按照党员作风建设年“外树形象，内强素质”的要求，利用每周例会时间，组织学习《中国共产党党章》，进一步明确党员的义务、党的纪律；组织学习《中国共产党党员领导干部廉洁从政若干准则》，深刻剖析问题，制定防范措施，培养党员的政治素养和正确的价值观，履行党员为人民服务的宗旨；组织观看电影《第一书记》并组织党员学典型，谈感想，写影评；积极响应局党委的读书活动，认真阅读《毛泽东箴言》；党员面对党旗庄严宣读个人创先争优方案，承诺践行个人创先争优活动内容，营造“你无我有，你有我优”的良好竞争氛围。

2.加强业务培训学习，不断提升技术能力

开展“我为局电子政务发展建设建言献策”活动并进行业务学习和培训，加快推进局电子政务发展建设的步伐；组织召开业务研讨会，请有关专家教授讲评指导；让部分同志承担项目管理职能，锻炼大家的组织、协调能力，并全面学习掌握专业技能；鼓励大家进行再教育学习，开阔视野、充实知识含量，一名同志正在读研究生，一名同志报考研究生。

3.加强团队协助培养，不断提升队伍的凝聚力

与传媒机构管理处、网络视听节目管理处、纪检监察处、机关党委等5个单位到武警特警学院参加“军营一日”活动；组织参观北京禁毒教育基地，与工作人员座谈交流；制作“火红党旗映我心”创先争优活动宣传栏，建设活动园地；公示个人创先争优方案，张贴活动照片，展示支部活动风采。支部同每名党员进行谈心活动，有效解决一些党员思想上存在的具体问题。制定并完善规章制度，进一步完善《北京市广播电影电视局网络与信息安全事件应急预案》和《北京市广播电影电视局信息中心管理规定》；制定《北京市广播电影电视局信息中心机房管理制度》和《北京市广播电影电视局信息中心公章使用规定》。

（北京市广播电影电视局信息中心）

北京市广播电视监测中心概况

北京市广播电视监测中心成立于2006年，经北京市机构编制委员会办公室批准为全额拨款事业单位，同时加挂北京市广播电影电视局信息网络视听节目传播监管中心和北京市广播电视安全播出调度中心的牌子。

主要职责：负责对全市广播电台、电视台以及有线电视网络的播出、传送及运行情况进行监测；负责全市互联网传播视听节目的监测工作；受市广播电影电视局委托，承办有关广播电视节目安全播出调度指令的发布、安全信息预警，承担广播电视节目传播突发事件处置的技术保障工作；承担全市广播电视无线覆盖转播站的相关服务与管理工作。

业务范围：对全市广播电台、电视台以及有线电视网络的播出、传送、运行情况进行全天24小时不间断监测。监测范围包括北京电台所有中波、调频及数字多媒体（DAB）广播节目、北京电视台所有模拟及数字高清电视节目、朝阳、海淀等14个区县广电中心广播和电视节目，远郊区县5个高山无线转播站广播电视节目；北广传媒数字电视、城市电视、移动电视节目以及歌华有线电视网络一、二级分

中心传输的中央、北京及外省市卫星电视节目。

承办有关广播电视节目安全播出调度指令的发布、安全信息预警以及广播电视节目传播突发事件处置的技术保障工作。

负责全市互联网传播视听节目的监听监看工作，利用《视听网站综合管理系统》对全市互联网等信息网络视听节目的传播情况进行搜索、分析和取证。

承担全市远郊区县无线转播站的相关服务与管理工作。承担对延庆、密云、怀柔、平谷、房山 5个高山无线转播站广播电视安全播出监测工作，承担9个远郊区县和5个转播站无线广播电视发射机技术指标测试及全市无线广播电视信号覆盖情况测试工作。

承担全市宾馆饭店视频点播监督管理系统建设工作，在全市建立起宾馆饭店视频点播监督管理平台；承担全市广播电视安全播出突发事件处置的技术保障工作。2010年主要工作：

一、广播电视安全播出保障

1.确保重大节日、活动的安全播出

完成了元旦、春节、两会、“五一”、“十一”、上海世博会、广州亚运会、亚残运会等重大节日、重要活动及重点时段的安全播出保障工作。对监测到的广播电视播出异常情况，能做到及时提醒。遇到安全播出事故发生时，能够严格按照值班操作规程，查询事故原因、发布预警信息，做到处置及时得当，避免事故影响进一步扩大。

年内，对15套（44路）广播信号进行监测，共计297207.82小时。对129套（912路）电视信号进行监测，共计7206521.83小时。监测到并及时提醒各播出机构发生的广播电视播出异常情况581起。对系统内中波、调频、电视播出质量技术指标测试9444次。安全播出预警信息发布平台共收总局短信68条，向各有关领导及播出机构发送短信4421条。

2.安全播出应急演练

为巩固和推进“平安北京”建设，确保国庆61周年广播电视安全播出，有效防范突发事件，中心会同局科技处，组织部分区县文委及14个广电中心技术人员，先后在昌平和密云开展安全播出应急演练。

3. 监管宾馆饭店视频点播

5月中旬，会同传媒机构管理处组织召开电视频点播业务宾馆饭店和运营商召开“宣传广播电视视频点播‘平安世博’专项行动暨监管系统技术培训会”，由北京蓝拓扑电子技术有限公司进行监管系统技术及设备维护培训，提高了宾馆饭店工程技术人员对设备的实际操作和维护能力。

二、技术验收与测试工作

1. 验收有线电视网络工程

根据《北京市广播电影电视局、北京市住房和城乡建设委员会关于北京市新建商品住宅小区有线广播电视网络工程开展验收工作的通知》和《北京市新建商品住宅小区有线广播电视网络工程建设验收委托书》，监测中心受市广电局委托具体实施验收工作，负责对有线电视工程申报资料审查和工程现场验收测试工作。配合科技处制订并完善验收工作流程及具体实施方案，完成《有线电视网络工程验收》项目设备采购工作，对所有新建商品住宅小区有线广播电视网络工程验收的申报资料进行认真审查，全年共完成30个新建小区的有线广播电视网络工程的现场测试验收工作。

2. 测试区县广播电视发射机技术指标

对顺义、平谷、怀柔、通州、房山、大兴、延庆、昌平、密云9个区县广播电视发射机技术指标进行全面测试，汇总测试数据，出具测试报告，为行政管理部门的安全播出管理决策提供依据。

配合环保局完成武广铁路、石太铁路客运专线电视信号受干扰情况测试工作。

三、开展系统项目建设与维护

1.开展IPTV监管平台建设工作

6月30日，三网融合试点工作正式启动，

北京被列为第一批三网融合试点城市。9月10日，市委常委、宣传部部长、副市长蔡赴朝，副市长苟仲文莅临监测中心开展三网融合试点工作专题调研。中心按照IPTV监管平台建设要求，调研监管思路，制订北京市IPTV业务监管平台建设技术方案，在无机房、无资金、无设备的情况下，腾出临时机房，请求外单位支援和搭建IPTV监管系统设备，打通IPTV信号监测传输通道，9月30日前完成对北京IPTV集成播控平台的播出监测。

2.提高技术保障能力

针对《广播电视监测中心系统扩容》、《VOD点播监督管理系统》、《视听网站综合管理系统》项目，委托中国软件测评中心开展软件测评工作。会同系统建设单位及时解决测试中发现的问题，完善和提高系统功能和稳定性。完成《VOD点播监督管理系统》项目终验，并对《广播电视监测中心系统扩容第一包－无线转播站监测监控系统》进行软件升级，完成项目初验。

3.完成机房改造

为顺利实施《机房及接收天馈线系统改造》、《WAP网站视听节目传播监管》、《广播电视移动测试系统》、《远郊区县无线转播站DAB监测》和《高清及鼎视平台电视监测系统》5个项目的建设工作。项目前期对技术方案展开深入调研，并多次召开专家研讨会，认真制订和完善项目技术方案，顺利完成5个项目的招标工作，并与中标单位签订项目合同。

4.加强系统运行维护

定期对办公环境进行安全隐患排查工作，在办公区域悬挂安全标语、宣传画、警示图，制作主题展板，做好宣传工作。加强用电、防火等方面的安全教育，及时清理办公区域杂物，更换消防设备，引入ISO9001认证规范管理，对每次安检工作做好记录。改进和完善监测系统预警信息发布与报警联动功能，确保预警信息发布的及时性。按时与系统内各单位可视指挥调度系统终端进行联调、试通，确保安全播出指挥调度通信畅通、系统运行正常。

四、规范财政预算管理

严格按照财政资金管理和执行的有关要求，规范执行《WAP网站视听节目传播监管》、《机房及接收天馈线系统改造》、《远郊区县无线转播站DAB监测》、《高清及鼎视平台电视监测系统》、《广播电视移动测试系统》5个新建项目的采购立项及公开招标工作，完成《视听网站综合管理系统》项目绩效考评工作。合理安排经费支出，完善项目申报说明，规范编制项目明细，对超过200万元以上的预算项目进行深入调研，撰写报告，召开专家论证会，确保项目预算科学、规范。

五、规范固定资产管理制度

监测中心自成立以来，经过三期系统技术改造，投入财政资金近5000万元，年内，由综合科牵头，对中心固定资产情况进行清查、登记，建立准确的固定资产台帐。完成全市40余家视频点播业务运营商及宾馆饭店的资产核查工作，前往延庆、怀柔、密云、平谷、房山5个远郊区县高山无线覆盖转播站清点设备，粘贴固定资产标签。完成1200余件固定资产的清点、统计，建立完整、准确、详细的固定资产档案。

六、队伍建设

监测中心去年被评为“市直机关文明单位”，今年进一步加强学习与组织建设，开展组织活动。组织全体党员学习《中国共产党领导干部廉洁从政若干准则》，不断加强思想教育、提高党员队伍素质。成立支部委员会，选举支委5名，支部书记及副书记各1名。完成1名党员的转正工作和1名新党员的发展工作。

与平谷区山东庄镇鱼子山村党支部开展结对共建党日活动，向鱼子山村党支部赠送汇集近十年优秀影视作品的《声屏华彩》及红色经典歌曲集锦等音像制品。组织参观鱼子山抗日战争纪念馆,听老支书讲述鱼子山村的革命历史和发展现状,接受爱国主义教育。与局计财处在香山红色大本营联合开展以“铭记历史,缅怀先烈”为主题的爱国主义教育活动,参观抗日英雄纪念馆,祭扫烈士墓。

与工会共同举办“建设学习型组织、加强精神文明建设”摄影作品展,邀请局其他部门参观交流,评选出一、二、三等奖。举办书法培训班,“党和祖国在我心中”歌咏比赛。由中心党支部推荐的相声节目,在第九届北京图书节“市直机关读书、荐书、评书活动主题日”成功演出。

开展人员培训累计约1850学时,共160人次参加。通过各类学习和培训,知识水平和业务技能得到显著提高。安排人员赴上海、广西、浙江、新疆、成都、江苏等地的广电局及监测中心考察调研。

(北京市广播电视监测中心)

北京音像资料馆（北京广播电影电视研究中心）概况

北京音像资料馆成立于1987年,主要从事音像资料译制、收藏、观摩、制作等工作。2008年9月加挂“北京广播电视研究中心”的牌子。主要职责是承担本市广播电视方面的政策研究和重点课题的研究工作,承担有关音像资料的收集、整理、研究以及挖掘和补救工作。2009年9月又将“北京广播电视研究中心”更名为“北京广播电影电视研究中心”。编印有信息周刊、研究月刊、产业季刊和年度研究成果汇编等刊物。

前后译制了200多部国外影视资料片,购置2套线性编辑设备、2套非线性编辑设备,1套数字录音设备,3套数字摄像设备,1套数字照相设备,1套光盘自动检索设备,一套媒资管理设备。馆藏资料库容100余平方米,存各种载体的音像资料3万余部集、7万余盘、册。其中,录像资料1万5千余部集,录音带1万5千余盘。2010年主要工作:

一、研究工作

编辑印发“三刊一书”。完成约48期《信息参考周刊》,约380条信息;完成12期《北京广播影视研究》月刊;完成4期《北京广播影视产业专刊》季刊,重点关注电影和动画产业以及新媒体发展;完成《北京广播影视研究文集2009—2010》一书。

参与举办北京市“十二五”广播影视发展主题报告会,会上认真总结“十一五”经验,深入思考“十二五”规划,力争全面推进首都广播影视事业产业的协调发展。完成首批北京音像资料数据库编目录入,长度为1000小时。

完成《北京音像资料馆媒资系统管理发展研究》课题,共计三万余字。

二、资料工作

开展音像资料建设规划工作,召开资料建设规划研讨会,完成“北京广播影视音像资料数据库应用开发项目”申报,获得市财政及市文创办专项资金支持150余万,主要用于资料内容建设和媒资系统扩容。

推进资料制作和存储抢救工作,完成约

60次拍摄任务，制作DVD光盘60余张，拍摄照片近3000张；抢救刻录本馆译制片母带节目105部，共计12600分钟；整理北京出品的电影、电视剧、专题片共计551部；完成SONY HDW 800P高清摄像机配套设备——三脚架适配器、三脚架和监视器的购置；发放《声屏华彩》影视精品光盘共计31套。

三、队伍建设

完成领导班子、各部（室）负责人及各工作岗位年度述职、考核，评出3名优秀工作者。

组织开展年度业务培训，请中国广电协会、中央电视台和北京电视台有关专家，进行了传媒理念创新、资料版权知识和影像构图原理等方面的专题培训。开展三期“馆媒资管理系统”学习培训。

进行科级岗位竞聘上岗工作，经严格的资格审查、演讲答辩及民主考核，正式聘任4名科级干部。召开新进职工定级考核会，做好新职工转正定级工作。

制订《北京音像资料馆（研究中心）党支部开展创先争优活动实施方案》，认真进行党员评议、好党员评选和党员承诺活动，制作《我是党员我承诺 我为党旗添光彩》创先争优活动专栏墙报，努力发挥党支部的战斗堡垒作用和党员的先锋模范作用；组织学习民生政策，通过局机关党委开展的“学习三人行”活动，请局后勤服务中心有关同志讲解相关房改政策；积极参与《第一书记》、《复兴之路》、《永恒圣火》等观影评影活动，完成全国广播影视系统“六五”普法理论与实践研究征文报送，完成诚信主题征文。3名预备党员转为正式党员，2名发展对象接收为预备党员，3名申请人列为入党积极分子。完成党支部换届选举。

四、行政后勤工作

根据局新的财物管理办法及时修订相关制度，在局请休假管理办法的基础上提出适合实际的请休假审批流程，其他旧有制度也适当进行条款上的修改更新。完成工会预决算和审计、部门决算、服务业统计年报、广播电视统计年报统计上报工作；完成上报事业单位基本情况（人事、职能、社保、财务等方面）调查报表；完成人事信息更新。工会努力做好元旦春节等各大节日的相关福利工作；组织职工赴上海开展“看世博、知世界”观摩调研；开展“秋日赏香山”爬山摄影比赛活动。

（北京音像资料馆／北京广播电影电视研究中心）

北京市广播影视作品审查中心概况

北京市广播影视作品审查中心成立于2006年，由前北京市电视节目供片中心改建而成。

主要职责：承担组织北京地区新出品及引进的广播影视节目（电影、电视剧、动画片、引进剧、剧本）内容的审查、复审的相关工作，收集、加工、整理广播影视作品各类信息以及有关公益性宣传资料片，建立和维护影视作品数据档案库；局交办的其他有关工作。另外，承担北京市广播电视学会秘书处日常工作，北京市广播电视编辑记者、播音员主持人资格考试和影视节展选片等任务。2010年主要工作：

一、影视剧目审查

1．依法审片。全年审查电视剧70部2255集，引进电视剧2部50集，电视剧剧本13部；审查动画片15部820集8567分钟；审查电影

21部，电影剧本76部。

2. 电影审查工作全面开展。电影审查工作正式实施属地管理，为顺利实施此项工作，中心经过调研、学习，根据国家广电总局对电影审查工作的有关规定，结合北京市电影产业实际情况，制定出《电影审查工作程序》、《审查管理人员工作职责》、《放映厅管理制度》、《机房管理制度》等规章制度；聘请业界专家、专业院校资深教授等组成电影审查委员会；根据北京市电影年产量及时段分布，对电影审查工作进行合理布局。

3. 增进交流、加强学习。1月，受国家广电总局委托，中心邀请国家广电总局、中央电视台、中国人民解放军总政治部文艺局以及江苏省广电局、广东省广电局、北京市委宣传部文化处、北京市广电局等近40人，组织召开“2009年度中央及部分省市电视剧审查机构审查工作座谈会”；循例召开4次电视剧审查季度工作会，审委们就每个季度审查中出现的问题进行沟通、交流，分别学习广电总局最新颁布的第63号令，电视剧内容管理规定等相关文件，并规范审查意见的书写、强化审查管理规定；组织电视剧审查员观摩电影；邀请传媒大学教授就电视剧现状、存在问题以及发展趋势与审查员进行交流。

4. 优秀剧推荐工作。推荐优秀电视剧3部：《手机》《婚姻保卫战》《智者无敌》；1部动画片《秦皇岛传奇》。

二、编撰书刊

编撰印发2010年《影视剧审查手册》、编印简报《北京影视信息》，受到广大影视制作机构的好评。

三、制作公益性宣传片

制作完成4期《电视剧审查综述》。继续摄制大型电视档案《北京影视文化名人档案》，已完成拍摄著名导演高群书、高希希、黄健中、哈斯朝鲁、谢飞、沈严、张扬、夏刚、何群、霍建起、杨亚洲、尹力、张元龙等；著名制片人马中骏、张谦等；著名编剧陆天明、何冀平、周震天、苏小卫、彭三源等；著名演员冯远征、杨立新、陶虹、潘粤明等35期电视片。《北京影视文化名人档案》（第一辑）套装已设计完毕。

四、完成“资格考试工作”

开展“2010年度编辑记者、播音员主持人资格考试”工作，参考人员共计3098人，其中编辑记者2626人，播音员主持人472人。

五、组织参展东京电影节工作

为参加电影节的11家影视制作机构提供展台、电影放映、广告宣传等条件，并制作精美的宣传品及《北京电影代表团东京电影节出行手册》等，圆满完成该项工作。

（北京市广播影视作品审查中心）

北京市广播电视学会概况

北京市广播电视学会成立于1987年7月15日，是北京市地方广播电视学术团体，社团组织，主管单位是北京市广播电影电视局。学会现为第五届理事会。

学会宗旨：以邓小平理论和“三个代表”重要思想为指导，贯彻落实科学发展观，团结本市广播电视工作者，开展广播电视学术研究，为促进北京市广播电视改革，发展广播电视事业，提高宣传质量和广播电视队伍素质服务。

学会任务：推动广播电视工作者学习马

克思列宁主义、毛泽东思想、邓小平理论和三个代表重要思想，贯彻执行党的路线、方针、政策和国家的法律、法规，坚持正确的舆论导向，发扬广播电视工作的优良传统，不断提高广播电视工作水平；开展调查研究和广播电视学术研讨活动，编辑出版学术期刊，为发展具有中国特色的社会主义广播电视理论作出贡献；协同有关部门组织广播电视评奖活动，组织广播电视优秀论文评奖，促进多出精品，多出人才，推动广播电视节目质量的提高和学术理论研究的开展；协同有关部门培训干部，为建设一支政治强、业务精、纪律严、作风正的广播电视队伍服务；开展同国内外有关学术团体的学术交流与合作。

2010年主要工作：

一、学术研究

《北京广播影视》学刊作为反映首都广播影视中心工作、发表学会会员研究成果、展现业界发展动态的重要阵地，得到广大会员的肯定和欢迎。学刊设"特稿"、"人物专访"、"特别报道"、"媒介管理"、"名家视点"、"传媒科技"等近10个专栏。每期刊登稿件25篇左右，行业信息20余条，总字数约9～10万字，配发照片约70幅。2010年《北京广播影视》共编印12期，稿件300余篇，照片800余张，总字数百万余字。

二、评选、推选和表彰优秀节目与作品

1.评选优秀作品

为做好评奖工作，学会秘书处在总结以往成功经验的基础上，广泛征求意见，完善评选章程和细则。2010年度评奖工作历时两个半月，在各会员单位推荐的400余个作品中，评选出获奖作品289个，"节目创优先进个人"79名。获奖作品中影视剧类作品10个，广播电视节目类作品194个，技术类作品70个，报刊类作品12个。在获奖作品中，经学会推荐，45个作品获得"北京新闻奖"，并向中国广播影视大奖节目类评奖推荐11件参评作品，向中国新闻奖推荐14件参评作品。

2010年起电影作品也纳入"北京市广播影视奖"的评选中，本年度共评选出3部优秀作品。

2.完成优秀作品推荐上报工作

学会按时完成中广协会及其他部门组织的各类评奖的初评工作，严格评奖程序，保证推荐作品质量，并将评选结果按时送达中广协会及相关部门。2010年，推荐的评奖项目有"第11届全国广播电视学术论文"、"第四届十佳百优广播电视理论人才"、"我与人民广播征文"、"金话筒"奖、"2009年度中国广播影视大奖"、"第十四届中国人口文化奖（电影电视广播节目类）"等。

3.加强优秀作品的表彰和宣传

2010年，北京市广播影视奖评出一等奖46个，并将这些精品编辑成册，配备CD和DVD，发给各会员单位交流学习。《北京广播影视》学刊的"声屏华彩"专栏，每年专门刊登对一等奖作品的评析和作者的心得体会，充分发挥获奖作品的导向功能和示范作用。

三、组织专家下基层等活动

市局委托学会继续组织"送专家下基层"活动，根据各区县广电中心在日常培训工作中需要解决的问题，由学会秘书处负责约请有关专家到区县中心授课。2010年邀请学会前任会长和北京电视台社会新闻部主任、《特别关注》以及《新闻晚高峰》的主编，走访房山和昌平两个广电中心，受到欢迎。

四、完成学会秘书处划转事项

根据北京市广播电影电视局党组决定，将原设在市广电局宣传管理处的学会秘书处，划转至市广播影视作品审查中心，学会秘书处各项工作转由市广播影视作品审查中心承担。原由市广电局计划财务处代管的学会财务，也转由中心代管。中心接管后立刻制定财务制度，加强管理，并顺利通过了北京市社团年检。

（北京市广播电视学会）

中国电影博物馆概况

中国电影博物馆是经国务院批准，国家广播电影电视总局和北京市人民政府共同建设的大型公共文化设施，是目前世界上最大的国家级电影专业博物馆，是纪念中国电影诞生100周年的标志性建筑，是展示中国电影百年发展历程、博览电影科技、传播电影文化和进行学术研究交流的艺术殿堂，是爱国主义教育基地和科普教育基地。

中国电影博物馆占地52亩，建筑面积近3.8万平方米，2005年12月29日落成，2007年2月10日正式对公众开放。2008年3月28日起实行免费参观。2009年对外开馆日为318天，馆内外组织各类活动264场次，馆内接待观众420341人次，比2008年增加118574人次，增长39.3%。馆外参与活动观众为71699人次，比2008年增加65160人次。完成讲解2055场，服务观众43409人次。2009年，中国电影博物馆被指定为“北京市青少年校外教育基地”。2010年主要工作：

一、宣传文化活动

2010年，中国电影博物馆对外开放318天，馆内接待观众总数779426人次，月平均客流量为64952人次，日均观众数为2451人，较2009年（1321人／日）增长85.4%。馆内业务活动165场，累计人数59449人次，较2009年增长45%。馆外业务活动26场，参与86550人次。较2009年增长21%。放映电影5771场，观影总数463370人次。举办定时讲解、专场讲解、映前讲解等各类讲解2509场，服务人数81274人次。

1. 活动服务继续创优

在活动策划上，与社会各界保持紧密联系，充分发挥服务平台的功能，挖掘馆内资源，策划和实施具有中国电影博物馆特色的活动，使中国电影博物馆逐渐成为重要的文化场所。

采取有效措施，应对《阿凡达》热映带动的入馆参观和观影人数大幅提升，一季度创下自开馆以来多项馆内纪录。举办系列活动纪念中国电影105周年，由“中国电影博物馆青年论坛之电影特技特效制作人论坛”、“电影技术设备展”、“巨幕电影展映月”、“电影大讲堂”、“中国电影博物馆之夜音乐会”、“年度精彩海报展、剧照展”和“经典电影音乐赏析”等七部分组成。举办“中国校园健康行动——首届少年儿童电影配音大赛”活动，全国共有7000多名来自22个省市的儿童参赛。推出“影博公益之旅”等多项公益活动。策划实施“中国优秀军事题材影片巡回展”，走进在京的四所军事院校，以电影展映、图片展览、专家讲座、观众调研、互动征文等形式，展现中国优秀军事电影的发展历程，弘扬时代主旋律，受到军事院校领导和学员的欢迎。

2. 公益放映渐成品牌

举办多场广受观众欢迎和喜爱的公益影展。如华表奖、金鸡奖、百花奖获奖影片展映、“国家有突出贡献电影艺术家”电影作品展等。

举办7次“公益影展观影团”活动，邀请黄建新、尹力等嘉宾来馆讲座、交流，北京电影学院、中央戏剧学院、中国传媒大学等高校师生和部分观众共计710人次参与活动。

3. 社会教育层次多样

举办“电影大讲堂”、“社会大课堂”、广电总局“双基地”活动、教研交流活动、大学生交流活动等各类社教活动及日常业务接待73次，参与人数10630人次，参加活动学校70所。

“社会大课堂”增强活动规律性，逐步丰富内容、固定形式。如在清明节举办“传承文化，拥抱春天，光影艺术，魅力体验”活动；在儿童节举办“关爱成长，牵手未来”活动。

“电影大讲堂”定位更明确，传播范围更广。在主题策划上加强与电影文化热点的紧密关联，如组织“《阿凡达》与3D电影”、“从《爱丽丝梦游仙境》看电影美术”、“《叶问》系列与中国武侠电影”等讲座。继续邀请贾磊磊、赵卫防等业内知名学者、专家担任主讲人，增强学术氛围。

4. 学术研究上新台阶

馆刊《影博·影响》达到新水平。月发行量达到4000册，较2009年增加500册，其中固定读者群已超过75%。刊物回访调查显示：读者满意率超过95%。坚持“内容为王”理念，突出策划，贯彻“第一落点”要求，采访翟俊杰、刘镇伟等影人近50位，报道《歼十出击》、《第一书记》等影片14部。

研究工作上新台阶。申报两项省部级课题获得立项：《3D电影发展趋势研究》首度获准立项为“2010年度国家广播电影电视总局部级社科研究重点项目”，《首都居民电影消费行为研究》首次获准立项为北京市哲学社会科学“十一五”规划项目。初探“学术落地”发展路径，出版科研成果两项，分别是《〈阿凡达〉现象透视》和《新中国电影与观众的变迁——中国电影博物馆2009学术年会论文集》。完成2009年度国家广电总局部级课题《中国城市居民观影行为、偏好与影响因素研究》。

举办第二届学术年会。以“受众需求与当下中国电影的叙事能力探讨”为主题，邀请中国艺术研究院、中国电影艺术研究中心、北京大学、北京师范大学、中国传媒大学、北京电影学院等京内外机构的专家学者、业界人士、高校师生百余人参会，发挥学术交流平台的作用，受到市领导的肯定。

创建影评人俱乐部。按照总局领导的批示，组建影评人俱乐部，共吸引60余位影评人积极参与。每月组织观看、评论新上映的影片，特别是《唐山大地震》等重点影片，迄今已举办14次活动。

5. 藏品征集范围更广

2010年征集电影物品1637件（套）。在征集工作中注重时效性，主动跟踪影片拍摄、宣传动态，关注主旋律影片，举办相关活动。如《鲜花》、《第一书记》影片宣传活动及电影物品捐赠仪式、捐赠物品展。制定“藏品征集笔记”制度，完善藏品背景信息，及时、准确地做好藏品信息记录。

6. 会员活动更加多样

继续推进组织会员进行公益参与、特色旅行、亲子活动以及会员沙龙的内容，组织会员参与亲近大自然的“环保之旅”、“爱心之旅”以及世博电影之旅等，让会员切实感受电影文化的乐趣。

二、圆满完成安保任务

全年无安全责任事故，达到“零事故、零投诉”的安全服务工作目标。

1. 确保《阿凡达》热映秩序井然

举全馆之力确保《阿凡达》热映期间馆内秩序安全有序。迅速启动《阿凡达》观影应急预案，以观众利益为优先考量，以提高观众安全度、舒适度、满意度为标准，协同配合，确保购票、观影和参观秩序良好，坚决杜绝安全事故。积极开展“维护正常购票秩序，治理非法倒票现象”专项行动，累计驱散黄牛党300余次，配合派出所打击黄牛党32次，抓获黄牛34人。

2. “百日安全”活动

将“百日安全”活动与消防“四个能力”建设有机结合，巩固安全工作良好局面。全馆实现无人员伤亡，无火灾隐患，无治安事件，无设备设施责任事故，无藏品丢失及损坏。

三、加强内部管理工作

抓质量管理体系设计。梳理工作流程，细化工作标准，制定岗位工作指导书，建立系统化、文件化的质量管理体系。在科学分配质量职能的基础上，用文字形式对职能活动加以全面系统描述，使质量管理内容文件化、控制规范化。编制质量管理工作制度、流程及作业指导书，并出版第一本《中国电影博物馆主要业务工作作业指导书汇编》（试行本）。

开展2010年年度考核和分批上岗工作。在考核方案的制订和召开职代会审议过程中，广泛征求部门、员工意见建议，严格履行民主程序，最终在职代会通过考核方案。此次考核，激发员工工作积极性，考核结果将作为选拔任用、培训教育、管理监督和激励约束的重要依据。

四、以“创先争优”推进各项工作

1．与党员干部教育相结合

将创先争优活动与党员干部教育相结合，与创建学习型党组织活动相结合。采取听报告、听讲座、参加各类培训班、观看相关教育宣传片、外请专家授课等形式学习。要求处级以上领导干部每年撰写一篇3000字以上的论文，每年年初召开干部理论研讨会。鼓励员工学习、钻研知识，每年以结合本职工作申报员工课题为抓手，请广电总局和北京市社科规划办的专家参与评审，推进学习型博物馆建设。组织观看《第一书记》等影片，利用社会大课堂、影人见面会、主题发布会、馆刊调研等多种形式开展学习研讨。

2．与中心工作相结合

将创先争优活动与中心工作相结合，推进各项工作上台阶。增加映前讲解，在每部电影开始放映前5分钟由讲解员介绍影片剧情及背景资料，为观众提供准确、便捷、贴心、人性化的服务；中秋佳节举办露天电影招待专场活动，为崔各庄地区的居民免费放映电影，5天约4000名观众观看；策划“电影科普课堂”走进山区校园活动，服务山区学生及打工子弟学生，活动涉及平谷、延庆、海淀等区县，让远郊区县的学生们不出校门就能参与电影特色活动，欣赏到优秀影片。

3．与制度建设、风气建设相结合

把“创先争优”活动与制度建设、风气建设相结合，与日常各项工作紧密结合，取得实效。编制作业指导书，把主要业务部门、主要工作的业务指导书，特别是操作环节步骤化、具体化，争取实现岗位职责按规定动作操作，以此抓质量管理，抓操作流程。将创先争优活动与风气建设相结合，鼓励员工“立足岗位作贡献，创先争优当先锋”，营造学先进、比先进、赶先进的浓厚氛围。组织召开纪念中国共产党成立89周年暨表彰大会，对馆内1个先进党支部和7名优秀共产党员以及3名优秀党务工作者进行表彰。开展为西南五省市的抗旱捐款、青海玉树地震灾区捐款、甘肃舟曲特大泥石流灾区捐款、共产党员献爱心捐款活动，共计784人次，共捐款119070元。

（刘洋）

北京广播电视台概况

北京广播电视台成立于2010年5月31日，是在原北京北广传媒集团、北京人民广播电台、北京电视台的基础上组建而成的市委、市政府直属事业单位。

北京广播电视台成立以来，坚持以科学发展观为指导，新闻宣传导向正确，体制改革整体推进，播出传输确保安全，事业产业协调发展，管理服务高效有序，较好地完成了全年的各项工作任务。到2010年底，全台总资产达272.08亿元，营业总收入达74.04亿元，利润总额达4.7亿元。资产规模和营收水平均处在全国广播影视业的前列。

一、全面加强党的建设，筑牢科学发展基础

充分发挥党委在全台工作中领导核心作用，按照中央和北京市的部署，认真组织全体党员干部学习党的十七大、十七届五中全会和市委十届七次、八次全会精神，深入开展党性党风党纪教育和创先争优活动，党的思想建设、组织建设和作风建设得到全面加强；围绕北京广播电视台组建，主动顺应新形势，适应新变化，应对新挑战，提出新举措，在做好原北广传媒集团人员分流、北京广播电视台中层干部的选聘工作前提下，圆满完成了北京广播电视台的组建工作；调整充实了北京歌华文化发展集团、北京电视艺术中心、北京广播电视报社、北京音像公司、北京广播影视物业管理中心、北京北广传媒城市电视公司等单位的领导班子，调整充实了北京人民广播电台、北京电视台中层领导干部队伍，干部队伍建设取得新进展。积极开展党的后备力量建设，组织35名同志参加市委宣传部入党积极分子培训班，对台属各单位99名入党积极分子进行了集中培训。根据发展需要，选派23名领导干部赴境外学习培训，全面提高媒体宣传和经营管理水平，着力打造一支政治强、业务精、纪律严、作风正、懂宣传、有技术、会经营、善管理的干部队伍，为北京广播电视台各项事业的发展提供了坚强保证。

二、新闻宣传导向正确，舆论基调昂扬向上

紧紧围绕党和国家的重大活动、重要会议、重大事件和市委市政府的重要工作部署，从全国和北京市“两会”到党的十七届五中全会、市委十届八次全会，从上海世博会“北京活动周”、北京首届世界武搏会到广州亚运会，从玉树地震、舟曲泥石流、南方旱灾到北京对口援建什邡、玉树、和田地区，从“嫦娥二号”成功发射到第九届图书节、第十届世界旅游大会、第十一届北京国际汽车展、第十三届科博会、第十六届北京科技周、第五届中国北京国际文化创意产业博览会等，打响了一个又一个宣传战役，掀起了一个又一个宣传高潮，唱响了时代主旋律。北京电台、北京电视台充分发挥主流媒体的阵地作用，选派精兵强将组成报道团队，精心策划选题，深入采访报道。北广传媒移动电视公司、北广传媒城市电视公司、北广传媒地铁电视、北广传媒数字电视公司、北京中广传播有限公司等新媒体全面跟进，与广播、电视等传统媒体相互呼应，形成了主流媒体各频率各频道之间、传统媒体与新媒体、传统媒体与网络媒体之间相互联动的全方位、立体式、广覆盖的宣传格局。北京人民广播电台的《城市零距离》栏目，郭金龙、黄卫等市领导亲临直播间接受访谈；《市民对话一把手》

节目深受社会各界好评，网络点击量超过400万人次。北京电视台新闻节目在省级卫视竞争中优势明显，《北京新闻》在新闻类节目中排名第一，社会影响显著提升，在今年全国“两会”首场新闻发布会上，北京电视台记者第一个被点名提问，在中外百余家媒体中拔得头筹。组织了147人的报道团队报道上海世博会，大型直播《魅力首都·闪耀世博》创造了北京电视台历史上最大规模、多信号、时事类事件的异地现场直播；在做好玉树大地震、舟曲特大泥石流灾害、西南大旱、南方汛情等重大自然灾害报道的同时，积极组织《玉树不倒·感恩祖国》、《抗旱救灾·我们在行动》大型公益晚会，特别是组织摄制播出的反映北京援建什邡大型纪录片《和你在一起》，在全国引起强烈反响；在完成什邡援建报道任务后，在新疆和田、青海玉树、西藏拉萨组建记者站，选派记者、主持人等骨干力量，支援当地广电事业发展，体现了首都媒体强烈的社会责任感。由市委组织部、市委宣传部主办、北广传媒数字电视公司承办的《北京党建》频道，成为全国第一个直接面向基层党组织和广大党员的数字电视党建宣传专业多媒体平台。北京电视台和北广传媒移动电视、城市电视、地铁电视等新媒体认真落实市委市政府决策部署，配合全市重点工作的开展和重大活动的举办，先后组织拍摄、制作、播出了上海世博会北京活动周、2010年北京首届世界武搏会宣传片等60余部纪录片，彰显了“人文北京”强大魅力。此外，围绕涉及群众切身利益的社会热点、难点问题，及时调控舆论，做好解疑释惑、化解矛盾、理顺情绪的工作，为首都改革发展稳定营造了良好的舆论氛围。

三、艺术生产力度加大，影视作品力作迭出

全面实施精品战略，大力推进优秀广播影视作品的创作生产，涌现出了一大批脍炙人口的精品力作，先后荣获省部级以上奖项超过300个。北京电台全力加大文艺作品创作生产力度，制作播出了60集广播剧《非常编辑部》，制作完成了30集情景广播剧《幸福街35号》、14集贺岁广播剧《麻辣姻缘》；广播节目制作水平不断提高，节目销售已覆盖到全国49家省、市级广播电台，社会影响力不断扩大。北京电视台实施“大戏看北京”传播战略，加大自主原创力度，连续推出了《铁齿铜牙纪晓岚4》、《苍穹之昴》、《媳妇的美好时代》、《手机》、《红楼梦》等大剧，影视剧稳定在全国收视第一阵营；其中，《媳妇的美好时代》创造了最高平均收视、最高单日收视、最高单集收视、最高开播收视四项收视纪录；全年制作播出晚会和特别节目97场次，2010年北京电视台春节联欢晚会、环球春晚、网络互动春晚、卡酷动画春晚等四大春晚形成了北京电视台春晚品牌群先后荣获了31项国家级大奖，获奖数量、获奖等级名列全国第一；北京紫禁城影业公司拍摄完成了《第一书记》、《大路朝天》、《嘻游记》、《倩女幽魂》等多部影片，其中，《第一书记》全国公映引起强烈反响，拍摄周期之短、演员阵容之强、领导接见主创人员和首映规格之高，居同类影片之首，受到了中央和北京市领导的充分肯定和社会各界的广泛好评，实现了社会效益与经济效益的双丰收。北京电视艺术中心拍摄制作完成了电视剧《金婚风雨情》(51集)、《雪域天路》(38集)，正在拍摄电视剧《后宫·甄传》(50集)、《笑脸》(36集)，正在筹拍大型文献纪录片《延安儿女的故事》(12集)。北京中北电视艺术中心有限公司认真贯彻落实国家广电总局的要求，积极实施“走出去”工程，先后拍摄制作的电视剧《对手》(45集)、《内线》(32集)、《猎人笔记之谜》(28集)，在北京、江苏、上海、山东、甘肃、河南、云南、贵州等省市电视台热播后受到观众的好评，取得了骄人的收视佳绩。其中，《对手》(45集)荣获第12届莫斯科国际侦探影视节“最佳电视剧奖”，这是国内首部在俄罗斯重要的国际影视节上获得大奖的电视剧。此外，北京中北电视艺术中心有限公司系列品牌剧目拍摄工作取得新成果，古装电视剧《大唐女巡按》(30集）年底投放市场。北广传媒影视公司拍摄完成了电视剧《风车》(38集)，实现了当年立项、当年开机、当年签约、当年回款。

四、文化会展精彩纷呈，品牌影响继续扩大

北京歌华文化发展集团以重点项目为龙头，先后承办了2010年北京首届世界武搏运动会开闭幕式、北京市第十三届运动会开幕式，承办了广州亚运会体育展示项目、第五届中国北京国际文化创意产业博览会广电展区布展、奥运城市夏日文化广场活动和西城区金融街展览等项目，完成了“北京市庆祝中国共产党成立90周年”大型主题展览、“2011北京乐谷国际音乐节”和“2011年北京国际老龄产业博览会”的方案策划，举办了迈克尔·波顿“爱是全世界”北京、广州、上海巡回演出以及方大同、莫文蔚、李健等大型演唱会；围绕世界城市建设，以项目建设为切入点，积极打造“北京国际设计周”、“北京国际电影季”、“世界艺术馆”、“中华世纪坛春节文化庙会”、“北京节拍”文化广场活动等新的文化品牌。其中，“北京国际设计周”策划方案已经市委市政府批准，举办了新闻发布会，与英国伦敦、芬兰赫尔辛基、意大利米兰等城市建立了合作关系，实现了国际高端资源的整合；“2011中国乐谷国际音乐节”着眼于操作的高端化、专业化和国际化，承办方案已通过论证，进入了全面实施阶段；“北京国际电影季”深入挖掘北京电影业庞大的市场空间，提升北京国际影响力，打造了北京城市新名片；世界艺术馆与16个省市博物馆建立了项目战略合作关系，同意大利文化遗产与活动部文化遗产推介局签订了五年合作框架协议，意方将为2011年9月开始的《伟大的世界文明》二期展览及未来五年间的特展提供支持；中华世纪坛春节文化庙会已成为北京市十大文化庙会之一，成为春节期间一项重要的文化活动；“北京节拍”文化广场活动以“时尚从城市开始”为主题，既贴近百姓生活，又时尚新颖，深受广大人民群众的欢迎，成为北京奥运城市体育文化节的重要组成部分。北广传媒影视公司在做好影视剧创作生产的同时，努力开拓文艺演出市场，策划举办了《纪念邓丽君专场演唱会》、《潘美辰专场演唱会》和《明星相声大会》等活动，进一步提升了公司的品牌影响力。

五、确保制作传输安全，播出质量稳步提高

北京电台积极推进技术设备改造，投资4430万元实施了软硬件升级改造工程，精心打造优质传播平台。进一步强化技术安全服务，为主控、播出、网络、发射等各个技术环节提供24小时保障，向国家广电总局上报播出通路技术指标全部达到甲级标准。北京电视台围绕内容安全、技术安全、园区安全等三个方面内容，健全各项规章制度，完善各项工作流程，加强对各项制度举措落实情况的监督检查，优化升级硬件设施，强化人员的考核培训，确保播出内容和信号传输安全。北京歌华有线电视网络股份有限公司认真贯彻落实广播电视安全播出管理规定，严格执行安全传输规章制度，积极实施全网巡检巡查工作，全面排查安全传输风险，对排查出的230余处隐患及时进行整改；建立了维护联动机制，加大安全保障投入，组织开展安全人员培训，积极做好应急防范工作，确保网络传输万无一失；积极应对技术变革，全力推进高清交互数字电视应用工程建设，截止11月29日，列入2010年市政府“为民办实事工程”项目之一的100万高清交互机顶盒推广安装工作按时完成，用户满意率达96%。截至年底，全市安装高清交互数字电视用户总数达133万户，超额完成市政府“为民办实事工程”确定的任务，北京成为全国高清交互数字电视用户拥有量最多的城市；为了让广大人民群众看好电视，积极加快推进网络基础设施建设，新开工75万户双向网建设，累计开工285万户，全市开通双向网用户达到220万户；实施机房寻址477次，对一批机房进行了改造、扩容、升级，完成276公里管道工程建设，铺设光缆1360公里，铺设高清交互配套干线、支线光缆633公里；架空线入地工程取得重大进展，累计完成2800公里架空线入地工程；新建住宅网络验收进展顺利，已经接待60多家开发企业和物业单位；北广传媒地铁电视有限公司完成了地铁1、2号PIS系统项目建设、地铁车辆段车库及四惠区间的电视信号场强覆盖工程、地铁播控中心至小营指挥控制中心电视信号引入工程，增加地铁运营导航系统，在确保地铁安全畅通运行的同时，提高播出画面质量。北广传媒城市电视、北广传媒移动电视加强与业主方的沟通联系，及时掌握终端运行情况，确保终端屏幕稳定播出。北广传媒数字电视有限公司、鼎视数字电视传媒有限公司加大监管力度，实现了播出“零事故、零差错”。北京中广传播有限公司完成了7个发射点的工程建设，北京地区发射点已达16个，城区网络得到进一步优化，郊区网络覆盖工程有序推进，为安全播出奠定了基础。

六、积极应对市场竞争，经营创收成绩斐然

充分发挥各单位的经营主体作用，立足各自实际，开辟创收渠道，增强经营收入，降低经营成本，提高经营利润率。北京电台推出套播广告、提高广告时段饱和度等广告营销策略，加大市场开发和客户服务力度，全年广告收入7.12亿元，比去年增长14%；北京广播公司全资和控股的11家公司充分发挥自身优势，积极推进各项经营业务的开展，在做好写字楼、酒店、演播室、餐饮等传统经营项目创收的同时，加大了听立方、1039新媒体机、导航仪等数字广播终端产品的研发生产，涌现出了一批新的经济增长点，全年实现经营收入5.6亿元，比去年增长35．4%；全台年收入总额8.6亿元，同比增长16%；创收7.17亿元，同比增长14%。北京电视台积极推进广告与节目的深度融合，创新广告营销手段，全年实现广告经营收入30.57亿元，同比增长17．56%；建立完善台属企业现代企业制度，做大做强主营业务，探索建立多元化创收经营模式，不断延伸产业链条，创收能力进一步增强，合计实现营业收入5.79亿元；全台年收入36.36亿元，同比增长7%。北京歌华文化发展集团创新主业发展模式，积极推进歌华院线、影视经济、文化贸易服务和文化产业基金项目，加强文化设施运营管理，实施中华世纪坛改造工程，全年实现经营收入3.9776亿元，利润3664．17万元。北京歌华有线电视网络股份有限公司积极应对“三网融合”，规划开展信息化应用业务，大力推进个人宽带业务，个人宽带业务在线户数达到10.4万户；积极对外合作开展新产品研发、新技术应用，研发下一代“三网融合”机顶盒、探索农村地区“三网融合”业务、推广无线宽带多媒体网络覆盖项目，大力拓展数据业务市场，为现有客户提供增值业务服务，承接市交管局智能交通信号控制系统专网、中国人民银行网等专业网络建设项目，针对商企用户积极开发新业务；加强运营管理，推进卫视节目落地，增加经营收入；据不完全统计，有线电视用户已达448.1万户，其中，数字电视用户277万户，高清交互用户超过133万户，有线电视注册用户、数字电视用户和高清交互用户均居全国各大城市之首。北京电视艺术中心有限公司、北京音像公司、北京北广置业有限公司、北京广播影视物业管理中心在努力开拓市场、提高创收能力的同时，积极争取政策支持，强化内部管理，降低经营成本，均取得了良好的经营业绩，圆满完成了年初确定的生产经营目标。到2010年底，全台总资产达272.08亿元，营业总收入达74.04亿元，利润总额达4.7亿元。资产规模和营收水平均处在全国广电业的前列。

七、积极推进改革创新，事业产业健康发展

全面贯彻落实中央和市委、市政府关于深化体制改革的部署，积极应对“三网融合”、“台网融合”，创新管理体制和经营机制。2010年5月31日，北京广播电视台作为全国第一批改革试点单位正式挂牌成立，标志着北京市广播影视传媒业改革和发展站在了新的起点上，业务范围涵盖了广播电视采编、制作、播出、传输以及新媒体开发等全部领域，包括了广播电视、影视制作、有线传输、文艺演出、文化会展、广告营销、文化贸易服务、新闻出版等文化领域所有业态，为今后事业和产业发展搭建起了一链贯通、多业并举、竞相发展的平台。

北京广播电视台在保持各项工作平稳有序开展的同时，深入开展调查研究，召开了各项专题工作会议，统一干部职工思想，加快建立规章制度，各项工作迅速进入良性发展轨道。在积极推进融合发展的同时，努力拓宽多元化经营渠道，以战略投资者身份参股人民网获得批准，与中国移动、国家电网公司并列成为第四大股东。各单位积极抢抓发展新机遇，纷纷推出了发展新举措，北京电台依托文艺广播（FM87.6）优势资源成立了北京芭其乐传媒有限公司，搭建起了经营增收的新平台。北京电视台实现了卫视频道、公共·新闻频道、青少频道成功改版，文艺频道实现全流程网络化高标清同播，建成了全国第一个新媒体实验室，初步搭建起北京网络广播电视台的总体工作框架，按时完成了IPTV集成播控北京分平台的建设并与中央总平台对接成功。北京歌华文化发展集团与顺义区天竺保税区签订合作协议，北京文化服务贸易中心建设全面启动；着力探索文化与金融结合新模式，积极推进设立“北京歌华文化产业投资基金”。北京歌华有线电视网络股份有限公司积极布局资本市场，参与了中影集团重组改制，完成了16.8亿可转债发行，推动了参股的数码视讯公司的成功上市，实现了证券投资权益最大化。北京中北电视艺术中心有限公司精确定位海外市场，为目标观众量身定制，与俄罗斯主流电视媒体REN—TV联合摄制的电视连续剧《猎人笔记之谜》（28集），在俄罗斯播出覆盖了约占欧洲1/3人口的俄罗斯、以色列和独联体国家。这是欧洲主流媒体首次以预购方式购买我国电视剧，为中国电视剧的国际化合作探索出了新的模式，创造了宝贵经验，探索出了中国文化企业“出海”的新路。北京电视艺术中心完成改制工作，清产核资工作已经完成。北京广播电视报社积极与北京电台、北京电视台重点栏目开展深度合作，在整合内部信息资源、实现共赢发展进行了有益尝试。北广传媒移动电视公司与北广传媒地铁电视公司优势互补，利用北广传媒地铁电视制播系统提供制播服务，在降低经营成本的基础上使节目播出质量明显提升，实现了经营收入和利润的同步增长。

八、积极开展对外宣传，树立展示品牌形象

一是充分发挥宣传阵地作用，树立展示中国和北京的良好形象。北京电台在充分外语广播和外语广播网络电台对外宣传阵地作用的同时，精心策划了横跨五大洲的“我爱地球——环球交通环保行”和“中加走过四十年”等大型采访和直播活动；以中英文形式推出的《中国音乐八千年》、《传承》等两个节目交换到澳大利亚2AC电台、新西兰中华电视网播出；举办了“2010年全球外国人汉语才艺大赛”，对外宣传力度进一步加大。北京电视台以中国电视长城平台为主体，每天首播6.5小时、全天24小时滚动播出；全年制作英语新闻38条，17条新闻在CNN《世界报道》栏目播出，居全国省级电视台首位；英文编译栏目《这里是北京》共制作反映北京发展的专题节目52期，向世界发出了“北京的声音”。二是加强自身的品牌推广，树立和展示北京广播电视台形象。主动邀请媒体报道北京广播电视台的各项重大活动，全年各类媒体刊播报道1.7万多篇（次）；主动策划推广和展示北京广播电视台品牌，组织下属媒体积极参与“第五届原创新春祝福短信大赛”、《抗旱救灾·我们在行动》大型公益晚会、“第17届北京大学生电影节”等活动，参与“深圳文博会”、“北京文博会”、“北京广播电视设备展”等展览活动，特别是在第五届中国北京国际文化创意产业博览会上，北京广播电视台第一次以整体形象亮相，得到李长春等中央领导同志的充分肯定，在境内外引起强烈反响，人民日报、新华社、凤凰卫视等境内外主流媒体纷纷予以深度报道，刊发报道300余篇，境内外主要网络媒体转载1000篇（次），树立了北京广播电视台的品牌形象；组织北京广播电视台英文名称的翻译、网站域名的注册和台标的设计工作，统一北京广播电视台的标志标识。三是加强媒体监测工作，高举反“三俗”旗帜，强化对播出内容监管，树立和展示良好的媒体形象。

九、加快人才队伍建设，提供创新发展支撑

牢固树立“人才资源是第一资源”思想和人才优先理念，按照“四个一批”人才建设的总要求，着眼于事业和产业发展需要，突出人才培养的前瞻性，全面加大创新型、复合型、外向型、科技型人才引进培养力度。各单位从自身实际出发，创新人才培养方式，拓展人才培养领域，提高人才培养质量，一支门类齐全、结构合理、梯次分明、素质优良的人才队伍正在形成。北京电台选派43名业务骨干赴境外培训，提高媒体管理和经营水平；全面实施节目台内公开招标制，全体员工均可参与竞标，让一批优秀人才脱颖而出。北京电视台在加强人员业务培训的同时，打破长期以来的限制，签订聘用合同工和派遣到北京电视台工作一年以上的员工，均可参加科组长、制片人的竞聘，提高派遣人员的福利待遇，不断优化人才发展环境，大力营造风正气顺的内部环境，极大地调动了各类人才的工作热情，形成了北京电视台强大的凝聚力；大力创新人才培养使用模式，与清华大学、北京大学、中国传媒大学等7所高校共建实习基地，提高北京电视台可持续发展能力。据不完全统计，全台共组织各类培训项目140余个，培训人员7600余人次，先后有46人次入选全国和北京市宣传系统“四个一批”人才工程，一大批优秀人才在中国新闻奖、中国广播电视“金话筒”奖等全国和北京市评奖活动中脱颖而出，为事业和产业发展提供强有力的人才支撑。

（北京广播电视台办公室）

北京人民广播电台概况

北京人民广播电台（以下简称北京电台）是北京市属重要的新闻机构之一，成立于1949年2月2日，位于东长安街延长线的建国门外南侧。英文缩写为“RBC”。

北京人民广播电台最初称北平新华广播电台、北平人民广播电台、北平新华广播电台第二台、北京市人民广播电台。1951年3月11日，改为北京人民广播电台。全台辖有9个专业广播、北京广播网以及全资国有的北京广播公司。2001年8月22日，创办北京广播网；2004年3月24日《音乐周刊》创刊；2006年1月9日，《新广播》报创刊；2006年6月16日青檬网络电台正式开播；2006年9月6日，北京电台DAB移动多媒体广播正式开播；2008年4月30日，北京外语广播网络电台开播。2010年6月8日北京电台频道“RBC综合频道”开播。北京电台已形成广播、网络、报纸、刊物互补的多媒体传播格局。

2010年，北京电台拥有9套开路模拟广播节目，每天播出188小时；15套有线调频广播，

16套有线数字广播、1套有线数字电视、13套开路数字音频广播、制作播出1套数字视频广播；建有 12个数字化直播机房、17个数字化录制机房，9套专业级演播室视频系统和世界一流的播控中心。在节目制作、存储、播出、传输等环节，已全部实现数字化；信息传递网络化，办公自动化已逐步在全台范围内普及。每天播音共约339个小时，总发射功率 193.5千瓦，除覆盖北京地区外，还覆盖河北、天津、山西、山东、辽宁等省市的部分地区；与国内20多家省级电台以及美国、英国、加拿大、澳大利亚、新加坡、日本等国家的十几家主流媒体建立了节目交流与合作关系。

北京电台9套无线广播节目：

新闻广播(AM828/FM100.6/有线调频90.4)；

城市服务管理广播(AM1026/ FM107.3/有线调频91.9)；

故事广播(AM603/有线调频89.1)；

体育广播(FM102.5)；

音乐广播(FM97.4/有线调频94.6)；

文艺广播(FM87.6/有线调频93.8)；

交通广播(FM103.9/有线调频95.6)；

外语广播(AM774/有线调频97.8)；

爱家广播(AM927/ 有线调频92.7)。

北京电台在激烈的市场竞争中始终保持领先优势，占有北京广播市场近69%的份额，广播日到达率和人均收听时间不断攀升，2010年北京电台（包括有线和无线频率）平均日到达率最高为52%，人均收听分钟数最高达141.6分钟。2010年主要工作：

一、宣传工作

切实抓好重大新闻宣传工作。充分发挥主流媒体作用，高标准抓好新闻宣传，尤其是重要节日、重大活动的宣传报道。圆满完成了全国“两会”、北京市“两会” 、上海世博会、第十六届广州亚运会、北京首届世界武搏会等重大宣传报道任务，以及春运、“做文明有礼的北京人”、绿色交通等社会关注热点宣传。年内，市长郭金龙、副市长黄卫等市领导亲临《城市零距离》直播间接受访谈，有17位市委、办、局“一把手”和18位区、县长先后做客《市民对话一把手》节目，节目深受社会各界好评，节目的网络点击量由2009年的170多万人次上升到2010年的400多万人次，郭金龙市长批示“望继续抓好”。北京电台全力做好青海玉树地震、甘肃舟曲泥石流灾害报道任务，“九台一网”共播发相关报道2550多篇（幅），圆满完成“嫦娥二号”成功发射、恢复播出第八套广播体操、第五届中国北京国际文化创意产业博览会、第八届朝阳国际风情节、第九届北京图书节、第十届世界旅游大会、第十一届北京国际汽车展览会、第十三届科博会、第十六届北京科技周等重大活动宣传报道任务。

不断增强节目竞争实力。为顺应市场需求，提高节目竞争力，从年初起对全台节目进行调整播出，共有自办节目211个，其中新增加40个；召开2011年广播节目评标会；完成每年两次全台播音员主持人资质审核。

继续推进“台网共做”模式。北京广播网在宣传策划、新闻报道、活动推广等方面全面参与各专业广播内容生产，台网共做独具特色。以“网络专题”形式配合各专业广播搞好新闻宣传，全年共制作各类特色专题78个；开播RBC综合频道，平均每天在线观看人数达100多万人次；推出“问城网”，增设“记者圈”博客，开通手机Wap网站，每天通过手机访问Wap网站人数达3万多人次，提供优秀原创音频资源，有效扩大了北京电台节目的宣传效果。北京广播网、问城网、1039交广网已构成北京电台互联网发展的三足鼎立，青檬网络电台、外语广播网络电台齐头并进，已完成台网互动的战略布局。

对外宣传工作水平持续提升。以中英文形

式推出《中国音乐八千年》、《传承》两个新节目并交换到澳大利亚2AC电台、新西兰中华电视网等华语电台播出；“2010年全球外国人汉语才艺大赛”吸引了来自埃及、巴西、韩国、美国、法国、英国、德国、西班牙等20多个国家600多名选手参赛，共收集420个视频、7个音频参赛作品，评选出15名优秀选手奖，并请获奖选手赴京参加为期一周的免费中国文化游活动。

新闻宣传取得丰硕成果。4件作品荣获中国新闻奖；1件作品和1名个人荣获全国广播“金话筒”奖；3件音乐作品荣获中国第十二届广播文艺节目奖；16件作品荣获北京新闻奖；64件作品、19名创优先进个人荣获2009年度北京市广播影视奖。1人荣获“全国广播广告最具影响力人物”称号和“2010第五届中国创意产业杰出贡献奖”。

特色品牌活动扩大电台影响力。继续实施以品牌活动提升电台影响力策略，举办第四届“听众喜爱的名牌栏目”大型评选活动；举办多媒体移动视听全新“春晚”；举办“第五届原创新春祝福短信大赛”；组织横跨五大洲的“我爱地球——环球交通环保行”大型采访、《舞动中国经济第三极》环渤海大型采访、《两岸四地携手铸辉煌》大型系列经济报道、“北京印记——讲述我和新北京的故事”大型征集、《中加走过四十年》大型直播、念慈菴2010年度北京流行音乐典礼欢唱会以及第三届“赢在创意”全国广播栏目大赛、第一届听众最喜爱的滑雪场评选、听我72辩——全国音乐主题辩论大赛、第五届北京延庆端午节、第七届“路德日”颁奖、1039动力假期、“毛毛狗快回家”爱家宝宝故事会、首届亲亲宝贝“童话儿”网络征集、“歌声与微笑”第五届北京高校青春歌会等多种形式的品牌活动，有力提升了北京电台社会知名度和影响力。

二、新媒体发展

新媒体建设取得多个重要进展。3月新开通问答式网站“问城网”，10月该网开通“WAP手机访问”、“短信通知”等诸多新功能；6月多媒体数字广播频道RBC综合频道正式开播；8月北京广播网手机Wap网站正式开通，便于移动人群使用手机收听北京电台节目；12月“自助式”网络电台设计规划工作正式启动。北京广播公司旗下子公司积极投身新媒体技术的应用。北京悦龙数字广播公司基于DAB数字广播技术的推送式广播终端产品——“听立方”自上市以来，以专业化和个性化节目吸引了大批消费者；第二代“听立方”优化产品正在积极研制中并拟于2011年初推向市场。北京交广传媒有限公司第二代1039新媒体机、导航仪等已实现销售5000多台，收入550多万元；集智能手机、智能导航仪、双模移动电视、数字广播等多功能于一体的“易通1039新媒体机M51系列”终端产品已推向市场。安徽、大连、香港等地广播电台还就数字广播技术终端产品运用与北京电台达成合作意向。注重前瞻性研究，广播发展研究中心将广播与新媒体的融合作为本年度重点课题，在新媒体研究方面渐成体系。

三、技术保障

全力保障节目播出安全。加强对相关人员安全播出技术培训，为主控、播出、网络、发射等各技术环节提供24小时保障，播出节目技术质量继续保持平稳运行。全台年内共播出62126小时，总停播率0.26秒/百小时，优于质量认证要求96%。向国家广电总局上报播出通路运行技术指标，均达到甲级标准。

努力打造优质传播平台。技术设备、工程改造以及安全播出保障等方面投入4430多万元，相继完成新闻采编平台、音频制作、播出系统、传输发射系统、网络系统、皂君庙机房代播、铁塔拉线移位、北京广播网及智能路况一期等软硬件升级改造工程；完成日常技术培训、现场直播活动、设备软件购置以及维修维护等工作。配合市广电局完成数字广播(DAB)村村通无线覆盖工程以及北京市对口支援新疆和田地区、新疆建设兵团广播电台技术系统援建项目的规划设计工作。

四、广告管理和产业经营

广告收入再创新高。顺应经济大势，把握经营分寸，采取推出套播广告、提高广告时段饱和度等灵活适用的广告销售策略，加大市场开发和客户服务力度、强化业务培训，确保了广告收入较大幅度增长。全年广告收入7.12亿元，同比增长14%。广告收入仍占主业收入的绝对比重。

广告管理规范有力。坚持做到依法经营，严格执行国家有关法律法规，进一步规范广告合同，加大广告监听力度和频次，严把广告审查关。注重加强广告从业人员队伍建设，提升人员的综合素质特别是依法开展广告业务的意识和能力。北京电台荣获全国广告行业文明单位称号；在北京市及全国优秀广告评选中，北京电台选送的商业广告和公益广告有28件作品获奖。

产业经营形势喜人。新投资成立了依托文艺台优势资源的北京芭其乐文化传媒有限公司，北京广播公司全资和控股的公司达到11家。该公司积极稳妥地推进各项经营业务开展，确保国有资产保值增值。北京广播公司全年实现经营收入5.6亿元，同比增长1.47亿元，增长率为35.4%。

五、内部管理

内部管理工作更加规范。围绕全台总体发展目标，加强数据服务、节目研发、信息收集、课题研究等工作，进一步完善ISO9001质量管理体系文件和全台各项规章制度，使体系运行适宜有效，持续改进。

人事管理工作扎实有力。严格规范人员招录、人员调配、职称评审、首席评选、大学生来台实习等程序，完善员工工资福利待遇管理措施。全年共有2000多人次参加台内外多层次、多种类的员工培训，并实现全台员工培训档案网上电子记录和数据查询。加强岗位设置和薪酬管理工作。

和谐电台建设再上新台阶。组织编写《企业文化故事》集，继续推进企业文化建设。广泛开展各类文化体育活动以及为职工过工龄生日、组织慰问和外出休疗等，营造健康向上、文明活泼的文化环境。对获得全国和北京市各类奖项的101个集体和个人给予表彰、宣传和奖励，激发了干部职工的工作热情。严格落实人员出入、现场直播、消防安全、车辆管理、涉密保密等各项安全保卫制度措施，确保了全年电台安全稳定无事故。

六、公益事业

积极参与社会公益活动，先后组织全台干部职工捐款30多万元，用于捐助青海玉树灾区、新疆和田希望小学、延庆清泉铺中心小学、北京市贫困家庭等公益事业。继续组织“广播三下乡，年货送农家”活动，是北京市文化科技卫生“三下乡”集中示范活动之一，北京电台已连续4年累计投入30余万元。各专业广播策划和组织的“行万里路，送万卷书”、“阅读点亮希望星光”图书捐赠、“中宇万家节水改造”公益行动暨中国节水“金马桶”奖评选等社会公益活动，收到良好效果。截至2010年，北京电台连续14年被评为首都文明单位标兵，并荣获“首都全民义务植树先进单位”和“媒体控烟宣传贡献奖”称号，交通广播荣获“北京市模范集体”称号；有2人分获“全国三八红旗手”和“北京市三八红旗手”，1人获“北京市先进工作者”称号。

七、对外交流

随着各项事业持续健康发展，在国内外许多行业特别是广播界中的美誉度和知名度大幅提升。先后有联合国教科文组织、全国人大教科文卫委员会、国家广电总局、北京市政府和市政协、江西省广电局、湖南电台、贵州电台、云南电台、江苏电台等国内外政府机构、社会团体和媒体80多批次1000多人到北京电台参观交流。

（李琳　刘莹）

北京电视台概况

北京电视台是北京市属重要的新闻宣传机构之一，成立于1979年5月16日，英文缩写为“BTV”。

北京电视台已开办12个频道节目，其中3个无线频道，7个有线频道，1个高清频道，1个外宣频道，每天播出256小时。无线频道总发射功率70千瓦。BTV北京除覆盖北京市外，还通过卫星在全国各省会城市及200多个地级城市落地播出，覆盖人口已突破8亿。

北京电视台12个频道是：

BTV北京　卫视频道；

BTV文艺　文艺频道；

BTV科教　科教频道；

BTV影视　影视频道；

BTV财经　财经频道；

BTV体育　体育频道；

BTV生活　生活频道；

BTV青少　青少频道；

BTV公共　公共频道；

BTV卡酷　卡酷动画卫视频道；

BTV高清　北京电视台高清频道；

BTV国际长城平台北京电视台国际频道卫星频道（北美/亚洲/欧洲/加拿大）。

2010年，北京电视台紧紧围绕市委市政府中心工作，牢牢把握发展这个主题，提升舆论引导能力、公共服务能力和传播影响力，开展科技创新和高清改造，推进干部人才队伍建设，构建和谐、进取的内部文化氛围，各项工作取得了突破性进展。

一、坚持内容生产为先，打造精品栏目和大型活动品牌

圆满完成全国及北京市“两会”报道任务。在全国“两会”首场新闻发布会、全国政协十一届三次会议新闻发布会上，北京电视台记者争取到了第一个提问的机会，在中外百余家媒体竞争中拔得头筹。全国“两会”开幕前五天，北京电视台记者在新闻发布会上三次提问，精彩表现受到了上级领导的肯定和中外媒体的关注，彰显了北京电视台的报道实力。

全力配合市委市政府中心工作，积极推动首都科学发展。在《北京新闻》开辟了《深入学习实践科学发展观　建设人文北京、科技北京、绿色北京》、《加快转变首都经济发展方式》、《创先争优　加强基层党组织建设》、《回眸十一五 展望十二五》等系列专栏，推出“记者走一线”、“乡村新发现”等大型新闻行动，《北京新闻》在35城市新闻类节目收视份额排名中名列第一。全年为央视送播新闻1627条，数量居省级台前列，特别是在央视《新闻联播》中发稿72条，借助央视平台有力地宣传了北京市在各个领域取得的发展成就。

完善应急报道机制，救灾报道深入地域之广创近年来新记录。在青海玉树大地震、甘肃舟曲特大泥石流灾害、西南大旱等重大灾害事件中，先后派出多组记者奔赴西北、西南多个省区实地采访，记者深入地域之广、灾区地形气候之复杂、地震灾区海拔之高，前所未有。在4月21日、8月15日全国哀悼日宣传报道中，各部门发扬一盘棋精神，紧急调整节目，通力合作完成了宣传任务。还在短时间内推出《玉树不倒 感恩祖国》、《抗旱救灾 我们在行动》两场大型公益晚会，一年内承办两次跨省公益活动。

创新异地报道组织模式，圆满完成上海世博会报道。组织4个频道、15个栏目以及技术等部门参与世博报道，147人的前方报道团队在所有新闻媒体中第一批进驻世博新闻中心。大型直播《魅力首都 闪耀世博》创造了本台历史上最大一次大规模、多信号、时政活动类事件的异地现场直播。北京卫视专门开辟了《世博直通车》专题节目，创作推出16期《我要看世博》特别报道，在全国产生良好反响。

发挥媒体重要作用，出色完成对口支援工作任务。驻什邡工作站出色完成报道任务，近两年来共发稿200余篇，在什邡援建任务完成之际，创作播出6集大型纪录片《和你在一起》、特别报道《京什携手 共建家园》，展现京什人民的深厚情谊，讴歌援建者的无私奉献。什邡站出色完成任务后，又陆续在新疆和田、青海玉树、西藏拉萨组建记者站，派出记者、主持人等骨干力量支援当地广播电视事业发展，进一步提升了BTV品牌影响力。

以首创精神完成南非世界杯、广州亚运会、亚残会等一系列重大体育赛事报道。世界杯期间，每天直播17个小时，12名前方记者创造了新闻回传和对播2000分钟的境外赛会报道总量新记录，创新推出了手机、电视、网络三屏合一的新媒体节目，首次实现与网友的实时互动直播。亚运会期间，每天直播15个小时，首次推出搭建在珠江游艇上的移动式外景演播室，首次实现基于民用3G网络的电视专业视频直播，高质量完成了沙滩排球等三项比赛的国际公用信号的制作。

坚持“大戏看北京”战略，影视剧跻身全国收视第一阵营。继续坚持“大戏看北京”的传播战略，加大自主原创力度，连续推出了《铁齿铜牙纪晓岚4》、《苍穹之昴》、《媳妇的美好时代》、《手机》、《红楼梦》等大剧。2010年，北京卫视“红星剧场”的收视在上年翻番的基础上再增长20%，稳定在全国35城市收视第一阵营。

北京紫禁城影业公司既保持原有的主旋律电影创作生产的传统优势，又注重商业项目的运作，推出了一系列影视剧佳作，拍摄完成了《第一书记》、《大路朝天》、《嘻游记》、《倩女幽魂》等多部影片。其中《第一书记》采用倒计时拍摄方式，创造了主旋律优秀影片的多项纪录：拍摄周期之短，演员阵容之强，修改量之大，修改速度之快，领导接见影片主创人员和首映式规格之高，均在同类影片中位居第一，影片受到了中央、北京市领导的高度重视和充分肯定。

弘扬传统文化，大力传播传统节日文化和文学经典。制作播出年度经典文化访谈系列节目《中国节 中华情》，共6个系列、20集，分别在春节、清明、端午、七夕、中秋、重阳6个传统节日期间播出，市委宣传部领导、学术界给予了较高评价，人民网等多家主流网站开办相关专题、论坛予以关注，网友点击率排名论坛第一。还制作播出了《春节文化论坛》，引导公众文明过节。

北京卫视创新节目营销手段，提升品牌影响力。北京卫视成功举办《2010黄陵大祭祖》、《母爱总动员真情盛典》、大型专题片《人民大会堂》首播新闻发布会等大型活动，特别是2010年度中国播音主持“金话筒”奖颁奖典礼，创意新颖，精彩纷呈；北京卫视还联合东方卫视共同发起“让‘低碳’成为一种生活习惯”公益电视行动，创造了世博会宣传推广的多项全国第一，即北京卫视第一个在世博会展示平台上进行品牌推广，第一个也是唯一一个在世博会主场馆播放形象宣传片，第一个举行主题公益电视行动，等等。

各专业频道走专业化品牌传播路线，特色鲜明，亮点不断。文艺频道致力于打造新锐的文艺前沿看点，提升北京人的文化生活品质，全年承办逾60场晚会和大型活动，数量之多、规模之大为历年之最，特别是在全国首次推出电视、网络、手机三屏合一的网络春晚，扩充和强化了本台春晚系列品牌阵营。

科教频道将“点亮智慧人生”作为频道核心理念，重点打造午间法治时段、傍晚健康养生时段、晚间八点故事汇三个品牌时段，注重以品牌活动体现媒体情怀，以大手笔体现制作实力，已稳居北京地区收视第一集团。

影视频道加大向影视制播行业产业链两端渗透的力度，在源头抓资源，在末端抓推广和营销，通过首播庆典、观众互动、话题营销、全媒体推广等方式，努力打造BTV国内顶级电视剧播出平台的品牌形象，向行业制高点迈进。

财经频道以节目创新稳定收视、以编排创新助推收视、以大型活动扩大影响、以配合报道发挥媒体职能、以规范制度完善频道管理，“点击年关键”、“北京影响力”、“我为车狂”等多项大型活动和特别节目成为知名品牌。

体育频道在完成一系列重大体育赛事报道的同时，破解奥运场馆再利用的世界性难题，探索“经营频道”的理念，成功举办首届及第二届鸟巢欢乐冰雪季、第二届海洋沙滩狂欢节、第二届“BTV杯”国际斯诺克北京挑战赛，掀起全民健身热潮。

生活频道坚持“打造城市生活服务频道第一品牌”，强化“生活是美丽的”这一频道理念，向“都市化、时尚化、年轻化”转型，推出《时尚大典》等品牌活动和系列主题策划行动，成立“新媒体联动组”，拓展新媒体业务。

青少频道成功推出“书香北京·文化盛典——21世纪10年影响中国图书榜”大型评选活动，吸引了百余位文化名流以及数十万网民和手机用户热情参与，还推出“北京青年拍客大赛”等大型电视活动，增强对青少年观众的吸引力。

公共频道通过节目编排规划、频道导视系统创新以及各栏目自身挖潜等手段，联合多媒体联动宣传，以创新点扩大影响力，成功举办北京国际旅游节开幕式、百姓DV大赛，成为北京市“2010群众文化年”系列活动中的一个亮点。

卡酷动画卫视积极打造“播出平台与销售渠道双轮驱动、动画原创与衍生产业双轴联动”的动漫全产业链，加大自主原创，推进品牌建设，连续四年荣获由国家广电总局评选的全国优秀动画频道一等奖，收视领跑全国少儿媒体。

积极开展对外宣传和文化“走出去”工程，提升国际传播力和影响力。外宣工作以中国电视长城平台为依托，以7家境外媒体为补充，不断创新思路，加大力度，取得了优异成绩。目前长城平台已建成美国、亚洲、加拿大、欧洲、拉美、东南亚等7个平台，付费收看用户突破10万。节目内容涵盖新闻、资讯、文化、旅游、娱乐以及青年节目等各个类别，首播6.5小时，全天24小时无间断播出，较好地满足了海外观众多方面的收视需求。同时，还制作播出英语新闻38条，共计120分钟，其中17条新闻在美国有线新闻网CNN《世界报道》栏目播出。英语编译栏目《这里是北京》全年共制作52期节目，在美国联邦公共广播公司播出，在对外传播中有力地发出了“北京的声音”。

二、狠抓技术进步，确保安全生产播出，高清化建设再创佳绩

建章立制，为安全播出提供制度保障。完成《北京电视台安全播出管理流程》、《北京电视台高标清同播业务流程及相关规范》等一系列技术系统相关计划、规范、标准的编制工作，严格岗位责任和流程管理。以制度为保障，加强安全工作，全面排查安全隐患点，确保了全台的安全和稳定。

积极落实2010年市政府第165项折子工程的安排，顺利完成高清化改造阶段性目标任务。继2009年北京卫视实现传统方式高标清同播后，经过招标采购、系统搭建、培训演练等一系列工作，于12月20日北京卫视实现全流程网络化高标清同播；12月29日，文艺频道实现全流程网络化高标清同播；同日，国内第一个采用高清网络化制播技术的新闻演播室——350平方米高清新闻演播室暨新闻高清非线制播系统正式启用，标志着北京电视台在全国高标清同播技术领域走在了最前列。

完成高清技术系统工程一期工程8大项、35小项、53包项目的招标工作，累计招标金额约5.4211亿元；如期完成6个高标清同播播控中心系统建设任务；组织完成高清技术系统工程二期项目实施方案的编写及项目评估工作；稳步推进体育频道和公共·新闻频道高清化工作准备，进一步提高了全台高清节目直播比重。

加强技术改造和建设，构建安全播出的技术防线。总工办牵头的全台日常技术改造项目和设备采购大小共计153项。在各部门的配合下，新老台址之间实现了节目传输光缆互通；卡酷频道、外宣频道从苏州街台址安全迁移到新台址机房播出，优化了全台的播出资源；特别是技术部门为全台日常播出以及各项大型活动的安全举办提供技术保障，出色完成世界杯转播、亚运会公共信号制作等一系列高难度工作，保证了日播栏目《每日文娱播报》于11月15日首次实现直播；确保了新闻网、体育网等非编制作网以及主干系统、媒资系统、办公网等各系统的平稳运行；安全完成皂君庙旧址发射机更新、苏州街老台部分技术改造项目等多项重点工作；动力保障工作保持零秒事故率。

加强培训考核，全面提升一线技术人员素质。人事部与技术部门共同配合，首次实现了摄像岗位的全员培训；组织播出值班员进行理论、实际操作、规章制度等方面的培训，并开展应急预案演练；首次成立三网融合信息小组，举办座谈会、辩论会等多种形式的学习活动。特别是针对全台高清建设组织了一系列学习培训，提升了一线技术人员的安全意识和故障应对能力。

三、加强管理的制度化、规范化、精细化，促进事业产业发展

坚持完善制度和落实制度两手抓，提升管理执行力。制定全台性规章制度44项，数量之多为历年之罕见。为加强“三项安全”，相继出台了《北京电视台节目内容安全管理规定》、《北京电视台园区安全管理规定》、《北京电视台2010年安全生产、监管工作实施意见》、《关于损害北京电视台合法权益和社会形象突发事件的应急处置办法》、《北京电视台节目评奖办法》、《北京电视台“年度播音主持作品专家奖”评奖办法》等一系列规章制度。同时，进一步加强了制度落实工作，专门出台了《北京电视台关于狠抓工作落实的办法》，要求具体，责任到人。为强化制度执行力，对重点工作进行检查、督办，每季度编发《督办工作季报》，上报台党委会，全年立项督办事项共64件，确保每一项督办事项得到落实。

坚持精细化管理与规范化服务并重，以细节建设提升整体价值。全台以严谨的态度、科学的方法开展工作，通过规范化服务和精细化管理，让服务出效率，向管理要效益，取得了新的进步。2月1日，内网成功实现改版，全台所有部门首次拥有统一的网络展示平台。内网全年共发布了来自38个部门的4914条信息，充分发挥了信息发布、业务交流、工作融合、学习研究和业绩展示五个平台的作用。

倡议推出了BTV低碳环保日活动。通过科学管理，新台址一年节约水电费60万元；苏州街台址公共区域照明节电60%以上；全台100余台退役电脑经过升级、维修实现再利用，节约经费近80万元。

凝聚人心、提振士气，充分调动全台职工积极性。为增强派遣人员的归属感和责任感，经台党委会研究决定，首次赋予工作满一年以上的派遣制人员参加竞聘科组长、制片人以及参与部门内部民主测评的权利，逐步提高、规范派遣人员的工资和福利待遇，派遣人员首次全员享受就餐费、通信费、防暑降温费以及体检、职工春节联谊会抽奖等福利。全年召开两次职工代表大会、六场职工代表座谈会，还通过在内网开设“领导信箱”、“建言献策”、“交流互动”专栏，组织问卷调查等多种方式，认真听取广大职工的心声；台党委专门召开扩大会议，认真研究职工代表意见建议的具体落实，凡有职工个人署名的意见和建议，直接答复职工本人，加大了党务公开、台务公开的力度。

四、全面提升广告创收能力，进一步培育新的经济增长点

坚持社会效益与经济效益的统一，不断提升经营创收水平，促进国有资产保值增值，全年广告创收首次突破30亿元，达到30.57亿元，比上年增长17.56%；全台总收入达到36.36亿元，比上年增长7%，双双创历史新高。

加强广告与节目部门深度融合，实现广告经营大幅攀升。积极推动"三案齐发、部门联动"，在维护广告统一经营模式的基础上，广告部与各节目部门深度融合，积极创新广告营销手段，在北京车展项目、世博卡项目、《红楼梦》项目上实现了内容生产与广告经营的融合发展，拓展了广告的增量空间。特别是与中国银行创新推出了红楼梦联名卡，成为金融企业与电视媒体在银行卡方面的首次合作尝试。

加强企业经营管理，进一步增强台属企业创收能力。积极推动卡酷传媒公司、京视传媒公司、北京电视产业发展集团等台属企业建立完善现代企业制度，做强做大主营业务，探索建立多元化创收的经营模式，进一步延伸产业链条，合计实现营业收入5.79亿元，各公司利润均有一定幅度的增长。

京视传媒确立了以版权运营为核心，新媒体、大剧院、电视剧多元经营为辅助的业务模式，全年实现业务收入3280万元，利润总额607万元，超额完成经营计划目标，其中版权收入2504万元，同比增长38.6%，创历史新高。

电视产业发展集团总体实现营业收入1.59亿元，利润总额384万元，加上南戴河培训中心已代扣代缴台里的200万元，共计584万元，与上年度相比较增加53万元。2010年12月，还成功实现歌华可转债投资收益，实现投资收益240.14万元，利润率27.38%。

卡酷传媒公司在完成频道播出任务的同时，积极拓展产业运营，打造了一条动漫全产业链。2010年，卡酷传媒公司实现收入1.82亿元，税后净利润2360万元，比2007年公司化运营之初，收入规模增长5倍，净资产增长4倍。

五、加强干部人才队伍建设，构建人力资源管理新格局

加强干部调整交流工作，推动事业发展。年内累计调整中层干部38人次，其中，调入本单位1人，提拔任用9人，因任职上一级岗位免去职务3人，轮岗交流14人次，退出现职10人，调离本单位1人，为各项工作开展和全台事业发展提供了有力的组织保障。

规范干部选任和考核管理工作，进一步提升干部工作水平。制定了《北京电视台干部选拔任用工作流程图》，细化了干部选任工作的操作办法。进一步明确了台党委主要领导和台领导班子成员分别与离（任）职对象进行谈话、在编前会和任职干部所在部门宣布任职决定、对离职干部进行经济责任审计、离任干部退还有关办公用品等工作程序，明确了干部职务调整期间的岗位责任。制定实施了《北京电视台中层干部考核工作规定（试行）》，拓宽干部考核工作的覆盖面，增强了考核工作的科学性。认真落实干部选拔任用工作"四项监督制度"，没有出现违反规定选人用人的行为。

高度重视人才工作，积极营造优秀人才脱颖而出的良好氛围。积极探索人才培养使用新途径，以台管企聘的方式，引进了一名急需的优秀人才到北京网络广播电视台筹备组工作；为加强人才储备，与在京7所高校开展共建实习基地合作项目，为引进优秀人才开辟了新渠道。

加强了教育培训工作，提升干部人才队伍素质。组织各类境内外教育培训活动达到400余期，覆盖近20000人次。特别是首次组织开展制片人岗位能力培训活动和两次制片人岗位能力测试，明确了对制片人"应知应会"的要求；举办了新聘用员工岗前培训班；实施了业务骨干境外培训；首次实现了摄像岗位的全员培训。

六、升级改版BTV在线网站，筹建北京网络广播电视台

加速新媒体产业布局，推进台网融合、联动，建成全国第一个新媒体实验室，集合IPTV集成播控平台展示、手机电视、3D电视、高清电视等多种功能于一体，开展新媒体测试和对外展示工作；初步搭建起北京网络广播电视台的总体工作框架，按时完成了IPTV集成播控北京分平台的建设，与中央总平台对接成功，实现了主要业务功能。1月25日，台网站启用了新的名称“BTV在线”和新网站标识，转变为一个音视频多媒体网站。“BTV在线”建立台网互动工作模式，全年整合制作网络专题110个，进行了60场网络视频直播，累计直播时长180多小时，其中2月14日BTV春晚直播，BTV在线访问量激增。流媒体手机电视公司积极参与北京电视台“三屏合一”节目创新，共有8档活动、节目实现手机电视支持，其中还为《红楼梦》专门开发iPhone手机电视客户端；手机电视客户端下载量已突破10万，综合浏览量400万以上。

七、进一步加强领导班子建设和基层党组织建设，营造和谐健康的文化氛围

加强领导班子建设，全台开展中心组专题学习活动26次。召开党委扩大会43次、台长办公会41次，讨论各类议题400多项。坚持深入一线调查研究，通过职工代表座谈会、办公网络、台领导接待日等途径广泛听取意见，解决有关问题。召开以“贯彻落实《党员领导干部廉洁从政若干准则》，切实加强领导干部作风建设”为主题的民主生活会，加强领导班子的作风建设。

为加强基层党组织建设，全年开展创先争优活动37项，发展新党员31人，预备党员转正22人，党员总人数达到1269人；组织召开2010年工作会议和思想政治工作会议、“七一”先进表彰、部分中层干部任免工作会议、学习贯彻十七届五中全会精神党员干部大会等，对全台党支部工作进行考核，完成了宣传教育、组织建设、文明创建等工作目标；深入开展“三项学习教育”活动和“杜绝虚假报道 增强社会责任 加强新闻职业道德建设”专项教育活动，组织年轻编辑、记者深入基层采访，前往延安等地学习考察；开展“加强台风建设 预防职务犯罪”主题教育活动，组织350多名员工参观市反腐倡廉法制教育基地；加强对重大项目、重要栏目、重点活动资金使用的监督检查，切实抓好“小金库”、假发票专项治理工作，组织开展了“回头看”和自查、抽查活动；共青团活动突出实践特色，注重品牌效应，组织开展团日活动、阅读活动、表彰活动等20余项，主持人爱心团分别在上海、北京开展4场公益演出，扩大了社会影响。

八、开展新节目研发和课题研究，制定北京电视台五年发展规划

建设完成并正式启动国内第一个新节目测试系统，建设完成新媒体实验室，在课题研究方面，申报的三个课题全部入选国家广电总局研究项目，获得总局社科研究基金的支持。结合国家“十二五”规划、北京市“十二五”规划和北京文化创意产业发展五年规划(2011—2015年)的制定，积极开展北京电视台战略发展规划制定工作，提交了《北京电视台“十二五”发展的主要目标、重点任务与措施》等相关材料。

（冯平）

北京歌华文化发展集团概况

北京歌华文化发展集团成立于1997年12月，是北京市的大型文化机构。歌华集团秉承“传承华夏文明，做优秀文化的创造者和传播者”的使命，致力于文化产业改革与发展，为社会提供优质的文化服务。现阶段实行“3+2”的发展战略模式。

歌华集团坚持“以品牌融合资源，以文化创造价值”的经营理念，确定了“集团国有独资、中心集团控股、板块资本多元”的资产结构体系。集团本部和所属“投融资中心”和“创意产业中心”履行战略制定、投融资、资产管理等职能；所属“文化”、“传播”、“科技”三个中心履行战略执行、主营业务发展、资产授权经营的职能；中心所属板块型公司为专业化公司，负责项目操作和执行经营计划。

歌华集团作为文化服务供应商，全力推进文化基础设施、产业发展服务平台的建设、运营和管理，构建了中华世纪坛公共文化服务活动中心、歌华大厦创意产业中心、歌华开元大酒店媒体交流服务中心三大中心，为政府、社会、行业以及集团自身发展文化创意产业提供了基础设施和发展平台。承接了政府、社会、企业的一系列重要的文化项目，包括首都迎接新千年庆典、申奥成功庆典、建国五十周年庆典和六十周年庆典、奥运会重要文化项目等为代表的国家政治社会文化活动，以巴黎文化周、中华文化美国行、法国文化年开幕式暨故宫雅尔音乐会、意大利文化年开幕式、德国文化周、2009世界设计大会等为代表的中外文化交流活动，以《世纪国宝展》、《伟大的世界文明》、《意大利文艺复兴》、《古典与唯美》等为代表的文化会展活动，以《纪念毛泽东诞辰110周年大型音乐会》、《巴黎圣母院》音乐剧、《云门舞集》现代舞等为代表的演出活动等，有效地拓展了文化服务领域，广泛积累了运作文化项目的丰富经验。2010年重点工作：

一、完成年度经营任务，推动集团主业发展

圆满完成集团重点项目。操作项目172项，重点集中在大型活动、文化演出、文化会展、影视投资等方面。

大型活动。圆满完成北京市首届世界武搏运动会开、闭幕式，第十三届市运会开、闭幕式，广州亚运会体育展示服务项目和亚残会取火仪式，2010年第一届北京奥运城市体育文化节——奥运城市夏日文化广场活动，安徽省第十二届运动会开、闭幕式等一批重大项目。成功举办2011“你好！北京”迎新年系列文化活动、北京节拍文化广场等大型群众文化活动，为建设文化服务体系奠定坚实基础。

文化演出。在新落成的中华世纪坛当代艺术馆成功举办“京昆名家名段演唱会”。所属专业化公司组织承办多场中外艺人演唱会，其中“迈克尔·波顿 2010中国巡演”由歌华莱恩独立运作，实现了以国际水准在中国大陆全程运作国际艺人巡演。

文化会展。承办第五届中国北京国际文化创意产业博览会——广播电影电视展览和广播电影电视高峰论坛、第六届中国(深圳)国际文化产业博览交易会北京展区、《伟大的世界文明》展、《合·盒》新媒体艺术展、《巅峰镜界——走进徕卡》文化展等一批高端文化会展项目。积极开展中外文化交流，配合主办单位操作实施“2010沙特阿拉伯文化周”、“2010非洲文化聚焦”等活动。

影视投资。启动影视经纪业务，探索新型主业模式，参与投资电影《建党伟业》、电视剧《刀尖上行走》，为搭建影视服务项目体系进行有益尝试。

全力打造品牌性项目。启动“2011北京国际设计周”策划方案，完成项目公司组建，项目组织实施工作，与英国伦敦、芬兰赫尔辛基、意大利米兰等建立合作关系，实现北京国际设计周国际高端策划资源、专业资源整合，确立集团在设计行业平台建设方面的重要地位。

产业化重大项目。通过探索培育产业化重大项目，初步建立了集团成长期的四个主业发展形态，取得阶段性成果。

歌华院线项目。歌华院线项目核心工程——院线旗舰店、文化项目集散平台——当代艺术馆正式成立。完成院线渠道开发布点模式调研、建立试点合作关系，形成新建、改造、加盟三种开发布点模式。完成院线经营管理模式、运作模式、赢利模式研究，奠定了院线规模化的运营管理基础。

文化保税区项目。与北京天竺综合保税区管理委员会共同发起，建设“北京国际文化贸易服务中心”项目。年内完成前期调研及项目整体策划工作，并向北京市委宣传部、北京广播电视台提交了项目报告。2010年10月15日集团与综保区管委会就建立合资公司，共同开发、运营综保区展示交易中心等签署战略合作协议，成为综保区唯一的文化保税领域合作伙伴。该项目资金运筹准备工作已启动。

文化产业基金项目。探索文化产业的资本运作，发起注册成立北京歌华文化产业投资基金管理有限公司。基金公司将为重大文化项目投融资、文化资产并购及文化企业的IPO上市提供服务。同专业力强、利于文化产业基金发行的金融或投资机构建立联系，寻求合作伙伴，探索产业基金发行运营模式，对集团现有文化投资项目进行包装。

影视服务项目。设立歌华影视服务项目，尝试参与影视作品《建党伟业》等项目的投资，承办国际电影季活动，积极拓展影视经济，启动影视内容集成交流交易平台的研发工作。

二、加强管理体系建设，为实现集团跨越式发展夯实基础

决策机制。推行董事会、党委、经营班子“三位一体”的领导决策机制，理顺工作职责和议事规则，完善配套制度和工作秩序，在发挥领导班子民主监督和科学决策方面取得初步成效。

经营管理体系。结合资产管理、项目操作和对外投资几个方面，将经营收支划分为资源性收支、项目性收支和投资性收支，实行“三项收支”考核管理体系，推动经营管理体系建设。围绕“三项收支”考核管理，基于自身设施，强化品牌性项目培育、运作，加快经营方式转型，促进经营性收益规模增长，提高项目收益率。强化对外投资管理向主业依附力度，加大原有对外投资清理整顿力度，形成投资管理基本规范。促进“三项收支”考核由日常经营管理型向投资收益管理型过渡，逐步建立投资收益和资产收益经营考核管理机制，进一步完善三个中心的现代企业经营管理体系。

物业设施管理体系。从强化文化设施管理、打造物业服务专业队伍入手，建立“三位一体”管理模式，实施集团所属文化设施统一委托管理。完成中华世纪坛一期、二期改造工程，12月31日成功举办中华世纪坛当代艺术馆开业活动。文化中心围绕主业项目，规范场馆设施经营定位，建立以目标责任制为考核方式的激励机制。传播中心圆满完成十一届全国人大三次会议云南、浙江两省代表团入驻歌华开元酒店的服务保障及接待工作。科创中心成立歌华大厦客服中心，建立客户服务体系，通过公共景观设置、楼层环境规划、入驻企业业态调整等工作，逐步营造文化创意行业的整体氛围。

（北京歌华文化发展集团办公室）

北京歌华有线电视网络股份有限公司概况

北京歌华有线电视网络股份有限公司(简称“歌华有线”)于1999年9月经北京市人民政府批准成立，授权负责全市有线广播电视网络的建设开发、经营管理和维护，从事广播电视节目收转传送、视频点播和网络信息服务业务，是北京市科学技术委员会核定的高新技术企业，拥有16家分公司和4家子公司。

2001年2月歌华有线在上海证券交易所挂牌上市(股票代码600037)，成为全国首家有线电视网络上市公司。2004年5月发行可转换公司债券12.5亿元，2010年12月发行可转换公司债券16亿元。公司先后完成区县有线电视网络的并购统一，2002年2月实现了“一市一网”，已形成覆盖全市的光缆线路3.02万余公里、电缆线路11.87万公里、接入448.1万户有线电视用户、可承载包括视频、语音、数据的超大型信息化基础网络，成为北京地区全程、全网、全业务的综合信息服务提供商。歌华有线共传输节目百余套(其中模拟电视节目50余套，数字电视节目150余套，高清数字电视节目13套，调频广播节目18套，数字广播节目16套)，是全国传输数字电视节目和高清电视节目最多的网络公司之一。

积极推进有线电视向数字化、双向化、高清化发展，致力于将电视机变成家庭多媒体信息终端，满足人民群众日益增长的精神文化和信息需求。2006年6月有线电视数字化转换工作启动。2008年为北京奥运会专建了有线数字电视专网，实现奥运史上首次使全网播出的电视节目通过数字电视的方式提供服务；首次在专网中提供高清晰度数字电视服务；首次对奥组委指定的区域和用户提供比赛视频点播（GVOD）服务，成为北京奥运会的科技亮点之一。2009年9月高清交互数字电视试验示范小区推广工作启动，开启了全国高清交互数字电视整转小区的先河。公司拥有277万户数字电视用户，其中高清交互用户133万户。北京成为全国高清交互用户最多的城市。

作为北京市三网融合唯一的广电试点企业，歌华有线组织编写了三网融合试点方案，确立了试点工作的总体目标和思路，制定了《公司三网融合试点实施方案》、《公司个人宽带业务发展规划（2010–2012)》、《公司个人宽带业务实施方案（2010–2012)》等方案。

2010年，歌华有线圆满完成安全传输保障任务，全力推进高清交互工作，网络建设运维、内容平台建设、数据业务拓展和用户服务等各项工作都取得显著成绩。前三个季度，实现营业收入13.46亿元，同比增加3.02亿元，同比增长29%；实现净利润3.12亿元，同比增长6519万元，同比增长26%。截至12月底，有线电视用户增至448.1万户，同比增长35万户；高清交互用户超过133万户，居全国各大城市之首。2010年主要工作：

一、确保网络安全传输和优质服务

2010年是北京市广播电视系统安全播出质量管理年。公司成立了安全传输质量管理年活动领导小组，借鉴奥运、国庆60周年保障经验，扎实有效地做好安全传输保障工作。一是做好隐患排查与整改工作。7月至8月组织进行了全网安全传输隐患排查整改工作。制订了隐患排查整改方案，成立了网管中心，强化主动维护和例行维护。二是做好内部安保和安全生产工作。组织7场次消防培训活动，制订了《消防安全与安全保卫隐患排查整改方案》，加强施工安全控制，制定施工安全规范，建立完善警企联动机制。三是确保“双节”、“两会”等重要保障期的传输安全。四是落实《广播电视安全播出管理规定》，梳理各项安全相关文件，完善相关流程和制度，确保职责明确，责任到人。五是继续增加安全保障投入，确保人力、物力、技术支持及时到位。六是加强对安全传输相关部门和分公司人员的培训工作。

二、全力推进100万高清交互推广工作

推广高清交互机顶盒工作被列入本年度市政府“为民办实事工程”。为此歌华有线制订相关应急方案，组织了1900余人的安装队伍，开展了几十场高清交互培训，汇编修改了有关工作流程，制定实施资金管理制度及实施细则，全年累计完成高清交互推广130万户。根据第三方调研，用户对歌华有线高清交互数字电视的满意率达到96%。

三、加速推进网络基础设施建设，为三网融合业务提供硬件保障

敷设光缆3.02万多公里、电缆11.87万公里，拥有骨干级机房40个，汇聚层级机房200多个，接入级机房上千个，远郊区县光缆也已接入到村镇一级。城区新开工双向网75万户，累计开工285万户，并启动远郊区县双向网络改造工作。完成入地光缆总长约225公里，累计完成约4410公里。开展新建住宅网络验收工作。完成7个机房的基础整备工程，12个机房的UPS系统升级工作，30个一级机房、二级机房的VOD系统搭建和CMTS改造升级工作，1500个双向网络光节点的回传通道监测系统建设。完成城区管道工程276沟公里、交管网等公司重点工程101项，远郊分公司新建管道30余公里。完成光缆敷设1831公里，熔接11.6万余芯，远郊分公司完成光缆敷设近300沟公里、杆路1900余公里、电缆网1700余公里。全年共验收双向网83万户。在GIS系统中共新增30项业务功能，组织十余次专题培训。

四、加强高清交互平台建设

加强高清交互数字电视平台的内容和应用集成开发工作。总点击量6.3亿人次，其中页面点击量0.75亿人次，用户视频点击量1.6亿人次，户均日使用时间103分钟。与多个委办局沟通，开发完善“首都之窗”、“宜商宜居石景山”等栏目应用，石景山“杨中社区”建成全国首个高清数字电视社区资讯平台。完成“北京饭店高清交互数字电视项目”策划工作并启动相关工作。与多家购物网站进行合作，完成电子商务平台搭建。完成“彩票在线”、“电视杂志”、“国图空间”等多个行业合作新应用的开发。进一步梳理上线内容的审编播业务流程，健全各项工作制度和管理流程。

加强高清交互前端平台、传输网络扩容建设。完成高清交互前端平台、传输与承载网络的规划设计、设备招标采购并启动扩容系统建设，同时完成交互多媒体信息服务和娱乐服务平台的扩容建设。

加强高清交互运营支撑平台建设。对客服系统进行大规模的升级扩容，具备了网上营业厅、电视营业厅和电话受理的能力，提升了对公司自有业务订购以及面向高清交互、三网融合业务的后台运营支撑能力。在电子商务平台方面，完成了与工商银行的接口连通，已实现通过电视平台缴纳公益事业费用等。

五、积极拓展数据增值业务，应对三网融合竞争形势

大力推进个人宽带业务。将个人宽带业务下放分公司，城区5个分公司已完成平稳过渡，全面承接了个人宽带业务的维护和推广工作。

积极拓展集团数据业务。实现用户和收入全面增长，用户单位数量过万，已覆盖政府、教育、医疗、社区、金融、酒店等多个行业，并在北京市场建立了品牌认知度。开拓新市场，承接了北京市交管局智能交通信号控制系统专网（交管网）、北京市东城区电子政务网、北京市医疗保险信息专网、市委宣传部系统视频会议专网、石景山区科技创安专网等数十个重点项目。面向三网融合，积极开展新技术、新业务，语音视频业务、IDC业务稳步增长；无线宽带多媒体专网业务取得初步进展。已与武警、经信委、环保局等多家单位签署战略合作或服务租用协议。构建完善的数字多媒体平台，已承建文化共享工程4108起。

加强与相关企业协作。与北京邦天共同研发下一代三网融合机顶盒；与UT斯达康共同研究农村的信息化建设、运营维护及相关网络技术，探索农村三网融合业务的应用和互联互通；采用北京信威无线宽带技术，开展“无限亦庄”、环保局尾气扬尘监测等无线覆盖项目。

六、提高运营水平，增强竞争实力

进一步强化内控制度建设。公司连续四年被上海证券交易所评为“治理样板企业”；推进公司整体内控体系建设试点工作；发布执行《财务管理手册》和《会计手册》，成立内控建设领导小组及办公室，采用与专业机构合作的方式，全面梳理原有1500个文件资料，拟建内控制度体系包括19个手册，初步建立内控的组织体系、制度体系。

积极布局资本市场。10月13日，公司16亿可转债项目通过证监会发行审核委员会审核。该项可转债的成功发行，为公司2011年高清交互推广奠定了坚实的资金基础。同年4月公司投资参股的数码视讯在创业板成功上市发行。积极参与中影集团的重组改制工作。

加强公司财务管理。做好高新技术企业重新认定后的相关后续工作，强化投资者关系，做好信息发布工作。

重视招标采购工作。以高清交互基础设施建设和高清交互机顶盒推广工作为中心，进行公开招标45项。

做好人力资源管理工作。配合个人宽带业务的下放工作，及时制定人员调整方案。以分公司为试点，开展人员需求调研和岗位分析工作。启动后备干部培养机制，通过资格审查、民主测评、笔试和面试等环节选拔16名中层干部和业务骨干到基层挂职锻炼，充实一线力量；组织2009年以后新入职员工到分公司实习锻炼；加强客服力量，招聘客服员工100余人。

做好卫视节目落地工作。已与37家省级卫视、5家购物公司签署了《节目收转协议》，实现节目落地费较大幅度增长。

完成数字电视广告招商。申请《广告经营许可证》获批，经过广告招标，已于12月完成签约，2011年1月1日高清交互广告正式上线。

继续加强远郊分公司工作。远郊分公司在确保完成安全传输任务的同时，全年新增有线电视注册用户19万户，总用户超过170万户。

七、加强用户服务管理，提高市场运营水平

加强营业厅建设。城区完成五个营业厅的搬迁工作，组织了城区分公司营业厅优质文明服务知识竞赛，举办各类培训52期，5500余人次参训。组织营业厅网上定期业务考试和营业厅服务质量季度考评工作，评选出5个“季度优秀服务营业厅”。

加强客服硬件建设。完成总部基地客服新系统建设，10月份客服中心已整体搬迁至丰台总部基地，并根据业务发展需要将客服坐席增至400个。

加强网络运维和故障受理工作。成立网管中心，加强主动维护工作，及时有效处理网络故障，确保数据网、CMTS、VOD等系统设备的安全稳定运行。

重视大客户服务。完成全国政协的数字化改造和高清交互机顶盒安装、市委周转楼建设等工作。

加强机顶盒的销售租用工作。共销售标清和高清单向机顶盒2.2万余台，累计约11.6万台。

八、加强党建及队伍建设

紧密围绕中心工作，扎实推进创先争优活动，增进党建和领导班子、队伍建设，坚持中心组学习制度，开办专家讲座；完善廉洁从业、风险防范制度，查找风险点180余处，制定相关防范措施；注重党员修养，开展“多彩党日”和“向身边党员学习”活动；加强思想政治工作，推行“节日文化”系列活动；10月公司召开了共青团第二次代表大会。

（北京歌华有线电视网络股份有限公司）

北京电视艺术中心有限公司概况

北京电视艺术中心有限公司是北京市属生产电视剧的专业艺术机构之一。成立于1982年9月17日，最初称北京电视制片厂，是全国最早成立的影视专业单位之一。1985年5月16日，改称北京电视艺术中心。2010年8月4日原北京电视艺术中心转企改制，更名为北京电视艺术中心有限公司，现隶属北京广播电视台。主要从事集影视策划、制作、营销影视节目等业务。

艺术中心成立以来，共制作生产电视剧187余部，2852余集，译制片百余部千余集，并制作大批专题片。影视剧代表作创国内剧作四个第一：第一部长篇电视连续剧《四世同堂》；第一部室内长篇电视连续剧《渴望》；第一部幽默轻喜剧《编辑部的故事》；第一部以自身资产为抵押、全额贷款、全部在境外拍摄的电视连续剧《北京人在纽约》（与中央电视台合拍）。优秀作品主要有《凯旋在子夜》、《便衣警察》、《钟鼓楼》、《出路》、《皇城根儿》、《血色童心》、《反贪局长》、《无悔追踪》、《第二条战线》、《北平和谈》、《蓝色三环》、《一年又一年》、《贫嘴张大民的幸福生活》、《永不放弃》、《彭真》、《结婚十年》、《幸福像花儿一样》、《将门风云》、《城里城外》、《金婚》、《生死十日》、《春草》、《咱爸咱妈六十年》、《我是老板》、《金婚风雨情》等。公司影视作品获得多个“金鹰奖”、“飞天奖”、“五个一工程”奖，并取得全国大奖四连冠佳绩。其策划运作了第一个在全国28个省级电视台开办的专栏节目《长青藤剧场》，联播国产电视剧数十部、几百集，收视人口近8亿，取得社会效益和经济效益的双赢。2010年主要工作：

电视剧生产稳步推进。拍摄完成并已播出的电视剧有《金婚风雨情》，正在拍摄制作的电视剧有《后宫·甄嬛传》、《笑脸》。《春草》获第十届中日韩电视制作论坛苏州杯影视奖、第25届中国电视金鹰奖电视剧提名奖；《咱爸咱妈六十年》获 “2009年度北京市广播影视奖”电视剧优秀奖。《金婚》获北京影视春燕奖“最佳长篇电视剧奖”、“最佳导演奖”和“最佳男主角奖”和济南电视台2010年度最佳收视奖。

积极参加节展活动。相继参加了北京电视节、台北电视节和首届鄱阳湖国际生态文化节，为拓展新老项目和海外发行扩大影响。参展剧目有《金婚风雨情》、《后宫·甄嬛传》以及中心的其他重播经典剧。

重播剧销售成效明显。全年共销售重播剧《编辑部的故事》1部，出售了重播剧的澳洲音像版权。出版了一批优秀音像制品，包括国产电视连续剧《金婚风雨情》、《前妻的车站》、《紫檀王》、《谁来伺候妈》等5部DVD，专题类节目《人民艺术家巴金》、《古都深巷文化大观》等2部DVD，教学类节目《引爆利润》、《首脑礼仪》、《百万大单如何做》等3部DVD，电影《朱丽叶的梦》、《汤姆琼斯》、《桂河大桥》、《大幻影》《卡桑德拉大桥》、《日瓦格医生》等6部DVD，继续与北京人民广播电台音乐台合作出版《激动人心的瞬间》CD系列节目，舞蹈教学节目《交谊舞规范教程》顺利完成年度出版计划和选题。

根据全国文化体制改革的精神，完成转企改制工作，成立了北京电视艺术中心有限公司。

（北京电视艺术中心有限公司）

北京中北电视艺术中心有限公司概况

北京中北电视艺术中心有限公司是北京市属生产电视剧的专业艺术机构之一，隶属北京广播电视台。主要从事影视创作、策划、制作、营销等业务。公司成立于2003年7月，由1995年成立的北京中北电视艺术中心转制而成，成为北京广电系统首个产业化改革试点单位。

公司旗下拥有著名导演尤小刚、陶玲玲，高级制片人、优秀制片主任杨群、刘沙，高级录音师杨群、蔡方云，高级编辑曹琦，著名演员邬倩倩等精英。公司拍摄基地在北京机场路南皋乡（环铁）北京影视城内，具有专业摄影棚3座，完整的前后期数码化制作设备10套，服装、化妆、道具等配套设施俱全，可同时供3个剧组拍摄。2010年主要工作：

各剧目创作、拍摄与经营工作成效突出，完成长篇剧目《对手》、《勇士的最后秘密》、《内线》的拍摄任务，并基本完成在全国各电视台的播出工作，三部剧目的热播均创高收视率，获专家和观众的一致好评。其中，32集电视剧《内线》列入中宣部庆祝新中国成立60周年推荐剧目，得到市广电局的重点支持。该剧于1月在湖北电视台首播，随后在上海电视台热播，获得收视第一，最高收视值8.5，国庆节期间在山东、甘肃、河南、云南4家卫视播出，取得较高收视率。3月完成28集电视连续剧《猎人笔记之谜》（又名《勇士最后的秘密》）摄制工作，于次月3日亮相央视一套晚间10点黄金档。该剧由欧洲主流电视播出媒体俄罗斯REN–TV电视台出巨资订购，同年6月在俄罗斯REN–TV电视台首播，并在东欧18国主流电视媒体黄金时段播出。《对手》、《内线》自2008年连续三年获欧亚电视节奖项。国家广电总局和北京市等对公司电视剧实施“走出去工程”的尝试与探索给与充分肯定。年内，还重点加快建党90周年和召开党的十八大献礼作品——《南国有佳人》、《内线前传》、《茅台镇》等剧的制作。拍摄制作完成长篇电视剧《大唐女巡按》，拟定2011年投放市场。

（北京中北电视艺术中心有限公司）

北京广播电视报社概况

北京广播电视报社成立于1988年9月，是北京市属广电系统的传媒机构。报社以报刊出版为主，后向多元化扩展。办有《北京广播电视报》系列周报、《北京电视》周刊、《北京房地产》杂志（月刊）、北广报刊网及数字电视《置业频道》。

《北京广播电视报》：前身是北京人民广播电台1953年4月12日创办的《广播周报》，后更名为《北京人民广播电台节目报》。1976年1月9日停刊。1979年9月14日复刊。为适应报纸经营管理体制改革，1988年9月北京广播电视报社成立，独立建制，性质为差额补贴事业单位，试行企业化管理。1989年1月实行自办发行。当年发行量从邮局时最高的每期40万份，很快跃升到50万份、60万份和70万份。1990年至1993年每期分别递增到80万份、85万份和90万份。最高单期曾创115万份记录。1991年，报社被国家新闻出版署、中国报纸行业经营管理协会授予“全国报业经营管理先进集体”称号。

《北京电视》：1995年由报社独家承办，1998年由月刊改为周刊。

进入新世纪后，报社紧紧围绕市场需求的变化，不断调整报刊内容，提高办报办刊质量，增强报刊的核心竞争力，同时顺应现代媒体发展趋势，努力探索报业经营发展的新途径、新方法，提出了“坚持主业，多元化发展，打造现代传媒集团”的发展战略。

2002年9月，创办《北京广播电视报·人物周刊》，广受读者的赞誉。

2004年1月，《北京房地产》杂志（月刊16开128页）划归报社经营。

2005年，报社向立体媒体发展，取得了数字电视《置业频道》的经营权并正式开播。同年还创建了北广报刊网。

2010年，传统媒体广告市场形势萎缩局面依然持续，报社适时调整经营战略，亏损额度有所下降。在严峻的市场形势下，根据市场变化和读者需求，调整办报办刊思路，努力提高报刊质量，积极拓展报刊广告经营范围。8月，结合北京广播电视台成立的契机，建立了广电资源、读者、专家等7个资源库，加强与北京电台、北京电视台重点栏目深度合作，增加养生、保健、旅游等服务资讯，《北京广播电视报》再次改版创新。

经营方面，主营报刊基本维持2009年的广告经营额度和发行规模，广告收入有所增加。采取了相对灵活的广告销售政策和多重价格体系，最大限度利用版面空间拓展广告收入，在保证传统医药领域广告存量基础上，增加收藏、汽车、生活、美容等领域的广告。完善报刊文字资讯服务，使文字信息收入成为报社主营收入的重要补充。通过改版，积极探索与广告公司、直接客户全新的合作方式。在增强报刊可读性、丰富版面内容的同时，增加了合作收入。报刊发行上，仍由邮局作为主渠道代理。

（北京广播电视报社办公室）

北京音像公司概况

北京音像公司是北京广播电视台的全资子公司。公司始建于1979年，原称北京市广播电视服务公司。1985年7月，北京市广播电视服务公司与北京音像出版社合并成立北京音像公司。

2006年5月，公司在全国出版行业中率先完成“事转企”体制改革，是具有音像制品出版发行、录音录像、节目复制、境外音像制品引进出版和影视节目制作、电视剧（乙级）拍摄等多种经营范围的国有企业。

30年来，公司始终以弘扬民族传统文化为宗旨，录制了上万小时的包括民族声乐、器乐、戏剧、曲艺、通俗歌曲、外语教学、少儿节目等方面的节目，出版、发行了上千品种的音像制品，最早开山之作是——中央电视台的《跟我学》和北京人民广播电台的外语教学节目辅助教学盒式录音带；拍摄了《姊妹行》、《军魂》、《康熙大帝》、《中方雇员》、《警苑神掌》、《美容院》、《那个年代》、《小井胡同》、《都市名片》、《独行侍卫》等多部电视连续剧，以及《成语故事》、《星星点灯》、《张灯结彩》等电视系列短剧和专题片《雍和宫》、《智化寺音乐》、《孙中山在北京》、《侯宝林》等剧目，其中有些电视剧和专题片还远销海外；多次获得国家和北京市颁发的奖项。近10年来公司制作的获奖作品主要有《传统相声经典》、《侯宝林相声全集》、《红色乐章》CD套装等系列光盘、纪念香港回归十周年的《98新年音乐会》DVD以及贺岁片《张灯结彩》等。同时，北京音像公司还引进出版了来自于美国、加拿大、法国、俄罗斯、日本、香港、台湾等国家和地区的优秀音像制品，在业内逐步形成了自己独特的内容风格和良好出版资质。

近年来，公司应对音像产业不景气的形势，积极开展生产自救，挖掘版库资源，认真选题，打造精品，发挥公司国内较先进的数字录音设备和录音棚优势，录制反映改革开放成果和百姓喜爱的影视流行歌曲系列《时光倒流二十年》、《张勇吉他》CD唱片和赈灾公益歌曲《汇爱成川 · 点燃希望》光盘。合作出版发行了由著名导演张艺谋导演的鸟巢版大型景观歌剧《图兰朵》DVD、电视连续剧《最后的王爷》、《老师错了》、《原谅》等DVD。

2010年，公司重点录制了市政府批准的补贴项目《智化寺音乐》专题片和精品民乐项目《中国时尚民乐》系列专辑，开展《国学管理讲座》、《智化寺专题片》人员专访的拍摄工作；配合纪念反法西斯战争胜利65周年出版了《神圣的战争》俄文版专辑；与北京星光大道影视制作公司联合拍摄了60集电视连续剧《我们都是80后》。公司的音像产品——评剧《杨三姐告状》、《花为媒》和《小英雄雨来》电影DVD等被批准列入全国“农家书屋”采购目录。

（张学朝）

北京瑞特影音贸易公司概况

北京瑞特影音贸易公司成立于1993年，是经北京市广播电影电视局批准制定的北京地区唯一从事境外卫星电视节目代理业务的机构，拥有HBO、CNN、STAR-MOVIES、SONY-AXN、凤凰电影等31套境外加扰卫星电视节目的北京地区独家代理权。主营业务有两大部分，一是境外节目的代理；二是有线电视的维护。瑞特公司的境外节目代理业务经过多年发展现居卫星电视作业全国第二，有限电视维护发展迅速。

2010年经营情况

境外电视节目销售。全年完成收视费收入9187万元，超额完成计划687万元。配合北京市广电局对现有境外卫星用户的持证情况进行清理整顿。截止2010年10月19日，受理过的接收境外卫星电视节目的单位1227家，其中发放过许可证的用户922家，待验收单位167家；对未与公司签约的264家持证或待验用户进行逐一筛查，将其中确属非法收看的12家用户报请取消其收视许可。同时，协助、督促需更换许可证的117家用户按期完成换证工作。境外节目销售收入再创新高，新签频道723套，其中83%是新持证用户带来的增长，得到各片商的充分肯定与赞扬。全年和HBO、CNBC、ESPN、DIVA、AXN等多家片商就节目推广展开培训与研讨活动，共商节目推广工作计划。

工程方面

全力参与有线电视光缆网络拆改、补点、IP施工等项目共600余项，参与发放高清互动机顶盒小区的光缆接入工程，做好日常光缆建设项目。受歌华有线委托，年内公司工程部承担了交管局红绿灯信号联通、北京市朝阳局双桥地区有线光缆立杆架设等项目，均已进入顺利收尾阶段。承担城市电视公司终端显示屏巡护、朝阳区图像信息管理系统室外监控摄像头维修、维护等任务，完成大小光缆抢修1500余项，完成朝阳监控摄像头维修4200余个。继续开展卫星前端系统设计、安装以及监控工程施工业务，先后承接了市广电局境外卫星节目数字监看平台、监测天线架设、宣武门商务酒店系统安装调试、中国国际广播电视出版社监控系统安装调试、教育部考试中心卫星电视前端建设等项目，为用户提供解码器维修服务89项，为用户及时提供优质服务。

（北京瑞特影音贸易公司）

北京广播影视物业管理中心基本情况

北京广播影视物业管理中心（原称北京广播电视服务中心），是北京市广播影视系统后勤服务与管理的专业机构，成立于1990年12月。主要负责北京市广播电影电视局、北京北广传媒集团产权房屋管理及职工住房房改，集体户口管理，建国门外和安乐林办公区物业管理（供水、电、气、热、通讯、消防、空调、电梯）和绿化，以及西城区真武庙、麻花，朝阳区酒仙桥、丰台区铁匠营4个职工宿舍区域的物业管理，经营职工食堂、招待所、声屏苑培训中心等业务。

物管中心成立以来，始终遵循“以服务广播影视，更新观念，适应市场，强化管理，增创效益”的思路，增强服务意识，提高服务质量，为系统内做了大量的后勤服务保障工作。曾多次被评为“首都义务植树先进单位”、“建外地区治安先进单位”、“建外地区节水先进单位”、“建外地区交通安全先进单位”，2004年声屏苑培训中心被评定为三星级饭店。

2010年，北京广播影视物业管理中心重点围绕安全、服务、管理、经营、创新五方面开展工作，确保了市广电局、北京广播电视台等用电保障，提供了建外、安乐林办公区、各宿舍区的后勤保障，确保了供暖、供冷、消防监控、电话总机、保洁、职工食堂安全无事故。新承接了皂君庙办公区和歌华有线总部基地办公楼物业管理工作；完成食堂就餐区的装修维修；组织广电系统绿化基地植树活动，全年共植树12000棵。

（北京广播影视物业管理中心）

北京北广传媒数字电视有限公司概况

北京北广传媒数字电视有限公司成立于2003年7月，由北京北广传媒集团发起并控股组建，是北京地区唯一获国家广电总局许可开办数字有线电视业务的运营机构。主要股东包括北京歌华有线电视网络股份有限公司、北京人民广播电台、北京电视台、北京歌华传播中心有限公司。

公司定位于北京数字电视节目集成商，充分发挥数字电视平台的技术优势，为数字电视用户提供视频、广播、数据业务等服务，搭建完善的家庭信息平台，目前内容构架已形成体系。

2003年，公司成立当年即开办并试播《京视剧场》、《爱家购物》、《动感音乐》、《车迷》、《考试在线》5个付费电视频道。2004年开办并试播《亲亲宝贝》、《四海钓鱼》2个付费电视频道。2005年，公司加强业务的开发拓展，开办并控股经营全国性有线数字付费电视频道集成运营机构——鼎视数字电视传媒有限公司，实现将数字电视频道及相关数字电视业务面向全国有线电视网络推广销售。同年公司搭建的基于DVB-C标准的先进数字电视播控平台获得了国家广播电影电视总局2006年度科技创新一等奖。该播控平台除满足自有广播电视和数据业务的播出外，还代理全国其他地区6套付费电视节目的播出，并担负着鼎视公司全国节目集成平台的技术保障工作。2007年10月9日，公司创办《北京党建》数字电视多媒体平台，设《党建综合》、《基层党建》、《创新报告》、《党员大讲堂》、《榜样》、《红色记忆》等栏目，同时运营数字电视频道《北京之窗》。2010年主要工作：

联合北京市福利彩票发行中心开展电视彩票业务，并通过《北京之窗》开办北京福彩系列宣传节目，精品栏目包括：《福彩公益行》、《真情手递手》、《彩讯及时通》、《彩票大播台》、《幸运福彩站》等。承接的北京市科技计划项目《数字电视内容集成和分发系统研究平台》正式通过验收，并投入使用，为《北京党建》节目面向“千龙网”在内的互联网提供直播及点播服务。《四海钓鱼》和《优优宝贝》两频道分别被中国广播协会数字广电发展中心评为2009年“最受网络欢迎十五佳付费频道”、2009年 “最具市场潜力付费频道”。继续参与一批高清交互机顶盒推广工程。截至年底，数字公司继续保持开播付费频道11套，其中覆盖全国的6套，开办数字音频广播频道2套，通过歌华有线网络平台每周上载的数字电视及广播节目指南共169套。

（北京北广传媒数字电视有限公司）

北京北广传媒移动电视有限公司概况

北京北广传媒移动电视有限公司是北京市属开发运营广播电视新媒体的专门机构之一，成立于2003年8月，由北京北广传媒投资发展中心、北京电视产业发展集团、北京广播公司、北京歌华有线网络电视股份有限公司和北京歌华传播中心有限公司共同组建。

2003年7月9日，国家广电总局批准北京广播影视集团48频道的试验频率，开展地面数字电视试点。2004年2月14日，国家广电总局正式批复同意集团在公交、地铁、轻轨、出租车等交通工具及其他公共场所试行开办移动电视节目，呼号为北京移动电视。移动电视是经总局批准的北京地区唯一一家运营地面移动数字电视的机构，2004年5月28日北京移动电视正式播出。

移动电视采用世界先进的DVB—T数字电视技术，利用北京DS—48单频网发射无线数字信号，实现地面数字设备实时接收电视节目。已在中央电视塔、京广中心、名人广场、491发射台建立了一主三辅4个数字发射机站，形成有效覆盖北京市区六环内的数字单频网。经过7年建设，移动电视已成为政府公共信息发布和城市应急预警平台，担负着政府政令、城市信息、城市预警等社会公共信息传播任务，旨在为大众提供更加完备、更加方便、随时随地的资讯服务。2010年主要工作：

一、节目建设情况

全新频道宣传片于8月13日改版开播，改动包括节日宣传片，公益宣传片、活动宣传片、节目片头、片花等90余项。推出《乐影磁场》、《封面聚焦》、《移动拍客》等图文节目，对《百姓就业》、《完美婚嫁》、《大城小家》重新设计，对《食尚》、《出行导航》、《玩转北京》增加观众互动、外景主持等形式。与市交通委、公交集团合作《高速公路改名》、《牡丹交通卡使用》、《寻找乘客心中好司乘》等系列报道；与卫生部健康教育中心合作《移动健康行》；与北京教育中心共创《教育纵横》；与市劳动保障局签署新协议完善《百姓就业》栏目，选播北京电视台《生活实验室》、《生活大调查》等优秀节目。发起“我为母亲送祝福”短信有奖征集活动，制作短信120条，播出宣传短信860次；制作“又到一年粽飘香”民俗宣传专题片16集；配合“中秋盼团圆，家书抵万金”活动，制作相关展播片17个、新闻9条、5分钟专题7个。

此外，还参与北京广播电视台相关新闻报道工作，采制新闻19条；播放北广传媒集团、北京广播电视台下发的各类宣传片140个，总播出次数为14031次，时长为4430.15分钟。年内，移动电视有十部作品（含论文）获得北京广播影视奖、北京新闻奖、中国移动电视节目创优评析奖等奖励。王琛等创作的《百姓心中好交警——孟昆玉》喜获中国新闻奖三等奖，何赫等创作的《四百万辆机动车意味着什么》获中国广播影视大奖提名。

二、提升品牌形象

完善早期的LOGO标识，形成标识系列，完成印制新版宣传册；以“食尚”栏目为依托，重点推出“食尚北京”新锐餐厅人气榜活动，与北京电视台联合推出 “中秋盼团圆 家书抵万金”活动，《特别关注》连续8期重点报道；举办“我的世界杯”有奖知识问答活动；与北京人民广播电台共同主办“送金牛欢歌辞旧岁 迎瑞虎笑语贺新春——2010年京城百姓除夕大联欢”活动；利用户外合作媒体身份，参与了虎年世纪坛庙会的宣传，并在票封印制随时看、随处看、随心看的移动电视主宣传语。

三、打造网台联动

改版移动电视网站，推出在线直播系统和在线点播系统，网站访问量保持稳步增长，在线直播页实现访问量14121人次；点播系统实现移动电视7大品牌节目，各个节目总点播次数已经达到17928次。

四、确保安全传输与安全播出

根据北京广播电视台对《北京地面移动数字电视单频网系统国标整体转换工作实施方案》，高效率、高质量地完成4台发射机的建设工作和1台欧标发射机的更换工作。与地铁电视公司优势互补、强强合作，利用地铁电视建成的歌华大厦制播系统提供制播服务。公交频道、地铁电视频道安全播出6005小时，发射机房共计维护巡检280余人次，进行各项清理清洁20余次，全年安全播出无事故。

五、完成终端采购换装

与华视传媒、向上视讯共同组成终端监测小组，定期巡检、抽查公交终端设备情况。全年共组织监测48次，监测车辆4987辆，显示屏9955块，公交终端总体完好率保持在98.65%的高水平。

六、完善基础工作

制定标准化工作手册，引进ISO质量管理体系，推出“员工绩效提升改进计划”（简称PPI），各部门与员工签订了《绩效改进计划书》，总体完成率为85%。加大员工培训工作，先后组织开展了公文写作培训、生存拓展训练，以及领导力实践、综合管理技能提升等中高层管理培训，累计完成培训项目50项，总参培人数543人次，累计完成总学时4714小时。

（北京北广传媒移动电视有限公司办公室）

北京北广传媒影视有限公司概况

北京北广传媒影视有限公司成立于2003年12月，由北广传媒投资发展中心、北京电视产业发展集团、北京人民广播电台、北京歌华有线电视网络股份有限公司和北京歌华传播中心有限公司共同出资组建，是从事影视生产经营的专业性公司。

公司成立7年来，共出品《苍天有眼》、《行走的鸡毛掸子》、《杨三姐告状》、《最后的王爷》、《爱了散了》、《雾柳镇》、《风车》等12部347集电视连续剧。这些作品受到专家好评和观众喜爱，多部电视剧荣登国内电视台收视榜前列，在电视台和广大观众中享有较高的美誉度，初步形成了“北广传媒影视”的良好品牌。

2010年，公司在影视生产中坚持精品战略方针，注重节目质量，精心运作每一个项目，不断推出影视精品。制作完成了38集电视连续剧《风车》，并与多省电视台签署播出合同，基本实现预定目标，即：当年立项，当年开机，当年签约，当年回款。另一部28集电视连续剧《五湖四海》于11月7日在福州开机，预定2011年1月关机。年内，成功举办三台剧场演出活动：北京展览馆的《纪念邓丽君专场演唱会》、《潘美辰专场演唱会》，中山公园音乐堂的《明星相声大会》。

（北京北广传媒影视有限公司办公室）

北京北广传媒城市电视有限公司概况

北京北广传媒城市电视有限公司是北京市属开发运营电视新媒体的专门机构之一，成立于2004年12月15日，主要从事楼宇电视和户外大屏电视的经营管理。城市电视作为政府公共信息发布和城市应急预警平台，担负着政府政令、城市信息、城市预警等社会公共信息传播任务，旨在为大众提供更加完备、更加方便、随时随地的资讯服务。

城市电视建有楼宇电视联播网、户外大屏电视联播网。楼宇电视联播网采用先进的DVB−T数字电视地面广播技术，由中央电视塔统一发射无线信号，全网络终端同步接收，实时播放。电视节目主要包括新闻资讯、时事热点、时尚娱乐等，每天播出时间长达15小时。该网络终端分布在北京市政府机关、金融系统、医疗系统、商业系统、餐饮休闲等数十个行业，是唯一获准进入政府机关、国有企业总部等渠道的户外电视媒体。户外大屏电视联播网是一个户外LED大屏幕电视的联网播出平台，巨型LED大屏电视分布于城区重要商业地点和人流聚集区，以丰富和震撼的表现力让大众体验强烈的视觉感受。该网是世界上首个将电视台播出技术应用于户外大屏幕的传播载体，具有极高商业潜质。2010年主要工作：

一、围绕中心服务大局，切实履行舆论宣传职责

完成全国两会和北京市两会的宣传报道。城市电视制定完备的两会宣传报道方案，将新闻播报类栏目《城市播报》分设专档，专题播报《两会新闻报道》。对两会的相关事件、与会代表的议案，关注热点等进行全方位的报道和解析，并利用L屏滚动字幕的形式同步报道，第一时间发布两会有关利民、惠民的政策。

完成2010年上海世界博览会的宣传报道。城市电视于年初启动前期工作，世博会开幕后，有针对性地重点播报重大事项，在新闻类栏目《城市播报》、民生类栏目《生活提示》中制播世博会相关专题节目，并直播开闭幕式、开园仪式等重大事件。

及时准确应对突发性事件——4·14玉树地震报道。城市电视迅速做出反应，快速编制电视新闻专题节目，重点播报地震灾情，4月21日全国哀悼日当天，城市电视楼宇电视及户外大屏幕电视全天转播CCTV玉树抗震救灾专题节目，并于当晚直播CCTV玉树赈灾晚会。同时，集成诸多玉树救援等内容的宣传片、专题片循环播出，并利用L屏高频滚动救援捐助方式，号召社会广大群众爱心捐赠。玉树地震的系列报道凸显了城市电视在突发事件中，对户外阵地的有效宣传力和影响力。

精心做好南非世界杯精彩赛事报道。城市电视突破传统报道方式，在世界杯开幕前期，加入了对世界杯赛场、设施、开幕式筹办等多方铺垫性报道；《来吧 世界杯——世界杯倒计时》对各个球队的到达、训练情况和赛场准备情况等实时报道；《来吧 世界杯——直通车》为球迷展现精彩全面的世界杯比赛信息；《难忘世界杯》总回顾经典进球集锦，报道赛场趣闻。

精彩报道2010年广州亚运会和亚残运会。直播两会开闭幕式，全程报道运动会赛事。期间，城市电视制作播出大量相关赛事节目，烘托亚运气氛。集成制作的10分钟栏目《亚运时刻》，创作的2～3分钟栏目《亚运集锦》，追踪亚运会重要赛程信息，捕捉赛事精彩瞬间，该节目在城市电视所属平台每日高频滚动播出

10余次，每日更新内容，颇受受众欢迎。《城市播报》栏目插播两会赛程赛况，每天在大、小屏高频滚动播出；《体育新闻》栏目专设《亚运板块》，及时宣传报道重大赛事；楼宇电视L屏字幕全天滚动播出两会奖牌榜情况60余次，实时汇报中国运动健儿的骄人成绩。

组织做好文化类晚会的报道。2010年春节期间，城市电视成功转播中央电视台和北京电视台三台晚会，并根据集团要求，对新春短信祝福大赛优秀作品评选进行报道，将优秀短信制成字幕版配以欢快的节庆音乐进行播出，烘托喜庆的气氛。

致力基础勇于创新，提高节目内容与质量。城市电视坚持合理编排和精炼节目内容，突出特色节目，彰显频道特色，提高播出效率，节约播出成本，以确保信息资讯的受众到达率。年内，《演艺罗盘》、《城市播报》、《财经新闻》、《体育新闻》、《工会之窗》、《书香北京》、《教育纵横》等栏目做了调整改版。

配合市委宣传部等相关部门做好重点宣传。北京市委宣传部在清明节前后组织开展了“我的北京 我的家”2010年清明节系列文化活动，城市电视发挥自身的传播特色，制定了以“人文北京 和谐清明”为主题的宣传报道方案，制作播出清明相关宣传片6个，分别在城市电视楼宇小屏幕及户外大屏幕两大平台上播出，制作播出做文明北京人、端午节、中秋节、人口普查等宣传片30多个，拍摄制作各类新闻100多条。

二、积极进行点位开拓，新增三处大屏电视点位

重点开发建设中汇广场大屏幕。经历多次考察、论证及商务谈判，最终达成合作意向，确立中汇广场为城市电视大屏幕自建项目。

新增奥林匹克中心广场、大观园两处合作大屏。城市电视不断与社会上最新出现的LED屏幕业主方保持联系，对有价值的点位与其建立合作关系。公司与大观园及鸟巢签订了节目信号传输协议，自7月1日正式播出。

凤凰城大屏项目完工。凤凰城大屏项目位于北京市朝阳区凤凰置地广场A座大厦西南侧外墙，高94.25米、宽39.82米，总面积达到3753平方米，地处三元桥，地理位置十分优越。该屏幕定于2011年1月1日正式开播。

此外，还充分发挥终端大屏联播网络优势，积极配合政府开展工作。9月配合首届王府井品牌节活动，在工美、保利、来福士大屏播出相关活动内容；配合人口普查办公室在保利、工美大屏宣传第六次全国人口普查工作相关资讯；与屏幕业主沟通，配合直播第十二届北京国际旅游节、国家大剧院音乐会等活动。

三、确保楼宇终端保有量，渠道质量稳步提升

楼宇终端渠道开发取得新进展。作为“消防宣传平台”，分别参加了朝阳消防支队、东城消防支队、宣武消防支队《携手共建消防“防火墙”》和《“四个能力”建设》动员大会，增进了与市消防局的合作，有效地拓展了楼宇电视开发渠道，成功进驻诸多高端写字楼市场。城市电视重新启动餐饮渠道开发工作，并与三通便民服务终端进行初步探索式合作。截止2010年12月，年内共开发楼宇终端566单，1080屏，其中与餐饮、酒店、商业、写字楼、政府机关合作成效突出。

楼宇终端渠道维护情况良好。共续约847单，917点，2113屏。针对重点疑难单位，市场部组成疑难问题解决小组，有针对性地研究解决问题。全年维护组到现场维护平台2274次，电话维护14852次，解决问题终端2155屏。5月城市电视与瑞特影音公司续约楼宇终端巡检维护工作，在未增费用的前提下，新增对远郊区县加强巡检的条款。

《城市之家》栏目正式开播。2010年 8月2日正式开播。栏目内容包括医疗保健、生活常识、金融理财、低碳环保等诸多方面，收到良好的社会效果。

四、规范公司管理，保障高效运营

出台了《公文审批“一报制”的规定》，完成了《城市电视重大工作（项目）督办管理制度（试行）》，建立完善了合同台账管理制度，制定了《城市电视易货交易管理规定（试行）》，梳理完成行政、公文、人事、安全、业务五大版块共38项制度。

五、加强思想政治工作，丰富工会活动

城市电视切实加强党风廉政建设工作，各部门认真进行自查，深入、细致地排查了重点岗位风险点和重点业务风险点。重视党组织建设，积极组织入党积极分子培训，在播出一线员工中开展“百日安全播出创先争优评比”活动。全年组织开展中心组理论学习12次。充分发挥工会、共青团的纽带作用，组织员工开展了登山、日常锻炼等多种形式的活动，并做好节假日慰问和对生病、生育员工的慰问活动。

（北京北广传媒城市电视有限公司办公室）

鼎视数字电视传媒有限公司概况

鼎视数字电视传媒有限公司是经国家广电总局批准的全国性数字付费电视集成运营机构，成立于2005年12月8日，由北京北广传媒数字电视有限公司、中央人民广播电台、天津时代天创传媒发展有限公司、山东省广播电视总台、安徽电视台共同投资组建，是国内唯一一家由多个付费频道开办单位组成的数字付费电视集成运营实体。

公司负责经营全国性数字付费电视集成、传输、营销和发行业务，自2006年向全国数字电视观众提供付费频道、视频点播等顶级视频节目与服务。2009年9月公司通过国家广电总局考察、验收，为北京、湖南、广州、深圳、黑龙江等5家高清卫视提供集成传输、加密服务。并于2010年成为国家广电总局指定的高清卫视异地加密服务单位之一。

2010年，是公司飞跃发展的一年。公司采取灵活多样的方式，扩大节目落地区域，加大市场推广力度，尝试建立有效的销售网络，通过一系列实践和摸索，逐步确立了独特有效的市场运营模式。截至年底，共集成传输33套数字标清节目，5套高清卫视节目，全国落地销售区域达170家，覆盖数字电视用户数6473.186万户，覆盖有线电视户数11259.11万户。付费频道产品主要有：“鼎视多”节目包、“鼎视家和”节目包、“鼎视风尚”节目包、“鼎视单选频道”和“鼎视自选套餐”等，共包含《四海钓鱼》、《收藏天下》、《证券资讯》《家庭健康》、《时代家居》、《时代美食》、《时代出行》、《时代风尚》、《碟市》、《职业指南》、《家庭理财》、《车迷》、《读书》、《新娱乐》、《环球旅游》、《人物》、《考试在线》、《快乐宠物》、《优优宝贝》、《财富天下》、《家政》、《电子体育》、《数码时代》、《中国气象》、《百姓健康》等25个数字付费频道。此外，还为《快乐购物》、《央广购物》、《优购物》、《时尚购物》、《风尚购物》、《家有购物》、《家家购物》、《环球购物》等8个数字电视购物频道提供集成传输及发行服务。

（鼎视数字电视传媒有限公司办公室）

北京北广传媒地铁电视有限公司概况

北京北广传媒地铁电视有限公司成立于2007年1月23日，由北京北广传媒移动电视有限公司和北京市地铁运营有限公司共同组建，是北京市政府公共信息发布和城市应急预警的又一新媒体播出平台。

2010年8月10日，地铁电视开始试播。节目主要通过在北京市地铁运营有限公司具有运营权的地铁线路（地铁1、2、5、8、10、13号线和八通线）上的列车车厢、站台和站厅内的1．08万块电视终端来接收、播放。公司制定了适合地铁特色的节目方案，积极利用各方媒体资源，扩宽了节目引入渠道，丰富了节目的内容。为了保证节目的网容，地铁电视公司还与移动电视公司进行合作，达到资源共享。移动电视公司播出前端已经移至地铁电视节目播控中心，播出时间已做到和地铁运营时间同步，从每天5点到23点30分，播出时间达18.5小时，其中日播类节日（即每日更新内容的电视节目）占播出总量的80%以上。根据北京市委、市政府和股东双方的要求，播出公益性宣传片28个、6946分钟，空全转播亚运会开闭幕式等重大项目9次，合计43小时。

2010年，地铁电视公司完成了地铁1、2号线地铁电视及PIS系统项目建设工程并通过竣工验收，提高了地铁电视的受众面。同时有针对性地制订了四条线路（地铁1、2、13号线和八通线）固定资产的维修维护方案，制定了同定资产管理暂行办法。在建立日常检查、维护机制的同时，还完成地铁调控中心至小营指挥控制中移动的电视信号的引入工程。用光纤宽带网的接入方式取代以前无线接收的临时接入方式，保证了地铁电视信号高质量地传输，从根本上解决了上述线路的电视信号质量不稳定的问题，也为新开通的新线预留了信号引入接口，为新线电视资源的纳入提供技术保障。为便于1、2号线地铁列车的车载电视调试和维护，公司请设计单位设计了1、2号线车辆段车库和四惠至四惠东区间的信号覆盖方案，工程已完成并取得了良好的效果。

2010年，地铁电视公司还完成了广告招标工作，实现了公司制定的广告经营目标，加强各项成本控制，逐步降低经营成本。同时，加强和完善内部机制的管理，本着“制度管人，制度管事”的原则，严格抓好各项安全工作，做好员工的招聘和培训工作，先后制定了46项规章制度，为公司的规范化、科学化、标准化运行奠定了基础。

（北京北广传媒地铁电视有限公司）

北京北广置业有限公司（影视城管理中心）概况

北京北广置业有限公司，成立于2006年12月15日，由北京北广传媒集团、北京北广传媒投资发展中心共同出资组建。

公司以开发北京影视城项目，整合北京广播电视台房地产资源，按照集影视制作、文化创新、艺术教育、文化商品交流、影视文化观光为一体的多元化经营战略进行开发建设。

2010年，北京北广置业有限公司坚持以资产保值增值为目标，积极做好相关房产的出租管理工作外，加强农转工历史遗留问题研究，将多年未决的安置政策界定问题上报市、区人力资源和社会保障局并得到初步认可，为下一步稳妥解决农转工的问题奠定了基础。

（北京北广置业有限公司办公室）

北京中广传播有限公司概况

北京中广传播有限公司（China Broadcasting Beijing Co. Ltd.）成立于2009年12月，由中广传播集团有限公司、北京北广传媒投资发展中心、北京人民广播电台、北京电视台共同出资组建，主要承担移动多媒体广播项目（CMMB）在北京地区的建设和运营。

公司采用中国自主研发的移动多媒体广播（CMMB）技术，通过自身运维的多媒体广播覆盖网向在北京地区的手机、PDA、MP4、GPS、笔记本电脑等小屏幕接收终端，传送高质量广播电视节目和提供数据增值服务。

2010年全面推进单频网建设及大小功率补点建设工程，北京地区由9个大功率发射站点组成的CMMB单频网的基础之上，增加了7个大功率发射站点。站点分别为莱户营、古城、香山、通州、延庆、密云、平谷等地区，分别对首都国际机场、国美、大中、苏宁、迪信通、移动营业厅以及部分高校进行室内信号增补，共完成115处补点。内容上实现了对CCTV-1、CCTV-5、CCTV-新闻、北京卫视、精彩电影、睛彩北京、中央人民广播电台、中国国际广播电台视听节目的传送。手持电视用户已达30余万户。

（北京中广传播有限公司）

北京紫禁城影业有限责任公司概况

北京紫禁城影业有限责任公司成立于1997年，是集影视策划、制作、营销为一体的大型专业影业公司。

公司成立14年以来，共摄制完成影片30余部，电视剧千余集。其中有商业大片《甲方乙方》、《不见不散》、《没完没了》、《刮痧》、《红色恋人》、《谁说我不在乎》、《赤壁》等，主旋律影片《离开雷锋的日子》、《张思德》、《生死牛玉儒》、《背起爸爸上学》、《法官妈妈》、《紫日》、《嘎达梅林》、《香巴拉信使》、《山乡书记》、《一个人的奥林匹克》、《铁人》、《万家灯火》等，均取得社会效益和经济效益的双赢。摄制出品的电视连续剧《重案六组》、《玉观音》、《少年天子》、《天下第一楼》、《牟氏庄园》等在中央电视台和各地电视台播出后，均创造了极高的收视率。连续获得“华表奖”、“五个一工程奖”、“金鸡奖”、“百花奖”、“金鹰奖”、“百合奖”等多个国家级大奖以及开罗、莫斯科、东京等国际电影节大奖。

公司经营业绩稳居中国电影生产企业前列。国内票房过千万的影片近20余部，其中多部影片票房位居当年年度票房冠亚军，总票房超过5个亿，影片行销到美国、日本、韩国、香港、台湾等多个国家和地区。公司已形成从剧目策划、拍摄、宣传到发行及衍生产品的开拓等完整有效的一条龙运营机制，在同行业公司中取得骄人业绩。

公司具备一支由一流专业人士组成的影视制作及发行队伍，并融入国际化的制片营销理念，建立了庞大的明星网络，黄建新、冯小刚、叶大鹰、冯小宁、陈国星、胡玫、吕乐、尹力、夏刚、陈道明、葛优、王志文、张国荣、冯巩、陆毅、吕丽萍、斯琴高娃、徐帆、刘蓓、梅婷、徐静蕾、瞿颖、范冰冰、陈好等一大批国内外知名导演、演员都与紫禁城影业公司有过成功的合作。

2010年，拍摄了电影《第一书记》、《嘻游记》、《魔术外传》、《倩女幽魂》、《隐婚男女》、《大闹天宫》、《堵车》、《狼图腾》和数字电影《大路朝天》等九部作品。其中，《第一书记》于年初接受拍摄任务，同年7月1日首映，短短几个月内，公司各部门通力协作，高效高质地完成了摄制任务，得到中央及市领导的肯定。该影片放映以来各方面反映良好，北京地区票房900多万，全国其他地区票房约600万，北京地区还展开数字放映活动，已放映200余场。《大闹天宫》是一部3D动画作品，属于国际合拍片。公司采取与其他公司共同拥有国内发行权的方式参与合作，并以1%的比例参与全球投资。年内，公司拍摄电视剧《牟氏庄园》、《人是铁饭是钢》（原名《大厨》）、《李春天的春天》等三部作品。其中，《牟氏庄园》于上半年在北京卫视播出，收视情况良好，并基本完成该剧销售工作，主要销售款基本回笼。本年度公司创作中的电视剧有《文三块》、《傻傻的幸福》等剧目。

（北京紫禁城影业有限责任公司）

北京市朝阳区广播电视新闻中心概况

北京市朝阳区广播电视新闻中心正式成立于2003年6月，在原朝阳区广播电视局、朝阳区新闻中心、朝阳有线电视、朝阳报社、朝阳区有线电视网络中心基础上组建而成。主要负责本区的新闻宣传工作和新闻宣传队伍的建设，拥有《朝阳报》、朝阳有线电视和朝阳新闻网三个媒体平台。

《朝阳报》每周一、三、五出报，对开四版大报，免费投递到全区各级单位和部分驻区企业，发行量为50000份。《北京社区报 · 社区生活》于2007年5月25日创刊，每周一期，对开8版，与《朝阳报》一并向全区各级单位和部分驻区企业进行投递，发行量为50000份。朝阳有线电视现有《朝阳新闻》、《一周新闻综述》、《今日点击》、《和谐在线》、《家庭赛乐赛》、《朝阳名师讲堂》、《人口视窗》、《聚焦电子城》、《地税你我他》、《迈向城市化》、《走进朝阳教育》、《郎咸平说》、《爱车空间》、《幸福2+1》、《同在蓝天下》、《陪你逛街》、《与法同行》、《我爱我家》等18个栏目。每天在北京公共频道（九频道）分三个时段（7：30～9：00，12：30～2：00，19：30～21：00）播出。随着数字电视的推广，朝阳有线拥有一个独立数字频道（801朝阳社区频道），现已经覆盖到全区70万用户。朝阳新闻网（http://www.chynews.cn）于2009年9月进行了改版，网页增加了《朝阳报》、《北京社区报 · 社区生活》周刊的数字报内容，日均更新文字新闻15000余字、视频新闻60多分钟的专业新闻网站，日均点击率在2000次以上。总点击量已达到410万次。2010年主要工作：

一、宣传工作

共策划反映朝阳区经济发展、社会民生建设等各方面新闻发布会50场次，在中央以及市属媒体上发稿量达20000多篇次，比2009年增加4000多篇次。从媒体所属类别来看，2010年在对朝阳区的整体报道中，中央媒体报道达2000余篇，市属媒体报道达15000篇次，外阜媒体报道达3000多篇次。

1.重要报道质量提升

区广播电视新闻中心充分利用中央电视台、《人民日报》、《北京日报》等多家重要媒体的力量，就朝阳区经济社会发展、文明城区创建、世界城市建设等方面进行强势宣传。《北京日报》头版共报道朝阳区各类新闻稿件60篇次，平均每5天一篇，报道数量与频率均居全市18区县之首。其中，“朝阳区今年修建百条道路”在一周之内被《北京日报》头版连续报道2次，并配备评论员文章，创《北京日报》区县报道之最。《人民日报》的《北京洋庙会》、《中外专家把脉北京世界城市建设》、《零距离感受党报》等稿件对朝阳区的文化、经济、生活等方面进行相关报道。中央电视台新闻频道《东方时空》栏目在“转变发展方式”系列报道中对大望京村城乡一体化试点进行详细采访，中央电视台《朝闻天下》等栏目对朝阳国际风情节、世界城市论坛等活动进行及时跟踪报道。北京电视台《北京新闻》“记者走一线”栏目系列报道，为朝阳区“新四区”建设进行重点宣传。

《朝阳报》共出版报纸正刊 145期、专刊14期、专页14期、专版 58期，刊登文字约310万字，刊登图片1000余张；出版《社区生活》 49期，刊登文字约 170万字，刊登图片700余张。同时还与12个单位合作办报共162期，刊登文字达70万字。朝阳有线电视共完成14606分钟的自制节目。其中《朝阳新闻》完成7360分钟，《和谐在线》、《迈向城市化》等十四个栏目共完成6620分钟，制作各种临时专题片626分钟。

2.报纸网络齐头并进

按照“专业新闻网＋综合资讯＋地方门户网站”的发展目标，北京朝阳新闻网积极配合电视和报纸的宣传，发挥网络舆论阵地的作用，做到新内容及时更新上传。2月2日朝阳区创建全国文明城区工作陆续展开，为全面的反映全区文明创建工作，朝阳广播电视新闻中心制作专题片《传承奥运精神　建设文明朝阳》，得到领导好评，并产生良好的反响。

朝阳有线在《朝阳新闻》开辟电视专栏《创建全国文明城区》，内容涉及到文明城区创建工作任务解读、街乡具体工作动态等。《朝阳新闻》栏目几乎每天都有关于区各街乡、各委办局创建文明城区的动态新闻和典型做法的报道，其中头条新闻约占20%。《朝阳报》年底在头版开设《辉煌“十一五”》专栏，四版设《回眸十一五》专版，对十一五成就进行总结。头版常年开设《实事连民心》栏目，对全区和各街乡民生重点工作进行报道。《社区生活》在报纸封面配发图片，刊登宣传口号。每期用2～3个版面加大对文明生活、文明小区、文明人的宣传。在春节期间，用6个版面，对文明创建活动进行介绍，并聘请专人配发漫画解读，图文并茂，受到市民的欢迎。

3.节目形式创新求变

朝阳有线创新求变，对电视节目进行改版，《朝阳新闻》全年共发新闻4233余篇。改版后的《一周新闻综述》加入主持人对热点新闻的评论，并加入图片报纸等新闻信息，拉近与观众的距离。在原有与朝阳教委、计生委、农委、司法局、地税、城管等委办局合办栏目基础上，又与朝阳工商分局合办《工商视窗》，与朝阳区人力资源和社会保障局合办《聚焦人力社保》，与朝阳区总工会合办《朝阳工会》。开办新栏目《儿童乐园》，引进动画片《太空历险记》、《中华德育故事》、《鸭兵歌》、《至善之道》、《吉娃娃和他的伙伴们》、《奇趣宝典俱乐部》等，受到家长和儿童们的欢迎。

4.注重品牌宣传

朝阳有线《朝阳新闻》、《和谐在线》等品牌栏目连续6年进行“感动朝阳”十大新闻人物和新闻事件大型评选活动，已成为朝阳地区的品牌。为表彰先进，树立典型，进一步深化朝阳区精神文明建设，朝阳区创建全国文明城区工作领导小组办公室研究决定聘请刘兰芳等57位我中心评选出的“感动朝阳十大新闻人物”为“朝阳区创建全国文明城区形象大使”。

二、队伍建设

4月中旬，协助区社工委邀请北京电视台和《北京晚报》资深记者和编辑从注重实操性地角度，以案例教学的方式，就新时期下如何开展有针对性的新闻宣传工作及文明城区创建中的主动策划和媒体应对等问题，对街道系统200多名宣传干部和居委会干部进行专业培训。同时，针对日常工作中的重点新闻策划和媒体接待工作，区委宣传部、区广电新闻中心开设面向基层单位和各委办局的热线电话，接受各单位通讯员和基层媒体接待人员的咨询和交流达500人次。中心在完成聘任续约工作基础上，坚持谈心制度、考核奖励制度、体检制度、体育锻炼制度以及“牛人秀”、“精品榜”两大评选活动等举措，使全体员工努力工作。开展新闻业务的学习培训工作，先后邀请《光明日报》资深记者李家杰老师、中央广播电台高级编辑曹仁义为中心全体新闻工作者讲授新闻采访、新闻写作和新闻节目创新等方面的知识和经验。为开阔员工眼界，增长见识，中心还组织员工参观了上海世博会。记者节期间，开展了团队拓展训练，活跃了员工们的生活，同时也凝聚了团队。

三、塑造服务型媒体形象

朝阳传媒结合各街乡工作，安排了系列社区活动，以“传播文明知识，传递文明行动，展示文明生活”为宗旨的文明传递社区行活动共组织了7次。4月18日朝阳传媒走进劲松，5月22日走进团结湖，6月26日走进常营地区，7月19日走进潘家园，8月22日走进香河园，9月26日走进左家庄，11月走进将台。活动通过挖掘具体事件、典型人物，带动更多人参与到朝阳创建文明城区建设工作中来。

四、保障节目安全播出

紧紧围绕安全播出工作，严格执行各项规章制度。通过强化日常管理，增强播出人员的岗位责任感，提高设备使用性能等手段，实现安全播出8760小时。

五、推进党建创新

中心积极开展创建全国文明城区活动，成立了创建工作领导小组，举行了创建文明城区动员会，制定相应计划和措施，确保创建工作顺利进行。组织开展创建文明城区相关知识测试考核，在员工中开展“工作岗位作贡献争做文明朝阳人”主题实践活动。

加强中心党的组织建设。引导广大党员参加“创先争优”和“党员作风建设年”活动，努力做到“五个好”：即“领导班子好、党员队伍好、工作机制好、工作业绩好、群众反映好”；优秀共产党员做到“五带头”：即带头学习提高、带头争创佳绩、带头服务群众、带头遵纪守法、带头弘扬正气；在党员中深入开展谈心活动，召开民主生活会，举行三项教育测评考试等，各支部党员紧紧团结在一起，为中心发展献计献策。

（北京市朝阳区广播电视新闻中心）

北京市海淀区新闻中心概况

北京市海淀区新闻中心在撤销原海淀区广播电视中心和原《海淀报》社建制的基础上，于2006年2月28日成立，下辖海淀区有线广播电视网络信息中心(加挂北京市海淀传媒中心牌子）1个事业单位。

海淀有线电视节目自2003年1月1日起，纳入北京电视台公共频道（BTV—9）播出。每天4.5小时，首播每晚19：30～21：00、重播次日7：30～9：00，12：30～14：00。播出的新闻类节目有《海淀新闻》、《海淀1时间》；专题类节目有《红盾时空》、《海淀教育》、《警方在线》、《城管视点》、《人口与家庭》、《公共服务在身边》等。《海淀报》是海淀区委、区政府机关报，其前身为《海淀新闻》，创刊于1992年9月25日，1993年更名为《海淀报》。《城市周刊》由海淀区新闻中心与购物导报合办，于2007年9月25日创刊，彩色印刷，每周二出版，共16版，是以“引领都市生活”为宗旨的综合类对外公开发行的周报。1996年建设的海淀区光缆有线电视网络，已发展为多功能的数字化网络。区网络中心累计投入资金300余万元，率先实现数字互动电视功能，并于2008、2009年完成三网融合试点工作，试点覆盖用户2万余户。

2010年，海淀区新闻中心主要工作是：

一、宣传工作

全年共完成350多期《海淀新闻》，35期《文明新发现》，21期《红盾时空》节目的录制和播出工作；完成25期《中国书画鉴赏》节目；本台及记者站采写、播出新闻近6000条；播出国际、国内新闻3200条。《海淀报》共出版报纸146期，刊发文字约360万字，图片6000多幅。《海淀科技园区周刊》共完成48期的出版工作，刊发消息、通讯、评论和图片新闻200多篇（幅），刊发信息130余万字。《城市周刊》完成46期出版工作，刊发消息、通讯、评论和图片新闻4100多篇(幅)、约150万字。完成区政府网站《海淀要闻》等信息更新3000条、首都之窗海淀区信息上载更新4000条、海淀在线信息的上载更新5800条（期）、区政府内网信息公开《海淀新闻》和《海淀报》1500条。在区级以上新闻媒体发表反映海淀经济、社会、民生等方面稿件约4000余篇次，见报字数超过30万字，扩大了海淀知名度。

1.开设专题专栏，突出主题宣传

及时调整报道思路和方式，对电视栏目及报纸版面进行改版和整合。《海淀报》新增《核心区视察》、《服务区域经济发展》、《优质服务年》、《海淀国资》、《海淀商务》等栏目；BTV公共频道、《海淀数字频道》在海淀新闻节目中新增《核心区建设》栏目版块，在专题节目中新开《街乡镇一把手谈核心区建设》、“劳模风采”、“百姓故事”、“党员先锋赞”、“我为海淀献青春”、“聚焦核心区建设”、“核心区建设访谈”、“城乡一体化建设”等专栏，受到观众欢迎。

2.丰富节目内容，增加社会新闻量

根据核心区建设提出的新要求、新标准，借鉴中央、市和兄弟区县电视台的经验和做法，年初对《海淀新闻》节目进行全面改版，在播发海淀新闻基础上，增加国内新闻节目，时长由原来的15分钟增加到现在的25分钟。对区委常委会、政府常务会、区长专题会的报

道方式也进行全面改版，由原来的画面、字幕组合改变成播音员口播加字幕的形式出现，原则上不配领导开会的画面，使时政性会议新闻更加庄重规范，内容简洁明了。

二、实行采编合一的工作新机制

年初对有线电视的工作机制进行改革，实行采编播合一，量化管理。以前播音员主持人只负责配音、节目主持，不参与一线新闻采访，改革后播音员除做好播音工作外，还自找选题参与新闻采访。量化管理使编导们多劳多得，充分调动大家的积极性。据不完全统计1～10月编导采制以社会、民生类报道为主的新闻达到1200多条。比去年大幅提高。在工作流程上增加了编导、部门领导审片制度，中心主要领导终审制。

三、确保广播电视安全播出

1. 进一步落实安全播出责任制

严格执行“三位一体”的机房值班制度、零报告制度、完善安全播出应急预案；加强设备日常的周检和月检以及重要播出保障期前的大检查，使设备始终处在最佳的运行状态。安全播出的日常运行和应急保障的有机结合，形成安全播出综合防范机制。

2. 全力维护网络安全传输

为确保广播电视网络运行畅通，配合区文化委，对北部新区广播电视传输主干杆路和线路进行进一步规划和整改，降低传输故障；加强网络安全防范，防止非法信号插播。投入资金42万多元对马连洼地区线路进行较大规模整修。

四、强化行政后勤管理

1.完善规章制度

对原有的128项制度规定中的40余项进行完善、修改或更新，颁布实行。对总编室和播音主持部进行整合，成立大总编室，有效把控新闻宣传的舆论导向。媒体资料管理由原来的录入、存储向现在的使用、录入、存储转化，实现了资源共享使用。中心财务做到年底有预算，支出手续齐全，凭证规范，较好地确保了单位各项工作的进展。

2.注重人才队伍建设

推行新闻从业人员执业资格制度，通过资格考试人数已超过60%。中心49名采编人员首次换发新闻总署记者证。严把进人关，坚持逢进必考和公开招录的原则，利用腾出的事业编制录用2名中国传媒大学应届毕业生。

3.经营创收稳步提升

规范经营创收渠道，开拓新的经营创收点，圆满完成全年创收任务，加大报纸发行力度，对北部农村地区增发《海淀报》16000份，确保山后农村地区老百姓对海淀信息的了解。

五、加强党建工作

组织党员干部和群众向西南干旱地区，玉树地震灾区进行爱心捐款，共捐款24140元。对各支部党小组人员进行重新划分，重新核定党员交纳党费数。组织中心组及科以上干部学习《党政领导干部选拔任用工作条例》，并购买学习用书。为党员制作“党员岗位标牌”，接受群众监督。对支部委员、总支委员进行业务培训，组织党员干部、入党积极分子到共建单位上庄镇常乐村开展调查研究。

组织党员团员青年深入开展“五比一争当”活动和文明先行主题社会实践活动，新闻中心党总支与上庄镇常乐村联合为老人过重阳节，并为3户困难家庭捐助9000元。

积极参与区双拥办、区人武部组织的国防教育活动，中心记者全程拍摄区领导走访慰问驻区部队，并在海淀有线电视、《海淀报》进行宣传。《海淀报》全年报道国防宣传文字近3万字、图片35余幅。海淀有线电视新闻播出时长近60分钟。

（北京市海淀区新闻中心）

北京市丰台区广播电视中心概况

北京市丰台区广播电视中心的前身是丰台区广播站，成立于1957年2月，1975年更名为丰台区广播科，1987年5月更名为丰台区广播电视管理处，1989年8月更名为丰台区广播电视局，2001年11月更名为丰台区广播电视中心。主要负责丰台区对内、对外的新闻宣传工作。

丰台有线电视开设有《丰台新闻》、《聚焦丰台》、《百姓直通车》、《人大在线》、《政协视窗》、《清风苑》、《丰台故事》、《百姓与法》、《丰台警方》、《真情零距离》、《丰台经济报道》等栏目，纳入北京电视台公共频道播出。2009年11月8日，丰台有线803数字频道开播，每天6:30至24:30，全天电视节目播出时长为18小时。

2010年《丰台新闻》共播发新闻2800余条，比2009年有较大提高。制作专题片19部、271分钟，拍摄留存视频资料1795分钟。主要工作：

一、宣传工作

1.宣传区“两会”

在丰台区人大14届六次会议和政协8届四次会议期间，《丰台新闻》从15分钟延长到30分钟，以“聚焦两会”、“两会专访”等专栏形式报道区“两会”情况，共播发会议新闻30余条，专题采访30余人次，并利用快捷的网络资源将《丰台新闻》首次在广播电视中心网站上进行同步上传，方便代表、委员和观众观看。

2.宣传“城南行动计划”

在《丰台新闻》、《百姓直通车》两档节目中开设“丰台在行动”专栏，宣传丰台区在基础设施建设、生态环境建设、精神文明建设、文化发展、保障和改善民生、提高公共服务能力等方面所取得的新成就、新经验。11月8日，开设“回眸十一五　展望十二五”专栏，对“十一五”规划完成情况进行全面回顾，全景式报道“十一五”期间区内成就性工作。为宣传城南行动计划在丰台区的实施和“一轴两带四区”规划、建设与发展情况，从采、编、制、播全方位认真策划，完成城南行动计划实施情况的重点报道，丽泽金融商务区规划开发情况的跟踪报道，丰台科技园区突出成绩的系列报道，大红门时尚创意产业聚集区的专题报道，重点村城市化工程推进情况的深度报道。结合“丰台踏青节”、“千灵山开山节”、“金秋旅游月”等旅游品牌活动和园博会、世界种子大会筹办工作的宣传，宣传青龙湖——长辛店会展旅游、生态休闲区的全面展开建设情况；结合报道宛平湖、晓月湖成功实现蓄水的消息，以专题宣传片形式宣传永定河绿色生态发展带的建设；结合轨道交通、路网建设、环路周边环境整治的新闻，介绍三四环都市型产业发展带的定位。

3.开设“创先争优”专栏

6月，在《丰台新闻》中开设《创先争优》专栏，报道丰台区各单位、各系统的党建工作，基层党组织活动，优秀党员事迹等。“七一”后制作20期新闻专题，报道先进基层党组织、优秀共产党员、优秀党务工作者的先进事迹。制作、播出17期在丰台区崛起过程中涌现出的劳动模范的新闻专题，开办《人才·丰台》专栏，连续播出7期报道丰台区“十一五”期间人才队伍培养建设的成就，现场录制“时代先锋”—七一党员表彰大会、“做党性最强组工干部”巡回演讲活动。

4.宣传贴近民生

在新闻、专题、公益广告等栏目中，加大社会关注的教育、医疗、社会保障、城市化建设等民生方面的政策宣传，连续报道第六次全国人口普查工作，市、区环境整治双“百日行动”，南苑棚户区拆迁、长辛店老镇改造等城市化工程推进情况。全程报道丰台区参加国际贸易投资洽谈会、国际金融博览会、北京国际文化创意产业博览会、北京——香港经济合作研讨洽谈会的情况，专题报道纪念抗战胜利65周年、安全生产月及安全生产演练、减灾防灾志愿者队伍建设与培训等活动。

对新开园的5个郊野公园及北宫踏青节进行宣传报道，开设《双拥潮》和《鱼水情》专栏，加强双拥宣传；与区老龄办合作报道11期“丰台区孝顺之星”，配合区金融办开展《金融安全知识宣传周》活动，制作播出7期金融知识访谈。

5.打造品牌栏目

《丰台故事》以展现丰台区历史文化及人文内涵为目的，以话说故事的电视表现形式弘扬丰台历史文化、展现古今风貌。节目选题涵盖丰台历史、地方传说、非物质文化遗产、人文风物等若干领域。集中策划并播出古镇溯源、寺庙文化、地名志、非物质文化遗产、河西生态休闲旅游等多个系列。《丰台故事》获得“北京市广播电视系统华彩杯优秀电视栏目奖”，该栏目主持人获得“北京广播影视先进个人奖”。在“弘扬中华传统文化优秀节目征集评选”活动中，《丰台故事》再次获奖。

《话说丰台》本着“服务辖区百姓，以人为本”的宗旨，充分体现“贴近实际、贴近生活、贴近群众”的原则和区域本土化的特色，成为百姓贴心的信息发布平台。《丰台警方》6月28日播出的节目被市公安局的官方博客“平安北京”选中播出，仅10天点击量就超过2万，网友好评如潮。主持人获（华彩杯）电视播音与主持二等奖。《人大在线》栏目荣获首都综合治理优秀新闻奖。

《丰台经济报道》栏目通过深入调研，明确“贴近经济市场、服务全区人民”的宗旨，为全区观众提供实用鲜活、明快简洁的经济信息，拥有大批忠实观众。

《真情零距离》栏目与区残联取得联系，讲述残疾人的故事，弘扬自立自强的精神，得到区残联、残疾人朋友和广大电视观众的认可。

二、公益节目制作、播出时长创新高

结合包括区人大代表、政协委员在内的社会监看员和广电行业专家顾问的意见和建议，对丰台有线电视节目从频道、栏目定位、节目策划、报道深度、制作质量、播出时长等方面，进行研究分析。明确按照“文化内涵要深，科技水平要高，创意思维要新”等要求，提高采集、编辑、制作和播出质量。10月26日《丰台新闻》改版扩充到25分钟，由一名播音员出镜改为两名播音员对播，节目按照时政、经济、文化、社会、民生五个版块进行编排制作，增加资讯、媒体链接等固定版块。调整各栏目的播出时段，确保在北京公共频道和数字频道同步播出。每周安排1.5小时的时段，用于丰台区各单位专题节目及大型活动现场录像的展播和宣传。使公益节目播出时间达到6小时以上，占全天播出时间的1/3。公益节目、公益广告制作总量达到568期，创历史最高。《丰台新闻》选送的“花乡草桥援建江油世纪奥桥小学今日落成”，在北京广播影视奖评比中，获长消息三等奖。

三、设备改造，安全播出

1.升级改造现有设备

对已建媒体资产管理系统应用工作进行重新定位，历史影音资料及节目资源做到整体规划存储，实现易用共享。市一体化媒体资产管理系统项目丰台分中心工程正在建设中。

电视节目高清化设备更新规划得到区委、区政府的支持，一期设备投入385万元进入政府采购程序。

2.安全播出无事故

2009年11月8日建成实现24小时播出的一体网络，经分析研究和试运行，改进安全播出流程，加强网络系统备份和防病毒能力，提高整个网络的安全性。

科学调配力量，加强岗位培训力度，制订全新的工作流程，对应急预案进行重新修订，全年播出未发生任何事故。

四、推进党务、行政、精神文明建设工作

1.认真开展党员创先争优活动

把创先争优活动作为在新形势、新起点下推动广播电视事业科学发展的重要契机，结合新闻宣传和单位工作实际，制定计划并组织开展党员创先争优工作。

结合庆祝建党89周年系列活动，以“知丰台、识丰台、宣传丰台、建设丰台”为主题，开展系列主题党日活动。纪念中国共产党成立89周年，进一步巩固和扩大学习实践科学发展观活动成果。

结合党员创先争优活动，开展扶贫救困、共产党员奉献爱心活动，为丰台区慈善事业捐款。召开专题组织生活会，通过表彰先进、新党员宣誓、专题片汇报等形式，增强党员光荣感、责任感，更好地立足本职做表率。

2.科级干部竞争上岗

2010年进行科级干部竞聘上岗工作，12名中层干部通过竞聘上岗任职。

3.增强针对性教育培训

深入“两带四区”，了解、感受丰台的建设发展，将业务培训规划与专业特点、共性要求、个性差异相结合，分批次、分专业组织编辑、记者参加由国家广电总局举办的“广播电视节目策划与创新”、“广播电视新闻采编制播技能提升”研修班和北京市广电局举办的“公共频道栏目策划与创新”的学习交流。邀请北京电视台专家对新闻记者进行培训。

邀请丰台红十字会卫生救护培训中心讲师，对全体职工进行应急救护技能培训。选派3名编辑记者，参加地震救援培训并通过考核取得资格证书，当地震发生时将作为丰台区社区地震应急志愿队伍的随队记者，投入一线进行宣传报道。

（北京市丰台区广播电视中心）

北京市石景山区广播电视中心概况

北京市石景山区广播电视中心成立于1974年，2001年10月由石景山区广播电视局更名为石景山区广播电视中心，承担着全区对内、对外电视宣传任务。2010年主要工作：

一、宣传工作

1.新闻宣传

《石景山新闻》共播发新闻2205条，其中午间新闻播发567条。新闻性栏目《记者视线》制作播出152期，访谈类栏目《走进演播室》制作播出44期，法制类栏目《法治聚焦》制作播出51期，经济信息类栏目《生活与信息》制作播出51期，综艺类栏目《艺海星光》制作播出33期，资讯类栏目《生活资讯》制作播出251期。合作类栏目：《娱乐者》制作播出52期，《教育新视线》制作播出24期，《人口视窗》制作播出11期，《城管在身边》制作播出10期，《政协之窗》制作播出6期，《百姓明星》制作播出6期。全年自办、合办电视栏目的制作、播出总期数达到871期。

特色新闻专题有《记者跑两会》、《回眸2009展望2010》、《石景山园每年5亿专项资金打造“中关村国家自主创新示范区特色区”》、《市级媒体聚焦石景山区区域经济发展》等。特色新闻专栏系列报道有：“科学发展观实践”、“重点工程重点报道”、“话说永定河”、“身边365”、“北京台湾街”、“文明北京新市民”、“这五年”等。

2.制作专题片

拍摄、制作各类专题片28部。《政府工作专题片》、《依法履职，不辱使命——人大常委会走过30周年》、《闪光的足迹——石景山区援藏工作纪实》、《腾飞之路——北京实兴腾飞置业发展公司成立五周年纪实》和《CRD形象片》等均获得较好的社会反响。组织、策划、承办、录制大型电视文艺活动18场。组织、策划正月十五电视晚会，为全区文化大发展、大繁荣增添新色彩；承办《实兴腾飞五周年庆典活动》，为广电工作收获口碑。

3.做好对外宣传工作

在市级以上新闻媒体播发新闻156条，其中，在中央台《新闻联播》、《晚间新闻》、《经济信息联播》、《整点新闻》等栏目播发30条。在北京台《北京新闻》播发55条，在《首都经济报道》、《特别关注》、《法制进行时》等栏目播发71条。8月30日，副区长李艳做客中央电视台，参加《对话》特别节目《财经热点面对面》的节目录制，介绍石景山区推动文化创意产业的经验和做法，利用央视名牌栏目的影响力，实现面对全国观众宣传我区CRD建设的新突破。12月24日，中央电视台《新闻联播》以《北京聚焦效应打造文化创意产业高地》为标题，对石景山区文化创意产业给予长达1分50秒的报道。实现2010年对外宣传实现了新突破。

二、推进事业新发展

1.抓好804数字频道建设，强化安全管理

为规范804频道建设，中心重点坚持和贯彻“四个强化”的思路和做法。强化制度建设、强化责任考核、强化安全播出、强化法规意识。全年实现安全播出17520小时。其中，自办节目10038小时，转播中央1套节目182.5小时，BTV 1套节目182.5小时，BTV9套节目7117小时。

2.自办栏目、节目“出新争优”

新闻类栏目《石景山新闻》、法制类栏目《法治聚焦》、经济信息类栏目《生活与信息》等6档自办栏目，有较好的口碑和收视率。特别是土法组装“三进”电视转播车，精心推出“三贴近”电视栏目《百姓明星》，受到社区领导和百姓的一致好评，为自办栏目、节目“出新争优”划上圆满的句号。

3.外购栏目、节目“以质选优”

外购引进的栏目、节目有《民间收藏》、《前沿讲座》、《新视界》、《看电影》等十余个，坚持“以质选优”的原则，既贴近中心当前自办栏目的格调，又符合中心当前财力的实际。

4.拓展外宣途径

与14个区县签定联合推出《区县风采》外宣新栏目的合作意向。2010年通过“航天网”的接入使区电视节目在朝、海、丰增加50万观众，同时解决远洋山水小区近万户居民看不到石景山有线电视的问题。

5.完成办公网整合

投入资金近10万元完成中心办公网的系统改造和资源整合，为实现信息化办公和无纸办公、节能降耗和提高办公效率创造条件。

三、强化队伍建设

1.用学风带作风

开展“事业在心中、责任见行动”全员读书活动，在每周一的中心例会上，人手一本书，通过对《做一个懂得感恩的员工》和《把责任落实到位》两本书的学习，营造“书香广电”的读书学习氛围，增进广电员工的和谐意识和团队精神，增强工作责任、提高工作效率。

2.用党风带行风

相继组织开展党风廉政宣传教育月“六个一”活动。即：开展一期《廉政准则》学习培训活动，开展“树形象、促发展，我为中心建一言”活动，开展一次“缅怀英烈精神、坚定理想信念”红色主题教育活动，开展一次讲党课教育活动，开展一次廉政警示教育参观活动，召开一次民主生活会。在职工集体旅游途中开展红色主题教育，用鲜活的事实对照，用先烈的精神育人，收到坚定理想信念、净化心灵、鼓舞斗志的效果。

3.业务培训创新形式

与四川资阳市广播电视局签署交流合作框架协议，积极开展节目和人员交流，在业务培训中实现形式和内容的新结合、新转变，切实为编辑、记者提供请进来学习、走出去实践的锻炼机会。

（北京市石景山区广播电视中心）

北京市门头沟区广播电视中心概况

北京市门头沟广电中心的前身是门头沟区广播站，成立于1958年7月，1975年更名为门头沟区广播管理科，1986年1月更名为门头沟区广播电视局，2002年5月更名为门头沟区广播电视中心。电视节目纳入北京电视台公共频道播出。2010年主要工作：

一、宣传工作

1.宣传重要会议精神和决策部署

围绕区委10届十次、十一次全会等会议精神，区电视台、《京西时报》联动开设“贯彻全会精神 推动科学发展”、“抢抓机遇 加快发展”、“贯彻全会精神 努力推动经济社会跨越式发展”等新闻专题栏目，开展“回眸‘十一五’ 展望‘十二五’”主题宣传，以回顾成就诠释新思路、新举措，以展望未来宣传新目标、新任务，为区委、区政府重要决策部署的贯彻落实营造良好舆论氛围。

2.报道区委区政府重点工作

宣传棚改及S1线拆迁、建设，招商引资等全区重点工作。区一台一报开办《关注改善民生 推进棚户区改造》、《来自重点工程的报道》等专题新闻栏目，制播刊发两次区长专访实录，开办《视点关注》栏目，编发相关新闻和评论性报道，制播公益广告和主题宣传口号，及时发布相关政策通告。对11月2日S1线及长安街西沿线建设拆迁工作，区电视台连续10天采取24小时走飞形式在两个频道滚动播出政府通告，在《视点关注》栏目里集中制作《执行拆迁政策 维护自身利益》、《打击违建不手软》、《拆迁改造我做表率》、《拆迁进行时——聚焦黑山地块拆迁动态》、《记住那一刻》等16期拆迁专题节目。京西时报先后刊发《黑山安置房地块拆迁签约超过1500户》、《S1线及长安街西延线非住宅拆迁签约率达92%》、《贵石即将进入签约高潮》等12个头版头条。12月17日～19日，电视台打破常规节目播出秩序，全天两个频道滚动播出拆迁工作相关新闻及专题节目、拆迁公益广告、政府通告等，形成宣传强势。

3.做好经济转型宣传

围绕产业结构调整，做好推动山区经济转型的宣传报道。深入报道招商引资活动以及相关项目落地、永定河、中门寺沟、黑河沟生态治理工作、“一湖十园”景观体系建设、热力改造工程以及都市型观光农业、旅游业、文化创意产业等工作，广泛宣传门头沟区区域经济和生态环境建设取得的新进展、新成效。

4.集中报道品牌活动

集中报道京浪音乐节、首届北京国际山

地徒步大会等品牌活动。充分利用《门头沟新闻》、《视点关注》栏目和《京西时报》专版，对两项活动的筹备与举办进行跟踪报道，营造舆论氛围。

5.重点报道城乡一体化发展

重点报道和谐社会建设和城乡一体化发展，报道六大公共服务体系建设、农村两委换届选举、农村两权改革、全国双拥模范区创建、全国人口普查、六大文明引导行动、连民心恳谈室、博士论坛等工作。

6.宣传报道创先争优活动

电视台、《京西时报》在新闻节目和主要版面开设“统一思想 凝聚力量 加快建设现代化生态新区”专栏，深入报道创先争优活动的进展、先进典型等，及时发表相关评论文章，加强宣传引导。

7.加强对外宣传

广电中心、新闻中心通过抓重点、抓契机、抓策划、抓外联的方式方法，加强对外宣传。区广电中心完成电视外宣和广播外宣双百任务，区新闻中心实现报刊外宣300篇以上。区电视台选送的《房子穿上节能衣 农民用上液化气》获北京市广播电视好新闻三等奖，《门头沟新闻》获“2009年度北京市广播影视奖”电视节目技术质量奖标清新闻类三等奖，《京西风景线》片头获“2009年度北京市广播影视奖”电视节目技术质量奖视频图形片头类三等奖。

8.开辟新栏目、新版面

电视台、《京西时报》新开辟“文明进行时”、“京西风景线”、“阳光组工”、“公共城管”、“理论月刊”、“法制专刊”等栏目、版面。以“配合中心工作，宣传重点建设，关注身边变化”为宗旨，开设时政性专题栏目《视点关注》，对相关工作进行深度报道，搭建政府与群众良性沟通的新平台，截至年底已播出60期。

9.改版创新旧有栏目和版面

增强电视、报纸的感染力和传播力。电视台共开设固定栏目24个，年播发新闻3200余条，拍摄制作各类专题节目400余部（期）。《京西时报》现有12个固定版面，21个固定栏目，年出刊近100期，600个版，刊发新闻稿件4900多篇，照片4200多幅，专栏650个。

10.增强频道包装和媒体经营力

电视台调整综合频道的节目编排和播出时间。全天播出节目内容由原来的首播6小时增加到顺播18小时。金羽翼广告中心增加注资并改为北京金羽翼文化传媒中心，积极参与首届北京国际山地徒步大会的筹备和举办，完成招商引资、大会环境布置、电视直播、服务接待等一系列服务保障工作，提升媒体的经营能力。《京西时报》积极整合自身版面和合作栏目资源，提升了有限版面的使用效率。

二、提升硬件设施水平

在区政府的大力支持下，完成大、小演播室、审片室的升级改造工作，高清数字化升级工作稳步推进，完成北京新闻广播远郊行政村覆盖前期调研筹备工作。

三、夯实各项基础工作

1.加强制度建设

通过党政联席会和主任办公会决定重大事项，进一步完善理论学习制度、日常管理制度、绩效考核制度、设备管理使用制度和业务培训制度，为各项工作开展提供可靠的制度保障。

2.加强队伍建设

以创先争优活动和学习型党组织建设为契机，以领导干部为重点，以中层干部为关键，以广大党员和全体同志参与为基础，推进理论学习中心组学习规范化、制度化，强化廉政风险防范管理，领导干部一岗双责和模范带头作用，提升领导班子执政能力和水平。强化党员的先锋模范作用和党组织的战斗堡垒作用，广大党员和全体职工的政治理论学习和业务知识水平显著提升，形成全员参与、全面创先争优的工作局面。2010年广电中心机关党支部获评门头沟区先进基层党组织称号。

（北京市门头沟区广播电视中心）

北京市房山区广播电视中心概况

北京市房山区广播电视中心成立于2001年11月。前身是房山县广播站、房山县人民政府广播科、房山区广播电视局，拥有房山人民广播电台和房山电视台。电视节目纳入北京电视台公共频道播出。2010年主要工作：

实现了电视节目全新改版，推出FM96.9乐活养生广播。围绕走新型城市化道路、“三化两区”建设等重大宣传主题以及“两会”、“五大功能区建设”等重点宣传战役，不断加大宣传力度，为全区经济、社会发展营造了良好的舆论环境，全面完成全年宣传任务。全年积极组织相关科室，参加各级各类广播电视创优评选，推动广播电视节目制作水平不断提高。在市级以上广播电视优秀节目评选中，获得北京新闻奖二等奖一个，北京市广播影视奖一等奖一个，优秀栏目奖一个，先进个人两名。

一、宣传工作

2010年是房山区“两轴三带五园区”建设提速之年，广电中心提出“创新思维，打造新型都市传媒；凝神聚力，助推三化两区发展”的方向，完成房山广电品牌形象标识。7月实施改版，推出新台标。两台大胆实践，优化节目宣传形式。电视三个时段首播，广播电台乐活养生节目全天候播出，实现每天直播节目7小时。互联网络直播，3G网络远程传输重点新闻报道，加大对重大活动、重头报道的科技含量和支持力度，提升了房山广电的新型都市传媒的影响力。

广电中心有4个广播电视作品、4篇节目主持人论文和4人分别在市级以上各级各类广播电视创优评选中获得好成绩。其中电台报送的长消息《生命因两次捐献而精彩》；新闻性专稿《巧姑巧手巧扮国庆盛典》分获广播新闻评选一、三等奖；电台集体创作的《花季星空》专题荣获广播优秀栏目奖；技术部门报送的片花《垃圾分类回收》、语言类《花季星空》专题荣获广播节目技术质量二、三等奖；报送的长消息《“流动医院”进农村 诊费直报乐农民》、电视专题《特色产业 富民增收系列报道》分获电视新闻评选三等奖、电视社教类评选三等奖；报送的《新战略新行动》、《房山新闻》、专题《光辉的记忆——旅游篇》、《2010年房山区团拜会》分获视频图形片头类、标清新闻类、标清专题类、标清综合文体类等电视节目技术质量评选二等奖。

二、加大技术设备的投入力度

积极打造“房山人民广播电台、房山电视台、房山传媒网”三大媒体，不断加大技术设备的投入力度，年内共投资650万元，对新闻演播厅、专题演播厅进行集中设计改造，新建一个130平米演播厅，录制《早安房山》和《都市生活》两档新栏目，重新设计400平米演播厅背景录制访谈节目，提升了电视节目的录制水平；一年间，连同办公设备在内的固定资产投资增值达到755万元，增强了区广电中心的发展实力。

三、不断拓宽产业化经营的渠道

注重优化媒体频道资源，规范广告经营管理，发挥产业市场优势，强化产业经营和服务理念，通过与重点单位开展座谈、为客户提供策划与服务等方式，拓宽产业化经营的渠道，使产业经营水平不断提高。广告收入突破千万元，宣传总体收入达到1811万元，比2009年增收16%。

四、增强团队战斗力

以打造“实力团队、创新团队、先进团队”为目标，坚持以人为本的人才培养观，进行内部专业培养和外部交流培训的双重方式，提高队伍实力。通过建立和完善竞争激励、择优聘用的用人机制，增强人才队伍的活力。

五、深入开展“创先争优”活动

深入开展“创先争优”活动，全面贯彻落实科学发展观，以党员作风建设年活动为契机，以“争当‘三化两区’建设舆论先锋”为实践载体，提升广播电视数字化发展水平，提升文化创意产业经营实力，增强广电团队的凝聚力，营造团结向上、奋发有为的工作氛围。《广电团队》杂志的开办，机关后勤事务部的服务创新与质量提升得到职工们的广泛认可。工会的活动经常化、多样化给职工们的工作带来了活力。

在党风廉政建设工作中，中心领导班子始终坚持认真落实“一岗双责”制，即在抓好领导班子成员所分管的业务工作的同时对自己所分管部门的党风廉政建设负责。中心党委在重大问题决策、重要干部任免、重大项目投资决策、大额资金使用方面（“三重一大”），积极贯彻执行民主集中制原则，坚持集体领导，民主决策。

（北京市房山区广播电视中心）

北京市大兴区广播电视中心概况

北京市大兴区广播电视中心成立于2001年10月，前身是大兴区广播站、大兴县人民政府广播科、大兴县广播电视局；现拥有大兴人民广播电台、大兴电视台和中华兴网，主要负责本区的广播电视宣传工作，电视节目纳入北京电视台公共频道播出。

配合区委提出的“坚持科学发展，走城乡一体化道路，建宜居宜业和谐新大兴”的战略思想，实现“提升能力、增加手段、扩充阵地”的目标，为大兴各项事业的发展提供必要的思想保证和舆论支持。2010年主要工作：

一、宣传工作

1.多层面关注民生

加大对“城南行动计划”的宣传报道，除常规性的新闻报道外，还在《大兴新闻》栏目中开设《城南行动在大兴》、《地铁到我家》等系列报道，进行政策解读，加强深度报道。大兴区与北京经济技术开发区实现行政资源整合后，在新闻节目中开办专栏，加深两区间的信息沟通、交流，促进大兴整体、快速、协调发展。

在新闻栏目中开办《拆迁工作访谈录》、《依法拆违利国利民》、《政府拆迁不让老实人吃亏》、《拆迁住楼房 生活新展望》等多个系列报道，为区委、区政府拍摄、制作《南城奇葩：北京南海子公园》、《砥柱——大兴区拆迁工作纪实》等大型电视专题片，记录大兴2010年发展中的大事喜事。

1月25号开始，在新闻栏目中举办《平安大兴》系列报道。8月开始加大对交通不文明现象的曝光力度，每周至少三次记者观察，曝光不文明现象。经过近两个月的连续报道，在阻止行人闯红灯方面取得效果。加强对占道经营、非法运营等社会面综合治理的报道力度，得到区领导的肯定。

关注深化农村改革、政策集成、加大投入、大力发展设施农业、种养业规模经营、农民增收致富、改善农村发展条件等内容，进行有针对性的系列性报道。

保持对教育均衡发展、公共卫生服务、三级医疗服务体系建设、社会保障等方面的重大举措的持续性关注，指派骨干记者、编辑，进行跟踪报道。

积极参与区大型活动的策划和导演，共计10多场。如区青年歌手大奖赛、城南五区交谊舞大赛、区新春团拜会、梨花文化节暨星火工程启动仪式、区青歌赛总决赛、第22届西瓜节暨城南五区交谊舞邀请赛、西瓜节品牌推介暨招商会、区庆“七一”歌咏比赛决赛暨“旗帜颂”颁奖演出的复赛和决赛、区“和谐大兴”家庭才艺大赛、区旅游节民俗厨艺大赛、北京市“垃圾减量、垃圾分类”主题宣传活动等。

2.广播节目全新改版

大兴广播实现网络视频直播，扩大大兴广播的影响面和传播范围，打造大兴广播品牌，开辟广播发展新纪元。广播节目与网络联动，产生新的娱乐方式和节目形态。《娱乐大排档》运用博客、微博、QQ、MSN、百度贴吧等资源和手段，扩大节目收听收视范围，运用有奖收听、组织听友见面会等形式，让听众走进直播间参与节目直播，和听众互动。

《资讯BBS》保留节目资讯量大、迅速及时的特点，同时增加时尚娱乐元素，与多家部门合作，增加视频手段，增加收入。《选我喜欢》是一档全新的网络化视频直播的广播节目，节目形式为全国首创。运用网络、运用视频、运用信息帮助听众以物易物，帮助听众打理自己闲置物品，换来自己需要的用品。主持风格轻松时尚，取得良好效果。

《阳光书场》已录制和播出《猎头局中局》、《杜拉拉升职记》等多部小说，增加了收听人群，为有声读物市场化的探索打下基础。《音乐克拉布》打造音乐盛宴，专业人士带来艺术享受。音乐、艺术、高端、享受成为节目的标识。《播客王国》把播客、博客、微博整合起来，运用大众的头脑智慧，整合全新的、时尚的、犀利的元素，形成节目的独特风格。

二、队伍建设

1.解读政策，把握宣传脉搏

先后邀请区长李长友、副区长邵恒和常红岩等领导作专题讲座培训，让记者编辑了解政策、把握脉搏，提高宣传的针对性和实效性。认真学习《区委工作报告》、《政府工作报告》、《区委书记林克庆在第三次党代会上的讲话》、《区长李长友在区政府第四次全体会议上的讲话》等材料，并进行分组讨论、集中考试，增加职工对区情的了解。

邀请江苏广播电视总台城市频道品牌管理部主任徐明、中央电视台《焦点访谈》、《新闻调查》播出主管孙金岭、山东齐鲁电视台总编室主任魏巍、悠视网总裁助理王健等业界精英，就当前广电业、新媒体技术等领域的热点问题进行讲解，提高全体人员的前瞻意识和实战能力。

2.开展论文竞赛与演讲

开展论文竞赛，将大家上交的论文登记造册，对论文进行审阅，共收集论文60篇，30多万字。经专家评审，最终46篇，20余万字的论文在中国传媒大学出版社正式编辑出版。

全体员工以“如何做一名优秀的大兴广电人”为主题，撰写不少于1500字的心得体会文章，公布于众。根据撰写的文章，举行演讲比赛。演讲比赛，激发了大家的工作激情。

三、硬件建设

1.供电系统改造工程

解决了遗留下来的供电不足的问题，使工作的开展有了完善、可靠的电力保障。

2.民生新闻直播

大兴区广电中心硬盘播出服务器采购和新闻直播系统建设项目的机房装修工作已经完成，于12月21日完成公开招投标工作，预计

2011年第一季度完工。

3.手机报项目

手机报项目公开招投标工作已经完成，该项目主要设备已经安装到位，正在施工当中，预计2011年第一季度内完成。

4.媒体资产管理系统建设项目

大兴区广电中心的媒体资产管理系统建设项目的机房装修工作正在进行，于12月22日完成公开招投标工作，预计2011年第一季度完工。

5.消防、安防改造项目

大兴区广电中心的消防、安防改造项目的公开招投标工作已经完成，正在施工当中。

6.电台网络视频直播系统建设项目

大兴区广电中心的电台网络视频直播系统建设项目2010年6月完成，并于7月1日开始网上同步播出。

（北京市大兴区广播电视中心）

北京市通州区广播电视中心概况

北京市通州区广播电视中心成立于2001年10月。前身是通县广播站、通县人民政府广播科、通县广播电视局、通州区广播电视局。现有通州人民广播电台和通州电视台两个媒体。通州电视台节目纳入北京电视台公共频道，采用有线和无线两种形式播出。2010年共播出新闻6100条，播出专题419期，评出好新闻97条、好专题62期。整体宣传质量高于过去，为新城建设、经济发展和社会进步做出较大贡献。2010年主要工作：

一、宣传工作

1.宣传新城建设

在推进通州现代化国际新城建设工作中，通州电台、电视台在新城规划、房屋拆迁、项目建设等方面宣传有关新城建设的专题和新闻480多件（篇），在通州每天都可以收听、收看到通州新城建设的消息。年初，在全区召开的“两会”上，电台和电视台围绕新城建设，对人大代表、政协委员进行多角度的采访。“两会”闭幕之后，又对区委书记王云峰进行40分钟的专访，收到非常好的社会效果。新闻热线接到多个反馈电话，要求重播，中心及时调整播出计划，进行两次重播。

3月份，通州区举行新城规划论坛，“两台”先后采访播出《国际顶级规划大师，聚焦通州新城》等6篇深度报道。透过大量经典画面和多位国外专家的采访，通州百姓从中再次感受到通州新城的美好前景。策划播出《细说新城》系列访谈报道，先后请区投促局、新城基业、国土资源局和建委等单位主要负责同志就新城规划、产业发展、房屋拆迁、住房安置等问题，为通州百姓作详尽解答。专访区委常委、常务副区长张勇，把新城建设理念，通过荧屏传递到千家万户。

2.搞好舆论监督

针对难度最大的拆迁签约和解决拆迁“钉子户”的宣传，落实区委宣传部宣传方案。面对大量拆迁户聚集签约点的情况，及时播出《房源充足　签约秩序井然》的报道。记者深入签约户家庭，以拉家常的形式，报道广大居民理解支持新城建设的新闻。针对拒不执行政策，不按时拆迁的，广播电视台用最直观、最真实的表现特点，从法律程序、文明执法等方面予以采访报道，对“钉子户”起到劝诫作用。在依法强拆的过程中，针对拒不拆迁，暴力抗法的一对父子先后被拘的事件，进行跟踪采访，从事件过程、法律依据、父子忏悔等多角度进行深入挖掘，及时宣传，引起社会的强烈反响，进行一次普法教育。

3.创优电视栏目

6月新开播的《周末大舞台》文化专题栏目在BTV－9每周五19：45播出，时长20分钟。该栏目致力于打造运河岸边的百姓秀场，搭建属于普通老百姓的舞台，展现通州现代化国际新城人民积极向上的精神风貌。节目开播以来，吸引全区及顺义、密云甚至河北、黑龙江、吉林、内蒙等外地的选手不远千里前来参加。年底《周末大舞台》举办首届通州百姓歌手大奖赛，上至耄耋老人下至4岁儿童都踊跃报名参赛，以贴近百姓的方式为大家奉上一场场精彩的文化盛宴。很多观众自发为栏目送来锦旗，肯定《周末大舞台》栏目为丰富百姓文化生活所作的贡献。

《看通州》电视专题节目，是通州电视台评论部制作的一档新闻评论性栏目。播出时间为每周一19：45，节目时长20分钟。《看通州》栏目加强选题策划，力求节目更加贴近群众、贴近生活，多次召开不同层面观众参加座谈会，取得良好效果。节目立意新颖、角度独特、特点鲜明，由“记者视点”、“通州故事”、“周望新城”和“本周话题”四个板块组成，其中“记者视点”主要围绕中心工作，针对新闻事实展开深度评论，“通州故事”讲述通州凡人小事，弘扬社会真善美，“周望新城”以主持人点评方式回顾通州发生的新闻事件，“本周话题”围绕近期热点话题展开讨论。

《运河浆声》文化专题栏目 2007年1月3号开播，BTV－9每周二19：45播出，时长10分钟。该栏目关注通州区文化事业的建设与发展，其中，“益民书屋”在北京市率先实现全区覆盖。宋庄文化节新特点、通州文化名人高占祥等节目引起观众广泛关注。该栏目为通州区国际化新城建设营造了良好的文化氛围。

4.创卫宣传声势大

年内，通州区启动“创建国家卫生城市工作”，简称“创卫”工作。通州两台开展全方位、多角度的采访报道，全年共制播创卫相关新闻报道60多条，制作《健康人生》专题24期。记者跑遍大街小巷，对不文明的社会现象进行报道，如《多处街道“火烧连营”（指烧烤摊）》、《街道污水横溢何时休》、《小区垃圾成居民心病》等引起有关部门的高度重视。通过回访证实，所有曝光问题全都进行了整改。对多个地区和单位的好经验、好做法予以弘扬。精心制作高质量的通州区创建国家卫生区的纪实汇报片，全面反映创卫工作的成绩，得到全国专家检查组的一致认可。

5.双拥宣传有亮点

从5月开始，配合区双拥办作好创建工作动态报道，挖掘双拥工作中的好典型，加大力度，予以宣传。特别是在周波烈士牺牲一周年之际，记者随区领导赴重庆涪陵再次进行深入采访，采写感人至深的《军地领导烈士故里悼念英灵》的系列报道。新闻评论部和专题部还分别制作播出《军民携手 共建新城》、《军民鱼水情 共谱和谐曲》等专题节目，起到较好的宣传作用。

6.举办知识竞赛活动

通州电视台1月为市政委举办《回眸发展拥抱春天》表彰晚会；3月协助区妇联举办《世纪芳华谱新篇》，纪念“三八”国际妇女节100年大会；8月成功举办“慈航古运 爱洒通州”通州区慈善协会成立庆典活动；10月30日承办“巩固文明创建成果 建设现代化国际新城”电视知识竞赛活动。

二、设备建设

1.建成新发射塔

新建的广播电视发射塔，高148米，7月13日投入使用，扩大覆盖，解决边远地区百姓多年看不到通州电视台节目的问题。

2.建成制播存管平台

在国家广电总局的技术支持下，建成真三维虚拟演播室系统、高标清非线性制作系统和高标清前期摄录系统，通过技术验收，10月投入使用。

3.完工播出机房改造工程

播出机房改造采用三频道数字硬盘播出系统，技术先进，安全系数提高。现已投入使用。10月下旬，通州区政协委员参观了区广电中心新建的广播电视发射塔、节目制作平台和重新改造的播出机房，对广电中心2010年的工作给予充分肯定。

三、队伍建设

1.专业培训，成绩显著

邀请北京电视台高级编辑和采编播人员共同学习专业知识，剖析新闻稿件，提高自身能力。请新奥特公司和方正公司专家对50多名新闻专业人员和20名制播人员进行技术培训，并获得新奥特公司颁发的合格证书。

2.创新工作，进展顺利

中心10个科室都提出创新方案，加大督查工作力度，健康教育成绩优秀，专业人员素质提高较快，节目策划效果明显，节目改版全面完成，节目感染力大幅提高，调频覆盖基本到位，远程监控全部落实，公益广告质量提高，税收管理严格规范，各项工作都出现新亮点。

四、安全工作

中心狠抓安全，不但在平时和元旦、春节等重大节日期间对安全工作进行多次检查，邀请市安委会有关专家对2000多平米办公场地的水电及消防情况进行检测，对三个施工场地进行多次安全检查，未发生任何安全责任事故。

请有关专家对全体人员进行消防知识培训，对司机进行安全教育。电台安全播出6752小时，电视台安全播出5305小时，7辆汽车安全行车15万公里，无任何责任事故。

五、完善管理制度

中心对40项管理制度进行整理和完善，经过三上三下的修改与完善，层层把关，印制成册，落实执行，管理工作更加规范。

（北京市通州区广播电视中心）

北京市顺义区广播电视中心概况

北京市顺义区广播电视中心成立于2002年，前身是顺义县广播站、顺义县人民政府广播科、顺义区广播电视局，拥有顺义广播电台、顺义电视台、《顺义时讯》报社、视频网站、户外大屏五种媒体。2010年主要工作：

一、宣传工作

1.新闻宣传有深度

顺义电视台开设《回首十一五 展望十二五》、《辉煌十一五》等栏目和板块，宣传“十一五”成就，并对“十二五”规划编制过程及要点进行解读。

顺义电台开设《直通两会》栏目，通过大量的录音报道将两会信息传递给广大群众。电视台新闻部开设《直通两会》、《百姓与两会》等7个栏目。其中《百姓与两会》栏目着重对代表、委员的优秀议案、提案进行关注，围绕百姓最关心、政府最关注、落实效果好的提案、议案进行报道。时讯报社首开政协会开幕当天出特刊的先河，提高报纸的时效性。

2.做好党建宣传报道

两台新闻部推出反映区委、区政府中心工作的《科学发展，惠泽群众》栏目，时讯采取跟踪报道活动进展、整版宣传活动成效的方式进行宣传。在创先争优活动中，两台新闻部及顺义时讯报社配合区委组织部结合各自特点制作《绿港旗帜——创先争优》系列报道，大力宣传创先争优活动中党组织和党员发挥的战斗堡垒作用和先锋模范作用。该系列报道每集5分钟，贯穿全年。采用新闻故事的形式，选取基层党组织中涌现的鲜活典型，用平民的语言向受众传播。三家媒体统一采访，统一推出时间，实现区域内传播全覆盖。

3.服务经济社会发展

突出关注天竺综保区、国门商务区、汽车基地等重点功能区，汽车制造、装备制造等现代制造业以及金融、会展、航空物流、文化创意等现代服务业的重点产业，还有北京现代三工厂、国家地理信息产业园、中航产业园等重点项目的推进。

城乡建设上重点关注M15号线建设、保障性住房建设、滨河森林公园建设、整建制村庄拆迁、违法建设拆除、环境综合整治、重点镇建设和新农村建设等。

4.策划推出“顺义的骄傲”

举办第二届“顺义的骄傲”大型评选活动。列举一年来顺义具有代表性的成就作为候选，通过电视、广播、报纸、网络等途径将这些候选事件公布，由广大市民通过网络、短信、信件等方式进行投票，选出自己心中顺义的骄傲。评选期间，共收到来自全国的有效选票200余万张。围绕评选结果，举办大型颁奖晚会，将活动推向高潮。

5.合作开展活动

与区内多家单位、部门合作开展活动，策划演出。为打造和谐社会营造了良好的舆论环境。“双拥赞歌”八一专场慰问演出为顺义区争创全国双拥模范城三连冠造势助威；“顺义区道德模范评选活动颁奖盛典”为顺义精神文明建设推波助澜；第七届农业博览会暨第五届旅游文化节开幕式演出为都市型现代农业的蓬勃发展高唱凯歌。

6.做好服务

中心充分发挥媒体作用，为区内举办的重大活动做好服务。北京国际车展期间，中心通过新闻、专题、文艺等形式从不同角度宣传车展，宣传顺义。北京市第二届端午文化节暨“临空经济区杯”龙舟赛期间，中心记者身着传统中式服装出镜主持，突出端午节的中国传统特色；燕京啤酒节期间，通过花博会主场馆大屏对啤酒文化广场活动进行直播，将啤酒文化广场活动在第一时间通过屏幕更加清晰地呈现在观众面前，营造热烈、喜庆的现场氛围。

二、党风廉政建设

运用正反典型案例开展党风廉政教育，做到道理常讲、警钟长鸣。加强组织管理和制度约束。深入贯彻落实“三重一大”制度，制定党委书记负总责、其他班子成员和科室负责人“一岗双责”的党风廉政工作机制，主要领导与各科室负责人签订“党风廉政建设责任书”，形成规范的干部监督体系，严格责任考核。完成了“十二五”规划的编制工作。

三、完善各项规章制度

电视台总编室依照中心全年宣传要点，按月推出《宣传报道要点》下发节目部门，为其创作提供支持和帮助。加强节目传播的监看与评估，安排专人监听监看广播、电视节目，按月推出《监听监看报告》。制定完善多项制度，包括《顺义电视台节目制播规范管理办法》、《节目播出总表》、《主持人服装及化妆管理规定》、《媒资编目推送规范》等，确保各项工作有条不紊。

电台规范了考勤、文件存档等制度，保障各项工作的有序进行。时讯报社在年初划分为采编部、事业发展部、办公室及财务科，随着机构健全，运行机制的更加顺畅。

四、有线广播阵地不断扩大

有线广播网已完成和在建共计89条街道，累计铺设管线388.156公里，安装音柱和草坪音箱共计3600只，已建和在建二级功放站26处。有线广播远程应急控制项目集成，目前完成中控机房的原有隔断、门窗、暖气的部分拆除。完成中控机房的天花板、防静电地板、门、背景墙的安装；完成16块大屏、三组控制平台、机柜和空调的安全，以及13处二级功放站和3处公园设备的安装。

五、双向选择机制日趋成熟

在人员聘任上完善考核制度，命题、阅卷均是聘请北京考试院、中国传媒大学等专业机构完成，聘请现代学院老师进行监考，实现公开、公正、公平。试题范围扩大，方式多样，内容灵活，有效激发职工学习的热情。

六、开展特色活动，凝聚团队力量

精心组织，完成各项活动的策划、组织工作。军训是中心的传统训练项目，“百桨齐挥，劈浪向前——2010年夏季顺义广电中心军事训练暨龙舟大赛”将龙舟比赛与军训相结合，锻炼了全体干部员工的意志品质，加强了团队凝聚力。记者节期间，中心先后组织了“顺密广电同仁绿色出行健步走”、“投身新闻事业 抒写精彩人生”演讲比赛、“笔墨抒豪情 妙笔著文章”硬笔书写比赛和记者节大会四项活动。

七、组织培训

组织培训40余次，取得良好的效果。先后邀请到中国青年报首席记者刘畅，中央电视台著名主持人张泉灵，中国传媒大学电影研究所所长、博士生导师苗棣，美国国家广播公司资深记者李若来台进行讲座。精彩的讲座扩展了全体职工的视野。邀请北京电视台的老师对摄像记者进行摇臂操作、电视导播的培训，并组织考核，要求摄像人员及部门负责人必须掌握此项技能，达到一岗多能的成效。

（北京市顺义区广播电视中心）

北京市平谷区广播电视中心概况

北京市平谷区广播电视中心前身是平谷县广播电视局，成立于1987年8月7日。2002年4月8日，平谷区广播电视局行政管理职能部分划归文委，有线电视网络归北京歌华网络公司，新组建平谷区广播电视中心，拥有平谷人民广播电台和平谷电视台。电视节目纳入北京电视台公共频道播出。

2010年，平谷区广播、电视台共播发电视新闻5510条，广播新闻5510条；播出电视专题栏目240期，广播专题节目885期。录制现场节目6场，全程录像50场，制作专题片16部，现场直播3场，编辑制作专题晚会12场。在市级以上新闻媒体播发稿件90多篇，《希望田野》栏目参加首届中国农业电视节目评估，获得栏目类二等奖；《平谷新闻》、《寻找记忆中的岗位》、《平谷网上监督环境》荣获“北京广播影视奖”。2010年，平谷区广电中心分别被首都精神文明建设委员会评为首都文明单位、首都“迎国庆 讲文明 树新风”活动先进单位。2010年主要工作：

一、宣传工作

1.创新“两会”报道

提前进入“两会”报道预热期；组织“政府为民办实事”系列报道的前期拍摄及编辑工作；提前完成15期报道。

“两会”报道，打破一贯制作法，将篇幅最长的政府工作报告、人大常委会工作报告、政协常委会工作报告分解报道，增加新闻特写、代表委员声音等报道形式，丰富“两会”报道内容；五天的“两会”，共播出“两会特别报道”40余篇。

2.宣传平谷

在《平谷新闻》中开设《奋力赶超 加快发展》专栏，推出《实施四大战略 精心打造四谷》新闻栏目，完成“马坊物流基地建设提速 打造北京无障碍‘出海通道’”等29期报道，反映全区打造“四谷”的进程；策划《辉煌十一五》专栏，回顾“十一五”平谷区各项社会事业所取得的成绩，展望“十二五”美好远景，共播出16期。两台共播发经济类新闻108期，生动反映平谷区经济发展的成果和远景。

北京平谷第十二届国际桃花节举办期间，《平谷新闻》开设《桃花节特别报道》子栏目，播出“平谷第十二届国际桃花节开幕”、“首期《平谷报》发行”、“桃花节吸引游客赏花踏青”等新闻120多条；《旅游精点》《视点》等专题栏目，先后推出“去农家院寻美食”、全国首届徒步大会等专题节目8期。

在“第二十届民间花会秧歌健身大拜年活动”、“中央电视台乡村大世界走进刘家店”、“丫髻山首届道教文化节暨二十一届丫髻山传统庙会”等大型文化展示活动中，播发“欢快锣鼓震天响 幸福秧歌扭得欢”、“现场直播与民共庆元宵节”等新闻33条，真实反映活动盛况；“平谷大集进京城活动”期间，四天时间采制“京城甲子献寿桃”、“平谷农副产品获得市民青睐”等20条新闻，反映平谷大集进京城活动的盛况，增加节目现场感和可视性，宣传效果极佳。

大力宣传清明节文明祭扫活动，“平谷新闻”推出“巩固平迁成果 倡导文明祭扫”、“禁止私埋乱葬 促进生态文明建设”、“清明时节要防火 文明祭扫倡新风”等40条重点报道。

6月1日，开设《深入开展创先争优 积极建设三个平谷》专栏，推出“俯首甘为孺子牛 开拓创新争一流”、“平谷区农业局局长李小丰的事迹”、“‘小巷总理’王月波”等60多篇先进基层党组织和优秀共产党员的报道。播出10位北京市劳动模范先进事迹。

3.宣传争创国家卫生区

在《平谷新闻》中开设《创建国家卫生区》、《和谐城管》、《环卫百颗星》三个子栏目，播发“关爱环境 共创国家卫生区”、“百名环卫工人事迹”等新闻500多条，播发“创卫助拆违建、邻居阻挠不该”、“老党员带头拆儿子的违章建筑”等曝光与表扬性新闻80余条。在开展“春雷行动”中，播出“平谷区开展城市管理春雷行动”、“群众叫好春雷行动”、“马路市场遭人怨 今朝取缔众人夸”等21条相关新闻，推出20期相关报道，巩固“春雷行动”成果。制作《全民创卫谱新篇 京东绿谷展新颜》专题片，供全国创卫技术评估验收组观看；播出“创建国家卫生区 有你有我”、“创建国家卫生区 打造宜居平谷”两条创卫公益广告和三条动画版创卫公益广告；专题《视点》栏目制作四集电视系列专题片“建设我们的宜居城市”。

开设《平谷卫生》《走进医学》《现代中医》《药监长廊》《平谷医疗》等专题栏目，制作播出健康知识及相关法律、法规政策节目216期。

二、硬件改造安全措施

1.对电视发射塔供电线路实施改造

提高电视发射塔供电的安全性，完成平谷人民广播电台播出系统转播设备的升级改造，使电台转播中央、北京新闻节目更加清晰悦耳，实现媒体资产管理系统与北京电视台的互联互通。

2.完成光传输设备升级改造

配合北京市广电局完成光传输设备由1642向1662的升级扩容改造升级和调试工作，配合市局完成北京电台DAB发射机、天线安装定位和测试工作，完成电视发射塔到井台山无线转播站光传输设备的扩容升级改造工作。完成北京新闻广播补点覆盖90余个村的所有前期准备工作，按照市局的统一部署，对平谷电视发射塔监控机房进行装修和升级改造，并完成井台山无线转播站基础设施的维修、维护工作，为安全播出奠定良好基础。

3.实施亮化工程

对办公大楼和演播大楼轮廓灯实施亮化工程，并在办公大楼内安装两块电子显示屏。

4.安全防范措施

定期对消防系统进行水压和吹烟测试，保证防火安全落实。对办公楼供电主线路进行改造，更新供暖系统，解决冬季室内温度低和管道严重老化问题。更换不锈钢玻璃门，安装车库电动门、库房防盗门，为确保安全提供有力保障。

5.完善各项应急预案

完善《平谷广电中心应急预案》、《突发事件应急预案》，《防“法轮功”非法插播》应急预案、《供电保障》应急预案、《技术保障》应急预案、《安全播出》应急预案、《高压安全预案》等，进一步完善应急措施，并对预案进行实际演练，防止各类事故，确保安全播出。

6.加强领导带班

严格执行《安全保卫工作方案》，加强领导带班，科长和相关部室值班，坚持24小时值班制度。

三、队伍建设

4月11日至4月13日举办全区广播电视业务培训班，邀请中国传媒大学教授张雅欣、曾祥敏等专家和北京电视台资深记者，讲授业务知识，160余名新闻从业人员参加培训。日常采取以会代训的方式加强学习，各科室坚持每周一次全体人员会议，节目制作部门利用周例会对节目进行点评，互帮互学，通过学习点评等形式，提高采编人员整体素质。

中心党支部全年共发展预备党员3名，有1名预备党员按期转正。做好市委组织部的迎检工作，顺利通过市委组织部对贯彻落实四项监督制度、领导干部任用条例和2006年5月以来新提拔科级干部基本情况的验收。

干部职工五次向青海玉树地震灾区、西南五省市特大旱灾区、贫困地区困难群众等捐款，共计17380元。为聋哑人、老军属送去米、面、油等慰问品和慰问金。9月份，结对村夏各庄镇龙家务村新建了温馨家园——残疾人职业劳动康复中心，中心拨付给该村3000元，用于购买餐具、灶具，解决10名新学员康复治疗过程中的就餐问题。

6月，中心为106名员工投保计划生育家庭意外伤害保险；以工会为载体，开展拔河、趣味运动会等比赛活动，参与人数110多人次，展现广电职工相互协作、积极向上的精神风貌。

（北京市平谷广播电视中心）

北京市怀柔区广播电视中心概况

北京市怀柔区广播电视中心成立于2001年9月。前身是怀柔县广播站、怀柔人民政府广播科、怀柔县广播电视局、怀柔区广播电视局。拥有怀柔人民广播电台和怀柔电视台。电视节目纳入北京电视台公共频道播出。2010年，电台每天播出14.5小时，电视台首播1.30小时，次日重播两次。全区有广播分站14个，电视覆盖率100 ，广播覆盖率96.9 。

2010年，怀柔区广电中心被怀柔区委、区政府评为“五好”标兵党组、绩效工作先进单位、政治工作先进集体、北京市人口和计划生育工作先进集体，怀柔区2010年度森林防火先进集体等。在2010年北京市安全生产月活动中被北京市安全生产月活动组织委员会颁发“优秀新闻报道奖”；防艾专题创作荣获2010年北京市百个优秀防艾创意大赛最佳合作奖；怀柔电视台编辑制作以反映单位优秀党员的先进事迹为主题的《情系旦子山》荣获怀柔区第四届党员电教片观摩比赛活动一等奖。在市以上新闻单位发稿195篇。

一、宣传工作

1.宣传怀柔

电视专题新增《发展与改革》栏目，在《怀柔新闻》中增加了资讯类板块《新闻资讯》和民生类板块《看事说事》，电台新增《成长》栏目。电视专题节目达到11个，电台专题达到20余个。树立新闻立台理念，《怀柔新闻》从3月6日开始，由每周5套增加到6套。设置“三会”专栏，《怀柔新闻》由每套15分钟增加到25～30分钟。配合区委、区政府做好服务工作，编制60～120分钟专题片31部，为区委、区政府、区人大、区政协及相关单位刻录各种光盘574张，复制光盘2760张。录制《怀柔区首届家庭才艺大赛》、《夏日文化广场》、《重阳节、虹鳟鱼美食节》、《怀柔区第九届赶文化大集展》等整场录像40场次。怀柔电视台与市级媒体合作采编，报道怀柔区的生态优势、特色产业及发展环境。采制的《逛京郊、体验民族风情》、《怀柔北房镇香草园吸引众多游客》、《福田北京欧曼GTL节能重卡技改项目正式启动》、《国家中影数字制作基地落成》等新闻分别在中央电视台和北京电视台播出。制作《东风劲吹马蹄急》、《旅游推介》等宣传怀柔经济、旅游、文化等专题片10部。

2.报道经济建设新举措

系列报道琉璃庙“白河湾”、汤河口“银河谷”等沟域经济及续建工程，城镇农业园区等设施农业、文化创意产业、科教研发产业、都市型工业及高新技术产业等，报道怀柔区保持经济快速发展最新举措，对111一期国道改造、二期进展、长城国际文化村及欧曼重卡二期建设项目等进行重点报道，对城中村改造过程中出现的新问题，加强政策解读，并通过人物访谈、新闻评论、动态报道等多种宣传形式进行梳理，为城中村拆迁改造营造了积极向上的氛围。开办《回眸与发展》专栏，对怀柔区在全球经济危机大背景下，克服困难在新农村建设、工业建设、城市建设、卫生教育等方面取得的成就进行回顾性报道，与《怀柔报》、怀柔信息网联动推出《体验新怀柔、记者基层行》专栏，突出报道全区广大党员干部在建设京郊经济强区中采取的新办法、新举措、新成绩，并配发新闻评论和编辑视点强化舆论引导能力。

3.做好突发事件的新闻报道

4月23日雁栖镇长园村的北京水岸山吧餐饮有限公司发生疑似食物中毒事件，区广电中心与区委宣传部时刻保持关于事态最新进展和最新消息报道的沟通，并为北京电视台及时提供图像资料。快速、及时、准确、公开的突发事件报道，充分满足受众的知情权。

4.宣传典型

推出百集系列报道《怀柔好人》，开办《身边榜样》、《怀柔十大孝星 传诵孝亲文化》等专栏，讴歌100位怀柔好人、24位身边的榜样和《十大孝星》的感人事迹。百集系列报道《怀柔好人》是区广电中心2010年的一号重点工程。4月19日起在怀柔电视台和怀柔人民广播电台同期播出。《怀柔好人》通过梳理怀柔改革开放以来感动公众、感动怀柔的人物，褒奖传统美德，弘扬社会正气，为构建和谐怀柔营造良好的舆论氛围。

5.宣传党建及精神文明

配合区委、区政府“深入开展创先争优”主题教育活动，开办《深入推进创先争优》等新闻专题栏目，对怀柔区20多个基层单位在开展创先争优活动中的典型经验进行追踪报道。

围绕建党89周年，开办《热烈庆祝建党89周年》、《博爱在京城》等新闻及专题栏目，配合区委、区政府“创先争优”及怀柔区和谐社区、和谐村庄创建等精神文明创建活动，对基层先进典型、优秀党组织、先进党员等进行了突出报道，为党员、党组织服务社会、树立良好的形象。

6.宣传旅游文化

开办《早春新景致》、《玩转五一小长假、十一“乐”无限》、《九九重阳 欢乐久久》等栏目，精心策划报道《第九届赶文化大集 展怀柔精品》、《美丽的怀柔我的家——怀柔区首届家庭才艺大赛活动》、《中美巴国际文化交流周暨2010年慕田峪长城国际文化节》、《西班牙弗拉门戈之魂——大型舞剧》、《燕山秋景今再看 风景这边时尚暨2010年环境优美月》、《满族风情节》、《敛巧饭》等一大批重大活动、重大题材。从影视动态、影视旅游、影视文化产业链延伸等方面做了大量报道。

7. 改版创新品牌节目、栏目

继续实行每季一次评好稿制度，改版创新品牌节目、栏目。对《文化怀柔》从内容到形式作了全面调整，内设《文化全纪录》、《百村史话》、《文化资讯》三个版块。《发展与改革》栏目，把“报道与访谈融为一体”，将多种元素整合在一起，形成电视新闻节目的形态，填补怀柔电视台经济类专题节目深度报道的空白。《新视野》栏目，与政府职能部门联合，以节目的形式督察政府工作，策划推出《走进政府三大折子工程》等系列报道，深受好评。《怀建周日报道》关注弱势群体，制作播出《妈妈再爱我一次》等得到社会广泛关注，收到爱心捐赠4.5万余元。《今日三农》制播的《农业插上了艺术翅膀》等一系列节目，得到协办单位及社会的广泛好评。《生活大观园》把在演播室访谈的形式拓展为插播情景再现，增强可视性。

系列报道“与共和国同行——怀柔60年60事”获北京广播影视奖“一等奖”和第十九届北京新闻奖“二等奖”，电视专题《百年敛巧饭》和广播专题《满族风情闹汤河》，在市局组织的“弘扬传统文化”广播电视优秀专题栏目评比中双双捧得一等奖。新闻评论《给工程占地拆迁支个招儿》、长消息《农产品深加工让“窝心果”变成“金豆子”》获北京广播影视奖“一等奖”。消息《农民曲艺团唱响和谐曲》、《“流动银行”进山村》获北京广播影视奖“二等奖”、语言类《感动》、视频图形片头类《经典咏读》等5件作品分别获北京广播影视奖“三等奖”，广播栏目《行风热线》，电视栏目《今日三农》获北京广播影视奖“广播优秀栏目奖”。

二、安全播出

完善《怀柔广播电视安全播出应急预案》、《安全工作专项整治预案》等，与各部门责任人签订安全责任书；制定《安全播出人员管理规定》，细化安全播出责任制度和奖惩办法；加强重要节日、重大活动等重要保障期、敏感期的安保工作，加强监测和防范非法信号工作，定期对机房前端、发射塔及播出机房等要害部位进行安全检查，确保广播电视设备正常运转。年内，怀柔电视台播出7447小时、怀柔广播电台播出3751小时，未发生事故。

三、基础设施建设

投资1470万元，完成汤河口南山转播站怀柔电台、电视台覆盖工程。3月开始，怀柔北部山区汤河口、宝山、琉璃庙、长哨营和喇叭沟门满族等镇乡可以收听、收看到怀柔人民广播电台和怀柔电视台的节目。完善汤河口南山广播电视无线覆盖发射塔附属设施道路建设，扩建房屋220平方米；在汤河口广播电视转播站内修建40平方米监控用房。

加强“村村通”服务工作，发现问题及时排除，确保广播电视村村通、户户通、长期通。年内完成50多个行政村、100余个自然村、20000多户“村村通”维护维修任务。维修出车300多人次，行程3万多公里。

搭建完成怀柔媒资节点系统。怀柔节点于2009年12月开始实施，2010年7月通过北京市广电局媒资系统怀柔节点验收，并正式投入使用。该系统主要是用于向北京台传送新闻素材，作为中心原有媒资系统的扩充与备份与中心媒资系统并行使用。

投资购进高清制播存储网，实现与原标清制播网的互联互通，2010年底已完成招标工作。

四、队伍建设

完善《广电中心制度汇编》，建立评优制度，完善各项奖励机制。新增《参与采编新闻工作激励机制》、《公益广告制作奖励机制》、《优秀节目评选细则》等制度，做到规范有序。

以"党员作风建设年"主题实践活动和"为政之风"大讨论活动为契机，以"树典型、扬正气、促发展"主题教育活动为载体，开展了《"双三"强素质，"双四"树形象，创建人民满意新闻单位》、《"讲学习、讲规矩、讲奉献、讲责任、讲和谐、讲创新"为内容的班子成员上党课》、以党员、入党积极分子为重点的《学党章、学法律、三项教育为内容的知识竞赛、读书、征文及演讲比赛》、《以支部为单位组织开展的党员带群众"一帮一结对"》等活动。

北京市委组织部《支部生活》栏目，为优秀共产党员金志达拍摄20分钟的宣传片，在北京电视台党建加密频道播出。在怀柔区举办的《劳动颂歌》比赛中荣获一等奖。区广电中心用于报刊、书籍、培训等费用达26万元，干部职工爱心捐款22510元。2010年怀柔区广电中心荣获怀柔区政治工作最佳创新活动奖，广告部主任胡美兰获北京市先进工作者称号。

（北京市怀柔区广播电视中心）

北京市昌平区广播电视中心概况

北京市昌平区广播电视中心成立于2001年10月。广播电视中心前身是昌平县广播站、昌平县人民政府广播科、昌平县广播电视局、昌平区广播电视局，主要负责本区的广播电视宣传工作。拥有昌平人民广播电台、昌平电视台和昌平广播电视网（www.cprt.com.cn）播出媒体。电视节目纳入北京电视台公共频道播出。

2009年11月1日至2010年10月31日，《昌平新闻》共播发电视新闻稿件2012条。其中经济新闻1086条，占新闻播发总数的54%。文化、法治、社教、访谈、人物等各类电视栏目共播出312期；广播电台文艺、法治、评书等30个栏目共编辑播出3500期（组）。在市级以上广播影视节目评比中共荣获二等奖7项、三等奖6项、电视优秀栏目奖1项。2010年主要工作：

一、宣传工作

1.突出重大活动宣传报道

深入做好区委全会和人大、政协"两会"的宣传报道，推出《贯彻落实区委三届九次会议精神》、《贯彻落实区委三届十次会议镇党委书记镇长访谈》系列报道，围绕"四大行动"、"爱昌平、讲文明、树新风"主题活动，"第七届温泉文化节"、"第七届苹果文化节"、2010国际铁人三项洲际杯赛、第十六届亚运会火种采集等系列活动开展宣传报道。

围绕未来科技城、轨道交通昌平线、打造京北科技创新中心等重大项目和开展创先争优活动的进展，开办《专家访谈》、《重点工程报道》、《保增长　促发展　惠民生》、《创先争优　促发展》和《最新时讯播报》等专栏，强化新闻互动效应，扩大受众参与度。

2.关注民生

及时传达政府重大决策、反映社情民意，突出对热点和敏感问题的引导，如报道《社保卡就医实时结算开通》、《严厉打击违法建设保护城市环境刻不容缓》、《保障科学发展保护耕地红线》等新闻，开办《拆违快报》专栏等。《昌平新闻》节目及时报道发生的"3.21特大交通肇事逃逸案"的真相和侦破过程，通过案例普及交通法规知识，提升百姓遵纪守法意识。

3. 大幅加大经济新闻的报道力度

围绕全区"强二优三精一"的产业发展思路，全方位、多视角、大容量地反映经济工作成果。以《草莓成了农民致富果》、《昌平百合花占据国内市场》、《一个苹果8万8千8》等新闻报道突出反映全区蓬勃发展的精品农业。以《全区招商实现首季开门红》、《1—4月份我区财政收入同比增长34.2%》等新闻报道反映全区经济发展情况。以《回眸2009》、《实事惠民生》等成果性报道，回顾全区在上一年度经济社会发展中取得的辉煌成就。

4.法制宣传再上新台阶

《送税法进社区》、《奥运法制宣传文艺汇演》等节目报道了政法部门依法严厉打击刑事犯罪活动所取得的成果。配合区司法局的“法律六进”活动，对涌现出的先进经验、典型事例制作新闻性专题，让法制深入群众生活。昌平电台在“12.4全国法制宣传日”、“3.15消费者权益日”、“6.26国际禁毒日”等主题活动日开展普法宣传，开播专题《举案说法》，该节目被评为全区“新世纪杯”好新闻栏目。与昌平检察院合办专题《法律进乡村》等栏目。

5.宣传报道安全生产

截至11月底，共播发相关新闻675条，专题13部，演播室访谈3期，总时长达1540分钟，相关新闻有《区领导带队检查全区安全管理工作》、《区民政部门积极做好清明祭扫保障工作》、《旅游行业注重消防“五一”假日安全有序》等，深入解析安全的专题有《慎防煤气中毒》、《预防电信诈骗》等。《视角》栏目中先后录制播出《预防煤气中毒 确保群众生命安全》、《为校园构建安全防线》等。北京市安全生产月活动组委会授予广电中心“2010年安全生产月活动优秀新闻报道奖”。

6.广播节目新飞跃

昌平电台全天播出15.5小时。年内，共播出自办节目《与法同行》、《戏曲天地》、《心情追忆》500多期。《环球旅行家》、《听电影》、《星光电影厅》、《明星魔幻秀》等8档文化娱乐类节目1000多期；评书小说类节目《评书开讲》、《名家书场》、《今古传奇》、《经典小说》、《长书剧场》、《晚间书场》、《现代小说》、《空中笑林》等8档近2000期；广告专题类节目共计播出700多期。新开播《心情追忆》、《戏曲天地》两个栏目，《心情追忆》以音乐散文、往事追忆、心情对话为主题，《戏曲天地》以聆听大家经典绝唱，重温梨园往日经典为主题。不断引进新节目，先后引进播出《前沿讲座》、《民间收藏》、《共和国百名人物志》3档节目，节目播出后受到观众的好评。

7.强化网站功能

不断完善网站功能，全年上载昌平电视台新闻及专题节目2324条（期），广播节目5141条，制作温泉节、苹果节、全民健身等专题页面，与区委办、区政府办等50余个委办局建立联系，采集稿件900余篇。日点击率达到2000余次，网站知名度不断提升。

8.做好评优工作

进一步健全“广播影视好作品奖”节目类作品评选制度，年度评选出的优秀作品推荐市级、国家级评选，全年共有新闻、专题、栏目、广播、电视综艺类近200件作品进入推选。其中荣获2009年度全国县级广播电视节目创优评析和第三届“农村小康电视艺术节目工程”及首届中国农业电视节目奖二等奖作品4件、三等奖作品4件，荣获2009年度“北京市广播影视奖”三等奖作品10件，二等奖作品3件，电视优秀栏目奖1件，此外，昌平广电中心报送的《从农民课堂栏目浅谈对农节目的定位与策划》、《“果王”昨出嫁 “彩礼”八万八》分别荣获“寿光杯全国农业节目评选”二等奖、三等奖。2010年度“昌平区广播电视网络奖”评选出好新闻奖7件，好专题奖2件，优秀栏目3个，电视节目技术质量奖1个，优秀广告奖1个，科技优秀论文奖1个，广播电视通联工作先进单位6个，优秀通讯员6名。

二、拓展广播电视公共服务工作

1.拓展广播电视公共服务工作

昌平电视台《时空关注》、《农民课堂》、《周末21点》、《广告》等栏目负责实现昌平广播电视公共服务的功能。昌平广播电视台全年播出《时空关注》315期、《农民课堂》1300余条、《周末21点》365期，策划制作《广告》650余条。严格遵守广告法规定，加强医疗广告的审查和自我监管，较2009年度，医疗广告播出量实现负增长，医疗广告收入同比大幅下降，全年广告收入完成860万元，其中联办栏目收入180万元。广告和专题节目收入683万元，为区委、区政府和区内职能部门无偿制作专题片58部、使用演播厅6场次、外出整场录像18场次，此项义务工作市场费用500万元。

2.“摇篮之家”更名

2010年10月，昌平广电中心将属下“摇篮之家”更名为“北京永安城影视传媒中心”，在原有经营项目的基础上，增加制作、发行动画片、电视综艺、专题片以及组织文化艺术交流活动、网络技术培训、技术开发、技术咨询和广告代理、制作和发布等项目，为促进广播电视产业发展，实现“保增长”目标奠定基础，拓宽渠道。

三、安全播出工作

1.“安全播出质量年”

将2010年定为“安全播出质量年”，以科学规范的管理，实现安全播出传输工作的规范化、常态化，以保障广播电视安全播出万无一失。中心实现BTV-9昌平新闻（综合频道）时段安全播出1642.5小时；广播电台播出5840小时，其中转播中央台新闻和报纸摘要节目每天0.5小时，全年共计182.5小时；北京新闻每天22分钟，全年共计133.8小时；昌平新闻（综合频道）转播BTV公共频道5292.5小时。

2.排查、改造基础设施

组织技术和播出人员认真学习《北京市广播电视安全播出保障方案》，系统解读中心安全播出各项工作预案，通过签订责任书，明确责任，确保各项安全播出措施真正落实到位。对发射机房、播出机房的接地、防火、避雷、防雨措施和供电路由、工作不稳定设备、已老化线路、接触不良端口隐患逐一排查、逐一改造。对播出机房进行改造；对永安大屏进行维护保养，新购买一台电视发射机备用机；完善视音设备和机房使用管理规章，特别是播出机房管理规定；制定机房发生一般技术故障、重大技术事故、节目内容出现政治事故的应急处理办法。

3.确保播出信源平安不间断

多重备份，确保播出信源平安不间断。播出机房值机实行三班两运转，每班2人，国庆期间等重点时期为确保安全，增加为3人值班，并设广播主播1人，电视主播1人，制定主播责任人制度。重视防非法无线插播工作，制订搜寻干扰信号发射器详细预案，两台场强仪随时处于出警状态，播出部还进行实战操练，在市广电局举行的“防范无线电视节目非法插播破坏”竞赛中，昌平区广电中心荣获第一名。

4.完成技术更新和设备改造

昌平电台对录音工作站部分系统进行升级，完成大洋媒资联合调试。将两套媒资设备联接起来，使其能够兼容互用。更新了校时器，将所有播出设备统一连接到新的校时器，实现时间一致的标准。完成技术区四楼，办公区五楼机房的综合布线。实现综合、生活频道的数字播出。完成永安大屏幕播控设备的测试，增加4台空调，保障永安大屏幕节目的正常播出。

四、党建和队伍建设

1.落实党风廉政建设责任制

中心党委与党委领导班子和中层干部分别签订廉政风险责任书，开展廉政风险点查找工作，完成岗位廉政风险统计表、业务科室廉政风险流程图。开展以《中国共产党党员领导干部廉洁从政若干准则》等为主要内容的党纪条规知识答题活动，组织党员干部问答，强化学习效果。

2.人才队伍建设

深入中国传媒大学、中国石油大学等大专院校选拔优秀人才，经过面试、笔试、综合测试，择优录取20人。为5名具备硕士研究生、双学士学位的同志办理进京引进手续。经区编委会、区人事局部门批准，成立昌平广电中心广播电视网络信息管理中心和广播电视节目制作中心，并采取内部公开考试的形式，招聘专业技术岗位、管理岗位人员共15名。

3.深化继续教育工作

组织学习王彦生、沈浩等劳模先进事迹，组织党员观看《党的力量在组织》、《老百姓是天》等电视专题片，组织全体人员观看电影《第一书记》。全年外派国内外学习人员达40余人次。邀请中央电视台资深编导孙曾田、北京电视台新闻中心社会新闻采访部主任丁晓阳、北京市广电协会胡亚利、王琳老师等对采编人员进行培训。

组织党员赴河北省白洋淀爱国主义教育基地参观，接受革命传统教育。组织职工在广电大厦、双龙山模拟消防演练基地开展消防安全模拟演练。组织广电中心退休老同志赴天津，参观平津战役纪念馆。组织干部职工参观上海世博会，学习考察上海宝山区电视台。

4.工会活动丰富多彩

召开第一届工会会员大会，选举7名工会委员、3名经费审查委员和3名女工委员。派出参赛方队参加全区职工运动会开幕式。中心工会、团支部在“五四”前夕组织青年员工30人赴驻昌部队坦克21团开展“军营一日行”参观学习活动，组织中心干部员工成立篮球队、工间操队，参加全区职工运动会和工间操比赛，分别获得全区第三名和二等奖。

（北京市昌平区广播电视中心）

北京市密云县广播电视中心概况

北京市密云县广播电视中心成立于2000年。前身是密云县广播站、密云县人民政府广播科、密云县广播电视局。拥有密云人民广播电台、密云电视台和密云广播电视中心网站。电视节目纳入北京电视台公共频道播出。2009年8月12日，密云广播电视中心网站（http://mytv.bjmy.gov.cn）正式启动。

2010年，密云电视台第一套节目累计播出约4507小时，第二套节目累计播出约2794小时。其中，密云电视台共制作播出电视新闻365期，总长约6000分钟，播出新闻5000余条。《今日观察》播出52期，总时长850分钟；《事事关心》播出52期，总时长1300分钟；《檀州采风》播出52期，总时长871分钟；《生态经济一刻钟》播出53期，总时长636分钟；《檀州大舞台》播出65期，总时长2806分钟。《经济视点》播出53期，时长636分钟；《科技信息之窗》播出53期，时长602分钟。密云人民广播电台累计播出约6319小时，其中播出广播新闻730期，总长14600分钟；专题节目700余期，专题稿件2500余篇；播出综艺娱乐和服务类主持节目1600余小时。

一、宣传工作

1.开设专题节目

围绕县委县政府中心工作，把“密云生态涵养发展区工作方略”和“三个走在前列”作为宣传主线，在《密云新闻》节目中开设15个专题性节目，突出报道，收到良好的宣传效果。

开设贯彻县委11届九次全会访谈专题栏目，对全县22位新调整的干部进行专题采访，把推动全县经济社会协调发展作为新闻宣传的中心，确定专人负责，建立定期沟通制度。先后对“北新建材”、“北汽福田”等重大项目，从项目签约到开工建设进行全程跟踪报道。关注开发区四期建设、关注河南寨农民就业基地在土地流转后解决农民就业方面的做法和经验。

对首云铁矿、张裕爱斐堡国际酒庄如何将工业和旅游相结合进行深入报道,宣传稿件百余篇。

开设《坚决打击盗采盗运》、《保护生态环境建设宜居家园》和《依法依规拆迁推进城乡建设》、《保护生态环境》、《建设生态宜居家园》等栏目。与县市政市容委、房屋土地管理局密切联系,加强信息沟通,对各单位在环境整治、清洁家园、各有关执法单位采取强力措施打击盗采盗运等工作进行多视角报道,播发有关新闻近200条。

开设《劳模风采》栏目,对宋立斌、李国福等29名劳动模范进行报道。开设《领导干部话廉政》专题访谈。就《中国共产党党员领导干部廉洁从政若干准则》实施后,县发改委、县人力资源和社会保障局、县妇联等重点职能部门和部分镇街主要领导如何落实准则,抓好廉政建设,增强风险防范意识进行专题采访。

开设《促进农民增收,实现共同富裕》,《创先争优比贡献,三个前列勇争先》栏目,制作播出60余期。还开设《旅游新视角》、《国庆七天乐》、《黄金周快递》以及《人大代表连续选民周》等专题栏目。专题栏目新闻播出量占新闻总量的1/3强。我们选送的新闻《居民有了电子保姆》获得华彩杯电视新闻一等奖,报送的《约见检察官》获广播新闻二等奖。

2.打造品牌栏目

密云广播电台对《经济广角》、《政法之声》、《我的社区我的家》、《今日密云》、《三农有约》、《教育园地》等专题节目进行改版、包装,调整责任编辑和主持人,使节目更具引导力和实效性。广播电台播出专题节目365期、7300分钟,播出专题稿件1720余篇。密云广播电台所开办的专题节目已达10档,节目内容涉及全县政治、经济、文化和社会诸多领域,为全县各业发展起到积极的促进作用。

实现广播节目的“三贴近”,密云电台对《生活百叶窗》、《曲苑直通车》、《平安伴你行》、《健康讲座》等服务类、综艺类、娱乐类节目进行改版、调整。充分发挥播音员、主持人的自我创新能力。《平安伴你行》、《生活百叶窗》、《音乐心旅程》、《评书联播》、《广播剧场》等节目,形式灵活、主持风格独特,形成相对稳定的收听群体。

3.强化创新意识

密云广播电台采用“总体把握、精准策划、调整不足、不断创新”的方针,强化创新意识。采制的录音报道《“密云模式”——蓬勃发展的密云专业合作社》荣获“华彩杯”新闻专稿一等奖,《三农有约》节目荣获“华彩杯”优秀栏目奖。密云电台与北京电台合作,新开办《行家》、《我爱国粹》、《幽默集装箱》三档制作精良的娱乐综艺节目,电台节目每天播出时间达到18个小时,宣传效果和影响力不断提高。

4.提高收视率

《健康时空》节目共播出365期,总长7300分钟,该节目由资讯天天看、营养自助餐、健康新主张、休闲任我行、健康面对面等5大板块构成,长度约20分钟,每天1期。《科普大篷车》节目共播出52期,总长750分钟,由中国科协声像中心提供,内容丰富。

《影视鉴赏》每晚1期,每期4集连播,共播出1460集,该节目还采取短片的形式,把近期即将播映的影视剧节目的故事梗概、精彩内容、知名演员提前预告出来,方便观众收看。

密云电视台38频道特别推出旅游类节目《跟我走吧》,每天1期,长度25分钟,截至10月底,共播出365期,总长9225分钟,《跟我走吧》是密云电视台从中国电视艺术家协会争取来的一档以动漫(主持人、故事)融入旅游实景相结合的播出形式,观众关注率很高 。

《事事关心》节目和县城乡环境办联合开办新栏目——《DV看环境》,通过小小DV机展示密云县环境建设成果,以及监督那些破坏环境的不文明行为。节目组曾多次跟随药监密云分局稽查科工作人员深入稽查一线,检查黑诊所、黑药店、打击非法行医行为。密云县古北口村党支部书记宋立滨作为全国劳模，受到党和国家领导人的表彰，以此为新闻点，历时两个月，《小村官 大劳模》终于在节目中播出。8月，《王大林和他的旧村新城》获得（华彩杯）北京市广播影视社交类电视专题二等奖；10月，《小村官 大劳模》荣获第四届中国“农村小康电视专题片好作品奖”。

5.突出时代性和地域性

《今日观察》以提升政府形象为着眼点，以解决问题为目的，共制作播出涉及舆论监督内容的节目8期，占播出节目的30%。《檀州采风》突出文化特色，以宣传群众文化、民生、民情为主体。《繁荣文化促发展、歌唱生态新密云》等4期专题节目。挖掘密云文化底蕴、展示鲜明地域文化，分别对全县的文化品牌队伍、民间艺术、民俗文化、现代文化、体育风貌进行专题报道。制作播出《全民健身我参与》、《古村焕发新风采》等专题节目。与县人口与计生委联合制作的《密云人口与计划生育》共播出6期，与县旅游局联合制作的《密云旅游伴你行》系列节目共播出5期。《生态经济一刻钟》栏目以密云县都市型农业、生态环保型工业、休闲旅游业、建筑建材和房地产开发等支柱产业经济发展所取得的成果为宣传报道主题。

2010年，《经济视点》作为一档全新的经济类专题节目，制作播出包括密云县尤龙红酒文化村、工业旅游、农委整建制搬迁7个行政村等重大项目、重点工程建设发展情况的专题节目。《社会纵横》与县司法局一起结合“五五”普法的深入开展做好《法治在密云》栏目，制作8期《青少年成长课堂》栏目；7月9日以及7月16日连续报道打击盗采盗运矿产资源的治理情况，并制作了《多措并举 狠打盗采盗运》、《保护青山绿水 打击盗采盗运》节目，在全县形成盗采可耻、盗采必究的强大氛围。《檀州大舞台》策划制作播出《青山秀水穆家峪 尽现民间艺术魂》、《古香古色古北口民新民乐民俗村》等65期节目，总时长达2806分钟。5月底，密云广播电视台网站正式运行，主要负责上传密云电视台当日的《密云新闻》和各档专题栏目，上传广电中心的内部刊物《广电园地》，每月更新一次。6月《劳动保障》栏目更名为《人力资源·社会保障之声》。

二、加强技术保障，做好安全播出

1.认真做好折子工程

去年底，中心制播一体网和新闻网站建设工程，列入县政府为老百姓办实事折子工程，该工程从申请立项到审批、从技术方案确立到招标方案公示，历时近半年。严把设备采购质量关和施工质量关，网站建设工程于8月正式完工并投入使用，网站建设先后调整方案3～4次，并自筹资金拓展网络带宽，使网站运行安全可靠，信息传递流畅。更新淘汰使用近10年的电视无线发射设备，有力保障了安全播出。

2.积极改善基础设施

不老屯转播站道路工程项目招投标工作7月完成，8月正式施工，现已全部竣工。广电中心技术人员先后前往转播站维护工作上百次，排除各类故障十余次，通力同市局科技处和监测中心配合，保障山区转播站的安全播出工作。

3.推进山区调频无线覆盖工程

山区无线覆盖工程涉及密云县13个乡镇150多个行政村，从北京市广电局到县广电中心领导都十分重视此项工程，并得到县所涉及乡镇和村的大力支持，先后下乡几十次，行程近3000公里，为覆盖工程数据的取得做了大量工作。

4.团结协作保障安全播出

中心工作人员团结协作，坚守工作岗位，保证了中央重大会议和本台节目的安全播出。调频广播节目累计播出7384小时。更换新的硬盘播出设备，进行新设备的使用和操作的培训，保证节目高质量的播出。

三、党建工作取得实效

按照中心提出的"建堡垒夯实基础，学先进争当楷模、比奉献岗位立功、科学发展强广电"的创先争优活动主题，各支部结合党员的岗位制定出各支部和党员的具体目标。广泛吸引群众参与，带动工会、共青团、妇联等群众组织的活动，形成创先争优的浓厚氛围和学习先进、崇尚先进、岗位练兵、争当先进的良好风气。上半年，广电中心党总支共发展8名青年入党。在七一开展的共产党员捐款活动中，71名党员和10名入党积极份子共捐款6400元。

大城子镇下栅子村被确定为广电中心结对子帮扶村， 8月8日党员活动日，党总支成员和党员代表冒酷暑为该村购买50盘广播线，送去恢复村内10公里长广播线路的工程款，在防汛的关键时期恢复村内广播，国庆节前夕，广电中心党总支为帮扶村送去2万元帮扶资金，还购买传真机，为帮扶村做实事。

四、搞好后勤服务和保障

广电中心人事科、财务科、办公室和行政事务科按照各自所承担的职责，踏实敬业、勤奋工作，加强对全中心人、财、物的管理，保证各项工作平稳有序进行。2010年，广电中心安全保卫组织受到市公安局集体嘉奖，交通安全工作和计划生育工作被评为市级先进集体，同时被评为市级先进节水单位，受到市水务局的表彰和奖励。

（北京市密云县广播电视中心）

北京市延庆县广播电视中心概况

北京市延庆县广播电视中心的前身是延庆县广播站，始建于1958年。1979年发展为县广播事业管理局。1987年更名为县广播电视局。2001年延庆县机构改革，延庆县广播电视中心正式挂牌。2002年延庆有线电视网络被北京歌华网络有限公司购并。

延庆电视台自办节目有《延庆新闻》、《一周新闻综述》、《生活全方位》、《七彩连万家》、《生活气象》、《一路平安》、《妫川故事》等，延庆电台自办节目有《延庆新闻》、《生活导航》、《今日农村》、《快乐调频92.8》、《工商进万家》等。延庆广电2007年创建网站以来，网站的点击率达352841人次，网址：www.yanqingtv.com。2010年主要工作：

一、宣传工作

1.宣传延庆

围绕县委县政府重点工作先后推出"打造绿色北京示范区、展乡镇风采"、"深入实施生态文明战略、打造一流低碳经济社会示范区"、魅力乡村行"、"我的低碳生活"等系列报道。《延庆新闻》由每期10分钟延长至每期15分钟，加大新闻量。《延庆新闻》共播出220多期，播出新闻2238多次条，比2009年增长10%，时长3100多分钟，比2009年增长500分钟。制作播出《一周新闻综述》40期。完成《全运会开幕》、"新年团拜会"、"延庆十大道德模范人物颁奖晚会"、"延庆全民运动会"等专题节目的拍摄和制作、录播大型活动和晚会十余场，制播专题节目11部，播出时长近18个小时，完成外宣新闻80余条次。

完成县委12届八次全会和人大政协两会的宣传报道，《延庆新闻》推出"县委12届八次全会报告摘要"、"报告名词解释"和"回眸2009、展望2010"等系列报道，共制播新闻解读和系列报道40多期，时长120多分钟。

与城管大队、市政市容委、公安局、交通局等有关职能部门加强沟通协作，推出"县城中心地区交通环境综合整治”系列报道，宣传整治措施、引导司机按要求有序停靠车辆，推动整治行动。

2.关注民生

正面报道民生热点事件，组织好节日期间重要活动的新闻报道工作。推出“持卡就医、实时结算”和“聚焦养老保险”两个系列报道，以新闻形式解读利民为民好政策。

全面做好春节、元宵节、清明节、端午文化节和消夏避暑节等重要节日和中高考前后的新闻宣传工作，连续播出《屈原与端午节》、《精彩端午 · 多彩延庆》、《秭归寻“原”取水》等5期节目。

3.自办专题栏目

《生活全方位》共播出1100条新闻，服务类新闻占播出总量的75%以上，其中直接帮助群众解决问题60余件。《妫川故事》于10月13日正式改版，更换主持人，以书场形式展开，深受观众的欢迎。《妫川故事》共播出116期节目，播出时长1160分钟。《妫川故事》博客访问量达6500多人次。

4.联办专题栏目

与教委、公安局、司法局、卫生局等单位的联办节目《延庆教育》、《卫生新视野》、《工商视点》、《一路平安》、《生活气象》等深受观众的喜爱。

全年延庆电台共播出《延庆新闻》360套3600分钟，整合各专题、联办节目，共播出稿件3500多篇。邀请各乡镇党政一把手走进演播室，就科学发展观活动谈新农村建设的构想，报道全县各乡镇经济发展、生态建设、社会进步等各项工程，每周两至三次，每次3分钟，深受好评。

全面报道县“两会”及全县落实“两会”精神的措施，对新农村建设、春节送温暖活动、加快延庆发展情况、冰灯冰雪节开幕盛况和各项活动以及春节、“五一”、“十一”、端午文化节等节假日进行宣传。

5.做好外宣工作

专门指定两名记者负责外宣。中心共在县外媒体播出新闻80多条次，其中中央电视台、北京电视台外宣条次近40条，北京党建频道《党建新闻》外宣40多条。制作播出以“快乐假日、绿色出行、骑乐无穷”为主题的特别节目，倡导群众绿色出行。

积极配合各社区、各乡镇做好宣传一元节能灯工作，使低碳意识深入民心。跟踪报道康庄镇的雪莲果产业。《生活全方位》根据农时，做好引导农业生产的工作。制播《把知识送到田间地头》、《购买种子备耕需注意》等节目，解决农民备耕中遇到的问题。全年共制播公益广告200余条，占播出广告的30%。《恒生快乐宝贝》制播29期，报名人数达388人，参与制作播出100人，合作的幼儿园共四家。

二、建设人才梯队

1.创先争优活动

5月开始，中心党组领导全体党员、群众深入开展创先争优活动，以“坚持科学发展，加快实施生态文明发展战略，建设富裕、文明、宜居、和谐新延庆”为主题，以严要求、高标准完成各项任务。

2.建设人才梯队

中心结合2010年延庆县委关于开展《延庆县生态文明战略优秀人才梯队建设项目》总体规划，认真组织实施，共确定3名专业技术人员为中青年骨干培养对象。

3.学习培训

全年，中心共派出学习培训31人次。还通过领导专题讲座、邀请大洋公司、中广电公司、北广公司、北京电视台、英夫美迪公司等技术人员集中授课和组织培训等方式，对中心专业技术人员和编辑记者分十期，进行十个方面的培训。

4.队伍建设

中心重视开展机构改革和队伍建设工作，认真执行“凡进必考”的原则，通过社会公开招聘的形式，引进人才6人，补充到新闻、电台、广告、等业务科室及重要岗位。积极开展科级干部笔试库入库工作。中心20名同志报名参加由县委组织部、县人力社保局统一组织的科级干部竞争上岗笔试统考。

三、无线转播站安全播出

1.做好无线覆盖转播站工作

中心围绕转播站安全播出工作，认真贯彻落实“不间断、高质量、既经济、又安全”方针，按照北京市广电局安全播出的有关精神做好无线覆盖转播站机房各项工作。

延庆无线覆盖转播站配套道路，作为北京市政府的“民心”工程，总投资1034万元，全部由市政府固定资产投资安排解决，到年底，项目工程基本竣工。

2.转播站补点及其他工作

延庆县山区有90多个行政村收听不到北京新闻广播。中心协同北京北广电子集团有限责任公司技术人员，分成两组对我县深山区行政村进行广播节目信号场强实地普查、监测、数据登记，并与相关的行政村签署各项使用协议书。协助北京市广电局做好转播站数字音频广播（DAB）配套设备的安装、调试、使用工作。

3.正式启用制播存一体网

中心完成制播存一体网新旧光传输设备切换，新的前端播出系统正式启用。工作状态稳定，信号质量清晰。

四、做好安全播出保障工作

在“国庆”、“十七届五中全会”等重要时期，加强安全播出管理，投入大量资金，充实转播设备，全力以赴做好安全播出工作，圆满完成重大活动的节目转播任务。

中心负责两套电视前端播出系统、5套电视发射机、3套调频发射机的设备维护、检修等工作，全年安全无误。积极配合610办公室，密切监测非法无线信号，对监测设备做好维护、保养工作。

搞好奥运大屏幕值守工作。为丰富文化广场活动氛围，“五一”到“十一”期间，每天下午六点半至延庆第一套节目结束，播放北京新闻、中央新闻、延庆新闻及其他丰富多彩的电视节目。

五、做好党建工作

1.落实党风廉政责任制建设

中心把廉政建设工作推向深入，积极贯彻《干部任用条例》、《四项监督制度》及《议事规则》。将该工作列入议事日程，领导带头学习贯彻，做到“领导干部掌握、组工干部精通、普通干部了解”。将《干部任用条例》、《四项监督制度》、《议事规则》和参考测试题，印发到班子成员和组工干部手中，督促学习领会、进行自我测试。

2.党支部活动丰富多彩

“七一”发展新党员，中心党员达54人，占职工总的74%。重视搞好离退休老党员的学习活动，创造老有所学的平台。积极为支援玉树地震灾区、西南旱区等捐款，全年累计捐款达3万多元。

六、后勤保障工作到位

加强单位内部管理，对考勤制度、请销假制度、年休假制度、财务制度、科级干部考核制度、学习制度、会议制度等各项制度进行废、立、补，做到有章可循，开源节流，严格按照“八不许”行为规范，严格规范干部职工行为，对不良现象和苗头及时进行遏制，创造文明健康、紧张活泼的工作氛围。后勤保障工作到位，支持了中心新闻宣传、事业发展。

七、取得可喜成绩

延庆县广电中心以创先争优活动为契机，以党建促业务，在内部建设、对外舆论宣传等各方面均取得可喜成绩，被评为延庆县2010年度先进单位，社会综合治理先进单位，延庆县第五届全民运动会突出贡献奖；冯亚玲获“北京市先进工作者”称号，季晓冰撰写论文《学习贯彻十七届四中全会精神体会》在县理论文章评选活动中荣获二等奖，胡洋在延庆县“做党性最强的组工干部”演讲比赛中荣获一等奖。

（北京市延庆县广播电视中心）

北京光线传媒股份有限公司概况

北京光线传媒股份有限公司是中国最大的民营传媒和娱乐集团，成立于1998年。光线传媒业务板块从核心领域电视节目的制作和发行，拓展至影视娱乐相关领域，囊括电影、电视剧、大型活动、艺人经纪、新媒体等众多的娱乐产业。

自1999年《娱乐现场》推出以来，借助多年积累的传媒娱乐工业化、规模化、品牌化的经验，光线传媒由一个单纯的节目制作机构，向节目管理和出品机构转化，成为中国最大的多媒体视频内容提供商和发行商。

截至2010年，光线传媒提供10个以上的日播及周播节目，每天制作超过6小时的电视娱乐节目，包括《娱乐现场》、《音乐风云榜》、《最佳现场》、《影视风云榜》、《我爱看电视》、《我爱看电影》、《笑傲江湖》、《健康宝典》、《大学生音乐联盟》、《时尚风云榜》、《天方夜谈》、《养生一点通》、《麻辣看天下》、《生活魔法师》、《全球娱乐通》等，因其强势的节目品牌和资源共享的节目群体效应，成为最大的娱乐界信息传播平台，每日多次交叉覆盖中国10亿观众。光线的E标已经成为家喻户晓的传媒娱乐标志，吸引了全球500多个著名品牌成为光线的客户。节目在全国的发行频道已超过1200台次，拥有国内最大的地面节目播出网络，发行网络包括卫星电视、付费电视、大型视频网站、移动媒体等。同时，凭借《娱乐现场》、《最佳现场》、《音乐风云榜》、《影视风云榜》为主的日播节目，在户外媒体中成为国内最主流最重要的视频内容提供商，覆盖全国280条铁路客车列车车次、303所高校食堂、全国40家机场视频播出系统，以及南航、厦航、上航、鹰联航4家航空公司班机上电视系统，以及全国各城市二、三级医院1107家、药店2208家、18个城市播放设备数量12951台等。此外，激动网、搜狐网、鸿波网、优酷、酷6、网易、乐视、CRN、我乐网等13家新媒体合作伙伴，阶段性地播出光线出品自主版权的电视节目、大型娱乐活动以及电视剧。新加坡、马来西亚、日本、香港、北美地区等，光线传媒的电视剧以及大型活动均有成型的播出渠道，节目覆盖整个华语地区。2009年年底建成由100家全国城市台完整频道构成的电视节目联供网，光线卫视工作室为全国超过十家主要卫视频道提供高质量的活动和综艺节目。2010年，光线将有三档节目登陆卫星电视频道，形成覆盖全国的节目发行和播出网络。同时，为全国性数字付费频道《新娱乐》提供整频道视频内容。

在电影方面，光线传媒控股的光线影业有限公司，主营业务为国际合拍华语商业类型影片的投资和发行，通过投资国内外优秀电影制作公司的主流商业电影，获得影片在中国大陆的发行权，专注于中国市场的运作。光线影业沿袭好莱坞STUDIO模式，其电影业务与光线传媒集团旗下的其他业务互动作业：电影作为高端娱乐内容以及附带的高端娱乐资源，与娱乐传媒集团的广告营销、电视广告投放、大型娱乐活动、视觉设计、电视节目宣传等业务高度互动。光线影业的其他盈利业务包括电影人才经纪，电影相关广告等。依托光线传媒的支持，坚持市场营销、商业类型片、国际合拍、自主项目研发等可持续发展战略，光线影业在短短两年就跃居华语电影公司的前列。2006年底推出首部作品《伤城》，后陆续推出《导火线》、《铁三角》、《女人不坏》、《深海寻人》、《蝴蝶飞》、《夺标》、《证人》、《大搜查》、《家有喜事》、《亲密》、《东邪西毒终极版》、《完美新娘》、《气喘吁吁》、《斗牛》、《神兵小将》、《阿童木》、《花田喜事2010》、《爱出色》、《变相黑侠》、《出水芙蓉》、《感情生活》、《全城戒备》、《精武风云》等商业片，成为国内排名前三位的民营电影公司。四年时间光线影业累积票房超过9亿元，影片发行量翻9倍，票房收益翻近8倍。光线影业成功跻身中国电影第一军团。2009年开始，光线影业开始实施“第一原创电影公司”战略，投资拍摄《全城戒备》、《精武英雄》、《家有喜事2009》、《亲密》、《东邪西毒》（终极版）、《完美新娘》、《气喘吁吁》、《斗牛》、《神兵小将》、《阿童木》等影片。

2010年，投资拍摄了《花田喜事2010》、《出水芙蓉》、《爱出色》、《全城戒备》、《精武风云》、《爱出色》等影片。

在电视剧方面，光线传媒强调以产业化、规模化为思路，坚持和一线剧作家合作，起用一线导演，网罗一线明星，占据一线宣传平台。2006年以来，光线传媒投资的电视剧近20部。作为首都广播电视制作业协会副会长单位，光线传媒推出《暴雨梨花》、《房前屋后》、《新上海滩》、《中国兄弟连》、《落地请开手机》、《鹰与枭》、《A 计划》、《张礼红的现代生活》、《都是爱情惹的祸》、《好好过日子》、《福祸相依》、《落地，请开手机》、《谁怜天下慈母心》等一批热播电视剧，共３００多集，成功跻身中国电视剧制作业一线公司行列。同时旗下的《630剧场》拥有1500集情景剧版权，2007年成功推出国内最长的系列情景喜剧《闲人马大姐》的续集《新马大姐》100集；2008年推出《超人马大姐》40集；2009年全新打造100集情景喜剧《桂花打工记》；2010年投资制作并发行《我和老妈一起嫁》。

光线传媒每年推出大型娱乐活动上百场，包括各种颁奖典礼和娱乐秀等。其中，连续10届成功举办“音乐风云榜颁奖盛典”，被媒体誉为“中国的葛莱美”；年度“娱乐大典”是光线传媒王牌娱乐资讯节目《娱乐现场》的年度总评榜，是国内唯一的年度综合性娱乐颁奖典礼；每年一届的“电视剧风云盛典”，是国内唯一以收视数据为基础的电视剧颁奖礼，已成为电视剧行业的旗帜性活动；在改革开放30周年之际推出对中国电视剧市场的盘点—2008年“国剧盛典，回响30年”，获得空前热烈的反响，在同时段收视率排名全国第一；2010年“国剧盛典”出席活动的明星多达一百余人，创历史之最；“时尚风云榜颁奖盛典”是时尚界最具开拓性和影响力的颁奖盛事，也是目前国内唯一专业的时尚颁奖礼；而“模特大典”则是中国目前唯一的模特界年度颁奖盛典。旗下的演艺活动品牌公司，连续多年承办“华表奖”、“金鸡奖”、“百花奖”、“导演协会奖”、“百合奖”等多个电影奖项颁奖活动，也是国内最专业的电影首映式承办机构，相继承办了包括《卧虎藏龙》、《十面埋伏》、《集结号》、《功夫之王》、《赤壁》、《梅兰芳》、《非诚勿扰》等大片的首映礼，并承办了央视电影频道《电影之歌》、央视品牌节目《同一首歌》等数十场演出晚会及大型娱乐活动，已成为国内承办演出制作量最大的民营演出公司之一，演出及活动总制作量超过200场，是文化部特批的拥有涉外演出资质的民营演出公司。

艺人经纪是光线着力打造的新业务。光线传媒是与内地、港台、日韩等地艺人合作量最大的国内公司，现已全面进军主持人、影视演员和歌手等的经纪业务。光线传媒培养了李霞、索尼、何炅、谢娜、沈星等一大批深受中国年轻人喜爱的娱乐主持人，被称为“中国著名娱乐主持人的摇篮”。近年脱颖而出的柳岩、谢楠、大左等已成为光线传媒当家花旦，并逐渐成为娱乐主持界新一代掌门人。光线传媒拥有近20名签约主持人，成为国内首席主持人经纪公司。

光线传媒记录并保存了1998年以来国内娱乐界几乎所有的影像素材。2008年3月获国家广电总局颁发的网络视听许可证，是首批获此牌照的三家民营企业之一。光线传媒已开始将库存的8万小时娱乐视频素材以及每天新增20小时的娱乐影像素材全部数字化，建成华语地区的数字娱乐传播平台，将E视网(www.ewang.com)打造成为中国最大的娱乐视频博物馆，成为互联网视频和明星社区的领军网站，该计划获北京市政府部门的支持。

光线传媒多年来持续盈利，经营规模不断扩大，是一个处在高速增长期的成长型传媒企业。曾获中关村20年突出贡献企业、2009年中国文化创意产业十大领军企业、中国文化创意产业高成长企业100强之TOP8等殊荣。光线传媒作为北京文化创意产业的重点企业，中央政治局委员、北京市委书记刘淇，北京市委副书记、市长郭金龙，北京市政协主席阳安江，常务副市长吉林，副市长、宣传部长蔡赴朝等市委市政府领导以及东城区区委书记杨柳荫、区长杨艺文等区委区政府领导均多次到公司进行调研考察。

光线传媒拥有400多名高素质的员工，在北京、上海、广州、香港、台北、首尔均设有分公司或办事处，形成了覆盖主要华语地区的内容生产和经营能力；拥有办公面积7000平方米，每天均有明星到访，被称为中国最具观赏价值的传媒娱乐集团办公总部。

（北京光线传媒股份有限公司）

华谊兄弟传媒股份有限公司概况

华谊兄弟传媒是中国最知名的综合性娱乐军团之一，由王忠军、王忠磊兄弟创立于1994年。华谊兄弟传媒股份有限公司成立于2004年11月19日，2006年8月公司更名为“华谊兄弟传媒有限公司”。2008年1月为拓展业务，同时为申请上市做准备，公司再次更名为“华谊兄弟传媒股份有限公司”，注册资本变更为10008万元人民币，同年4月公司注册资本变更为12600万元人民币，主要从事影视策划、制作、营销、发行等业务。

公司自成立以来，以独特敏锐的视角选择剧作，集结国内外影视精英人才，扶持青年才俊，与冯小刚、徐克、乌尔善、成龙、陈大明、曹保平等著名导演建立长期合作，并与张纪中，吴毅，杨善朴等著名电视剧制片人合作建立了11个工作室。公司参与投资、制作和发行的多部电影、电视剧，荣获华表奖、百花奖、金鸡奖、金鹰奖、金马奖、金像奖、“五个一工程奖”等多个国内奖项，以及戛纳、开罗、东京等国际大奖。同时还获得第十届华语电影传媒大奖新世纪十年行业贡献奖，2010年度中国电影排行榜最佳票房贡献制片公司。

2009年，公司在创业板上市的申请获得中国证监会审核通过，并于同年10月30日成为中国首批创业板上市的二十八家企业之一。2010年公司被中国版权保护中心评为2010 CPCC十大著作权人之一。

华谊兄弟产业拥有的六大品牌是：

华谊兄弟电影。作为中国最著名的电影品牌，华谊兄弟形成了电影策划、投资制作、营销、发行等系统的完整电影运营产业链。从1998年投资冯小刚电影《没完没了》以来，华谊兄弟分别出品、制作发行电影达50多部；华谊兄弟电影每年均有多部影片成为年度票房前十名；《可可西里》、《天下无贼》、《卡拉是条狗》、《集结号》、《风声》等优秀影片荣获国际、国内电影奖项。2008年度投资制作的主要影片有:《功夫之王》、《拉贝日记》、《非诚勿扰》、《李米的猜想》等；2009年度投资制作的主要影片有:《游龙戏凤》、《追影》、《风声》等；2010年度投资制作的影片有：《全城热恋》、《谍海风云》《唐山大地震》、《歌舞青春》、《线人》、《狄仁杰之通天帝国》、《西风烈》、《非诚勿扰II》等，其中《唐山大地震》创新国产电影片首日票房的最高纪录。

华谊兄弟电视。华谊兄弟电视主要致力于国产电视剧的投资、制作和发行。旗下拥有张纪中工作室、杨善朴工作室、吴毅领导的天意影视有限公司等11个工作室。公司以每年高达500集的生产量占据中国电视剧市场的领军位置。相继推出了《奠基者》、《英雄荣耀》、《士兵突击》、《我的团长我的团》、《艰难爱情》、《鹿鼎记》等作品。多年来，华谊兄弟电视作品多次荣获电视剧“飞天奖”、“金鹰奖”、“白玉兰奖”以及中宣部“五个一”工程奖等奖项。《新周刊》2009中国电视榜，华谊兄弟电视被评为“最值得致敬电视制作机构奖”；2010年度华谊兄弟电视部荣获南方盛典影视颁奖礼“年度优秀电视剧出品公司”奖；荣获2010年春季电视剧互联网盛典——最佳版权意识机构奖；吴晓工作室的《中国兄弟连》荣获第二十五届中国电视金鹰奖电视剧提名奖。

2010年，是投资拍摄电视剧数量最多的一年，推出了《倚天屠龙记》、《故梦》、《爱上女主播》、《复婚》、《风声传奇》、《黑玫瑰》、《谍变1939》、《梦想光荣1942》、《追捕》、《南下南下》、《我的孩子我的家》、《拯救女兵司徒慧》、《烽火影人》等作品。

华谊兄弟经纪。华谊兄弟时代文化经纪有限公司主要从事艺员演艺经纪、宣传推广等工作。自成立以来，公司已签约百余位知名艺人。旗下拥有李冰冰、姚晨、徐帆、张涵予、苏有朋、邓超、陆毅、段奕宏、吴佩慈、李晨、王宝强、张国强、王斑、于震、朱亚文、立威廉、胡可、霍思燕、孟广美、安以轩、陈紫函、范志博、邵兵、成泰燊、任程伟、罗海琼、胡静等在内的诸多明星，签约艺人百余，雄厚的实力和庞大的艺人资源在业内首屈一指。

华谊兄弟音乐公司。华谊音乐致力于中国流行音乐的产业推动，不断推陈出新挖掘及包装优秀的艺人及音乐产品，在全球音乐市场和格局急速变动的时代，始终坚持以音乐品质为核心的公司理念，不仅为娱乐市场提供高品质的音乐内容，更推出许多具有标杆性的艺人代表和产品，无论在大众或是媒体都获得良好口碑。在海外艺人和音乐产品大量进入中国市场的大背景下，华谊音乐通过自身的努力和坚持，已成为中国本土音乐公司的旗手。旗下艺人有：陈楚生、尚雯婕、何洁等，艺人组合有牛奶咖啡、果味VC等。

近年来，在基于音乐的娱乐和营销的基础内容之上，华谊音乐不断吸纳和拓展海内外各方资源，增加业务范围，触角已延伸至版权交易，无线数字领域交易，大型公关及娱乐项目的策划与承接，以娱乐为主题的策展及制作，政府及非盈利组织的娱乐营销等，并在近年强势进入中国一级演唱会市场。同时，华谊音乐在对外文化艺术交流，慈善及公益项目的发起和执行等方面，不断贡献自身力量，已成为中国公众形象和社会影响力最号召力的公司。

华谊兄弟娱乐营销。华谊兄弟娱乐营销是国内较早进入影视业的具备优秀的、专业化的、拥有独立优势的娱乐资源整合营销传播公司。公司凭借华谊兄弟传媒丰富的娱乐资源，以策略为先导、创意为核心、植入营销为手段，为客户提供专业化的娱乐营销全案服务和品牌推广策略规划，全力打造国内一流的整合娱乐传播品牌。

华谊兄弟影院。2010年6月首家华谊兄弟影院开幕，标志华谊兄弟打造电影全产业链布局的开始，电影的终端和渠道成为华谊兄弟传媒集团的规模和利润增长点。影院管理公司借助集团优质的品牌影响力，致力打造全国最具明星味的高档时尚电影院，并充分协同华谊兄弟传媒的娱乐资源，不定期以华谊兄弟影院为驻地开展新片发布、电影首映、影迷互动、影片制作过程再现等多种电影主题活动，让观众获得更多电影以外的增值感受。

（华谊兄弟传媒股份有限公司）

海润影视制作有限公司概况

海润影视制作有限公司成立于2001年4月6日，注册资金5000万元人民币。2003年4月1日获国家广播电影电视总局颁发的电视剧制作许可证（甲种）甲第146号，是首批获得该证的民营影视制作机构。

2005年4月16日海润影视集团成立，囊括影视策划、制作、营销、广告、经纪等业务。海润影视用战略性眼光整合各地优质资源，下设海润影视制作有限公司、上海海润影视制作有限公司、广东润视影音制作有限公司、北京润亚影视制作有限公司、云南润视荣光影业制作有限公司、海南海润影视制作有限公司、浙江海润影视制作有限公司、黑龙江海润影视制作有限公司、西安海润影视制作有限公司等9家影视制作公司，及海润影视制作有限公司连奕名工作室、海润影视制作有限公司谭璐路工作室和北京海润演艺经纪有限公司、北京海润音乐有限公司。随着海润业务在港澳台及海外的拓展，集团在香港成立了海润传媒娱乐集团有限公司，在加拿大和纽约分设加拿大HRTV Production Inc.、海润影视驻纽约销售代表。海润影视旗下拥有孙俪、童蕾、于荣光、尤勇、王力可、甘婷婷、杜志国、叶静、谢君豪、艾伟等两岸三地40多位优秀演员。

2010年，海润影视投资拍摄电视剧共17部，主要作品为《天阵》,《火烧云》、《无情道》、《流泪的新娘》、《江湖奇案》、《剑侠情缘》、《断喉弩》、《尖刀战士》、《水上游击队》、《风雨桃花镇》、《护国军魂传奇》、《重案六组4》、《扇娘》、《断剑》等。

海润影视素来以拍摄军旅题材著称，现已跃入多元化、规模化发展道路，开始尝试各种题材，包括苦情戏、都市言情、古装武侠剧等。公司摄制的情感剧《孽缘》不仅夺得了北京地区的收视冠军，还雄踞2010年上半年“全国省级卫视晚间电视剧收视率排行榜”第一名；古装戏《剑侠情缘》汇集穿越、偶像、游戏、动作、科幻等素材于一身，剧情颇具创意；《重案六组4》续写《重案六组》精彩的警察故事，成为普及法律知识的生动教材；为献礼辛亥革命100周年的巨作《护国军魂传奇》，以1911年重九起义后，蔡锷进京与袁世凯周旋暗中展开护国运动为主线，浓墨重彩再现了中华民族最为波谲云诡的一段历史，缅怀辛亥先烈；军旅题材片《天阵》将中国空军创建史上的传奇故事描绘的淋漓尽致，在山东、四川、湖北等地播出后，广受好评，收视不俗。海润影视翻拍的《烈火红岩》、《平原枪声》等剧目，革新了传统类型剧的定式，增添了浓厚的时尚感，吸引了各地大批年轻观众，收视与口碑双丰收。

海润影视年产电视剧600集左右，投入资金2亿多人民币，300多部（集）远销东南亚、欧美等国家和地区。多年来公司影视作品几乎囊括“五个一工程奖”、“金鹰奖”、“飞天奖”“春燕奖”等国内外近百项大奖，是中国产量最大、获奖最多的影视制作机构之一。

（海润影视制作有限公司）

金英马影视文化股份有限公司概况

金英马影视文化股份有限公司成立于1993年，民营企业，主要从事影视策划、拍摄、宣传和发行等业务。2003年获国家广电总局颁发的“电视剧制作许可证(甲种)”，成为影视业最早被政府认可的民营企业。

公司立足于影视制作，开拓艺人经纪、广告业务、图书咨询、电视栏目等多种经营，逐步向集影视制作发行公司、大型演艺经纪公司、电视栏目制作公司、书刊发行公司于一体的文化集团发展。2008年公司荣获北京广播电视局评选的“十佳电视剧制作单位”称号。

公司影视业务稳健发展，获得大额资金支持。2007年11月，金英马集团成功赢得香港投资公司5亿重金注入；2009年9月8日，集团又与福建九华发展股份有限公司在厦门举行签约仪式，双方共同出资注册成立“金英马影视文化股份有限公司”，注册资本1亿元。九华将提供资金及其他战略资源的支持，发挥金英马专业团队的优势，扩展影视剧制作和发行规模，加大在福建省内（及全国）拍摄制作具有地域文化特征影视作品力度，并重点发展广告(包括植入式广告)、艺人经纪、影视基地等业务。

公司坚持“依靠精品搏上位”的策略，闯出一条属于自己的资本运营模式——由商业运作只靠产品赢得市场阶段，步入品牌化经营阶段，依靠品牌获取更多的优质市场份额，依靠市场赢得资本的青睐，再凭借雄厚资金巩固、扩展品牌的影响力，进而扩大市场，形成了资本的良性循环模式。

截至2010年，公司共投资摄制电视剧近30多部、千余集。投资摄制电影主要有：《三十八度》、《茉莉花开》、《公主复仇记》、《门徒》、《赤壁》等；投资摄制的电视剧主要有：《有爱的日子》、《台湾首任巡抚刘铭传》、《黑洞》、《冬至》、《康定情歌》、《情定爱琴海》、《大宅门》(续集)、《国家公诉》、《茉莉花》、《追杀横路靖六》、《极限追捕》、《乔省长和他的女儿们》、《对攻》、《关中义事》、《穷妈妈富妈妈》等。其中，2010年投资摄制的电视剧是：《侠隐记》（29集)、《傻春》(34集)、《家的N次方》(30集)、《郎心如铁》(30集)、《生死大营救》(24集)、《匪娘》(23集)。公司多部作品获得过 “飞天奖”、“金鹰奖”、“五个一工程” 奖、“金鸡奖”、“华表奖”、“金紫荆奖”等奖项。

（金英马影视文化股份有限公司）

北京京都世纪文化发展有限公司概况

北京京都世纪文化发展有限公司成立于1999年，专业从事电视节目及电视剧的策划制作和经营业务，是中国影视制作行业知名制作公司之一，被国家广电总局和商务部等7部委授牌为国家文化产品重点进出口企业，是《首都广播电视制作业协会》会长单位。

公司自成立以来，拍摄发行了《杨贵妃秘史》等16部大型电视连续剧，在全国主要电视台黄金时段播出，并销往海外地区，均取得较高的收视率和业内外人士好评，经济效益显著，大部分电视剧获得政府各项奖励。公司精心打造的“秘史”品牌，开创了以现代人文精神打造中国古典题材，得到了广大观众的认可，节目储存量已达千小时。公司主要作品：42集历史传奇剧《康熙秘史》、38集历史传奇剧《孝庄秘史》、30集情感命运巨片《欲望》、30集《欲望续集》、32集《皇太子秘史》、20集悬念伦理剧《白色陷阱》、29集都市情感剧《白色情人梦》、42集新浪漫传奇剧《凤在江湖》、24集科幻险情剧《非常24小时》、32集当代情感、现实题材剧《祈望》、49集历史传奇剧《杨贵妃秘史》、40集当代都市剧《8090向前冲》、24集纪录片《前清秘史》、40集电视剧《雪域迷城》。

公司多部作品获奖。《孝庄秘史》获第二十一届中国电视金鹰奖长篇电视剧优秀作品奖、第十九届飞天奖，中宣部第九届北京市精神文明“五个一工程”入选作品奖；《祈望》获中宣部第十一届精神文明建设“五个一工程”奖；纪录片《前清秘史》获萨拉托夫全俄影视联欢节纪录片奖 、获彼得堡第二届国际电影节《知识世界》人文纪录片奖、编导奖。导演尤小刚获莫斯科第十届欧亚电视节“杰出贡献者”国际殊荣。

2010年，公司与湖南卫视共同制作完成了40集电连续视剧《8090向前冲》，筹备拍摄电视剧《西施秘史》。

（北京京都世纪文化发展有限公司）

北京鑫宝源影视投资有限公司概况

北京鑫宝源影视投资有限公司成立于1998年5月，民营企业，是一家集拍摄、制作、发行、演员经纪等业务为一体的影视公司，具备国家电视剧制作甲种许可资质，拥有雄厚的资金、强大的创作力量以及广泛的业务关系。

公司在国产电视剧的创作上成绩显著。以著名导演赵宝刚为主体的创作团队，凭借独具风格的作品不断冲击着国内外的电视剧市场，推动了中国偶像剧、言情剧的发展，并形成了以都市情感、重大历史题材、惊险悬疑等为主的类型系列，而各大电视台则把播放这些作品作为高文化品位、高收视率的有力保证。

公司拥有高素质的发行人员，发行网覆盖全国各省、市、自治区的几百家电视台，并与之保持着良好的合作关系，有效地保证了剧目的及时播出。迅捷的信息反馈又为剧目创作提供了准确的市场预测。

制作、发行的国产电视连续剧主要有:《一场风花雪月的事》、《无雪的冬天》、《永不瞑目》、《像雾像雨又像风》、《浮华背后》、《拿什么拯救你，我的爱人》、《白手风云》《别了，温哥华》、《沧海百年》、《夜雨》、《风吹云动星不动》、《大工匠》、《想爱都难》、《落地请开手机》、《马文的战争》等；公司与香港、新加坡、台湾等多家影视文化机构合作，成功地摄制和发行《少年英雄方世玉》、《陌生人》、《迷侠》、《棋武士》、《机灵小不懂》等多部电视连续剧。这些剧目在全国各地播出均取得较高的收视率，其中一些剧目位居收视排行榜榜首。2007年摄制的青春励志大戏《奋斗》在各大电视台播出，通过传统媒体与新媒体的结合，开创了“话题剧”这一全新的电视剧类型，取得巨大成功。2008年摄制的经典名作《夜幕下的哈尔滨》在央视一套黄金时段播出。2009年投拍了电影《建国大业》，投拍了电视剧《我的青春谁做主》、《苏菲的供词》、《孽债2》、《老牛家的战争》、《婚姻保卫战》，翻拍了经典的《夜幕下的哈尔滨》，其中《我的青春谁做主》登陆央视一套。

2010年公司投拍了电视连续剧《婚姻保卫战》(33集)、《老牛家的战争》(30集)。公司作品获得广大观众的认可，荣获多个奖项。《大工匠》获精神文明建设“五个一工程”入选作品奖、“飞天奖”；《我的青春谁做主》分别获精神文明建设“五个一工程”优秀作品奖、上海文艺创作精品奖、年度最具影响力电视剧奖、年度最受欢迎电视剧、第九届“中日韩电视制作者论坛奖”；《马文的战争》在日本东京国际电视剧节获得特别奖；《奋斗》分别获“飞天奖”、“第六届北京市文学艺术奖”和“文艺精品奖”；《落地，请开手机》、《夜幕下的哈尔滨》被授予“北京广播影视奖”优秀电视剧奖。公司被授予中国电视剧十佳制作单位、国家重点出口单位等称号。

（北京鑫宝源影视投资有限公司）

北京慈文影视制作有限公司概况

北京慈文影视制作有限公司成立于1999年，是专业的影视制作企业。主要从事影视策划、制作、营销影视节目等业务，是中国第一批被授予电视剧制作许可证(甲种)的民营公司，旗下拥有影视制作公司、电影发行公司，动画产业公司,海外发行公司等多家分支和关联控股公司。

公司坚持拍摄精品影视剧的路线,现已发展成为年生产电视剧200小时、后期制作量占中国电视剧市场四分之一、年产电影1～2部的全方位综合发展的影视制作公司。经典电视剧有：42集古装武侠剧《射雕英雄传》、35集爱情名著《半生缘》、23集都市时尚剧《真情告别》、42集动漫喜剧《双响炮》、古装武侠电视剧《神雕侠侣》、《七剑下天山》，以及电视连续剧《雪山飞狐》、《家》、《五号特工组》；电影《七剑》、《天上的恋人》等。此外，还探索拍摄动画片《西游记》。

慈文影视拥有各种摄影、摄像器材，最新型的高清晰度摄像设备和高清后期剪辑设备。慈文影视通过不断努力,已从单一的影视制作发展成为集策划、宣传包装、艺人经纪、后期制作、发行、广告于一体的影视制作机构。

公司出品并拥有版权的作品有100余部近3000集，其中多部获得了国际、国内的艺术大奖。如《天上的恋人》荣获第15届东京电影节最佳艺术贡献奖，《爱情是蓝色的》荣获中国第二届电视电影百合奖评委会奖，《干部》荣获第二十三届电视剧飞天奖三等奖，《射雕英雄传》荣获二十三届飞天奖优秀剪辑奖、荣获全国城市电视台2003年度电视剧收视前十名，《终极目标》荣获第一届电视风云盛典收视率第八名，《西游记》动画片荣获南非国际电影节CJI动画大奖。

根据AC尼尔森和央视索福瑞的数据统计：2003年至2006年期间，慈文制作生产的电视剧在国内各大电视台均位居收视排行榜前列。

在娱乐产业日益国际化的今天，慈文传媒先后和德国、日本、美国、墨西哥等建立合作或伙伴关系，在实业中稳步发展。

2009年，公司与中影集团、学者国际多媒体（台湾）、北京欢乐影业、北京华录百纳影视、影王朝公司联合出品了影片《大内密探灵灵狗》，拍摄了30集电视剧《战后之战》，与中国巨力影视传媒等合拍了33集电视剧

《无间有爱》，与北京福缘视线影视、上海文广新闻传媒集团等合拍了40集电视剧《加油，优雅！》。

2010年，投资制作了54集电视连续剧《青盲》；并与北京中视华阳国际文化传播公司、宁夏晟宴集团联合出品巨资2500万拍摄，中国电影集团电影发行分公司、北京慈文电影发行有限公司联合发行电影《惊情》。

（北京慈文影视制作有限公司）

北京小马奔腾影视文化发展有限公司概况

北京小马奔腾影视文化发展有限公司于1998年成立，一直致力于影视机构联合策划、投资、制作及发行影视作品方面的开拓，目前从电视剧、电影的策划、投拍、广告营销到制作、发行和宣传，均拥有自身成熟的团队和渠道，成为业内具有很高信誉的影视文化公司。

近年来，公司以“打造优质精品”为电视剧制作理念，创作并拍摄了以《历史的天空》、《靠近你，温暖我》、《甜蜜蜜》、《光荣岁月》、《我们生活的年代》、《我的兄弟叫顺溜》、《三国》等为代表的多部影视作品，其中《历史的天空》荣获第25届“飞天奖”长篇电视剧一等奖、第23届“金鹰奖”优秀长篇电视剧奖。2007年，小马奔腾进行集团化架构调整和资源整合，成立了北京小马奔腾集团。2008年，公司荣膺中国广播电视协会颁发的“中国十佳电视剧制作单位”奖项，并先后获得“福布斯杰出商业机构”、“最值得致敬电视制作机构”等殊荣。

2009年，公司把长期发展战略眼光投向电影领域，重磅进军电影业。除分别投近亿元巨资打造《机器侠》、《花木兰》、《无人区》、《功夫梦》、《美丽密令》等不同题材影片外，更成功独立运作投拍了《剑雨江湖》、《越光宝盒》、《倾城》等项目，为其在影视界进一步规模化发展奠定了更坚实的基础。年内完成制作了电视连续剧《狙击手》、《我的兄弟叫顺溜》、《青铜匕首》、《空巢》、《三国》等作品。其中，作为新中国成立60周年献礼剧目之一的《我的兄弟叫顺溜》创下央视2009年开年以来的收视率新高，并荣获第四届CCTV电视剧群英汇本年度央视优秀热播电视剧奖；《狙击手》一举拿下各地收视冠军；《空巢》、《青铜匕首》在各地播出后均获得良好口碑。

2010年，投资及拍摄了30集电视连续剧《子弹上膛》和30集电视连续剧《我是真的》，投资及拍摄了电影《武林外传》。

（北京小马奔腾影视文化发展有限公司）

产业发展

2011/《北京广播影视年鉴》

——记录行业情况　服务业内和社会——

北京市广播影视产业发展情况

北京市广播电影电视局与北京银行签署
"支持广播影视产业发展战略合作协议"

2010年，北京市广播影视产业发展势头强劲。全市广播影视资产总额445.3亿元，比上一年增长96.26%。广播影视产业创收154.53亿元(其中市级141.57亿元，区县级1.16亿元)，比上一年增长41.21%。其中广告创收61.36亿元，比上一年增长35.2%；节目销售收入21.76亿元，比上一年增长43.5%；网络收入23.51亿元，比上一年增长46%；电影票房收入11.8亿元，比上一年增长 45.7%。北京广播电视台创收74.04亿元，比上一年增长 20%。其中北京人民广播电台创收 9.98亿元，比上一年增长21.44%；北京电视台创收35.69亿元，比上一年增长17.4% ；北京北广传媒集团公司创收28.36亿元，比上一年增长 22.7%。全市广播影视节目制作经营机构累计达到1238家，比上一年增加285家；从业人员2.63万人，比上一年增加 0.68万人。

一、广播电视节目交易情况

2010年，北京市广播影视系统进一步加大广播影视产品海外推广营销体系建设，支持广播影视企业及其产品打入全国市场和国际市场。全年各类广播影视产品出口总额达到1508万元，总时长为1568小时。这一年，北京市广播电影电视局组织16家广电企业赴法参加戛纳电视节，参展电视剧36部1146集、电影16部、动画片1部、纪录片栏目1个，有6家参展公司实现交易，7个项目达成合作意向，总金额约830万美元。

2010年法国戛纳电视节交易会场

组织北京动画企业参加第十五届德国动画展，与数字技术领域知名企业及行业协会进行交流，首次在世界级动画行业专业会展上举办以中国影视动画为主题的活动。北京人民广播电台继续扩大对外节目交易渠道，已与12家境外媒体开展合作，平均每天向海外传送节目近90分钟。北京电视台节目版权运营取得突破性进展，电视节目的发行收入达到2500余万元，其中传统电视节目发行创收2000万元，发行渠道已经覆盖全国 24个省及23个地市级电视台；新媒体创收530多万元，发行渠道已经覆盖22个主流互联网站。这一年，北京电视台版权发行的主要特点，一是优质节目收益大幅提升。2010年科教中心《非常故事汇》《养生堂》节目覆盖了辽宁、山东、浙江、河北、山西、重庆等17家省级地面频道，发行地域与2009年相比增加了10个地区。2010年《非常故事汇》签约额达到469万元，《养生堂》签约额达到了309万元，共占全年签约额的26.3%。二是难点地区深度开发。一些经济较落后，地域、文化与北方差异很大或自办节目很强的地区接受北京电视台的节目有一定的难度。2010年对这些难点地区进行深度挖掘，打开了市场，取得了较好的成效。三是加强售后服务，提升客户满意度。2010年在注重销售业务的同时，建立了一套完善的售后服务流程，增加了专业的发行服务人员，提升了磁带管理、收视调查、供带效率及质量，整体提升了发行业务的专业水平。

二、电视剧生产经营情况

2010年，北京市全面实施精品战略，大力推进优秀影视作品的创作生产，作品产量不断攀升。全年京产电视剧64部2232集，占全国总产量的15%。艺术质量不断提高，涌现出一大批脍炙人口的精品力作。北京电视台实施“大戏看北京”传播战略，加大自主原创力度，连续推出了《铁齿铜牙纪晓岚4》、《苍穹之昴》、《媳妇的美好时代》、《手机》、《红楼梦》等大剧，收视率稳定在全国收视第一阵营。

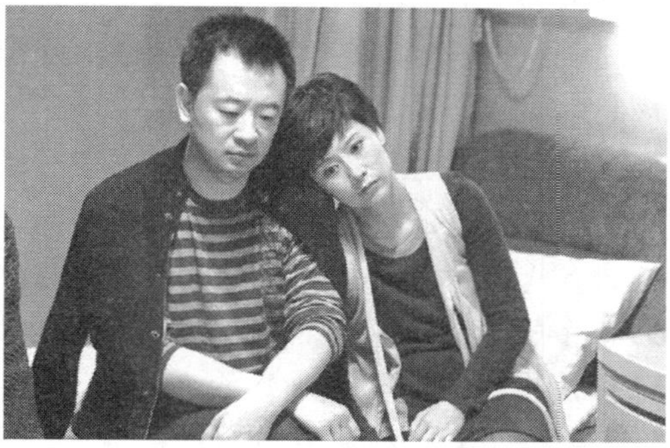

《媳妇的美好时代》剧照

其中，《媳妇的美好时代》创造了最高平均收视、最高单日收视、最高单集收视、最高开播收视四项收视纪录。北京紫禁城影业公司拍摄完成了《第一书记》、《大路朝天》、《嘻游记》、《倩女幽魂》等多部影片，其中，《第一书记》全国公映引起强烈反响，拍摄周期之短、演员阵容之强、领导接见主创人员和首映规格之高，居同类影片之首，受到了中央和北京市领导的充分肯定和社会各界的广泛好评，实现了社会效益与经济效益的双丰收。北京电视艺术中心拍摄制作完成了电视剧《金婚风雨情》(51集)、《雪域天路》(38集)，正在拍摄的电视剧有《后宫·甄环传》(50集)、《笑脸》(36集)，正在筹拍大型文献纪录片《延安儿女的故事》(12集)。北京中北电视艺术中心有限公司先后拍摄制作了电视剧《对手》(45集)、《内线》(32集)、《猎人笔记之谜》(28集)，在北京、江苏、上海、山东、甘肃、河南、云南、贵州等省市电视台热播后受到观众的好评，取得了骄人的收视佳绩。其中，《对手》(45集)荣获第12届莫斯科国际侦探影视节“最佳电视剧奖”，这是中国大陆首部在俄罗斯重要的国际影视节上获得大奖的电视剧。此外，北京中北电视艺术中心有限公司系列品牌剧目的拍摄取得新成果，古装电视剧《大唐女巡按》(30集)年底投放市场。北广传媒影视公司拍摄完成了电视剧《风车》(38集)，实现了当年立项、当年开机、当年签约、当年回款。持之以恒地推进影视精品创作生产，为建设人文北京、繁荣文化创意产业、丰富人民群众文化生活作出了应有的贡献。

三、动画片生产经营情况

2010年，北京市动画片生产产量提高，质量提升。全年生产动画片17部，共831集，合8699分钟。北京电视台卡酷动画公司是北京市动画片生产的骨干企业，全年生产动画片101集，共775分钟(拿到发行许可证的)。这一年，北京卡酷动画坚持“内容为王”战略，致力于动画片的原创制作。2010年自主创作出品了《嘻哈乐翻天》、《热血三国》、《2010BTV卡酷动画春晚》、《东北一家人》、《星系保卫战》等原创动画精品。同时，卡酷还与中影集团、中国动漫产业集团联合出品了3D动画电影《熊猫总动员》，试水大银幕发展，并首度尝试原创商业动画片《星系保卫战》的制作与发行，现已取得国产电视动画片发行许可证，在卡酷卫视、浙江少儿、江苏少儿、南方少儿、山东少儿等20多家电视台播出。

3D动画电影《熊猫总动员》画面

这一年，北京卡酷动画不仅动画产量领先，制作水平也得到行业和社会的高度认可。其中，《2010年BTV动画春晚》荣获中广协全国春晚评奖一等奖、中视协金鹰奖优秀动画片奖、总局全国优秀大型节目奖、Promax&BDA全球奖等奖项，成为全国春晚知名品牌。《我们小孩有力量》荣获2010年度上海电视节“白玉兰”最佳动画创意奖。动画评书《热血三国》获2010年度北京广播影视奖电视文艺类一等奖。2010年，国家广电总局共向全国电视播出机构推荐了四批优先播出的优秀国产动画片，其中，由北京卡酷动画卫视原创出品的《我们小孩有力量》、《卡酷漫游记》和《嘻哈乐翻天》分别登上首批、第三批、第四批推荐榜单，占北京地区推荐总量半数。

为拓展播出片源，增加节目储备，2010年5月，卡酷动画卫视于杭州动漫节期间举办卡酷专场“原创动画项目创投会”，吸引了来自全国各地的动画制作公司、投资方、出版机构及玩具厂商约60个单位和24个推介项目。通过此次会议，北京卡酷动画卫视不仅对当前国内原创动画精品项目进行了直观有效的梳理，建立了良好的沟通渠道，更借此传达出北京卡酷动画卫视更具创意、更为开放的合作意向，进一步增强了卡酷在动画业界的号召力和影响力。

这一年，北京卡酷动画在加大自主原创的同时，注重动画片资源的甄选和整合力度，一方面坚持以重点片、畅销片的购片为主导，另一方面强化中等水准动画片的评估。2010年，北京卡酷动画卫视共购进动画片57部，2984集，合4.7万分钟，比去年增长32.25%。其中全国首播量7495分钟，联合出品量2024分钟，均比去年有大幅提升。其中不乏《喜羊羊快乐的一年》、《秦时明月之诸子百家》、《魔角侦探》、《猪猪侠积木世界》等题材内容和制作水平俱佳的重点强片，为争取高收视、扩大影响力打下良好基础。同时积极拓展合作空间，创新合作模式，针对北京地区的动画项目如《武林外传》、《西游新传》等，制定了基于优势资源互补、共享政策奖励的合作新模式，丰富了频道片源，进一步加深了与北京地区原创市场的融合和交流。

四、广播电视广告创收情况

2010年，北京市广播影视系统积极应对

市场竞争，开辟新的广告创收渠道，调整广告经营策略，促进广告收入持续增长。全市广播影视广告创收58.11亿元，比上一年增长28%。北京人民广播电台奉行“因势而变、合作共赢”的经营策略，顺应经济大势，把握经营分寸。2010年根据市场变化，及时推出了诸如《盛夏欢乐送》等形式的广告促销产品，提高广告时段饱和度，最大限度地开发利用好广告闲置资源。在管理方面，为了更加合理地使用电台广告资源，在保证商业广告播出的同时，满足各部门举办大型活动以及品牌、形象宣传的需要，颁布了《北京人民广播电台大型活动和各部门品牌形象广告宣传办法》，并于2010年8月1日起试行。此外，广告合同管理准确无误，终审灵活有度，并实现了从专业型向服务型的转变，从而，大大促进了广播广告的提升。全年广告创收7.12亿元，同比增长14.3%。2010年，北京电视台在坚持总体经营方针不变的前提下，适时调整了经营策略，将“保存量，争增量”作为广告经营的目标，将“科学发展、创新思维”作为工作思路，将“对外提升服务、对内加强管理”作为主要任务。为实现“保存量”这一目标，在广告经营中，一是稳定原有价格体系和销售体系，最大化地确保了客户的利益，达到了“双赢”。二是抓大客户，签订全年协议。北京电视台传统客户和每年相对稳定的投放量，大部分来自4A公司代理的广告客户，这是构成北京电视台广告收入的主体部分，也是每年收入的支柱。因此，广告部特别重视与广告大客户的谈判，使它们不缩减预算，从而稳定全年广告投放量，确保广告利益的最大化。所谓“争增量”，就是利用不断提升的市场份额或特殊广告项目获取新客户的广告预算，或是老客户的广告增量。2010年，广告部与各节目中心合作，初步探索出了一条节目与广告融合发展的新路。通过保存量、争增量，促使广告进一步增收。全年广告创收达到30.57亿元，比上一年增长17.6%。

五、有线电视网络建设经营情况

1．有线电视基础网络建设

2010年，北京歌华有线公司加速推进网络基础设施建设，为“三网融合”业务提供硬件保障。全年完成光缆敷设1831公里，远郊分公司完成光缆敷设近300沟公里、杆路1900余公里、电缆网1700余公里；成立架空线入地工程组织机构，完成入地光缆总长约225公里；完成城区管道工程276沟公里，远郊新建管道30余公里；城区新开工双向网75万户，截至2010年底开通220万户；完成七个机房的基础整备工程，完成12个机房的UPS系统升级工作，完成30个一级机房、二级机房的VOD系统搭建和CMTS改造升级工作，完成1500个双向网络光节点的回传通道监测系统建设。

歌华有线公司员工在架设光缆

截至年底，公司已在全市敷设光缆干线3.02万多公里，电缆11.87万公里，拥有骨干级机房40个，汇聚层级机房200多个，接入级机房上千个，远郊区县光缆也已接入到村镇一级，为开展“三网融合”相关服务打下了基础。

2．数字电视推广

北京歌华有线公司积极推进有线电视向数字化、双向化、高清化发展。截至2010年底，公司完成了276.79万户的有线电视数字化转换，其中高清交互用户超过133万户，位居全国首位。2010年推广100万高清交互机顶盒的工作被列入市政府为民办实事工程，累计推广133万户。

歌华有线公司在进行高清交互推广

高清交互的建设和推广工作是一项复杂的系统工程，涉及前端交互平台建设，运营支撑平台建设，各级机房建设，双向网改造，节目内容平台建设，资金的筹措，各项流程、协议的重新制定，人员的组织和培训，广泛的业务合作，设备器材的采购等方方面面的工作。由于机顶盒不能按时供货造成的困难严重影响了高清交互推广进程，公司制订了高清交互推广应急方案，组织了1900余人的安装队伍，开展了几十场高清交互培训工作，汇编修改了相关工作流程，加强对推广现场的管理工作和信息沟通工作。为确保高清交互项目顺利实施，公司制定了专门的资金管理制度及实施细则。同时，积极争取政府配套资金。

3．增值业务与数据业务

2010年，北京歌华有线公司数据业务发展势头良好，用户单位数量过万，已覆盖政府、教育、医疗、社区、金融、酒店等多个领域，并在北京市场形成了品牌认知度。公司本年度承接了北京市交管局智能交通信号控制系统专网（交管网）、北京市东城区电子政务网、北京市医疗保险信息专网、市委宣传部系统视频会议专网、北京市石景山区科技创安专网等数十个重点项目。

六、广播影视产业集聚区建设与经营情况

作为文化之都和全国最大的影视机构集聚与内容生产基地，北京市的广播影视集聚区建设起步早，规模大，发展快。目前，北京比较成形的广播影视集聚区有以电影产业为主的怀柔影视基地、以广播电视业为主的CBD传媒集聚区、以电视节目制作和动画制作为主的大兴国家新媒体基地、还有以新媒体和动画内容制作为主的石景山国家动漫基地等。

北京怀柔影视基地

怀柔影视基地。北京怀柔影视基地目前占地5.6平方公里，内有中影集团、华谊兄弟、海润影视、星美传媒等多家国内影视业的领军企业。

2001年，国内最大的民营影视传媒公司之一的星美传媒有限公司控股飞腾制作公司，并将飞腾影视城打造成了中国北方地区最大的影视外景地。2005年，中影集团入驻怀柔影视基地，并带动了华谊兄弟、海润影视、胡玫工作室等业内百余家骨干企业纷纷入驻。2006年怀柔影视基地被评为北京市首批十个文化创意产业集聚区之一。2007年，中国怀柔影视基地管委会成立，同年，该基地荣膺中国最具投资价值创意基地。2009年，该基地被评为中国最具影响力传媒产业集聚区。

朝阳区CBD国际传媒集聚区。2000年开始建设的北京商务中心区（以下简称CBD）位于长安街东延长线上，主要指朝阳区内西起东大桥路、东至西大望路、南起通惠河、北至朝阳路，面积约3.99平方公里的这片区域，地理位置优越。2009年5月，北京市政府决定将CBD沿朝阳北路、通惠河向东扩展至东四环，新增面积约3平方公里。2007年以来，随着中央电视台新台址和北京电视台的相继竣工，国内外大型影视传媒企业纷纷入驻，逐渐形成了一个新的传媒产业集聚区。2008年4月，北京CBD国际传媒产业集聚区被北京市文化创意产业小组评为市级文化创意产业集聚区。截止到2010年10月底， CBD核心区已拥有文化产业类企业两万余家。其中，文化创意类企业5804家 ，传媒类企业1803家，新闻出版类企业108家，广告类企业1721家，广播影视机构54家，相关技术服务类企业300多家。2008年，CBD核心区文化创意类企业的税收14.5亿元，其中传媒类企业税收6亿元，直接从业人员两万左右，带动就业人员5万左右。

大兴新媒体产业基地。经国家科技部批准于2005年成立的北京大兴国家新媒体产业基地，是国家火炬计划批复的全国唯一的以新媒体产业为主的专业集聚区，2006年被认定为北京市首批文化创意产业集聚区。其目标定位为新媒体产业，影视制作和动漫原创为重点发展方向。

位于大兴国家新媒体产业基地内的星光影视园是目前国内最大的电视节目综合制作基地，也是国家广电总局授予的唯一的国家级电视节目制作基地，配套大型演播室、高标清机房、卫星机房、化妆间、排练间等设施，可以提供广播级、专业化、一站式的节目生产、卫星传输和公共服务平台。

石景山动漫集聚区。位于北京西郊的石景山区网游动漫产业已经形成了聚集效应。目前，全区有2700多家文化创意类企业，其中网游动漫和数字媒体的企业就达到了700多家。全国网游动漫公司前十名基本上都落户于石景山区。2009年石景山区的文化创意产业在GDP中的比重已经超过了10%。规划中的石景山将把文化创意产业作为第一产业来扶持发展，随着首钢的搬迁，石景山区也开始由工业区向文化娱乐区转变。

七、文化会展情况

北京歌华文化发展集团不仅是北京广电系统重要产业单位，而且是北京市文化产业的重点机构。2010年，歌华集团以重点项目为龙头，积极发挥自身优势，先后承办了2010年北京首届世界武搏运动会开闭幕式、北京市第十三届运动会开幕式，承办了广州亚运会体育展示项目、第五届中国北京国际文化创意产业博览会广电展区布展、奥运城市夏日文化广场活动和西城区金融街展览等项目，完成了“北京市庆祝中国共产党成立90周年”大型主题展览、“2011中国乐谷·北京国际流行音乐季”的方案策划，举办了迈克尔·波顿“爱是全世界”北京、广州、上海巡回演出和方大同、莫文蔚、李健等大型演唱会。

歌华集团承担广州亚运会圣火采集仪式项目

围绕世界城市建设，以项目建设为切入点，积极打造“北京国际设计周”、“北京国际电影季”、“世界艺术馆”、“中华世纪坛春节文化庙会”和“北京节拍”文化广场活动等新的文化品牌。

其中，“北京国际设计周”策划方案已经市委市政府批准，举办了新闻发布会，与英国伦敦、芬兰赫尔辛基、意大利米兰等城市建立了合作关系，实现了国际高端资源的整合；“2011中国乐谷国际音乐节”着眼于操作的高端化、专业化和国际化，承办方案已通过论证，进入了全面实施阶段；“北京国际电影季”

歌华集团与徐州市政府签约文化产业战略合作

深入挖掘北京电影业庞大的市场空间，提升北京国际影响力，打造了北京城市新名片；世界艺术馆与16个省市博物馆建立了项目战略合作关系，同意大利文化遗产与活动部文化遗产推介局签订了五年合作框架协议，意方将为2011年9月开始的《伟大的世界文明》二期展览及未来五年间的特展提供支持；中华世纪坛春节文化庙会已成为北京市十大文化庙会之一，成为春节期间一项重要的文化活动；“北京节拍”文化广场活动以“时尚从城市开始”为主题，既贴近百姓生活，又时尚新颖，深受广大人民群众的欢迎，成为北京奥运城市体育文化节的重要组成部分。

（北京市广播电影电视局史志办
北京广播电视台办公室）

广播电视覆盖

2011/《北京广播影视年鉴》

——记录行业情况　服务业内和社会——

2010年北京人民广播电台节目覆盖新情况

2010年，北京人民广播电台的16套广播节目，分别采用无线调频广播、无线中波调幅广播、无线数字音频广播DAB、卫星广播DVB－S、有线调频广播、有线数字广播DVB－C、互联网广播的方式播出。

具体情况见表：

频道名称	播出参数				
	无线广播			有线广播	
	中波	调频	DAB	有线调频	有线DVB–C
新闻广播	828KHz	100.6MHz	新闻广播	90.4MHz	301
城市服务管理广播	1026KHz	107.3MHz	城管广播	91.9MHz	302
故事广播	603KHz		故事广播	89.1MHz	303
体育广播		102.5MHz	体育广播		304
交通广播		103.9MHz	交通广播	95.6MHz	305
文艺广播		87.6MHz	文艺广播	93.8MHz	306
音乐广播		97.4MHz	音乐广播	94.6MHz	307
外语广播	774KHz		外语广播	97.8MHz	311
爱家广播	927KHz		爱家广播	92.7MHz	316
古典音乐广播			古典音乐	98.6MHz	308
通俗音乐广播				97.0MHz	309
有线教学广播				99.4MHz	310
长书广播			长书广播	104.3MHz	312
有线戏曲曲艺广播				105.1MHz	313
欢乐时光广播			欢乐时光	106.5MHz	314
怀旧金曲广播			怀旧金曲	107.5MHz	315
新闻广播和城市服务管理广播上星播出，播出平台参数为中星6B、C波段、垂直极化、频率3951MHz、符号率9520、纠错方式3/4、PID为1、音频ID为257、左声道为新闻广播节目、右声道为城市服务管理广播节目。					
互联网用户可以登录www.rbc.cn或www.rbc.com.cn在线实时收听全部16套广播节目					

一、无线调频广播覆盖

1. 交通广播、文艺广播、音乐广播三套调频立体声节目分别使用103.9MHz、87.6MHz、97.4MHz三个频率在中央广播电视发射塔播出，发射功率为10千瓦。如果使用车载接收机或手持接收机在室外接收，在北京市行政区内的平原地区都能进行良好接收。

2. 新闻广播、城市服务管理广播、体育广播三套调频单声道节目分别使用100.6MHz、107.3MHz、102.5MHz三个频率在皂君庙发射台播出，发射功率分别为400瓦、100瓦和3千瓦。由于天线高度低和发射功率小，故采用单声道模式播出，使用车载接收机或手持接收机，在市区六环路内室外都能良好接收，在北京市行政区内的平原地区接收效果也能达到可听的水平。

3. 北京三面环山，山区地形对于无线广播信号的传播有很大影响。中央广播电视塔发射的信号经百望山（海拔220米）阻挡后损耗达到20dB，经香山（海拔550米）阻挡后损耗达到40dB，而继续进入山区后层峦叠嶂的阻隔使得信号无法覆盖到远郊山区。2010年经过对调频100.6MHz同步调频发射系统信号传输分配设备进行升级改造，以及对同频覆盖网络各站点运行参数进行反复测试调整，使得城区皂君庙、建国门两个站点与远郊五个“村村通”转播站同步工作的精确性和稳定性大大提高，使得调频100.6MHz在全市行政区域内的覆盖效果改善明显。尤其在延庆、房山、密云、怀柔和平谷的深山区接收调频100.6MHz的信号远远好于中央发射塔发射的其他10KW调频信号。

4. 为使新闻广播和城市服务管理广播真正达到无线覆盖“村村通”，北京市广电局2010年启动了在远郊区对两台节目信号进行深度无线覆盖的庞大项目，计划使用财政经费4000余万元，建设500余个小型转播点。项目已经完成设备招标采购。

二、中波调幅广播

中波信号的辐射不仅受到山势地形的阻碍，地表土壤被建筑物和道路遮盖导电率下降和城市高大密集建筑物对中波信号造成严重损耗，再有各种电气设备、交通工具产生的电磁干扰使得中波频段本体噪声增大。到了晚间，几百甚至上千公里外的外地同频率或邻近频率天波信号带来干扰，这些都使得中波在城区的覆盖效果有所劣化。

北京电台中波广播全部在804发射台进行发射，其中新闻广播828KHz，城市服务管理广播1026KHz采用50千瓦功率发射，故事广播603KHz、爱家广播927KHz采用25千瓦功率发射、外语广播774KHz采用10千瓦功率发射。如果使用车载接收机或使用手持接收机在室外进行接收，在北京市郊区的平原地区接收效果良好，在城区内上述五套节目也能达到可以收听的水平。由于接收地点周围出现强电磁干扰信号，无法正常收听的情况也时有发生。中波发射台位于东北四环外，受信号穿越高大密集建筑影响，中波广播的接收效果四环外强于四环内，城东、城北好于城西、城南。

三、无线数字音频广播DAB

数字音频广播DAB是当今先进的广播技术，北京电台在DAB中播出17套数字音频广播和4套视频节目以及其他数据业务。在北京有10个发射站点，包括中央广播电视发射塔、亚运村名人广场、国家广电总局491发射台、北京广播大厦、顺义广电中心、大兴广电中心和房山、延庆、怀柔、密云高山发射站点，覆盖效果和声音质量都是无线广播中最好的。如：

在市区四环路内区域可以保证手持终端在室内、公交工具、私家车内各种移动接收条件下接收到高质量的节目。

在市区六环路内区域，使用手持便携接收机在私家车内进行接收，除个别高大建筑物非常密集的地段外，信号可良好接收。

在市区六环路外的平原地区，虽然数字广播的信号有所减弱，但由于没有密集的高大建筑物遮挡，数字广播的覆盖效果也有良好的表现。在西北山区的人口密集区域也可以较好地接收数字广播信号。

2010 年，北京电台广播大厦站点开播投入使用，改善了 CBD 建筑物密集区的覆盖效果。同时，北京电台在房山城关、怀柔城关、密云城关、通州新城筹建的四个转播站已经进入招标采购阶段，并着手建设。

四、有线广播覆盖

对于在室内接收广播信号的听众，由于所处位置的楼层、房屋结构布局、墙体材料、房屋的进深、窗户朝向等众多因素影响，无线信号的衰耗情况与室外相比差异从几倍到甚至成千上万倍，故接收效果差别较大。

北京电台全部 16 套广播节目均已通过有线调频广播或有线数字广播的方式送入歌华有线电视网络。

有线调频广播均采用立体声模式播出，具有信号稳定，不受外界干扰的优势，如果接入音响的调频天线端口，节目的收听质量非常好。

有线数字广播需要使用有线数字机顶盒接收，由于采用256Kbps高码率播出，声音可以达到 CD 质量。

五、互联网实时音频广播

对于全球喜爱北京电台节目的听众，只要登陆北京广播网（网址：www.rbc.cn 或 www.rbc.com.cn）都可以在线实时和回放收听到北京电台全部 16 套广播。

（北京电台　张旭）

2010年北京电视台节目在全国落地覆盖新情况

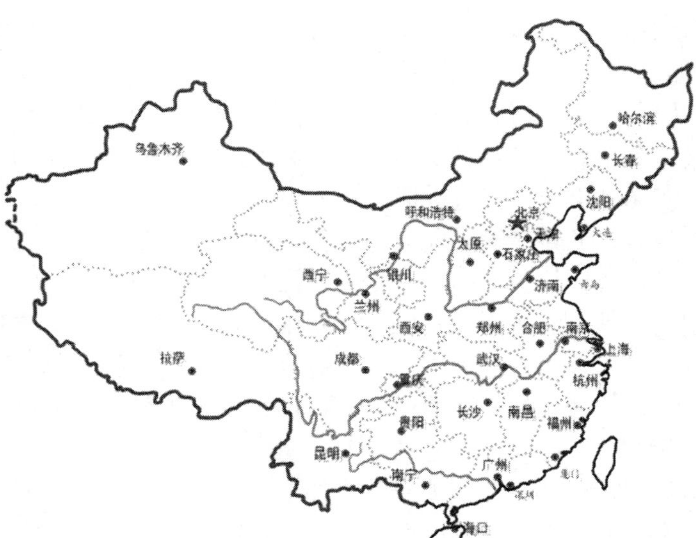

北京卫视全国覆盖图

2010年，北京电视台除继续拓展北京卫视在全国的落地外，还积极推进了卡酷动画卫视和北京卫视高清频道的落地。

一、北京卫视

2010年，北京电视台北京卫视的可接收人口达到8.23亿，实现71个重点城市的主网覆盖，其中包括35个中心城市的落地接收（包括省会城市、直辖市、计划单列市）。

维护257个地级市的落地接收，此外新增19个地级城市的落地。

维护1727个县级城市落地，在此基础上新增856个县级城市落地。

2010年，新增全国434家四五星级酒店落地。

二、北京卡酷动画卫视

2010年，北京卡酷动画卫视继续维护15个中心城市落地，并新增沈阳市、南昌市、合肥市3个中心城市落地。至此，北京卡酷动画卫视共实现在全国18个中心城市、42个地级城市的落地。

三、北京卫视高清频道

截至2010年12月31日，北京卫视高清频道共覆盖全国27个中心城市、70个地级城市、16个县级城市。其中新增10个中心城市、42个地级城市的落地。

（北京电视台卫视节目中心落地办）

2010年北京歌华有线电视网络覆盖新情况

2010年，北京歌华有线电视网络股份有限公司全力推进高清交互工作和三网融合试点工作，大力加强了新建、改造双向网络和其他基础设施建设的力度与进度，网络覆盖取得新进展：

1.全年新开工双向网75万户，累计开工285万户，累计开通双向网220万户。

2.全年完成管道建设276沟公里，实现光缆入地225公里，累计完成光缆入地约4410公里。

3.全年完成光缆敷设1831公里，远郊完成光缆敷设近300沟公里，全市光缆总长2万多公里，电缆总长24万多公里（含分配网）。

4.全年完成7个传输机房的基础整备工作，拥有骨干传输机房40个，汇聚层级传输机房200多个。

5.远郊区县双向网络改造工作于7月启动，并为开通双向网络用户100万户做了大量准备工作。

6.配合北京电视台完成“BTV文艺高清”高清频道落地工作，并实现该频道高标清同播工作；完成“中央电视台-纪录”(CCTV—9)、“家有购物”、“快乐购物”、“央广购物”、“优购物”5个标清频道落地工作。

(北京歌华有线电视网络股份有限公司)

2010年北京北广传媒移动电视单频网建设和覆盖新情况

北京北广传媒公交移动电视采用世界先进的DVB—T数字电视技术，利用北京DS-48单频网发射无线数字信号，在中央电视塔、京广中心、名人广场、491发射台、建设了一主三辅4个数字发射机站，形成有效覆盖北京市区六环内的数字单频网，实现地面数字设备实时接收电视节目，日覆盖受众超过1300万人次。

2010年，根据北京广播电视台对《北京地面移动数字电视单频网系统国标整体转换工作实施方案》的部署，年内高质量地完成4台发射机组网的DS-22频道地面数字电视国标网的建设工作和1台欧标发射机的更换工作，并实现与DS-48频道单频网共用天馈系统和并网播出测试，终端总量已达2.4万块。与此同时，继续加强终端设备的维护管理，与华视传媒、向上视讯共同组成终端监测小组，定期巡检、抽查公交终端设备情况。全年共组织监测48次，监测车辆4987辆，显示屏9955块，公交终端总体完好率保持在98.65%的高水平，在全国同行中名列前茅，为移动电视下一步的发展奠定了基础。

（北京北广传媒移动电视有限公司）

2010年北广传媒地铁电视覆盖新情况

地铁电视是北京市属又一个新兴媒体，自2010年8月10日试播以来，每日播出的时间超过18.5小时，正在努力打造政府公共信息平台、城市应急预警平台、乘客生活资讯平台和企业理想广告宣传平台。

2010年，北京北广传媒地铁电视有限公司继续加大地铁电视的建设力度，先后在地铁1、2号线站台和站厅层安装了地铁电视及PIS系统。地铁电视公司现在拥有北京市地铁运营有限公司目前具有运营权的地铁线路（地铁1、2、5、8、10、13号线和八通线）上的列车车厢、站台和站厅内的电视终端屏，总量达到1.08万块。此外，地铁电视公司还完成了地铁车辆段车库及四惠区间电视信号的覆盖工程，以及完成了地铁电视播控中心至地铁小营指挥控制中心信号的引入工程，地铁电视信号的覆盖面得到进一步的提升。

（北京北广传媒地铁电视有限公司）

2010年延庆县广播电视覆盖新情况

2010年，延庆县广播电视中心积极推进全县广播电视公共服务体系建设，加强广播电视节目无线覆盖工作，有力推动了广播电视覆盖水平的快速提高。

延庆县广播电视中心无线发射机房共传送广播节目2套、电视节目4套。广播节目传送北京人民广播电台第一套节目的100.6兆赫兹，延庆人民广播电台节目92.8兆赫兹。这2路调频发射功率分别为500W和300W，覆盖半径均为30公里。电视节目传送中央综合频道（CH10频道，发射功率1000W），北京卫视（CH04频道，发射功率300W），北京文艺（CH25频道，发射功率1000W）和延庆电视台节目（CH30频道，发射功率1000W），覆盖半径为15公里，覆盖人口27万余人。

北京市广播电影电视局延庆转播站发射机房共有3台调频广播发射机、3台电视发射机和1台数字音频广播发射机。调频广播分别传送中央人民广播电台第一套节目101.4兆赫兹，发射功率300W；北京人民广播电台第一套节目的100.6兆赫兹，发射功率1000W；延庆人民广播电台节目98.8兆赫兹，发射功率1000W。电视发射机传送中央第七套节目电视节目（CH41频道，发射功率1000W），北京卫视（CH25频道，发射功率1000W），延庆电视台节目（CH30频道，发射功率300W）。延庆转播站覆盖半径约20公里，有效地解决了东部山区无线广播电视信号质量差的问题，覆盖山区人口3万余人，使广播电视无线覆盖率由原来的80%上升到95%以上。

此外，为配合北京市广播电影电视局提高数字广播覆盖面的要求，在延庆转播站安装数字音频广播发射机1台，发射功率600W，覆盖半径约15公里，有效解决了全县收听数字音频广播信号质量差的问题。同时，为进一步提高北京新闻和城市服务管理广播覆盖，对县境内68个行政村进行补点覆盖工作，年内完成25个行政村广播天线安装工作。

（延庆县广播电视中心）

频率频道

2011/《北京广播影视年鉴》

——记录行业情况　服务业内和社会——

频率频道介绍

北京人民广播电台频率一览表

频率名称	开办时间	播出时间	节目栏目设置
新闻广播 FM100.6 AM828	1993年3月1日	0:00—24:00	《新闻晨报》、《新闻热线》、转播中央人民广播电台《新闻和报纸摘要》、《北京新闻》、《新闻热线》、《气象服务》、《新闻大视野》、《资讯早8点》、《整点快报》、《夹叙夹议》、《议政论坛》、《生态北京》、《人口直通车》、《警法在线》、《记者视线》、《话里话外》、《新闻天天谈》、《健康乐园》、《今日财经》、《大城小事》、《新闻2010》、转播中央电视台《新闻联播》、《纪实广播小说连播》、《教育面对面》、《博闻天下》、《健康有约》
城市服务管理广播 FM107.3 AM1026	2005年3月1日	5:00–次日1:00	《健康加油站》、《似水年华》、《七点早新闻》、《市民热线》、《城市零距离》、《问城时间》、《今日观察》、《京城帮帮团》、《都市博文汇》、《城市零距离（精编版）》、《茶余饭后话北京》、《老年之友》、《国际汇市报道》、《中国财经60分》、《城市周刊》、《京城人物》、《财富星空》、《法治北京》、《读城记》、《北京夜未眠》、《博览群星》、《直播气象》、《午夜文库》
故事广播 AM603	2009年1月1日	5:00–次日1:30	《健康晨曲》、转播中央电视台《朝闻天下》、《故事大全》、《生活探秘》、《知识开讲》、《阳光茶园》、《笑谈古今》、《纪实传奇》、《品读十分》、《读史有学问》、《长书天地》、《评书大连播》、《翔康健康快车》、《娱乐档案》、《人物空间》、《快读时刻》、《说烦解忧》、《健康夜话》、《今晚拍案》、《读书俱乐部》、《夜相伴》、《纪实传奇》、《故事悬谈会》

续表

频率名称	开办时间	播出时间	节目栏目设置
体育广播 FM102.5	2002 年 1 月 1 日	5:00—24:00	《健康绿洲》、《行者无疆》、《体育新世界－雄鸡唱晓》、《百姓健康大讲堂》、《完全体育手册》、《体育新闻》、《花花体育》、《我爱高尔夫》、《体坛那些事儿》、《大话体育》、《摇篮——体校的故事》、《饭点儿说吃》、《之心老师话健身》、《养生大世界》、《体坛八面风》、《笑动体坛》、《体坛夜话》、《星光体育》、《今夜私语时》
音乐广播 FM97.4	1993 年 1 月 23 日	0:00—24:00	《男左女右》、《中国歌曲排行榜》、《永恒的魅力》、《古典也流行》、《特别创意》、《美丽清晨》、《记忆的唱片》、转播中央人民广播电台《新闻和报纸摘要》、《先听为快》、《边走边唱》、《就听好歌不听话》、《永恒的魅力》、《古典也流行》、《午后大道东》、《沸腾 97 度 4》、《我的音乐生活》、《英伦音乐风》、《全球华语歌曲排行榜》、《欧美歌曲排行榜》、《热舞派对—— iMix》、《甜蜜对对碰》、《国家大剧院》
文艺广播 FM87.6	1994 年 4 月 1 日	0:00—24:00	《午夜拍案惊奇》、《今晚我们说电影》、《天天向上》、《评书连播》、《养生之道》、《空中笑林》、《早安北京》、《天下行》、《幽默集装箱》、《健康乐园》、《评书演义》、《笑语欢歌》、《超级快乐旅行》、《小说连播》、《音乐一线牵》、《新音乐风暴》、《娱乐 72 变》、《白话文艺》、《戏迷乐》、《开心茶馆》、《嘻哈杂货铺》、《环球旅行家》、《爱星满天》、《876 时尚秀》、《演艺群英会》、《说学逗唱》、《话说天下》、《广播剧场》、《武林天下》、《子夜柔情》

续表

频率名称	开办时间	播出时间	节目栏目设置
交通广播 FM103.9	1993年12月18日	0:00—24:00	《华人纵横天下》、《谜幻时空》、《极品音乐单元》、《娱乐大篷车》、《音乐旅途》、《一笑堂》、《激情岁月》、《1039新闻早报》、《交通新闻热线》、《交通新闻》、《今日交通》、《一路畅通》、《欢乐正前方》、《汽车天下》、《警法时空》、《旅途》、《航空在线》、《百姓TAXI》、《长书连播》、《1039交通服务热线》、《兵分两路听音乐》、《行走天下》、《新闻直通车》、《1039都市调查组》、《乐活21点》、《蓝调北京》、《有我陪着你》
外语广播 AM774	2004年9月17日	6:00—24:00	《英语自助餐》、《环球30分》、《私房拷贝》、《感受北京》、《名师在线》、《外国人的北京生活》、《电影音乐往事（英文版）》、《法国音乐风情》、《咚咚腔儿》、《俄罗斯风情》、《私房拷贝》、《大家说英语》、《空中英语教室》、《周末欢歌》、《双语PK台》、《莱茵音乐之旅》、《张道真自学英语》、《东京音乐广场》、《每日一招说英语》、《一千零一夜》、《中国音乐万千年（英文版）》、《城市节拍》、《读书》、《名师在线》、《传承》、《传承（英文版）》、《外国人的北京生活》、《韩国音乐舞台》
爱家广播 AM927	2009年1月18日	5:30—24:00	《任仁好爱范美丽》、《我和健康有个约会》、《健康在线》、《爱家消费全知道》、《宝贝计划》、《志在必得》、《爱家帮你忙》、《爱家故事连播》、《国事家事轻松说》、《快乐合家欢》、《爱家小算盘》、《毛毛狗的故事口袋》、《家有儿女》、《男孩女孩》、《两个女人一台戏》、《女人花》、《爱家静夜思》

续表

频率名称	开办时间	播出时间	节目栏目设置
有线教学广播 FM99.4	2002年1月1日	6:00—24:00	《现代汉语》(一)、《现代汉语》(二)、《现代汉字学》、《现当代文学专题研究》、《中国现当代文学名著选讲》、《古代汉语》、《汉语专题2》、《比较文学概论》、《美学专题》、《逻辑学》、《经济应用文写作》、《外国文学》、《非言语交际》、《唐诗宋词选讲》、《老年科学健身》、《老年心理》、《中国古代文学》(上)、《中国古代文学》(下)、《广告经营》和《中国近现代史》、张道真《自学英语》(第一、二、三、四册)、《每日一招说英语》(10分钟、25分钟)、《空中英语教室》(初级版、中级版)、《学英语话文明》、《英语300句》、《日语300句》、《德语300句》、《法语300句》、《俄语300句》、《法律知识讲座》、《英语快行线》、《英语2008》
有线古典音乐广播 FM98.6	2002年5月1日	0:00—24:00	《钢琴世界》、《华夏神韵》、《CD博览》、《POPS音乐》、《魅力演奏厅》、《交响空间》、《歌舞剧场》
有线通俗音乐广播 FM97.0	2002年5月1日	0:00—24:00	《柔情主义》、《极限失真》、《另类空间》、《Hot-Pop》、《Rock八九十》、《老歌也疯狂》
长书广播 FM104.3	2002年5月	0:00—24:00	《广播剧欣赏》、《经典戏剧故事》、《武林天下》、《言情小说》、《拍案惊奇》、《小说连播》、《精品小说》、《诺贝尔获奖小说》
有线戏曲曲艺广播 FM105.1	2002年5月	0:00—24:00	《长安大戏院》、《梨园金曲》、《评剧大观园》、《戏剧空间》、《电影录音剪辑》、《空中曲苑》、《地方戏》
欢乐时光广播 FM106.5	2006年9月6日	6:00—24:00	《欢乐无限》、《纪实广播小说连播》、《幽默集装箱》、《娱乐大篷车》、《迷幻时空》、《百年笑声》、《欢乐故事》、《娱乐档案》
怀旧金曲广播 FM107.5	2006年9月6日	6:00—24:00	《经典走四方》、《旧单车老情歌》、《下一站的回味》、《金曲无终点》、《音乐在旅途》

北京电视台频道一览表

频道名称	开办时间	播出时间	节目栏目设置
BTV北京卫视频道	1979年5月16日	6:00—次日6:00	《北京新闻》、《北京您早》、《特别关注》、《晚间新闻报道》、《新闻手语》、《新闻晚高峰》、《身边》、《五星夜话》、《真情耀中华》、《档案》、《天下收藏》、《中华文明大讲堂》、《国际双行线》、《环球冲浪》、《天下天天谈》等
BTV文艺文艺频道	1988年12月30日	6:00—次日2:30	《每日文娱播报》、《百姓秀场》、《影视风云路》、《天天影视圈》、《艺苑新视角》、《神州音话》、《星夜故事秀》、《光荣绽放》、《经典回眸》等
BTV科教科教频道	1999年12月27日(1993年11月1日教育频道)	6:00—次日2:04	《法治进行时》、《大家说法》、《现场说法》、《魅力科学》、《传奇》、《非常网络》、《非常说名》、《非常接触》、《非常夫妻》、《警法目录》、《养生堂》、《健康北京》等
BTV影视影视频道	1992年5月4日	6:00—次日2:00	《英雄剧场》、《家和剧场》、《黄金剧场》、《明星影院》等
BTV财经财经频道	2001年7月1日	6:00—次日1:40	《天下财经》、《首都经济报道》、《天天理财》、《财经五连发》、《北京议事厅》、《经济法眼》、《超级访问》、《名人堂》、《数说北京》等
BTV体育体育频道	1986年12月30日	6:00—次日6:00	《体坛资讯》、《篮球风云》、《天天体育》、《快乐健身一箩筐》、《足球100分》等
BTV生活生活频道	1996年11月8日	6:00—次日2:00	《大城小事》、《食全食美》、《生活面对面》、《生活实验室》、《7日7频道》、《第7日》、《快乐生活一点通》、《生活广角》等
BTV青少青少频道	2002年1月1日	6:00—次日2:00	《SK状元榜》《谁在说》、《北京男孩》、《情感部落格》、《探索》、《替身》、《悦读会》等
BTV公共公共频道	2003年1月1日	6:00—次日2:00	《红绿灯－早直播》、《红绿灯－平安行》、《故事汇》、《我的父亲母亲》、《京郊大地》、《四海漫游》、《手机江湖》等

续表

频道名称	开办时间	播出时间	节目栏目设置
BTV卡酷卡酷动画卫视频道	2004年9月10日（原动画频道）卡酷动画卫视于2006年10月13日成立	6:00—次日2:00	《福娃奥运漫游记》、《中华五千年》、《十分开心》、《闪天下》、《七色光》、《中国制造》、《酷片酷映》、《十分开心》、《闪天下》、《七色光》、《卡酷全卡通》、《漫话天下》、《宝贝星计划》等
BTV国际长城平台北京电视台国际频道 卫星频道(北美／亚洲／欧洲/加拿大)	2004年10月1日	每天首播7小时(全天24小时轮播)	长城(美国／亚洲／欧洲 ／加拿大／拉美)平台，选播北京电视台十个频道的精品节目等

北京北广传媒数字电视有限公司频道一览表

频道名称	开办时间	播出时间	节目栏目设置
京视剧场（有线）	2003年9月1日	14:00首播12小时 全天24小时轮播	
爱家购物（有线）	2003年9月1日	21:00首播4小时 全天24小时轮播	《健康桥》、《时尚轩》等
动感音乐（有线）	2003年9月1日	21:00首播4小时 全天24小时轮播	《华语至尊地带》、《谁比我原创》等
车迷频道（有线）	2003年11月1日	21:00首播4小时 全天24小时轮播	《八卦车坛》、《汽车影院》等
考试在线（有线）	2003年11月1日	16:00首播8小时 全天24小时轮播	《学习法》、《高考易错题解析》等
优优宝贝（有线）	2004年1月1日	21:00首播5小时 全天24小时轮播	《第一宝贝》、《贝因美全球育儿咨询》等
四海钓鱼（有线）	2004年1月1日	21:00首播4小时 全天24小时轮播	《渔我同行》、《游钓天下》等

续表

频道名称	开办时间	播出时间	节目栏目设置
弈坛春秋（有线）	2005年3月18日	21:00首播4小时 全天24小时轮播	《美嘉围棋时间》、《尖峰对决》等
环球旅游（有线）	2005年4月8日	21:00首播4小时 全天24小时轮播	《魅力世界》、《环球览胜》等
新娱乐（有线）	2005年7月22日	21:00首播4小时 全天24小时轮播	《影视风云榜》、《音乐风云榜》等
置业（有线）	2005年7月28日	21:00首播4小时 全天24小时轮播	《楼市大盘点》、《完全装修手册》等
戏曲广播（有线）	2003年11月1日	全天	《评述联播》、《梨园金曲》等
爵士音乐广播（有线）	2003年11月1日	全天	《爵士经典》、《爵士列车》等

北京北广传媒移动电视有限公司频道一览表

频道名称	开办时间	播出时间	节目栏目设置
北广传媒移动电视	2004年5月28日	5：38—23:00	《移动播报》、《财经早知道》、《体育连连看》、《出行导航》、《食尚》、《大城小家》、《完美婚嫁》、《悦读时间》、《百姓就业》、《数说北京》、《96310》、《一路同行》、《一路同行》、《封面聚焦》、《移动直通车》——路况直播、《时尚工厂》、《移动拍客》、《国家大剧院》、《教育纵横》

北京北广传媒城市电视有限公司频道一览表

频道名称	开办时间	播出时间	节目栏目设置
北广传媒城市电视	2005年8月1日	6：59—22：00	《城市播报》、《图片新闻》、《生活提示》、《财经新闻》、《体育新闻》、《演艺罗盘》、《工会之窗》、《书香北京》、《城市之家》、《百姓就业》、《这里是北京》、《中歌榜》、《玩转地球》、《豆儿》、《绿豆娃》、《消防小提示》、《文明礼仪宣传片》、《廉政公益片》等

北京北广传媒地铁电视有限公司频道一览表

频道名称	开办时间	播出时间	节目栏目设置
北广传媒地铁电视	2010年8月10日	5:00—23:00	《新闻地铁报》、《每日文娱（地铁版）》、《法制进行时（地铁版）》、《这里是北京（地铁版）》、《时尚装苑》、《卡酷》、《美食0换乘》、《国家大剧院》、《玩转地球》、《请您欣赏》、《中歌榜》、《时尚工厂》、《北京胡同》、《生活实验室》、《生活大调查》、《音乐风云榜》、《影视风云录》、《娱乐现场》、《最佳现场》、《全球娱乐通》、《绿豆蛙》

北京市朝阳区广播电视新闻中心频道一览表

频道名称	开办时间	播出时间	节目栏目设置
BTV公共（公共频道）朝阳时段	2003年1月	首播 19:30—21:00； 重播次日 7:30—9:00 12:30—14:00	《朝阳新闻》、《一周新闻综述》、《和谐在线》、《家庭赛乐赛》、《朝阳名师讲堂》、《人口视窗》、《聚焦电子城》、《地税你我他》、《迈向城市化》、《走进朝阳教育》、《郎咸平说》、《爱车空间》、《幸福2+1》、《同在蓝天下》、《陪你逛街》、《与法同行》等

北京市海淀区新闻中心频道一览表

频道名称	开办时间	播出时间	节目栏目设置
BTV公共（公共频道）海淀时段	2003年1月	首播 19:30—21:00； 重播次日 7:30—9:00 12:30—14:00	《海淀新闻》、《海淀教育》、《城管视点》、《海淀1时间》、《红盾时空》、《文明新发现》、《人口与家庭》、《公共服务在身边》、《中国书画鉴赏》、《警方在线》、《约会成功》、《青春防线》、《反腐启示录》、《陪你逛街》等
802海淀数字频道	2009年6月	6：30—24：30	《海淀新闻》、《海淀1时间》、《海淀教育》、《警方在线》、《城管视点》、《文明新发现》、《中国书画鉴赏》、《约会成功》、《青春防线》、《反腐启示录》、《法治中国》、《前沿讲座》、《健康第一线》、《郎咸平说》、《环保前线》、《国际时尚汇》、《全民健身舞》等

北京市丰台区广播电视中心频道一览表

频道名称	开办时间	播出时间	节目栏目设置
BTV公共（公共频道）丰台时段	2003年1月1日	首播 19:30—21:00；重播次日 7:30—9:00 12:30—14:00	《丰台新闻》、《聚焦丰台》、《百姓直通车》、《丰台经济报道》、《人大在线》、《政协视窗》、《清风苑》、《丰台警方》、《百姓与法》、《法治中国》、《乡村法制》、《丰台故事》、《影视剧场》、《成长的天空》、《真情零距离》、《移山》、《环保前线》、《健康面对面》、《食客》、《用工信息》等
803丰台数字频道	2009年11月8日	首播 19:30—24:30；重播次日 6:30—19:30	《丰台新闻》、《聚焦丰台》、《百姓直通车》、《丰台经济报道》、《人大在线》、《政协视窗》、《清风苑》、《丰台警方》、《百姓与法》、《法治中国》、《乡村法制》、《丰台故事》、《影视剧场》、《成长的天空》、《真情零距离》、《移山》、《环保前线》、《健康面对面》、《食客》、《用工信息》等

北京市石景山区广播电视中心频道一览表

频道名称	开办时间	播出时间	节目栏目设置
BTV公共（公共频道）石景山时段	2002年12月20日	首播 19：30—21：00；重播次日 7：30—9：00 12：30—14：00	《石景山新闻》、《记者视线》、《新闻盘点》、《生活与信息》、《走进演播室》、《天气资讯》、《艺海星光》、《教育新视线》、《法治聚焦》、《娱乐者》、《人口视窗》、《城管在身边》、《政协视窗》
804石景山数字频道	2009年11月6日	6：00—24：00	《午间新闻》、《石景山新闻》、《记者视线》、《新闻盘点》、《生活与信息》、《走进演播室》、《天气资讯》、《艺海星光》、《教育新视线》、《法治聚焦》、《娱乐者》、《人口视窗》、《城管在身边》、《政协视窗》、《百姓明星》、《804影视剧场》、《804经典纪录》、《804讲坛》、《环保前线》、《移山》、《民间收藏》、《跟我走吧》、《前沿讲座》、《健康第一线》、《法制中国》、《金碟时间》、《成长俱乐部》、《一立方》、《盛世收藏》

北京市门头沟区广播电视中心频道一览表

频道名称	开办时间	播出时间	节目栏目设置
BTV公共（公共频道）门头沟时段	2002年12月20日	首播 19：30—21：00； 重播次日 7：30—9：00 12：30—14：00	《节目导视》、《门头沟新闻》、《视点关注》、《信息高速路》、《相约健康》、《电视门诊》、《京西科技》、《阳光组工》、《京西人口》、《工商在线》、《公共城管》等

北京市房山区广播电视中心频率频道一览表

频率频道名称	开办时间	播出时间	节目栏目设置
房山人民广播电台FM107	1989年9月	6：00—24：00	《都市晨曲》、《音乐旅途》、《乐活乐购》、《乐活气象》、《96.9乐活书场》、《96.9资讯畅听》、《乐活丽人》、《周末慢时光》、《中华典故》、《好剧天天播》、《午休音乐坊》、《微博大家谈》、《LOHAS时间(乐活时间)》、《养生我知道》、《LOHAS Talk Show(乐活脱口秀)》、《知味男女》、《静夜思》
房山人民广播电台FM96.9	2010年7月		
BTV公共（公共频道）房山时段	2003年1月	6：00—9：00 12：30—14：00 19：30—21：00	《房山新闻》、《早安房山》、《午后真谈》、《都市生活》、《今古传奇》、《星火音乐放送》、《周末相声俱乐部》

北京市大兴区广播电视中心频率频道一览表

频率频道名称	开办时间	播出时间	节目栏目设置
大兴人民广播电台FM98.6	1995年1月	5：25—00：45	《健康与生活》、《转播中央和北京电台新闻》、《大兴新闻》、《娱乐大排档》、《选我喜欢》、《资讯BBS》、《播客王国》、《情感魔方》、《夜故事》、《评书》等
BTV公共（公共频道）大兴时段	2003年1月	首播 19：30—21：00 重播次日 7：30—9：00 12:30—14：00	《大兴新闻》、《天天剧场》、《女子别动队》（含农贸快讯和天气预报）、《经典剧场》、《社会·大兴——社会关注、经济直通车、医林医道》、《互动京南——天下无双、我行我秀、开讲930、天生我才、粉丝大派送》等

北京市通州区广播电视中心频率频道一览表

频率频道名称	开办时间	播出时间	节目栏目设置
通州人民广播电台 FM107.7	1991年12月	6：20—次日01：00	《通州新闻》、《走进中年》、《通州这方土》、《劳动信息通道》、《6538服务台》等
BTV公共（公共频道）通州时段	1994年2月	首播 19:30—21：00 重播次日 8：00—9:30 2:30—14：00	《通州新闻》、《看通州》、《经济生活》、《安全》、《劳动保障》、《漫话计生》、《运河桨声》、《健康人生》、《红盾之光》、《普法园地》、《潞电之光》、《通州科技》、《古韵新绿》、《周末大舞台》等

北京市顺义区广播电视中心频率频道一览表

频率频道名称	开办时间	播出时间	节目栏目设置
顺义人民广播电台 FM92.9	1998年1月20日	5：55—22：30	转播中央人民广播电台《新闻和报纸摘要》、《新闻60分》、《燕京书场》、《全球醉音乐》（直播）、《中国笑星》《顺心 顺意》（直播）、《家庭教育大讲堂》、《越聊越开心》（直播）、《百年听书时间》、《纪实60分》、《西部往事》、《汽车天天会》、《悦耳聆听》、《爱生活》、《时尚生活》、《电台情歌》、《人之初》等
BTV公共（公共频道）顺义时段	2003年1月1日	首播 19：30—21：00 重播次日 7：30—9：00 12：30—14：00	《顺义新闻》、《天气预报》、《顺义时空》、《情动绿港》、《师说日》、《歌唱部落》、《时尚风景线》、《音乐地带》等

北京市平谷区广播电视中心频率频道一览表

频率频道名称	开办时间	播出时间	节目栏目设置
平谷人民广播电台 FM89.2	1992年3月11日	6：30—8：20 11：00—12：00 18：30—19：30	《平谷新闻》、《绿谷风采》、《老年之友》、《话说金融》、《戏曲选粹》、《法制园地》、《相声集锦》、《岁月如歌》、《评书联播》、《健康》
BTV公共（公共频道）平谷时段	2003年1月1日	首播 19：30—21：00 重播次日 7：30—9：00 12：30—14：00	《平谷新闻》、《气象预报》、《送您一笑》、《旅游精点》、《警法在线》、《平谷卫生》、《药监长廊》、《生活周刊》、《希望田野》、《平谷医疗》、《走近医学》、《时尚消费》、《现代中医》、《视点》

北京市怀柔区广播电视中心频率频道一览表

频率频道名称	开办时间	播出时间	节目栏目设置
怀柔人民广播电台 FM101.3	1996年11月	6:29—15:05 17:29—22:20	《怀柔新闻》、《行风热线》、《今日三农》、《快乐有怀柔》、《法制时刻》、《文化怀柔》、《安全在线》、《文明在身边》、《今日三农》、《新视野》、《健康有约》、《发展与改革》、《特别报道》、《成长》、《健康伴你行》、《音乐无限》、《政策导读》、《快乐60分》、《故事会》、《空中书场》等
BTV公共（公共频道）怀柔时段	2003年1月	首播 19:30—21:00 重播次日 7:30—9:00 12:30—14:00	《怀柔新闻》、《生活大观园》、《怀建周日特别报道》、《法制时刻》、《文化怀柔》、《安全在线》、《文明在身边》、《今日三农》、《新视野》、《健康有约》、《发展与改革》等

北京市昌平区广播电视中心频率频道一览表

频率频道名称	开办时间	播出时间	节目栏目设置
昌平人民广播电台 FM103.1	1987年7月	6:28—15:30 16:58—23:30	转播《新闻和报纸摘要》、转播《北京新闻》、《昌平新闻》、《音乐前沿》、《与法同行》、《评书开讲》、《环球旅行家》、《名家书场》、《听电影》、《经典小说》、《健康驿站》、《今古传奇》、《空中笑林》、《星光电影厅》、《心情追忆》、《明星魔幻秀》、《健康进行时》、《健康指南》、《健康罗盘》、《环球旅行家》、《长书剧场》、《天下故事会》、《戏曲天地》、《晚间书场》、《健康你我他》、《中华大讲堂》、《明星魔幻秀》等
BTV公共（公共频道）昌平时段	2003年1月	首播 19:30—21:00 重播次日 7:30—9:00 12:30—14:00	《昌平新闻》、《百姓话题》、《劳动就业信息》、《天气预报》、《真情故事》、《法治纪事》、《古今昌平》、《视角》、《相约》、《时空关注》、《农民课堂》、《周末21点》、《健康宝典》、《法治中国》等

北京市密云县广播电视中心频率频道一览表

频率频道名称	开办时间	播出时间	节目栏目设置
密云县人民广播电台 FM94.1	1989年	6：30—23：30	转播《新闻和报纸摘要》、转播《北京新闻》、《密云新闻》、《教育园地》、《经济广角》、《政法之声》、《我的社区我的家》、《今日密云》、《健康广场》、《三农有约》、《身在异乡》、《天气预报》、《生活百叶窗》、《广播剧场》、《平安伴你行》、《记忆的唱片》、小说与评书联播》、《941音乐心旅程》、《每周一歌》、《曲苑直通车》、《天地一家》等
BTV公共（公共频道）密云时段	2003年1月	首播 19:30—21:00 重播次日 7:30—9:00 12:30—14:00	《密云新闻》、《事事关心》、《今日观察》、《经济视点》、《社会纵横》、《生态经济一刻钟》、《檀州采风》、《檀州大舞台》、《科技信息之窗》、《健康时空》、《科普大篷车》等

北京市延庆县广播电视中心频率频道一览表

频率频道名称	开办时间	播出时间	节目栏目设置
延庆人民广播电台 FM92.8	1997年1月1日	6：25—23：05	转播中央台《新闻和报纸摘要节目》、转播北京台《北京新闻》、《延庆新闻》、《快乐调频928》、《生活导航》等
BTV公共（公共频道）延庆时段	1994年7月1日	每天首播 19:30—21:20；次日重播 7:30—两遍重播结束	《延庆新闻》、《一周新闻综述》、《生活全方位》、《妫川故事》、《生活气象》、《七彩连万家》、《一路平安》、《卫生新视野》、《延庆教育》、《农产品信息》、《法制延庆》、《工商视点》、《收视指南》等

节目栏目

2011/《北京广播影视年鉴》

——记录行业情况　服务业内和社会——

2010年北京市广播电视优秀节目栏目介绍

北京人民广播电台

年度热播节目栏目

★《资讯早八点》 新闻资讯栏目。2006年1月2日开办。北京电台新闻广播每天8：00播出，时长60分钟。该栏目是北京新闻广播重点打造的一档早间新闻资讯节目。本着以实用信息为主，同时超越城市生活“柴米油盐”

《资讯早八点》栏目组

微观实用信息的原则，囊括政策走向、消费、财经和文化娱乐资讯等实用信息，人物专题板块《百姓生活故事》讲述普通人真实感人的故事。该栏目荣获 2007、2009年北京广播影视奖优秀栏目奖；第十九届北京新闻奖新闻栏目一等奖；被评为2008至2010年北京电台名牌栏目；第四届北京电台“听众喜爱的名牌栏目”。

年度优秀节目栏目

1.《探访大学生就业之路》 系列报道。北京电台新闻广播2010年5月18日—6月5日每天7：00—7：20的《北京新闻》中播出，共18集，每集时长4分钟。2009年，北京市大学毕业生总数达21万人，超过以往任何一年，加上国际金融危机的严重影响，棘手的大学生就业问题再次凸现出来。在全社会都用关切的目光注视着这一焦点问题的时候，北京电台组织多路记者以系列报道的形式，多视角透视这一社会问题。摆问题、究原因，总结、归纳出多条解决问题的办法和思路，给

《探访大学生就业之路》报道组

大学生提出了切实可行的就业方向，起到了正面引导大学生就业的良好社会效果，展现了北京电台作为主流媒体的社会责任。该节目由北京电台新闻广播、城市服务管理广播联合制作，荣获第二十届中国新闻奖一等奖、十九届北京新闻奖一等奖、2009年北京广播影视奖一等奖。

2.《城市零距离》 新闻资讯栏目。 2005年3月1日开办。北京电台城市服务管理广播每天8：00播出，时长60分钟。该栏目主要

邀请政府部门负责人以及相关专家就当前广受关注的政策、法规、民生需求等热点问题

《城市零距离》栏目组

与听众直接沟通互动。节目独创“政府部门负责人与听众直接对话”、“听众反映问题记者调查追踪反馈”、“对相关问题分析归纳撰写报告”等运作机制，以其权威发布、快速反应、充分沟通、贴近民生等特点受到各方面好评，被称为“不落幕的新闻发布会”。特别是结合社会热点，每年播出的“对话市长，共议发展”、“市民对话一把手”等系列节目，话题重大、关注广泛、影响深远，成为独树一帜、有影响力的广播节目品牌。该栏目荣获“第二十届中国新闻奖”名专栏奖、十九届北京新闻奖二等奖、2009年度北京广播奖优秀栏目奖、北京电台荣誉名牌栏目。

3. 10月2日《北京新闻》 新闻编排。北京电台新闻广播2009年10月2日7：00播出，时长23分46秒。2009年10月1日，新中国迎来60周岁生日。次日《北京新闻》设置“庆典盛况”、“国内国际评论”、“观礼代表和北京市民盛赞国庆盛典”、“庆典保障”四大板块，思路清晰，层次分明，环环相扣，既有宏观视野，又有北京落点，浑然一体。内容丰富，可听性强。节目荣获第二十届中国新闻奖广播新闻编排二等奖。

《北京新闻》新闻编排作者

4.《北汽收购萨博全部知识产权，开中国汽车企业海外收购先河》 广播消息。北京电台交通广播2008年12月23日播出，时长3分50秒。金融危机之后，中国汽车企业纷纷尝试收购海外汽车品牌。记者抓住北汽收购萨博是首个成功收购海外汽车知识产权这一典型进行报道，明确指出北汽买断萨博全部知识产权，可直接将世界先进技术用于自主研发工作中。此外，记者还采访了代表中国汽车行业和经济信息领域权威观点的中国汽车工业协会、国家信息中心，解析全面收购海外企业可能产生的弊端，为中国汽车海外收购提出了建议，把海外收购提升到建设汽车强国的高度。节目荣获第二十届中国新闻奖三等奖、北京新闻奖一等奖。

广播消息《北汽收购萨博》作者

5.《北京最帅交警孟昆玉》 新闻专题。北京电台交通广播2009年10月2日播出，时长15分钟。北京交警孟昆玉在工作中，摸索

新闻专题《北京最帅交警孟昆玉》作者

出别具特色的“孟昆玉交通疏导法”，用“换位”思考的人性化执法方式，让违法司机心服口服。记者通过长达两个月的跟踪采访，悉心捕捉到交警孟昆玉工作、生活的各种细节，感悟到新一代年轻人的精神风貌。节目事例鲜活，逻辑清晰，叙事平易，荣获第十九届北京新闻奖一等奖、2009年度北京广播影视奖一等奖。

6.《见证辉煌——北京电台庆祝新中国成立60周年“十一”特别直播节目》 现场直播。北京电台新闻广播、城市服务管理广播2009年10月1日9：00—16：00播出，时长7小时。该节目为新中国成立60周年特别制作。分为6个单元，主题分别为庆典总览、国庆阅兵、国庆游行、国庆休闲、国庆保障和国庆联欢晚会。节目运用记者现场连线、专家直播解读、录音报道、听众多媒体互动等声音元素，第一时间报道天安门现场动态、提供权威解读。各主题单元之间，以国庆歌曲、当天天气和最新路况作为过渡，既传递国庆现场信息，又为节日生活提供服务信息。节目荣获第十九届“北京新闻奖”一等奖。

现场直播《见证辉煌》作者

7.《白求恩——一种精神的传承（纪念白求恩逝世70周年特别节目）》 对外广播。北京电台外语广播、加拿大国际广播电台中文台2009年11月15日播出，时长15分钟。节目以白求恩逝世70周年为背景，以在当代社会形势下纪念和传承白求恩精神为主线，先后采访了英文版《白求恩传记》作者——加拿大前总督武冰之，白求恩战友张业胜，关注白求恩评价的加籍华人王建刚和在抗震救灾中真切感受到白求恩精神的青年医生郝楠。他们从各自不同的角度生动地讲述了自己所认识的白求恩及当代白求恩精神的意义。节目真切平实、发人深省，荣获2009年度北京广播影视奖境外播出类一等奖。

对外广播 《白求恩》作者

8.《送别——献给杰出的小提琴教育家林耀基教授》 音乐专题节目。北京电台音乐广播2009年6月18日播出，时长26分。该节目表

述了享誉世界的小提琴教育家林耀基教授为中国小提琴事业耕耘一生的故事。他培养的学生先后在国际小提琴比赛中获得了40多个奖项，其中有十多项冠军金牌奖，林耀基教授也被誉为“冠军教授”和“采矿大师”。作品开掘深入，把林耀基的人格魅力表现得淋漓尽致，真实感人。其生前的一些珍贵音响提升了这部作品的史料价值。音乐和语言、音响处理得水乳交融，相得益彰，突出了广播音乐的特点，做到了思想性、艺术性和欣赏性三者的有机统一。节目演播到位，制作精良，荣获第十二届全国广播文艺音乐节目一等奖、2009年度《北京市广播影视奖》广播文艺一等奖。

音乐专题节目《送别》作者

9.**《永远的缪斯》**音乐专题节目。北京电台音乐广播2008年12月播出，时长28分48秒。该节目用音乐之神缪斯串联整个世界奥运歌曲发展的全过程，同时加入大量音乐家、歌唱家专访，最后以北京奥运会会歌《我和你》结束。节目创意独特、音响丰富、制作精良。节目由北京电台节目制作中心制作，荣获2009年度国家广播电影电视总局广播节目录制技术质量奖（金鹿奖）语言类一等奖。

音乐专题《永远的缪斯》作者

10.**《话说天下》**　播讲类栏目。2008年1月1日开办，北京电台文艺广播每天22：00—22：30播出，时长25分钟。该栏目本着尊重事实、正说历史的原则，从浩瀚的古今中外历史故事中，精选最具代表性、戏剧性、经典性的作品，重新整理编播。节目创新单本类作品节目的形态，以语言为主，辅以多种音乐和动效的广播小品。故事细节上使用艺术夸张等手法，每篇故事中设置一个片花，3-5个悬疑包袱，整个故事跌宕起伏，富有极强的悬念和戏剧冲突的美感，并穿插简短评价，带给听众无限的回味和深思。栏目荣获北京电台第四届“听众喜爱的名牌栏目”、2010年度北京电台名牌栏目。

《话说天下》栏目主持人及编辑

11.**《任仁好爱范美丽》**　迷你音乐生活剧。2009年4月开办，北京电台爱家广播每天5个新作品，全天11次逢半点滚动播出，时长1分钟左右。该栏目选取源于鲜活生活中的原创家庭故事，用声音搭建起一个“虚拟家庭”，由任仁好和范美丽这对小夫妻为听众送上一段家庭小笑话，带给人们用幽默解决家庭问题的生活智慧。栏目荣获2009年度北京市广播影视奖广播文艺类三等奖，2010年北京电台春节节目大赛最佳节目奖。

音乐生活剧《任仁好爱范美丽》主持人

12.**《新闻直通车》**　新闻资讯栏目类。2004年1月1日开办。北京电台交通广播每天19：00—20：00播出，时长60分钟。该栏目是为上班族回家途中提供的新闻大餐。主持人对海量资讯去粗取精、纵横联系、化繁为简，选择能引起共鸣的最贴近民生的热点事件，深入解读，使听众了解到新闻背后的故事，强化新闻评论，提供更有思想的新闻。该栏目荣获北京电台第四届“听众喜爱的优秀栏目”。

《新闻直通车》栏目主持人

13.**《边走边唱》**　音乐栏目。2009年1月1日开办。北京电台音乐广播周一至周五10：00—12：00播出，时长120分钟。该栏目是音乐电台在空中建构的一档随身KTV节目，制作精良的节目包装，使得音乐和音乐之间相互交融。主持人用最新、最少、最精的语言和亲和的态度，让整个节目音乐氛围更加生动活泼，内容愈发饱满，让每一个在路上的朋友可以毫无负担的快乐随身KTV！该栏目获北京电台第四届“听众喜爱的优秀栏目”、2010年北京电台优秀栏目。

《边走边唱》栏目主持人及嘉宾

14.**《演艺群英会》**　综艺栏目。2007年1月1日开办。北京电台文艺广播每天20:00播出，时长50分钟。该栏目围绕最新上演的舞台剧、影视作品，邀请主创等相关人员直播访谈，通过对演艺信息的及时发布、对作品的权威解读以及听众的广泛参与，打造一个专业的舞台剧、影视作品信息传播和权威评论的平台。栏目荣获北京电台第三届“听众喜爱的名牌栏目”、第四届“听众喜爱的优秀栏目”，2009、2010年度北京电台优秀栏目。

《演艺群英会》栏目主持人及嘉宾

15.**《读书俱乐部》**直播访谈栏目。2003年开办，北京电台故事广播每天22：00—23：00播出，时长60分钟。每天一个小时，作家、评论家、文化名人、书友等齐聚一堂，品味文学魅力，解读文坛风云，分享人生酸甜苦辣，畅谈人生的多种命题。栏目传递图书市场信息，推介新书、好书，是写书人、出书人、读书人交流、沟通的园地，成为独特的读书生活的“风向标”。2008—2010年连续三年被评为北京电台名牌栏目。

《读书俱乐部》栏目主持人

16.**《京城帮帮团》** 公益服务栏目。2009年1月1日开办。北京电台城市服务管理广播每天10：15–11：00，11：15–12：00播出，时长90分钟。该栏目所倡导的生活互助“大家帮大家”理念，得到了听众的积极认可和响应，开播第一年比原来同时段节目收听率和市场占有率上升214%，是一档倡导慈善公益，建立新型人际关系、促进社会和谐、构建精神文明的栏目。2010年，节目累计接听听众求助电话9000多人次，播出求助短信6000多条，帮助求助者解决各种生活小难题约8000多人次，占到求助总数的80%—90%。该栏目荣获2009、2010年度北京电台优秀栏目，2009、2010年北京市慈善公益“明星项目”奖。

《京城帮帮团》栏目主持人

17.**《咚咚腔》** 双语访谈直播栏目。2008年1月1日开办，北京电台外语广播周一至周五11：00–12：00首播：21：00–22：00重播，时长60分钟。该栏目以外国人独特的视角，就国内社会热点问题、与京城老外密切相关的话题展开讨论。通过主持人与外国嘉宾观点的碰撞，力图营造不一样的观察视角和真诚的谈话氛围。节目风格轻松、多元，荣获2009年度北京电台优秀栏目。

直播栏目《咚咚腔》主持人

18.**《体育新世界——雄鸡唱晓》** 体育新闻栏目。2004年1月1日开办，北京电台体育广播每天7：00—8：25播出，时长1小时25分钟。该栏目是体育广播全天第一档大板块直播新闻节目，保持了体育新闻播报的迅速、准确性，加强了节目主持人的点评和与听众的互动。因国际体育资讯多发生在北京时间凌晨，节目于第一时间由编辑发送，为体育迷们第一时间了解比赛资讯提供平台，成为北京早间广播节目中最具权威的一档体育节目。荣获 2007—2009年度北京电台优秀栏目。

《体育新世界——雄鸡唱晓》栏目主持人

19.《饭点儿说吃》 生活服务资讯栏目。2008年1月1日开办，北京电台体育广播每天17：15—17：55播出，时长40分钟。该栏旨在倡导健康饮食，弘扬中国传统美食文化，为广大听众提供相关知识和服务。2010年栏目扩展服务资讯内容，围绕全社会关心的食品营养、食品安全等热点问题，邀请营养专家，不光说“吃”，还介绍怎样吃合理，有益健康；介绍什么食物含有什么成份，什么成份有什么作用，让大家吃得明白；为听众的饮食安排，提出指导性的建议。荣获2010年北京电台优秀栏目、第四届“听众喜爱的优秀栏目”

《饭点儿说吃》栏目主持人

北京电视台

年度热播节目栏目

★《养生堂》

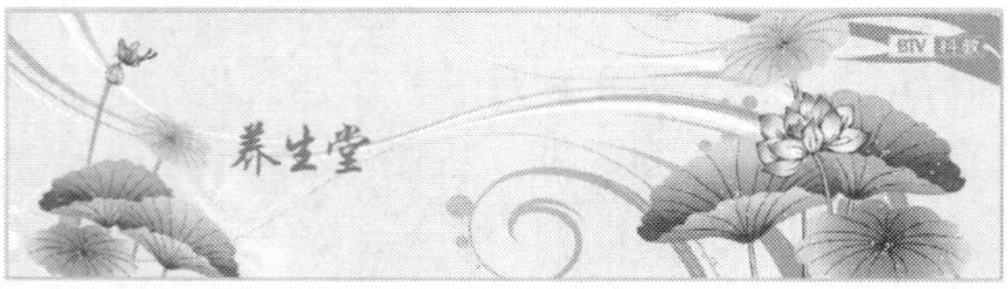

专题服务栏目。2009年1月1日开办。北京电视台BTV科教频道每天17:45播出，时长25分钟。该栏目以传播养生之道，传授养生之术为宗旨，以演播室访谈加专题片为形式，请专家介绍科学的中医养生知识。栏目秉承传统医学理论，根据中国传统养生学“天人合一”的指导思想，系统地介绍中国传统养生文化，有针对性地介绍实用的养生方法。该栏目2010年全年平均收视率为2.71%。

年度优秀节目栏目

1.《北京新闻》

新闻资讯栏目。1979年5月16日开办。北京电视台BTV北京卫视每天18:30首播，时长30分钟。该栏目作为北京市改革开放、经济发展、社会进步的重要窗口，资讯全面，报道及时，信息量丰富，报道角度新颖。强化主打新闻概念、运用新闻背景、组合报道等方式，不断扩大报道范围，丰富报道内容，改进时政新闻报道，精简一般会议新闻，加大资讯新闻报道量，使2010年平均收视率达到7.27%，是收视率最高的新闻节目。

2.《大家说法》

专题服务栏目。2008年1月1日开办。北京电视台BTV科教频道每天12:20播出，时长20分钟。该栏目是一档法治新闻专题栏目，对北京地区发生的重大法制事件进行深度调查报道，旨在对法治事件进行深度剖析和提出警示。该栏目用纪实手法跟踪当事人，亲历法治事件的过程，把观众带进当事人最生活化的状态当中，从而达到引导观众学法、守法、用法和参与法律构建的目的。该栏目2010年平均收视率为7.04%。

3.《法治进行时》——《治安播报》

专题服务栏目。2004年8 月开播。北京电视台BTV科教频道每周日12:00播出，时长20分钟。该栏目为《法治进行时》的周末版，以《法治进行时》日播内容为基础，针对日播节目播出后观众的反馈意见，在原有内容基础上加以精编，增强了系统性和针对性，以密集的信息点满足了观众的更多需求。该栏目2010年平均收视率为6.82%。

4.《法治进行时》

专题服务栏目。1999年12月27日开办。北京电视台BTV科教频道每周一至周六12:00首播，时长20分钟。该栏目是“成长十年”的品牌栏目，第一时间第一现场记录报道京城正在发生的法制事件。节目内容时效性强、故事性强、现场感强、服务性强。2010年平均收视率为6.36%。

5.《特别关注》

新闻资讯栏目。2000年11月16日开办。北京电视台BTV北京卫视每天12:30首播，时长28分钟。该栏目定位于民生新闻，始终坚持“关注社会发展、贴近百姓生活”的栏目宗旨，力求用特快的速度、特别的视角、特色的手段，报道百姓关心的事、身边的事、困难的事、烦心的事。真实客观地诠释新闻事件，理性细致的关注百姓生活，倾听百姓心声、反映社会热点，为百姓排忧解难，为政府搭建桥梁。该栏目2010年平均收视率为3.83%。

6.《天下收藏》

文化专题栏目。2007年1月6日开播，北京电视台BTV北京卫视每周五21:35播出，时长50分钟。该栏目以“去伪存真”为主旨，用现代化的传播方式及国际化的视角，诠释中国古代艺术品的精湛与美艳，凸显北京地域特色。每期节目分为亮宝、辨宝和护宝三个环节。亮宝——亮出重器供嘉宾猜价格；辨宝—藏宝人介绍自己带来的藏品并自报价格，嘉宾则据判断竞猜每件藏品的真假；护宝——三位专家分别对三件藏品给与真假的最终认定，假的被护宝锤当场击碎。栏目主持人为著名演员王刚，2010年平均收视率为3.48 %。

7.《现场说法》

法治专题节目。2005年1月7日 开播，北京电视台BTV科教频道每天11:30首播，时长25分钟。《现场说法》是一档法制题材的栏目剧，节目采用短剧、律师和专家点评、事件真实镜头回放（模拟现场）等方式，讲述现实社会生活中真实发生的事件，深刻解析事件中的法律点，普及法律知识，提高群众的法律意识。2010年栏目平均收视率为2.89%。

8.《非常夫妻》

生活专题栏目。2000年4月开播，原名《夫妻剧场》，2009年1月1日更名为《非常夫妻》。北京电视台BTV科教频道每周四20：00首播，时长50分钟。该栏目是一档周播谈话栏目，栏目每期邀请一对名流夫妻，从婚恋故事出发，讲述他们的婚姻、恋爱、家庭生活中的故事，与观众一起感悟爱情、婚姻、生活的真谛，倡导社会和谐。栏目遵循轻松地探讨严肃话题，真诚地讲述真实故事的原则，以主持人与嘉宾夫妇的谈话为载体的社会话题。2010年栏目平均收视率为2.73%。

9.《生活实验室》

生活专题栏目。2007年7月22日开播。北京电视台BTV生活频道每周日18:59首播，时长30分钟。该栏目以“实验从生活中来，实验又为观众服务”为主旨，内容涵盖大量的日常生活科普知识，演绎形式鲜活有趣。演播室为实验室，邀请观众参与现场实验，通过真实的生活现象和物品实验，深度揭示关乎人们生活、健康、安全等现象原理，达到科普之目的。2010年栏目平均收视率为2.71%。

10.《生活面对面》

生活专题栏目。2002年1月开播。北京电视台BTV生活频道周一至周六18:59首播，时长28分钟。该栏目以贴近北京都市生活，服务北京大众民生为宗旨，内容涉及百姓衣食住行的方方面面。节目以演播室主持人播报点评和外拍短片为主，表现手法灵活多样，信息故事化、故事情节化、情节细节化，实现了“趣味信息有效传播、有效信息趣味传播”。栏目清新质朴的风格、新鲜实用的信息、权威深刻的解读、方便贴心的帮助，深受京城百姓的喜爱，2010年平均收视率为2.61%。

11.《大城小事》

生活专题栏目。2007年1月4日开播，北京电视台BTV生活频道周一至周六21:12播出，时长30分钟。该栏目的最大特色是真实、感人、亲民、自然。面向京城百姓，捕捉生活中最真实、最感人的故事，着力描绘人性中的真善美，弘扬正义、诚信、友爱等精神和道德风尚，充分展现充满活力的北京人的精神风貌。栏目大量起用非专业演员参与演出，尽情释放“民星”的才华，激发“民星”的潜力，真正做到“老百姓的故事老百姓演”。2010年栏目平均收视率为2.54%。

12.《快乐生活一点通》——《快乐周末》

生活专题栏目。2004年5月3日开播，北京电视台BTV生活频道每周日20:02播出，时长50分钟。该栏目着眼京城广大市民，以贴近百姓生活，服务百姓为原则，以实用的生活技巧为主要内容，通过快乐家庭向观众介绍生活中实用、科学、趣味的小发明、小窍门，倡导节约生活理念。作为《快乐生活一点通》的周末版，栏目主要以演艺明星客串的形式演绎播出本周所受欢迎的小窍门，内容丰富精彩。2010年栏目平均收视率为2.48%。

13.《五星夜话》

文化访谈栏目。2008年1月开播，北京电视台BTV北京卫视周四21:35播出，时长50分钟。该栏目秉持传统主流价值观，坚持多元文化的多元展现，以高端文化访谈为主要形式，梳理文化热点，点评文化事件，并形成独家观点。节目口号是“文无第一，议论天下，五星煮酒，谁是英雄”。2010年栏目平均收视率为2.45%。

14.《每日文娱播报》

文化专题栏目。2002年1月1日开播，北京电视台BTV文艺频道每日19:00首播，时长27分钟。该栏目坚持客观、真实、及时的新闻观，倾情为观众奉献健康、清新的娱乐节目，在获得观众认可的同时，栏目自身影响力也显著提升。作为北京电视台自办的一档日播娱乐资讯栏目，2010年平均收视率为2.45%。

15.《非常接触》

文化专题栏目。2004 年 1 月开播，北京电视台 BTV 科教频道周三 20:00 播出，时长50分钟。该栏目以推介名人名著为主要内容，热心为大众读书提供资讯，其宣传语是“想立志先读书，只有读书能立志”。栏目以书为媒介，通过解读嘉宾的书，来了解嘉宾的思想感情，讲述嘉宾人生的励志故事。2010年栏目平均收视率为2.44%。

16.《非常说名》

专题栏目。2009 年 1 月开播，北京电视台 BTV 科教频道周二20:00播出，时长50分钟。“名人讲述名人的故事”是《非常说名》的内容核心，以浓厚的人文色彩和人情关怀为特色。邀请知名人士讲述他们和文化名人的故事，包括已故的和在世的，披露他们鲜为人知的趣闻轶事、爱恨情仇，探讨他们的成就与贡献，成功与失败。2010年栏目平均收视率为2.38%。

17.《非常网络》

专题栏目。2009年1月开播，北京电视台BTV科教频道周一20:00播出，时长50分钟。该栏目采用主持人与嘉宾对谈的形式，以“网络”为主题，评议网络热点人物及网络热点事件。2010年栏目平均收视率为2.29%。

18.《第7日》

专题栏目。1999年4月开播，北京电视台BTV生活频道周日19:28播出，时长30分钟。该栏目以保持平民视角，展现平民智慧为主旨，关注都市时尚，评点事件热点，展示百姓生活。节目选题丰富，突出服务性，并具思辨特质，风格追求时尚大气，辅助以故事化的表现手段，深为观众喜爱。2010年栏目平均收视率为2.26%。

北京北广传媒移动电视有限公司

年度优秀节目栏目

1.《移动播报》

《移动播报》栏目片头

新闻资讯栏目。2005年8月15日开办，2009年7月改版。北广传媒移动电视周一至周日逢整点播出，每天4档，日播13次，时长5分钟。该栏目是一档集时政、民生、生活、娱乐、趣闻、自制新闻为一身的综合性新闻服务类资讯节目，是移动电视力推的自制节目之一。栏目充分利用北京各大媒体新闻资源，从服务的视点出发，为移动人群快速准确地提供最新的新闻报道和实用的服务信息，受到出行乘客的关注和好评。

2.《财经早知道》

《财经早知道》栏目片头

财经专题栏目。2009年1月12日开播，北广传媒移动电视周一至周五播出，分上午版和下午版，全天播出6次，时长5分钟。该栏目以视频、字幕、图表相结合的形式，及时全面地播报财经资讯，关注财政政策、周边市场、集成股市以及股市开盘、收盘、涨跌幅前五名等信息。

3.《体育连连看》

《体育连连看》栏目截图

体育专题栏目。2009年1月12日开播，北广传媒移动电视周一至周五播出，每天1期，时长5分钟。该栏目集成各类体育新闻信息，预告当日重要体育赛事转播，信息丰富，内容精彩，是当天重大体育消息的超级浓缩版。

4.《出行导航》

《出行导航》栏目片头

生活专题栏目。2005年12月15日开播。北广传媒移动电视每天18：00首播；当日20:30、21:30，次日7:08重播，时长10分钟。该栏目是移动电视与北京市交管局联合推出的以发布交通信息为主的节目。本着结合电视信息发布的直观性和广播服务快捷性的原则，面向城市交通的参与者，建立全新的交通信息发布平台，使乘客能够直观地即时掌握城市交通路况，保障老百姓安全出行。

5.《食尚》

《食尚》栏目片头

生活专题栏目。2009年3月19日开办。北广传媒移动电视每周1期，每天播出3次，时长10分钟。该栏目是一档介绍京城各地特色餐馆、特色餐饮服务的节目。栏目秉承"服务百姓，推广优质中华美食"的宗旨，通过短、平、快的资讯和实用有效的民生新闻，把中国的饮食文化传递给市民，把健康的饮食理念传达给受众，让乘客在乘车过程中，匆匆一眼，即能获得实用有效的信息。栏目分设"美食大搜索"、"移动厨房"、"食尚资讯"三个板块，节目内容立足普通百姓，浅显易懂，受到出行乘客的关注和好评。

6.《大城小家》

《大城小家》栏目截图

生活专题栏目。2009年6月5日开播，北广传媒移动电视播出，每周1期，每天播出3次，时长10分钟。该栏目以贴近生活、服务大众为主旨，针对普通市民在房屋购买、装修装饰等方面的兴趣与困扰，精选编播家居、建材等知识以及由专业机构提供的资讯和专家答疑解析，为广大出行市民提供时尚、实用、科学的生活服务信息，帮助京城百姓搭建温馨之家，尽享惬意、舒适的居家生活。

7.《完美婚嫁》

《完美婚嫁》栏目片头

生活专题栏目。2009年10月26日开播，北广传媒移动电视播出，每周1期，时长5分钟。该栏目立足京城新人，以真挚赞美浪漫婚嫁、完美人生为要旨，集服务、文化、趣味性于一体，既有婚庆服务资讯，又有相关背景知识介绍，热忱为市民提供优质、完美和新意的婚嫁服务信息。

8.《玩转北京》

《玩转北京》栏目片头

专题栏目。2010年2月10日开播，北广传媒移动电视周三至周六播出，每周1期，时长5分钟。该栏目旨在为受众提供一个可了解各种娱乐文化活动相关信息的服务平台，重点介绍与百姓生活息息相关的娱乐休闲文化活动、博物馆、展览馆、运动场馆等最新动态。

9.《百姓就业》

《百姓就业》栏目片头

生活专题栏目。2009年5月15日开播，北广传媒移动电视每周日首播，每周1期，每天2次，时长5分钟。该栏目大力倡导就业为民生之本的理念，注重为百姓就业导向，传递政府声音，提供就业相关服务信息。节目以北京市人力资源和社会保障局有关政策和信息为主要内容，及时、准确、权威地发布本市就业岗位信息、公益资讯，详实解读社保政策，便利百姓出行能及时了解就业等民生保障资讯。

10.《数说北京》

《数说北京》栏目片头

生活专题栏目。2007年8月16日开播，北广传媒移动电视周一至周五播出，每日2次，时长10分钟。该栏目每集选取一个或一组社会经济生活中的热点数据或百姓关心的统计数据，以室内情景剧的喜剧故事形式，以统计杂志《数据》编辑部为背景，通过6位编辑、记者及他们家人、朋友的日常工作、生活内容，演绎说明数字背后北京社会、经济等各方面的发展成就，展示具有时代特色的北京人风貌。剧集内容贴近百姓生活，得到观众的广泛认可。栏目由北京市统计局、国家统计局北京调查总队与北京电视台联合制作。

11.《96310》

《96310》栏目片头

生活专题栏目。2005年1月18日开播，北广传媒移动电视每周3期，每期10分钟，日播2次。该栏目旨在报道城市管理，倾听百姓心声。主要内容以行业新闻、热点追踪、案例分析为主，贴近百姓、平实有趣；通过独特的报道视角、生动的表现形式，向广大市民讲述“城管的事”；市民参与互动，百姓与政府进行有效地沟通。栏目由北京市城市管理综合行政执法局主办。

12.《一路同行》

《一路同行》栏目片头

生活专题栏目。2009年7月21日开播，北广传媒移动电视每周1期，每天2次，时长5分钟。该栏目是北京公交集团与北广传媒移动电视合力推出的一档服务百姓公交出行，倡导文明乘车的电视节目。节目通过《资讯》、《公交主干线》、《车上车下》、《车厢服务台》和《素丽提示》等板块，为百姓出行提供乘车导航、安全出行等公交服务信息。栏目针对性、服务性、可看性强，对促进社会和谐、营造积极向上的良好氛围具有强劲推动作用。

13.《悦读时间》

《悦读时间》栏目片头

文化专题栏目。2009年10月26日开播，北广传媒移动电视播出，每周1期，时长5分钟。该栏目重在实用性和欣赏性，主要内容为新书推荐、杂志推介、畅销书排行榜、杂志封面欣赏等。优美的图片，精炼的字幕信息为栏目特色，极大地丰富了百姓的文化生活。

14.《封面聚焦》

《封面聚焦》栏目片头

文化专题栏目。2010年4月26日开播，北广传媒移动电视播出，每周1期，时长5分钟。该栏目以介绍杂志精彩内容、封面故事及杂志鉴赏为主旨，为观众提供一个了解杂志热点话题及鉴赏的服务平台，并在视觉上给予轻松、美的感受。

15.《时尚工厂》　专题栏目。2010年8月9日开播，北广传媒移动电视播出，每周2期，日播2次，时长3分钟。该栏目是一档服装服饰T型台走秀电视节目，主要内容为服装服饰展示，为受众提供一个服装服饰鉴赏的服务平台。

16.《移动拍客》　专题栏目。2010年7月8日开播，北广传媒移动电视播出，每周2期，日播2次，时长2分钟。该栏目以百姓在出行途中所见所闻和出行趣事等自拍视频短片为主要内容，观众可通过上传视频短片、照片至北广传媒移动电视网站或土豆网的移动拍客专区参与。栏目由北广传媒移动电视与土豆网联合制作。

17.《国家大剧院》

《国家大剧院》栏目片头

文化专题栏目。2009年9月14日开播，北广传媒移动电视播出，每周1期，日播2次，时长5分钟。该栏目由北广传媒移动电视与国家大剧院合作创办，主要内容是推介国家大剧院文化演出剧目信息、各类音乐会欣赏常识等服务信息。

18.《教育纵横》 教育专题栏目。2010年6月7日开播，北广传媒移动电视播出，每天播出2次，时长5分钟。该栏目以为百姓提供教育信息服务为主旨，主要内容为宣传政府在教育领域的为民政策、行业先进人物事迹以及行业动态等。栏目由北广传媒移动电视与北京教育新闻中心合作推出。

北京北广传媒城市电视有限公司

1.《城市播报》

《城市播报》栏目片头

新闻资讯栏目。2008年12月15日开办。北广传媒城市电视每天7：00首播，时长3分钟。该栏目以“好看、实用、服务”为特色，结合新媒体户外播出的特点，选取每日各类新闻资源中的重大新闻事件、重要资讯信息，第一时间发布，随时更新，全天高频次滚动播出。在内容编排上，每条新闻都控制在了20秒左右，每条新闻资讯之间加入新闻标题导视字幕，更适合户外短暂收视，让观众在30秒之内即可了解到三条标题新闻和一条新闻的摘要。

2.《书香北京》

《书香北京》栏目片头

专题服务栏目。2010年1月11日开办。

北广传媒城市电视每天播出2次，时长5分钟。该栏目是一档以图书推介、鉴赏为内容的菜单式图书指南类电视栏目，为观众推介最新上架图书和畅销书，使其能快捷准确地找到适合自己的读品。节目内容菜单化，节奏明快，推荐相对权威，形式简约古朴。栏目分为“新书推荐”、“书香指数”、“悦读经典”、“预出书信息”四个板块，由城市电视与北京市文化局合作推出。

3.《体育新闻》 体育专题栏目。2009年8月17日开播，北广传媒城市电视每天滚动播出，时长2分钟。该栏目是当天最重要体育消息的超级浓缩版，内容丰富，配以标题提示版，让受众在最短的时间内了解体坛重要资讯。

4.《财经新闻》 财经资讯栏目。2009年8月17日开播，北广传媒城市电视每天滚动播出，时长2分钟。该栏目内容包含国内外最新财经资讯，每天在股市结束后，以榜单形式总结当天股市情况，回顾大盘指数、各项排行股价，人民币汇率等信息。

5.《图片新闻》 专题栏目。2009 年4月26日开播，北广传媒城市电视每天滚动播出，时长2分钟。该栏目通过播报图片新闻，引领受众观察世界、透视社会，以及讲述趣闻、介绍新知，节目内容包罗万象。

6.《演艺罗盘》

《演艺罗盘》栏目片头

专题服务栏目。2009年1月1日开播，北广传媒城市电视每周一9：45首播，时长10分钟。该栏目以公益性为宗旨，热心服务首都文化市场和百姓文化生活。节目以视频、图片、文字等多种形式相结合的电视手法，将首都丰富的文化演艺信息详细、全面地介绍给广大观众，营造首都浓厚的文化氛围。栏目在北广传媒城市电视、户外大屏电视和移动电视同时播出。

7.《工会之窗》 专题栏目。2009 年2月24日开播，北广传媒城市电视每天播出2次，每次时长5分钟。该栏目是城市电视、北京市总工会合作推出的一档职工服务资讯栏目。通过“工运动态”、“专题报道”和“帮服信息”等板块，全面报道各区县工会和总公司工会开展的多姿多彩的活动、不同时期的工作重点，及时提供招聘信息、劳动合同法解读、法律援助、工会维权、生活保障等资讯。

北京北广传媒数字电视有限公司

1.《DV放映厅》栏目 综艺益智类节目。2007年2月5日开办。北广传媒数字电视环球旅游频道周二至周四 00:30首播，时长27分钟。该栏目以DV作品为主体，主持人现场采访DV作品的创作者、演员，介绍、诠释原创的DV故事，补充以原创音乐或歌曲。栏目设立初衷是鼓励青年的创作实践，让青年的想象力得以施展。节目口号：拿起DV，你就是导演。

《DV放映厅》栏目在播出

2.《新概念英语》栏目 专题服务类节目。2009年5月开办。北广传媒数字电视考试在线频道与北京新东方学校联合推出，每日22:10首播，时长30分钟。该栏目以《新概念英语》第二册教材课文为学习基础，由新东方优秀教师与两位学生以现场互动教学的形式完成课文讲解、单词和语法学习。栏目分"读原文"、"好词串串烧"、"课文经典解读"、"语法大赢家"、"妙句天天读"、"文化麻辣烫"和"情景脱口秀"等7个板块。

《新概念英语》栏目

北京光线传媒股份有限公司
2010 年投资制作并发行的电视节目栏目

节目名称	节目类型	播出长度／频次
娱乐现场	娱乐资讯	30分钟／每日
音乐风云榜	音乐排行榜	30分钟／每日
最佳现场	明星综艺访谈	30分钟／每日
影视风云榜	影视剧排行榜	30分钟／每日
我爱看电视	电视文摘杂志	30分钟／每日
我爱看电影	电影欣赏与评析	30分钟／每日
笑傲江湖	小品、相声、喜剧汇	30分钟／每日
健康宝典	健康资讯评说	30分钟／每日
大学生音乐联盟	城市生活指南	30分钟／每日
时尚风云榜		30分钟／每日
天方夜谈	新奇故事再现	30分钟／每日
养生一点通	健康资讯类	30分钟／每日
麻辣看天下	热点娱乐事件评说	30分钟／每日
生活魔法师	娱乐时尚生活资讯	30分钟／每日

2010年北京市区县广播电视中心优秀节目栏目

北京市朝阳区广播电视新闻中心

1.《朝阳新闻》 电视新闻栏目。1995年1月开播，BTV朝阳时段每天19：32首播，时长30分钟。该栏目坚持“三贴近”原则，关注时政、关注民生，深度挖掘重要新闻事实，全方位、多角度播报时政新闻和本区域要事要闻，为推动全区社会经济大发展发挥了重要作用。近年来，栏目按照精准反映政府声音、不断满足百姓需求的要求，不断完善报道形式和风格，取得了可喜的成绩。

2.《和谐在线》 电视访谈栏目。2005年4月开播，BTV朝阳时段每周日19：50首播，时长30分钟。该节目采用主持人与嘉宾访谈的形式，直面传递人大代表、政协委员的真知灼见、解析百姓关心的热点难点问题，搭建起政府与民众沟通的平台，为构建和谐社会发挥舆论引导作用。该栏目是本区广电中心品牌栏目，得到朝阳区委、区政府和市广电局的肯定。截至2010年12月31日已播出297期。

北京市海淀区新闻中心

1.《海淀新闻》 电视新闻栏目。1995年5月开播，BTV海淀时段每天19：30播出，时长25分钟。该栏目紧密围绕区委、区政府的中心工作，坚持“三贴近”新闻报道原则，深入宣传全区经济和各项社会事业的发展与成就，及时报道老百姓关心的热点问题，是加强政府与人民群众联系的桥梁与纽带，也是展示海淀形象的亮丽窗口。

2.《文明新发现》 电视文化专题栏目。2009年11月开播，BTV海淀时段每周六19：40播出，时长15分钟。该栏目以倡导中华文明理念，传授文明生活常识，营造讲文明、讲礼仪新风尚为主旨，贴近百姓生活，寓教于乐，用轻松活泼的方式，宣传海淀文明新亮点，展示海淀文明新形象，推崇本土文明生活新主张，引领百姓发现文明新海淀。栏目荣获2010年北京市区县广电中心弘扬中华文化优秀节目征集评比活动二等奖。

3.《警方在线》 电视法制专题栏目。2002年5月开播，BTV海淀时段每周日20：00播出，时长15分钟。该栏目旨在通过一个个鲜活的案(事)件报道，以及案件的预警提示，深入浅出、由表及里地剖析个案违法犯罪成因，揭露违法犯罪的手段，宣传普及法律知识，深受广大观众的认可和喜爱。栏目分设《警方新闻》、《本期视点》、《治安播报》等多个板块，是海淀公安服务群众、展示人民警察良好形象的重要窗口。

北京市丰台区广播电视中心

1.《丰台新闻》 电视新闻栏目。1986年12月开播，BTV丰台时段周一至周五19：33播出，时长25分钟。该栏目旨在服务大局，关注民生，快捷播报时政新闻，大力宣传全区政治、经济及社会各项事业的新成就、新变化。2010年10月26日栏目作了较大改版，主要内容调整为时政、经济、文化、社会、民生新闻及资讯、媒体链接等，节目时长增至25分钟；周六《聚焦丰台》综述本周要闻回顾、热点新闻、来自兄弟区县的报道等要闻，节目时长20分钟。栏目长消息《花乡草桥援建江油世纪奥桥小学今日落成》获2009年度北京市广播影视奖三等奖。

2.《丰台故事》 电视文化专题栏目。2009年11月8日开播，BTV丰台时段每周日19：35播出，时长15分钟。该栏目以全面介绍丰台本土文化为主旨，通过深入探访区域人文古迹、巷陌民风，以今人的视角关注古人的故事，以古人的故事来表达今人的观点，多层面多角度展现丰台历史、地方传说、非物质文化遗产、人文风物等区域特质。栏目以新颖的节目形式展现悠久的历史文化内涵；以独特的栏目视角关注深厚的人文精神；以严谨的治学态度探寻历史文化的根脉；以诙谐和幽默的语言向观众讲述一段段历久弥新的丰台故事，成为沟通古今的纽带与桥梁。该栏目荣获北京市广播影视奖优秀电视栏目奖、北京市区县广电中心“弘扬中华文化优秀节目”三等奖、主持人获评北京广播影视先进个人。

3.《丰台警方》 电视法制专题栏目。2005年7月31日开播，BTV丰台时段每周日晚20：02播出，时长15分钟。该栏目秉承“维护一方平安，服务地方百姓”的宗旨，紧密围绕区委、区政府的中心工作，贴近区公安分局、消防支队各阶段的重点工作，精心策划编制节目。通过播报各类重大犯罪案件和火灾案例，深入普及法律意识和消防知识，大力宣传政法、消防队伍中的优秀典范，成为百姓了解本区域公安、消防工作的重要窗口。该栏目主持人闫鹏荣获2010年北京市广播影视奖“电视节目播音与主持奖”。

北京市石景山区广播电视中心

1.《石景山新闻》 电视新闻栏目。1994年1月开播，BTV石景山时段每周一至周五的19：30播出，次日7：35、12：35重播，时长12分钟。该栏目围绕区委、区政府工作重心，坚持服务大局、团结稳定鼓劲、正面宣传为主的方针，深入宣传落实科学发展观，全方位报道石景山区打造北京CRD，建设现代化首都新城区等重要时政新闻。2010年栏目成功推出大型新闻系列报道《话说永定河》；为展示“十一五”期间本区域繁荣发展突出成果，精心策划编播系列报道《这五年》。全年共播发新闻2205条。荣获“北京市广播影视奖”电视节目技术质量奖标清新闻类三等奖。

2.《法治聚焦》 电视法制专题栏目。2009年6月开播，BTV石景山时段每周四20：10分播出，每周五8：10、13：10重播，时长15分钟。该栏目以普及法律，推进法治建设，维护公众合法权益为宗旨，注重法、德、情的融合，着力展现政法战线的风采与业绩，突出本土特色，为石景山区经济社会发展积极营造良好的法治环境。栏目主打板块有《直击现场》、《举案说法》、《法在身边》、《法制人物》、《警情提示》等。栏目经多次改版完善，内容鲜活，形式多样，报道及时，贴近百姓，深受大众喜爱。荣获“北京市广播影视奖”电视优秀栏目。

北京市门头沟区广播电视中心

1.《门头沟新闻》 电视新闻栏目。1995年开播。BTV门头沟时段每天19：30首播，次日7：30、12：30重播，时长15分钟。该栏目以全区中心工作为宣传重点，坚持“三贴近”原则，关注民生，服务大局，全面、及时、准确报道本区域新闻事件。栏目获评“2008年度北京市广播影视奖”电视节目技术质量奖、标清新闻类三等奖。

2.《视点关注》 电视时政专题栏目。2010年7月开播，BTV门头沟时段每周一、三、五19：50首播，节目时长13分钟。该栏目以“配合中心工作，宣传重点建设，多视角地关注身边变化”为宗旨，结合全区重点工作翔实解读党的方针政策、本区有关决策，热心为群众释疑解惑，搭建政府与群众良性沟通的平台。

3.《京西风景线》 社教类栏目。2009年7月开播，BTV门头沟时段每天19:10首播，节目时长15分钟。该栏目以深度挖掘本土旅游资源，推介旅游品牌，打造特色旅游为宗旨，详实介绍全区的旅游景区、民俗风情、农家乐、采摘、本地土特产及吃、住、行、游、乐、娱全方位的旅游消费资讯。栏目口号："京西欢乐行，我在门头沟"。

北京市房山区广播电视中心

一、广播栏目

1.《乐活乐购》 广播购物栏目。2010年7月开播，房山电台每日8：00播出，时长55分钟。该栏目采用灵活的市场化运作的软广告消费资讯（产品信息）的方式，以记者外采、亲身体验等方法，热心向听众推介全市范围内的物产文化、休闲娱乐、特色店铺等购物资讯。

2.《969乐活书场》 广播专题栏目。2010年7月开播，房山电台每日10：30——11：30首播，时长55分钟。该节目植根于中国文化，精心打造古今文学作品的有声世界，以感人的精品力作触动受众内心情感空间，相拥广大文学爱好者共享纯美的精神世界，携手打造纯净的精神家园。栏目首次推出本土作家——房山区著名作家凸凹的中篇力作《神医》，引领听众从中感悟京西风土文化。

3.《养生，我知道》 广播专题栏目。2010年7月开播，房山电台每日15：00——16：00播出，夜间重播，时长60分钟。该栏目是乐活养生广播重点打造的生活服务类直播访谈栏目。通过主持人与专家、嘉宾聊天互动的方式，普及健康常识、传授养生方法，为听众就有关养生问题答疑解难。节目每周分设7个板块，受众人群为25—50岁之间的城市人口，以中青年为主，兼顾老年人。

二、电视栏目

1.《房山新闻》 电视新闻栏目。1988年7月开播。BTV房山时段每日19：32首播，时长15分钟。该栏目以关注民生，体现民意为宗旨，及时报道房山区域经济、政治、文化、社会等方面的新闻事件，以及区内时政消息、民生热点、百姓生活等信息资讯，突出政治性、时效性、思想性和信息量。2009年9月和2010年7月，栏目两次大幅改版，分类设置时政、经济、民生、综合等板块，节目内容和形式实现新跨越，编播质量显著提升。

2.《Morning FunHill——早安房山》 电视新闻资讯栏目。2010年7月开播，BTV房山时段每日7:35首播，时长30分钟。该栏目融新闻资讯、服务信息、民生话题于一体，重点播报"三化两区"新房山建设中的热点和焦点，关注全国各地相关信息，说老百姓话，讲市民故事，反映民意，服务民生。节目突出文化品位，风格轻松明快、大气、向上。栏目分设《FunHill快报》、《FunHill关注》、《FunHill秀场》、《图说天下》等板块。

3.《午后真谈》 电视新闻访谈栏目。2010年7月开播，BTV房山时段每日12:34首播，时长30分钟。该栏目以宣传党的方针政策和区委区政府决策为宗旨，以关注社会热点、焦点事件，引导社会舆论为己任，全力打造符合房山经济社会发展方向，具有前瞻性的舆论平台。节目以"谈"为主，从受众关注的热点话题入手，谈出符合国家大政方针和区委区政府决策的真知灼见，谈出理性的分析和思考，谈出正确的、引导舆论的主流观点。

4.《都市生活》 电视生活资讯栏目。2010年7月播出，BTV房山时段每周一、三、五19:55首播，二、四、六重播，时长10分钟。该栏目定位于面向都市民众，服务都市生活，凸显都市风采，融合时尚与消费以及健康生活理念，贴近百姓，服务百姓，热情传递科技、教育、商业、建筑、旅游、饮食、流行时装、娱乐健身、养生经验等方面生活服务资讯，成为市民的消费指南和生活的好帮手。栏目包含《美食美客》、《购物我开心》、《开心档》、《健康故事》、《我的低碳生活》等五个板块。

北京市大兴区广播电视中心

一、广播栏目

1.《选我喜欢》 广播资讯栏目 2010年7月开播，大兴电台每日播出，时长 60 分钟。该栏目以生活服务为主要内容。结合当下的流行元素，将广播可视化元素与生活服务信息相结合，帮助听众处理闲置物品，同时在网络音视频播出，打造全国首档可视化闲置物品交换栏目。栏目提供拼车信息，热心帮助上班族解决出行问题。

2.《音乐克拉步》 广播音乐栏目。2010年7月开播，大兴电台每日播出，时长 60 分钟。该栏目旨在展现最全面的流行音乐文化，其内容涵盖港台、内地、日韩和欧美各地区流行音乐，以及摇滚、爵士、独立音乐。节目主要有话题音乐（如世界杯之歌、情歌女王等）、榜单情况介绍（美国billborad榜、台湾G—music榜及英国榜等榜单）、新歌推荐和音乐资讯等，力求更全面、更丰富、更有趣地贴近听众。

3.《播客王国》 广播栏目。2006年5月开播，大兴电台每周七次播出，时长60分钟。该栏目整合播客、博客和微博，通过筛选播报“博客”和“微博”内容，选取新鲜、时尚、有趣的元素，打造博客也可广播的特色品牌。同时，收集、播放有声音频，给听众搭建一个用声音展示才艺、发表观点的平台，形成大家播、播大家的全新广播形式。节目聚集大众的智慧，内容思想性强，形式新颖独特，颇受听众喜爱。

二、电视栏目

1.《大兴新闻》 电视新闻栏目。1995 年1 月开播，BTV大兴时段 每周七次播出，时长140分钟。该栏目以时政新闻为主要内容，通过时政新闻的“民本化”处理，突出“我们跟您最近”的节目理念，追求新闻报道更贴近、更迅捷、更生动之效果。栏目中重要新闻报道配发“新闻背景”、“新闻链接”、“记者感言”等附加内容，以满足受众对资讯的深层次、多样化的需求，使时政新闻更具震撼力和影响力。

2.《女子别动队》 电视新闻栏目，2007年10月29日开播，BTV大兴时段每周七次播出，时长25分钟。该栏目以民生新闻为主要内容，颇具地方特色并融合众多时尚和娱乐元素。栏目推出组合记者品牌概念，把五名集采、拍、编、播于一身的女记者授以“五朵金花”的概念，以打造明星的方式对她们进行大力推介；栏目中使用穿帮手法，通过精心设计、巧妙运作达到预期的品牌推广效果；栏目子板块《手机新闻眼》，其内容均为手机拍摄，在国内率先开创手机记者概念。该栏目记者长期深入基层，创作出大量有一定社会影响力的新闻作品，曾获首届全国新农村电视艺术节“优秀对农电视栏目”一等奖。

3.《我行我秀》 电视栏目剧。2006年5月开播，BTV大兴时段每周五播出，时长45

分钟。该栏目演百姓事、说百姓话、抒百姓情，用艺术的手法再现老百姓生活的方方面面。节目既有平民的情感故事、也有社会现象的真实反映、更有精英人士的成功之道，并多以本土化的方式出现，大多以方言配音，观众可参加演出，成为大众文化活动的一种新的娱乐方式。该栏目采用电视剧的剧情演绎方式，每一集独立成篇、扣人心弦、发人深省。

北京市通州区广播电视中心

1.《古韵新绿》 电视专题栏目。2008年3月6日开播，BTV通州时段每周四19:45播出，时长10分钟。该栏目重点关注通州区园林事业发展。2010年在本区域倾力打造现代化国际新城的大背景下，栏目记者着力跟踪报道全市首个重点绿化工程“通州运河万亩森林公园”的建设进度，圆满完成开园仪式的报道及公园落成后各种活动的宣传播报工作。栏目积极宣传新技术种植、传授林木防火、病虫害防治知识，宣传区域绿化、美化工作成效，为全区建设滨水宜居新城、构建和谐社会营造了良好的舆论氛围。

2.《通州新闻》 电视新闻栏目。1994年2月6日开播，BTV，通州时段每天19：30播出，时长10分钟。该栏目按照“三贴近”的原则，坚持正面宣传为主的方针，对重要题材、重大事件、重要节日、重大活动等展开全方位、多角度的宣传报道，收到了明显的社会效果。2010年栏目充分发挥广播电视优势，坚持为发展大局服务的宗旨，在面向基层、服务群众上有新创造，在提高质量、改进风格上有新突破，特别是在围绕建设现代化国际新城建设、创建国家卫生区、争创“全国双拥模范城”宣传报道工作中做到了宣传有高度、稿件有深度、观点有力度、播出有速度、事件有角度、短评有态度。

3.《周末大舞台》 电视专题栏目。2010年6月开播，BTV通州时段每周五19：45播出，时长20分钟。该栏目致力于打造运河岸边的百姓秀场，搭建属于普通老百姓尽展才艺的舞台，展现通州现代化国际新城人民积极向上的精神风貌。节目开播以来，吸引了全区及顺义、密云甚至河北、黑龙江、吉林、内蒙等地的选手不远千里前来参加。2010年底栏目举办首届通州百姓歌手大奖赛，上至八九十岁的老人下至四岁儿童踊跃报名参加比赛，为大家奉上了一场精彩的文化盛宴。栏目深受观众喜爱，许多观众自发为栏目送锦旗。

4.《运河浆声》 电视专题栏目。2007年1月3号开播，BTV通州时段每周二19：45播出，时长10分钟。该栏目关注通州区文化事业的建设与发展。随着2010年本区域现代化国际新城建设全面启动，作为新城建设重要组成部分的文化建设成绩斐然。该栏目紧扣时代脉搏，立足新城建设，宣传本土文化理念、文化氛围以及文化名人。其中重点播报的“益民书屋”在北京市率先实现全区覆盖。《宋庄文化节新特点》、《通州文化名人高占祥》等节目引起观众的广泛关注。栏目突出本土特色，弘扬运河文化，为通州区国际化新城建设营造了良好的文化氛围。

5.《看通州》 电视评论栏目。2007年9月6日开播，BTV通州时段每周一19：45播出，时长20分钟。该栏目旨在贴近通州实际，关注社会民生，关注本区域现代化国际新城建设。2010年栏目加强选题策划，多次召开不同层面观众参加的座谈会，力求使节目更加贴近群众、贴近生活，取得了良好效果。节目立意新颖、角度独特、特点鲜明，由“记者视点”、“通州故事”、“周望新城”和“本周话题”四个板块组成，其中“记者视点”主要围绕中心工作，针对新闻事实展开深度评论；“通州故事”讲述本土凡人小事，弘扬社会真善美；“周望新城”以主持人点评方式回顾本区发生的新闻事件；“本周话题”围绕近期热点话题展开评述，得到全区人民厚爱。2008年栏目被评为“北京市广播影视奖”优秀电视栏目。

北京市顺义区广播电视中心

一、广播栏目

1.《新闻60分》 广播新闻编排。2009年开播，顺义电台每天7:00首播，11:30、18:00重播，时长60分钟。该栏目紧紧围绕“贴近实际、贴近生活、贴近群众”的“三贴近”原则，力求精准报道本区政治、经济、社会生活等各个领域的重要新闻，同时关注国内外要闻及生活资讯。栏目分设《顺义新闻》、《新视野》、《新闻博览》、《天气预报》等板块，以满足不同受众的需要。

2.《悦耳聆听》 广播音乐栏目。2010年10月开播，顺义电台每天16:30首播，时长60分钟。该栏目旨在让悦耳的声音给受众带来最惬意的温暖，让动听的故事为受众送去最久违的感动，与受众相约一起用耳朵呼吸温暖的声音。

3.《越聊越开心》 广播访谈栏目。2008年1月开播，顺义电台每天12:00首播，时长60分钟。该栏目以直播访谈方式，为忙碌的都市人提供有关时事要闻、工作和学习、休闲与娱乐等各类资讯服务信息。

二、电视栏目

1.《顺义新闻》 电视新闻栏目。1994年9月2日开播，BTV顺义时段周一至周六19:40播出，周日为一周综述，时长12分钟。该栏目以有效联通政府百姓，广泛关注区情民生为主旨，注重从百姓视角解读新闻事件和大政方针，记录顺义变化，讴歌发展成就，关注群众生活，反映社情民意，成为顺义电视台最受群众关注的品牌栏目。

2.《情动 绿港》 电视专题栏目。2007年12月开播，BTV顺义时段每周三19:50首播，时长15分钟。栏目定位为感人的题材，感动的故事，感慨的回味。以浓厚的人文关怀为宗旨，以各阶层人物的感人故事为主要内容，通过记录亲情、爱情、友情、社情、民情、敬业情以及喜、怒、哀、乐，透视人物的真情实感，启迪观众感悟人生。

3.《歌唱部落》 电视专题栏目。2008年2月开播，BTV顺义时段每周二20:00播出，时长60分钟。该栏目旨在传播音乐文化，打造歌手成功平台，让更多的人关心喜爱流行音乐。注重新颖性、感动性、娱乐性、知识性、参与性、表演性，用娱乐化视角展示歌手演唱能力，表演环节立体而生动，感染观众，力求打造北京地区的娱乐化知名电视栏目品牌。

4.《顺义时空》 电视新闻评述栏目。2005年1月开播，BTV顺义时段每周一19:50首播，时长15分钟。该栏目旨在围绕区委区政府中心工作开展专题宣传，形成正确的舆论导向，推进区域的城市化进程。重点播报重大节日安排、区内外各类重要事件、社会和经济要闻；以采访、主持、评论等多种形式，深度报道顺义区日新月异的发展变化；特邀专家、领导和普通百姓共商解决社会热点、难点问题之策，使栏目成为百姓和政府沟通的桥梁。

北京市平谷区广播电视中心

一、广播栏目

1.《评书连播》 广播专题栏目。1992年3月11日开播，平谷电台每日19：30首播，时长30分钟。该栏目以评书名家播讲的经典名作为主要内容，多年来所播节目深为广大听众喜爱，多次获得区内优秀节目奖，成为品牌栏目。

2.《绿谷采风》 广播专题栏目。2006年开播，平谷电台每周一、周三、周五 18：50首播，时长5分钟。该栏目以“宣传乡风文明，倡导农村新风尚，塑造新型农民”为宗旨，深层次、多视角地宣传报道新农村建设取得的喜人成果，2009年度栏目成功推出“文明平谷人”板块，让一个个可亲、可敬、可信、可学的本土文明使者走近大众视野，触动人们的心灵。栏目注重播报农民自主创业、崇尚科学、健康娱乐、和谐邻里等典型事迹，引领新农村建设的和谐之风。

3.《老年之友》 广播专题栏目。1995年开播，平谷电台每周一 18：55首播，时长5分钟。该栏目贴近老年人的生活，关注老年人的健康，倡导健康的生活方式和养老方法，传播老年人的身心保健知识。节目内容涉及老年人生活的方方面面，丰富了老年听众的精神生活。

二、电视栏目

1.《平谷新闻》 电视新闻栏目。1992年5月开播，BTV平谷时段每天19：35首播，时长15分钟。该栏目以“关注社会发展、贴近百姓生活”为主旨，突出平民化、地域性、服务性的特点，深入宣传党的路线、方针、政策，紧密围绕区委、区政府的中心工作，快捷播报平谷社会经济文化等各领域的大事要闻，精准报道本区域的重大事件及动态。

2.《视点》 电视新闻评述栏目。1999年开播，BTV平谷时段周一20：00播出，时长10分钟。该栏目旨在聚集时事经济、解读政策方针、关注社会民生、反映热点难点、适当舆论监督。栏目采用访谈、点评、记录等多种形式，深层次解读国家和市委、市政府，区委、区政府的各项方针政策，深度挖掘社会热点难点问题，及时反映群众呼声，成为政府与群众互动的重要平台。

3.《警法在线》 电视专题栏目。2001年6月3日开播，BTV平谷时段周日20：05播出，时长15分钟。栏目突出“警法在线——在线警法故事”特质，采用纪实手法，真情叙述发生在百姓身边的警法故事。节目以案释法，深入普及法律知识；颂扬优秀干警，树立政法机关良好形象。2007年度增设子栏目《律师连线》，结合旧案例解析法律条文，进一步加大了普法力度；开通律师免费热线，增进了与观众的互动。栏目日趋完善，已成为重要的普法阵地，有力地推动了本区域的法制建设。

北京市怀柔区广播电视中心

一、广播栏目

1.《行风热线》 广播热线栏目。怀柔电台2005年5月9日开播，每周一、三、五7：20首播，时长20分钟。该栏目特邀区政府29个职能部门主要领导轮流上线，倾听热线电话中普通百姓的意愿与呼声，直接受理群众投诉，快捷妥当地解决问题，以增进百姓与政府间互动、理解与沟通，达到加强民生保障，优化执政环境、监督政府工作之目的。栏目开播以来，共接听热线电话1480余个，其中给予满意答复或解决的600多个。该栏目为北京郊区广播电台中首个时政类直播节目，由怀柔区纪检会、区监察局和区广电中心合办，获评2006年度、2007年度、2008年度、2009年度（华彩杯）北京广播电视奖郊区优秀广播栏目奖。

2.《成长》 广播教育栏目。怀柔电台2010年4月1日开播，每周四中午12：00播出，时长30分钟。该栏目以开展未成年人思想道德教育为主旨，分设《一事一议》、《青青校园》、《青少年求助信箱》等多个板块。栏目就未成年人在成长过程中遇到的问题展开分析，帮助青少年走出困惑；以互动形式邀请小朋友走进直播间相互交流，分享高品位精神生活等，深受听众喜爱。

二、电视栏目

1.《今日三农》 电视专题栏目。BTV怀柔时段2008年4月25日开播，每周五8点首播，时长12分钟，该栏目以宣传和解读中央有关农业政策、指导农民生产生活、介绍典型农事为主旨，分设“三农报道”、“三农亮点”、“农业科技”、“市场行情”等板块，准确快捷地播报有关农村工作、农业生产、农民生活等重要信息咨询，深受百姓喜爱。栏目由怀柔广电中心与区农委联合开办，获评2009年度（华彩杯）北京广播电视奖郊区优秀广播栏目奖。

2.《发展与改革》 电视专题栏目。BTV怀柔时段2010年4月23日开播，每周日19:37首播，时长13分钟。该栏目以关注发展强区之路、报道改革创新之举为宗旨，重点关注首都经济社会的发展变化，特别播报怀柔经济发展新貌，点击改革发展热点话题，讴歌区域改革创新成果，力促业内人士与观众的沟通与交流，达到谈改革、谋发展、惠民生三位一体的传播效果。栏目由怀柔广电中心和区发改委合办。

北京市昌平区广播电视中心

一、广播栏目

1.《戏曲天地》 广播戏曲专题。2010年1月18日开播，昌平人民广播电台每天20:00—21:00播出，时长60分钟。该栏目以弘扬中华传统文化，尽显民族艺术瑰宝为宗旨，以重温梨园经典唱段为特色，精选播放戏曲作品中的优秀唱段，让听众声临其境地感受戏曲舞台上所体现的艺术境界和人物形象，感悟中国戏曲作品的艺术魅力，同时还能学习戏曲知识。栏目设置《粉末人生》、《梨园留声机》、《戏迷俱乐部》、《梨园咚咚锵》等四个板块。

2.《与法同行》 广播专题栏目。2009年1月开播，昌平人民广播电台每天上午7：50播出，时长10分钟。该栏目旨在向广大受众普及法律知识，解释法律规则，弘扬社会正气，警示违法行为。节目采取主持人与嘉宾对话的形式，讲述发案经过，追溯犯罪根源，诠释法律法规，点评案例争议，让法制观念深入人心，让知法、懂法、学法、守法成为人们日常行为的规范准则。所有案例均为本区发生的交通违法肇事、夫妻伤害赔偿、网络诈骗等刑事、民事案件。

二、电视栏目

2.《真情故事》 电视专题栏目。2008年8月开播，BTV昌平时段周一19：50首播，次日早7：50、周三19：50、周四7：50重播，时长10分钟。该栏目以贴近百姓、贴近生活，弘扬主旋律为主旨。以人物为主线，讲述人与人、人与社会之间的真情故事；以平民姿态说百姓事、讲百姓话、让百姓说话，显示平淡中的伟大，琐碎中的崇高，展现人性的真、善、美。节目以情感人，以故事吸引人，以其真实、丰富的细节打动人。截止到2010年12月底，共播出节目120期，讲述了近百位普通百姓的真情故事。栏目深受观众喜爱，是昌平电视台一档品牌栏目。2008—2010年，栏目连续三年获北京广播影视优秀栏目奖；《真情故事——农艺师张文和的心愿》获"中国农村小康故事"专题片三等奖。

2.《古今昌平》 电视专题栏目。2008年3月开播，BTV昌平时段周三19：50首播，次日7：50、周五19：50、周六7：50重播，时长10分钟。该栏目以探寻人文古迹，留住文化根脉，传承历史文明，记录今日昌平为主旨，采用摄像手法，特别是昌平建县2000多年的历史和文化，分系列多层次作梳理，使观众更多的认识昌平，从而激发热爱昌平，建设昌平的热情。截止2010年12月底，共播出节目141期，其中包括《古城探幽》《塔寺寻踪》《民俗风情》《文物纪事》《六十年回顾》《探秘十三陵》等多个系列。《古今昌平——邓庄古墓发掘纪实》获2009年度北京广播影视奖专题片三等奖、全国区县电视节目评比二等奖；《古今昌平》作为昌平电视台一档品牌栏目，获2010年度北京市弘扬中华文化优秀节目评比三等奖。

3.《视角》 电视新闻专题栏目。2008年3月开播，BTV—昌平时段周四晚19：50首播，次日7：50、周日19：50、周一7：50重播，时长10分钟。该栏目旨在透视社会现象，关注百姓呼声，聚集时事热点，促进社会和谐。节目紧密围绕区委、区政府的中心工作，贴近实际、贴近生活、贴近群众、关注民生、服务大众，把新闻的客观性和评论的说理性有机结合起来，全面反映全区范围内发生的典型事例。2010年共播出节目141期。

4.《相约》 电视访谈栏目。2009年8月开播，BTV昌平时段每周六19：50首播，次日7：50重播，时长20分钟。该栏目以聆听心灵的细语，感受生命的悸动为特质，注重文化品格，彰显文化价值，通过人物访谈，历述嘉宾文学创作经历，寓情于事，倡导积极向上，乐观豁达的人生理念。节目面向关心地方文化事业发展的观众群体与有志于为昌平的文化建设作出贡献的专家，旨在提升大众文化素养。截止到2010年12月底，共播出节目65期。

5.《时空关注》 电视专题节目。2008年3月3日开播，BTV昌平时段每天20：00分首播，时长10分钟。栏目面向昌平区各镇、街道及各委、办、局，通过与广电中心联办的形式，积极宣传镇域（单位）特色、各单位重点工作以及政策法规解读，是加强联办单位宣传工作，提高知名度和扩大影响力的重要平台。栏目内容包括"深度报道"、"情景剧"、"政策法规解读"、"动态信息"、"警情播报"、"科技小贴士"、"科技动态"、"联办之声"等多个单元。

北京市密云县广播电视中心

一、广播栏目

1.《我的社区我的家》 广播专题栏目。2008年1月开播，密云县电台每周三18：10首播，次日7：40、15：40重播，时长20分钟，频率为调频94.1兆赫。

该栏目旨在全面展示广大社区干部和居民的精神风貌，为构建和谐社区营造良好的舆论氛围。栏目分设《社区新事》、《爱心服务》、《居民热线 》、《社区里的故事》等板块，重点宣传社区新人新事、关注社区建设与服务、讲述百姓故事，内容丰富，形式多样，贴近群众，贴近生活，深受听众好评，多次获评密云广电中心年度优秀节目。

2.《政法之声》 广播专题栏目。2009年5月开播，密云县电台每周二下午18：10首播，时长20分钟。该栏目是由原《民主与法治》节目改版的一档法制专题栏目，旨在大力宣传报道政法战线的先进人物和典型经验，宣传密云社会治安综合治理工作部署及其取得的成果，积极引导和动员广大干部群众投身于“平安密云”建设，为保持全县经济平稳较快发展创造和谐稳定的社会环境。栏目分设《政法快讯》、《和谐密云话平安》、《政法风采》、《法律护佑新农村》、《法治在线》五个子栏目。

二、电视栏目

1.《事事关心》 电视新闻栏目。2006年1月开播，BTV密云时段每周二首播，时长25分钟。该栏目以“发生在百姓身边、与百姓生活息息相关的事，就是我们关注的”为宗旨，内设《管理在身边》、《百姓DV》、《大可评点》等板块，力求通过电视平台促进政府管理部门工作的公开与透明；用百姓视角观察、发现、记录和见证密云发展；用评论关注百姓利益，守望社会的和谐与文明。栏目口号“事事关心，关心您身边的大事小事”已在百姓中耳熟能详，成为密云电视台的名牌栏目，拥有固定的收视观众，收视率年年攀升。

2.《檀州大舞台》 电视专题栏目。2008年1月5日开播，BTV密云时段周五、周六20：25播出，时长30分。该栏目以弘扬中华民族优秀文化传统，挖掘本土文化底蕴，展示大众才艺，丰富百姓生活为宗旨，成功推出《每日五歌 点亮校园生活》、《文艺之家》、《古香古色古北口 民新民乐民俗村》等节目。荣获密云县广播电视中心优秀节目二、三等奖，2010年与该县电台合作节目获北京市民间文化艺术类节目三等奖。

3.《经济一刻钟》 经济专题栏目。1985年开播，BTV密云时段周一20：00播出，时长15分钟。该栏目是密云县电视台最早设立的经济类电视专题栏目，重点报道本区域都市型农业、生态环保型工业、休闲旅游业、建筑建材和房地产开发等几大支柱产业的新成果，集中展示全县经济发展取得的辉煌成就。栏目覆盖全县17个镇、3个街道办事处，收视群体众多，是密云电视台一档电视专题栏目品牌。

北京市延庆县广播电视中心

一、广播栏目

1.《今日农村》

设置板块有《农村新貌》：新农村建设是这一栏目的主要内容。《八面来风》：以介绍外区县外省市的新农村建设经验、致富经验为主。《农家课堂》：介绍科学技术知识、文明礼仪、法律法规等，继续保留农业科技讲座。《信息大篷车》：提供有关农业农村的各类生产生活信息，致富信息，供求信息等。《乡村采风》：主要报道农村的新人新事及致富典型，五好家庭等精神文明、物质文明和政治文明 方面的内容。以记者的采访为主，要求必须带有音响。

全年共播出53期节目，介绍有关新农村建设音响报道近百条.播送供求信息200余条。请县植保站工作技术人员讲解农作物的栽培与管理等20期。为农民及时提供政策咨询、法律法规等项内容的服务，介绍致富典型和致富信息，为农民致富提供思路。宣传创建国家卫生县城、生态建设。

2.《大东说消费》 广播专题栏目。2009年3月开播，延庆电台每周三20:50首播，时长18分30秒。该栏目以引导理性消费，树立健康、文明、科学、合理的消费观为宗旨，采用访谈、短信互动以及现场报道等多种形式，及时公布工商信息，宣传普及消费者权益知识，提高公民的消费者权益保护意识，为工商部门与消费者加强互动搭建平台。栏目内容丰富、真实、生动，广受消费者欢迎，是一档可听性强、指导性大、收听率高的精品节目。

二、电视栏目

1.《延庆新闻》 电视新闻栏目。1991年1月开播，BTV延庆时段周一至周五20:00首播，21:10重播，时长15分钟。该栏目主要内容为时政新闻、社会新闻、简讯要闻、短讯快报等。2010年栏目秉承关注时政要闻，聚焦百姓热点的主旨，着力丰富新闻节目内容，创新节目播出形式。增设《DV新闻》、《短讯快报》、《情系妫川 摄影图片展播》等板块，通过普通群众的视角，记录、讲述大家身边的大情小事，使新闻更具有贴近性，原汁原味、真实感人、生动朴实，拉近了栏目与受众的距离。

2.《生活全方位》 电视新闻栏目。2005年1月1日开播，BTV延庆时段每周一、三、五首播，时长20分钟。该栏目旨在关注社会民生、立足于服务。2010年栏目注重完善选题与点评，扩展题材，增加年轻化、时代化等时尚话题，成功推出大学生创业、自办音乐工作室、卫生服务中心的QQ服务等节目；在“十一国庆”期间，制作四期以“快乐假日，绿色出行，骑乐无穷”为主题的特别节目，推崇低碳生活方式，倡导群众绿色出行，收到了良好的社会反响。栏目初步形成城区与乡村、老年与青年题材交错，收视群体更广的格局，全年为百姓办实事120多件。“有事找《生活全方位》”已经成为观众普遍的收视心理。截止2010年年底，该栏目已经播出918期。

3.《妫川故事》 电视专题栏目。2009年1月开播，BTV延庆时段每周一、三、五20:25首播，二、四、六重播，时长10分钟。该栏目注重突出故事性，强调知识性，体现情感性，贴近群众性。2010年栏目成功改版，主持风格由原来的讲述转型为评书演绎形式，戏剧化的表演增加了故事情趣，深受观众欢迎。栏目博客跟帖很多，观众与栏目组交流互动，及时反馈故事线索和节目信息，访问量近万人次。截止到2010年年底，栏目已播出287期。

新媒体传播

2011／《北京广播影视年鉴》

——记录行业情况　服务业内和社会——

2010年北京市广播电视新媒体发展情况

2010年，北京市广播电视新媒体在市委、市政府的高度重视下，全市广电系统进一步加大新媒体建设力度，推进了数字付费电视、公交移动电视、城市楼宇电视、地铁移动电视、鼎视传媒电视、手机电视，以及数字广播、网络电台、广播电视网站业务的发展和壮大，新媒体建设成效明显。

北京广播电视台直属新媒体

（一）数字付费电视

数字付费电视由北京北广传媒数字电视有限公司承办，国有股份制性质。自2003年开办以来，充分发挥“北广传媒数字电视节目集成平台”的技术优势，开展了视频、音频、数据业务等三大类的服务体系，产业发展形势良好。

数字电视《北京之窗》节目在播出

视频服务：开播自办付费电视频道《京视剧场》、《爱家购物》、《动感音乐》、《车迷频道》、《考试在线》、《亲亲宝贝》、《四海钓鱼》、《弈坛春秋》、《环球旅游》、《新娱乐》、《置业》11套，每个频道每日24小时循环播出。同时代播6套外省市节目，播出北京党建5路视频和北京之窗2路视频节目，代管鼎视高、标清节目集成平台工作，播出北京卫视高清等5套高清节目和33套标清节目。

创办的优秀栏目有：《考试在线》频道的《高考易错题解析》、《学习法》栏目，《新娱乐》频道的《影视风云榜》栏目，《环球旅游》频道的《画中话》栏目，《四海钓鱼》频道的《钓赛进行时》栏目，《弈坛春秋》频道的《棋魂》栏目等，这些栏目受到观众的欢迎。

音频服务：开办了戏曲广播、爵士音乐广播等2套付费广播频道。同时，还集成付费音频广播节目16套。

数据服务：开办了北京数字电视信息平台《北京之窗》、《北京党建》、“导视频道”、准视频点播（NVOD）、电子节目指南（EPG）等信息服务，做到即时更新。

2010年，根据北京广播电视台的总体部署，积极参与数字电视整体平移工作，全市448万有线电视注册用户中已有60%的用户完成数字化转换，高清交互数字电视用户达133万户。

（二）移动电视

移动电视由北京北广传媒移动电视有限公司承办，国有股份制性质。自2004年5月28日开播以来，成功搭建了公交电视、出租车电视、社会车辆电视等媒体平台，已在中央电视塔、京广中心、名人广场、491发射台建设了一主三辅4个数字发射机站，并完成多部信号直放站建设，全面覆盖北京六环路以内地区的地面数字电视单频网。开办的电视节目包括新闻资讯、时事热点、时尚娱乐等，每天播出时间17小时。

2010年，移动电视继续加强与北京市公交集团合作，公交电视终端总量达2.4万块，全部业务平台终端接收设备总量已达35,000个，日受众超过1,300万人次。根据央视市场研究股份有限公司(CTR)的监控数据，接收终端运行状态稳定，全年平均合格率达97.03%。

移动电视《移动播报》栏目片头

移动电视立足“服务政府公共管理”、“服务市民精彩生活”的媒体定位，通过不断挖掘文化产业资源，形成了完整的视听节目传输网络。节目内容秉承“实时、互动、服务、创新”理念，资讯信息贴近百姓、积极向上，充分发挥出发布政府政令、城市信息、城市预警等社会公共信息的传播优势。

为提高节目栏目质量，年内改版推出《移动播报》、《财经早知道》、《体育连连看》、《出行导航》、《一路同行》、《食尚》、《百姓就业》、《数说北京》、《移动采风堂》、《影视聚焦》等节目栏目，实现“资讯性、新闻性、服务性、娱乐性”为一体，受到首都市民的欢迎。

（三）城市楼宇电视

城市楼宇电视由北京北广传媒城市电视有限公司承办，国有股份制性质。自2005年开播以来，成功搭建了楼宇电视联播网、户外大屏电视联播网媒体平台，充分发挥出发布政府政令、城市信息更新、城市预警等社会公共信息的传播优势。

楼宇电视联播网是采用先进的DVB-T*数字电视地面广播技术进行传播，由中央电视塔统一发射无线信号，全网络终端同步接收，实时播放节目的户外电视媒体。节目包括新闻资讯、时事热点、时尚娱乐等，每天播出时间15小时。联播网终端分布在北京市政府机关、金融系统、医疗系统、商业系统、餐饮休闲等数十个行业。

户外大屏电视联播网是一个户外LED大屏幕电视的联网播出平台，巨型LED大屏电视分布于城区重要商业地点和人流聚集区，以丰富和震撼的表现力让大众体验强烈的视觉感受。户外大屏电视联播网将电视台播出技术应用于户外大屏幕，是具有很高商业潜质的传播载体。

2010年，城市楼宇电视全年新增800多块屏幕，终端总量达1万屏左右，户外大屏幕电视达7处8块，规模化、产业化的新媒体发展格局逐步形成。年内，在奥林匹克中心区景观大道上的26块户外LED屏幕正式开播；国庆节当晚，城市电视8处户外大屏幕——保利、工美、天阶、鼎好、太阳宫、来福士、奥运中心区（26块地面小屏）、大观园同时开播。户外大屏电视联播网在第三届中国新媒体盛典上

安装在公共场所的城市楼宇电视

获得 “2010中国户外新媒体领军品牌”奖。城市电视大屏播出及监控系统做到全年播出零事故，获北京市广播电视科技创新一等奖。

为提高节目栏目质量，年内改版推出《城市播报》、《体育新闻》、《财经新闻》、《图片新闻》、《演员罗盘》、《书香北京》、《百姓就业》等节目栏目，实现“资讯性、新闻性、服务性、娱乐性”为一体，受到首都市民的欢迎。

（四）地铁电视

地铁电视由北京北广传媒地铁电视有限公司承办，国有股份制性质，于2007年1月与北京市地铁运营有限公司共同组建。地铁电视2010年8月10日试播以来，配以先进的技术资源和优质的节目运营资源，成功搭建了政府的公共信息平台、城市的应急服务平台、乘客的生活资讯平台和企业的理想广告平台。

安装有地铁移动电视的列车

2010年8月10日，地铁电视开始试播。地铁电视播放时间与列车运营时间同步，从每天早上5点半至23点通过覆盖全市地铁的1.08万个终端播放节目。节目信号在地铁1号线、2号线、5号线、8号线、10号线、13号线和八通线的车厢及站台全部开通，并与公交车、楼宇和户外大屏幕电视组成联播网，内容涵盖新闻资讯、生活服务、法制、娱乐资讯和公益宣传等，具有节目短小精悍，时效性强，信息量大的特点，受到首都市民的欢迎。

（五）鼎视数字电视

鼎视数字电视由鼎视数字电视传媒有限公司承办，国有股份制性质。鼎视数字电视是节目集成传输型的电视新媒体，自2005年运营以来，向全国数字电视用户家庭提供付费电视节目。

2010年，鼎视传媒采取灵活多样的方式，扩大节目落地区域，加大市场推广力度，尝试建立有效的销售网络，逐步确立独特有效的市场运营模式，共集成传输33套数字标清、5套高清卫视节目。集成传输频道的总量规模在全国四家同类公司中排第二。在已批准开播的9套全国性电视购物频道中共集成传输8套，在已批准开播的4套财经类频道中共集成传输3套。付费频道在全国落地销售区域达170个，节目集成传输业务取得新的进展。

鼎视数字电视参展展台

传输的33套数字标清节目有：“鼎视多”节目包、“鼎视家和”节目包、“鼎视风尚”节目包、“鼎视单选频道”和“鼎视自选套餐”等，共包含《四海钓鱼》、《收藏天下》、《证券资讯》、《家庭健康》、《时代家居》、《时代美食》、《时代出行》、《时代风尚》、《碟市》、《职业指南》、《家庭理财》、《车迷》、《读书》、《新娱乐》、《环球旅游》、《人物》、《考试在线》、《快乐宠物》、《优优宝贝》、《财富天下》、《家政》、《电子体育》、《数码时代》、《中国气象》、《百姓健康》等25个数字付费频道。同时，还为《快乐购物》、《央广购物》、《优购物》、《时尚购物》、《风尚购物》、《家有购物》、《家家购物》、《环球购物》等8个数字电视购物频道提供集成传输及发行服务。传输的5套数字高清卫视节目有：北京卫视、湖南卫视、深圳卫视、广东卫视、黑龙江卫视。

（六）CMMB电视

CMMB电视由北京中广传播有限公司承办，国有股份制性质。2009年，CMMB手持电视在北京建成13处主发射基站，信号已覆盖北京市六环路内95%的地区。

2010年，完成7个发射点的工程建设，北京地区发射点已达16个，城区网络得到进一步优化，郊区网络覆盖工程有序推进。4月19日，北京中广传播有限公司宣布CMMB手持电视业务在全国商用，已在全国302个城市开通了信号。通过这项移动多媒体广播技术，用户可以通过手机、PDA、MP4、车载电视、笔记本电脑等各类小屏幕接收终端，收看高质量的广播电视节目，同时享受数据增值服务。这项手持电视业务可提供CCTV-1、CCTV-新闻、CCTV-5、晴彩电影、BTV-1和晴彩北京共6套节目。

北京CMMB手持电视

（北京广播电视台办公室）

北京电台新媒体发展情况

（一）DAB数字广播

北京人民广播电台DAB数字多媒体广播于2005年3月开始试运行，2006年9月正式开播。截至2010年底，播出数字音频广播节目17套，视频节目5套，同时正式开始利用推送式广播技术播出音频和图文节目。2010年发展情况是：

1.完成推送式广播技术研发与终端开发。 2010年2月1日，推送式广播正式运营。该业务是北京电台自主研发、并拥有自主知识产权的数字广播新型业务模式，它利用数字广播技术将音频节目、图片、文字等多媒体内容以文件方式传输并自动储存到用户的接收终端上，用户可以自主选择时间、地点和所喜欢的节目进行收听，并可将节目收藏后反复收听，是数字广播技术的全新应用。

推送式广播播出节目与非广播类服务两类内容，每日共下发时长约30小时。其内容具有专业化和个性化的特点，能够满足小众人群的收听需求，成为传统广播节目的有益补

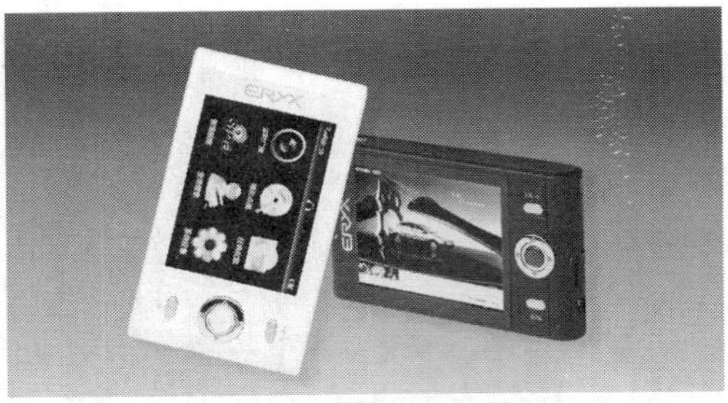

DAB数字多媒体广播接收机

充。8月，通过全面改版，优化了栏目设置，丰富了节目内容，提升了节目质量。

推送式广播也为电台新的商业经营模式带来了可能性。北京电台悦龙数字广播公司通过与新浪财经、首都票务网的合作积累相关经验。由北京电台悦龙数字广播公司自主开发研制的“听立方”作为首款可以接收推送式广播的接收终端面市，直接推动了推送式广播的产业发展。

2．推送式广播技术交流和标准推进。 2010年3月，北京电台悦龙数字广播公司主办了“推送式广播——数字音频广播新业务”国际研讨会，国家广电总局、广播科学研究院、WorldDAB主席及各地运营商和厂商代表共150余人参加了会议，提升了推送式广播的影响力，并为运营商与终端设计、研发、生产等相关单位之间搭建了沟通桥梁。2010年5月，北京电台悦龙数字广播公司和澳大利亚商业电台有限公司（CRA）就开发新型数字广播业务签署谅解备忘录，确定了双方的战略合作关系框架。此外，还承担了国家广电总局有关推送式广播行业标准的制定工作，并与广播科学研究院合作编制“非实时数字音频广播业务标准”。

3.推送式广播节目建设与完善。 推送式广播服务除广播节目外，还尝试开展其他形式的数据服务模式。2010年2月，北京电台悦龙数字广播公司和新浪财经达成合作，将“2010年股指期货模拟大赛”活动的定向信息发送到新浪的定制终端中；与飞渡财经共同承办的《投资俱乐部》栏目可以使用户通过“听立方”每天接收近百条当日财经的文字信息；与首都票务网达成合作，利用推送式广播平台下发图片格式的票务打折信息。

4.宣传推广与终端销售成果显著。 通过一系列的市场宣传推广活动使数字广播概念更加深入人心。音频广告、报纸、夹报、互联网和线下活动等多种方式使更多人群接触、了解到数字广播。2010年3月建立“听立方”官方网站，4月推送式广播进驻开心网，8月开通推送式广播官方微博，利用互联网传播消息速度快、成本低廉的特点对服务和终端进行宣传。

（二）1039新媒体机

2008年7月北京人民广播电台“公众服务信息平台”正式面向公众提供服务。2010年，北京电台“以建立健全基于数字广播技术的数据业务运营及支撑平台为目标，探讨、研

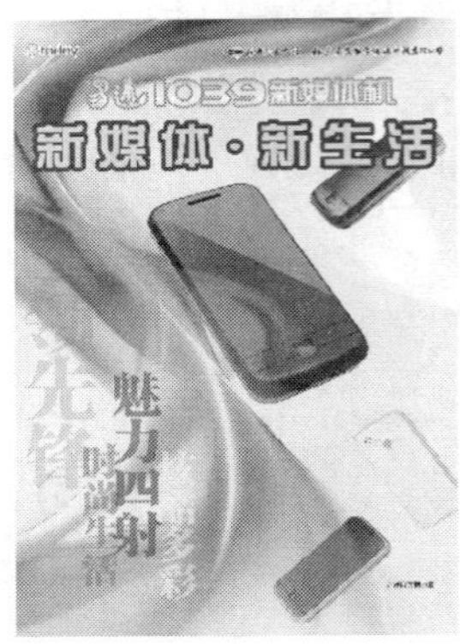

1039新媒体机

究并试验基于数字广播的运营方式和盈利模式”的方针，在已有技术成果及业务积累的基础上，从业务运营、技术演进、终端研发及市场推广等多方面对该业务进行进一步的拓展。

1.丰富多媒体内容及形式。 完成完善基于数字广播数据业务管理平台的CMS内容管理平台、“新广播”主持人在线编辑平台、数字广播数据业务播控平台、系统运行监控平台、数字广播SP业务接口平台、目录服务系统等，

扩展了新媒体业务的受益听众、观众群体。

2．开展“新广播”业务。在数字广播运营支撑平台进一步完善和现有的声音广播及在DAB数字音频广播的多媒体内容传输能力基础上，实现视、听、看结合，可交互、可操作的广播媒体全新业态。

3.开展智能手机广播业务。分别在苹果系列终端、“安卓”系列手机及微软智能手机平台上开展电台广播业务。该业务使得除了传统的FM收音机外，在主流的智能手机上，也可以听到广播的声音，拓展了新媒体业务的受众人群。

4.独立研发M51新媒体机。该业务使数字广播接收终端过渡到具备通讯功能的新媒体接收终端，使后期服务的研发及业务的运营具备更多的可能性。

5.开发D系列收音机。在模拟广播向数字广播过渡的大背景下，开发具备数字广播音频节目接收功能的D系列数字广播收音机，以低廉的价格、优质的音质，提高了调频及DAB节目的收听率。

6.开展“一键呼叫”业务。开展打电话查方位、查路况的服务业务，进一步增强北京交通广播的服务性能。

7．开展移动支付业务。已在北京电台1039“易通卡”开展移动支付业务，如买水、买电、信用卡还款及手机缴费等。

8.推出交广微博业务。交通广播微博系统于2010年10月开始上线，并支持OA、新浪绑定、手机发布、个人秀等多方同步功能。

（三）青檬网络电台

青檬网络电台是由共青团北京市委与北京人民广播电台共同创办、面向以大学生为主的青少年的网络电台（http://qmoon.rbc.cn），2005年12月20日建台并试播，2006年6月16日正式开播，是北京广播网的二级频道。

2010年，青檬网络电台坚持“用喜闻乐见的方式服务青年、引领青年”的发展理念，探索创新，通过用青少年易于接受的节目、活动形式寓教于乐，收到良好的效果，听众人数由最初的几个人到现在每天将近14万人，工作团队也由最初的3人增加到现在的20人，收听方式由最初单一的网站收听方式到现在将近300家网站论坛播放以及手机、QQ、微博音乐台、搜狗拼音音乐皮肤等多种收听方式。青檬的品牌活动——北京高校青春歌会和北京高校电台主持人大赛也已举办五届。青檬网络电台一直把培养大学生新媒体人才作为重要任务之一，五年共培养了来自40所高校的300余名大学生主持人和编辑人员，其中有一部分毕业后走向了广播主持的岗位。重点工作有：

1.节目方面：①围绕“公益”的大主题进行节目策划和制作。在每个月的月主题包装方面加强了对公益概念的诠释，倡导主持人进行公益话题的探讨，如：爱的再循环、光合作用、微力无限大、我就乐益、全城绿动等。特别是结合北京共青团100365首善行动，推出公益100分钟的节目体系，每天开辟1小时的时间策划选题，与听众进行线上的话题互动以及开办“公益小讲堂”等整点公益小节目。100365的每次活动均派记者进行采访报道。

②加强节目运营和管理工作。建立了数据分析工作周例会制度以及节目审听制度，通过数据分析和节目审听反馈指导节目的策划和制作工作，提升节目的质量。建立了资讯节目管理体系和电台包装制作体系，梳理了节目管理、主持人管理体系，完善“青檬音乐台百科全书”的内容体系。

③开始建立青檬听众信息库，从微博、纸条中整理听众的信息，为下一步青檬听众资源的利用奠定基础。通过对听众纸条互动的分析以及听众调查等方式，分析青年动态和社会热点。

④在大学生采编播人员培训方面，推出了青檬实习生培训计划（QDEMO），完成了2期共40人的采编播实习生培训工作。

2.宣传推广方面：与新浪微博合作，上线了青檬微博音乐台，与搜狗拼音输入法合作推出搜狗音乐皮肤，其中新浪青檬音乐台官方微博粉丝数已经超过2万人，在新浪媒体微博列表排在前5名。

3.技术方面：开发了android手机和iphone手机收听客户端初级版。

（北京电台悦龙数字广播传媒科技有限公司 陈良 史博华）

北京电视台BTV手机电视发展情况

2010年，北京电视台BTV手机电视依托高速3G网络技术，与移动、联通和电信三家运营商展开深度合作，分别在三大运营商的手机电视业务中开通BTV手机电视专区，向全国手机用户提供北京电视台10个频道直播、40多档节目的点播服务，日节目更新量260余条，服务受众覆盖2.5G和3G用户。同时，与北京联通合作，开发第一款手机视频报——BTV多媒体手机杂志等业务。各平台发展及用户情况如下：

（一）北京移动平台（自有牌照平台）

2009年12月9日，北京移动平台开始正式收费。截止到今年年底北京移动的活跃用户在32000人次左右，综合浏览量突破10万次，BTV手机视频提供北京电视台频道直播、点播及优秀栏目。

①直播频道：BTV—北京、BTV—影视、BTV—生活、BTV—公共。

②点播频道：北京、新闻、影视、音乐、娱乐、卡酷、体育、法治、气象等。

③优秀栏目：《喜来坞》、《星夜故事秀》、《法治进行时》、《这里是北京》、《快乐生活一点通》、《特别关注》、《首都经济报道》、《我爱我车》、《五星夜话》、《每日文娱播报》、《天天影视圈》、《天下收藏》、《名人之后》等。

（二）北京联通平台

2010年9月，BTV手机电视与北京联通推出一份手机多媒体杂志业务，内容精选北京电视台电视节目和联通提供的内容，包括大事专区、沃门户、生活一点通和天下奇闻，通过视频与图文相结合的产品展现形式，每周一至五发送一期，让用户及时了解最新的北京资讯，带给用户全新体验， 2010年底免费用户达到6万左右。

（三）中国移动平台

2010年以来，BTV手机电视在央广视讯、CRI、中投及人民网等全网平台的节目也取得了一定的成绩，BTV手机电视在各全网平台的上线合作播出，弥补了地网牌照的局限，进一步拓宽了业务。截止到2010年底，用户的

北京电视台BTV手机电视宣传册

点击次数已达到百万次之多。

（四）中国电信平台

根据中国电信集团公司的批文，各省公司一起配合集团推广“天翼视讯”业务，北京电信配合中国电信开设的“BTV”品牌包在全国落地，同时开设的“BTV动感北京”在北京地区落地并宣传推广，北京电信各相关的部门将大力推动该业务。目前“天翼视讯”全能看产品BTV节目已经上线，BTV品牌包预计2011年1月正式上线，开始运营。

（五）中国联通 iphone 平台

BTV的直播频道中国联通的iphone平台于2010年春节期间全部上线。内容涵盖《北京您早》、《北京新闻》、《爱音乐》、《气象早知道》、《每日文娱播报》、《大大娱乐》、《时尚装苑》、《首都经济报道》等节目。

（六）苹果客户端平台

①BTV手机电视：苹果客户端平台在2010年 4月份正式上线，截止到2010年底，客户端安装量约10万个，访问数1102314人次(IP)，综合浏览量达到了4373401次(PV)。节目形式包括北京电视台各频道直播及精彩节目点播。

②BTV红楼梦客户端：BTV红楼梦客户端是2010年8月为了配合北京电视台新版《红楼梦》在北京卫视播出开发设计的一款客户端，节目形式包括《红楼梦》的精彩视频花絮及50集剧集，还可以实现在线猜红谜、在线留言提建议等互动功能。

（七）FREEWAP 平台的开发和应用

2009年10月，北京电视台手机电视自有Freewap平台正式上线开播。Freewap平台节目内容涵盖北京电视台直播和精彩栏目点播。移动、电信、联通用户利用手机登陆网址www.3gbtv.com，即可收看北京电视台手机电视节目。Freewap平台是全网平台，用户可以在全国范围内随时随地收看到BTV的精彩节目，Freewap平台的正式上线，打破了北京移动只有北京地区牌照的局限，拓展了手机电视业务。

为了更好的与台里进行手机电视平台的互动功能，增强与栏目组的互动粘性，FREEWAP平台在2010年年底新开发了用户上传、用户留言、用户评论等功能。截止到2010年底，三大运营商的手机电视付费用户为近10万人，总点击量已突破100万次。并且BTV手机电视还开发了基于iphone、symbian、android、window smobile四大手机操作系统的手机电视客户端，与苹果、诺基亚、联想乐phone、三星等手机厂商完成合作，以BTV手机电视品牌面向移动、联通、电信用户独立提供3G手机电视服务。

（北京电视台）

北京市广播电影电视局网站情况

北京市广播电影电视局网站（http://www.bjrt.gov.cn）始建于2002年，分别在2003、2005和2008年进行三次改版升级。2009年，为配合“三定”工作，网站进行了升级改造，增设了“电影电视剧动画片介绍”、“影讯”和“党团园地”栏目。

2010年，网站在保证全年安全运行无事故的基础上，继续丰富栏目和信息，完善规章制度，在信息来源和信息安全保障方面不断加强管理，严格把关，保证公开信息的准确性和安全性。截至10月30日，网站首页浏览量为114，521次；其余服务栏目总页面浏览量为55,779次，其中行业管理服务18,276次，占32.77%；电影电视剧动画片查询服务18,027次，占32.32%；法规文件查询服务10,713次，占19.21%；办事指南服务5,424次，占9.72%；在线咨询服务3,339次，占5.99%。

网站信息公开建设方面，根据市政府办公厅《中华人民共和国政府信息公开条例》文件的要求，进一步重视信息公开与资源共享工作，加快网站信息更新速度，围绕局中心工作加大管理和审查力度，不断完善信息审查流程和相关制度。网站采用链接方式，从首页可直接访问首都之窗网站上市广电局的信息公开栏目，在进行政府信息公开系统信息录入和公布时，注意与网站相应栏目对应，做到信息多点可查，方便不同的人群分类查找。1月至10月，网站新增主动公开信息共计572条。

北京市广电局共有18项行政许可事项，17项其他政务事项，网站提供所有行政许可事项的办理指南、办理流程、审批资料和日常审批办公时间、地点等信息，办事指南、表格下载等服务事项实现了100%。此外，网站定期公布行政许可办理结果统计汇总表单，便于公众知晓，并监督工作。

网站便民服务功能主要体现在“新审批电影、电视剧、动画片介绍”和“影讯”栏目，这两个栏目专门发布北京市电影院每月拟上映的电影、电视台热播的电视剧和动画片介绍，栏目以丰富的影片海报、剧情简介体现北京市电影市场的放映情况，方便公众查询，丰富人们的文化娱乐生活。据统计，截至10月30日，“电影、电视剧、动画片介绍”服务栏目的访问量为18,027，占网站服务栏目总访问量的32.32%；行业管理栏目以及电影电视剧动画片介绍栏目的访问量共计36,303次，占全网站服务栏目总访问量的65.08%，是受关注度最高的两个栏目。

政民互动方面，网站设有公众监督和公众参与栏目。包括互联网等信息网络传播违法和不良视听节目举报、“三电”专项斗争举报电话、检举控告邮箱以及领导信箱几条信息。以上信息包括广电行业管理、党员公务员行为监督、问题咨询等方面，全方面接受公众的监督和帮助。

（北京市广播电影电视局信息中心）

中国电影博物馆网站情况

中国电影博物馆网站（www.cnfm.org.cn）于2007年2月10日正式上线。2010年，网站页面初步形成了完善的系统流程。网站风格简约清晰，整体感强，突出中国电影博物馆特色与内容及服务观众的功能。

网站作为中国电影博物馆服务外延的窗口，本着锐意创新、服务观众的原则，不断完善、丰富网络内容，使网站清晰便捷，更加人性化。网站主要设立几个内容：新闻、服务资讯、展陈藏品、观影信息、交流体验等，将"权威资讯、专业信息、互动交流"等实用资讯服务大众。同时，网站增强了与广大影迷互动的服务功能，具备网络售票功能，既实现了馆内影片的网上售票，也实现了活动的报名预订。结合中国电影博物馆馆刊《影博·影响》、馆报《馆内生活》，推出电子馆刊。此外网站还拥有会员俱乐部专题页、视频专题、电影大讲堂、对话·博物馆等特色板块，增强与观众的互动元素。

网站具备基本英文服务，使得观众感觉更加温馨、亲切。系统、科学的管理和操作理念必将为中国电影博物馆网站带来竞争的资本和不尽的机遇，在未来的网络建设中，中国电影博物馆会力争将其建设成为国际化、多元化、时尚化、都市化的全球网络交流平台。

（中国电影博物馆）

北京广播网发展情况

北京广播网创办于2001年8月22日，是北京电台对外宣传的窗口之一。2010年，北京广播网坚持"广播为体，新媒为用"的办网方针，配合总台及各专业广播完成了一系列重大宣传报道任务，并推出全新的新媒体传播手段，扩大北京电台的影响力。北京广播网的世界网站排名稳定在3000名左右，最高排名到达1948名。

2010年，北京广播网主要工作：

一、新闻宣传独具特色

北京广播网在2010年的新闻宣传工作中完成重大宣传报道任务15项（次），结合时事热点、整合广播节目资源，策划完成网络专题报道63项（次）。

1. 创新网络表现形式。在页面设计上结合互联网流行的设计潮流，抓住广播节目的核心内容，陆续推出 "北京市两会"、"第八套广播体操重现京城"、"南非世界杯"、"上海世博会"、"爱在玉树"、"关注舟曲泥石流"等重大新闻报道。

2. 深挖网络互动功能，开通"记者圈"博客。为《今夜私语时》、《1039都市调查组》、《雄鸡唱晓》等栏目开辟网络互动空间，网台互动增加了多种模式，吸引了大量新注册用户。通过这些措施使北京广播网的互动功能越来越多地被广播节目和主持人所接受、使用，并获得好评。

二、技术建设继续完善

2009年11月北京广播网建设电信和教育网两个网络节点，与原有廊坊核心机房组成初步的CDN系统，全面提高网站访问效果及安全性，大大提升了用户，尤其是南方用户访问官网的舒适度。2010年，北京广播网用户访问量统计数据显示，北京地区用户访问量占18.4%，来自其他地区和其他国家的用户访问比例占到全网的81.6%，同比增长85.4%，其中，南方地区用户增幅最大，增幅达到155%。该升级改造项目于2010年已通过市财政的评审考核，并被专家组评定为优秀项目。

开展北京广播网专线容灾工作。2010年12月增加一条10M专线作为网站原有专线的备份线路，改进了网站的线路连通、安全预案等方面工作，大大提高了广播网内容更新的稳定性与安全性。

三、视频专业化程度提高

2010年，北京广播网从事视频编导、摄像的人员均参加了国家广播电影电视总局组织的职业资格认证，并取得由国家劳动和社会保障部及国家广电总局职业技能鉴定指导中心颁发的职业资格证书，实现了该岗位持证上岗的管理方式。

四、尝试新媒体，扩大传播效果

1. 基于数字广播技术，建立北京电台的视频节目传播空间。2010年6月8日，北京电台多媒体数字广播频道——RBC综合频道正式开播，集中展示了北京电台在广播视频方面积累的经验。同时，在北京广播网“播播视频”频道开辟“RBC综合频道专区”，将每天RBC综合频道播出的节目以专辑形式在广播网上展示，成为广播网新的节目亮点。该视频专区月均访问量可达15万人次。

2. 基于无线通信技术，推出手机Wap网站。2010年8月，北京广播网手机Wap网站正式开通，提供北京电台的优秀原创音频资源，节目内容主打娱乐性和服务性，贴近百姓生活、彰显地域特色。Wap网站开通后，该网站的手机访问量到达1.6万人次／月，Wap首页访问数近2.5万人次／月。

五、品牌活动反响热烈

1. 由北京广播网策划并独立运作的品牌活动——首届亲亲宝贝“童话儿”网络征集活动于2010年3月8日至7月31日举办，该活动是“网络播种，广播结果，网络与广播共赢”的新尝试。活动设计了网络征集、作品展示、落地宣传、网络访谈、广播点评等多个环节。活动专题浏览量达到15万，报名人数千余人，入选的视频作品162段、音频作品31段、图文作品183篇。通过一个月的网络投票，音视频类作品投票15523票，图文类作品投票16671票，反响良好。

2. “歌声与微笑——2010第五届北京高校青春歌会”于2010年9月29日至12月4日举办，是北京广播网与青檬网络电台合作承办的品牌活动。本届歌会共有来自30余所高校的360多名选手报名参赛，报名人数、参赛人数均高于往届，并首次获得企业赞助。歌会在对外经济贸易大学、北京科技大学、北京理工大学和北京师范大学举办了三场校区联赛及一场公益活动，活动首次采取网络视频直播的形式，提高了活动的参与性和透明度。活动期间，北京广播网青春歌会官方网站的访问量高达693360人次，微博转帖34629次，短信投票2439票，总票数共计138874票，天涯社区、搜狐社区、凤凰社区等130家社交网站发布的活动主题帖，总浏览量超过150万，回帖5640个。

（北京电台　蔡明可）

北京电视台BTV在线网站情况

2010年，北京电视台BTV在线网站圆满完成了各项工作任务，在台网互动、大型直播、内容整合、线下活动、新技术应用等方面有了新的突破。

一、加强网站建设，完成BTV在线网站升级改版工作

经过3个多月的紧张筹备，2010年1月25日，BTV在线进行了全面的系统升级和页面改版工作。此次改版呈现以下特点：

（1）启用新的中文名称“BTV在线”，并设计了全新的网站VI标识，作为今后对外宣传的统一标识。

（2）技术设备平台全面升级，增加论坛等互动功能。

（3）全面推进台网互动工作模式，为电视栏目和主持人搭建了180个互动空间，通过图文、音视频、互动等多种方式，宣传推广栏目和主持人。

（4）网站内容传播结构更加优化，以首页、电视频道、网站自办频道、栏目互动空间、主持人互动空间、网站论坛等进行传播与互动，内容传播形成良性循环，BTV在线成为一个集音视频、图文信息、论坛、播客、博客为一体的音视频多媒体网站。

改版后网站的自办频道包括：新闻、文艺娱乐、时尚生活、魅力北京、主持人、影视剧、纪录片等15个频道，突出网站的编辑思想，对电视节目进行精编整合。

二、加强内容策划和整合力度，制作网络专题

BTV在线负责全台12个节目中心电视节目的网络宣传和互动工作，除日常工作外，还要对台里的各种大型活动进行采访报道、完成专题制作、实现网络互动直播。

2010年，BTV在线对台里大型活动的网络宣传，做到了“一个都没有少”，从活动宣传预热、专题制作、网络互动直播到视频点播、论坛互动等，所有环节都有网络元素的注入，都由BTV在线提供网络支持。据统计，2010年BTV在线完成新闻、文艺、影视等各类网络专题111个，如网络中秋晚会、国际斯诺克北京邀请赛、上海世博会、中华情中国节、时尚大典、大戏看北京等，这些专题扩大了大型活动和电视节目的影响力，是网站点击率较高的内容。

其中，在持续100多天的新版电视剧《红楼梦》的大型宣传报道中，BTV在线制作了《一人一个红楼梦》、《大家说红楼》等10个网络专题，形成强有力的宣传攻势。在新版电视剧《红楼梦》开播倒计时100天时，BTV在线请到电视剧演员上线跟网友们互动聊天。网站赋予这些演员独特的标识——【红】，比如“【红】小宝玉”，就是扮演小宝玉的于小彤本人在线发帖。网友们对能够近距离接触演员抱有极大的热情，论坛的热度始终不减，发帖量以每天上百条的速度迅速攀升到网站论坛的最高值。

三、积极推进台网互动，做好网络互动直播

台网互动工作是2010年的工作重点，BTV在线抓住台内大型活动的机会，主动与节目部门合作，利用网络优势，为节目提供服务。一年来，与卫视中心、文艺中心、影视中心、财经中心、体育中心、海外中心等，开展了频道地面推广活动异地直播、网络中秋晚会揭秘版摄制、北京国际车展互动直播、海洋沙滩狂欢节摄影大赛、第五届文博会现场直播等多种大型台网互动活动，还在论坛中为节目和活动开设子版块，如天天体育、天下财经、咱爸咱妈、春晚等，取得了良好的互动效果，扩大了节目和活动的影响力，多次得到节目部门的表扬。

其中，2010年2月14日BTV春晚直播，BTV在线网站的日访问量达到128万页、22万人，访问量较平时翻了一倍，网站全球排名从3万名，上升到当日的3199名，创BTV网站建站以来的最好记录。

2010年，BTV在线对全台的大型活动共进行了60余场次的网络互动视频直播，累计直播时长 190小时。

四、采用先进视频编码技术，开办网站高清频道

在三网融合的大趋势下，互联网的新应用技术层出不穷。2010年BTV在线首先对视频编辑系统做了多次改进，视频质量大大提高；多次采用高标清同步直播，采用数字化的网络直播方式，为网民提供了方便；采用3G回传技术进行异地直播，拓展了直播领域；年底上线的微博技术，使网站的传播能力再次得到提升。

2010年初，BTV在线网站开办了网络视频高清频道——“纪录片”频道，整合宣传本台的优秀专题片、纪录片。视频编码方式采用了目前业界技术含量最高、代表最新技术水平的H264视频编码格式，使BTV在线视频质量达到了国内一流水准。

五、探索新媒体样态，搭建网络电视台架构

在三网融合的大趋势下，BTV在线积极学习、探索新媒体——网络电视台的样态，经过反复调研和论证，撰写并提交了新媒体平台初步建设方案，经过多次试验，完成了信息呈现样态的模型和对不同用户终端的通道测试，建成网络电视台演示平台模型。该模型整合了TV社区，开发了电脑桌面端MINI TV，建立了电视客户端（BTV频道），实现了双屏电视展示。

2010年5月1 4日，BTV在线带着“北京网络电视台实验室模型”，代表北京电视台参加了第六届深圳文博会。此次参展项目采用了以“BTV时间”为主题的参展方式，并结合网络互动形式进行展示，通过在现场的触摸屏操作，可以实时浏览北京电视台各频道的节目视频，分类点播视频内容。2010年11月18日，新研发的网络电视台实时在线模型中的“视频微博”等部分产品再次在第五届北京文博会上亮相，“视频微博”的实时在线的操作，真正实现了互联网、电视、手机屏频互动，成为今年文博会的新亮点。

不断对北京网络电视台架构进行深入探索，还完成了以下研究内容：一是多终端平台的应用，开发了基于网络电视、三星系统的视频客户端，实现了电视节目的直播、点播；二是开展了用户体验度以及技术的新应用；三是认真钻研内容的碎片化和有效聚合化，提高了工作效率，节约了大量人力物力。

BTV在线搭建的“网络电视台实验模型”成为了北京电视台新媒体实验室的重要组成部分。

（北京电视台网络信息编辑室）

北京歌华文化发展集团网站

网站首页展示图

北京歌华文化发展集团网站（www.gehua.com）创办于2001年。2005年网站经历第一次改版，在首页上设计了全新的动态水墨图片，展现歌华三大文化服务基础设施。2007年底至2008年初集团网站再次改版，本着合理、简洁、实用的原则，在设计中充分体现歌华作为北京市的大型文化机构的主要特征，突出了文化行业的基本特点。

为配合集团进入成长期，实现跨越式发展，打造文化服务供应商的发展目标，加大对集团发展战略、经营理念、主业形态、品牌项目等方面的宣传力度，2010年10月集团启动第三次官网改版工作。网站建设升级将分三期进行，逐步实现各项网站功能，最终形成线上线下互动经营，配合集团主业发展，成为强有力的推手和助力。一期改版后的网站已于2010年12月31日上线。

网站一期改版主要围绕集团经营工作，重点突出集团作为文化服务供应商的功能定位，从页面设计、网站架构入手，打造集团及所属各中心形象宣传展示、资源整合平台。通过制作首页大幅轮播图片、整合项目子网站链接、发布即时业务动态等方式，为集团大型品牌性重点项目提供项目预告、实时报道、后续跟踪等宣传服务，及时有效地向业内及社会展示集团动态，提高集团品牌影响力。

网站共分为：集团概况、管理团队、产业布局、新闻资讯、重点项目、大事记六个栏目，并新增所属各中心服务机构、服务设施、服务项目等五类子栏目。网站展示了集团针对各领域、行业的产业战略架构和中心、下属专业化公司机构设置及其相关服务项目，成为集团对外品牌推广、各中心及项目介绍、新闻动态实时发布、各项目子网站统一展示的网络服务平台。

（北京歌华文化发展集团）

北京歌华有线电视网络股份有限公司网站

网站截图

歌华有线公司网站（http://www.bgctv.com/）定位于公司对外形象宣传、投资者关系宣传、整体业务宣传和客户服务宣传四个方面。网站充分利用互联网优势，延展“歌华有线 服务无限”的经营理念，通过丰富的栏目设计和随时更新的内容服务，展现歌华有线人性化的管理文化，突出高新技术企业形象，全面塑造公司品牌形象。

网站内容主要分为8部分：“新闻中心”、“有线电视”、“宽带业务”、“网上营业厅”、“客户服务”、“投资者关系”、“关于我们”、“人才招聘”。

其中，首页有10个板块作为重点推介，能够一目了然的了解到歌华有线公司的新闻、业务、服务等各项情况。具体栏目有：“上市公司公告”、“精彩视频”、新闻截图flash、“新闻中心”、“网上营业厅”快捷链接、“96196”服务快捷链接、“高清交互”（含“业务介绍”、“推广进程”、“最新上线”等）、“宽带业务”（含“业务介绍”、“业务办理”、“常见问题”等）。

作为企业的两大主营业务，“高清交互”和“宽带业务”是网站的主打栏目，全面介绍了业务的各种情况。其中，“高清交互”专栏重点发布高清交互数字电视业务推广情况，并采用文字、图片、视频等多种手段进行音视频节目预告和各类应用推广；“宽带业务”专栏为用户提供详尽的歌华宽带业务介绍、办理流程、资费情况等内容，并通过“常见问答”帮助用户了解使用歌华宽带。

在承担企业品牌形象展示功能外，网站还肩负着满足用户自助服务的需求。通过网站，用户可以直接查询公司新增业务以及推广进程；定时更新的电视频道列表，便于用户核对自家的电视频道。

客服热线96196的网上便捷通道以直观的形式让客户对歌华有线服务网点位置一目了然。客户服务网点采用电子地图的方式，附带网点联系电话、详细地址、乘车路线等信息。同时，“视频在线”以公司独立制作的视频短片让用户更直观更全面地了解歌华有线。一些用户常见的问题，可以直接在网站上得到答案。

此外，歌华有线的用户还可以在网站查阅到“公司简介”、“发展历程”、“组织结构”，并及时了解全国有线电视数字化方面的新闻和数字化电视业界的最新动态。“投资者关系”板块介绍了证券事务的联系方式，加入实时的股票行情及定期更新的上市公司公告，方便投资者查询。

（北京歌华有线电视网络股份有限公司）

北京市海淀区新闻中心网站情况

北京市海淀区新闻中心网站（www.hdonl.cn）是北京市海淀区新闻中心（原海淀区广播电视局）的门户网站，成立于2002年。近年来已发展成为海淀区委、区政府新闻信息发布的重要平台之一。同时，网站还针对海淀区科技、文化、教育、旅游产业等方面的发展定位，整合了更加丰富的具有海淀区特色的信息内容，具体包括：

一、《海淀新闻》发布

中心网站每天同步更新新闻中心的《海淀新闻》，主要通过图文方式及音、视频压缩，将新闻内容压缩成音频文件、视频文件发布，成为海淀区政府新闻时事对外发布的第三媒体。

二、《电子报》发布

中心网站定期发布海淀区新闻中心制作的《海淀报》、《城市周刊》、《海淀科技园周刊》三大报刊的电子版，并于09年年底上线最新的电子报发布系统，使电子报的发布与更新更加及时准确，版面更加正规，严谨。

三、海淀区特色信息服务

中心网站也是海淀区相关政策法规、基层动态、科技文化、教育旅游等信息的发布平台，旨在打造一个能全面展示海淀区发展、建设的主要媒体窗口。

（北京市海淀区新闻中心）

北京市丰台区广播电视中心网站情况

北京市丰台区广播电视中心网站是北京市丰台区广播电视中心主办的综合性网站，于2004年8月18日建成并开通。2008年1月进行了全新改版，启用了新的域名（www.bjftrt.com.cn）。网站由丰台区信息中心提供技术支持，丰台区广播电视中心负责信息的编辑、对外发布和网站管理维护工作。

网站上传的《丰台新闻》、《人大在线》、《政协视窗》等视频栏目，对丰台区的中心工作、区情区貌、城南开发等最新动态，进行了详细报道，节目形式多样，贴近百姓。为方便不同受众的收视需求，《丰台新闻》按照《时政要闻》、《社会民生》、《科技财经》、《文化教育》四个方面的内容分类发布，配有视频和文字稿，每日进行更新，拓宽了信息传播渠道，提升了新闻的可视性。网站的检索功能为受众提供了极大的方便，可以及时、准确地查询任何一期的新闻及栏目。

网站按照区信息中心的要求，不断加强对网站工作人员的教育和培训，认真做好网站的管理，确保网站安全。2010年11月对网站两类web脚本漏洞进行安全加固，修复漏洞。

2009年1月在区信息中心的指导下，完成了视频新闻与政府内网的链接，实现了政府内网与中心网站视频新闻的同步。2010年区“两会”期间，在丰台有线电视播出“两会”新闻的同时进行网络同步上传，让“两会”代表、委员和观众能够在互联网上第一时间收看到“两会”召开的盛况。

（马藻茹）

北京市密云县广播电视中心网站情况

2009年8月12日，北京市密云县广播电视中心网站（http://mytv.bjmy.gov.cn）正式开通。经过两年的建设，网站已成为一个“宣传型、功能型、服务型”的展示密云的窗口，一个发布密云新闻的捷径，一个了解密云新闻资讯的通道，一个为社会大众提供服务信息的平台，一个与密云县政府其他各部门及各相关新闻网站紧密相连的信息平台。

网站建设理念是：视频新闻主打、信息丰富、服务广泛。

网站栏目按密云县广播电视中心的频道分类，主要由《密云新闻》、《今日观察》、《经济视点》、《社会纵横》、《生态经济一刻钟》、《事事关心》、《檀州采风》、《檀州大舞台》、《科技信息之窗》等几大节目板块组成，提供视频点播服务。整体的网站栏目布局如下：

	一级栏目	二级栏目
主要频道	今日要闻	热点聚焦、新闻排行、滚动新闻
	密云新闻	一周《密云新闻》视频点播、文字新闻
	电视栏目	《密云新闻》、《今日观察》、《经济视点》、《社会纵横》、《生态经济一刻钟》、《事事关心》、《檀州采风》、《檀州大舞台》、《科技信息之窗》等
	收视指南	电视栏目、节目预告、视频专栏、下载节目单等
	密云广电中心	中心简介、队伍建设、大事记、联系我们
	网上调查	“本台您最喜爱的电视栏目”受众调查
	天气预报	每日天气信息
	网站链接	国家广电总局、人民网、新华网等

网站具备智能搜索、网上调查等功能。通过“本台您最喜爱的电视栏目”进行网上调查，相当于借助网络平台对密云电视台各档电视栏目开展一个长期的受众调查，对于获得收视反馈、改进节目质量、提高收视率具有十分重要的作用。

（密云县广播电视中心）

北京市延庆县广播电视中心网站情况

延庆广播电视网是北京市延庆县广播电视中心主办的综合性网站，于2006年1月正式对外发布。2007年，延庆县信息中心具体的操控网站的建设管理工作，包括信息资源的组织开发、各个栏目的设计和网页制作，并承担网站的日常管理和维护工作。

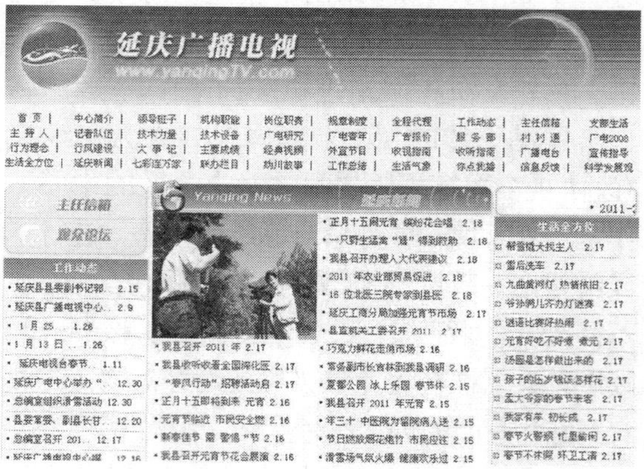

网站上传《延庆新闻》、《生活全方位》、《妫川故事》、《联办栏目》及中心动态信息，全年共上传信息4000余条，照片200余张，自创建以来，网站的点击率达到352841人次。

（延庆县广播电视中心）

科技发展

2011／《北京广播影视年鉴》

——记录行业情况　服务业内和社会——

2010年北京市广电系统荣获国家广电总局、中国新闻技术工作者联合会等科技类奖项情况

一、2010年度国家广电总局科技创新奖获奖情况

北京人民广播电台、北京交广汽车俱乐部有限公司《易通1039新媒体机及业务运行系统》获高新技术研究与开发奖一等奖，获奖人：汪良、王季平、李秀磊、秦晓天、李晓辉、罗霄兵、张旭、陈晓鸥、杨德顺、王洪波、王志伟、陈良；

北京人民广播电台、北京悦龙数字广播传媒有限责任公司《利用数字音频广播技术开展推送式广播服务的相关技术研究》获科技成果应用与技术革新奖一等奖，获奖人：汪良、王季平、郭励、张旭、秦学刚、南海、赵迅多、刘苗、赵晓维、王江松、胡明、赵以晗；

北京北广传媒城市电视有限公司、北京中科大洋科技股份有限公司《北京北广传媒城市电视户外大屏幕播出及监控系统》获科技成果应用与技术革新奖二等奖，获奖人：李兰、武兵、刘宁、刘建国、李军佐、于世辉、赵俊杰、许经纬；

北京歌华有线电视网络股份有限公司《基于SID的数字电视值机监管平台》获科技成果应用与技术革新奖二等奖，获奖人：田洪健、王厚信、董继宁、叶海星、曾春、何拥军、刘汝宪、姜振。

北京电视台、成都索贝数码科技股份有限公司《北京电视台全台制播网络系统》获工程技术奖二等奖，获奖人：田方、周旭辉、毕江、林平、王立冬、陈宇、倪宇、黄飞；

北京电视台、成都索贝数码科技股份有

限公司《北京电视台基于全台网的节目代码管理应用》获软科学奖二等奖，获奖人：李讯、高譑、孙波、李昕、陈广鑫、詹枫、张朝勇、李明嘉；

北京歌华有线电视网络股份有限公司《歌华有线传送资源管理系统（GRMS）》获软科学奖二等奖，获奖人：董继宁、田洪健、王厚信、陈钰、曾春、何拥军、叶海星、耿玉树。

北京电视台《北京电视台新台址网络化节目制播体系综述》获论文奖二等奖，获奖人：毕江；

北京人民广播电台《基于实测的DAB覆盖仿真分析》获论文奖三等奖，获奖人：邵然。

北京人民广播电台《解码2012》获广播类科普作品奖一等奖，获奖人：刘莎；

北京人民广播电台《心理医生谈抑郁症》获广播类科普作品奖一等奖，获奖人：马维；

北京人民广播电台《关注老年痴呆》获广播类科普作品奖二等奖，获奖人：李弋戈、赵凤。

北京电视台科教节目中心《毒土豆背后的秘密》获影视类科普作品奖二等奖，获奖人：李志国、杨韵仟、车进、张梦寒、朱蕾；

北京电视台科教节目中心《探秘日全食》获影视类科普作品奖三等奖，获奖人：陈接峰、王君、缪静、许智超、缪佳佳；

北京电视台科教节目中心《高清来了》获影视类科普作品奖三等奖，获奖人：李志国、蓝霖、高艺溦、卢志洁、李昂；

北京电视台科教节目中心《痔疮膏能当眼霜吗？》获影视类科普作品奖三等奖，获奖人：李志国、杨韵仟、车进、刘培、崔菲。

二、2010 年度国家广电总局广播电视节目技术质量奖获奖情况

2010 年度国家广电总局广播节目技术质量奖（金鹿奖）获奖作品 12 个，其中音乐类一等奖 1 个，三等奖 1 个，环绕声类三等奖 2 个，语言类一等奖 2 个，片花广告类一等奖 1 个，二等奖 1 个，广播剧类一等奖 1 个，二等奖 1 个。北京人民广播电台第一套节目获得播出技术质量奖一等奖，北京人民广播电台获得金鹿综合大奖。

一、录制技术质量奖

序号	节目名称	申报单位	主要完成人员	等级
音乐类				
3	交响乐《威风堂堂进行曲》	北京人民广播电台	陈小斌	一等奖
27	歌曲《爱之海》	北京人民广播电台	曹漫	三等奖
环绕声类				
6	环绕声片花《龙刀》	北京人民广播电台	曹漫、张校茵	三等奖
9	环绕声广告《环球之旅》	北京人民广播电台	曹漫、孟孟	三等奖
语言类				
2	广播小说《画虫儿》	北京人民广播电台	傅博	一等奖
6	专题音乐《飞逝的花瓣》	北京人民广播电台	董珂、罗霄笑	一等奖
片花广告类				
4	片花《午夜拍案惊奇》	北京人民广播电台	张校茵	一等奖
20	片花《欢乐英雄》	北京人民广播电台	罗霄笑	二等奖
广播剧类				
1	广播剧《傅作义与北京城》	北京人民广播电台	贺西平	一等奖
7	广播剧《小马过河》	北京人民广播电台	王莉丽、孟孟	二等奖

二、播出技术质量奖

序号	节目名称	申报单位	主要完成人员	等级
1	北京人民广播电台第一套节目	北京人民广播电台	刘志勇、高素萍、王堃、邵然、王平、陈淑兰、刘春灵、谷会敏、芮振忠、吴琛、杨伏祥、段宏伟、薄浩、罗志强、赵红	一等奖

三、金鹿综合大奖

序号	节目名称	人员名单
3	北京人民广播电台	王季平、郭励、阮勤、刘爽、张旭、王艳华、于慧娟、黄坚坚、马白桦、程春

2010年度国家广电总局电视节目技术质量奖（金帆奖）获奖作品10个，其中标准清晰度电视录制技术质量奖新闻类一等奖1个，专题类一等奖1个，最佳声音奖1个，综合文体类一等奖1个；高清晰度电视录制技术质量奖专题类三等奖1个，体育类三等奖1个，电视剧类三等奖1个，声音类二等奖1个；视频图形制作技术质量奖片头类二等奖1个，动画片类二等奖1个；北京电视台获得播出技术质量奖，北京电视台获得金帆综合大奖。

一、标准清晰度电视录制技术质量奖

序号	节目名称	申报单位	视频	音频	灯光	等级
1.新闻类						
5	北京新闻	北京电视台	张京铭 蔡永亮	张迪	孙萌	一等奖
2.专题类						
2	江山如画	北京电视台	王申为 张鹏程	郑岩	郭振渊	一等奖

最佳声音奖

序号	节目名称	音频
1	江山如画	郑岩

3.综合文体奖

序号	节目名称	申报单位	视频	音频	灯光	等级
3	2010BTV春节晚会	北京电视台	郑星 侯婷婷 赵晨 王倩	王浩 张铭元	李建 于漫	一等奖

二、高清晰度电视录制技术质量奖

序号	节目名称	申报单位	视频	音频	灯光	等级
1.专题类						
12	我爱你中国—到祖国需要的地方去	北京电视台	王方 张宁 李娜 肖璨	徐徐	崔歌平	三等奖

2体育类

序号	节目名称	申报单位	视频	音频	等级
8	第十一届全运会拳击	北京电视台	叶志云	郝纪 张倞 刘来生 马捷 王一明 段然 张宁	三等奖

3.电视剧类

序号	节目名称	申报单位	视频	音频	灯光	等级

5	媳妇的美好时代（36集）	北京电视台	赵宏伟　慰光　陈一力　王嘉　翟晓辉　曾召生	三等奖

4.声音类

序号	节目名称	申报单位	人员名单	等级
4	北京电视台新台址落成专题片	北京电视台	张阳　张志杰　杨宣军　曹霏	二等奖

三、视频图形制作技术质量奖

	节目名称	申报单位	人员名单	等级
1.片头类				
9	2010BTV环球春晚片头	北京电视台	匡葵　张晨旭　梁爽	二等奖

2.动画片类

序号	节目名称	申报单位	人员名单	等级
2	秦时明月之夜尽天明	北京电视台	徐志军　李湧　张力先　邓菲	二等奖

四、播出技术质量奖

序号	申报单位	人员名单	等级
3	北京电视台	刘晓光　董秀琴　郭江平　张兆媛　陈蕾　于莹　黄晓峰　苑宏伟　李萍　刘朵　管芳　刘莘　朱雨嫁　徐冬丽　贾玉升	一等奖

五、金帆综合大奖

序号	单位	人员名单
3	北京电视台	王晓东　田方　李迅　王喆　王宝德　郑星　余江　周旭辉　刘晓光　刘宏亚

3．2010年度全国广播电视技术维护先进台站（集体）、先进个人获奖情况

2010年度全国广播电视技术维护先进台站（集体）：

北京歌华有线电视网络股份有限公司总前端维护组获传输类一等奖，

北京市广播电视监测中心获综合管理类一等奖。

2010年度全国广播电视技术维护先进个人：

北京电视台播出部苏力获中心类二等奖，

北京人民广播电台804发射台张光之获发射类三等奖；

4、2010年全国广播电视（有线电视系统）技术能手获奖情况

2010年全国广播电视（有线电视系统）技术能手称号：

李鲤获三等奖。

2010年全国广播电视（供配电系统）技术能手称号：

程毅获一等奖，杜伟获三等奖。

5．中国新闻技术工作者联合会2010年优秀科技论文获奖情况。

中国新闻技术工作者联合会2010年优秀科技论文10篇，其中一等奖1篇，二等奖3篇，三等奖6篇。

序号	论文题目	作者	推荐单位
	一等奖		
2	北京电台村村通工程建设	曹桔香	北京人民广播电台
	二等奖		
2	电视台高清网络化节目制播体系新闻制播业务系统存储架构设计思路和实现方案	毕　江、张　伟、黄正兵	北京电视台、索贝公司
3	论大型体育赛事图文包装系统架构与制作	祝建平	北京电视台制作部
8	基于制播分离的文件存储和传输方式的探讨	李　浩	北京人民广播电台
	三等奖		
2	北京电视台新广告业务系统	徐鸣、孟大欣	北京电视台
3	北京电视台新址全台无线话筒系统的规划	李　力	北京电视台
4	大规模后期制作网	张　硕	北京电视台制作部
5	区县电视台制播存管一体化数字网络改造	孙　岩	北京市大兴区广播电视中心
10	广播电台音乐信息检索中的关键技术研究	周瑾莹	北京人民广播电台
15	我国公交移动电视的现状及经营策略探索	玉　亮	北京市大兴区广播电视中心

（北京市广播电影电视局科技处提供）

2010年北京电台技术工作及新技术应用和设备改造情况

2010年，北京人民广播电台圆满完成了安全播出、技术保障、技术建设和改造、技术管理和服务等各项工作任务，荣获国家广电总局和市广电局颁发的多项节目技术质量奖。

一、安全播出工作

2010年，技术部门保障了9套开路广播节目的播出，全年累计播出时间共计62162小时，停播率为0.21秒/百小时。同时还保障了15套有线调频广播、16套数字广播和DAB广播中的4套多媒体视频广播、17套数字音频广播的播出以及其他数据业务。

二、技术保障工作

通过技术系统的不断升级改造，设备的科技水平不断提高。2010年四个季度向国家广电总局上报的播出通路运行技术指标均达到甲级标准。本年度还在国家广电总局"金鹿奖"评比中荣获播出技术质量一等奖和综合大奖。

为配合中央广播电视塔发射机房技术改造，改造期间（2010年6月22日至9月16日）由皂君庙发射台代播北京电台文艺、音乐、交通3套广播节目的发射任务。此次代播任务因持续时间较长，机房条件有限，又适逢高温夏季，这些都给代播工作增加了一定难度。为此，技术部门克服种种困难，进行充分准备和周密部署，从设备到人员都有针对性地加强保障力量，确保代播工作顺利完成。

全年通过光缆、ISDN和电话线路等传输方式完成台内、外大型实况转播、录播200余场次，包括"北京市两会"、"上海世博会北京周"、"世界杯"赛事、广州亚运会、《城市零距离》市民对话一把手系列节目、"除夕特别节目"、"新年音乐会"、北京国际旅游博览会、地坛书市、北京国际商务节车展、1039动力假期、北京电台听众喜爱的主持人颁奖典礼等。

全年对19个录制机房、全台所有的音频工作站系统、250套采访机，以及电台所有会议扩声设备实施技术保障和维护；完成录制22小时春节节目；完成为春节期间调用添加的169个约85小时节目；完成台外录音、扩声25场次及会议室扩声120多场次；完成每年例行的高考、中考等英语听力试题录制、播出的技术保障工作；完成音乐广播多次转播或录播境内、外大型音乐会的技术支持工作；完成两次"全国哀悼日"期间特别播出方式的实施。

三、技术建设和改造项目

完成的播出系统技术建设和改造项目包括：配合中央广播电视塔发射机房技术改造，完成信号传输路由及电平的调整；完成主控监视系统大屏显示器的更新改造；完成备用播出机房技术系统的改造工程；完成主控机房交换矩阵系统的升级改造；完成9个播出机房停播告警补乐设备的参数修改及联网统管；完成文艺广播、城管广播播出机房系统改造招标的前期准备工作。

完成的计算机软硬件及网络系统技术建设和改造项目包括：完成音频数据存储阵列的扩容工作，各专业广播节目存储空间由原来的408G扩大到819G，最大限度地保证了各专业广播节目的存储容量；完成了网络机房的供电系统改造，保证了各相电源间用电负荷基本平衡和用电安全；完成了爱家广播、故事广播、播音主持管理部、工会、研究中心、北京广播公司搬家后的网络接入工作；完成了主楼新机房到网络机房的光纤铺设工作，铺设单模光纤96芯，多模光纤96芯；完成了紫光采编平台系统的升级改造，包括从硬件环境搭建、软件测试、人员培训、各专业广播试用到正式启用的全部工作；基本完成节目监审系统硬件、软件的测试工作；完成了新闻广播“新闻热线”自动接录系统的环境搭建及软、硬件测试工作，并正式投入使用；完成了本台财务软件、听众服务中心软件版本升级工作；完成了医务室体检系统软件、财务工资邮件软件的编写工作；完成了全台各网络设备、应用软件、数据库的维护工作。

更换新台式计算机近70台、笔记本电脑110台，以及打印机多台，并对大量的旧计算机进行了整理，包括升级操作系统、增加硬盘、扩充内存等。

完成的录制、扩声系统建设和改造项目包括：完成308录制机房线性音频编辑录制系统的搭建；配合台内多个部门搬迁办公地点，完成音频工作站系统的移机安装工作；为新闻广播、城市服务管理广播、交通广播、广告经营部、网络信息中心等部门完成更新改造音频工作站系统60余套；为外出采访人员安装笔记本电脑用音频工作站编辑器软件近40套，并对使用者进行操作培训；为外出采访人员购置、调试、检测采访机50套，并对使用者进行操作培训；为有业务需求的专业广播实现电话采访录音功能，完成安装6台电话耦合器及相应的录制工作站系统；为有业务需求的专业广播实现内外网数据传输，完成安装ICM系统10套；对新音频编辑器软件系统完成测试工作；完成对新广告软件的测试及虚拟系统环境的搭建。

完成的传输发射系统建设和改造项目包括：为配合中央广播电视塔发射机房改造期间做好代播工作，完成了皂君庙机房多工器的更新改造；为体育广播转播世界杯赛事，与中央电视台建立传输通路，完成提供国际声的任务；皂君庙机房为100.6MHz和107.3MHz调频同步广播增加了备份系统；按照新的微波频率规划，完成了设备更换及通路测试工作，并搭建完成建外至皂君庙发射机房的100.6MHZ微波备用传输通路；为文艺广播“环球旅行家”上星节目安装编解码器，并配合联通公司完成光缆传输路径的搭建；完成了交通广播在儿童体验城建成模拟直播室的设备安装调试工作。

北京电台804发射台为配合酒仙桥星火路市政道路施工，完成对147米中波垂直天线最顶层三条拉线实施内移的工程。除此之外，还对115米、147米两个中波垂直天线和60米自立式中波塔进行防锈涂覆保养，对铁塔整体结构进行全面检查和维护。对两部垂直天线的垂直度和初拉力进行了调整。在天线检修施工中克服施工场地受限和时间紧的困难，积极地与各相关部门进行协调，在确保机器设备、天线设备和施工人员安全的前提下，最大限度地缩短了停机时间。

完成的其他台内技术建设和改造项目还包括：为新闻广播完成了新闻素材采集系统的搭建；根据地铁9号线军博站建设施工要求，配合联通北京分公司完成北京电台传输光缆移改割接工程；为配合RBC综合频道开播，完成系统搭建、测试、调整工作；继续配合广播发展研究中心完成广播受众实验室项目的技术系统搭建验收工作；为数字广播推送式业务提供项目实施所需要的技术支持；完成二楼会议室设备的更新改造。

配合北京市广电局完成的技术建设项目包括：完成对100.6MHz的郊区覆盖工程进行初步摸底测试，为城市覆盖和下一步村村通覆盖作出分析报告；完成数字广播村村通无线覆盖工程，即北京DAB数字音频广播单频覆盖网扩容工程，继续完成各远郊站点的项目咨询准备、站点勘查、覆盖规划总体设计、系统设计、招标采购、安装调试、覆盖测试等一系列工作；完成北京市对口支援的新疆和田地区一市三县及建设兵团广播电台技术系统援建项目的规划设计。

（北京电台　郭励）

2010年北京电台数字化制播存一体网应用新情况

数字化、网络化是广播节目制作与播出发展的必然趋势,也是提高节目质量、完善管理制度的重要途径。经过十几年的不断努力,北京人民广播电台完成了“制、播、存”一体网(音频网)的建设,全台节目资料与素材实现了数字化,广播节目实现了“制、播、存”的网络化。

音频网分为节目制作网、节目播出网及网络存储三部分。制作网和播出网采用的是双网并行,形成相对独立、互不干扰、互为备份、各负其责的网络结构。双网的结合部分是核心服务器以及广播节目的网络存储系统。

2010年以前,北京电台音频录制工作站和审听站约有210台。录制工作站负责全台的节目、标头、广告、资料等音频数据的录制,通过制作网交换机访问节目数据服务器及资料库,上传或调用音频数据。播出工作站约有30台,通过播出交换机访问节目存储服务器,各直播间及主控机房播出工作站全部为一主一备的工作方式,负责全台16套节目的播出。存储阵列26个,容量约75TB,负责存储9个系列台音频数据。它是一种共享式网络,采用SAN形式,为服务器和存储设备之间连接提供更高的吞吐能力,支持更远的距离和更可靠的连接。

2010年北京电台音频网保持原有的发展状况,网络结构基本不变。随着电台业务的增多,网络范围的扩大,网络设备不断增加,原来的网络机房已经不能容纳更多的设备。台领导和技术中心领导决定把主楼二层改建为新的网络机房,年底完成了新机房装修、机柜、供电和空调工作。

为了更好地保证安全播出,对原网络机房的用电线路进行了改造,历时半年,完成了从设计、施工、使用的全过程,完成后网络机房共有两种(工艺电、非工艺电)十路供电(工艺电三路,非工艺电七路),保障了网络设备的用电稳定。

随着各专业广播节目的调整,音频数据的存储量不断加大。根据这种情况,在年底之前完成各系列台的磁盘容量的扩容工作,使各系列台的节目存储容量达到809GB,并更换了工作时间较长、稳定性较差的服务器3台、存储阵列3台,保证了网络设备的稳定性。

(北京电台　马白桦)

2010年北京电视台数字化制播存一体网应用新情况

2010年，北京电视台在确保已建成的标清节目网络制播体系正常运行的基础上，完成新建高清节目网络制播体系第一阶段项目的工程实施和应用。

一、标清节目网络制播体系的应用情况

2009年1月启用的标清节目网络制播体系承载着新台址BTV北京(标清)、BTV文艺、BTV科教、BTV影视、BTV体育、BTV青少六个频道的网络化节目制播任务，在此基础上2010年完成以下工作：

1月，为落实标清新闻网的高清化改造和新建高清新闻网做好准备，将新台址的标清新闻网迁移至苏州桥台址并且将其改造为综合制作网，以满足苏州桥台址标清节目的制作需要。

3月，完成全国两会高标清新闻素材信号的收录工作，确保了高清频道两会专题节目的安全播出。

5月，为确保2010年北京国际汽车展览会直播工作的顺利进行，在展会现场的BTV直播区中设置非线制作区和互联网使用区，顺利完成节目制作及直播的技术支持和保障工作。同月，配合北京市广电局完成北京地区媒资共享平台二期9个区县项目的建设、验收工作，进行媒资共享平台三期项目建设和投入使用，通过与传输交换平台和中心共享平台的数据交互完成与各区县媒资节点进行资料交换和调用。

9月，综合编辑网和宣传片编辑网承接卡酷卫视频道的节目制作和网络化备播，卡酷卫视频道开始在新台实现网络化制播。

二、高清节目网络制播体系的建设及应用情况

1月至2月，高清节目网络制播体系一期项目设计招标阶段，主要完成系统设计、审核、招标、合同签订等任务。

3月至5月，高清节目网络制播体系一期项目实施准备阶段，主要完成系统集成细化、模拟环境调试、机房环境改造三项任务。

4月至8月，高清节目网络制播体系一期项目现场施工阶段，主要完成系统综合布线，硬件／基础环境软件安装调试、应用软件安装调试和业务功能测试四项任务。

8月至10月，高清节目网络制播体系一期项目系统联调阶段，主要完成高清第一阶段所涉及项目的所有接口调试和项目组内部跨系统流程测试，使项目具备了用户培训条件。

10月至12月，高清节目网络制播体系一期项目用户培训演练阶段，主要完成包含用户操作培训和业务流程演练两项主要任务。

12月，高清节目网络制播体系一期项目进入试运行阶段。20日，高清制播网络系统正式启用，卫视网络化高标清双播频道开播。卫视节目中心正式通过高清AVID网、宣传片编辑网和主干平台、总编室编播系统进行网络化制作、备播流程。此外，高标清演播共享系统、媒资系统、收录系统、共享审片系统等也正式开始高清业务。29日，高清新闻网正式投入使用，新闻中心开始网络化制作、备播、直播业务。同日，文艺节目中心正式通过高清综合制作网和主干平台、总编室编播系统进行网络化制作、备播流程。

（北京电视台）

北京电视台高清电视技术系统搭建完成

北京电视台高清电视技术系统工程项目(一期)从2009年5月开始规划设计，经过招标采购、系统搭建、培训演练等工作，同年9月28日BTV北京卫视频道采用传统方式实现高标清同播；2010年12月20日，BTV北京卫视频道转入全流程网络化高标清同播，2010年12月29日，BTV文艺频道实现全流程网络化高标清同播。

一、建立高清化工作领导小组

为了加强对高清电视技术系统工程建设的领导，北京电视台于2009年12月9日成立了由王晓东台长任组长、其他相关主管台领导任副组长、相关部门主任为成员的“高清频道建设领导小组”，并成立了领导小组办公室。同时，还制定高清项目立项和高清专项资金使用的审批程序，将其列入台“三重一大”事项的讨论范围，每一个招标项目的启动均由台党委(扩大)会议讨论通过。

二、加快高清技术系统建设和推广应用

2010年，北京电视台完成6个高标清同播播出平台的软硬件系统的搭建工作；购置了60台高清P2卡摄像机，并完成了使用培训工作；完成了两个高清新闻演播室(350㎡、150㎡)、两个600㎡高清演播室技术系统的搭建工作；完成了高清制播网络系统的搭建工作；购置了高清录像机、监视器、示波器以及高清测试仪器等配套设备；完成了动力系统UPS增容400KVA工程项目和机房恒温恒湿空调改造项目。

从2010年11月开始，北京电视台高清电视技术系统工程项目进入全流程演练阶段，BTV北京卫视频道、BTV文艺频道涉及的采、编、播、存、管等各项工作进行了为期一个多月的实战演练，各项工作的培训演练计划、业务流程、管理规定也相应制订出台。2010年12月20日凌晨6:00，BTV北京卫视频道节目转入高清制播网，实现了全流程网络化高标清同播。2010年12月29日凌晨6:00，BTV文艺频道节目转入高清制播网，实现了全流程网络化高标清同播。

三、加强高清项目资金的使用与监管

依照北京市广播电影电视局印发的《北京市高清交互数字电视应用工程建设项目管理暂行办法》，制定了《北京电视台高清电视技术系统工程专项资金使用流程》，并严格按照流程进行资金的使用和监管。2010年，全年完成一期工程8大项、35小项、53包项目的招标工作，累计招标金额约5.4211亿元。北京电视台高清化工作通过北京市监察局驻广播电影电视局监察处的监督检查，

并通过北京市广播电影电视局审计组对北京电视台高清电视项目资金进行阶段性跟踪审计。

(北京电视台总工办)

2010年北京歌华有线电视网络股份有限公司光缆工程及技术发展新情况

2010年，北京歌华有线电视网络股份有限公司继续加强光缆工程、双向网、高清交互平台、宽带数据、客服系统等业务取得新进展。

光缆工程建设方面：全年共完成光缆建设1831公里。通过与区县政府合作和公司投资等方式，积极推进卫星加闭路电视“村村

通”和光缆“村村通”工程，10个远郊区县3610个行政村已全部完成光缆“村村通”，完成了光纤到行政村覆盖率达100%的目标。为保障传输安全，美化城市，全年完成光缆入地总长约225公里，累计完成约4410公里。

双向网建设方面：年内进一步加快推进网络基础设施建设，利用光节点密集化技术，积极推进“光进铜退”工作，每个光节点覆盖用户基本上达到500户以内。同时推进有线电视双向网建设与改造，新开工75万户，累计开工285万户，开通220万户，城近郊双向化比例达到约68%，远郊双向化比例达到约13%。

高清交互平台建设方面：按照下一代点播系统体系架构，完成高清交互前端平台、传输与承载网络的规划设计、设备招标采购，并启动了扩容系统的建设。同时完成交互多媒体信息服务和娱乐服务平台的扩容建设。

宽带数据业务方面：利用有线电视拥有的3万公里光缆，年内宽带数据业务形成覆盖全市16个区县全部行政单位、学校、医院、商业机构、社区（行政村）的光缆网络。其中数据专网、专线总数上万条，家庭有线宽带10万余户。为面向三网融合，积极开展新技术、新业务，其中软交换融合音视频数据服务平台已在北京广播电视台系统内部15家单位应用，反应良好，已展开针对商企用户的业务开发工作；IDC业务稳步增长；无线宽带多媒体专网平台累计完成60个站址、80套设备的建设，信号覆盖北京市二环路、三环路大部分区域及亦庄地区。

完善客服系统方面：进一步完善IBOSS运营支撑系统，对客服系统进行大规模的升级扩容，年内已具备网上营业厅、电视营业厅和电话受理的能力，实现对公司自有业务订购以及面向高清交互、三网融合业务的后台运营支撑能力。在电子商务平台方面，完成与中国工商银行的接口连通，已实现通过电视平台缴纳公益事业费用。同时，与中国工商银行合作开发联名卡已达成一致意见并进入合同签署阶段。

（北京歌华有线电视网络股份有限公司）

2010年北京北广传媒数字付费电视内容集成和分发系统技术应用

2010年，北京北广传媒数字电视公司内容和集成分发系统通过科委验收，新技术应用取得成效。

2010年3月18日，由北京北广传媒数字电视有限公司承担的北京市科技计划项目“数字电视内容集成和分发系统技术研究”顺利通过北京市科学技术委员会专家组的项目验收。该项目历时两年建设完成，是北广传媒数字电视公司面向三网融合打造的开放的、丰富资源共享、应用方式便捷、业务接入灵活的综合业务运营平台。该平台的建设通过对节目内容的制作、采集、存储、转码等操

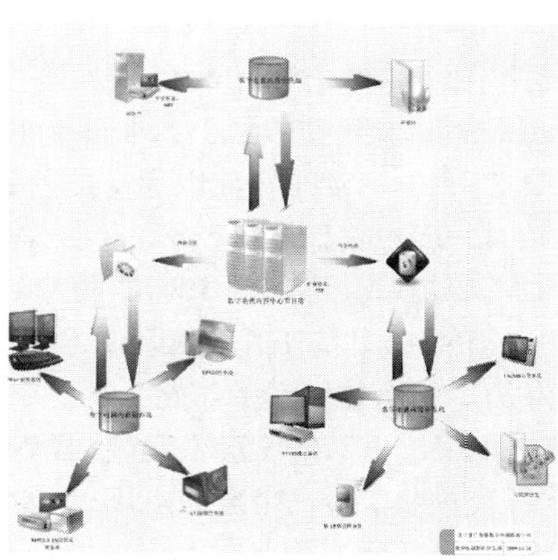

总体结构图

作处理，实现了数字电视节目向有线电视网、互联网、无线通信网等多网络的内容分发和运营的功能，满足了多种节目资源面向多网络分发的需求。

数字电视内容集成和分发平台中研发的高性能分布式存储系统（HPDFS）能够满足海量数据存储的需求，提供良好的访问效率，更能节省成本。该系统采用分布式文件系统，可以同时管理1000台以上的节点、百万级以上的文件及TB/PB级的存储容量，能够将数据分布在多台计算机组成的集群环境中并对数据进行处理，采用单一的名字空间管理整个集群文件系统，通过移动计算到数据存放点，并提供极高的聚合带宽。同时，该平台利用新研发的流媒体加速递交等关键技术，在现有的Internet中增加一层新的网络架构，将高性能分布式存储系统的数字电视内容发布到最接近用户的网络“边缘”，有效解决了由于网络带宽小、用户访问量大、网点分布不均而产生的用户访问响应速度慢的问题。

为配合业务发展，数字公司为《北京之窗》的福彩栏目和图文播发服务提供了良好的技术支持服务，并争取更多的频道代播工作，变更了京视剧场频道播出流程，取消以往的递送播出节目带环节，降低了公司运营成本。根据国家广播电影电视总局令（第62号）《广播电视安全播出管理规定》中对于节目安全播出的要求，建设北京党建和北京之窗视频节目的安播监控系统，并在鼎视平台技术代维中提供技术改进，提高服务质量，增加增值性服务，提高技术代维收益。

（北京北广传媒数字电视公司）

2010年延庆电视台数字化制播存一体网应用新情况

延庆电视台新建3个频道数字播出系统、1个后期制作系统、1套媒资管理系统。系统设计满足延庆电视台制播存一体的基本要求。

制作网共有曙光I620r-G服务器7台，Brocade 200E光纤交换机2台，带宽为4GB，16个端口。H3c s5100千兆以太交换机2台，24个端口。EDI磁盘阵列2台，存储容量为6.48T。天清汉马 USG-300B 网关1台。D3-edit 5600A非编工作站13个，本地存储容量为1T。另增加配音工作站2台。媒资系统共有DELL R710服务器7台。Brocade 300光纤交换机1台，带宽为4GB，16个端口。Catalyst 2960G千兆以太交换机1台，24个端口。天清汉马 USG-800A 网关1台。DFT磁盘阵列2台，存储容量为9.23T。T50E数据流磁带库1台，能同时在线50盘磁带，每盘存储容量800G。2台上下载工作站，2台编目工作站。

数字化一体网各系统之间实现无缝连接。整个系统的设计采用FC SAN双网结构，即以太网与光纤网相结合的方式，播出系统采用硬盘播出。所有设备和软件架构均采用科学、先进可靠的技术。系统具有安全性、先进性、实用性等特点和应急能力。系统配置灵活、易于操作、便于维护，同时，当需要扩充频道或系统升级时，能确保在不影响原有系统的情况下，平稳、方便地扩充相应硬件设备和软件。

（延庆县广播电视中心）

电影

2011/《北京广播影视年鉴》

——记录行业情况　服务业内和社会——

2010年北京市电影制作、发行、放映及电影院线情况综述

2010年7月1日，人民大会堂举行电影《第一书记》首映式暨图书《沈浩日记》首发式新闻发布会

2010年，北京市拥有全国80%以上的电影制片机构和电影人才，制片资源丰富。北京地区电影产量继续占据全国影片总量的50%以上，年产影片约270部，类型化、多样化的创作格局不断巩固，电影作品的艺术质量进一步提升。由市广电局指导拍摄、北京紫禁城影业公司摄制的《第一书记》，在思想和艺术质量上有新的突破，产生积极的社会反响，在北京地区票房收入达到1000万元。《唐山大地震》、《山楂树之恋》、《非诚勿扰2》等一大批影片，在外国影片巨大的竞争压力面前，表现出不俗的市场票房，获得社会效益和经济效益双丰收。保利博纳、北京紫禁城影业、小马奔腾等原有制片机构继续保持稳定的生产能力，新的投资主体也在不断涌现，推动北京市电影创作生产的繁荣发展。

北京市支持影院建设的得力政策措施和电影市场的快速发展加快了影院建设的步伐。在北京新建影院院线4家，全市院线已达13家；全年新增影院18家，影院总数为102家；新增银幕137块，银幕总数达510块；新增观影座位2.81万个，座位总量为10.25万个；102家影院有数字影厅317个，占影厅总数的62%；3D影厅167个，占影厅总数的33%；IMAX影厅4个。北京市常住人口银幕拥有率约为3.4万人一块。在全市16个区县中，朝阳区影院数位居第一，拥有26家影院。北京市新建影院北京耀莱国际影城座位数达3500个，居全国第一；北京新影联华谊兄弟影城影厅数达20个，居全国第一；昌平、怀柔等郊区城关地区和其他一些影院空白点都有现代影院开业，推动北京市影院布局进一步优化。

年内，北京市电影市场也呈现蓬勃发展的繁荣景象，全年票房增长3.7亿元，达到11.8亿元；放映场次增加11.7万场，达到74.3万场；观影人次增加634万，达到2920万。北

京地区票房排名前5名影院票房分别是：UME北京华星国际影城9777万元、首都华融电影院7480万元、星美国际影城5917万元、北京万达国际影城（CBD）5764万元、北京万达国际影城石景山店5612万元，其中UME北京华星国际影城票房位居全国首位，北京耀莱国际影城自开业到年底7个月的时间，票房就达到3380万元，显示出北京市电影市场巨大的发展潜力。

（北京市广播电影电视局电影管理处）

2010年部分电影制作机构作品统计表

华谊兄弟传媒股份有限公司

片名	出品单位	联合摄制单位（全部）	制片人	编剧	导演	主要演员
全城热恋	华谊兄弟传媒股份有限公司、福克斯国际制作有限公司（美国）、星空电视亚洲有限公司（英国）	华谊兄弟传媒股份有限公司、福克斯国际制作有限公司（美国）、星空电视亚洲有限公司（英国）、热辣辣公司	王中磊	陈国辉 何敏文	陈国辉 夏永康	谢霆锋、张学友、刘若英、徐若瑄、徐熙媛、段奕宏、付辛博、井柏然、杨颖
谍海风云	华谊兄弟传媒股份有限公司、韦恩斯坦国际影业公司	华谊兄弟传媒股份有限公司、韦恩斯坦国际影业公司	王中磊 Jake Myers（杰克·迈尔斯）	胡森·艾米尼	米凯尔·哈佛斯特朗姆	巩俐、周润发、Ken Watanabe（渡边谦）、John Cusack（约翰·库萨克）
唐山大地震	唐山广播电视传媒有限公司、华谊兄弟传媒股份有限公司、中国电影集团公司、上海电影（集团）有限公司、浙江影视（集团）有限公司、寰亚电影有限公司、英皇影业有限公司	华谊兄弟传媒股份有限公司、唐山广播电视传媒有限公司、中国电影集团公司制片分公司	王中磊	苏小卫	冯小刚	徐帆、张静初、李晨

续表

片名	出品单位	联合摄制单位（全部）	制片人	编剧	导演	主要演员
歌舞青春	上海电视传媒有限公司、华谊兄弟传媒股份有限公司、迪士尼HSM中国制作有限公司	上海电视传媒有限公司、华谊兄弟传媒股份有限公司、迪士尼HSM中国制作有限公司	陈　梁 王中磊	李　琳	陈士争	张峻宁、马梓涵、袁成杰、顾璇、刘晏辰、林琪。
线　人	银都机构有限公司、华谊兄弟传媒股份有限公司、英皇影业有限公司	银都机构有限公司、华谊兄弟传媒股份有限公司、英皇影业有限公司	张康达 王中磊 利雅博	吴炜伦	林超贤	谢霆锋、张家辉、桂纶镁、廖启智、苗圃、陆毅、锺舒漫等
狄仁杰之通天帝国	华谊兄弟传媒股份有限公司、华谊兄弟国际有限公司	电影工作室有限公司、华谊兄弟传媒股份有限公司	王中磊	张家鲁	徐　克	刘德华、刘嘉玲、李冰冰、邓超、梁家辉
西风烈	联能传媒有限公司、华谊兄弟传媒股份有限公司、北京亚环时代传媒投资有限公司、北京盟将威影视文化有限公司、浙江金球影业有限公司、东川国际文化传媒（北京）有限责任公司	联能传媒有限公司、华谊兄弟传媒股份有限公司、北京亚环时代传媒投资有限公司、北京盟将威影视文化有限公司、浙江金球影业有限公司、东川国际文化传媒（北京）有限责任公司	郑　欣 王中磊 关雅荻	高群书	高群书	段奕宏、倪大红、吴京、张立、吴镇宇、余男、夏雨、杨采妮
非诚勿扰2	华谊兄弟传媒股份有限公司、北京冯小刚影视文化工作室、浙江影视（集团）有限公司、英皇影业有限公司、华谊兄弟国际有限公司	华谊兄弟传媒股份有限公司、北京冯小刚影视文化工作室、	王中磊	王朔 冯小刚	冯小刚	葛优、舒淇、孙红雷、姚晨、安以轩、廖凡、邵兵、邬逸聪、关晓彤。

（华谊兄弟传媒股份有限公司供稿）

北京紫禁城影业有限责任公司

片名	出品单位	联合摄制单位（全部）	制片人	编剧	导演	主要演员
第一书记	北京紫禁城影业有限责任公司	北京市委宣传部、安徽省委宣传部、北京市广播电影电视局、北京广播电视台、北京人民艺术剧院、安徽演艺集团有限责任公司、安徽广电传媒产业集团有限公司、安徽电影制片厂、北京紫禁城影业有限责任公司	钱重远 张　旸	思　芜 苑立孔 陈国星 杨海波 龚应恬 邢原平	陈国星	杨立新、徐　帆、何　冰、黄素影、田成仁、赵屹鸥、李士龙、龚丽君、刘彦君、张万昆、王丽媛、严燕生、杨　帆、孙　茜、王景春、班　赞、马晓峰、李若思
嘻游记	泰吉世纪(北京)文化传播有限公司、华强方特影业投资有限公司、北京紫禁城影业有限责任公司、天津华唐文化传播有限公司	泰吉世纪（北京）文化传播有限公司、华强方特影业投资有限公司、北京紫禁城影业有限责任公司、天津华唐文化传播有限公司	蓝　凯 莎　玲	李海蜀 黄彦威	钟少雄	徐　峥、谢　娜、黄　奕、王　子(邱胜翊)、何　炅、应采儿、孙　兴、杜海涛、李维嘉、毛　弟、那　威、王一飞、戎　祥
惊 沙	电影频道节目制作中心、华夏电影发行有限责任公司、北京华源顺通国际文化交流有限责任公司	电影频道节目中心、北京紫禁城影业有限责任公司、北京华源顺通国际文化交流有限责任公司	小　滨	小　滨	安战军	徐　僧、国　歌、刘　签、高子沣
茶树飘香	北京紫禁城影业有限公司、福建万历影视文化传媒公司	北京紫禁城影业有限责任公司、福建万历影视文化传媒公司	谢万历	于晶龙	于晶龙	于　浩、缪婷茹
隐婚男女	北京紫禁城影业有限责任公司、英皇星艺（北京）文化发展有限公司、株式会社富士电视台	北京紫禁城影业有限责任公司、英皇星艺（北京）文化发展有限公司、株式会社富士电视台、华夏电影发行有限责任公司、新经典娱乐传媒、英皇电影有限公司、合艺典藏(北京)文化传媒有限公司	田　原 瞿　澄	哈智超 如小果	叶念琛	刘若英、陈奕迅、白　冰、庾澄庆

续表

片名	出品单位	联合摄制单位（全部）	制片人	编剧	导演	主要演员
大路朝天	北京紫禁城影业有限责任公司	北京紫禁城影业有限责任公司	李可科 钱重远	赵毅维	郝　琳	吕玉来、赵毅维、冯　砾
倩女幽魂	泰吉世纪（北京）文化传播有限公司、北京紫禁城影业有限责任公司、天津华唐文化传媒有限公司	泰吉世纪（北京）文化传播有限公司、北京紫禁城影业有限责任公司	黎俊奇	张　炭	叶伟信	古天乐、刘亦菲、余少群
堵　车	北京紫禁城影业有限责任公司、北京奇新世纪影视文化传播有限公司、天津华唐文化传媒有限公司、昆明博奥投融资担保有限公司	北京紫禁城影业有限责任公司	钱重远	阿　年	阿　年	吴镇宇、陈志朋、孙海英、吕丽萍、倪大宏、葛思然、巴哈古丽
最　爱（原名：魔术外传）	兴隆环球集团有限公司、星美（北京）影业有限公司、北京和禾和文化传媒有限责任公司、天铭嘉业文化传媒投资有限公司、北京紫禁城影业有限责任公司、成都传媒集团先锋影视有限公司	兴隆环球集团有限公司、星美（北京）影业有限公司、北京和禾和文化传媒有限责任公司、天铭嘉业文化传媒投资有限公司、北京紫禁城影业有限责任公司、成都传媒集团先锋影视有限公司	顾长卫 陈小东	言老施 杨薇薇 顾长卫	顾长卫	章子怡、郭富城

（北京紫禁城影业有限责任公司供稿）

北京光线传媒股份有限公司

片名	出品单位	联合摄制单位（全部）	制片人	编剧	导演	主要演员
花田喜事2010	北京光线影业有限责任公司、香港天马电影制作有限公司、深圳电影制片厂有限公司	北京光线影业有限责任公司、香港天马电影制作有限公司、深圳电影制片厂有限公司	张　昭	黄子衡	黄百鸣 邱礼涛	黄百鸣、吴君如 古天乐、郑中基 潘粤明、熊黛林
变相黑侠	北京光线影业有限责任公司内地独家发行	日本电视　机器人 VAP 东宝 电通 中国电影集团公司		佐藤嗣麻子	佐藤嗣麻子	金城武、隆松子 仲村亨
情感生活	北京盛世华锐电影投资管理有限公司、北京朗天中盛国际文化传媒有限公司	北京光线影业有限责任公司内地独家发行、北京盛世华锐电影投资管理有限公司、北京朗天中盛国际文化传媒有限公司	萨尼斯 杨　颖	马俪文	杨竞则	夏　雨、明　道、姚星彤
出水芙蓉	英皇影业有限公司、中国电影集团公司、亚洲动画多媒体有限公司	北京光线影业有限责任公司内地独家发行	梁维安	技　安	刘镇伟	钟欣桐、方力申 黄圣依、冯德伦
全城戒备	北京光线影业有限公司、山西电影制片厂、寰宇娱乐有限公司、广州英明文化传播有限公司、深圳电影制片厂有限公司	天狼星电影国际有限公司、北京光线影业有限责任公司内地独家发行	林子雄 陈锌存	陈木生 凌志民 刘尚然	陈木生	郭富城、舒　淇 吴　京、张静初
精武风云	北京光线影业有限公司、寰亚电影有限公司、上影寰亚文化发展公司	基本映画、北京光线影业有限责任公司内地独家发行	张　绍 庄　澄 张国立	张志成 陈嘉上	刘伟强	甄子丹、舒　淇 黄秋生、黄　渤
爱出色	天津北方电影集团公司、天使之翼影视投资公司、乐道文化投资有限公司、外企景鸿文化发展公司	北京光线影业有限责任公司内地独家发行	任焕起 戴兴资	宁财神	陈奕利	刘　烨、姚　晨、陈　冲

（北京光线传媒股份有限公司供稿）

海润影视制作有限公司

片名	出品单位	联合摄制单位（全部）	制片人	编剧	导演	主要演员
宅男总动员	海润影视制作有限公司北京海润影业	上海凯羿影视传播	钱海毅 冯凯帅	杨　子	杨　子	甘婷婷 黄又南
巴黎宝贝	海润影视制作有限公司北京海润影业	海润影视制作有限公司	王雅琳	王　菁	王　菁	邓　超 珍玛琪

（海润影视制作有限公司供稿）

2010年北京市电影院一览表

（注："★"为新增影院）

东城区

序号	电影院名称	地　址	邮　编	订票电话
1	北京市电影公司影联东环电影城	东城区东中街9号东环广场B座地下1层	100027	64185949
2	长虹电影院	东城区隆福寺街75号	100010	64050771
3	大华电影院	东城区东单北大街82号	100005	65272757
4	东城区图书馆会议中心	东城区交道口东大街85号	100007	64042764
5	东四工人文化宫	东城区隆福寺街47号	100010	64031596 84028490
6	金宝汇百丽宫影院	东城区金宝街88号6～7层	100005	85221977
7	万国城百老汇电影院	东城区东直门香河园1号院北区4号楼	100028	84388202
8	新东安影院	东城区新王府井大街新东安市场6层	100006	65281898

东城区（续表）

序号	电影院名称	地址	邮编	订票电话
9	新世纪影院	东城区东长安街1号 东方广场地下1层B65	100738	85486778
10	东创影剧院	东城区东外十字坡西里12号楼	100027	64168097
11	★ 北京横店影视电影城有限公司	东城区王府井大街253号 王府井百货8楼	100006	65231588

东城区（原崇文区）

序号	电影院名称	地址	邮编	订票电话
12	花市百老汇影院	崇外大街18号 国瑞购物中心首层、地下1～2层	100062	67171338
13	搜秀影城	崇外大街40号搜秀城9层	100062	51671298–608

西城区

序号	电影院名称	地址	邮编	订票电话
14	北京地质礼堂	西城区西四羊肉胡同30号	100034	66178928
15	北京青年宫电影城	西城区西直门南小街68号	100035	66152207
16	红楼电影院	西城区西安门大街156号	100304	66036309
17	胜利电影院	西城区西四东大街55号	100034	66160370
18	首都电影院	西城区西单北大街131号 大悦城购物中心9～11层	100032	400–650–8177
19	首都时代电影城	西城区长安街88号 首都时代电影城地下1层	100031	83913643
20	西城区工人文化宫	西城区月坛南街24号	100045	68583461
21	新街口电影院	西城区西直门内大街69号	100035	62256721
22	★ 北京华利佳合实业有限公司（原西宫电影院）	西城区月坛南街24号	100045	68583461

西城区(原宣武区)

序号	电影院名称	地　址	邮　编	订票电话
23	北京市工人俱乐部	虎坊路7号	100052	63533121/3123 63535390 83549788
24	春晖剧场	陶然亭路51号	100054	63525827
25	大观楼影院	大栅栏街36号	100051	63037361 63024485
26	广安门电影院	白广路8号	100053	63522472
27	中华电影娱乐宫	天桥市场斜街85号	100050	63034486

朝阳区

序号	电影院名称	地　址	邮　编	订票电话
28	中国电影博物馆	朝阳区南皋路9号	100015	64319548
29	UME国际影城安贞店	朝阳区北三环东路36号 环球贸易中心3期B1-F1-F3	100013	58257733
30	UME国际影城双井店	朝阳区东三环中路65号 富力广场5~6层	100022	59037373—105
31	北京剧院	朝阳区安慧里三区10号	100101	64910516
32	博纳优唐国际影城	朝阳区朝外大街三丰北里 2号楼地下1层	100020	59775610
33	朝阳剧场	朝阳区东三环北路36号	100026	65068116
34	朝阳区文化馆	朝阳区朝外小庄金台路17号	100026	85993958
35	传奇时代影城	朝阳区朝阳公园路6号 蓝色港湾国际商区SA-42	100026	59056168
36	东都影城	朝阳区东四环中路195号 华腾新天地（法国天地）5层	100022	87952964/2967
37	枫花园汽车电影院	朝阳区亮马桥路21号	100016	64319595
38	红霞影剧院	朝阳区酒仙桥红霞路13号	100016	64371383 64371712
39	金典苹果派电影院有限公司	朝阳区黄渠东路二号院14号楼	100020	65995205
40	金鸡百花影城（影协电影院）	朝阳区北三环东路22号	100013	64203483

朝阳区(续表)

序号	电影院名称	地 址	邮 编	订票电话
41	劲松电影院	朝阳区劲松中街404号	100021	67709306
42	世界城星美国际影城	朝阳区金汇路8号B1层02室	100020	85907677
43	万达国际电影城CBD店	朝阳区建国路93号 北京万达广场B座3层	100022	59603399—818/819
44	望京·星美国际影城	朝阳区望京街9号 望京国际商业中心A座4层	100102	59203788
45	阳光影城	朝阳区安立路68号阳光广场北门首层	100101	64928540
46	中关美嘉欢乐影城 三里屯店	朝阳区三里屯路19号B1	100027	59863777—1
47	中国木偶艺术剧院 有限责任公司	朝阳区安华西里一区甲1号	100011	64243697—8004
48	紫光影城	朝阳区朝外大街10号 (蓝岛西区5~6层)	100020	65995205
49	★ 北京新影联华谊兄弟影院有限公司	朝阳区广顺北大街16号 华彩商业中心B1F	100102	57620488
50	★ 北京嘉裕金逸国际电影城有限公司朝阳分公司	朝阳区朝阳北路101号 大悦城商场8层DD01号	100025	85527099
51	★ 北京希杰星星国际影城有限公司	朝阳区湖景东路11号 新奥购物中心地下一层	100012	84372280
52	★ 北京橙天嘉禾三里屯影城管理有限公司	朝阳区工人体育场北路甲2号 裙房4层403-2单元	100027	65391899
53	★ 中国科技馆影院	朝阳区大屯北路5号	100012	59041542

海淀区

序号	电影院名称	地 址	邮 编	订票电话
54	UME华星国际影城	海淀区双榆树科学院南路44号	100086	82111601-105
55	国安剧院	海淀区花园东路甲16号	100191	62026328
56	国图音乐厅	海淀区中关村南大街33号	100081	88545520
57	海淀剧院	海淀区中关村大街28号	100086	82533588
58	海淀区工人文化宫	海淀区万柳华府北街2号	100089	82567215
59	今典花园影院	海淀区文慧园北路9号今典花园 9号楼空间蒙太奇大厦2层	100082	62229238
60	今日时代数字影院	海淀区西翠路5号今日家园 8号楼F101室	100039	88283459

海淀区(续表)

序号	电影院名称	地　址	邮　编	订票电话
61	金逸国际影城	海淀区中关村大街 19 号 新中关购物中心地下 1 层	100080	82486806
62	美麟影城	海淀区农大南路 1 号院 1 号楼 04～05	100085	62667799-700
63	五道口工人俱乐部	海淀区成府路 23 号	100083	62329810
64	星美国际影城	海淀区远大路 1 号 金源时代购物中心 5 层	100097	88878696 88864988
65	中关美嘉欢乐影城 中关村店	海淀区中关村大街 15 号 中关村广场购物中心津乐汇 3 层	100082	59863777-1
66	中影电影院	海淀区新外大街 25 号	100082	62215069
67	★ 北京耀莱国际影城 管理有限公司	海淀区复兴路 69 号华熙乐贸 5 层	100039	68188877
68	★ 北京嘉禾万贸影城 管理有限公司	海淀区巴沟路 2 号万柳购物中心 5 层	100089	4000080888
69	★ 北京嘉华美瑞影院 管理有限公司	海淀区学清路甲 8 号 圣熙 8 号购物中心五层	100083	82732228

丰台区

序号	电影院名称	地　址	邮　编	订票电话
70	保利万源影城	丰台区东高地万源西里 航天万源广场 5 楼	100076	68198833
71	丰台青少年剧场	丰台区西四环南路 86 号	100071	63810206
72	糖人街影城	丰台区六里桥华源一里 2 号楼 B1 层	100073	63333755
73	特别乐历险城	丰台区花乡大葆台世界公园内	100071	83614306(咨询)
74	★ 北京正华佳宇商城 有限公司	丰台区政馨园三区 5、6 号楼 -1 层	100079	87688666
75	★ 保利影业投资有限 公司北京马家堡影城	丰台区南三环西路 16 号 1# 楼	100068	87578530

石景山区

序号	电影院名称	地　址	邮　编	订票电话
76	古城电影院	石景山区古城南路 15 号	100043	68874790
77	山姆电影院	石景山区石景山路 42 号 -1	100043	68879104
78	万达国际电影城石景山店	石景山区石景山路乙18号院4号楼3层	100043	68663399-807

门头沟区

序号	电影院名称	地址	邮编	订票电话
79	门头沟区影剧院	门头沟区新桥大街12号	102300	69842686

房山区

序号	电影院名称	地址	邮编	订票电话
80	良乡影剧院	房山区良乡拱辰大街31号	102401	69352415
81	新华国际影城	房山区良乡北关西路14号 华冠购物中心5层电影院	102488	69351155
82	燕山影剧院	房山区燕山岗南路3号	102500	69341934

大兴区

序号	电影院名称	地址	邮编	订票电话
83	大兴区影剧院	大兴区黄村西大街15号	100076	69252566
84	★洛阳新华角川国际影城有限公司北京大兴分公司	大兴区黄村火圣庙商业中心E座5层	102600	81297050

通州区

序号	电影院名称	地址	邮编	订票电话
85	通州区电影院	通州区西塔胡同1号	101100	69542229
86	★北京西部牛仔汽车影院有限公司	通州台湖镇创业园路8号	100116	61539193

顺义区

序号	电影院名称	地址	邮编	订票电话
87	顺博苑电影院	顺义区石园南区	101300	89449474
88	顺义区影剧院	顺义区新顺北大街3号	101300	69447548
89	★北京博纳顺景影院管理有限公司	顺义区新顺南大街18号	101300	60406016

平谷区

序号	电影院名称	地址	邮编	订票电话
90	平谷区影剧院	平谷区平谷镇新开街16号	101200	69962434

怀柔区

序号	电影院名称	地　址	邮　编	订票电话
91	★ 北京炫影丽声电影放映有限公司	怀柔区富乐大街 8 号一层（怀柔区图书馆）	101400	89681640

密云县

序号	电影院名称	地　址	邮　编	订票电话
92	密云大剧院	密云县鼓楼西大街1号	101500	69041575

昌平区

序号	电影院名称	地　址	邮　编	订票电话
93	昌平区影剧院	昌平区鼓楼南大街 6 号	102200	无
94	回龙观星美国际影城	昌平区回龙关镇西大街111号华联3层	102208	80771513
95	万达龙德电影城	昌平区立汤路 186 号龙德广场 5 层	102218	84844742
96	中影国际影城永旺店	昌平区北清路1号永旺国际商城三楼	102206	80700848
97	★ 大地影院发展有限公司北京昌平分公司	昌平区水库路菓岭假日广场四楼	102200	80100211
98	★ 北京东方明姜影院管理有限公司昌平国际影城	昌平区鼓楼南大街 6 号佳莲时代广场 4 层	102200	60700001

延庆县

序号	电影院名称	地　址	邮　编	订票电话
99	圣世苑培训中心影院	延庆县城东外大街 71 号	102100	69104360

（北京市广播电影电视局电影管理处）

电视剧

2011／《北京广播影视年鉴》

——记录行业情况　服务业内和社会——

2010年北京市电视剧动画片生产情况综述

由中俄两国合作拍摄的电视剧《猎人笔记之谜》在北京举行首映式

2010年，经北京市广播电影电视局同意备案的京产电视剧205部6117集，分别各占全国21.09%和20.81%；经审查发证的京产电视剧64部2232集，占全国比重为16%，数量稳居全国各省市之首。其中电视剧《雪域天路》、《不如跳舞》、《唐琅探案》、《猎人笔记之谜》在中央电视台第一套节目播出，《手机》、《婚姻保卫战》、《全家福》、《金婚风雨情》等一批优秀现实题材电视剧在全国各大卫视播出后引起较大反响，京产电视剧品牌效应凸显，继续引领全国电视剧播出市场。

2010年全年经北京市广播电影电视局同意备案的京产动画片49部41068.9分钟，分别各占全国8.15%，6.9%，在29省市（含央视及中央直属）中，排名第五，完成国产电视动画片17部，8699分钟。经北京市广播电影电视局推荐的5个动画、少儿节目作品获得了2009年度国家广电总局少儿精品发展专项资金及国产动画发展专项资金3个项目的奖励，奖金总额78万元。其中北京人民广播电台的《男孩，女孩》和《毛毛狗的口袋故事》两个栏目分获“优秀少儿广播栏目类”二等奖和鼓励奖；北京电视台卡酷动画卫星频道获“优秀少儿频道、动画频道”类一等奖；北京联盟影业投资有限公司的《武林外传》和北京张琦动画制作室有限公司《小鼠和大象的创意》分获“优秀国产动画片”类二等奖和鼓励奖。

（北京市广播电影电视局宣传管理处）

北京市广播电影电视局2010年《国产电视剧发行许可证》目录

序号	剧名	集数	制作单位	合作单位	发行许可证号	发证日期
1	黄庭坚	28	星美(北京)影业有限公司	中华民族文化促进会传媒中心	(京)剧审字(2010)第001号	2010–1–11
2	乐活家庭(2)	62	北京中视美星国际文化传媒有限公司	无	(京)剧审字(2010)第002号	2010–1–12
3	时尚王国	33	北京艺百合影视制作有限公司	无	(京)剧审字(2010)第003号	2010–1–21
4	你是我的生命	40	北京东方天星文化传媒有限公司	广州东方明珠文化传播有限公司	(京)剧审字（2010)第004号	2010–2–5
5	再过把瘾	38	北京鲜花盛开影业有限公司	北京春秋鸿文化投资有限公司	(京)剧审字(2010)第005号	2010–2–5
6	我家有宝	29	北京霄海佳视影视文化传播有限公司	无	(京)剧审字(2010)第006号	2010–2–5
7	老牛家的“战争”	30	北京鑫宝源影视投资有限公司	北京歌亮传媒有限公司、北京天祺红影文化传媒有限公司	(京)剧审字(2010)第007号	2010–2–5
8	九鼎谜踪	34	北京艺龙天地文化传播有限公司	北京九和鼎盛影视文化传媒有限公司	(京)剧审字(2010)第008号	2010–2–21
9	雪域天路	40	北京中视达数字电影文化有限公司	大连恒光文化传媒有限公司	(京)剧审字(2010)第009号	2010–2–25
10	感动人生之毕业后的日子	32	感动人生（北京）文化有限公司	无	(京)剧审字(2010)第010号	2010–3–2

续表:

序号	剧名	集数	制作单位	合作单位	发行许可证号	发证日期
11	苏三传奇	25	北京也知影视制作中心	无	(京)剧审字(2010)第011号	2010-3-18
12	女人有约	20	北京天寰新宇国际传媒有限公司	无	(京)剧审字(2010)第012号	2010-4-9
13	手机	36	北京电视台	北京尚品佳作影视文化有限公司	(京)剧审字(2010)第013号	2010-4-9
14	小区故事多	20	青年电影制片厂	北京好来西影视策划公司，太玉园投资有限公司，东方圣歌文化发展有限公司	(京)剧审字(2010)第014号	2010-4-16
15	杨贵妃秘史	49	北京京都世纪文化发展有限公司	无	(京)剧审字(2010)第015号	2010-4-16
16	桂花打工记	100	北京丰德国际影视文化传媒有限公司	北京亚环影音制作有限公司，北京光线传媒有限公司,北京英氏影视艺术有限公司	(京)剧审字(2010)第016号	2010-4-27
17	烈火红岩	29	海润影视制作有限公司	海润影视制作有限公司	(京)剧审字(2010)第017号	2010-4-27
18	矿哥矿嫂的平凡生活	28	银桥世纪国际影视(北京)有限公司	西安市电广传媒股份有限公司	(京)剧审字(2010)第018号	2010-5-10
19	全家福	30	北京水木高清影视文化发展有限公司	北京小马奔腾影视文化发展有限公司	(京)剧审字(2010)第019号	2010-5-10
20	民国往事	40	北京市润亚传媒股份有限公司	无	(京)剧审字(2010)第020号	2010-5-13
21	侦探小说	30	时代华娱影视传媒投资有限责任公司	无	(京)剧审字(2010)第021号	2010-5-14
22	不如跳舞	32	北京国立常升影视文化传播有限公司	重庆广播电视集团(总台)，中国电影集团公司制片分公司	(京)剧审字(2010)第022号	2010-5-25

续表:

序号	剧名	集数	制作单位	合作单位	发行许可证号	发证日期
23	江湖绝恋	34	海润影视制作有限公司	贵州电视台，北京中辉国华文化发展有限公司	(京)剧审字(2010)第023号	2010—5—25
24	火线	26	北京卓越世纪文化传播有限公司	无	(京)剧审字(2010)第024号	2010—5—25
25	爱在苍茫大地	51	北京中联华盟文化传媒投资有限公司	西安金鼎影视文化有限公司	(京)剧审字(2010)第025号	2010—6—1
26	婚姻保卫战	33	北京鑫宝源影视投资有限公司	上海宝宏影视文化传媒有限公司	(京)剧审字(2010)第026号	2010—6—2
27	成长	30	北京国立常升影视文化传播有限公司	深圳市朗晟文化传播有限公司，上海上影寰亚文化发展有限公司	(京)剧审字(2010)第027号	2010—6—12
28	矿长	27	北京长城博纳影视文化有限公司	无	(京)剧审字(2010)第028号	2010—6—28
29	毕业时刻	30	北京履实文化发展有限公司	东阳履实合润影视有限公司，河南电视传媒发展有限公司	(京)剧审字(2010)第029号	2010—7—13
30	爸爸别走	25	北京星辉煌影视投资有限公司	北京演盛国际文化发展有限公司	(京)剧审字(2010)第30号	2010—7—14
31	刁蛮新娘	34	北京左岸影视投资管理有限公司	上海雍硕影业有限公司	(京)剧审字(2010)第31号	2010—7—21
32	我的糟糠之妻	29	华视影视投资(北京)有限公司	北京东方在扬文化传播有限公司，北京大唐辉煌影业投资有限公司，东阳在扬文化传播有限公司	(京)剧审字(2010)第32号	2010—7—21
33	我们都是80后	60	北京音像公司	北京星光大道影视制作有限公司	(京)剧审字(2010)第33号	2010—8—3
34	黄河岸边是我家	22	华视影视投资(北京)有限公司	无	(京)剧审字(2010)第34号	2010—8—10

续表:

序号	剧名	集数	制作单位	合作单位	发行许可证号	发证日期
35	人生	30	北京市润亚传媒股份有限公司	无	(京)剧审字(2010)第35号	2010-8-13
36	民国风云	50	北京东方飞云国际影视策划有限公司	无	(京)剧审字(2010)第36号	2010-8-20
37	三十"不惑"	26	北京美丽海影视文化艺术有限公司	无	(京)剧审字(2010)第37号	2010-8-25
38	幸福	34	北京三石丽声影视文化有限公司	中视传媒股份有限公司	(京)剧审字(2010)第38号	2010-9-10
39	唐琅探案	30	北京国立常升影视文化传播有限公司	深圳市朗晟文化发展有限公司，北京国立常升影视文化传播有限公司	(京)剧审字(2010)第39号	2010-9-15
40	金婚风雨情	51	北京电视艺术中心	北京世纪星润影视投资咨询有限公司	(京)剧审字(2010)第40号	2010-9-15
41	火烧云	34	海润影视制作有限公司	深圳市艾科影视制作有限公司	(京)剧审字(2010)第41号	2010-9-15
42	侠隐记	33	北京金英马影视文化有限责任公司	金英马影视文化股份有限公司	(京)剧审字(2010)第42号	2010-9-26
43	追捕	30	北京华谊兄弟娱乐投资有限公司	无	(京)剧审字(2010)第43号	2010-9-28
44	你是我兄弟	36	北京电视台	东阳美锦影视文化有限公司	(京)剧审字(2010)第44号	2010-9-30
45	天阵	28	海润影视制作有限公司	北京华夏恒业文化传播有限公司	(京)剧审字(2010)第45号	2010-9-30
46	将·军	39	北京世纪伙伴文化传媒有限公司	无	(京)剧审字(2010)第46号	2010-10-11
47	我是真的	29	北京小马奔腾影视文化发展有限公司	无	(京)剧审字(2010)第47号	2010-10-15

续表:

序号	剧名	集数	制作单位	合作单位	发行许可证号	发证日期
48	大明嫔妃之长门怨	26	北京东方飞云国际影视策划有限公司	无	(京)剧审字(2010)第48号	2010—11—8
49	我的非常闺蜜	32	北京禾谷川影视文化传媒有限公司	无	(京)剧审字(2010)第49号	2010—11—23
50	母亲的战争	24	北京腾克文化传媒有限公司	无	(京)剧审字(2010)第50号	2010—11—26
51	守候我们的幸福	34	北京星梦工场文化传媒有限公司	无	(京)剧审字(2010)第51号	2010—11—26
52	我要一个家	36	北京东方天星文化传媒有限公司	广州东方明珠文化传播有限公司	(京)剧审字(2010)第52号	2010—11—26
53	牡丹亭	25	北京中视精彩影视文化有限公司	无	(京)剧审字(2010)第53号	2010—11—26
54	子弹上膛	27	北京小马奔腾影视文化发展有限公司	无	(京)剧审字(2010)第54号	2010—12—3
55	流泪的新娘	33	海润影视制作有限公司	无	(京)剧审字(2010)第55号	2010—12—3
56	大时代	30	北京华谊兄弟娱乐投资有限公司	无	(京)剧审字(2010)第56号	2010—12—9
57	智者无敌	87	北京中联华盟文化传媒投资有限公司	无	(京)剧审字(2010)第57号	2010—12—10
58	水浒传	24	北京如意吉祥影视策划有限公司	无	(京)剧审字(2010)第58号	2010—12—15
59	李春天的春天	54	北京紫禁城影业有限责任公司	北京霸王龙文化传播有限公司	(京)剧审字(2010)第59号	2010—12—24
60	青盲	36	慈文传媒有限公司	北京慈文影视制作有限公司	(京)剧审字(2010)第60号	2010—12—28
61	风雨桃花镇	25	海润影视制作有限公司	云南润视荣光影业制作有限公司	(京)剧审字(2010)第61号	2010—12—28
62	单身女王	3	北京拉风影视投资有限公司	无	(京)剧审字(2010)第62号	2010—12—28

续表：

序号	剧名	集数	制作单位	合作单位	发行许可证号	发证日期
63	家和万事兴之幸福的味道	3	北京大华环球影视文化发展有限公司	北京东亚龙视广告有限公司	(京)剧审字(2010)第63号	2010-12-30
	总　计	2204集				

（北京市广播电影电视局宣传管理处）

北京市广播电影电视局
2010年《电视剧制作许可证（乙种）目录》

许可证号	电视剧名称	集数分钟	制作机构
01360	《我的大学时代》	50集×40分	北京环球铂亿传媒有限公司
01361	《大执法》	30集×45分	北京广电影视传媒有限公司
01362	《唐琅探案》	36集×45分	北京国立常升影视文化传播有限公司
01363	《我爱北京天安门》	100集×10分	北京音像公司
01364	《黄河古镇》	30集×47分	北京百年华盛影视文化传播有限公司
01365	《新太极宗师》	30集×45分	北京华谊兄弟娱乐投资有限公司
01366	《我的非常闺密》	24集×45分	北京禾谷川影视文化传媒有限公司
01367	《兄弟车行》	25集×45分	北京新世邦文化传媒有限公司
01368	《48天》	25集×45分	北京龙海星光文化传媒有限公司
01369	《革命家庭》	30集×45分	北京华谊兄弟娱乐投资有限公司
01370	《对阵》	25集×45分	北京博扬昆仑文化传媒有限公司
01371	《将·军》	32集×45分	北京世纪伙伴文化传媒有限公司
01372	《远远地爱着你》	20集×45分	北京星梦工场文化传媒有限公司
01373	《酸枣》	8集×45分	北京金尊影视文化艺术有限公司
01374	《天堂绣》	30集×46分	北京华盛金榜国际传媒有限公司
01375	《代号“蓝色行动”》	24集×45分	北京东王文化发展有限公司
01376	《经营婚姻》	30集×45分	北京紫禁城信都电视文化有限公司
01377	《好山好水好女人》	30集×45分	北京龙海星光文化传媒有限公司
01378	《美女如花》	25集×45分	北京新世邦文化传媒有限公司
01379	《兄弟连1943》	30集×46分	北京亿商大众文化发展有限公司
01380	《摩登新人类》	30集×45分	北京大汗天下传媒有限公司
01381	《龙城迷影》	24集×45分	北京紫禁城信都电视文化有限公司
01382	《非常90后》	30集×45分	北京博通亚视影视制作有限公司
01383	《幸福》	30集×45分	北京三石丽声影视文化有限公司

续表：

许可证号	电视剧名称	集数分钟	制作机构
01384	《黄梅戏宗师传奇》	20 集 × 45 分	北京中视精彩影视文化有限公司
01385	《大明嫔妃之朱常洛》	20 集 × 45 分	北京东方飞云国际影视策划有限公司
01386	《女马帮》	30 集 × 48 分	北京鱼化龙文化传播有限公司
01387	《安居乐业》	30 集 × 47 分	北京星光联合传媒有限公司
01388	《师傅》	36 集 × 47 分	北京唐德国际文化传媒有限公司
01389	《母亲的战争》	30 集 × 47 分	北京腾客文化传媒有限公司
01390	《婆婆妈妈》	28 集 × 45 分	北京东方在扬文化传播有限公司
01391	《期货人生》	20 集 × 45 分	北京天圆地方影业有限公司
01392	《北满刺杀》	30 集 × 46 分	感动人生(北京)文化有限公司
01393	《毕业时刻》	30 集 × 45 分	北京履实文化发展有限公司
01394	《一家不说两家话》	28 集 × 45 分	北京小马奔腾影视文化发展有限公司
01395	《张骞》	30 集 × 48 分	北京德翰影视传媒有限公司
01396	《水木清华》	30 集 × 45 分	丹青四季文化发展(北京)有限公司
01397	《剑侠情缘》	30 集 × 45 分	北京市润亚传媒股份有限公司
01398	《离爱》	25 集 × 45 分	北京丰泽恒业影视传媒有限公司
01399	《我的父亲是“板凳”》	34 集 × 45 分	华视影视投资(北京)有限公司
01400	《财神有道》	36 集 × 45 分	北京左岸影视投资管理有限公司
01401	《风雨唐人街》	26 集 × 45 分	北京世纪伙伴文化传媒有限公司
01402	《岳父也是爹》	24 集 × 45 分	北京诚成时代国际文化发展有限公司
01403	《世间路》	40 集 × 45 分	北京履实文化发展有限公司
01404	《妈妈的罗曼史》	35 集 × 45 分	北京盛世凯华文化投资有限公司
01405	《盾神》	30 集 × 45 分	北京艺龙天地文化传播有限公司
01406	《血溅长城》	30 集 × 45 分	北京金尊影视文化艺术有限公司
01407	《风云传奇》	28 集 × 45 分	北京星辉煌影视投资有限公司
01408	《西厢记》	26 集 × 45 分	北京新世邦文化传媒有限公司
01409	《古村女人》	22 集 × 45 分	北京利群影视文化发展有限责任公司
01410	《谁伺候妈》	20 集 × 45 分	北京东仑国际文化传媒有限公司
01411	《皇粮胡同十九号》	25 集 × 45 分	北京乐韬世纪文化传媒有限公司
01412	《中国血》	30 集 × 45 分	北京华谊兄弟娱乐投资有限公司
01413	《莲花》	30 集 × 45 分	华视影视投资(北京)有限公司
01414	《黄金密码》	30 集 × 45 分	北京橙天嘉禾影视制作有限公司
01415	《无为婚姻》	20 集 × 45 分	北京中视达国际传媒有限公司
01416	《赤胆真情》	20 集 × 45 分	北京汇铭鸿嘉影视文化发展有限公司
01417	《单身“女王”》	26 集 × 45 分	北京拉风影视投资有限公司
01418	《王海涛今年四十一》	26 集 × 45 分	北京天圆地方影业有限公司
01419	《守陵人家》	30 集 × 45 分	北京后方国际影视文化传播有限公司
01420	《交响梦》	30 集 × 45 分	北京小马奔腾影视文化发展有限公司

续表：

许可证号	电视剧名称	集数分钟	制作机构
01421	《老子传奇》	30 集 × 45 分	金和泰道(北京)影视文化有限公司
01422	《香格里拉》	30 集 × 45 分	北京阳光盛通文化艺术有限公司
01423	《明珠游龙》	30 集 × 45 分	北京东方飞云国际影视策划有限公司
01424	《倒插门》	30 集 × 45 分	北京金视映画文化传播有限公司
01425	《我们这拨人》	23 集 × 45 分	北京泰格尔影视文化传媒有限公司
01426	《孤岛绝杀》	30 集 × 45 分	感动人生(北京)文化有限公司
01427	《双城故事》	30 集 × 45 分	中国国安文化传媒投资有限公司
01428	《回家》	30 集 × 47 分	北京唐德国际文化传媒有限公司
01429	《七侠五义人间道》	40 集 × 46 分	北京紫金长天传媒文化有限公司
01430	《密使》	33 集 × 45 分	北京大唐辉煌影业投资有限公司
01431	《神圣使命》	24 集 × 47 分	北京中视和展投资有限公司
01432	《战火四千金》	30 集 × 45 分	北京金天地影视文化有限公司
01433	《辣椒与泡菜》	20 集 × 45 分	北京水木高清影视文化发展有限公司
01434	《三十而嫁》	25 集 × 45 分	北京嘉和中天影视文化有限公司
01435	《风雨梵净山》	40 集 × 45 分	北京世纪华融文化传播有限公司
01436	《红色军魂》	30 集 × 45 分	星美(北京)影业有限公司
01437	《一生一世情》	30 集 × 45 分	北京海龙云天文化传媒有限公司
01438	《所向无前》	30 集 × 45 分	北京金尊影视文化艺术有限公司
01439	《母子连心》	25 集 × 45 分	北京美丽海影视文化艺术有限公司
01440	《玉魂》	24 集 × 45 分	北京长城博纳影视文化有限公司
01441	《天仙配后传》	30 集×45 分 30 秒	北京中视精彩影视文化有限公司
01442	《古城丽影》	26 集 × 45 分	北京中视太和影视文化传媒有限公司
01443	《粉墨》	32 集 × 47 分	北京唐德国际文化传媒有限公司
01444	《大商城》	25 集 × 46 分	北京紫金长天传媒文化有限公司
01445	《狂奔的左左》	25 集 × 45 分	北京雨花石影视投资有限公司
01446	《家和万事兴之幸福的味道》	3 集 × 48 分	北京大华环球影视文化发展有限公司
01447	《大别山作证》	30 集 × 45 分	中资国信(北京)文化传媒有限公司
01448	《暗线》	30 集 × 45 分	北京利群影视文化发展有限责任公司
01449	《莞香树》	30 集×45 分 30 秒	北京中视精彩影视文化有限公司

（北京市广播电影电视局宣传管理处）

北京市广播电影电视局2010年《国产电视动画片发行许可证》目录

片名	集数	分钟	长度	制作机构	审查单位	许可证号	发证时间
武林外传（53–100集）	48	22	1056	北京联盟影业投资有限公司	北京市广播电影电视局	京动审字201001	2010.2
健康博士100答（35–100集）	66	1	66	北京百穗文化传媒有限公司	北京市广播电影电视局	京动审字201002	2010.2
快乐小东西	60	10	600	北京其欣然影视文化传播有限公司	北京市广播电影电视局	京动审字201003	2010.2
飞天小猴王	74	11	814	北京青青树动漫科技有限公司	北京市广播电影电视局	京动审字201004	2010.2
火星娃大战哈喽怪	52	15	780	北京神笔动画制作有限公司	北京市广播电影电视局	京动审字201005	2010.2
秦皇岛传奇	52	12	624	北京密贴夏国际影视传媒有限公司	北京市广播电影电视局	京动审字201006	2010.3
浩昊文字国历险记之大闹无字城	26	15	390	北京浩昊科技发展有限公司	北京市广播电影电视局	京动审字201007	2010.6
嘻哈乐翻天	100	6分15秒	625	北京卡酷动画卫星频道有限公司	北京市广播电影电视局	京动审字201008	2010.7
金多多和粉凤凰	30	5	150	北京太阳金贝文化艺术有限公司	北京市广播电影电视局	京动审字201009	2010.7
金多多和粉凤凰（二）	30	5	150	北京太阳金贝文化艺术有限公司	北京市广播电影电视局	京动审字201010	2010.9
健康家庭健康人生(1–22集)	22	12	264	北京百穗文化传媒有限公司	北京市广播电影电视局	京动审字201011	2010.11
金多多和粉凤凰（三）	30	5	150	北京太阳金贝文化艺术有限公司	北京市广播电影电视局	京动审字201012	2010.11
动画春晚	1	150	150	北京卡酷传媒有限公司	北京市广播电影电视局	京动审字201013	2010.12
大明王朝（第三季）	60	12	720	北京万豪天际文化传播有限公司	北京市广播电影电视局	京动审字201014	2010.12

续表：

片名	集数	分钟	长度	制作机构	审查单位	许可证号	发证时间
大明王朝（第五季）	60	12	720	北京万豪天际文化传播有限公司	北京市广播电影电视局	京动审字201015	2010.12
大明王朝（第六季）	60	12	720	北京万豪天际文化传播有限公司	北京市广播电影电视局	京动审字201016	2010.12
大明王朝（第七季）	60	12	720	北京万豪天际文化传播有限公司	北京市广播电影电视局	京动审字201017	2010.12

全年 17 部作品共 831 集 8699 分钟。

（北京市广播电影电视局宣传管理处）

2010年部分电视剧制作机构作品统计表

北京电视艺术中心有限公司

剧 名	集数	出品单位	联合摄制单位	导演	制片人	主要演员
金婚风雨情	51	北京电视艺术中心 北京广播电视台 北京电视台 北京世纪星润影视投资咨询有限公司 东阳市花儿影视文化有限公司	北京电视艺术中心 安徽电视台 江西电视台 云南电视台 北京世纪星润影视投资咨询有限公司 东阳市花儿影视文化有限公司	郑晓龙	曹平 王宛平 丁丁	胡军 周韵

（北京电视艺术中心有限公司供稿）

北京中北电视艺术中心有限公司

剧 名	集数	是否合拍	出品人	制片人	编剧	导演	主要演员
《大唐女巡按》	38	否	杨群	陶玲玲	臧里	陶玲玲	钟欣桐 陈浩民 王 姬 万妮恩 雷 牧 邬倩倩

（北京中北电视艺术中心有限公司供稿）

北京北广传媒影视有限公司

剧 名	集数	出品单位	联合摄制单位	制片人	编剧	导演	主要演员
风 车	38	北广传媒影视有限公司		刘国华	刘雁	孔笙 张永新	李 晨 宋 佳 霍思燕
五湖四海	28	北广传媒影视有限公司	海润影视制作有限公司、南京军区政治部电视艺术中心	张光北 刘国华	王培公	连奕名	连奕名 何政军 王千源 刘 琳 刘敏涛

（北京北广传媒影视有限公司供稿）

北京紫禁城影业有限责任公司

剧 名	集数	出品单位	联合摄制单位(全部)	制片人	编剧	导演	主要演员
《人是铁饭是钢》	33	北京电视台 北京紫禁城影业有限责任公司 北京博瑞龙腾文化传播有限公司	北京紫禁城影业有限责任公司 北京博瑞龙腾文化传播有限公司	许建海 潘颂	马军骧 唐大年	马军骧	冯远征 苗圃 李梦男 李芯逸
《李春天的春天》	24	北京紫禁城影业有限责任公司 北京霸王龙文化传播有限公司 北京儒意欣欣影业投资有限公司 成都传媒集团先锋影视有限公司	北京霸王龙文化传播有限公司 北京紫禁城影业有限责任公司 北京儒意欣欣影业投资有限公司	黎悟非	庄羽	余淳	宋丹丹 许亚军 李崇霄 李佳璇 李凤绪
《情洒嵩山》	16	河南富强文化传播有限公司 北京紫禁城影业公司	登封市委、市政府 河南富强文化传播有限公司 北京紫禁城影业公司	景夫德	景夫德	于晶龙	于浩 法提麦·雅琦 杜旭东

续表:

剧 名	集数	出品单位	联合摄制单位(全部)	制片人	编剧	导演	主要演员
《微风吹乱的爱情》	36	浩安（北京）影视文化传媒有限公司 北京紫禁城影业有限责任公司	浩安（北京）影视文化传媒有限公司 北京紫禁城影业有限责任公司	安苏宁	刘跃军	安战军	曹炳琨 戴娇倩 郝　平 翁　虹
《以母亲的名义》	38	北京紫禁城影业有限责任公司 北京儒意欣欣影业投资有限公司 北京舍得文化有限公司 北京快乐视线影视文化有限公司	北京紫禁城影业有限责任公司 北京儒意欣欣影业投资有限公司 北京舍得文化有限公司 北京快乐视线影视文化有限公司	温成林 王玫	宋志鹏	温成林 简川禾	王雅捷 高云翔 徐僧 田中千绘
《双城生活》	30	上海电视传媒有限公司 中国国安文化传媒投资有限公司 北京紫禁城影业有限公司 宁波广播影视艺术中心	上海电视传媒有限公司 中国国安文化传媒投资有限公司 北京紫禁城影业有限公司 宁波广播影视艺术中心	嫣至萌	王丽萍	安建	马伊利 涂松岩 张小磊 岳红 丁勇岱

（北京紫禁城影业有限公司供稿）

华谊兄弟传媒股份有限公司

剧名	集数	出品单位	联合摄制单位	制片人	编剧	导演	主要演员
倚天屠龙记	40	华谊兄弟传媒股份有限公司 北京华谊兄弟娱乐投资有限公司 华夏视听环球传媒（北京）有限公司	江苏省广播电视总台 天津电视台 重庆广播电视集团（总台） 云南电视台 福建省广播影视集团 深圳广播电影电视集团 贵州电视台 安徽电视台 浙江广播电视集团影视娱乐频道 上海电影集团公司 山东齐鲁电视台 四川广播电视台 北京电视台	张纪中	刘毅	于敏	邓超 安以轩 刘竞 何琢言
故梦	42	华谊兄弟传媒股份有限公司 浙江华谊兄弟天意影视有限公司	浙江电视台 福建电视台 云南电视台 四川电视台 广东珠江电影频道 浙江华谊兄弟天意影视有限公司	吴毅	林佩芬 陈玮	董志强	陈坤 李小冉 罗海琼 郑佩佩 熊乃瑾
爱上女主播	30	浙江广电集团 华谊兄弟传媒股份有限公司 浙江卫视 浙江华谊兄弟天意影视有限公司	浙江卫视 浙江华谊兄弟天意影视有限公司	吴毅	吴孟璋 张希 陆洵敏	麦大杰	朱丹 张赫 杨谨华 吴健 林保怡
复婚	30	华谊兄弟传媒股份有限公司 北京华谊兄弟娱乐投资有限公司 浙江华谊兄弟影业投资有限公司		李波	朱睿	董志强	陈小艺 许亚军 胡　可 冯恩鹤

续表：

剧 名	集数	出品单位	联合摄制单位	制片人	编剧	导演	主要演员
风声传奇	30	华谊兄弟传媒股份有限公司 北京华谊兄弟娱乐投资有限公司 浙江华谊兄弟影业投资有限公司 天津电视台	无	李波	汪启楠 汪遵熹	董志强	廖凡 张歆艺 刘威葳 冯恩鹤 宗平 田雨 胡海峰 李乃文
黑玫瑰	36	华谊兄弟传媒股份有限公司 北京华谊兄弟娱乐投资有限公司	安徽电视台 重庆广播电视集团 云南电视台 贵州电视台 上海文广新闻传媒集团 北京华谊兄弟娱乐投资有限公司	杨善朴	余沥清 司天雄	于立清	于震 陈紫函 王奎荣 赵雪莲
谍变 1939	36	华谊兄弟传媒股份有限公司 北京华谊兄弟娱乐投资有限公司	无	杨善朴	鲁雁	陈燕民	董永 许晴 王佳宁
梦想光荣 1942	31	华谊兄弟传媒股份有限公司 北京华谊兄弟娱乐投资有限公司 四川广播电视台	无	易为平	张莱 徐小鹏 李一波 朱洪波	李骏 洪丹强	孙逊 李易祥 唐嫣 果静林
追捕	30	华谊兄弟传媒股份有限公司 北京华谊兄弟娱乐投资有限公司 云南电视台 山东电视台 浙江电视台 四川电视台 广东南方电视台	无	郝琳	郑颜柳	林龙 郝琳	海清 吴秀波 邵兵

续表：

剧 名	集数	出品单位	联合摄制单位	制片人	编剧	导演	主要演员
南下南下	38	中共湖北省委宣传部 北京华谊兄弟娱乐投资有限公司 广东电视台 武汉影视艺术传媒有限公司 八一电影制片厂 海南明珠影业有限公司 武汉传奇人影视艺术有限公司	中共湖北省委宣传部 北京华谊兄弟娱乐投资有限公司 广东电视台 武汉影视艺术传媒有限公司 八一电影制片厂 海南明珠影业有限公司 武汉传奇人影视艺术有限公司 中共武汉市委宣传部 湖北省广播电影电视局 武汉市广播电视总台 浙江横店影视制作有限公司	庄立奇	邓一光	巴特尔	于震 苏岩 吴健 罗海琼
我的孩子我的家	43	北京华谊兄弟娱乐投资有限公司 华谊兄弟传媒股份有限公司 广东南方电视台	四川广播电视台 安徽电视台 辽宁电视台 吉林电视台	葛卫东	周涌	毛卫宁	萨日娜 刘佩琦 齐奎 王若心
拯救女兵司徒慧	32	北京华谊兄弟娱乐投资有限公司 华谊兄弟传媒股份有限公司 云南电视台	浙江卫视 四川广播电视台 广东电视台 贵州电视台 太原电视台 哈尔滨电视台 湖南电视台影视频道 山东有线电视中心 沈阳电视台 西安电视台 河南电视台影视频道 湖北经视	吴晓	柳桦 唐宇 韩非 杨正成	高中升 王伟民	王洛勇 齐奎 何琢言 范雨林

续表：

剧 名	集数	出品单位	联合摄制单位	制片人	编剧	导演	主要演员
烽火影人	31	华谊兄弟传媒股份有限公司 北京华谊兄弟娱乐投资有限公司 中央新闻纪录电影制片厂	无	陈剑飞	张兆宇 毕鉴威	陈剑飞	朱亚文 罗海琼 齐奎 许还幻 乔振宇 汤嬿

（北京市广播电影电视局宣传管理处）

海润影视制作有限公司

剧 名	集数	联合摄制单位	编剧	制片人	导演	主要演员
重案六组第四部	36	海润影视制作有限公司	余飞 张国华 马小勇 娅子 申捷 王茜	赵浚凯 王茜	徐庆东	邢岷山、王茜 张潮、邢岷山 王茜、张潮 郭昊伦、肖聪 孙熙、韩啸
扇娘	34	海润影视制作有限公司 浙江海润影视制作有限公司	陈慧君 解燕燕	赵岩森	朱锐斌 (中国香港)	姚芊羽、 吴奇隆 (中国台湾)、 迟帅、王珂 寇振海、高强 郭珍霓
天阵	28	海润影视制作有限公司 北京华夏恒业文化传播有限公司	权延赤 洪帆	赵浚凯	赵浚凯 刘国彤	连奕名、童蕾 杜志国、何政军 赵会南、鲍鲲 孙鹏滨、李雨泽 许毛毛、郭昊伦 齐峰、武强 纪永清 井上朋子(日本籍)

续表：

剧 名	集数	联合摄制单位	编剧	制片人	导演	主要演员
断箭	34	海润影视制作有限公司 广东润视影音制作有限公司	李昂	阎旻	陈浩威	王挺、王伟光 刘言语、张定涵 陈德容、何赛飞 冯恩鹤
火烧云	34	海润影视制作有限公司 深圳市艾科影视制作有限公司	周小兵	蒋译霆	周小兵	叶静、王雷 于越、韩童生 牛飘、高斯 肖聪
无情道	24	浙江海润影视制作有限公司	张晓露 张晨阳 孟意明 姚远 张炯强	赵岩森	余丁 毛鲲宇	孙洪涛、赵恒煊 赵子惠、宁理 迟帅、刘冬 钱漪
流泪的新娘	27		王宗仁 (中国台湾)	蒋译霆	罗灿然 (中国台湾)	丁子峻(中国香港) 叶静、施羽 郭珍霓 王宇婕(中国台湾) 陈莎莉(中国台湾)
江湖奇案	32	海南海润影视制作有限公司	孙云亭 杨超	蒋译霆	林建中 (中国台湾)	王雷、王珂 林申 吴奇隆(中国台湾) 李雨泽、陈西贝 牛飘、刘文昊等
断喉弩	28	海南海润影视制作有限公司	陈凯	赵浚凯	孙小光	高云翔、赵子惠 陈蓉、莫岐 刘惠、谢东 崔可法、张益群 王治森、肖明 宋军、柴菁 刘頔、李保民 庞潇
尖刀战士	34	广东润视影音制作有限公司	王志军	赵浚凯	刘国彤	叶璇、杨烁 于越、徐成峰 刘沙、孙鹏滨 邹俊百、齐峰 许双

续表：

剧 名	集数	联合摄制单位	编剧	制片人	导演	主要演员
水上游击队	35	安徽电视台 上海电影集团有限公司 陕西电视台 广东南方电视台 吉林电视台 海润影视制作有限公司 西安海润影视制作有限公司 中国人民解放军第二炮兵政治部电视艺术中心	徐磊 郑连宝 王跃颖 陈亚洲	魏鉴	龚朝	白冰、于小伟 李琳 三浦研一 蒲冰墨、程雍 王力、王鑫
橄榄树	34	海润影视制作有限公司 东方灏国际文化传媒（北京）有限公司 大连五洲影视有限公司 中视影视有限公司	乌兰那日松 秦晔	张海波 陈冬冬	刘保成 乌兰那日松	陈思成、刘涛 孙涛、洛葳 包贝尔、张笛 张琳、李东翰
风雨桃花镇	36	海润影视制作有限公司 云南润视荣光影业制作有限公司	王倦	蒋晓荣	何澍培	于荣光 方力申(中国香港) 邓丽欣(中国香港) 郭金、岳跃利 郭达、杨琨 王海祥、张玉洁 高明、丁海峰 陈龙、晋松
护国军魂传奇	36	海润影视制作有限公司 云南润视荣光影业制作有限公司	王倦	蒋晓荣	何澍培	于荣光 赵文瑄(中国台湾) 张铁林(英国籍) 郑则仕(中国香港) 谢君豪(中国香港) 方力申(中国香港)
剑侠情缘	33	海润影视制作有限公司 润亚影视制作有限公司 成都金山数字娱乐科技有限公司	王学伟 吴亚桥	张森	冯柏源 吴亚桥	谢霆锋(中国香港) 吴亚桥 蔡卓妍(中国香港) 孙祖杨 关智斌(中国香港) 孙熙 郑希怡(中国香港) 张蒲薪

续表:

剧 名	集数	联合摄制单位	编剧	制片人	导演	主要演员
和婆婆一起出嫁	28	海润影视制作有限公司 河北演艺音像出版有限公司	李冰俏	蒋宝英	李小亭	丁柳元、蒋宝英 张志忠、岳 跃 罗钢、张谦
五湖四海	28	海润影视制作有限公司 连奕名工作室	王培功	张光北	连奕名	连奕名、刘琳 刘海涛、何政军 王千源

（海润影视制作有限公司供稿）

金英马影视文化股份有限公司

剧名	集数	合拍单位	编剧	制片人	导演	主要演员
侠隐记	33		边立民	郭宏	李翰韬	焦恩俊、洪剑涛 王思懿、齐芳 杨志雯
傻春	34		王之理	井岗	刘家成	陶红、吕丽萍 毕彦君、孔琳
家，N次方	30	北京鑫宝源影视投资有限公司	胡非子	井岗	王迎	宋丹丹、赵宝刚 朱雨辰、王子文 贺刚、白百何 高露、任重
郎心如铁	30	厦门金好风影视文化有限公司	李辉 孟洪峰	杨利	李骏	凌潇肃、张铎 李强、唐一菲
生死大营救	24	厦门金好风影视文化有限公司	徐小朋 朱洪波	杨利	白涛 杨新宇	陈刚、朱宏嘉 刘丹、苏青
匪娘	23	成都电视台	庞一川	井岗	张晓春	于慧、陈锐 林永健、张光北 刘牧、师小红 朱铁、高兰村

（金英马影视文化股份有限公司供稿）

北京鑫宝源影视投资有限公司

剧 名	集数	出品单位	合拍单位	编剧	制片人	导演	主要演员
婚姻保卫战	33	北京鑫宝源影视投资有限公司	上海宝宏影视文化传媒有限公司	魏晓霞	彭晓林	赵宝刚 王迎	佟大为、马伊利 黄磊、袁莉 刘金山、于娜 马艳丽、孟广美
老牛家的战争	30	北京鑫宝源影视投资有限公司	北京歌亮传媒有限公司北京天祺红影文化传媒有限公司	林黎胜 刘誉	殷宗杰 彭晓林	余淳	张洪杰、李崇霄 大 秦、宋丹丹

（北京鑫宝源影视投资有限公司供稿）

北京京都世纪文化发展有限公司

剧 名	集数	编剧	制片人	导演	主要演员
80、90向前冲	40	杜诗筠	姚 嘉 王正华	尤小刚	俞灏明、石小群、徐箭 陈彦妃、谭耀文、龚雪

（北京京都世纪文化发展有限公司供稿）

书报刊出版

2011／《北京广播影视年鉴》

——记录行业情况　服务业内和社会——

2010年北京市广播影视书报刊一览表

公开出版物

类别	报刊名称	主管单位	主办单位
周报	《北京广播电视报》	北京广播电视台	北京广播电视报社
周刊	《北京广播电视报·人物周刊》	北京广播电视台	北京广播电视报社
周刊	《北京电视》周刊	北京广播电视台	北京广播电视报社
周报	《新广播》报	北京人民广播电台	北京人民广播电台
周刊	《音乐周刊》	北京人民广播电台、京报集团	北京广播公司
年刊	2010《北京广播影视年鉴》	《北京广播影视年鉴》编委会	北京市广播电影电视局
年刊	2008《北京人民广播电台年鉴》	北京人民广播电台	北京人民广播电台
年刊	2010《北京电视台年鉴》	北京电视台	北京电视台

类别	书籍名称	主管单位	作 者	出版单位
图书	《北京广播影视发展研究文集（2010）》	北京市广播电影电视局	北京广播电影电视研究中心	北京出版社
图书	《经营广播》	北京人民广播电台	李秀磊	北京大学出版社
图书	《路——漫谈好节目的克隆与创新之道》	北京人民广播电台	牛力	电子工业出版社
图书	《新中国电影与观众的变迁——中国电影博物馆2009学术年会论文集》	中国电影博物馆	中国电影博物馆	中国电影出版社
图书	《<阿凡达>现象透视》	中国电影博物馆	中国电影博物馆	北京出版社

内部出版物

类别	报刊名称	主管单位	主办单位
月刊	《北京广播影视》	北京市广播电影电视局	北京市广播电影电视局 北京市广播电视学会
半月刊	《听众反映专辑》	北京人民广播电台	北京人民广播电台总编室
月刊	《电视文摘》	北京电视台	北京电视台总编室
月刊	《影博·影响》	中国电影博物馆	中国电影博物馆
月刊	《北京广播影视研究》	北京市广播电影电视局	北京广播电影电视研究中心
季刊	《北京广播影视产业专刊》	北京市广播电影电视局	北京广播电影电视研究中心
年刊	《北京市广播电影电视局2010年党建工作资料汇编》	中共北京市广播电影电视局党组	中共北京市广播电影电视局机关委员会
年刊	《延庆广播电视》	延庆县广播电视中心	延庆县广播电视中心

2010年北京市广播影视书报刊简介

《北京广播电视报》

《北京广播电视报》是由北京广播电视台主管、北京广播电视报社主办的、公开出版发行的一份周报。其前身是北京人民广播电台于1953年4月12日创办的《广播周报》，后更名《北京人民广播电台节目报》。1976年1月9日停刊。

北京广播电视报
如今的电影电视中
教师哪去了?
卧底
香港金耳通 磁波共振巧治耳聋 耳鸣

《北京广播电视报》2010年第36期

1979年9月14日复刊。1989年更名为《北京广播电视报》，是面向家庭，以寻听导视为主的全方位的生活服务型周报。从2006年起，报纸的内容进行了全方位调整。基本读者定位为广播电视的听众、观众。2010年，报纸内容再次调整，进一步强调报纸作为广播电视专业媒体的属性。除满足读者听广播看电视需要的节目预告功能外，对其中的重点节目和重点内容进行补充延伸报道，增加报纸的实用性、可读性。此外，报纸的《健康周刊——健康双行线》以其服务于家庭和百姓健康的特色而受到读者的喜爱。报纸为4开40—48版，国内统一刊号：CN11−0107。

（北京广播电视报社）

《北京广播电视报·人物周刊》

《北京广播电视报·人物周刊》是由北京广播电视台主管、北京广播电视报社主办的、公开出版发行的、《北京广播电视报》的一份系列周刊，创办于2003年8月。主要内容为：报道新闻中的人物和人物中的新闻，用故事解读人生，在人生中寻觅故事；介绍真善美的情操感染人，揭示奋斗进取的精神鼓励人，挖掘不为人知的故事讲述给人，暴露丑陋劣质的人生经历警示人。2010年，“人物周刊”加大挖掘名人事迹，讲述了更多生动故事，受到读者欢迎。刊物为4开24版，国内统一刊号：CN11−0107。

（北京广播电视报社）

《北京电视》周刊

《北京电视》周刊是由北京广播电视台主管、北京广播电视报社主办的、公开出版发行的一份周刊，创办于1995年。1998年7月，由月刊改为周刊。是一本集文化、娱乐、消费生活于一身的进入大众家庭的杂志，同时是具有中国特色的电视收视精选手册。杂志封面上TVE三个英文字母就是英语“电视精选”的缩写。《北京电视》周刊的内容以收视热点、独家娱乐报道、情感故事、传奇揭秘、时尚生活几方面为主，具备非常明显的可读性、耐读性和很高的传阅率。2010年，周刊继续在增加可读性方面做出相关调整。刊物为8开64页。国内统一刊号：CN11—3000/J。

（北京广播电视报社）

《新广播》报

《新广播》报是由北京人民广播电台投资出版的一份周报，于2006年1月9日创刊，是北京电台为实现声波与平面媒体的立体传播，进一步提高社会影响力，更好地服务听众，并为北京电台的广告客户提供落地服务而创办的。

主要报道北京电台发生的为听众所关心的动态消息、重点报道，推介重点广播节目和节目主持人，介绍听众不了解的广播幕后和广播新技术、新发展，预报一周广播节目，登载广播精品节目及听众对广播节目的互动点评等。2010年的主要栏目有：要闻、台内台外、特别报道、话筒前后、DJ秀场、听迷互动、记者观察、一周节目、服务速递、车友出行、爱家管家、健康养生、京味茶楼等。

该报全彩印刷，8开24版，每周日出版，在北京五环路内各加油站免费赠阅。它是目前为止唯一一份在中石化、中石油两大加油系统内以及壳牌、中化道达尔、各民营加油站同步免费派送的报纸。同时该报辅以3000多处写字楼、娱乐、休闲场所展示赠阅，并有3000位订户。每期发行量为8万份。国内统一刊号：CN11—0191。

（北京人民广播电台）

《音乐周刊》

《音乐周刊》是由北京人民广播电台和北京京报集团合作、北京人民广播电台旗下的北京广播公司投资出版的全国第一本流行音乐类周刊，也是目前全国唯一一本音乐类周刊。

该刊由北京广播公司旗下的北京蓝火花音乐文化传播有限公司经营。2004年3月24日创刊，内容上与FM97.4北京音乐广播携手互动，做到文字与广播相互补充、相互延伸。遵循“时尚音乐资讯大全，青年娱乐消费指南”的编辑定位，锁定音乐目标，主打音乐特色，做好每篇文章，营造品牌周刊。

2010年，《音乐周刊》在纸质媒体面临普遍销售下降的市场情况下，得到主流音乐界的认可，维系住忠实读者并吸引部分高端读者群；严禁低俗之风，使《音乐周刊》品质上与北京音乐广播相匹配，适应广告客户的品牌形象需要。开设的主要栏目有：中国歌曲排行榜、全球华语歌曲排行榜、众星相、现场直击、秀场风云、特别策划、封面故事、音乐VIP、音乐达人、974直播间、MV故事、音像超市、星踪资讯、娱乐看台等。

刊物为全彩色豪华纸张印刷，4开44版，国内统一刊号CN11－0191，全国发行。

（北京人民广播电台）

2010《北京广播影视年鉴》

2010《北京广播影视年鉴》是由北京广播影视年鉴编委会编纂(北京市广播电影电视局主持，北京广播电视台、北京人民广播电台、北京电视台、中国电影博物馆、区县文委及广电中心等协编)的一部综合性资料工具书和史

料文献的大型年刊，创刊于2005年，由中国广播电视出版社公开出版发行。

2010《北京广播影视年鉴》以马克思列宁主义、毛泽东思想、邓小平理论、“三个代表”重要思想为指导，认真贯彻落实科学发展观，坚持实事求是的编辑方针，贯彻“贴近实际，贴近生活，贴近群众”的编纂原则，全面反映北京市广播影视的基本情况和发展变化风貌，客观记述上一年全市广播影视业的新情况、新资料，为广播影视从业人员、教学科研人员、决策管理人员以及社会各界了解和研究北京市广播影视业提供可靠信息。

年鉴自2005年起，每年编印一卷。2010年版为第6卷，全书共有21个栏目：图片、特载、年度重点报道、概况、产业发展、广播电

视覆盖、频率频道、节目栏目、科技发展、电影、电视剧、新媒体与网络传播、书报刊出版、受众调查、组织机构、对外与港澳台交流、获奖作品、改革创新·经验、统计、大事记、索引等。全书65万字，发行1300册。

刊物为标准16开，国内统一书号：ISBN 978-7-5043-6329-9。

（北京市广播电影电视局史志办）

2008《北京人民广播电台年鉴》

2008《北京人民广播电台年鉴》是北京人民广播电台编纂的一部综合性资料工具书和史料文献的大型年刊，由中国广播电视出版社公开出版发行。主要记载北京电台的基本情况和发展变化，反映一年中的重大事件、各方面工作的情况。从1994年起，每年编印一册。2010年出版的2008《北京人民广播电台年鉴》全书43万字，主要内容有：图片、概述、特稿、重要会议、规章制度、宣传工作、专辑、节目设置、评奖、论文、经验、体会、听众工作、技术工作、管理与经营、外事外宣、机构、人物、出版物、大事记等。

刊物为标准16开，国内统一书号：ISBN 978-7-5043-6302-2。

（北京人民广播电台）

2010《北京电视台年鉴》

2010《北京电视台年鉴》是由北京电视台年鉴编辑委员会编纂的一部综合性资料工具书和史料文献的大型年刊，由中国广播电视出版社公开出版发行。

刊物以较翔实的图文资料，客观记述北京电视台在宣传业务、技术工作、队伍建设、事业发展、产业经营等各个方面的基本情况，反映电视事业的发展变化。于2008年创刊，每年编印一卷。主要记录和反映北京电视台上一年度的宣传情况和事业发展成果。

该年鉴以马克思列宁主义、毛泽东思想、邓小平理论、“三个代表”重要思想为指导，深入贯彻落实科学发展观，坚持实事求是的编辑方针，贯彻“贴近实际，贴近生活，贴近群众”的宣传原则，为广大电视工作者及社会各界了解和研究北京电视台提供可靠信息。

2010年《北京电视台年鉴》主要栏目有：特载、台庆专辑、概况、典型经验、专辑、组织机构、频道·栏目、观众调查、获奖·表彰、节目播出时间表、广告价目表、大事记和索引等。刊物为大16开，49.2万字。

刊物为标准16开，国内统一书号：ISBN 978-7-5043-6284-1。

（北京电视台）

《北京广播影视》

《北京广播影视》由北京市广播电影电视局和北京市广播电视学会主办的学术与信息相结合、内部出版发行的月刊，创刊于1988年。原称《北京广播电视研究》(季刊)，1994年更名为《北京广播电视》(双月刊)。2007年1月改版为《北京广播影视》(月刊)，内容定位相应调整，担负起北京市广播电视局机关刊物和广播电视学会学术刊物的双重职能。

2010年，《北京广播影视》主要栏目有：学习实践科学发展观、专题、报道、创意北京、创意进行时、声屏华彩、名家视点、传媒科技、媒介管理、业者探究、走笔京华、记者手记、随笔、瞭望、往事在说、咬文嚼字、业界动态。全彩色印刷，刊物为大16开72页。免费赠阅业内单位及相关部门。

（北京市广播电视学会秘书处）

《宣传业务》

《宣传业务》是由北京人民广播电台总编室主办，旨在促进台内外业务学习、交流的内部刊物。

创刊于1992年1月15日。半月刊、标准16开，到2010年12月共编印483期。刊物下设栏目：专家评议、业务漫谈、探索与研究、体会与心得、听众论坛、业务动态等。

《宣传业务》作为北京人民广播电台的内部业务刊物，既是业务交流的园地，也是学术、理论探讨的阵地。办刊20年来，北京电台广大采、编、播人员及各相关职能部门紧密联系工作实际，全方位开展业务交流、学术探讨，撰写了许多优秀的理论文章。

（北京人民广播电台）

《电视文摘》

《电视文摘》是由北京电视台主管、北京电视台总编室主办的、内部出版的刊物。创刊于1998年1月1日。办刊宗旨是荟萃信息精华，浓缩真知灼见。2007年底，该刊从内容编辑、栏目定位、版面设计等方面进行了改版。刊物的主要内容有：动态传真——电视界重要会议、重大改革举措、频道栏目建设以及经营管理等方面的最新动态；理论研究类——媒体改革探索、发展战略研究、节目经营管理、频道栏目告诉理论文章及部分受众包括专家学者对电视发展、建设的建议和评论；业务指导类——电视台具有影响的节目策划、运作、选题和广告经营发展方面的经验、人物介绍类——电视从业人员成长过程、创业经历、个性特点和开拓精神；海外信息类——世界各国电视行业的发展现状、机构设置、管理模式及最新节目动态。

2010年1月，刊物改为月刊，增加与节目相关内容的栏目，扩大了信息量，指导性增强。刊物为大16开，64页，每期印制600册。

（北京电视台）

《影博·影响》

《影博·影响》是中国电影博物馆主办的一份独具特色的电影类综合性内部刊物，其宗旨是传播电影文化，拓展电影博物馆公共文化职能，开展电影文化教育和科普教育，服务电影、博物馆观众和行业人士，为电影观众、爱好者和业界搭建沟通桥梁。

刊物以关注文化热点，评论新映影片，交流学术观点，展示研究成果，赏析优秀电影，探班影片幕后，介绍影人动态，梳理电影历史，讲述藏品故事，传播业界信息，提供服务指南等为主要内容，有特别策划、聚焦、影院人语、影评、观点、观众研究所、片场·幕后、影人、百年光影、银海钩沉、藏品故事、动态·资讯、电影地图、影音速递等10余个栏目。

2010年，创新了追求信息独家性、内容史料性、观众互动性、体现公益性等特色。采访黄建新、尹力、翟俊杰、刘镇伟等50余位影人，报道《歼十出击》、《鲜花》等14部影片，采访上海国际电影节、长春电影节、北京大学生电影节等重要业界活动，特别策划“电影这一行”系列专题报道。向读者介绍藏品信息和征集过程，每期刊发《中国电影纪事》，介绍电影在中国的发展历程。就《复兴之路》等11部影片和新中国电影开展观众问卷调查，形成调研报告。每期推选公益影星，报道公益事迹，举办“2010年度十大公益影人”观众调研推荐活动，有2100余名观众参与活动。邀请陈山、李道新、尹鸿、王一川、胡智锋等专家、学者结合业界热点发表观点评论；汇聚汤晓丹、鲁明等一批老电影工作者代表，每期刊发“银海钩沉”类文章。根据总局领导的批示，组建影评人俱乐部，共吸引60余位影评人积极参与。刊物月发行量达到4000册，其中固定读者群超过75%。读者对刊物的满意率超过95%。

（中国电影博物馆）

《北京广播影视研究》

《北京广播影视研究》是由北京市广播电影电视局主管、北京广播电影电视研究中心主办的月刊，内部刊物。

2009年8月由原广播影视《信息参考》发展而来，以“开拓广电研究领域、探索行业发展规律”为宗旨，设有专稿特载、发展环境、公共服务、产业促进、行政管理、科技交流、区县论坛、境外瞭望、学术动态、观点摘编和小辞典等栏目。

2010年，重视组织刊发原创文章，链接热点问题的理论探讨，为系统领导、业内人士提供有价值的理论参考，促进北京广播影视科学发展研究。

（北京广播电影电视研究中心）

《北京广播影视产业专刊》

《北京广播影视产业专刊》是由北京市广播电影电视局主管、北京广播电影电视研究中心主办的季刊，内部刊物。刊物在北京大力发展文化创意产业的形势下，由北京市广播电影电视局增加产业促进职能而应运而生，于2009年第三季度创刊。设有政策解读、北京动态、行业聚焦、发展分析、境外瞭望、知识之窗等栏目。2010年重点介绍业内动态、行业聚焦、发展分析等信息，以促进北京广播影视产业发展。

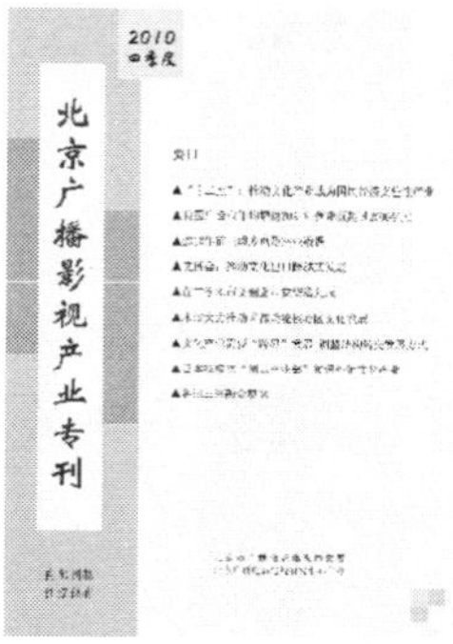

（北京广播电影电视研究中心）

《北京广播影视发展研究文集（2010年）》

《北京广播影视发展研究文集（2010年）》是由北京市广播电影电视局主管、北京广播电影电视研究中心汇编、北京出版社出版的理论性图书。

从来自北京市广播电影电视局、北京广播电视台、中国电影博物馆、区县中心的最新优秀研究成果共116篇、90余万字，汇编成62篇（含“代序”）50万多字的《北京广播影视发展研究文集2010年》。该书分：代序、广播篇、电视篇、电影篇、新媒体篇、产业篇、科技篇、管理篇及后记等9部分内容。

（北京广播电影电视研究中心）

《经营广播》

《经营广播》一书，由北京电台交通广播台长李秀磊著，北京大学出版社2010年4月出版。

该书从一个全新的视角——广播的公共服务理论展开，结合作者多年在广播媒体中的实践，从多个层面对新媒介环境下传统广播媒体的现状和发展进行评述，在国内率先提出了“广播的公共服务理论”。作者通过国内的典型案例对广播业态、受众市场、广播媒体管理和广播节目的制作进行系统归纳，前瞻性地描述在媒体融合时代传统广播与新媒体、互联网等媒体的重新构建，分析广播产业链与公共服务的关系，展望在市场化的条件下广播服务的发展前景与趋势。

（北京人民广播电台）

《路——漫谈好节目的克隆与创新之道》

《路——漫谈好节目的克隆与创新之道》一书，由北京电台交通广播主持人牛力著，电子工业出版社2010年9月出版。该书是作者结合自己10年来在广播领域的实践和探索，通过丰富的案例和有针对性的分析，探讨广播电视主持人节目，特别是访谈类节目创新及精品创作的规律。

（北京人民广播电台）

《新中国电影与观众的变迁——中国电影博物馆2009学术年会论文集》

《新中国电影与观众的变迁——中国电影博物馆2009学术年会论文集》是中国电影博物馆首部学术年会论文集，由中国电影出版社于2010年8月出版。

该书收纳来自北京大学、北京师范大学、中国传媒大学、北京电影学院等电影院校和研究机构的30余位知名专家和年轻学者的论文。有从美学形态、文化政治学等不同角度对新中国60年电影发展和观众变迁进行的总体描摹，也有业界调研机构针对观众偏好展开的数据翔实、颇具时效性的调研报告。本书梳理新中国成立60年来的电影历史，独辟蹊径，将上世纪80年代兴起的电影观众研究推向新的高度。

（中国电影博物馆）

《＜阿凡达＞现象透视》

《＜阿凡达＞现象透视》（北京出版社，2010年3月）是中国电影博物馆第一本公开出版的学术成果专著，主编杨永安，副主编邢建毅。该书展示了中国电影博物馆“《阿凡达》现象研究”课题组开展的全景式调查研究成果，在整理、编辑观众来访、观众讨论会、业界人士深访实录、专家座谈会等一手材料的基础上，从现象观察、观众印象、业界对话、思考启示、调研分析等角度深入探讨《阿凡达》现象及其影响和启示。

该书深度解读《阿凡达》现象，集专业性与普及性、学术性与可读性、原创性与资料性于一体，内容丰富，资料翔实，集纳多方观点，以满足电影业内研究者、《阿凡达》影迷和普通读者、观众的不同阅读需求。

（中国电影博物馆）

《北京市广播电影电视局2010年党建工作资料汇编》

《北京市广播电影电视局2010年党建工作资料汇编》是配合机关党建工作的资料性刊物，于2010年创刊，内部发行。刊物根据中共北京市广播电影电视局党组关于加强基础工作的指示精神，由机关党委对2010年局党建工作进行了认真的回顾和总结，对有关文件、领导讲话、信息等进行了搜集、整理，集结成册。主要内容有：重要文件、领导讲话、经验典型、工作动态、“学习三人行”讲义选登、光荣榜、党建活动掠影。刊物为大32开、20余万字。

（北京市广播电影电视局机关党委）

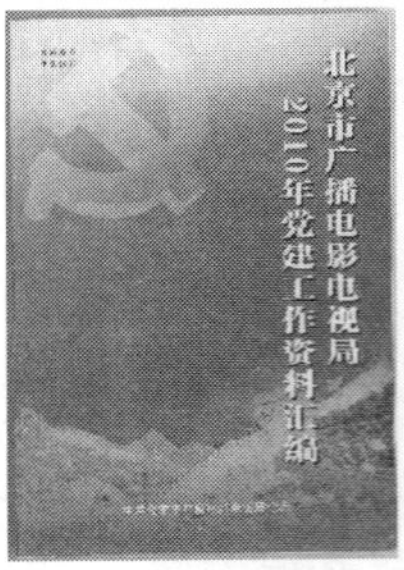

《广电团队》

《广电团队”杂志是由房山区广播电视中心主办的一本内部刊物，2010年1月创刊，为双月刊，彩色印刷。创刊宗旨是在促成内部学术交流的同时，对外宣传广电中心的团队精神和工作状态。本着“倚重学品，择善而从”的原则，全方位、大视野地观察传媒业，重视学术性、时代性和经典性。

刊物设置有“要论传真”、“他山之石”、“特别推荐”、“漫笔生花”、“小编小侃”、“传媒小词典”、“记事.信息”等多个板块。内容以纪实为主，搜集中心重要时事新闻，关注团队发展，讲述新闻工作者工作、生活里的切身感悟和体会，刊发编辑记者主持人的学术性文章等。目前该杂志已成为中心记者、编辑和各乡镇通讯员学术研究与交流的有力平台之一。

该杂志在向中心内部职工发放的同时，报送房山区四大部门主管领导和相关部门，并免费向各乡镇宣传部赠阅。2010年全年编辑排版完成6期及1期记者节专刊。共使用207篇文字稿件，190张原创图片，编辑文字约52万字，印刷杂志3650册（本）。

（房山区广播电视中心）

《延庆广播电视》

《延庆广播电视》是由延庆县广播电视中心主管、主办的系列年刊，内部资料性质，2008年创刊。

2010年《延庆广播电视》的主题为“我发展 我快乐”，全面围绕广电中心深入学习贯彻落实科学发展观，积极推进“人文北京、科技北京、绿色北京”和世界城市建设的目标，重点纪录了以人为本，促进人的发展和广播电视事业进步的主要情况。刊物板块分为：工作研究、人生随想、工作感悟、随笔、读后感、摄影作品等，以及本年度各类广播电视获奖情况、单位大事记。职工创作的文章均为原创。刊物为彩色印刷，大16开，免费赠阅业内单位及相关部门。

（延庆县广播电视中心）

受众调查

2011/《北京广播影视年鉴》

——记录行业情况　服务业内和社会——

北京人民广播电台2010年收听调查报告

一、北京广播市场发展情况

2010年北京广播市场收听率为5.689%，较2009年下滑近0.3个百分点。全年听众682.2万人，平均每天听众人数为431.7万人，听众规模比2009年增长10%。听众平均每天收听广播时长为138.9分钟，比2009年下降5.2分钟。

2010年，听众在家收听率为3.640%，平均每天收听人数达287.1万人，人均收听时长达133.6分钟，比2009年有所提升。车上收听率为1.552%，较2009年下滑0.16个百分点，平均每天收听人数有143.6万，比2009年增加了15万人。收听时长由2009年的126.2分钟下降到113.9分钟，下降了12.3分钟。

二、北京广播市场三大台的竞争

北京广播市场主要是北京人民广播电台、中央人民广播电台、中国国际广播电台（以下简称“北京电台”、“中央电台”、“国际电台”）在竞争。2010年，北京电台市场份额为66.374%，中央电台市场份额为27.484%，国际电台市场份额为4.319%，北京电台继续领跑北京市场。三大台市场份额均有小幅提升，主要来自于对剩余市场的进一步争取，北京市场“三台鼎立”的格局更加明确。

三大台听众规模均有不同程度的提升。北京电台2010年每天有320.7万人收听，比2009年新增24.9万人；中央电台2010年每天有148.9万人收听，比2009年上涨了2.5万人；国际电台2010年每天有27.1万人收听，比2009年新增2.5万人，涨幅为10.16%，是三大台中涨幅最大的。

从听众人均收听分钟数来看，2010年中央电台人均收听分钟数上升较多，达到110.7分钟，较2009年上升了5.9分钟。北京电台和国际电台人均收听分钟数分别下降了2.5和3.5分钟，但降幅都控制在了总体市场收听时长的下降幅度3.7%以内。

三、北京广播市场各频率竞争态势

2008—2010年北京广播市场19个频率市场份额变化（%）

频道	2009年	2010年	2010年排名	2009年排名	排名变化
北京人民广播电台交通广播(FM103.9/CFM95.6)	24.079	22.102	1	1	→
北京人民广播电台文艺广播(FM87.6/CFM93.8)	16.662	19.420	2	2	→
中央人民广播电台第一套节目中国之声	11.096	11.024	3	3	→
北京广播电台新闻广播(FM100.6/AM828/CFM90.4)	8.097	8.007	4	5	↑
北京人民广播电台音乐广播(FM97.4/CFM94.6)	8.427	7.651	5	4	↓
中央人民广播电台第九套节目文艺之声	4.982	4.749	6	6	→
中央人民广播电台第三套节目音乐之声	4.599	4.576	7	7	→
中央人民广播电台第二套节目经济之声	4.127	4.316	8	8	→
北京人民广播电台体育广播(FM102.5)	3.035	3.389	9	9	→
中国国际广播电台劲曲调频(CRIHITFM)	2.005	2.343	10	11	↑
北京人民广播电台故事广播(AM603/CFM89.1)	2.395	1.870	11	10	↓
北京城市服务管理广播(FM107.3/AM102.6/CFM91.9)	1.744	1.640	12	12	→
中央人民广播电台娱乐广播	0.129	1.174	13	19	↑
中央人民广播电台第四套节目都市之声	1.528	1.136	14	13	↓
中国国际广播电台环球资讯广播FM90.5/AM900	1.461	1.085	15	14	↓
北京人民广播电台爱家广播(AM927/CFM92.7)	0.367	1.012	16	17	↑
中国国际广播电台轻松调频(CRIEASYFM)	0.841	0.891	17	15	↓
中央人民广播电台第十套节目老年之声	0.671	0.508	18	16	↓
北京人民广播电台外语广播(AM774/CFM97.8)	0.285	0.395	19	18	↓

参与北京广播市场竞争的频率总数主要有19个，2010年北京交通广播继续领跑北京市场；排名第二的北京文艺广播是上升势头最强的频率，已连续5年上升，达到19.420%，较去年同期上升了2.758个百分点。

2010年北京广播市场上有8个频率市场份额提升，其中一半为中波频率。中央电台娱乐广播由2009年刚开播时市场份额0.129%增加至2010年的1.174%，排名上升6位，位居13位，成为2010北京广播市场份额排名攀升最快的频率。北京电台爱家广播2009年开播，2010年表现良好，从2009年市场份额0.367%上升至1.012%，位居北京市场第16位。故事广播虽然全年平均市场份额有所下降，但第四季度有较好的市场表现。外语广播尽管份额排名靠后，但份额增量也较为明显。

四、北京电台听众构成

2010年北京电台听众中20岁以下和60岁以上听众比例较2009年均有所升高，分别升高了2.6和1.4个百分点。其他年龄段听众比例有所下降，尤其是51～60岁听众，比例下降了2.5个百分点。41～50岁听众比例最高，其他年龄段听众分布比较平均，基本在14～20%之间。个人月收入2001～3000元的听众上升了5.1个百分点，达到30.6%，首次超过月收入1001～2000元 的听众比例。月收入1001～3000元的听众仍是电台的主要听众群，占比超过六成。教育程度以中等教育为主。公务员和白领、退休人员听众比例较高，其次是工人听众。

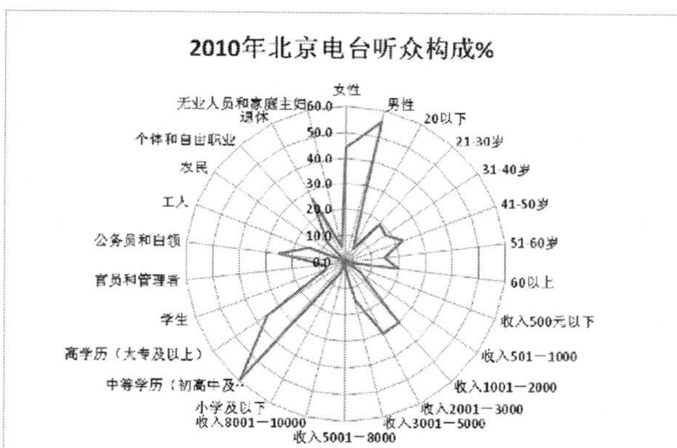

（数据来源：索福瑞北京地区广播收听数据，北京电台广播发展研究中心供稿）

北京人民广播电台2010年听众来信综述

2010年，北京电台的听众服务工作围绕电台的宣传工作和重大活动展开，通过听众服务热线、听众来信、在北京广播网的“听友之家”论坛收发帖等途径为听众收听广播提供服务，广泛收集听众意见，持续改进电台工作。全年接听处理听众电话26539个；编辑《听众反映专辑》43期，约100万字；电台内网的《听众反映速递》每天更新，全年编辑约720条；“听友之家”论坛网页更新140条，引导网友听评广播收发贴1879条，浏览短信240万条；

全年为听众建档、登记来函3730件。

一、“听评月”及“主持人节目展播”来稿数量为历年最多

北京电台“听评月”活动已连续举办了十五届。2010年“听评月”活动期间收到听众稿件2170件，采用稿件909篇，听众投稿量和稿件采用量都超过了历届。北京电台继续扩大定向征稿的范围，2010年增加了一所高校和一个社区，联合了27个街道的社区听众以及清华大学、中国政法大学、中国传媒大学、首都经济贸易大学、首都师范大学的师生参与。为了让活动更加深入听众，采取“走出去、请进来”的形式宣传“听评月”。期间，与宣武区天桥街道联合开展了“听评月”社区推广活动，召开了与北京十一学校“广播社团”学生的座谈会。

北京电台一年一度的“主持人节目展播”活动从2010年12月1日开始，在为期1个月的节目展播期间，共收到听众评议稿件323篇，来稿数量大大超过往年。

二、听众服务热线开通5年，服务听众10万人次

在电台的多条热线中，听众服务热线独树一帜，以收集反馈、引导收听、提供服务为特色，在电台与听众之间架起了一座桥梁，也成为京城百姓评论广播节目、为北京电台发展建言献策的窗口。开通5年来，热线编辑遵循“沟通不分昼夜，服务贵在温馨”的宗旨，怀揣一颗热心为听众查询节目、倾听意见，解答听众收听广播时的疑惑。在热线五周年之际，《新广播》报和“广播之友”节目对听众服务热线的幕后工作做了宣传和介绍，引起了听众的反响。

三、听众充分肯定本台上海世博会报道

从北京电台节目中听众了解到，北京电台世博会报道准备早、行动快，并且组织了一个业务素质较高的团队到现场报道。如新闻广播2010年初就开设了“聚焦世博会”栏目。世博会开幕之后，各专业广播每天都有来自前方现场记者的声音，为没有机会去世博现场的听众传来“城市让生活更好”的理念以及亲历世博园的感受。听众反映，本次世博会报道除新闻广播的《世博直通车》外，各专业广播都以自己的专业角度报道世博会，其内容丰富、报道手法灵活多样，多种报道形式和各种广播元素凸现，如现场连线、嘉宾访谈、短信互动、视频直播、网上直播等等，全面反映了“北京活动周”的盛况及北京馆的精彩看点。

四、听众期待2011年春节节目体现“欢乐、祥和、年味”

北京电台成立专业广播以来，从1994年至2010年连续16年制作播出春节特别节目，为听众送上节日的广播大餐，也使北京电台节日的广播节目多姿多彩。2011年北京电台春节节目怎么搞才能满足听众的需求？2010年10月13日，北京电台召开了热心听众座谈会，请他们就如何搞好北京电台春节节目建言献策。

听众普遍认为，北京电台的春节节目应突出“欢乐、祥和、年味”；突出北京的地域和文化特点；节目内容要雅俗共赏，不失知识和品位。

听众认为，节目时间长，容易使听众产生疲劳感。在除夕当天，各家电视台都准备了丰富多彩的电视节目，对听众的诱惑也比较大。建议把广播“春晚”控制在4至5个小时为宜，有利于留住听众完整地欣赏整台广播“春晚”。听众希望春节广播节目能兼顾不同年龄段听众的收听需求，比如设置精品节目回顾；适当增加新闻类节目；请听众熟悉的主持人反串表演歌曲、小品、相声等，突出大联欢的娱乐特色。

（北京电台　范晓茜）

关于北京电视台网络春晚的调查

2010年春节期间，北京电视台推出了全国第一台电视屏、电脑屏、手机屏“三屏合一”的新春晚——首届北京电视台网络互动春晚，充分借力网络、手机等新媒体，创造了电视台“春晚”播出新方式。调查显示，这台网络春晚在广大观众中以及业界、学术界均引起了很大反响，2010年也因此被专家称为“网络春晚元年”。

一、三屏合一，开创春晚新形式

北京电视台——新浪网络互动春晚第一次将“三屏合一”的新技术理念融合到亲民的传播平台，从一般电视观众的“家庭收看”，也就是“点对面”的收看方式跨越到了网络、手机的“点对点”触达手段，从而将“春晚”真正送到了普通百姓的身边。所谓“三屏合一”，是在现有的传输网络、技术平台、终端设备、业务资源等条件下，统合电视屏、电脑屏、手机屏这三个媒介终端的特点，重新设计可以在这三屏之间进行互联互通、服务互补的传媒方式。

北京电视台网络互动春晚大胆将传统媒体与新媒体优势互补，三大主办方强强携手，不但在荧屏上频繁推出亮点宣传，还在新浪、BTV在线首页、北京移动WAP开设官网链接。“条条网络通北京，你我都能上春晚”的立意进一步激起普通百姓献计献策的热情，由网友推选节目创意、演员、导演和主持人的推广策略，更迎来了全国乃至全球的眼球效应——据不完全统计，仅新浪微博地图上平均每天就能收到世界各地的150多条建言，参与网上“点将、支招”突破1.16亿人次，真正透射出北京电视台与新浪网、中国移动北京公司三屏合一、电视传统媒体与新媒体联动的非凡多媒体效应。

随着活动的进一步深入，每天的留言都在成倍递增。电视、网络、手机三大平台联合出击，为网络春晚宣传造势，爆点不断。北京电视台、新浪网、中国移动北京公司深度合作，真正实现了“三屏合一看春晚”，播出时观众既能在北京卫视以传统方式欣赏高清晰画质的电视节目，又能在新浪网、BTV在线观看，随意点播，实现全球华人的网络即时互动。北京移动联手BTV手机电视更开放WAP端口，手机用户可轻松收看。BTV网络互动春晚在业界第一次实现三屏任挑选、随时随地点播、随时随地收看。

以“喜迎天下、情暖中国”为主旨的BTV网络互动春晚始终坚持新姿态、新风貌，七天大容量的晚会，多位一线明星热力加盟，网络红人纷纷现身，各地民间奇人大秀绝活，自荐节目梦圆春晚，参与人数之多创全国之最。

二、改变电视观众逐渐老化的趋势

近年来的数据显示，电视媒体的观众群平均年龄正在逐年提升，一些老牌电视节目的观众结构更是如此。

任何媒体，如果失去年轻人的注意，它的未来前景和现实价值都是令人担忧的。因此，近年来，各大电视媒体在争取年轻观众方面可谓不遗余力，然而，结果并不总是很有效。北京电视台的网络春晚通过接触渠道的改变将大量接触网络的年轻一代纳入自己的受众范围，抢占新媒体环境下收视市场先机的意图不言自明。事后的调查表明，这一动作相当成功，表现在对观众人群结构的改造上效果显著。

上表显示，因为网民的参与，网络春晚的观众构成与普通电视节目的大众人群相比，年

北京台网络春晚的观众构成

人口特征	大众	网民	大众	网民	说明
14岁及以下	0	0.6			大众人群观众构成比较均衡，15-34岁人群略多
15-24岁	22.0	12.2			
25-34岁	22.6	65.0			
35-44岁	17.1	15.0			网络人群观众构成随年龄增长不断下降，以34岁以下的年轻人为主
45-54岁	21.3	5.6			
55-64岁	17.1	1.7			
男	43.3	52.2			相对于大众群体，男性网民关注网络春晚的比例更高
女	56.7	47.8			
小学及以下	0.6	0.0			相对于常规电视节目观众构成，网络春晚大众观众中高学历的比例相对较高，本科以上达到33%
初中	11.6	0.0			
高中／中专／技校	26.8	3.3			
大专	28.0	23.9			网民高学历的特征非常明显，本科以上学历人群占到72.8%
本科	29.3	61.1			
研究生及以上	3.7	11.7			
已婚	65.9	61.7			网络春晚观众中单身汉较多，其中网民中单身汉略多，对个性、情感方面的需求似乎更多
未婚	33.5	36.7			
其他	0.6	1.7			

备注：大众调查中没有涉及到14岁以下和65岁以上人群，故比例为0

数据来源：北京台网络春晚调查　　BASE：收看过网络春晚的被访者

数据来源：CTR专项研究

龄构成明显年轻，25至34岁年轻人构成观众主体。同时，在性别构成上，男性增加；文化程度上，高学历特征明显，本科以上学历人群占到72.8%；而且未婚的年轻人也相应偏多。电视收视观众结构也显示，网络春晚对青年观众的吸引力明显增强，44岁以下青年观众比例达到54.5%，比之前同时段增长22%，拓展了北京卫视在青年观众中的影响力。

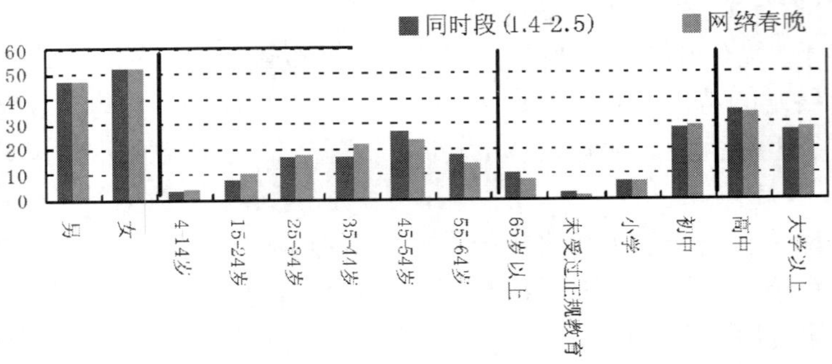

数据来源：CTR专项研究

三、带来“三高效应”：获得高收视率、高影响和高满意度

网络互动春晚因其开创性在筹备期就引起了广泛关注。晚会观众调查表明，网络春晚基本实现了“广为人知”的预期，截止到2010年3月4日，百度搜索关键字“春晚 网络 北京”，相关网页达2190万个，搜索关键字“春晚 湖南 2010”，相关网页有557万个，网络春晚搜索量是湖南春晚的3.93倍。

从电视播出效果来看，网络春晚也获得很高的收视率，在全国35个城市共吸引了1688万不重复观众收看，平均每期晚会不重复观众达370万；网络春晚作为传统电视媒体与新媒体相融合的一种尝试，有效地优化了观众结构，44岁以下青年观众比例达到54.5%，比之前同时段增长22%，拓展了北京卫视在青年观众中的影响力，同时，高学历人群比例也得到了明显提高，受众含金量显著提升；网络春晚在北京地区非黄金时间播出，七期平均收视率高达3.18%，最高收视率达到3.8%，占据了8.68%的市场份额，在北京地区所有频道同时段收视率名列第一。

平均到达率（千人）对比

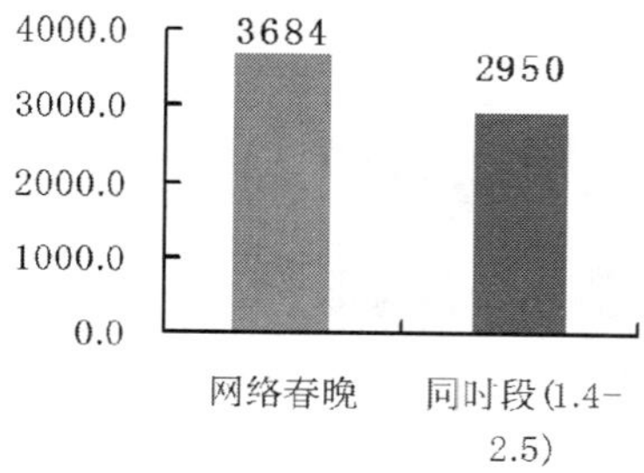

平均忠实度%对比

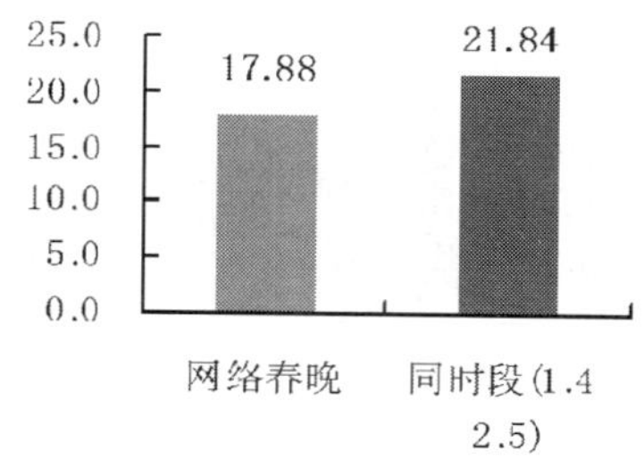

数据来源：CTR专项研究

在新浪网与北京移动电视方面，截至3月15日，网络互动春晚在新浪网上累计被观看已达4500万人次，新浪微博“网络春晚”话题累计参与量30034条。网络春晚专题页面总访问量达到1.07亿，网络投票数累计高达8100万(票)。截至2月21日，北京移动WAP官网网络春晚的访问用户数达91474人，点击量达264146次，显示出多渠道立体整合传播的强大影响力。

网络春晚在节目选择方向上的包容与开放，使得不同口味人群都能获得满足，观众对晚会的开创性给予了高度认同。观众调查显示，收看过网络春晚的受访者中，八成以上的受访者对网络春晚感到满意。其中，大众人群中有81.7%的受访者对网络春晚感到“满意”；有84.5%的网民对网络春晚感到“满意”。

（北京电视台研究发展部　蒋虎　宁文茹）

北广传媒移动电视节目收看情况调研报告

2010年，北京广播电视台委托中国传媒大学广告学院IMI（创研）市场信息研究所，对新媒体收视情况进行了研究。现将研究报告摘编如下：

（一）移动电视各栏目收看排名

1．对所有栏目的接触率分析

本次调查的478个有效样本中，有457人能够明确填写至少一个看过的栏目。对这457人统计其对各栏目的收看情况，将各栏目的收看人数比例做为相应栏目的接触率。35个栏目的平均接触率是19.6%，高于2009年32个栏目18.4%的平均接触率。有15个栏目的接触率在平均水平之上，其余20个栏目在平均水平之下。相比于2009年，2010年的移动电视节目作了较大调整，新增了12个栏目，删减了9个栏目（见表1）。

表1：2009年和2010年移动电视节目对比一览表

2010年排名	2010年栏目名称	接触率	人次	2009年栏目名称	接触率	人次	2009年排名
1	食尚	56.7	259	食尚	35.7	168	6
2	移动直通车	48.4	221	移动直通车	46.9	221	2
3	中国歌曲排行榜	42.9	196	中国歌曲排行榜	28.7	135	10
4	每日文娱播报	39.8	182	每日文娱播报	47.1	222	1
5	移动播报	39.8	182	移动播报	34.6	163	7
6	新闻联播	34.8	159	新闻联播	41.8	197	3
7	玩转北京	33.3	152	————————			
8	北京新闻	31.5	144	北京新闻	38.6	182	4
9	体育连连看	29.3	134	体育连连看	33.3	157	9
10	法治进行时	29.1	133	法治进行时	37.4	176	5
11	每月影讯	29.1	133	————————			
12	财经早知道	26.0	119	财经早知道	27.0	127	11
13	出行导航	25.2	115	出行导航	13.8	65	15
14	移动拍客	24.7	113	————————			
15	生活一点通	23.0	105	生活一点通	34.0	160	8
16	生活大调查	17.1	78	————————			
17	一路同行	16.0	73	一路同行	9.1	43	21
18	这里是北京	15.1	69	这里是北京	16.6	78	14
19	移动音乐坊	14.7	67	移动音乐坊	10.8	51	20
20	大城小家	14.2	65	大城小家	12.1	57	17
2010年排名	2010年栏目名称	接触率	人次	2009年栏目名称	接触率	人次	2009年排名
20	完美婚嫁	13.1	60	————————			
21	数说北京	12.5	57	数说北京	18.9	89	12
22	悦读时间	11.8	54	————————			
23	生活实验室	9.8	45	————————			
24	乐影磁场	9.6	44	————————			
25	国家大剧院	8.3	38	————————			
26	封面聚焦	8.1	37	————————			
27	百姓就业	7.7	35	百姓就业	3.4	16	28
28	奇趣大世界	5.7	26	————————			
29	时尚工厂	5.5	25	时尚工厂	5.1	24	26
30	玩转地球	4.6	21	玩转地球	5.5	26	25
31	教育纵横	2.8	13	————————			
32	演艺罗盘	2.4	11	演艺罗盘	5.9	28	24
33	工会之窗	1.3	6	工会之窗	2.5	12	29
34	96310	1.3	6	96310	3.6	17	27
35	————————			星夜故事秀	18.9	89	13
	————————			歌唱祖国MV	12.7	60	16
	————————			请您欣赏	12.1	57	18
	————————			歌唱祖国专题片	11.0	52	19
	————————			卡酷全景界	8.9	42	22
	————————			闪天下	8.7	41	23
	————————			真爱一生	2.5	12	30
	————————			首都保卫者	1.7	8	31
	————————			首博时间		5	32

本次调查中高接触率的栏目共有15个，依次为：食尚（56.7%）、移动直通车（48.4%）、中国歌曲排行榜（42.9%）、每日文娱播报（39.8%）、移动播报（39.8%）、新闻联播（34.8%）、玩转北京（33.3%）、北京新闻（31.5%）、体育连连看（29.3%）、法治进行时(29.1%)、每月影讯(29.1%)、财经早知道（26.0%）、出行导航（25.2%）、移动拍客（24.7%）、生活一点通（23.0%）。

2009年的11个高接触率栏目都还保留在此阵营，2009年排名15的《出行导航》亦跻身此列。2010年新增栏目中，《玩转北京》、《每月影讯》、《移动拍客》三个栏目的接触率都在24%以上，也步入高接触率栏目行列。这些高接触率栏目依然以娱乐类、新闻类、法制类和生活服务类节目为主。

中接触率的共有8个栏目，2009年这一档次的栏目有9个。8个栏目中《这里是北京》、《移动音乐坊》、《大城小家》和《数说北京》上次就属中接触率栏目。只有《一路同行》从原来的低接触率(9.1%)升至中接触率(16.0%)。其余3个栏目，《生活大调查》、《完美婚嫁》和《悦读时间》都是新增栏目。

低接触率的还是12个栏目，分属两种情况：新增的《生活实验室》、《乐影磁场》、《国家大剧院》、《封面聚焦》、《奇趣大世界》和《教育纵横》6个栏目；上次调查即属低接触率栏目的《百姓就业》、《时尚工厂》、《玩转地球》、《演艺罗盘》、《工会之窗》和《96310》。如表2所示：

表2：移动电视各栏目收看情况排名（n=457）

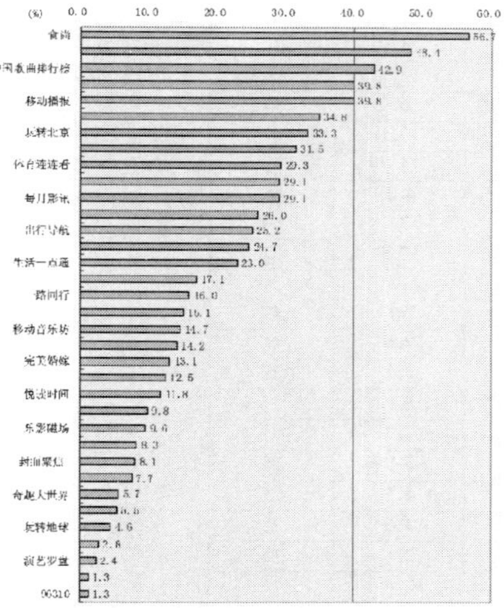

（本题为多选题，合计百分比超过100%）

2．参与两次调查栏目的接触率变化情况分析

对于参与了两次调查的栏目，两次数据间的差值有可能是由于调查误差造成的，为此在判别它们的数值增减变化时利用了统计检验的方法，来判断数值间的差值是否足够大。只有当统计检验的结果显著时，才进一步判断两次数据间的增减关系，否则认为数据间的微小差异是由调查误差造成。如表3所示，23个栏

表3：2009年和2010年移动电视节目接触率的变化

移动电视栏目	2009年的接触率	2010年的接触率	概值	增减变化
食尚	35.7	56.7	0	＋
移动直通车	46.9	48.4	0.574	－－－－
中国歌曲排行榜	28.7	42.9	0	＋
每日文娱播报	47.1	39.8	0.002	－
移动播报	34.6	39.8	0.024	＋
新闻联播	41.8	34.8	0.004	－
北京新闻	38.6	31.5	0.003	－
体育连连看	33.3	29.3	0.064	－－－－
法治进行时	37.4	29.1	0	－
财经早知道	27.0	26.0	0.673	－－－－
出行导航	13.8	25.2	0	＋
生活一点通	34.0	23.0	0	－
一路同行	9.1	16.0	0	＋
这里是北京	16.6	15.1	0.424	－－－－
移动音乐坊	10.8	14.7	0.009	＋
大城小家	12.1	14.2	0.151	－－－－
数说北京	18.9	12.5	0.001	－
百姓就业	3.4	7.7	0	＋
时尚工厂	5.1	5.5	0.644	－－－－
玩转地球	5.5	4.6	0.441	－－－－
演艺罗盘	5.9	2.4	0.002	－
工会之窗	2.5	1.3	0.084	－－－－
96310	3.6	1.3	0.007	－

目中有7个2010年的接触率较上一年增加了，有8个减少了，8个基本持平。

7个接触率增加的栏目：《食尚》、《中国歌曲排行榜》、《移动播报》、《出行导航》、《一路同行》、《移动音乐坊》和《百姓就业》；8个接触率持平的栏目：《移动直通车》、《体育连连看》、《财经早知道》、《这里是北京》、《大城小家》、《时尚工厂》、《玩转地球》和《工会之窗》；8个接触率降低的栏目：《每日文娱播报》、《新闻联播》、《北京新闻》、《法治进行时》、《生活一点通》、《数说北京》、《演艺罗盘》和《96310》。

（二）受众对移动电视各栏目的评价

1．对所有栏目的评价分析

对移动电视各栏目的评价包括栏目满意度和栏目满意率两项内容。调查中请被访者对移动电视各栏目进行评分，最低1分，最高5分，计算得分均值称为满意度；评分为4分和

5分的比例之和称为满意率。

从表4可以看出，本次调查的满意度数据显示，与上次相比受众对移动电视各栏目的评价整体上有了较大提高。除《完美婚嫁》和《演艺罗盘》的满意度分别为3.49和3.45外，其余栏目满意度都在3.5以上，其中有19个栏目满意度在4.0及以上，上次调查只有11个栏目满意度在4.0及以上；本次的满意度平均值是4.02，上次是3.9。除《96310》和《完美婚嫁》的满意率分别是33.3%和49.1%外，其余栏目的满意率均在50%以上。如表4所示：

表4：移动电视各栏目的满意度与满意率

栏目名称	满意度	满意率（%）	评价该栏目的人次（人）	接触率（%）	看过该栏目的人次（人）
食尚	3.95	66.9	251	56.7	259
移动直通车	3.82	59.8	219	48.4	221
中国歌曲排行榜	4.01	72.2	194	42.9	196
每日文娱播报	4.25	80.2	182	39.8	182
移动播报	3.97	64.6	181	39.8	182
新闻联播	4.49	87.9	157	34.8	159
玩转北京	3.95	65.1	149	33.3	152
北京新闻	4.41	87.1	140	31.5	144
体育连连看	4.02	63.6	132	29.3	134
法治进行时	4.54	88.7	133	29.1	133
每月影讯	4.01	70.7	133	29.1	133
财经早知道	3.98	69.2	117	26.0	119
出行导航	4.15	73.5	113	25.2	115
移动拍客	3.93	66.1	112	24.7	113
生活一点通	4.40	87.5	104	23.0	105
生活大调查	4.17	75.6	78	17.1	78
一路同行	4.15	77.8	72	16.0	73
这里是北京	4.44	86.8	68	15.1	69
移动音乐坊	3.85	69.2	65	14.7	67
大城小家	4.02	65.1	63	14.2	65
完美婚嫁	3.49	49.1	57	13.1	60
数说北京	3.79	64.3	56	12.5	57
悦读时间	3.74	58.5	53	11.8	54
生活实验室	4.19	74.4	43	9.8	45
乐影磁场	3.86	68.2	44	9.6	44
国家大剧院	3.97	66.7	36	8.3	38
封面聚焦	3.72	52.8	36	8.1	37
百姓就业	3.91	68.6	35	7.7	35
奇趣大世界	4.12	72.0	25	5.7	26
时尚工厂	4.04	68.0	25	5.5	25
玩转地球	4.38	85.7	21	4.6	21
教育纵横	4.00	76.9	13	2.8	13
演艺罗盘	3.45	54.5	11	2.4	11
工会之窗	4.17	66.7	6	1.3	6
96310	3.67	33.3	6	1.3	6

● 高接触率的15个栏目中，共有7个栏目的满意度在平均水平4.02之上，《法治进行时》的满意度（4.54）最高，随后依次是《新闻联播》、《北京新闻》、《生活一点通》、《每日文娱播报》、《出行导航》和《体育连连看》。其余8个栏目的满意度尽管在平均水平之下，但并不是很低，其中满意度最低的《移动直通车》的满意度也达到了3.82。

● 中接触率的8个栏目满意度的表现上略逊于高接触度的栏目，但总体来说满意度水平亦较高。《这里是北京》、《生活大调查》、《一路同行》和《大城小家》这4个栏目的满意率都高于平均水平，《这里是北京》的满意度高达4.44。其余4个栏目中满意度最低的是

《完美婚嫁》，满意度只有3.49。

● 低接触率的12个栏目中，有五个栏目的满意度高于4.02，依次是《玩转地球》、《生活实验室》、《工会之窗》、《奇趣大世界》和《时尚工厂》。其余7个栏目的满意度都较低，《演艺罗盘》的满意度最低，为3.45，在35个栏目中亦为最低。

2. 对参与两次调查栏目的评价分析

2010年的栏目满意度水平有了整体提升，综合接触率和满意度的变化来看，23个栏目可分为以下几种情况：

● 7个接触率增加的栏目中，有5个栏目的满意度也增加了，分别是《中国歌曲排行榜》、《移动播报》、《出行导航》、《一路同行》和《百姓就业》；只有《食尚》和《移动音乐坊》的满意度略有下降。

● 8个接触率持平的栏目中，有6个栏目的满意度有所增加，分别是《体育连连看》、《财经早知道》、《这里是北京》、《大城小家》、《玩转地球》和《工会之窗》；只有《移动直通车》和《时尚工厂》的满意度略有下降。

● 8个接触率降低的栏目中，有7个栏目的满意度有所增加，分别是《每日文娱播报》、《新闻联播》、《北京新闻》、《法治进行时》、《生活一点通》、《数说北京》和《96310》；只有《演艺罗盘》的满意度有所下降。

（三）受众对移动电视节目的需求

1. 受众希望的移动电视节目时长

对比两次调查的数据可见表5，受众希望在公交车上看到的移动电视节目的时长基本没有变化，仍然是主要集中在“2～5分钟”和“6～10分钟”。

2. 受众希望的移动电视节目播出频次

从表6可以看出，与2009年相比，尽管依然是希望公交车移动电视节目播出频次为“一天两到三次”的比例最高，为43.8%，但希望播出频次是“一天四到五次”的比例略有增加，为27.6%，希望播出频次是“一天六次及以上”的比例增加为13.5%。

3. 受众希望看到的节目类型

数据分析过程中发现，本次调查中每位被访者平均选择了4.6个希望看到的节目类型，而2009年的调查中相应的数值是5。因此，本次调查中各节目类型的选择比例普遍低于2009年的数据。但从表7被访者选择的节目类型的排序可见，受众希望在公交车移动电视上收看的节目类型排名前三位的依然是“娱乐类节目”、“天气预报”和“新闻类节目”。有4名被访者选择了其他节目并作出了说明，分别是：出来打工人员节目；生活类；提醒顾客把手机、钱包放好，以防被扒窃；相声小品。

表5：受众希望的移动电视节目时长

节目时长	2010年样本		2009年样本	
	百分比（%）	人数（人）	百分比（%）	人数（人）
1分钟及以下	1.9	9	1.8	9
2～5分钟	31.8	151	35.2	176
6～10分钟	41.5	197	37.0	185
11～20分钟	12.0	57	11.8	59
21～30分钟	4.0	19	5.4	27
31分钟以上	1.9	9	1.6	8
无所谓	6.9	33	7.2	36
总计	100	475	100	500

4. 受众认为移动电视不同时段应该播放的节目类型

调查问卷中列举了15种节目类型（包括其他），请被访者针对清晨6点以前、早高峰6点至9点、上午9点至12点、中午12点至下午2点、下午2点至5点、晚高峰5点至8点、晚上8点以后共7个时段选择认为适合播放的节目类型。由于每个时段选择的人数不同，为了避免使用比例表述不清的情况，同时也为了更为清楚地比较不同时段受众对各类节

表6：受众希望的移动电视节目播出频次

节目时长	2010年样本		2009年样本	
	百分比（%）	人数（人）	百分比（%）	人数（人）
一天一次	6.1	29	7.4	37
一天两到三次	43.8	208	46.7	232
一天四到五次	27.6	131	25.8	128
一天六次及以上	13.5	64	7.6	38
说不好	9.1	43	12.5	62
总计	100	475	100	497

表7：受众希望看到的节目类型

2010年样本			2009年样本		
节目类型	百分比（%）	人次（人）	节目类型	百分比（%）	人次（人）
娱乐类节目	55.3	264	天气预报	69.9	350
天气预报	54.9	262	新闻类节目	66.7	334
新闻类节目	51.4	245	娱乐类节目	51.3	257
音乐类节目	48.2	230	交通路况	46.5	233
交通路况	46.5	222	音乐类节目	44.1	221
生活服务类节目	43.0	205	生活服务类节目	39.7	199
法制类节目	30.4	145	体育类节目	37.1	186
体育类节目	28.7	137	法制类节目	35.1	176
公益宣传（含公益广告）	24.9	119	公益宣传（含公益广告）	25.9	130
财经类节目	22.2	106	影视剧类节目	23.0	115
影视剧类节目	21.0	100	财经类节目	22.2	111
时装类节目	19.3	92	时装类节目	18.2	91
动漫类节目	12.2	58	动漫类节目	16.2	81
商业广告	4.2	20	商业广告	7.0	35
其他	0.8	4	其他	0.2	1
总　计	463		总　计	501	

本题为多选题，合计百分比超过100%

目的选择情况，在此，统计不同时段选择各节目类型的受众人数列于表8中。同时，为比较两次调查的数据结果，表中保留了2009年的数据。对比两次调查数据，发现它们的唯一区别在于2010年受众对各类节目时间范围的选择更为宽泛。对于各种类型节目的时间范围选择，两次数据表现的趋势极为相似，因此对受众希望在各时段看到的节目类型分布的分析结果也基本相同：

● 新闻类、娱乐类和音乐类节目是全天候节目，受众希望在各个时段看到这几类节目的人数均较多，其中新闻类节目在早晚高峰时段更为突出。

● 交通路况和天气预报是早晚高峰时段节目，受众希望在早高峰6点至9点以及晚高峰5点至8点看到这两类节目的人数较多。同时，希望在清晨6点以前看到这两类节目的受众人数也相对较多。

● 体育类、生活服务类和法制类节目更适合在白天其他时段播放（上午9点至下午5点）。

● 影视剧类节目属于晚间节目，希望在晚上8点以后看到此类节目的人数较多。

● 受众对动漫类节目、商业广告以及公益宣传类节目的期望值较低，希望在各时段看到这几类节目的人数均相对较少。

表8：公交车移动电视不同时段应该播放节目类型（单位：人）

节目类型	清晨6点以前		早高峰6点至9点		上午9点至12点		中午12点至下午2点		下午2点至5点		晚高峰5点至8点		晚上8点以后		总计	
	2010	2009	2010	2009	2010	2009	2010	2009	2010	2009	2010	2009	2010	2009	2010	2009
新闻类	120	81	123	191	40	41	40	38	23	25	92	95	45	34	483	505
音乐类	33	17	50	58	71	44	56	24	60	32	41	48	43	21	354	244
娱乐类	17	8	67	52	97	58	72	48	65	54	69	60	58	38	445	318
体育类	9	4	30	22	40	38	41	25	38	34	35	33	26	16	219	172
生活服务类	18	6	32	21	73	44	58	31	62	50	53	32	38	21	334	205
财经类	14	5	38	28	35	21	26	18	23	14	24	22	15	9	175	117
交通路况	30	32	143	120	20	23	22	9	23	26	113	78	12	9	363	297
天气预报	107	99	83	119	16	14	9	10	20	19	45	60	30	32	310	353
时装类	4	1	6	8	22	12	35	9	23	15	15	22	17	7	122	74
法制类	4	6	15	14	44	34	43	31	35	28	29	23	31	20	201	156
影视剧类	3	0	6	9	25	13	26	19	37	26	30	14	57	32	184	113
动漫类	4	1	2	4	6	6	12	8	25	10	14	9	13	10	76	48
商业广告	6	1	3	4	7	6	11	9	15	9	5	8	11	11	58	48
公益宣传类	7	4	17	14	19	9	15	13	28	12	26	21	29	7	141	80
其他	1	1	1	1	0	1	0	1	1	1	0	1	2	4	5	10

（注：公益宣传类节目包含公益广告，本题为多选题，合计百分比超过100%）

（北京广播电视台办公室、北广传媒移动电视公司）

电影《第一书记》观众问卷调查分析报告

一、问卷调查基本情况综述

主旋律影片《第一书记》是以安徽省凤阳县小岗村原第一书记沈浩为原型所改编的电影，故事情节真实感人，自7月1日上映以来广受好评。2009年，《建国大业》、《云水谣》等一批优秀的主旋律电影的上映，逐渐改变着人们对于主旋律影片的固有印象。作为著名导演陈国星的又一力作，《第一书记》自上映之日起就打出了“摒弃高大全，以细节动人”的宣传口号，并邀请杨立新、徐帆等一批知名演员参演，试图以优质的故事情节和超强的明星阵容吸引观众走进影院欣赏影片，希望取得口碑与教育功能的双赢。这与以往的主旋律影片运作模式有所差异，是主旋律影片转型的一种尝试。对影片《第一书记》的调研，可以了解观众对主旋律影片转型的态度和评价，为以后的主旋律影片的创作提供值得借鉴的经验和方向。

本次调查于8月2日至8月6日分别在中国电影博物馆、首都电影院进行，共收到问卷214份，其中中国电影博物馆168份，首都电影院46份；无效问卷15份，问卷有效率为93%。

本次调查的观众基本情况如下：男女比例有所差异，男性44.1%，女性55.9%；年龄构成中，青年和中年样本居多，40至49岁的中年观众样本与19～29岁的青年观众样本分别为28.9%和28.4%，其他样本主要集中在30～39岁以及50～59岁的年龄段上，分别占总样本量的17.8%和14.7%，另外还有8.6%的样本60岁以上，1.5%的样本处于12～18岁的年龄段上；学历层次较高，大专以上学历样本占总样本量的79，4%，其中大专学历占26.6%，大本学历38.2%，研究生及以上占14.6%；在观众的政治面貌上，中共党员为样本主体，占62.3%，共青团员12.6%，群众25.1%；样本职业分布较为集中，机关/事业单位干部、国营/私营/三资企业工人以及离退休人员是样本的主要构成，分别为27.3%、11.6%、11.1%，其他各职业样本比较分散，构成比例均不足10%；月收入水平中下，月收入不足1000元的有20.2%，1000～2999元的31.8%，3000～4999元的32.3%。

通过上述观众基本情况介绍可以看出，观看《第一书记》的样本构成与一般观影人群构成具有一定的差异。差异主要体现在年龄、职业等方面。年龄上，其他电影的观众群中青年居多，而《第一书记》的中年观众也不在少数，这与电影的主旋律题材不无关系。另外在职业方面，样本中较大部分是机关/事业单位干部，这与单位组织观看影片的行为有关。

二、《第一书记》观影行为分析

1. 单位活动宣传是主要信息渠道，电视传播力位居第二

观众获取影片信息的渠道主要有电视、广播、报纸、杂志、网络等大众传媒渠道和人际传播。《第一书记》的放映信息获取渠道中，有45.2%的样本是通过单位的活动宣传来获知的影片信息，表现突出。对《第一书记》放映信息的扩散起到最强作用的，仍是行政力量的推动，与一般主旋律影片无异。

在大众媒介信息渠道中，电视传播发挥了较强的作用。其他媒介渠道（广播、报纸、网络以及海报）表现一般，比例相差不多。从此也可以看出，影片《第一书记》的宣传并非完全依赖行政力量，仍有超过一半的观众是通过传统媒体甚至新兴的网络媒体渠道获得信息。而电影

《第一书记》的放映信息传播过程中，口碑传播的效果也属一般，通过周围亲朋好友获取影片信息的比例为11.6%，与各大众媒介渠道相当。

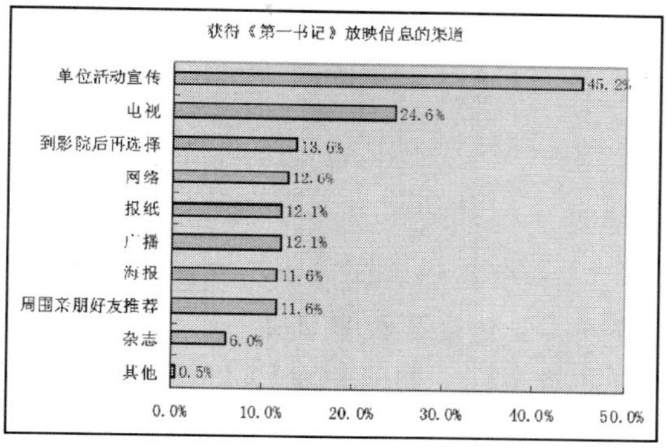

2．多为单位（学校）组织观看，行政推动力明显

在样本中，有58.8%的观众是单位或学校集体组织观看的。这样的观影行为与以往主旋律影片的观影行为一致，主要依靠行政力量推动来提高影片在人群的到达率。但是有超过一半的观众表示，如果没有单位组织仍然会自费购票来观看影片。

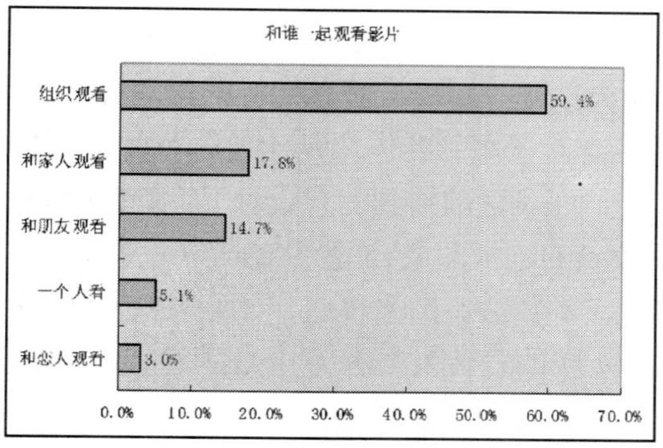

3．感人的故事情节最吸引人，对主旋律影片的刻板印象是阻碍观影的最大障碍

近一半的观众认为，影片故事情节真实感人是吸引他们观看影片的最主要的原因，而单位组织活动只是其次。另外有16.8%的观众认为学习沈浩的先进事迹是观影的主要原因。

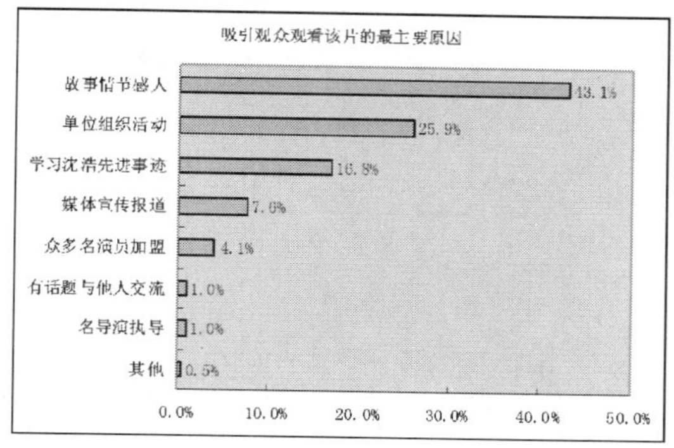

而导致观众不看这部影片的主要原因是对于主旋律影片有单纯说教的刻板印象(23.6%)，另外有19.1%的观众认为该片的宣传力度不够是影响他们观影的主要原因。影院场次安排太少造成的观影时间不便（14.1%）也是其中原因之一。

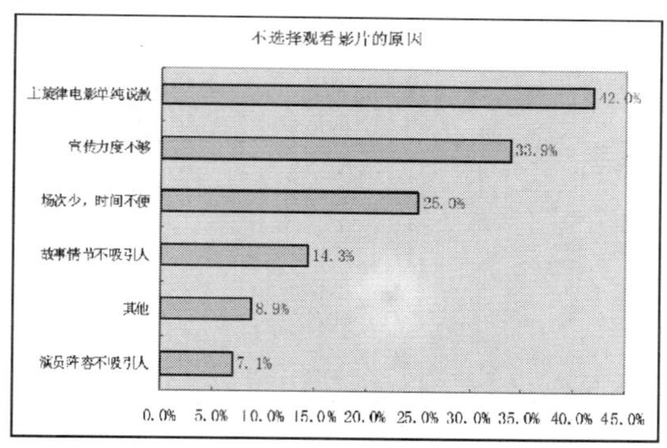

4．票价基本符合观众要求

在对观影费用的调查中发现，48.7%的观众是花钱买票观看影片，36.8%的观众是通过赠票的方式观看，另外有10.4%的观众是朋友请客观看。买票观看的观众中有近80%的观众花费60元以下观看《第一书记》。在对“观众愿为该片支付最大金额”的调查中发现，48.1%的观众愿意为影片支付40元，43.8%的观众认为40至60元的票价可以接受。由此可见目前的票价也基本符合观众的心理承受能力。

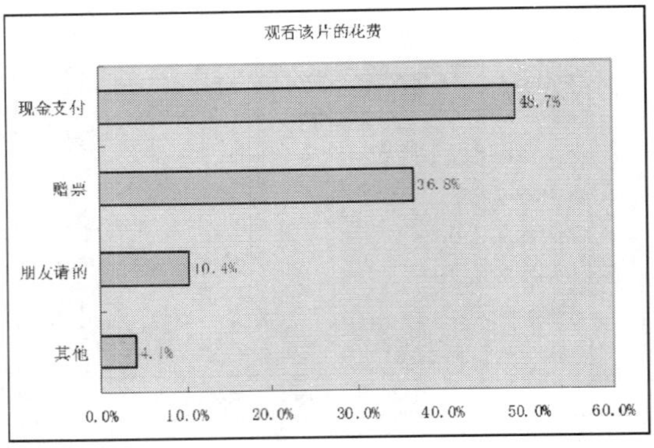

三、《第一书记》观影评价

1.《第一书记》得到认可，八成观众称观看后比预期要好

82.7%的观众在看过《第一书记》后表示，影片要比预期的好，仅有8.7%的观众认为不如预期。这说明电影受到了绝大部分观众的认可，同时也转变了一些对于主旋律影片有刻板印象的观众的看法。

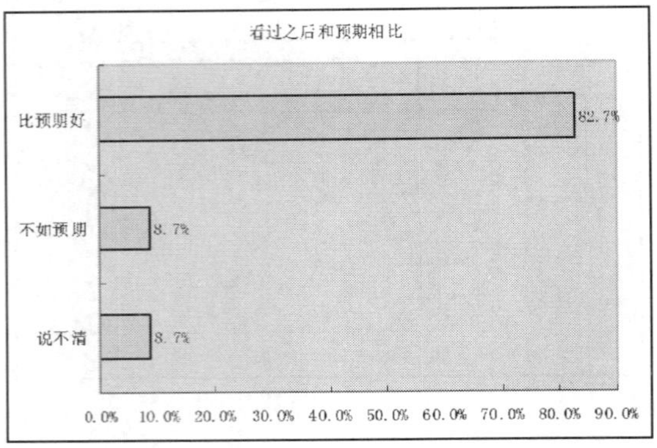

2. 观影感受：对主人公态度的认可大于对其能力的要求

观影之后，超过一半的观众认为从影片中看到了主人公想干事的积极态度，这是观看此部影片的最大收获，其次是干实事的价值取向（18.3%）以及干成事的不懈追求（11.7%），而对会干事的综合能力只有7.1%的观众选择。由此可以看出观众对于主人公工作中的态度的认可，要大于对其工作能力的要求。

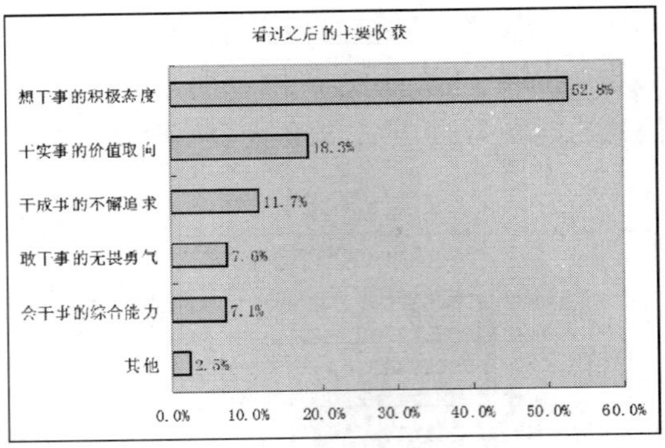

3. 各项指标具体评价：演员及现实意义受好评，宣传发行效果较差

在对《第一书记》的12个具体指标进行评价时，采取态度五级分表态法，将选项“91～100分”记为5分，“81～90分”记为4分，“71～80分”记为3分，“61～70分”记为2分，“60分以下”记为1分，再计算出各项指标平均值。对于《第一书记》的评分主要有两部分组成，一为观影的普通观众评分，另一部分是专家对影片的评分。具体打分情况如表1所示：

12个指标中，观众对演员水平、故事情节的吸引力以及影片的现实意义最为满意，均打出了4.2分。其次，主题思想、题材、整体得分以及台词和电影画面效果这几项指标也得到了4分以上，超过了所有指标的平均分，这说明观众对于电影的内容是比较认可的，一定程度上纠正了之前提到的观众对于主旋律电影过于教条的刻板印象。而影片的宣传发行效果只有3.7的得分，排名垫底，可见观众对于《第一书记》的宣传发行并不十分满意，这同时也是主旋律影片需要注意和改进的方向。

在专家对于电影的评分中，整体分值比观众评分略高，各项指标排名基本一致。但是对于导演水平的评价明显高于观众对于导演的评价，由第9位升至第4位，这说明了专家较观众更加认可导演的功力；而对于故事情节的吸引力，专家评分却低于观众评分（排名第二），仅排名第八。除此之外，专家给予了演员水平及主题思想更大的肯定，两项指标均打出了4.8的高分，比观众对这两项的打分高出较多。而专家对宣传发行效果的评价则更低，只有3.0分，这进一步说明了《第一书记》在宣传发行上的效果不理想，有待提高。

四、对于主旋律影片的评价

1．对主旋律影片的印象：教育功能过于表面化

在对以往的主旋律影片的印象调查中发现，影片教育功能过于表面化（49.5%）是较为普遍的印象之一，其次主人公形象高大全（34.7%）、故事情节与现实生活有差距（33.2%）分别列第二、三位。

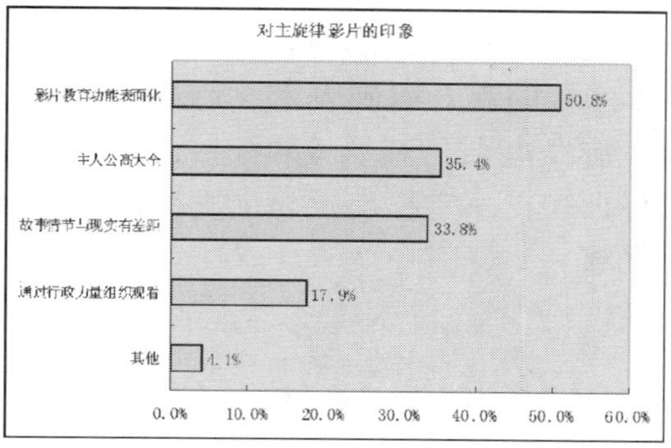

表1 《第一书记》各项指标评分

排名	观众评分		专家评分	
	指　标	各项均值	指　标	各项均值
1	演员水平得分	4.2	演员水平得分	4.8
2	故事情节的吸引力	4.2	主题思想	4.8
3	现实意义	4.2	现实意义	4.6
4	主题思想	4.1	导演水平得分	4.4
5	题材	4.1	题材	4.4
6	总体得分	4.1	总体得分	4.4
7	台词	4.0	台词	4.1
8	电影画面效果	4.0	故事情节的吸引力	3.9
9	导演水平得分	3.9	电影画面效果	3.9
10	节奏感	3.9	电影音乐音响效果	3.9
11	电影音乐音响效果	3.9	节奏感	3.6
12	宣传发行效果	3.7	宣传发行效果	3.0
	平均分	4.0	平均分	4.2

2．电影内容是《第一书记》对主旋律影片的主要突破

70.7%的观众认为，人物形象真实可信是《第一书记》对主旋律影片的最主要的突破，其次为故事情节贴近生活（24.7%）。这两方面都是对于影片内容的认可。而由名导演执导（2.5%）以及明星阵容（1.5%）这两点，在观众看来，并不是该片的最大突破和亮点。

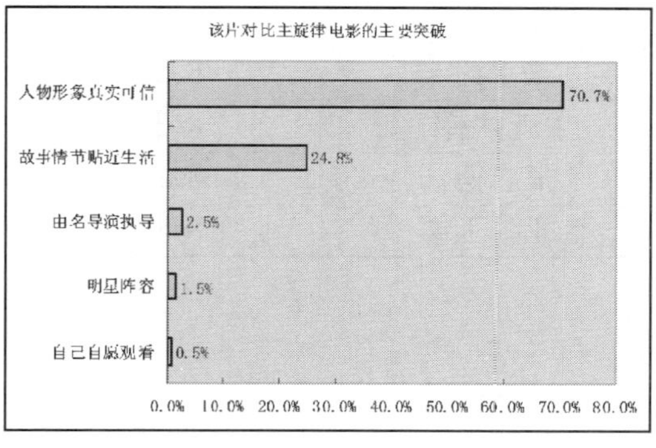

3.《第一书记》为主旋律影片赢得好感

经过调查发现，在看过《第一书记》之后有52.2%的观众表示以后会主动观看主旋律电影，32.8%的观众态度不明确，只有5.0%的观众明确表示之后不会主动观看主旋律电影。对于《第一书记》的认可和好评，在一定程度上为主旋律影片赢得了好感。

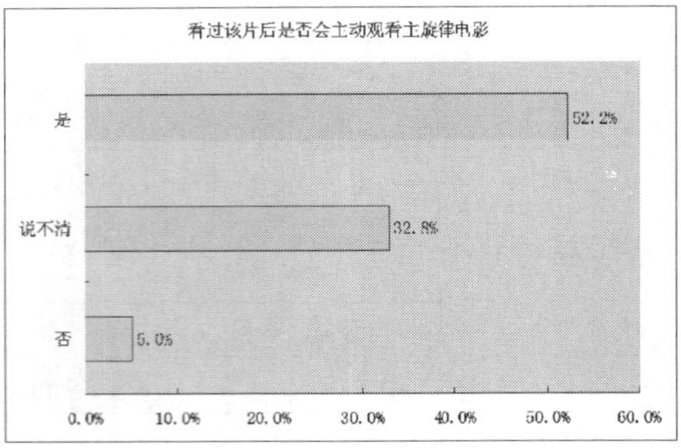

4.对近年来主旋律影片的评价优良

在对近年来主旋律影片的评价打分中，《第一书记》遥遥领先，也是所有影片中唯一一部达到9分以上的主旋律影片，其他影片的分数也都到达了优良水平，得分均在8分以上。由此可见，观众对于近年来的主旋律影片比较认可，影片质量取得了一定进步。

表2 近年主旋律影片评论

影片名称	平均分值
第一书记	9.1
建国大业	8.6
孔繁森	8.5
云水谣	8.3
生死抉择	8.3
张思德	8.3
生死牛玉儒	8.1

五、导演陈国星：作品不被熟知，《第一书记》创佳绩

《第一书记》导演陈国星曾执导过《孔繁森》、《横空出世》等多部口碑尚佳的电影，但是在调查中发现，对于陈国星导演以往的优秀作品，观众们并不熟知，只有近1/3的观众看过他执导的《我的左手》、《横空出世》、《黑眼睛》以及《风起云涌》这几部影片。但是，看过的观众对这几部影片的评价都比较好，除《我的左手》之外，其余影片均在8分以上，其中《第一书记》成绩最为优异。

表3 陈国星导演作品评价

影片名称	平均分值
第一书记	9.1
横空出世	8.5
孔繁森	8.5
黑眼睛	8.4
风起云涌	8.3
我的左手	7.9

结语

通过本次问卷调查发现，《第一书记》作为新时期的主旋律影片，获得了良好的口碑，影片内容获得了观众的一致认可，但是影片的宣传发行效果仍不理想，行政力量仍然是推动观众观影的主要动力因素。但是，观众已经普遍察觉到了此部主旋律影片在内容情节上的突破，并且对于这种突破较为肯定，在一定程度上打破了人们对主旋律影片的刻板印象，为主旋律影片赢得了一定的好感。这也为未来主旋律电影的发展划定了一个可能的方向。

（中国电影博物馆课题组）

巨幕影院观影情况与观众期待调研报告

一、调研对象基本构成

自巨幕电影《阿凡达》在中国电影博物馆上映以来，受到广大观众的热切关注。为了解广大观众的观影心理，对巨幕影片和观影效果的评价和期待，为巨幕电影在中国的进一步发展提供参考，中国电影博物馆研究部于2010

类　别	百分比
性　别	
男	48.7
女	51.3
合计	100
学历分布	
初中	0.5
高中、中专或职高	3.1
大专	9.4
大学本科	66.1
双学位、硕士、博士	20.8
合计	100
年龄分布	
19岁以下	3.1
20～29岁	74.5
30～39岁	17.7
40～49岁	3.6
50岁以上	1.0
合计	100
职业分布	
工人／下岗待业人员	1.1
离退休人员	1.1
初高中／中专学生	0.5
高校学生	41.3
商业服务业人员	4.8
专业技术人员／教师／医生	10.6
公检法／军人／武警／机关单位人员	4.2
企业员工	18.0
企业领导或管理人员	5.8
其他	12.7
合计	100

年1月12日—19日对巨幕影院观众进行了随机抽样调查。为保证每位受调查者至少观看过一次巨幕影片，我们将调查地点定在中国电影博物馆巨幕影厅出口处。调查共获取有效样本196人份，绝大部分受调查者是观看巨幕版《阿凡达》的观众，也有一小部分观众没有观看过此片，但是观看过其他巨幕影片。观众性别比例均衡，学历分布上以大学本科以上学历为主（86.9%）；年龄上以20～39岁的中青年观众为主；在职业构成上，高校学生和企事业单位职工占很大比例。这一构成也基本代表了巨幕电影《阿凡达》观众的主要特点。他们多半是年轻人，生活压力较小，具有较强的好奇心，容易接受新鲜事物，对西方的电影技术发展有所了解，这可能是这一部分群体热衷巨幕版《阿凡达》的原因。

二、分析报告

（一）观众对巨幕影厅的接触情况、评价与期待

1. 超过七成观众在《阿凡达》上映之前未接触过巨幕电影

调查显示，有74.2%的观众表示，在中国电影博物馆观看巨幕电影《阿凡达》，是其第一次接触巨幕，有17.0%的人表示这是第二次在巨幕影厅观影。仅有不到一成的观众表示看过3次以上的巨幕电影。在这一点上，性别和年龄差异不大。

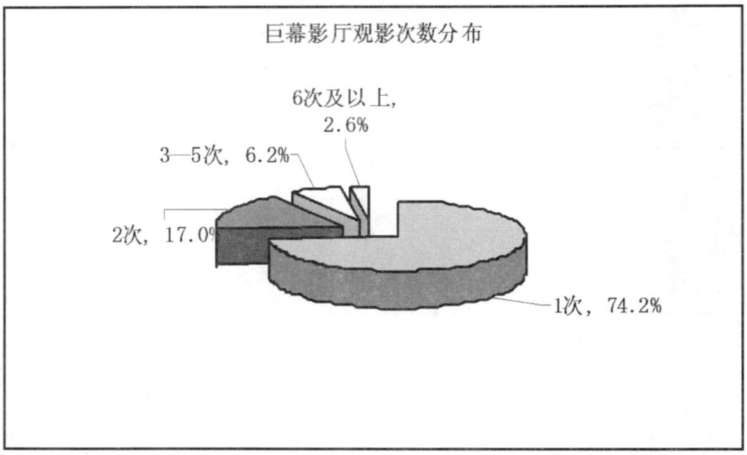

2. 有观众接触过市内或其他地域的巨幕影院，但所占比例很小

受调查的观众中，有13.3%的人去过北京华星UME影城双安店观看过巨幕电影，有3.6%的人去过北京市石景山万达影城，也有6.4%人体验过外地的巨幕电影，分别是德国、香港、长影世纪城、沈阳科技馆、成都万达等。由于此次调查在中国电影博物馆进行，所有观众都体验过这里的巨幕影片。由此看来，在《阿凡达》上映之前，观众对巨幕电影的接触并不普遍。

3. 体验震撼的视觉效果是观众观看巨幕电影的主要原因

调查发现，超过九成的观众表示观看巨幕电影的主要原因是因为该影厅视觉效果好，够震撼。排在第二位的原因是音响效果。也就是说观众观看巨幕电影的首要目的是体验视听效果。也有超过四成的观众表示选择观看巨幕电影是为了满足好奇心。由于目前国内巨幕影厅数量较少，观众接触较少，大部分观众特别是年轻受众希望亲身体验一下这一新技术带来

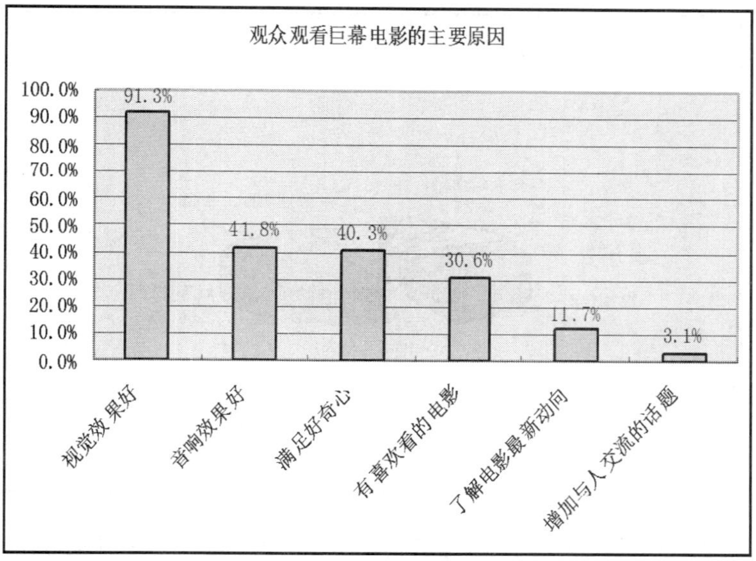

的视觉盛宴，满足自己追逐新奇的心理。仅有3.1%的观众表示观看巨幕电影是为了增加与别人交流的话题。

4. 银幕尺寸大小和票价是否合理是影响观众选择巨幕电影的主要因素

如下图示，有超过五成的观众表示银幕尺寸是影响他们选择巨幕电影的首要因素。36.8%的观众表示票价是否合理是影响他们选择去巨幕影厅观影的主要因素之一。接受采访的大部分观众表示，他们选择在中国电影博物馆巨幕影厅观影的主要原因是这里的银幕是北方最大的，效果较好，而且票价合理。仅有3.1%的观众表示影响他们选择影厅的因素是是否有该影院的会员卡。

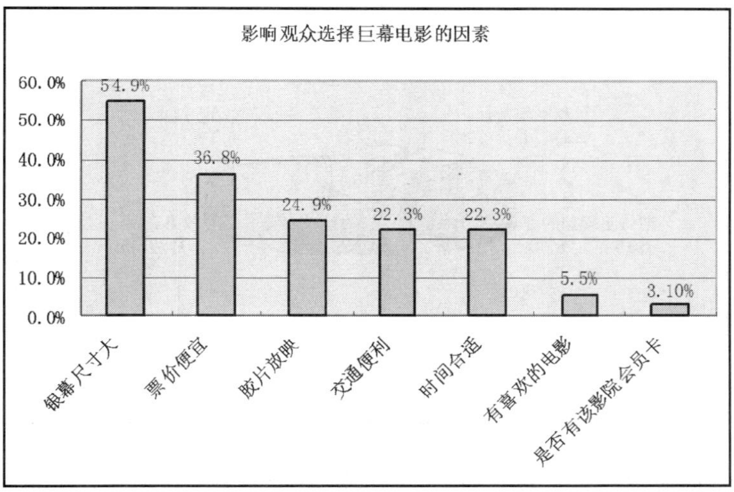

5. 超过五成观众会将巨幕影厅作为观影首选

调查显示，当同一部影片分别在普通影厅、3D数字影厅和巨幕影厅同时上映时，有56.8%的观众表示会优先选择观看巨幕电影；有25.4%的观众表示会根据影片内容而定，如果认为上映影片适合并且值得通过巨幕观看，他们就会观看巨幕电影；仅有6.2%的观众表

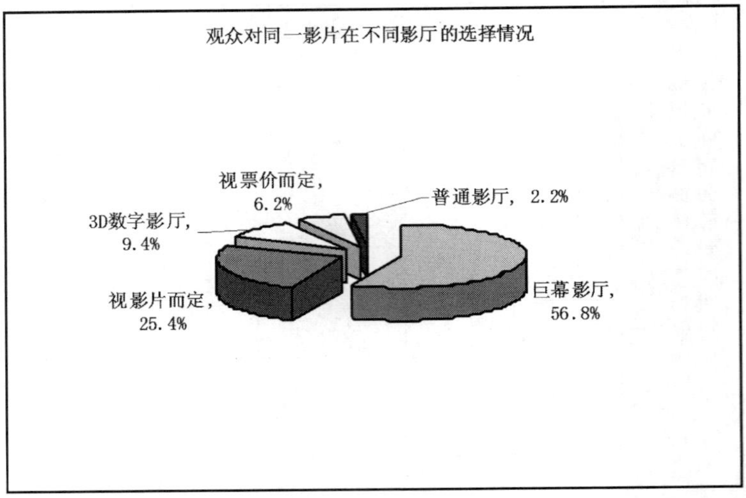

示会视票价而定。由此看来，影片内容是影响观众是否选择观看巨幕电影的重要因素；相对而言，票价对观众是否选择观看巨幕电影的影响并不明显。

6．超过五成观众表示当前巨幕影厅观影效果震撼，过程舒适

调查显示，56.1%的观众表示当前北京市内巨幕观影效果很好，整个观影过程十分舒适。仅有5.1%的观众认为当前的巨幕只是银幕尺寸大，但是效果一般。有8.7%的观众表示观影过程不够舒适，有时会感觉头晕，有观众指出观看立体巨幕电影需要30分钟的适应时间，也

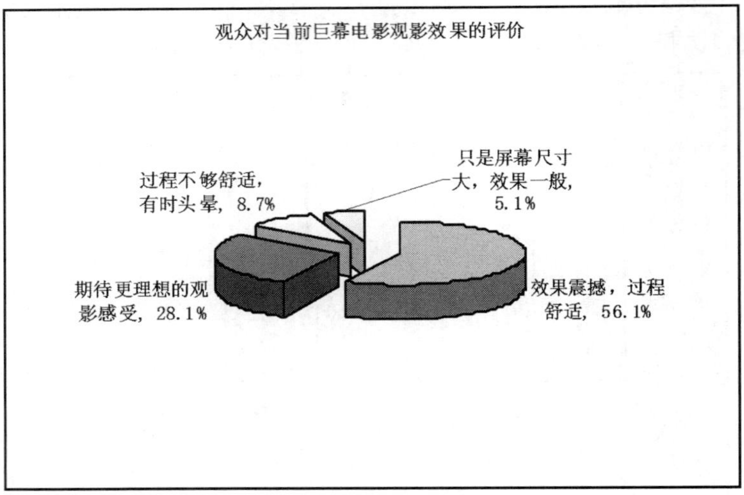

有观众在观影结束时反映有点累，头有点晕。有近三成观众期待更理想的观影效果和舒适度。

7．近八成观众认为当前市内巨幕影院数量太少，供不应求

调查数据显示，79.6%的观众认为当前市内巨幕影厅数量太少，很难满足广大观众的观影需求，造成《阿凡达》热映期间一票难求。三成观众认为当前巨幕电影的片源太少，观众观看巨幕电影的选择余地不大，希望能够有更多的巨幕3D影片上映，供观众选择观看。

8．超过五成观众通过网络新闻和转帖等渠道了解到中国电影博物馆的巨幕影厅

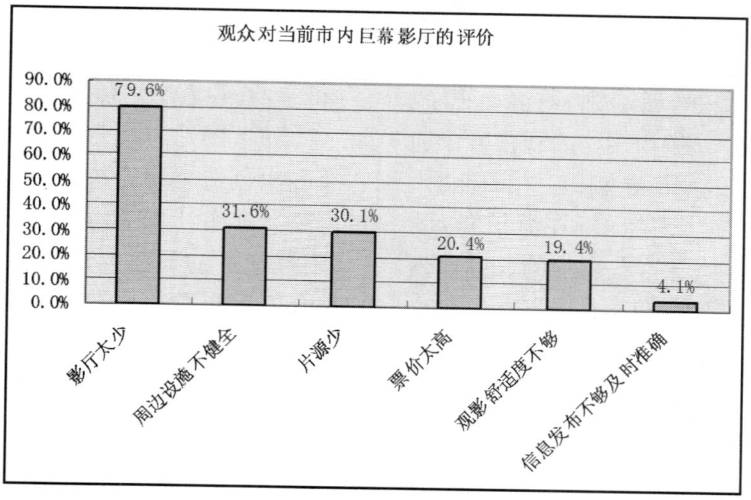

39.7%的观众表示自己是通过网络新闻了解到中国电影博物馆有巨幕影厅的，17.5%的观众通过网络论坛或者转帖渠道了解这一信息。由此看来，网络已经成为传播信息的主要渠道，特别是对年轻受众来说，网络传播的力量日渐强大。亲朋好友推荐也是大家了解中国电影博物馆巨幕影厅信息的重要渠道之一。仅有6.7%的观众是通过来馆参观的方式了解这一信息的。通过访谈得知，近八成观众因为巨幕电影《阿凡达》首次来到中国电影博物馆。

9．中国电影博物馆巨幕观影效果观众评价评分平均值为90.01

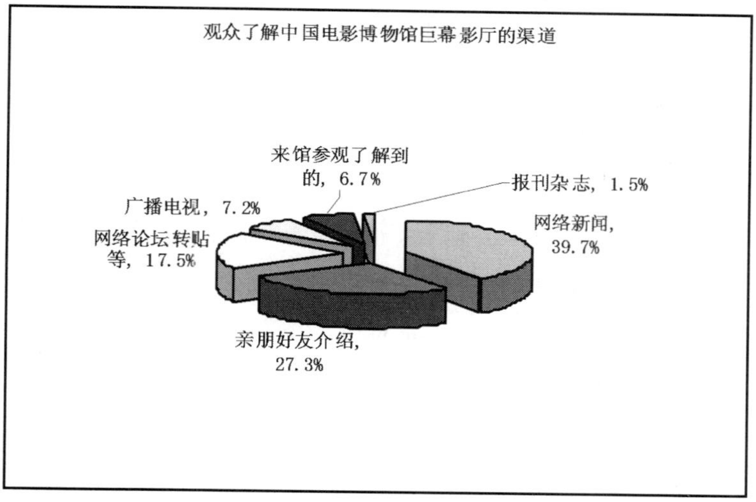

本次调查通过观影观众给中国电影博物馆巨幕观影效果打分的方式了解观众的评价。观众为博物馆IMAX观影效果打分平均值为90.01，标准差为9.244，打分的观众意见比较一致，所打分的最小值为60分，最大值为100分。观众比较满意影厅的效果和观影环境。采访中，广大观众特别是大学生观众认为中国电影博物馆巨幕电影票价十分合理，绝大部分大学生能够接受。

（二）观众对巨幕电影的接触情况、评价和期待

1．相对而言，观众对商业性科幻题材故事片的巨幕电影接触度较高。此外，观众的接触度与影片的上映时间也有关系

如下图示，除了最近热映的科幻影片《阿凡达》之外，商业宣传效果较强的科幻题材影片《变形金刚2》和《哈利·波特与混血王子》的观众接触度较高，有14.4%的观众表示通过巨幕影厅观看过《变形金刚2》。相对而言，现实题材的科教片《长江》和《深海猎奇》的观众接触度较低，这与这些影片的非商业性质也有密切关系。另外，巨幕版《变形金刚2》和《哈利·波特与混血王子》的观众接触度相对较高与它们的上映日期较近也有关系，随着时间的推移，观众接触巨幕电影的机会越来越多。

2. 导演知名度高和感受巨幕观影效果是吸引观众观看影片《阿凡达》的首要因素

如下图示，超过五成的观众认为作为曾经多次创造票房奇迹的知名导演詹姆斯·卡梅隆，其知名度和影响力是吸引他们观看《阿凡达》的重要因素。此外，有43.4%的观众表示观看此片主要是为了体验一下巨幕影院的震撼效果。预告片的效果好，朋友和媒体的推荐也是影响观众观看此片的重要因素。

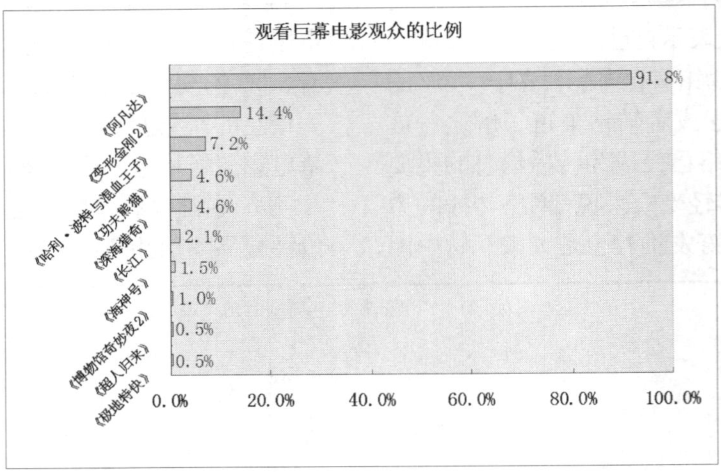

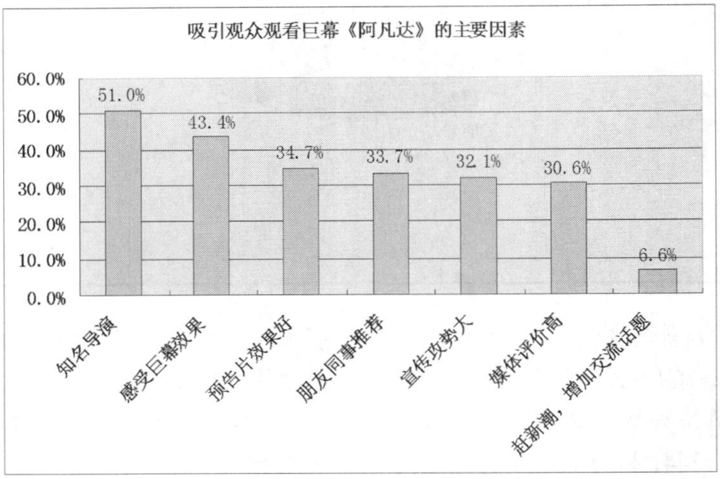

3. 观众对《阿凡达》各项指标评分中"特技制作"得分最高，"故事情节"得分最低

通过下表可以看出，观众对《阿凡达》"特技制作"认可度较高，得分94.9分（满分100

分），其次是“导演功力”。“故事情节”得分最低，仅为83.7分。其次是“主题思想”，得分为87.9分。在对七项指标的评分中，观众意见分歧最大的一项是“主题思想”，相对而言，观众评价较为一致的是“导演功力”。大部分观众在描述观看《阿凡达》之后的感受时表示，影片视听效果很棒，场面壮观，非常震撼，很少有人认为该片故事情节精彩，主题深刻。

指标	最小值	最大值	均值	标准差
导演功力	10	100	93.2	11.795
演员表演	10	100	89.8	13.172
故事情节	8	100	83.7	16.435
视听效果	10	100	92.5	13.781
主题思想	8	100	87.9	16.927
特技制作	10	100	94.9	12.850
宣发效果	0	100	91.6	17.473

4.《阿凡达》的观众观看次数

调查显示，75.2%的观众表示这是第一次观看巨幕版《阿凡达》，有17.3%的人表示接受调查时是第二次观看此片。已经观看3遍以上的人仅占总数的1%。22.3%的观众表示自己不会再次观看此片，有39.1%的人希望再看一遍，11.4%的观众希望观看5次以上。

5.巨幕影片的观众期待受影片宣传力度影响明显

在2010年即将上映的10部影片中，《哈利·波特与死亡圣器（上）》的观众期待程度最高，为42.6%。其次是《爱丽丝漫游奇境记》。首部国产3D巨幕电影《唐山大地震》的观众期待程度排在第四位。10部影片中，大部分影片为原先知名度较高的影片续集，《爱丽丝漫游奇境记》和《唐山大地震》等几部影片除外，这些影片的宣传力度和观众了解程度越高，期待程度相对就高。大部分观众都不太熟知的《开端》，观众期待比例仅为1.0%。

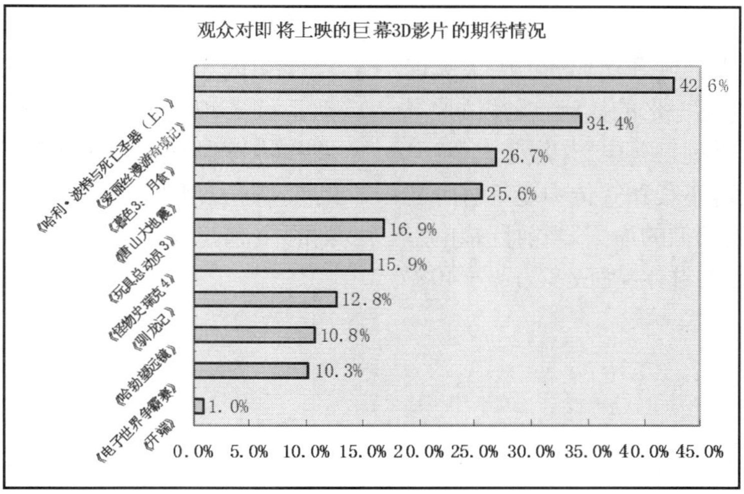

6. 大部分观众对国产巨幕3D电影表示期待

观众对国产巨幕3D电影的期待均值为3.48（在5分量表中，指数“1”表示“完全不期待”，指数“5”表示“非常期待”，均值越大，表示期待程度越高），其中有20.9%的人表示非常期待，31.6的人表示比较期待，仅有8.2%的观众表示完全不期待国产3D巨幕电影。

7. 大部分观众期待国产影片《唐山大地震》能够还原地震场面，表达真挚情感

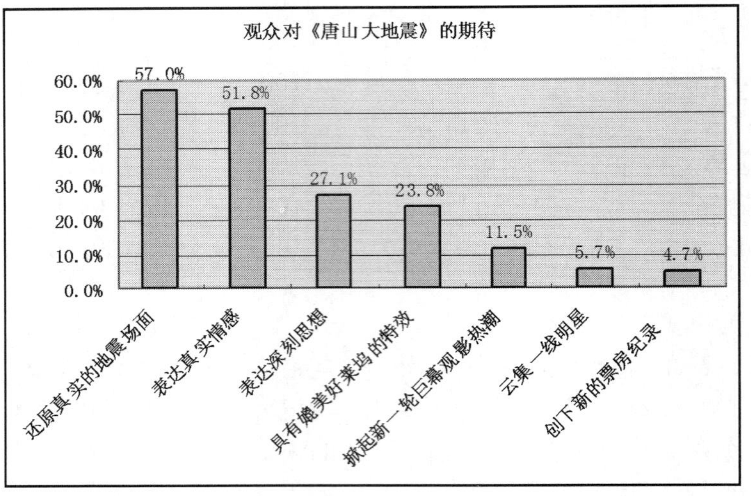

近六成观众希望通过《唐山大地震》观看到真实的地震场面，有51.8%的观众期待能够看到真实的情感表达。与国外影片相比，观众对国产影片的期待更侧重于情感和思想的表达，对于掀起新一轮的巨幕观影热潮这一点，仅有11.5%的观众表示期待。

结语

本次调查发现，《阿凡达》的上映大大促进了广大观众对巨幕电影的接触度，在该片上映之前，很少有人看过巨幕电影，片源太少、之前影片3D效果段落不长和宣传力度不够可能是造成观众接触度较低的原因。当前巨幕电影观众具有非常明显的群体特征，多为20～40岁之间的中青年，学历较高，对电影技术发展有所了解，主要通过网络获知观影信息，善于接受新鲜事物。

科幻题材故事片是广大观众接触度和期待程度较高的巨幕影片类型。相对而言，宣传力度较小的科教纪实片观众接触度和期待程度较低。观众对国内外影片的期待程度和内容有明显差异。对于国外影片特别是好莱坞大片，观众比较看重其视听效果和特技制作，而对于国产3D影片，观众的期待角度则更侧重于表达真实情感和深刻的主题思想。

（中国电影博物馆课题组）

组织机构

2011/《北京广播影视年鉴》

——记录行业情况　服务业内和社会——

组织机构

（统计截至2010年底）

北京市广播电影电视局

领导成员：

党组书记、局长：李春良

党组副书记、副局长：杨淑琴

党组成员、副局长：臧增祥

党组成员、副局长：庞微

副局长：杨培丽

党组成员、纪检组长：王立平

党组成员、副局长：丁百之

党组成员、副局长：王霞

党组成员、总工程师：何桂芝

党组成员、副巡视员：宋春华

巡视员：洪兵

内设机构：

办公室（安全监管办公室）、政策法规处（产业促进处）、宣传管理处、电影管理处、传媒机构管理处、网络视听节目管理处、科技处、计划财务处、组织人事处；另设机关党委、工会；市纪委监察局驻市广电局纪检组监察处；

部门领导：

办公室（安全监管办公室）：主任：杨春青；副主任：王海楠、钱富奎

政策法规处（产业促进处）：处长：李伟；副处长：李国新

宣传管理处：处长：索宇琴；副处长：韩云升

电影管理处：处长：王健；副处长：黄培

传媒机构管理处：处长：马德献；副处长：袁正领

网络视听节目管理处：处长：丁梅；副处长：夏斐

科技处：处长：陈煜；副处长：安凭

计划财务处：处长：秦华；副处长：张秋生

组织人事处：处长：秦固生；副处长：解楠

机关党委：专职副书记：单志忠；副书记：刘民武

工会副主席：王学理

纪检监察处：处长：张大烨

地址：北京市朝阳区建外大街14号

邮编：100022

电话：010－65159068

网址：www.bjrt.gov.cn

北京市广播电影电视局工会

工会主席：宋春华；工会副主席：王学理

工会委员：李伟、牟燕文、李珍、张浙、于娟娟

经费审查委员会主任：张大烨

经费审查委员会委员：温江南、陈春梅

地址：北京市朝阳区建外大街14号

电话：010－85013302

邮编：100022

网址：www.bjrt.gov.cn

北京市广播电影电视局离退休人员管理服务中心

领导成员：

主任：郭祥庚；副主任：车静

地址：北京市朝阳区建外大街甲14号

邮编：100022

电话：010-65159158

北京市广播电影电视局后勤服务中心

领导成员：

主任：王晶；副主任：邵顺荣

内设机构：

综合科、房管科、保卫科、车管科

地址：北京市朝阳区建外大街甲14号

邮编：100022

电话：010-65159939 010-85013322

传真：010-65159939

北京市广播电影电视局信息中心

领导成员：

副主任：郑新梅

地址：北京市朝阳区建外大街甲14号

邮编：100022

电话：010-65159034

北京市广播电视监测中心

领导成员：

主任：魏利明；副主任：朱祥锋、吉春

内设机构：

监管科、技术科、维修科、综合科

地址：北京市朝阳区建外大街14号

邮编：100022

电话：010-65155241

北京音像资料馆（北京广播电影电视研究中心）

领导成员：

副馆长：谢杰（兼研究中心副主任）

副馆长：马广胜（北京市广播电影电视局史志办主任兼）

副馆长：韩浩（兼研究中心副主任）

内设机构：

办公室、资料部、制作部、研究部、史志部

地址：北京市东城区安乐林路18号

邮编：100075

电话：010-87258004

北京市广播影视作品审查中心

领导成员：

主任：智黎明

副主任：周红颜、刘文东

内设机构：

办公室、节目审查科、信息资料科

地址：北京市东城区安乐林路18号

邮编：100075

电话：010－87254011

010－87259972

北京市广播电视学会第五届理事会

领导成员：

会长：张晓爱

常务副会长：李春良

副会长：洪兵、何桂芝、陆莹、张晓、赵多佳、张淼、李米莉

秘书长：索宇琴

副秘书长：孙巍、张恒、刘华

监事长：王立平

副监事长：赵泽勤、王云

监事：秦固生、秦华

地址：北京市东城区安乐林路18号318室

邮编：100075

电话：010－67218198

北京海外广播影视交流中心

领导成员：

主　席：李廷芝

副主席：周溥雄、于知峰、黄乃箴、刘敏、常卫、李春良、邓宏凤、何桂芝、汪良、张晓爱

监事长：杨淑琴

秘书长：王学理

地址：北京市朝阳区建外大街14号

邮编：100022

电话：010－65159085

中国电影博物馆

领导成员：

馆长：杨永安

党委副书记、纪委书记：李米莉

副馆长：邢建毅

内设机构：

办公室、财务部、组织人事部、保障部、保卫部、研究部（馆刊编辑部）、活动管理部（网络信息中心）、藏品部、社会教育部、展陈部、影院部、开发部（基本建设办公室）、服务督察和质量检查部

部门领导:

办公室：主任：许鹰；副主任：孙丽

财务部：副主任：白俊峰

组织人事部：主任：许鹰（兼），副主任：冯雪梅

保障部：主任：王宁，副主任：孙宇

保卫部：林青(负责人)

研究部(馆刊编辑部)：主任：邢建毅（兼）

活动管理部（网络信息中心）：

主任：徐曙光

藏品部：主任：张树新

社会教育部：主任：张浙

展陈部：主任： 米兆田

影院部：主任：冯晓钟(兼)

开发部（基本建设办公室）：

主任：曹加辛

服务督察和质量检查部：主任：冯晓钟

地址：北京市朝阳区南影路9号

邮编：100015

电话：010－84355959（总机）

010－51654567（服务咨询电话）

传真：010－64311588（办公室）

网址：www.cnfm.org.cn

北京广播电视台

领导成员:

党委书记：刘志远

党委副书记、台长兼北京电视台党委书记、台长：王晓东

党委副书记、常务副台长兼北京人民广播电台党委书记、台长：汪良

副台长：陆莹

副台长兼北京歌华文化发展集团党委书记、董事长：王建琪（兼）

纪委书记：王伟

副台长兼北京歌华有线电视网络股份有限公司党委书记、董事长：郭章鹏

副台长：苏仁先

部门领导:

党委办公室、办公室、研发部、运营管理部、媒体管理部、技术部（技术资源运行中心）、法律事务部、财务部、纪检监察部（审计部）、人力资源部、工会办公室

部门领导：

党委办公室：主任：杨秀英

副主任：蔡廷杰

办公室：主任：张常珊

副主任：李增明、李剑

研究部：主任：蒋虎

运营管理部：主任：陈乐天

副主任：石鸿印（正处级）、曹军（正处级）

媒体管理部：主任：金鹏；副主任：耿雪梅

技术部(技术资源运行中心)：主任：王建

法律事务部：主任：孙辉

财务部：主任：余维杰；副主任：姜春海

纪检监察部（审计部）：主任：侯召国副主任：刘惠

人力资源部：副主任：孟庆存(主持工作)

工会办公室：主任：罗霄

地址：北京市朝阳区建外大街14号

邮编：100022

电话：010－85012020

传真：010－65157259

网址：www.bmn.net (正在建设中)

北京人民广播电台

领导成员：

党委书记、台长：汪良

党委副书记总编辑：陆莹(2010年5月离任)

席伟航(2010年5月任)

总工程师：王季平

党委副书记：赵泽勤

副总编辑：王秋、亢亚志、陈晓海、张松华

副台长：常青、陈晓红

内设机构：

办公室（保卫部）、总编室、党委办公室、纪检监察审计办公室、人事部、计财部、广告管理部、播音主持管理部、工会、技术中心、总工办、网络信息中心、八零四发射台、广播发展研究中心、节目制作中心、新闻广播、城市服务管理广播、故事广播、体育广播、音乐广播、文艺广播、交通广播、外语广播、爱家广播、广告经营部(属北京广播公司内设机构)

部门领导：

办公室：主任：李晓晖；副主任：吴亚非（兼保卫部主任）、丑承培、路程、赵颖、任怀珠

总编室：主任：孙巍；副主任：景兵、张苹、范晓茜

党办、纪检监察审计部：主任：周燕玲

纪检副书记：陈云

人事部：主任：柴修杰；副主任：游良婕（兼培训中心主任）、孙超

计财部：主任：陈春梅；副主任：李淼、吕放

广告管理部：主任：郑金诗；副主任：张秋萍

播音主持管理部：主任：张树荣

工会：主席：牟燕文；副主席：谢建国

技术中心：主任：郭励（兼总工办主任）；副主任：阮勤、刘爽、张旭（兼总工办副主任）

网络信息中心：副主任：蔡明可（主持工作）、边江、刘彤

八零四发射台：台长：张国强；副台长：曹昌、邓亚程

广播发展研究中心：主任：许秀玲

节目制作中心：主任：李捷(台长助理兼)；副主任：吕雪瑞、王为

新闻广播：台长：秦晓天；副台长：罗湘萍、张红力

城市服务管理广播：台长：李革；副台长：张晶宇

故事广播：台长：李唯唯；副台长：孟庆煜

体育广播：台长：陈晖；副台长：张友信

音乐广播：台长：张勤；副台长：陈京英

文艺广播：台长：邵军；副台长：唐琼

交通广播：台长：李秀磊；副台长：罗霄兵

外语广播：台长：纪烈鸿；副台长：陈雪瑾

爱家广播：台长：陶津；副台长：傅珊珊

广告经营部：主任：边建；副主任：李康、陆彤、罗燕萍

地址：北京市朝阳区建外大街14号

邮编：100022

电话：010-65159125

网址：www.bjradio.com.cn

北京电视台

领导成员：

台长、党委书记：王晓东

总编辑、党委副书记：赵多佳

党委副书记、窦晓东

副台长：邵宣堂

总工程师：田方

副总编辑：张强、朱江、张亮

副台长：王澎

内设机构：

党委办公室、办公室、监察审计办公室、人事部、保卫部、计财部、工会、行政部、基建办、总编室、广告部、研究发展部、经营管理部、总工办、制作部、播出部、转播传送部、动力部、技术设备管理部、信息网络管理部、卫视节目中心、新闻节目中心、海外节目中心、文艺节目中心、科教节目中心、影视剧中心、财经节目中心、体育节目中心、生活节目中心、青少节目中心、公共频道节目中心、动画节目中心、经营管理部、艺委会、史志办、网络信息编辑室、老干部工作办公室、高清纪实频道筹备组

部门领导：

副总工程师：李迅

党委办公室：主任：刘纪钢；副主任：赵国旗、史椰森

办公室：主任：宋莲；副主任：马世飞

总编室：主任：张恒；副主任：陈晔、高鏑

研究发展部：主任：蒋虎；副主任：马克燕

总工办：主任：付治栋，副主任：刘宏亚

人事部：主任：杨建忠

计财部：主任：孙成刚；副主任：汪红、齐学耕

监察审计办公室：副主任：周久兰

工会：主席：李珍，副主席：孟传妍

行政部：主任：王兴军，副主任：刘军、纪勇、卢英锁；主任助理：李雅涛

保卫部：主任：黄剑华；副主任：赵修明、钟强

广告部：主任：钱毅；副主任：买剑平、张晓耕

经营管理部：主任：孙洪斌；副主任：刘方平

基建办公室：主任：王开平；副主任：程云泽、张宇青；主管工程师：朱晓宇

信息网络管理部：主任：余江；副主任：毕江

制作部：主任：郑星；副主任：鲁高潮、王方、林平

播出部：副主任：刘晓光（主持工作）、祝志超、周治宪

转播传送部：主任：王　；副主任：朱雨稼

动力部：主任：王晓龙；副主任：刘颖

技术设备管理部：主任：周旭辉；副主任：章泽群、赵志成

卫视节目中心：主任：徐滔；副主任：杨东、齐建彤、张丽、李利影

新闻节目中心：主任：艾冬云；副主任：张庆

新闻节目中心：新闻编辑部：副主任：张冬林

新闻节目中心：要闻采访部：副主任：徐京玲

新闻节目中心：新闻评论部：副主任：袁子勇、刘民

新闻节目中心：社会新闻采访部：主任：丁晓阳

新闻节目中心：综合管理部：副主任：白艳军

海外节目中心：主任：周泳；副主任：高扬、严崴

文艺节目中心：主任：张帆；副主任：翟建国、李兰

科教节目中心：主任：杜研；副主任：李志国、张宾

影视剧中心：主任：赵彤；副主任：曹力宁、孟宪华、郭跃进，主任助理：于金伟

财经节目中心：主任：宗燕红；副主任：岳民、杨晓轩

体育节目中心：主任：焦少波；副主任：邱大卫、宋健生、王少华

生活节目中心：主任：倪大海；支部书记：赵琴书；副主任：刘学军、任友红、刘文燕

青少年节目中心：副主任：周星

公共频道节目中心：副主任：黄瑨、郝洪

动画节目中心：主任：帅民；副主任：李果、马宏

史志办：主任：冯平；副主任：闫军才

艺委会：主任：刘冰；党支部书记：赵福明

网络信息编辑室：主任：戴巧玲；副主任：张红

老干部工作办公室：主任：刘绍芬

纪录片频道筹办组：陈大立（负责人）

网络电视台筹备组：潘全心（副处级）

京视传媒公司：总经理：霍胜

紫禁城影业公司：总经理：许建海

地址：北京市朝阳区建国路甲98号

邮编：100022

电话：010—85336688（总机转）

传真：010—85338000

网址：www.btv.com.cn

北京紫禁城影业公司

领导成员：

董事长：张强

总经理、书记：许建海

副总经理：练勇

内设机构：

办公室（财务部）、电影部、电视剧部、第一创作室

地址：北京市西城区北三环中路乙6号伦洋大厦901室

邮编：100120

电话：010—62019597、62014931

传真：010—62019597、62014931

网址：www.fcmovie.com

北京歌华文化集团

领导成员：

董事长、党委书记：王建琪（北京广播电视台副台长兼）

副董事长、党委副书记：姜建秋

副董事长：苏春华

党委副书记、纪委书记、工会主席：黄光显

总经理：李丹阳

副总经理：裴成虎、葛立智、陈工、张莉

总经理助理：石海燕、周卫东、曾辉

内设机构：

党委办公室、集团办公室、人力资源办公室、计划财务办公室、文化创意产业中心、投融资管理中心、安保部、法律部、纪检监察部、审计部、研发部

部门领导：

党委办公室：主任：张滨；副主任：杨志华

集团办公室：主任：张滨（兼）；副主任：牛海云

计划财务办公室：主任：秦玉良；副主任：李峰、王利

人力资源办公室：主任：朱会东；副主任：李丹芳、黄月欣

文化创意产业中心：理事长：陈工（兼）

主任：王昱东；党总支书记：李雪

投融资管理中心：理事长：周卫东（兼）主任：黄春雷；党总支书记：孙玉栋

安保部：主任：孙怀忠

法律部：主任：戴迎春

纪检监察部：主任：杨志华（兼）

审计部：主任：冯玉

研发部：主任：邢树森

直属机构：

北京歌华文化中心有限公司：

董事长：裴成虎；总经理：李海滨

党总支书记：高颖

北京歌华传播中心有限公司：

董事长：葛立智（兼）；总经理：张谦

党总支书记：李大成

北京歌华科技中心有限公司：

董事长：黄光显（兼）；总经理：王昱东

党总支书记：胡培生

地址：北京市东城区东直门内北小街青龙胡同 1 号歌华大厦 14 层

邮编：100007

电话：010−84186060

传真：010−84186001

网址：www.gehua.com

北京歌华有线电视网络股份有限公司

领导成员：

党委书记、董事长：郭章鹏（北京广播电视台副台长兼）

党委副书记、副董事长、总经理：卢东涛

党委副书记、纪委书记、工会主席：张家祥

监事会主席：黄广泉

副董事长：马健

常务副总经理：王振华

副总经理：吴瞻民、刘华、康朝晖

董事、总会计师：胡志鹏

市场运营总监：罗小布

总工程师：何拥军

董事、副总经理、董事会秘书：梁彦军

总经理助理：王奇之

内设机构：

董事会办公室、党委办公室、工会办公室、稽核管理部、总经理办公室、人力资源部、财务部、法务部、信息部、客服中心、市场营销部、计划部、设计部、传送部、设备器材部、网络建设部、维护管理部、数字电视技术开发部、总工办、网管中心、安全保卫部、战备发展部、数据业务部、媒资业务部、营帐中心

另设：城中、朝阳、海淀、丰台、石景山、经济技术开发区、门头沟、房山、大兴、通州、顺义、昌平、怀柔、密云、平谷、延庆 16 个分公司；及北京视宽新创有线信息工程有限责任公司、歌华有线数字媒体公司、涿州歌华有线电视网络有限公司 3 个子公司

部门领导：

副总工：刘磊、李焕平、吴建林、曾春、唐文伟

副总经济师：田秋

党委办公室：主任：黄卫京

工会办公室：主任：赵国庆

稽核管理部：主任：刘宇明；副主任：余孝纬

董事会办公室：主任：付蕾红；副主任：于铁静

总经理办公室：主任：刘晓辉；副主任：陈慕风、玉宝华

人力资源部：主任：方丽；副主任：李云

鹏、荆志忠

法务部：主任：彦宏

财务部：主任：王琰；副主任：居冬辉

信息部：主任：吴建林（兼）；副主任：刘夫涛

客服中心：主任：熊英；副主任：孙灵芝、江庆红、孙红志

市场营销部：主任：高巍

常务副主任：陈锋；副主任：王苑苑、贾文杰

计划部：主任：解龙；副主任：黄枫

设计部：主任：石江明；副主任：黄国安、权晓宇

传送部：主任：王厚信；副主任：耿玉树、黄美莹

设备器材部：主任：刘中南；副主任：石连成、张建新

安全保卫部：主任：李洪；副主任：曲伟

网络建设部：主任：唐文伟（兼）；副主任：满全安

维护管理部：主任：赵宏伟；副主任：刘建平

数字电视技术开发部：刘磊（副总工程师主持工作）　副主任：钟军、沈彤

战略发展部：主任：韩霁凯；副主任：黄铁军

数据业务部：主任：白立平；副主任：刘光华、王芳

媒资运营部：副主任：姜宏志（主持工作）、刘严、史言

营帐中心：副主任：吴春燕（主持工作）

网管中心：主任：唐文伟（兼）；常务副主任：卢春梅；副主任：王野秋

总工办：主任：曾春（兼）；副主任：林霖

城中分公司：总经理：支百山；副总经理：潘铭

朝阳分公司：总经理：于海旺；常务副总经理：王　刚；副总经理：孟宇明、邹玉华

海淀分公司：总经理：邱纪；副总经理：钱正

丰台分公司：总经理：陆野；副总经理：王军、冯玉国

石景山分公司：总经理：卞素霞；副总经理：汤军

经济技术开发区分公司：总经理：田秋（兼）

大兴分公司：总经理：徐继春；副总经理：孙景红

房山分公司：总经理：李昌俊；副总经理：郑林、黎江

通州分公司：总经理：刘存明；副总经理：宋宝贵

门头沟分公司：总经理：贺春义；副总经理：王艽军

延庆分公司：总经理：许文学；副总经理：王国庆

顺义分公司：总经理：刘希成；副总经理：王志亚

昌平分公司：总经理：李仲英；副总经理：刘芳、李庆江

怀柔分公司：总经理：钱正琦；副总经理：继东、闫宝利

平谷分公司：总经理：姜体兴；副总经理：李明生

密云分公司：总经理：白宝林；副总经理：赵建生

北京视宽新创有线信息工程有限责任公司：总经理：王振华（兼）；副总经理：赵寿强

歌华有线数字媒体公司：

董事长：吴瞻民（兼）

总经理：刘光华（兼）

涿州歌华有线电视网络有限公司：

董事长：马健（兼）

总经理：王法文；副总经理：赵守礼

地址：北京市海淀区花园北路35号

邮编：100191

电话：96196

网址：www.bgctv.com.cn

歌华有线公司城八区用户服务站一览表

编号	用户服务站	联系地址	联系电话
1	东城站	东城区青龙胡同1号歌华大厦1层101	96196
2	西城站	西城区西直门南小街133号楼西派国际公寓底商品生产	
3	崇文站	崇文区幸福家园9号楼107底商	
4	宣武站	宣武区南华里10–8号楼一、二层底商	
5	团结湖站	朝阳区六里屯西里3号院（妇产医院东侧团结湖北五条）	
6	劲松站	朝阳区劲松三区328楼营业厅	
7	管庄站	朝阳区朝阳路财满街67号院8号楼0269、0270	
8	香河园站	朝阳区柳芳北里11号楼北侧（海通证券西侧20米）	
9	亚运村站	朝阳区安慧北里安苑6号楼103室	
10	苏州街站	海淀区西三环北路21号久凌大厦北座1层	
11	北太平庄站	海淀区新外大街19号京师大厦1层105房间	
12	五颗松站	海淀区西四环中路39号的万地名苑1层	
13	花园村站	花园村8号楼1层	
14	学清路站	清华东路2号农大东校区科贸楼107室	
15	科技园站	丰台区科学城恒富中街2号院1号楼	
16	洋 桥 站	丰台区西马小区底商B3–3–1号房	
17	云 岗 站	丰台区四方景园二区商铺2––6号房	
18	方 庄 站	丰台区长辛店镇二七厂路东南街3号	
19	古城营业厅	石景山区古城大街75号院曦景长安底商写字楼1层	
20	首钢站	石景山区苹果园路临时26号（苹果园四区9栋西侧）	

北京电视艺术中心有限公司

领导成员：

主任：张平

艺术总监：郑晓龙

副主任：张迓平、李晓明

内设机构：

办公室、生产办、摄制部、技术部、编辑部、发行部、计财部、译制部、出版社。

地址：北京市海淀区皂君庙甲2号

邮编：100098

电话：010–62127625

传真：010–62115814

北京中北电视艺术中心有限公司

公司总导演：尤小刚

领导成员：

董事长：杨群

总经理：陶玲玲

副总经理：刘沙

内设机构：

办公室、财务部、经营部、宣传部、制作部、演艺音乐部、总编室（创作部）、经纪部、影视制作中心（拍摄基地）

地址：北京市建外大街14号

邮编：100022

电话：010–65150607

传真：010–65150607

网址：www.zbtvart.com

北京广播电视报社

领导成员：

社　长：李浩

总编辑：张彪

工会主席：宋杰

内设机构：

办公室(组织人事部、研发部)、财务部、总编室、《北京广播电视报》编辑部、《北京广播电视报·人物周刊》编辑部、《北京电视》周刊编辑部、广告管理部、发行中心

地址：北京市东城区安乐林路18号

邮编：100075

电话：010–67117161

传真：010–67134365

网址：www.bgtv.com.cn

北京音像公司

领导成员：

总经理：张学朝

副总经理：颜丙利

副总经理：王颖

内设机构：

企划出品部、节目制作部、财务部、办公室

地址：北京市东城区安乐林路18号

邮码：100075

电话：010–67262518

传真：010–87268961

网址：www.bavc.com.cn

北京瑞特影音贸易公司

领导成员：

总经理：何公明（兼）

内设机构：

办公室、财务部、市场部、工程部

地址：北京市朝阳区建外大街14号

邮编：100022

电话：010–65155284

010–65159086

传真：010–65155285

北京广播影视物业管理中心

领导成员：

主任：郭长征

副主任：褚天元、常斌

总工程师：于进军

内设机构：

办公室、财务部、物业管理部、设备工程部、餐饮部、开发经营部、延庆声屏苑培训中心、皂君庙办公区、歌华有线总部基地办公楼物业管理部

地址：北京市建外大街14号
邮编：100022
电话：010–85012302
传真：010–85012310

北京北广传媒数字电视有限公司

领导成员：

董事长：郭章鹏

总经理：何公明

副总经理：艾禾

内设机构：

办公室、财务部、节目部、数据部、市场部、播出部

地址：北京市鼓楼外大街56号
邮编：100022
电话：010–84127979
传真：010–84135890
网址：www.bjdtv.com

北京北广传媒移动电视有限公司

领导成员：

董事长：王晓东

总经理：罗晓军

副总经理：许新德、张楠

内设机构：

办公室、财务部、运营管理部、节目部、播出部、技术研发部、品牌策划部。

地址：北京市东城区北小街青龙胡同1号歌华大厦A座809室
邮编：100007
电话：010–59260500
传真：010–59260501

北京北广传媒影视有限公司

领导成员：

副总经理：刘亚辉（主持工作）、张光北

内设机构：

办公室、财务部、策划部、制作部、发行部、演出部、演艺经纪部

地址：北京市东城区北小街青龙胡同1号歌华大厦B821

邮编：100007

电话：010-59260180

传真：010-59260181

邮箱：bamc_tv@bamc.com.cn

北京北广传媒城市电视有限公司

领导成员：

董事长、总经理：马健

副总经理：罗艳红

内设机构：

办公室、财务部、市场部、工程部、技术部、户外大屏幕部、节目部、广告部、租赁项目组

地址：北京市东城区东直门北小街青龙胡同1号A801室

邮编：100007

电话：010-59260088-8000

传真：010-59260066

客户专线：4007000086

网址：www.bj-citytv.com

鼎视数字电视传媒有限公司

领导成员：

董事长：赵多佳

总经理：蔡恒平

内设机构：

营销中心、产品中心、行政中心、财务部、技术播出部（委托北京北广传媒数字电视有限公司管理）

地址：北京市东城区东直门北小街青龙胡同1号B820室

邮编：100007

电话：010-59260099

传真：010-59260138

网址：www.topv.com.cn

北京北广传媒地铁电视有限公司

领导成员：

董事长：贾玉祥

总经理：高踪阳

常务副总经理：阎伟力

副总经理：满向阳

内设机构：

办公室、技术部、运营管理部、节目部、财务部

地址：北京市东城区北小街青龙胡同1号歌华大厦814室

邮编：100007

电话（传真）：010–62232209

北京北广置业有限公司（影视城管理中心）

领导成员：

董事长：赵卫

总经理：刘志

副总经理：张克英

内设机构：

办公室、财务部、前期部

集团授权对以下单位进行管理：

北京影视城管理中心

北京现代电视艺术发展公司

北京东方艺苑物资仓储服务中心

地址：北京市朝阳区建外大街14号

电话：010–85012071　65158100

传真：010–85012070

邮箱：bjysc@yahoo.con.cn

北京中广传播有限公司

领导成员：

总经理：张树桐

副总经理：陈炳岩、柳家旺

内设机构：

综合部、财务部、市场部、技术部、节目部

地址：北京市朝阳区东三环北路亮马河大厦1座701

邮编：100004

电话：010–65900262

传真：010–65907257

北京市东城区文化委员会

领导成员：

党委书记、副主任：程永涛

党委副书记、主任：李承刚

党委副书记、纪委书记：刘进

党委委员、副主任（正处级）：郑亚东

副主任：李志成

党委委员、副主任：魏瑞峰

副主任：曾珊

党委委员、工会主席：朱红旗

党委委员、执法队队长：杨勇

内设机构：

党委办公室、行政办公室、文化科、文物科、演艺科、市场科、审批科、人事科、财务科。行政执法队下设办公室、执法一分队、执法二分队以及执法三分队

直属单位：

东城区文化委员会所属单位包括东城区第一文化馆、东城区第二文化馆、东城区第一图书馆、东城区第二图书馆、北京市文天祥祠文物保管所、北京市钟鼓楼文物保管所、北京王府井古人类文化遗址博物馆、北京燕京评剧团、北京市东城区羊市口文化站、东城区图书馆会议中心、北京市东城区文化馆剧场、北京市东城区花市电影院、北京市东城区天坛南里文化娱乐中心

地址：北京市东城区崇外大街7号正仁大厦2段8层

邮编：100062

电话：010－67091091 010－67091092

传真：010－67091093

邮箱：dcqwhw@163.com

北京市西城区文化委员会

领导成员：

书记、副主任：宋伟

主任、副书记：李征帆（兼任区委宣传部副部长）

纪检组长：李晓红

副主任：李兵、孟盼、赵晓波、黄群、侯志伟

行政执法队队长：李克刚

行政执法队常务副队长：陈玉明

内设机构：

办公室、机关党委办公室、监察科、人事保卫科、文化科、文化市场管理科、文物科、文化产业科、财务审计科

直属单位：西城区文委行政执法队

北区地址：北京市西城区后广平胡同26号

邮编：100035

电话：010－66561230

传真：010－66561231

网址：wenhua.bjxch.gov.cn

南区地址：北京市宣武区长椿街9号

邮编：100053

电话：010－63035131

传真：010－63035131

北京市朝阳区文化委员会

领导成员：

主任：黄晓伟

书记：张前

副主任：徐伟、倪遥远

纪委书记：华素霞

行政执法队队长：吴刚

内设机构：

办公室、文化科、文物管理科、出版发行

管理科、电视音像管理科、组宣人事科、文化行政执法队

地址：北京市朝阳区东三环北路36号

邮编：100026

电话：010—65014855

传真：010—65086844

网址：www.risingsun.org.cn

北京市海淀区文化委员会

领导成员：

书记：刘建朝

主任：陈静

副主任：王强、张文涛

行政执法队队长：邱文忠

内设机构：

办公室、文化文物科、法制督察科、文化市场管理科、著作权管理科

地址：北京市海淀区中关村大街28—1号

邮编：100086

电话：010—51601028、010—51601033

网址：whw.bjhd.gov.cn

直属单位：

文化行政执法队：执法一分队、执法二分队、执法三分队、执法四分队

地址：海淀区颐和园路12号海淀区政府综合办公楼

邮编：100080

电话：010—62612226

010—62559851

海淀区评剧团

地址：北京市海淀区高梁桥斜街甲30号

邮编：100081

电话：010—62236922

海淀剧院

地址：北京市海淀区中关村大街28号

邮编：100086

电话：010—62555898

海淀区电影管理处

地址：北京市海淀区丹凌街16号海兴大厦C座406室

邮编：100080

电话：010—82605865

010—82605866

北京市丰台区文化委员会

领导成员：

书记、主任：王艳秋

副主任：姜岭、卜荣梅

行政执法队队长：咸向东

副调研员：鲜岳

内设机构：

办公室、文化科、文物科、文化市场管理科（出版发行科、版权科）、组织人事科

行政执法机构：文化行政执法大队

直属单位：

文物管理所、图书馆、文化馆、电影发行放映中心

地址：北京市丰台区西四环南路64号

邮编：100071

电话：010—83811361

传真：010—83811360

北京市石景山区文化委员会

领导成员：

党委书记、主任：高洪雁

党委副书记、工会主席：阮起良

纪委书记：付俊英

副主任：刘跃华、郭明、宋青松、董聪慧

执法队队长：王援朝

内设机构：

办公室、文化科、文物科、组织人事科、监察科、市场科

地址：北京市石景山路18号

邮编：100043

电话：010–68607158

传真：010–88680857

北京市门头沟区文化委员会

领导成员：

党委书记：曲书法

主任：陈世杰

党委副书记：马建吉

副主任：邓洪泽、刘文利、郑华军

执法队队长：巩旭东

副处级调研员：张银星

内设机构：

办公室、文化科、文物科、文化市场科、计划财务科、政策法规科、政策法规科、纪检监察科

文化行政执法队（下设信息举报中心、行政执法一分队、行政执法二分队、行政执法三分队）

直属单位：文化馆、博物馆、图书馆、影剧院、文物事业管理所

地址：北京市门头沟路8号

邮编：102300

电话：010–69843315

传真：010–69860988

北京市房山区文化委员会

领导成员：

主任：李立新

副主任：赵润东、马京云、苏文江、陈光

执法队队长：江涛

纪检组长：姜品英

工会主席：崔杰

内设机构：

办公室、文物科、文化科、市场科、行政执法队

地址：北京市房山区良乡西潞南大街甲12号

邮编：102488

电话：010–69352012、010–69352106

传真：010–69352106

网址：www.bjfsh.gov.cn

北京市大兴区文化委员会

领导成员:

主　任：王健

副主任：王凤强、颜淑敏、马宪颖

纪检组长：石铭远

执法队队长：周武军

内设机构:

办公室、人事教育科、文化文物科、文化市场管理科、文化执法队

直属单位：图书馆、文化馆、文物所、影剧院、新华书店

地址：北京市大兴区兴华大街3段15号行政服务中心16层

邮编：102600

电话：010–81296732

传真：010–81296734

网址：www.dxwwgov.cn

北京市通州区文化委员会

领导成员:

党委书记、主任、文联主席：杜德久

副主任：孙敦秀、杨根萌、刘升

纪委书记：张福玉

执法队队长：贾海科

文联副主席：翁智宽

内设机构:

办公室、政工科、产业促进与文化市场管理科、业务科、财务科、文化行政执法队（下设法制科、执法一分队、执法二分队）

直属单位：

通州区文化馆、通州区图书馆、通州区博物馆、通州区文物管理所、通州区电影管理中心、新华书店

地址：北京市通州区通胡大街23号

邮编：101100

电话：010–51070319

传真：010–51070137

北京市顺义区文化委员会

领导成员:

主任：刘振河

副主任：高源、陈永祥、王宏、王颖、陈向东

党组成员：高源、陈永祥、王宏、陈向东、孟云会、张建国

工会主席：杭志强

内设机构:

办公室、政工科、计划财务科、文化文物管理科、文化市场管理科、著作权（广播电影电视）管理科

管理单位：文化行政执法队、文化创意产业促进办公室

直属单位：文化馆、图书馆、文物管理所、北京焦庄户地道战遗址纪念馆、影剧院、电影发行管理处、新华书店

地址：北京市顺义区光明街拥军路

邮编：101300

电话：010–69443669

传真：010–69443669

网址：www.wenhw.bjshy.gov.cn

北京市平谷区文化委员会

领导成员:

主任：王振国

党委书记：张兴

副书记：陈永

副主任：耿大鹏、贾桂贤

副调研员：刘东彪

内设机构:

办公室、业务科、政工科、市场科

直属单位：文化执法队、文化馆、图书馆、上宅文化陈列馆、文物管理所、新华书店、影剧院、电影中心

地址：北京市平谷区府前西街1号

邮编：101200

电话：010-69962871

传真：010-69962871

邮箱：bgs2871@163.com

北京市怀柔区文化委员会

领导成员:

党委书记：陈宝明

主任：焦安琦

纪检组长：鲍云贤

副主任：郭大鹏、王宏伟、刘岩

执法队长：曾春根

挂职副主任：师英杰

内设机构:

办公室、政工科（监察科）、文化科、文化产业办、行政许可和服务科、文化行政执法队

地址：北京市怀柔区开放路56号

邮编：101400

电话：010-69623483

传真：010-69633250

北京市昌平区文化委员会

领导成员:

主任：陈玉起

党委书记：李志武

党委副书记：贾月林

纪委书记、工会主席：王艳亭

副主任：王宝江、杨广文、刘庆华、胡南

行政执法队队长：杨广文

调研员：杨富志、张满兰、李彦樵

内设机构:

办公室、文化科、文物科、文化市场管理科、文化行政执法队

直属单位：文化馆、图书馆、文物管理所、电影发行放映管理处、影剧院、新华书店

地址：北京市昌平区府学路10号（昌平区图书馆博物馆大楼）

邮编：102200

电话：010-69742257

传真：010-80110182

北京市密云县文化委员会

领导成员：

主任：李洪仕

文联主席：范庆海

副主任：张玉齐

行政执法队队长：李卫革

内设机构：

党政办公室、文化活动指导科、文化市场管理科、文化行政执法队

直属单位：文化馆、图书馆、文物管理所、大剧院、电影中心、新华书店

地址：北京市密云县西门外大街2号

邮编：101500

电话：010–69041925

传真：010–69085706

北京市延庆县文化委员会

领导成员：

主任：张素枝

书记：马健壮

调研员：韩金辉

副主任：赵万里、孙立民、王燕青（兼）

行政执法队队长：王燕青

副调研员：程金龙

内设机构：

政办室、财务审计科、文化科、文物市场科、文化市场管理科、文化行政执法队

直属单位：

文化馆、图书馆、电影发行放映管理处、文物管理所、新华书店、后勤服务中心

地址：北京市延庆县高塔街57号

邮编：102100

电话：010–69182872

北京经济技术开发区社会发展局

领导成员：

管委会副主任，分管社会发展局工作：王合生

社会发展局副局长：郑海涛

社会发展局文教办负责人：袁长友

社会发展局分管广电工作人员：李庆彬、郑 浩

地址：北京经济技术开发区荣华中路15号

邮编：100176

电话：010–67885647

传真：010–67880347

北京市朝阳区广播电视新闻中心

领导成员：

主任：奚传斌

党委书记：洪建基

副主任：洪建斌、孙帅、李昕宇

专职副总编：王曦

内设机构：

办公室、总编室、人事科、财务科、新闻科、要闻内参科、采访部、编辑部、技术部、资料室、专题制作组

地址：北京市朝阳区六里屯西里3号

邮编：100026

电话：010－65025172

传真：010－65022498

网址：www.chynews.cn

北京市海淀区新闻中心

领导成员：

主任、书记：牛爱忠

副主任：张春民、张文明、朱晓华、张庆洁

内设机构：

办公室、人事科、财务科、总编室、编辑制作部、新闻采访一部、新闻采访二部、专题部、播出技术部、播音主持部、动漫制作部、媒资室、事业发展部、特刊部、要闻部

地址：北京市海淀区西四环北路11号海淀区政府第二办公区

邮编：100195

电话：010－88437116

传真：010－88487250

网址：www.hdonl.com

北京市丰台区广播电视中心

领导成员：

书记、主任：谷卫（区委宣传部副部长兼）

副主任：王艳平、卢劼、李皙

内设机构：

办公室（人事科）、计财科、总编室、新闻部、社会教育部、专题部、广告部、技术播出部

地址：北京市丰台区西四环南路64号

邮编：100071

电话：010－63821570

传真：010－63814362

网址：www.bjftrt.com.cn

北京市石景山区广播电视中心

领导成员：

主任：魏志安

副主任：刘长成、贺启公

内设机构：

办公室、总编室、新闻部、广告专题部、技术播出部、经营部

地址：北京市石景山区古城大街61号

邮编：100043

电话：010－68849799

传真：010－68840434

北京市门头沟区广播电视中心

领导成员：

党组书记：张慧军

主　任：宋奇

副主任：王幸国、苏燕平、班书臣

内设机构：

办公室、总编室、新闻部、专题部、制作部、播出部、广告部

地址：北京市门头沟区新桥大街36号

邮编：102300

电话：010－69843348

传真：010－69843348

北京市房山区广播电视中心

领导成员：

主　任、副书记：李晓梅

书　记：吕井财

副主任：张英、朱惠强、武宏

副书记：张连萍

工会主席：吕志怀

内设机构：

办公室、总编室、电视新闻部、电视专题部、电视文艺部、广告信息部、广播电台编辑部、事业发展部、技术科、播出部、财务科、人教科、后勤事务部

下属企业：北京方正广告公司、北京方明广播电视器材销售中心

地址：北京市房山区良乡西潞南大街6号

邮编：102488

电话：010－69374235

邮箱：guangdian@bjfsh.gov.cn

北京市大兴区广播电视中心

领导成员：

书记、主任：李岭涛(区委宣传部副部长兼)

副主任：巴洪栓、杜桂玲

纪检组长：韩俊玲

内设机构：

办公室、电台、电视台、节目管理部、研发培训部、事业发展部、人力资源部、计划财务部、媒体经营部、网络运营部、文化传播中心

地址：北京市大兴区兴政街7号

邮编：102600

电话：010－69244977

传真：010－69244977

网址：www.zhhxw.com

北京市通州区广播电视中心

领导成员：

主任、副书记：王志刚

副主任：胡亚军、王雪征

副调研员：孙万良

内设机构：

办公室、总编室、新闻部、专题部、评论部、技术科、播出部、财务科、广告部、工会

地址：北京市通州区新华西街1号

邮编：101149

电话：010－69545860

传真：010－69545860

北京市顺义区广播电视中心

领导成员：

主　任：王颖

副主任：杨春玲、牟汉杰、李素华、杨文武、张海泉

内设机构：

办公室、政工科、财务科、《顺义时讯》报社、广播电台（办公室、新闻专题部、文艺部、经济信息部）、电视台（新闻部、专题部、总编室、文艺部、经济信息部、播出发射部、户外媒体部）

地址：北京市顺义区拥军路4号

邮编：101300

电话：010－69466677

传真：010－69463670

邮箱：sytv1994@yahoo.com.cn

北京市平谷区广播电视中心

领导成员：

主任、副书记：刘义华

书　记、副主任：龚士宏

副主任：王久武、于刚

内设机构：

办公室、政工科、财务科、新闻科、专题科、播音科、播出科、技术科、文艺科、广告科、总编室、后勤事务科

地址：北京市平谷区旧城街8号

邮编：101200

电话：010－69961255

传真：010－89983716

邮箱：guangdianzhongxin@163.com

北京市怀柔区广播电视中心

领导成员：

主任：刘晓红

书记：常金壮

副主任：刘殿彬、刘金凯、杨桂霞

工会主席：赵海清

内设机构：

办公室、政工科、总编室、编辑部、新闻部、外宣部、专题部、文艺部、电台部、广告部、广播影视制作部、技术部、播出部、汤河口广电分站

地址：北京市怀柔区府前街19号

邮编：101400

电话：010－69632646

传真：010－69624232

邮箱：gdzx@bjhr.gov.cn

北京市昌平区广播电视中心

领导成员：

主任、书记：刘晓梅

副主任：刘大宾

总工程师：包书卿

纪委书记兼工会主席：王洪

办公室主任：王纲

常务副台长：王江萍

内设机构：

办公室、政工科、财务科、总编室、广播电视台、昌北音像广告中心、广播电视网络信息管理中心、广播电视节目制作中心、北京永安城影视传媒中心

地址：北京市昌平区南环东路1号

邮编：102200

电话：010－69746088

网址：www.cprt.com.cn

北京市密云县广播电视中心

领导成员：

主任、书记：赵力杰

副主任：马士强、王有利、刘建军、鲁崇保

内设机构：

广播电台、音像资料室、差转台、办公室、党办室、总编室、人事科、财务科、技术科、新闻科、节目制作科、经济科、社教科、法制科、广告文艺科、行政事务科

地址：密云县西大桥路18号

邮编：101500

电话：010－89095645

传真：010－89095645

邮箱：mydt4531@sina.com.cn

北京市延庆县广播电视中心

领导成员：

党组书记、主任：孟昭旭

副主任：李桂霞、贺农林、季晓冰、张树清

内设机构：

办公室、财务科、总编室、新闻科、专题科、编播科、技术科、播控科、广告部、文艺部、外线事业科、建设科

科级事业单位：延庆县电视转播站、延庆县广播电视局记者站、延庆县广播电视服务部

地址：北京市延庆县高塔街 73 号

邮编：102100

电话：010 － 69103462

传真：010 － 69103462

网址：www.yanqingtv.com

邮箱：YQTV102100@sina.com

北京光线传媒股份有限公司

领导成员：

法人代表：王长田

内设机构：

总裁办、财务部、人力资源部、法务部、行政部、品牌部、媒体合作部、艺人经纪部、电视节目事业部、综艺部、活动部、综合运营服务部、艺人关系部、光线影业、电视剧事业部、电视网事业部、发行部、英事达&包装工作室、互联网事业部、上海光线、电视节目事业部销售中心华东大区、电影事业部发行部华东大区、综合运营部、娱乐现场上海站、广州光线、粤港台办事处

地址：北京市东城区和平里东街11号3号楼 3 层

邮编：100013

电话：010－64516000

传真：010－84222188

网址：home.netandtv.com

华谊兄弟传媒股份有限公司

领导成员：

法人：王忠军

内设机构：

电影事业部、电视剧事业部、娱乐营销事业部、经纪事业部、影院事业部、音乐事业部、财务部、人力资源及行政部、法律部、品牌运营部

签约冯小刚、陈大明、张纪中、吴毅（天意影视）、李波、杨善朴（金泽）、庄立奇（天奇）、易为平、郝琳、葛卫东、张海东、吴晓、石钟山、李霞，三木电视节目制作工作室

地址：北京市朝阳区朝外大街 18 号丰联广场 A 座 908 室

北京市顺义区天竺温榆河楼台段

邮编：100020/101312

电话：010 － 65805800/64579338

传真：010 － 65881588/64571299

网址：www.hbpictures.com

海润影视制作有限公司

领导成员：

董事局主席：刘燕铭

海润影视制作有限公司总裁：赵智江

海润影视制作有限公司副总裁：赵志红

海润影视制作有限公司副总裁：张小军

上海海润影视制作有限公司总裁：曲光辉

广东润视影音制作有限公司总经理：闫

北京润亚影视传播有限公司总经理：陈铁铭

云南润视荣光影业制作有限公司总经理：蒋晓荣

海南海润影视制作有限公司总经理：罗小凤

浙江海润影视制作有限公司总经理：赵岩森

黑龙江海润影视制作有限公司总经理：李鸥

西安海润影视制作有限公司总经理：魏鉴

海润影视制作有限公司连奕名工作室

海润影视制作有限公司谭璐路工作室

北京海润演艺经纪有限公司总经理：何娅璇

北京海润音乐有限公司总经理：李全章

内设机构：

总裁办、制作部、发行部、法务部、文学部、宣传部、财务部、策划部、行政部

总监级负责人：

制作总监：蒋晓梅

发行总监：　常君艾

文学总监：　孙允亭

多媒体总监：张春雨

财务总监：陈艳

宣传总监：熊潇虹

策划总监：曹思东

法务总监：王文彬

行政总监：王存林

地址：北京市朝阳区安慧北里安园5号

邮编：100101

电话：010－64897799

传真：010－64935440

网址：www.hairunmedia.com

金英马影视文化股份有限公司

领导成员：

董事长：刘文侃

总经理：滕站

常务副总经理：刘建立

副总经理：侯丽娟、耿双双、陈志康

内设机构：

总经理办公室、财务部、行政部、制作策划部、公关企划部、发行部、广告部、经纪拓展部、书刊发行部

地址：北京市朝阳区北四环中路6号华亭嘉园E座23层

邮编：100029

电话：010－82858715/16

网址：www.jymys.com

北京英氏影视艺术有限责任公司

领导成员：

法人、董事长：英达

总经理：英宁

内设机构：

行政部、发行部、制作部、财务部、文学艺术部

地址：北京市朝阳区京顺路曙光大厦B座

邮编：100028

电话：010 – 84409933

传真：010 – 84409933

北京京都世纪文化发展有限公司

领导成员：

董事长：尤小刚

总经理：王正华

内设机构：

办公室、财务部、经营部、影视基地

地址：北京市广渠门南小街1号领行国际2单元901

邮编：100061

电话：010 – 67110812

010 – 67194406

邮箱：jd01@jdshiji.com

北京鑫宝源影视投资有限公司

领导成员：

法人：丁芯

内设机构：

办公室、财务部、制片部、编辑部、演艺经理部、宣传部、发行部、公关广告部

地址：北京市朝阳区东四环中路78号大成国际中心A2座9层A09室

邮编：100022

电话：010 – 59626663

传真：010 – 59625952

华夏视听环球传媒（北京）有限公司

领导成员：

董事长：蒲树林

总经理：朱利亚

副总裁：沈薇 、吴晔

内设机构：

电视节目制作中心，影视剧制作中心，艺人发展中心，发行中心，广告中心，技术中心，人事行政部，法务中心，财务部，网络部

地址：北京市朝阳区建国路93号万达广场8号楼20层
邮编：100022
电话：010–58205558
传真：010–58205777
网址：www.cathaymedia.com

北京中联华盟文化传媒投资有限公司

领导成员：
董事长：刘晓霖
总经理：金莲芳
副总经理：李昶
内设机构：
纪录片部门、财务部、国内发行部、国际部、策划部、行政部、制作部
地址：北京市朝阳区新源南路1–3号平安国际金融中心B座12层
邮编：100027
电话：010 – 59115566
网址：yule.sohu.com/hylm/

北京慈文影视制作有限公司

领导成员：
法人：马中骏
内设机构：
行政部、财务部、制作部、宣传策划部、演艺经纪部、公关部、法务部、发行部、新媒体
地址：北京市朝阳区东大桥路8号尚都国际中心3305室
邮编：100020
电话：010–58703300（总机）
传真：010–58703301
邮箱：ciwen@ciwen.tv

北京小马奔腾影视文化发展有限公司

领导成员：
董事长：李明
内设机构：
策划部、演艺经纪部、资源整合部、宣传部、发行部、行政部、财务部
地址：北京市朝阳区亚运村汇欣大厦B座509 – 516
邮编：100101
电话：010 – 84990260
网址：www.htvfilm.com.cn

北京荣信达影视艺术有限公司

领导成员：

法人：李少红

地址：北京市朝阳区霄云路26号鹏润大厦B座2603室

邮编：100016

电话：010－84583121/0539/3046

北京中博世纪影视传媒有限公司

领导成员：

董事长：陈伟明

发行人：马勇军

地址：北京市海淀区西三环北路50号豪柏公寓B2座1702室

邮编：100044

电话：010－68435703/04/05

传真：010－68435702

网站：www.zonbo.com.cn

北京艺德环球文化艺术有限公司

领导成员：

总裁：肖岗

地址：北京市朝阳区东三环北路38号北京国际中心3号楼806

邮编：100026

电话：010－65125736 / 37 / 38

传真：010－65127533

网址：www.uce.com.cn

获奖作品

2011/《北京广播影视年鉴》

——记录行业情况　服务业内和社会——

2010年北京人民广播电台获奖情况

奖项名称	获奖作品	体 裁	届 数	奖项等级	获奖部门及人员
中国新闻奖	探访大学生就业之路	广播系列	20届	一等奖	新闻广播
中国新闻奖	城市零距离	新闻专栏	20届	一等奖	城市服务管理广播
中国新闻奖	北京新闻（10月2日）	广播编排	20届	二等奖	新闻广播 谢先进 李彬
中国新闻奖	北汽收购萨博全部知识产权，开中国汽车企业海外收购先河	广播消息	20届	三等奖	交通广播 戚天
中国播音主持金话筒奖		播音主持		主持人奖	交通广播 李莉
中国播音主持金话筒奖		播音主持		作品奖	体育广播 张婧琳
北京新闻奖	北汽收购萨博全部知识产权，开中国汽车企业海外收购先河	长消息	第19届	一等奖	交通广播 戚天
北京新闻奖	探索大学生就业之路	系列报道	第19届	一等奖	新闻广播、城市服务管理广播 集体
北京新闻奖	北京最帅交警孟昆玉	专题	第19届	一等奖	交通广播 程艳 顾一菲
北京新闻奖	见证辉煌——北京电台庆祝新中国成立60周年十一特别直播节目	特别节目	第19届	一等奖	新闻广播、城市服务管理广播 集体
北京新闻奖	资讯早八点	栏目	第19届	一等奖	新闻广播
北京新闻奖	历时8年北京“煤改电”工程圆满完成	短消息	第19届	二等奖	新闻广播 章萍
北京新闻奖	北京新闻(10月2日)	新闻编排	第19届	二等奖	新闻广播 谢先进 李彬
北京新闻奖	聚焦神木全民免费医疗	新闻访谈	第19届	二等奖	新闻广播 桑丹
北京新闻奖	走进志愿者——杨廷椿院长和他的社区法律咨询小组	对象性节目	第19届	二等奖	故事广播 马维
北京新闻奖	车船税七五折优惠，将造成上亿税款损失	短消息	第19届	二等奖	交通广播 关文平
北京新闻奖	城市零距离	栏目	第19届	二等奖	城市服务管理广播
北京新闻奖	土地入股分红，为何村民有怨言	连续报道	第19届	三等奖	城市服务管理广播 王晓颖

续 表

奖项名称	获奖作品	体 裁	届 数	奖项等级	获奖部门及人员
北京新闻奖	本市保障房举行首个“工地开放日”活动	消息	第19届	三等奖	新闻广播 陆健
北京新闻奖	盛世大阅兵 和平的承诺	评论	第19届	三等奖	新闻广播 林俐 马骏
北京新闻奖	电波中的国庆记忆	公众性节目	第19届	三等奖	总编室 周晶
北京新闻奖	汶川地震一周年特别节目：什邡，一个城市的重生	特别节目	第19届	三等奖	城市服务管理广播 章维 高波 张锋

（北京电台供稿）

2010年北京电视台获奖情况

奖项名称	获奖作品	体 裁	届 数	奖项等级	获奖部门及人员
维也纳国际青少年音乐节比赛	七色光艺术团	合唱	第4届	“至高荣耀”金奖	卡酷
Promax&BDA Asia(誉为电视包装行业奥斯卡)	卡酷	频道	2010年度	最佳在播频道品牌	卡酷
中国新闻奖	乡村新发现	系列片	20届	三等奖	新闻(张亮 张东林 张晓鲁 兰玲 李光军 石云 金蕾 何涛 冯超 武江)
中国新闻奖	晚间新闻报道	编排	20届	三等奖	新闻
中国电视金鹰奖	档案之绝密飞行	纪录片	25届	优秀电视纪录片奖	卫视
中国电视金鹰奖	我爱你 中国	纪录片	25届	优秀电视纪录片奖	
中国电视金鹰奖	环球春晚	晚会	25届	优秀电视文艺节目奖	海外
中国电视金鹰奖	动画春晚	晚会	25届	优秀动画片奖	动画
中国电视金鹰奖	网络互动春晚	晚会	25届	电视文艺节目提名奖(三等奖)	文艺
金鹰电视艺术节电视艺术论文评选	网络媒体的强制性传播和反传播现象探析	论文	8届	理论类三等奖	研发部(高菲 陆地)
播音主持金话筒奖		播音主持			新闻(王业)

续表

奖项名称	获奖作品	体裁	届数	奖项等级	获奖部门及人员
播音主持金话筒奖		播音主持			海外(姜华)
白玉兰奖（总局、上海市政府）	媳妇的美好时代	电视剧	16届	最佳电视连续剧银奖	影视
白玉兰奖（总局、上海市政府）	媳妇的美好时代	电视剧	16届	最佳编剧奖	影视
白玉兰奖（总局、上海市政府）	媳妇的美好时代	电视剧	16届	最佳女演员奖	影视
白玉兰奖（总局、上海市政府）	我们小孩有力量	动画片	16届	最佳国产动画片创意奖	卡酷
中国协奖	法治进行时	栏目		现场直播和特别节目类一等创优法制类节目	科教
中广协奖	十岁男童被劫持，警方两小时解救	消息		消息和评论类二等创优法制类节目	新闻
中广协奖	京郊大地	栏目		三等创优电视栏目	公共
中广协奖	北京最美乡村候选村展播系列片	专题片		二等创优专题类作品	公共
中广协奖	大家说法	栏目		全国十佳法制栏目	科教
中广协奖	经济法眼	栏目		全国十佳法制栏目提名	财经
中广协奖	侯氏恩怨几时休			谈话和故事类二等创优法制类节目	
中广协奖				全国十佳法制节目主持人	财经(宁晓川)
全国优秀电视文化栏目暨大型节目推荐（总局中视艺委会）	这里是北京	栏目	2届		公共(李欣)
全国优秀电视文化栏目暨大型节目推荐（总局中视艺委会）	北京记忆	系列片	2届	优秀大型纪录片	新闻(袁子勇)

续表

奖项名称	获奖作品	体 裁	届 数	奖项等级	获奖部门及人员
全国优秀电视文化栏目暨大型节目推荐（总局中视艺委会）	我爱你中国		2届	优秀大型纪录片	王宇
全国优秀电视文化栏目暨大型节目推荐（总局中视艺委会）	江山如画		2届	优秀大型纪录片	海外(杜研)
全国优秀电视文化栏目暨大型节目推荐（总局中视艺委会）	档案		2届		吕军
全国优秀电视文化栏目暨大型节目推荐（总局中视艺委会）	环球春晚		2届		海外(严葳)
全国优秀电视文化栏目暨大型节目推荐（总局中视艺委会）	国际双行线		2届		海外(严葳)
全国优秀电视文化栏目暨大型节目推荐（总局中视艺委会）	动画春晚		2届		卡酷(曾伟京)
全国优秀电视文化栏目暨大型节目推荐（总局中视艺委会）	中华文明大讲堂		2届		科教(于瀛)
电视戏曲节目评选（中广协）	北京京剧票友段位评授季	晚会	7届	晚会类创优一等奖	文艺(孔洁 吴国华 李雪平 龚宁 马鸥)
电视戏曲节目评选（中广协）			7届	优秀主持人奖	文艺(孔洁)
百家电视文艺节目评选（中广协文艺委）	金话筒奖颁奖盛典	晚会	2010届	晚会类一等奖	卫视
全国青少年电视节目动画作品创优评析（中广协通联部）	天天悦读汇－俺爹俺娘	专题		二等优秀节目	青少(崔笑田 尤鑫 文文 车洁 李纯 贾广伟 瞿恬)
全国少儿节目精品及动画精品评审（总局）	卡酷	频道	2009年度	全国优秀动画频道一等奖	卡酷
新中国60周年电视文艺节目评选（中视协）	天天影视圈－电影奇迹	特别节目		好作品奖	文艺(唐荦 宋毅 李佳)

续表

奖项名称	获奖作品	体 裁	届 数	奖项等级	获奖部门及人员
春节晚会暨春节特别节目评选（中视协）	2010年BTV春晚	晚会	2010年度	最佳作品奖	文艺
春节晚会暨春节特别节目评选（中视协）	2010年BTV网络互动春晚	晚会	2010年度	最佳作品奖 创新作品奖	文艺
春节晚会暨春节特别节目评选（中视协）	2010年BTV环球春晚	晚会	2010年度	最佳作品奖	海外
春节晚会暨春节特别节目评选（中视协）	每日文娱播报十年	特别节目	2010年度	最佳作品奖	文艺
春节晚会暨春节特别节目评选（中视协）	天天影视圈虎虎一家亲	特别节目	2010年度	创新作品奖	文艺(唐莘 宋毅 李佳)
春节晚会暨春节特别节目评选（中视协）	北京最美丽的乡村主题晚会	晚会	2010年度	优秀作品奖	公共
盛视2010年春节电视文艺晚会评选（中广协）	北京电视台		2010年度	最佳组织奖	
盛视2010年春节电视文艺晚会评选（中广协）	2010年BTV网络互动春晚	晚会	2010年度	综合类一等奖	文艺
盛视2010年春节电视文艺晚会评选（中广协）	2010年BTV动画春晚	晚会	2010年度	综合类一等奖	卡酷
盛视2010年春节电视文艺晚会评选（中广协）	2010年BTV春晚	晚会	2010年度	综合类二等奖	文艺
盛视2010年春节电视文艺晚会评选（中广协）	2010年BTV环球春晚	晚会	2010年度	综合类三等奖	海外
盛视2010年春节电视文艺晚会评选（中广协）	崇高的荣誉－法制晚会	晚会	2010年度	综合类三等奖	科教
盛视2010年春节电视文艺晚会评选（中广协）	暖－2010爱心互助大型义演	晚会	2010年度	综合类三等奖	文艺
盛视2010年春节电视文艺晚会评选（中广协）	龙飞凤舞二人转	晚会	2010年度	综合类三等奖	文艺

续表

奖项名称	获奖作品	体 裁	届 数	奖项等级	获奖部门及人员
盛视2010年春节电视文艺晚会评选（中广协）	卡酷全国少儿大联欢	专题片	2010年度	综合类三等奖	卡酷
盛视2010年春节电视文艺晚会评选（中广协）	2009年北京最美的乡村主题晚会	晚会	2010年度	综合类三等奖	公共
盛视2010年春节电视文艺晚会评选（中广协）	2010BTV网络互动春晚	晚会	2010年度	（单项）摄像奖	文艺
盛视2010年春节电视文艺晚会评选（中广协）	2010BTV网络互动春晚	晚会	2010年度	（单项）音响设计奖	文艺
盛视2010年春节电视文艺晚会评选（中广协）	2010BTV网络互动春晚舞者－刘岩	晚会	2010年度	（单项）舞蹈表演奖	文艺
盛视2010年春节电视文艺晚会评选（中广协）	2010BTV春晚	晚会	2010年度	（单项）导演奖	文艺
盛视2010年春节电视文艺晚会评选（中广协）	2010BTV春晚绽放	晚会	2010年度	（单项）舞蹈编导奖	文艺
盛视2010年春节电视文艺晚会评选（中广协）	2010BTV春晚虎跃中华	晚会	2010年度	（单项）舞蹈编导奖	文艺
盛视2010年春节电视文艺晚会评选（中广协）	2010BTV春晚	晚会	2010年度	（单项）舞美设计奖	文艺
盛视2010年春节电视文艺晚会评选（中广协）	2010BTV春晚	晚会	2010年度	（单项）灯光设计奖	文艺
盛视2010年春节电视文艺晚会评选（中广协）	2010BTV春晚	晚会	2010年度	（单项）视频设计奖	文艺
盛视2010年春节电视文艺晚会评选（中广协）	2010BTV春晚2010BTV春晚	晚会	2010年度	（单项）视频特效奖	文艺

续表

奖项名称	获奖作品	体 裁	届 数	奖项等级	获奖部门及人员
盛视2010年春节电视文艺晚会评选（中广协）	2010年BTV《阳仔演笑会》	晚会	2010年度	（单项）语言表演奖	文艺
盛视2010年春节电视文艺晚会评选（中广协）	2010年BTV动画春晚	晚会	2010年度	（单项）视频特效奖	卡酷
盛视2010年春节电视文艺晚会评选（中广协）	2010年BTV动画春晚	晚会	2010年度	（单项）晚会撰稿奖	卡酷
盛视2010年春节电视文艺晚会评选（中广协）	崇高的荣誉－法制晚会	晚会	2010年度	（单项）晚会撰稿奖	科教
盛视2010年春节电视文艺晚会评选（中广协）	2010BTV春晚	晚会	2010年度	（单项）晚会主持人奖	文艺
《解放中国》联合采访（中广协）	子年北京—拂晓的城	纪录片		二等节目	科教（徐滔 陈虎 李冰 董金 明冷威 刘颂 李镇 丁永文）
中国电视节目包装评选（中视协文艺委）	BTV文艺频道节目导视系统		第1届	导视类最佳作品	文艺
中国电视节目包装评选（中视协文艺委）	BTV文艺频道宣传		第1届	宣传片类优秀作品	文艺
记录中国（中广协纪录片委）	80后调查	系列片	第4届	社会报道类优秀节目大奖	青少
中国旅游电视艺术周（中视协）	南京—难京	专题片	第3届	专题类最佳奖（一等奖）	公共
中国旅游电视艺术周（中视协）	四海漫游	栏目	第3届	栏目类优秀奖（二等奖）	公共
中国旅游电视艺术周（中视协）	北京打造旅游休闲计划工程	新闻	第3届	报道类优秀奖（二等奖）	新闻
中国旅游电视艺术周（中视协）	北京国际旅游文化节开幕	新闻	第3届	报道类好作品奖（三等奖）	新闻
中国电视纪录片评选（中视协纪学委）	子年北京	纪录片		纪录片系列片好作品	科教（徐滔 陈虎 李冰 董金 明冷威 刘颂 李镇 丁永文）

续表

奖项名称	获奖作品	体 裁	届 数	奖项等级	获奖部门及人员
抗灾救灾优秀电视作品总结推选(中视协)	四川广汉列车坠桥大营救	专题片		电视专题报道优秀奖	
科技创新奖（总局）	雪豹迷踪		2009年度	科普奖二等奖	科教(李志国 蓝霖 高艺微 张媛媛 李维韦 阚超)
科技创新奖（总局）	淡定如兰－唐由之		2009年度	科普奖二等奖	科教(李志国 蓝霖 潘续 颜黎 方怀 卢迪)
科技创新奖（总局）	梅花院士－陈俊愉		2009年度	科普奖三等奖	科教(李志国 蓝霖 高艺微 付紫薇 卢青 卢迪)
科技创新奖（总局）	有功夫的护花使者		2009年度	科普奖三等奖	科教(李志国 蓝霖 高艺微 卢志洁 万静霞 王健)
科技创新奖（总局）	奥运科技之光－老孙家的花样奥运		2009年度	科普奖三等奖	科教(李志国 蓝霖 高艺微 卢志洁 万静霞 王健)
未来之星（中企杂志、浦发行、联想）	卡酷	频道	2010年度	最具成长性新兴企业	卡酷
中国商务好新闻奖（商务部）	正面回应贸易报复说警惕贸易保护主义抬头	专题	第1届	中国商务好新闻奖	新闻(赵蕾)
《综艺》年度节目奖（总局、IDG集团）	养生堂	栏目	第3届	《综艺》年度节目奖	科教
推进电视产业发展征文（中广协研究委）	广电产业如何应对三网融合的市场变局	论文		一等奖	研发部(高菲)
北京新闻奖	北京法官两度捐献骨髓	长消息	第19届	一等奖	新闻(罗嘉 元伟 楚健)
北京新闻奖	艾滋母亲生下健康宝贝	长消息	第19届	一等奖	新闻(周宇 雷志军)
北京新闻奖	急速升温 解读09楼市新现象	新闻访谈	第19届	一等奖	财经(周泳 杨晓轩 丁莉 宋北光 王瑜 姚长盛 沈军)
北京新闻奖	我爱你中国	系列片栏目	第19届	一等奖	新闻(张晓 张亮 袁子勇 吴群 张民 陈岳 李烨 王宇 米红 柴济东 付海龙 刘建光 成强 王建)

续表

奖项名称	获奖作品	体 裁	届 数	奖项等级	获奖部门及人员
北京新闻奖	北京新闻		第19届	一等奖	新闻
北京新闻奖	乡村新发现	系列报道	第19届	二等奖	新闻(张亮 张冬林 张晓鲁 李光军 石云 李玲 刘非非 谢小岩 刘彤 金蕾 兰玲 杨硕 王丽晓 任晓松 李莲 张梦瑶 冯超)
北京新闻奖	天降神兵 解救人质	短消息	第19届	二等奖	新闻(周宇 陈军)
北京新闻奖	无与伦比的奥运 永远珍藏的回忆	新闻访谈	第19届	二等奖	新闻(韦嘉 李琪 王晓龙)
北京新闻奖	追忆钱学森	专题片	第19届	二等奖	科教(潘续 姜文婷 李林蔚 王健)
北京新闻奖	天天体育	栏目	第19届	二等奖	体育
北京新闻奖	防控H1N1流感 我国采取严格措施	长消息	第19届	三等奖	新闻(贾湧强 金谊)
北京新闻奖	科学发展 百项实践	系列报道	第19届	三等奖	新闻(张亮 艾冬云 张冬林 周永萍 张晓鲁 陈楠 陆放 闫丰涛 朱虎)
北京新闻奖	晚间新闻报道	新闻编排	第19届	三等奖	新闻(艾冬云 张冬林 张文天 柏广群 李颖 陈军 朱晔 田刚 李晓军)
北京新闻奖	中国研发 第三代基因测序仪	短消息	第19届	三等奖	新闻(任效松 尹磊)
北京新闻奖	商海盛宴－北京影响力大型公益评选活动	组织策划	第19届	三等奖	财经(周泳 岳民 杨晓轩 王春元 赵曼 梁少君 郑雪涛 郭婷 田春红 叶枫)
北京新闻奖	草原寻狼	长纪录片	第19届	三等奖	卫视(吴志勇 李丹 李力 徐云彤)
市宣传人大好新闻奖(市宣部人大记协)	北京议事厅	栏目	第6届	好新闻奖特别奖	财经

续表

奖项名称	获奖作品	体 裁	届 数	奖项等级	获奖部门及人员
市宣传人大好新闻奖（市宣部人大记协）	纪念北京市人大设立常委会30周年	系列报道	第6届	好新闻奖特别奖	财经
市宣传人大好新闻奖（市宣部人大记协）	纪念北京市人大设立常委会30周年	新闻	第6届	电视新闻类三等奖	财经(江沛)
市宣传人大好新闻奖（市宣部人大记协）	关注北京运河水系综合治理	新闻	第6届	电视新闻类一等奖	财经(江沛)

（北京电视台供稿）

2010年北京电视艺术中心有限公司获奖情况

剧 名	奖项名称
春草	第十届中日韩电视制作论坛苏州杯影视奖； 第25届中国电视金鹰奖电视剧提名奖。
咱爸咱妈六十年	“2009年度北京市广播影视奖”电视剧优秀奖。
金婚	北京影视春燕奖“最佳长篇电视剧奖”、“最佳导演奖”和“最佳男主角奖”； 济南电视台2010年度最佳收视奖。

（北京电视艺术中心有限公司供稿）

2010年北京中北电视艺术中心有限公司获奖情况

剧 名	奖项名称
对手	莫斯科第十二届国际侦探电影电视节最佳电视剧奖（2010年4月） 荣获第十二届欧亚电视广播论坛特别奖
内线	（2010年5月9日纪念二战胜利在乌克兰英雄城市塞瓦斯托波尔举行）欧洲第六届共赢国际电视节最高奖项——“共赢”国际电视节一等奖

（北京中北电视艺术中心有限公司供稿）

2010年北京北广传媒移动电视有限公司获奖情况

奖项名称	获奖作品	体裁	届数	奖项等级	获奖部门及负责人
中国新闻奖	百姓心目中的好交警——孟昆玉	专题	20	三等奖	王琛、刘军
中国广播影视大奖提名	四百万辆机动车意味着什么	系列报道		提名奖	何赫、李信扬
北京新闻奖	百姓心目中的好交警——孟昆玉	专题	19	二等奖	王琛、刘军
北京新闻奖	四百万辆机动车意味着什么	系列报道	19	二等奖	何赫、李信扬
北京新闻奖	801路公交车推出“导游式服务”	短消息	19	三等奖	何赫、李信扬

（北京北广传媒移动电视公司供稿）

2010年北京紫禁城影业有限责任公司获奖情况

剧 名	奖项名称
第一书记	（2010）市委组织部、市委宣传部颁发的荣誉证书 （2010）北京青少年公益电影节组委会特别奖
铁 人	（2010）2009年度市广播影视奖电影优秀奖
香巴拉信使	（2010）首届北京电影春燕奖最佳故事片奖
万家灯火	（2010）2009年度北京市广播影视奖电影优秀奖
走四方	（2010）2009年度北京市广播影视奖电影优秀奖

（北京紫禁城影业公司供稿）

华谊兄弟传媒股份有限公司获奖情况

剧名	奖项名称
非诚勿扰	1、第30届百花奖最佳导演奖（冯小刚）
风声	1、第17届北京大学生电影节最佳影片奖 2、第17届北京大学生电影节最受欢迎男演员奖（黄晓明） 3、第十届华语电影传媒大奖百家传媒年度致敬电影 4、第十届华语电影传媒大奖新世纪十年十佳电影 5、第30届百花奖最佳男配角奖（苏有朋） 6、2010年华鼎电影观众满意度调查十大最爱国语片
全城热恋	1、第17届北京大学生电影节最佳新人奖（井柏然）
唐山大地震	1、2010年度中国电影排行榜内地票房冠军奖 2、2010年度中国电影排行榜最具票房号召力导演（冯小刚）
狄仁杰之通天帝国	1、第47届金马奖最佳视觉效果奖（南相宇 李庸基） 2、2010年度中国电影排行榜内地票房第四名
非诚勿扰Ⅱ	1．2010年度中国电影排行榜年度最具票房号召力女演员（舒淇） 2．2010年度中国电影排行榜内地票房季军

（华谊兄弟传媒有限公司供稿）

2010年海润影视制作有限公司获奖情况

剧 名	奖项名称
沧 海	2010年中国广播电视协会授予的 中国最具网络影响力的十大电视剧
沧 海	中国版权保护中心授予的 2010CPCC“十大中国著作权人”

（海润影视制作公司供稿）

2010年鑫宝源影视投资有限公司获奖情况

剧名	奖项名称
我的青春谁做主	中宣部精神文明建设“五个一工程”奖 第25届中国电视金鹰奖优秀电视剧奖 获“2009年度中国最具影响力电视剧”荣誉 第九届中日韩电视制作者论坛大奖 2010年中国广播电视协会全国十佳电视剧优秀作品 2011年第28届“飞天奖”一等奖

（鑫宝源影视投资有限公司供稿）

第十六届春燕奖获奖名单

2010年9月25日颁奖

第16届北京影视“春燕奖”颁奖表彰晚会2010年9月25日在北京电视台举行。电影《香巴拉信使》等18个作品及个人获得首届北京电影春燕奖，长篇电视剧《金婚》等37个电视作品及个人获得第16届北京电视春燕奖。曾伟京、赵宝刚、张光北等10人荣获第6届北京电视十佳工作者称号，亚宁、卢奇、陆川等10人荣获第3届北京电影十佳工作者称号。本届北京影视“春燕奖”由北京电视台、北京视协承办，中共北京市委宣传部、北京市人力资源和社会保障局、北京市文联、北京市广播电影电视局、北京视协共同表彰。

第十六届北京电视春燕奖暨首届北京电影春燕奖获奖名单如下：

电视篇：

最佳长篇电视剧：《金婚》
最佳电视剧导演：郑晓龙《金婚》
最佳电视剧编剧：高满堂《北风那个吹》
最佳电视剧男主角：张国立《金婚》
最佳电视剧女主角：闫妮《北风那个吹》
最佳电视剧男配角：梁冠华《星火》
最佳电视剧女配角：马苏《北风那个吹》
最佳电视剧制片奖：吴 毅《士兵突击》
组委会特别奖：《士兵突击》 八一电影制片厂、北京华谊兄弟娱乐投资有限公司
最佳电视剧摄像奖：智磊《胭脂雪》
最佳电视剧美术奖：靳喜武《雾柳镇》
最佳电视剧录音奖：魏晓辉《星火》
最佳电视剧歌曲奖：《北风那个吹》片尾曲《那时候》作曲 邹 野
最佳电视剧化妆奖：刘敬东《最后的王爷》
最佳电视剧服装奖：侯云怡《胭脂雪》
最佳电视剧剪辑奖：战海红《最后的王爷》
最佳电视剧道具奖：孙燕滨《最后的王爷》
最佳电视剧照明奖：董邦师《最后的王爷》
最佳电视文艺节目导演奖：孙仝《北京电视台2007年度影视盛典》
最佳电视文艺节目摄像奖：姜力《2008北京新春大联欢——2008北京电视台春节联欢晚会》
最佳电视文艺节目歌曲作品奖：孙继范《和谐家园》
最佳电视纪录片编导奖：傅琼《岔道城》
最佳电视纪录片摄像奖：窦焱、李力《岔道城》
最佳电视纪录片录音奖：刘祺《北京记忆》
最佳电视美术片编剧奖：邹静之《福娃奥运漫游记》
最佳电视美术片导演奖：曾伟京《福娃奥运漫游记》
最佳电视美术片形象设计奖：沈乐平《秦时明月》

第六届电视十佳工作者：

滕站、赵宝刚、刘沙、李学雷、李春立、邹小提、张谦、陈宏、曾伟京、张光北

电影篇：

最佳故事片奖：《香巴拉信使》
最佳导演奖：冯小刚《集结号》

最佳编剧奖：李檣《姨妈的后现代生活》
最佳电影男主角奖：周星驰《长江七号》
最佳电影女主角奖：赵薇《画皮》
最佳电影男配角奖：侯勇《八月一日》
最佳电影女配角奖：宋佳《好奇害死猫》
最佳新人新作奖：冯振志《隐形的翅膀》
最佳纪录片奖：《筑梦 2008》
最佳科教片奖：《地震灾后重建家园》
最佳美术片奖：《猴王出世》
最佳电视电影奖：《棋王和他的儿子》
最佳儿童片奖：《宝葫芦的秘密》
最佳合拍故事片奖：《好奇害死猫》
最佳摄影奖：王小烈《云水谣》
最佳美术奖：雷楚雄《画皮》
最佳音乐奖：邹野《云水谣》
最佳录音奖：王乐文、李安磊、安韶峰《八月一日》

第三届电影十佳工作者：

于冬、卢奇、亚宁、巫刚、陆川、岳红、张同道、陈大明、赵慧利、黄丹

（摘自《北京文联网》）

经 验

2011／《北京广播影视年鉴》

——记录行业情况　服务业内和社会——

加强基层党建 服务科学发展

——北京市广电局开展创先争优活动的主要做法

李春良

2010年4月份以来，北京市广播电影电视局党组认真落实中央决定和市委的统一部署，在市委宣传部、市直机关工委和广电总局的领导指导下，紧密结合广播影视实际，以“加强基层党建工作，服务广电科学发展”为主题，深入组织开展了创先争优活动。18个党支部、130多名党员行动迅速，热情高涨，全局上下创先争优的措施有力、氛围浓厚、效果明显。主要做法是：

一、加强领导，全力落实

全市动员大会之后，我局领导班子及时组织了学习，大家深刻认识到，开展创先争优活动，是党中央在十七大上部署党的建设工作时明确提出的两大活动之一，是巩固和拓展全党深入学习实践科学发展观活动的重要举措，是党的建设的一项重要的经常性工作，开展好这项活动，对于完善首都广播影视科学发展的长效机制，对于激发各级党组织和广大党员的生机活力，对于促进各级党组织和广大党员牢固树立全心全意为人民服务的宗旨，对于推动基层党建工作更好地服务首都广播影视中心工作、促进广电行业大发展大繁荣，都具有十分重要的意义，全局各级党组织一定要扎扎实实组织开展好这项活动。在统一思想认识的基础上，我局成立了由党组书记任组长，副书记和纪检组长任副组长的领导小组及办公室，各党支部也普遍成立了由支部书记任组长的创先争优活动工作小组，形成了领导抓、抓领导，一级抓一级，层层抓落实的运行机制，为推进此项活动的顺利开展提供了组织保证。在认真准备的基础上，4月底召开了由全体支部书记参加的动员大会，领导小组组长、副组长全部出席，局领导亲自部署，提出了“高度重视、加强领导，抓好落实、务求实效，注意统筹、协调推进”的要求。在活动实施期间，创先争优活动办公室同志又对各支部进行全程督导检查，办公室成员主动参加各支部的重要活动，及时掌握各支部在各阶段活动的进展情况，同时进行具体指导，帮助解决实际问题，提出加强和改进的意见，防止形式主义，防止走过场，确保质量，务求实效。根据各支部落实情况，5月下旬我局召开了创先争优活动推进会，各支部书记汇报交流工作，局领导认真点评，既肯定成绩，又指出不足，强调了下一步的工作内容和要求，进一步推动了创先争优活动的深入开展。6月底我局召开了纪念建党89周年暨“群众心目中的好党员”表彰大会，宣读局党组的表彰决定，局领导为优秀党员颁发奖章和证书，优秀党员代表介绍先进事迹，局党组书记讲话，对共产党员如何发挥先锋模范作用提出了新要求。

二、结合实际，定好方案

局党组坚持贴近实际、突出特色、有序推进的原则，反复酝酿，多次征求各级、各部门、各支部意见，制定了《北京市广播电影电视局开展创先争优活动实施方案》，明确了总体要求、活动目标、主要内容、活动载体、活动方式、组织领导等各方面内容，切实增强了方案的针对性、操作性和实效性。除中央和市委的规定动作外，还根据全市广电行业发展和广电党建的实际情况，明确提出全局创先争优活动的主题是"加强基层党建工作，服务广电科学发展"；在党员中广泛开展"我是党员我承诺"活动。各支部的活动方案在做到"三个明确"（明确组织领导、明确活动内容、明确工作措施）的同时，紧密结合各自实际，采取召开座谈会和"我为组织建一言"等形式，广泛征求群众意见，制定了各具特色的活动计划。比如宣管处党支部针对区县宣传力量薄弱的实际，在创先争优活动中将继续开展"请专家送基层"活动，组织广电行业高水平的专家学者，无偿为区县广电中心培训宣传业务骨干，既满足广大区县干部的需求，又结合了宣传业务工作，同时也能探索建立"三进两促"的长效机制。电影处党支部针对部门新成立的实际，提出在创先争优活动中全面推进月度工作事项安排及考评机制等管理办法的落实工作，确保各项制度发挥作用和效力。网管处党支部在活动中深入到管理对象——北京网尚文化传播公司开展"进企业、送服务、促发展"活动，为企业送去相关书籍和管理法规，听取企业对基层党建以及我市网络视听产业发展的建议，共同研讨网络文化发展工作，受到企业欢迎。法规处在活动中积极协调推动广播影视十二五规划的制定工作，经过反复论证，目前初稿已经完成。

三、把握关键，重在过程

在活动之初，局领导就在全局动员大会上明确提出，创先争优活动绝不是只评出几个先进集体和优秀个人，一定要抓好关键环节，组织好重点工作，在重结果的同时更要重过程。一是抓好全员动员。各支部普遍召开了动员会，在活动过程中又及时组织党员学习，重点学习胡锦涛总书记在全党深入学习科学发展观活动总结大会上的讲话、刘淇同志和王安顺同志在全市创先争优活动大会上的讲话精神和相关文件。消除模糊认识，理清思路，进一步统一思想，激发热情，调动广大党员的积极性和创造性，把党员先锋模范作用激发出来，把党组织政治核心作用强化起来。二是抓好作风建设和思想教育。局党组大力倡导调查研究，进一步规范了综合调研的组织程序和办法，5月份以来已多次开展多部门参加的大型调研。局工会积极组织形式多样的体育活动，广大党员群众精神饱满、热情高涨，机关氛围更加团结和谐。为加强党员队伍的思想教育，人事处和机关党委联合支部在党员中开展"责任胜于能力"大讨论活动，后勤中心支部开展"入党为什么、党员图什么、为党做什么"专题教育活动，计财处支部要求每个党员查找一个工作中的不足，明确一个努力方向等等，对提高党员队伍思想政治素质都起到积极地促进作用。三是抓好组织建设。有9个党支部先后完成了支部改选或增补副书记、委员工作，为基层开展创先争优活动提供了坚实的组织保障。其中：1名群众向党组织递交了入党申请书，2名积极分子被发展入党，4名预备党员转正，又为党组织增添了新鲜血液。四是抓好党员评议和考核。各支部普遍以"党性观念强不强、联系服务群众够不够、发挥先锋模范作用明显不明显"为主要内容，认真开展民主评议。在自我评议中，广大党员主动查找不足，客观地剖析自己；在互评中，党员们发扬光荣传统，认真而诚恳地开展批评，同时也自觉接受他人的批评，相互间既沟通了思想，又交换了意见。人事处和计财处等党支部在评议时，不管是局领导还是处级干部，作为一名普通党员，带头进行自我剖析，查找不足，认真听取党员群众意见，提出改进措施。通过评议、互帮互学的活动，党员们进一步统一了思想，加强了团结，促进了和谐。在民主评议时，各支部还吸收群众或群众代表参加，增强了评议的群众基础。在考核党员环节局党组统一制作了考核表，以"五带头"为考核标准，设计了五个方面、四个档次的考核分数，正式党员人人参加考核，各党支部以党员考核分数为基础，综合平时表现，研究提出共计20名“群众心目中的好党员”初步人选。经机关党委认真讨论，以无记名投票的方式提出了建议人选。最后经局党组集体研究以及群众公示，确定了10名“群众心目中的好党员”。五是抓好宣传。局党组培养树立了优秀共产党员典型在市级媒体上宣传，编发创先争优活动简报7期，机关党委和党支部制作宣传橱窗、板报4块，及时刊登上级主要精神、党组的安排部署和各支部的典型做法，局网站还及时上载了有关文件、工作动态，在全局上下营造了创先争优的良好氛围。

（在北京市宣传系统纪念建党89周年暨创先争优座谈会上的发言提纲，本文作者：北京市广播电影电视局党组书记、局长）

多措并举　求真务实
切实加强学习型党组织建设

杨淑琴

2010年以来，北京市广电局党组认真贯彻落实中央和市委关于建设学习型党组织的决策部署，在市委宣传部领导下，采取多种措施，坚持领导重视、以人为本、统筹协调，切实加强学习型党组织建设。

一是坚持不懈抓好中心组学习。每年年底年初，局党组都将根据新形势新任务，研究制定好中心组学习计划。今年，我们注重发挥机关处室的作用，由有关处室承包学习课题，比如，打造东方影视之都的课题，贯彻落实领导干部廉洁从政行为准则的课题等等，分别由主管处室联系老师授课。注重紧密结合中央和市委市政府的新要求，及时安排十七届五中全会、建设世界城市、上海世博会知识的学习，走出去、请进来，进行专家授课、辅导讲座等。今年7月，胡锦涛总书记在中共中央政治局第22次集体学习时对加强文化体制改革发表重要讲话，随后中央召开文化体制改革工作会议，局党组高度重视，在认真学习领导讲话和会议文件的基础上，分广播影视行政许可、公共服务体系建设、产业发展等三个方面内容，安排三次专题研讨会，就当前广播影视业发展的新问题研究改进措施。十七届五中全会后，我们还在学习原文、收看辅导报告的基础上，为领导干部安排了讨论题，进行专题讨论。今年以来，党组中心组已经开展学习及扩大学习14次，其中传达学习上级精神6次，请专家作报告或者收看报告录像5次，开展专题研讨3次，在局领导班子中已形成了学习、研究和落实的良好氛围。

二是探索开展“学习三人行”活动。为增强机关干部的全局意识和综合素质，我局广泛开展了“学习三人行”活动，由“小教员”给局里有需求的人员讲课。为了组织好这项活动，今年3月份，机关党委制定了实施方案，在机关支部书记会上进行了动员，各支部推荐了37名“小教员”和32课讲课内容汇集成《课程表》发给各支部，由各支部根据需求随时“点课”，不受时间和场地限制，机关党委从中积极给予协调。从4月17日开讲第一课到11月初，已经讲了14课， 220多人次听讲，“小教员”精心准备，各支部认真组织，内容涵盖广播影视法律法规、党纪条规、电影电视剧动画片业务知识、网络管理知识、公共预算、政务礼仪、房改政策、人事制度改革、广电发展简史等等，讲课形式不再是一人讲众人听的形式，上下联动，讨论热烈，不仅增强了党员干部对全局情况的了解，还对新科技、新知识等诸多方面信息加强了学习和积累。

三是认真组织好读书活动。从去年开始，我们建立了“每年向党员推荐一本好书”制度。去年推荐的是温总理的枕边书——《沉思录》，下发给全局党员做到人手一册，组织党员写读后感，开展优秀奖的评比。今年，我们为全体党员购买了刘淇书记推荐的《毛泽东箴言》，大家认真研读，很多同志在讲话和文章中经常引用，有一批党员自觉上交了读后感。此外，我们还为党组中心组成员订购了《学习活页文选》、《部级领导干部历史文化讲座》、《月读》等资料，为党支部书记订购了《沈浩日记》，帮助党员干部把读书当作一种自觉，提倡党员干部把读书当作一种习惯，强化党员干部把读书当作工作和生活的一种方式。

四是全面落实党员教育培训工作。坚持领导干部上党课制度。6月30日，我们在全局纪念建党89周年大会上，由局党组书记、局长李春良同志，为全体党员作了题为《共产党员要在首都广播影视大发展大繁荣的宏伟进程中当先锋做模范》的党课，要求广大党员要始终围绕一个中心（首都广播影视大发展大繁荣），增强两个素质（政治素质、业务素质），提升三种能力（学习能力、合作能力、创新能力），大兴四种作风（密切联系群众之风、求真务实之风、艰苦奋斗之风、批评与自我批评之风）。坚持党员轮训制度。6、7月份，我们组织了两批公务员能力建设和党员教育培训班，60多名党员干部首先在京集中学习，然后分别赴上海观摩世博会，参观南湖党的一大旧址；赴吉林学习考察当地经济文化发展情况，与吉林广电局进一步交流沟通，在杨子荣烈士陵园开展了红色教育。坚持经常性思想政治教育。两节前后，开展了保稳定、促和谐专题教育； 6月至8月，开展了“党在我心中、共祝祖国好”观影评影活动，集体观看了电影《复兴之路》、《第一书记》，召开了“立足本职、服务广电——《第一书记》青年观影座谈会”，很多党员干部撰写了电影观后感；十一前夕，开展了反邪教、保稳定专题教育；四季度，开展了十七届五中全会精神专题教育等等，进一步统一了党员干部的思想，提高了党员干部的认识。

（在北京市宣传系统学习型党组织建设工作会议上的发言提纲，本文作者：北京市广播电影电视局党组副书记、副局长）

北京市广播电影电视局深入开展“学习三人行”活动

单志忠

2010年以来，北京市广电局通过加强中心组学习、开展读书、党员轮训等多种方式，切实加强学习型党组织建设，特别是紧密结合实际，尝试开展了“学习三人行”活动，收到了显著成效。

一、活动内涵

“学习三人行”是一种内部培训形式。由局内学有专长、干有专长的骨干作为“小教员”，给其他部门的党员干部讲课。每期活动都有“小教员”、听课单位和机关党委三方人员参加，同时也暗合“三人行必有我师”的古训，所以叫作“学习三人行”。

二、基本做法

（一）上下结合，精心设计。近年来，中央强调要建设马克思主义学习型政党。2010年2月，中办发出《关于推进学习型党组建设的意见》，指出建设学习型党组织，是建设马克思主义学习型政党的基础性工程。此后，市委及市委宣传部也对此作出了安排。落实好中央和市委要求，以实际行动建设学习型党组织，是基层党组织必须担负起的重大而紧迫的政治任务。多年以来，我局有些党员干部由于受客观条件的限制，长期在一个部门、一个单位工作，专心于本岗位业务，对全局情况不是十分了解，这在一定程度上影响了干部素质和工作水平的提升。开展“学习三人行”活动，可以帮助党员干部学习相关业务，掌握全局情况，增强大局意识，既落实了上级关于加强学习型党组织建设的部署要求，又符合了党员干部的实际需求。在活动的具体操作环节，我们首先由各党支部从实际出发，推荐可以开设的课程和“小教员”。然后局机关党委对全部推荐课程进行汇总梳理，制成“课程表”在全局公开，由支部按需“点课”。局机关党委再根据各支部点课的内容和时间，进行必要的合并与调整，对点课方、“小教员”的有关事项进行协调。最后由点课党支部具体承办并全员参加，机关党委到场指导，请“小教员”进行培训。如多个支部点相同内容的课程，则由机关党委统一组织承办。

（二）高度重视，积极组织。为组织好这项活动，局党组责成机关党委事先开展了深入调研，征询了有关方面的意见和建议，在此基础上，制定了实施方案，到各支部面对面征集课程，在支部书记会上进行了动员。各支部非常重视，积极行动，全局党支部做到了个个有教员、个个有课程，有的支部推荐课程多达三四个，有的支部人人都是小教员，很多支部的书记亲自担任教员，还有的支部书记认真审改本单位教员的讲稿。一年来，各支部积极组织“学习三人行”活动，法规处在4月17日，利用周六的时间，举办了全局“学习三人行”活动第一课；宣管处利用中午组织了学习；作品审查中心围绕业务工作和干部实际需求，全年组织了5讲，党员干部受益匪浅。

（三）认真备课，精彩开讲。“学习三人行”活动中，小教员是最大的主角，他们讲课的水平，直接影响到活动的效果。在法规处举办的全局第一课上，监察处两位教员认真搜集党员领导干部廉洁从政行为准则的相关资料，既有与1997年试行版的对比，又有实际案例，深入浅出，与会人员深受教育。网管处的小教员，全面整理了网络文化发展和管理的相关资料，精心制作PPT讲义，已经给宣管处、计财处、机关党委、监察处等多个部门讲课，并有局领导亲身听课，受到了一致好评。在政务礼仪的讲课中，小教员精心设计了团队比赛、有奖问答环节，两个小时的课程在不知不觉中结束，前来观摩指导的上级领导给予了高度评价。很多小教员都事先准备了文字讲稿，在现场发给听课人员，有的讲稿多达两万字。有的小教员为讲好课，还事先进行了试讲。

三、主要特点

一是“小”——可以给一个部门这样的“小群体”讲课，在16次讲课中，最多的50多人，最少的只有六七人。根据实际需求，有多少人需求就组织多少人学习，不片面追求参加学习的人数，非常便于组织。

二是“快”——因为是内部人给内部人培训，可以随叫随到，不受时间和场地限制。

三是“活”——讲课中穿插着讨论、问答、比赛等，形式灵活，不拘一格。

四是“实”——工作中缺什么就学什么，需要什么就学什么，内容都是基层自己提出来的，实实在在。资料馆通过邀请后勤中心房管专业人员讲课，很快为职工办理了住房补贴，职工们说，“学习三人行”为他们办了件大好事。

五是“转”——请参加学习培训的单位自己选定时间，“你想什么时候学就什么时候学”，让党员干部由被动接受培训变成主动开展学习，一个角色转换，确保了学习时间，解决了工学矛盾。

四、初步成效

从2010年3月19日启动到年底，共开展学习培训16次，涵盖了法律法规、行政许可、影视业务、人事、财务、房改、礼仪、广电史等多方面内容，讲课中融入问答、讨论等元素，互动性强，听课人数超过230人次（全局在职人员平均每人听课约1.3次）。主要效果体现在：一是在全局营造了重视学习、坚持学习、崇尚学习的浓厚氛围；二是满足了党员干部的知识需求，提升了党员干部的全局观念和综合素质；三是加强了部门之间交流和理解，促进了和谐机关和团队建设；四是开展了相关工作和政策的学习宣讲，促进了工作开展和政策落实，得到干部群众的热烈欢迎和积极参与。

（本文刊登在《北京广播影视》2010年第11期，本文作者：北京市广播电影电视局机关党委专职副书记）

严格把好选人育人用人关
倾力打造过硬专业人才队伍的几点经验

北京人民广播电台党委

北京电台党委始终坚持把建设一支过硬的专业人才队伍作为兴台强台的根本大计，每年都围绕人才引进、培养、使用等问题专门进行研究，制定具体计划，投入财力物力，狠抓工作落实，特别是牢固确立“海纳百川，唯才是举”的人才理念，努力把好选人、育人、用人三个关口，有效提高了专业人才队伍建设水平，为电台事业的发展进步提供了有力的人才支撑。

一、坚持质量第一，做到优中选优，努力把好人才引进关

为降低人才培养成本、缩短人才培养周期，坚持把“关口”前移，在人才招聘和引进时就确立高起点，努力把那些基础好、素质全、潜力大的人才选进来。

一是精确“选才”。坚持开放性与精确性相结合，在面向社会、广开渠道的同时，根据我台专业人才需求的特殊性，逐渐把招聘和引进目标聚焦到与新闻专业对口的应届毕业大学生和社会专业人才上来。从2006年起，就开始把大学生招聘工作的重点集中在北京大学、清华大学、中国人民大学3所大学的新闻学院以及中国传媒大学，并在2008年与他们建立长期合作关系，把我台作为他们的毕业生实习基地，既便于学生接受锻炼、积累经验，又便于我们发现人才，为招聘工作打下良好基础。2008年以来，我们还通过每年举办一次“小DJ大不同”主持人大赛活动，面向全国选拔优秀播音主持人才，两次大赛过后，有8名获奖选手被正式录用，5名获奖选手进入实习考察阶段，其他获奖选手则纳入我台后备力量人才库。此外，随着我台产业化经营的快速发展，懂媒体、会经营尤其是精通投融资、网络、高级财务管理等方面的特殊人才日显匮乏，而这类人才在外部人才市场很难招聘到。对此，我们大胆突破，从2004年起开辟了通过人才猎头公司进行招聘的渠道，有效缓解了这方面的矛盾。

二是严格标准。为确保达到优中选优，从学历水平、所学专业、主要成绩、政治和思想道德素质等方面明确相应条件，进行全面考察、综合衡量。2006年以来招聘录用的93名大学毕业生中，硕士研究生以上学历高达66%，所学专业和岗位匹配率达到100%。

三是规范程序。坚持按规矩办事，围绕人才招聘和引进问题，建立起一套完整的程序，对每个环节都做出明确规定。如大学生录用，除满足招聘条件外，必须经过综合知识和专业知识考试、面试、实习四个程序。对大学生实习问题，也专门制定了具体的管理规定和审批程序，确保这项工作规范有序。

二、坚持德才并重，做到全面育人，努力把好人才培养关

打造过硬的专业人才队伍，把好入口是基础，培养提高是关键。为此我们：

一是立足自主培养。充分发挥我台在全国广播行业一直处于领先地位、拥有众多优秀专业人才这一优势，设立专门的培训机构，每年都根据全台需求制定培养计划，采取专题培训、以老带新等方法抓好各级各类专业人员的培训，从台领导到名主持、名编辑、名记者等各专业的骨干都担负一定的辅导任务。为进一步挖掘内部资源、提高培训质量，2009年还建立了内部师资库，选拔出25名同志作为内部培训师。近年来，每年都组织采编播人员进行一次封闭式集中轮训；对工程技术、财务、广告管理等专业人员，每年也采取短期培训、专题讲座、研讨讨论等形式进行培训。2004年以来共举办培训班84个，培训8000人次，并组织400多名干部参加了英语初、中、高级口语培训。我们特别重视新员工的培训。2007年台党委作出决定，今后新招收的大学毕业生，除坚持搞好入职教育外，还要安排到国内艰苦地区进行培训锻炼。当年就组织新入台员工22人到新疆和田广播电台进行2个月的培训锻炼；2008年因奥运报道任务重，没有组织大学生去锻炼；2009年在总结吸取2007年经验教训的基础上，又组织新入台员工16人到延安广播电台进行了44天的培训锻炼，培训后指定一位业务能力强、素质全面的老员工对新员工进行传帮带。

二是借助外部力量。为提高人才培养的层次和水平，坚持内外结合，在自主培训的基础上充分借助外部师资力量。在台内举办的各类培训中，基本上每次都聘请有关专家、学者进行辅导。2006年以后，还把人才培养的触角延伸到国门之外，共选派60多名采编播和技术业务骨干到加拿大、美国、英国、澳大利亚等国外媒体、院校学习深造；5次邀请英国广播公司和荷兰广播公司的专家来台授课，培训人员达120人次。从2003年起，还面向社会开展了“听众喜爱的主持人”和“听众喜爱的名牌栏目”评选活动，催生了一批在社会上立得住、叫得响的“广播明星”和“名牌栏目”。

三是注重全面提高。作为党和人民的“喉舌”、首都重要新闻媒体之一，在专业人才队伍培养上，我们既注重专业知识的培训，更注重综合素质的提升，特别是围绕如何把握正确舆论导向、怎样提高舆论引导水平等问题，认真抓好政治理论、宣传精神、宣传纪律的学习，扎实开展“三项学习教育”活动，不断提高大家的思想政治素质。2008年还启动了企业文化建设，总结提炼了我台企业文化理念体系和员工行为规范，建立了台史展，着力用我台建台60年来所积淀的优秀文化、优良传统来影响和熏陶全体员工，取得了初步成效。

三、坚持优化环境，做到才尽其用，努力把好人才使用关

树立正确的用人导向，使各类专业人才真正受到尊重、得到“重用”，才能留住人才，进而催生和吸引更多的人才，实现专业人才队伍建设的良性循环。因此，我们注重“量”才使用，根据各类人才的个体特点，尽可能地把他们安排到最有利于发挥自己专长、实现自身价值的工作岗位。专业技术能力强的业务尖子，安排到重要专业岗位委以重任。对那些政治业务素质比较全面、又有一定管理能力的，则列入处级后备干部，并积极鼓励他们参加处、科级领导岗位的竞争上岗，坚持在同等条件下优先提拔使用。2004年以来已经有20人从专业技术岗位调整到相关职能技术部门和专业台担任主任助理、台长助理，其中6人已走上副处级领导岗位；39人被提拔为正、副处级领导干部，其中4人又从副职领导升任正职领导；还有1名业务素质强、政治素质好、有一定社会知名度和影响力的同志被我们推荐担任市政协委员并顺利当选。在切实把人才用好的同时，我们还注重健全和完善激励机制，每年都召开全台大会，按照“优秀人才有奖、突出人才大奖、拔尖人才重奖”的原则，对获得全国和北京市各类奖项的集体和个人给予表彰、奖励；于2004年在采编播岗位设立首席记者、首席编辑、首席播音员、首席主持人评聘机制并给予一定的“首席”津贴，努力营造“一流人才、一流业绩、一流待遇”的良好导向。此外，认真贯彻以人为本理念，积极为大家排忧解难。如专门建立台长基金，帮助优秀业务骨干出版个人专著，等等。去年还帮助2名从外地引进的优秀人才办理了北京市落户手续。实践证明，这些措施有效激发了干部职工争当优秀人才的内在动力，也有效提升了我台的节目质量和社会影响力、知名度。

北京人民广播电台
节目创优机制的建立与实施

亢亚志

一、创优人才培养制度

北京电台的创优、评优机制是在电台完整的管理系统基础上建立的，其基础环节是创优人才培养制度。实践表明，节目质量的高低，关键在于采编播人员的整体素质。高素质的队伍从何而来，不是说说就能做到的，必须要有切实可行的培养措施。为此，北京电台把大力提高职工队伍的思想素质和业务水平，努力建设一支“政治强、业务精、纪律严、作风正”的队伍，作为可持续发展的一项重要工作来抓。

首先是每年都要进行多层次、多项目、多形式的队伍培训，如“采编播人员培训班”、“节目主持人培训班”、“宣传管理干部培训班”、“编播人员市场意识培训”等等。既有全台范围的统一培训，又有各专业广播的个性运作；既有综合性的业务讲座，也有专业化的个别指导；既有国内外专家授课、讲学，也有采编播人员的现身说法；既有全脱产封闭式的集中讲课，也有独立分散的业余自学。

其次是派员到国内外学习、考察，把同行的好经验、新知识吸收到我们的队伍中来。特别是近几年，为了适应媒体的飞速发展和应对激烈的竞争，北京电台连续4年组织全台副处以上干部每年到国外学习一个月，同时派多批共计30人次到国外知名院校进行为期一年的培训。

三是实施人才培养战略，搞好人才知识储备。为此，北京电台成立了职工“培训中心”，建立了现代化的语音教室和装备精良的阶梯教室，设立了专门的培训基金，提供了足够的经济保障为职工学习创造了良好的环境。北京电台先后与北京广播学院联合举办了新闻专业续本班，与北京第二外国语大学联合举办了英语大专班，与北京大学新闻与传播学院联合举办了“传媒经营与管理在职研究生班”，举办了中层干部BFT培训、“编辑、记者5年英语培训”、卡内基培训、“高级项目化运作”系列培训等多种培训。

二、将创优纳入电台管理

加强管理是创优的保障。为切实加强对创优的管理，北京电台主要采取了以下有效措施：

建立评优的指导性权威 多年来，北京电台各级领导一直亲自抓创优、抓精品。台长、总编辑在宣传工作中把抓导向、抓精品放在首位，并责成一位副总编侧重这项工作，并制定了多项相关的管理规定。评奖时总台领导参加，从中了解一线节目制作情况，发现问题及时安排力量调整、完善。

一线各专业广播都有专人侧重节目创优工作。作为一项制度，在总台组织的各类评奖中，不光有专家、总台领导担任评委，还要求各专业广播台长或主管宣传的副台长参加。这样做的目的，是通过参加评奖，让各专业广播领导了解自己部门节目质量的状况和队伍的业务水平，同时也学习兄弟部门的优点和长处，尤其还能听到总台领导和专家们对节目的评价意见。多次参评之后，各专业广播的领导对广播宣传业务的了解、对创优工作的管理就会有进一步的认识。这样做，使得学习、交流、提高的作用更为明显。

专家的指导作用不断加强 北京电台的各类、各级节目评奖均聘请有关专家、学者参加（有时也请听众代表参加），这就增强了评优的权威性、指导性。每次评奖，总编室都要将专家评委对节目的评价意见整理成文字(或直接向专家约稿)，刊登在本台《宣传业务》上。同时，也约请专家点评、辅导，约请部分获奖人员在《宣传业务》上介绍经验、体会，供全体采编播人员学习。

将培育品牌纳入创优管理 近年来，随着媒体的激烈竞争，树立品牌意识、加强品牌效应已经成为北京电台可持续发展的重要手段。特别是进入21世纪以来，北京电台把创名牌（优秀）栏目、培养打造知名主持人作为创优工作的重要一环。首先是台里研究规定，每个专业广播都要争创3～5个名牌栏目或优秀栏目。要求对这些重点栏目要舍得投入，在人力、物力、财力上给予倾斜，并把此项工作作为考核干部的重要标准之一。第二，从2001年开始，北京电台每年开展一次名牌栏目评选，评出10个名牌栏目、20个优秀栏目。通过评选，推动了争创名牌工作的进一步开展。第三，加大对名牌栏目的宣传力度，不仅要通过电台内部的多种手段与方式，还要通过外部报刊、电视、网络等多种媒体广为宣传，形成合力，扩大影响，从而进一步提高北京人民广播电台各专业广播在受众中的形象，提高全台的核心竞争力。从2003年起，北京电台还在社会上启动了两项发动广大听众参加评选的大型活动：“听众喜爱的主持人评选”和“听众喜爱的名牌栏目评选”，隔年轮换举行。每次评选历经3个多月，大张旗鼓地对全台各个专业广播推荐的栏目、主持人进行推介宣传，并采取多种方式投票。评选之后隆重地举行颁奖典礼，采取音视频直播、电视录像播出，突出进行宣传，从而形成了影响巨大的北京人民广播电台的品牌效应。

三、创优、评奖制度化、经常化

提供优秀节目的播出阵地 从1999年起，北京电台开办“七台精彩节目联播”，将此节目作为创优的一个阵地，由主抓创优的副总编亲自抓此项工作。每周由各专业广播主管宣传的副台长向总编室提交上一周的优秀节目，然后由总台主抓创优的副总编和各专业广播主管宣传的副台长一起评选出上周全台的一个优秀节目，评选出的节目在“七台精彩节目联播”（2005起年改称为“精彩节目联播”）中播出。“精彩节目联播”每周一期，在各专业广播中播出。总编室定期将各专业广播被评选播出的数量向全台通报。每周评选出的精彩节目和每年上半年的“最佳”节目评选督促各专业广播每季度、每个月、甚至每周都进行评优；使创优、评优的弦紧绷，为年底的评优打下良好基础。

从1995年开始，总台在每年年底举办为期一个月的“主持人节目展播”。由各专业广播按分配数量从全年度中选出优秀的主持人节目提交到总台进行展示，每天在各专业广播中播出同一个节目。在展播活动开始之前广为宣传，让广大听众评头论足，提出评价意见。

四、不断调整、完善创优机制

随着认识的不断发展，创优管理机制也不断调整、完善：

逐步加大了奖励力度　首先是本台内设立的创优奖项，都有明文规定，人人知晓，透明度高。第二，逐步加大了奖励力度，各项奖金均有所提高。如：对获“五个一工程”奖、中国新闻奖、中国广播奖、中国广播影视大奖等政府奖均给予重奖；对北京新闻奖、北京广播奖等也给予额外的奖励。

第三，对本台评选的奖项也给予重视。专业广播对本部门在总台获奖者也酌情给予适当的奖励。

大张旗鼓地表彰获奖者　各级、各类、各项评奖一经揭晓，台领导即在编前会上宣布，总编室及时在本台内网上公布，在内部刊物《宣传业务》上刊出。除此之外，全台每年召开一次隆重的“获奖人员表彰大会”。台领导都要出席，总结创优情况，鼓励获奖人员，向全台提出新的创优要求，并为获奖者颁奖。由于领导重视，措施得当，全台同志共同努力，近几年，北京电台在获奖数量和获奖等级上屡创历史新高。到2009年底为止，我台共获“五个一工程”奖 23个，中国新闻奖一等奖8个、二等奖14个、三等奖17个，中国广播奖一等奖 54个，中国广播影视大奖 16个。当然还有其它各级各类各项奖多个。

评优制度不断突破　近年来，随着节目类型的变化，评委的认识也不断升华。一方面坚持按照广播规律和坚持评优中的优秀传统；另一方面，在机制上鼓励创新，在评奖中不断突破原有的评奖标准，在一定条件下肯定新的优质节目因素。一些按照以往评奖标准衡量属于“非驴非马”的新的节目形式，也不贸然否定。一旦发现评奖中的问题，如以往评奖中的缺项，在力所能及的范围内立即安排力量调整、完善。“欢乐正前方”等节目成功的过程，就是总台领导及各级评委思想解放，不断认识新事物的过程。为集思广益、发现人才，鼓励创新，从2004年开始，北京电台每年春节期间都组织全台范围甚至包括社会节目制作公司的节目创新大赛；节目制作中心、广播发展研究中心也在全台及全国范围内举办各种形式的节目创新大赛，从而进一步鼓励节目创新，也为节目创优打下了良好的基础。此外，近几年，随着新媒体的飞速发展和广播与网络的不断融合，北京电台还增加了视频节目评选、博客评选，以此规范、提高广播级音视频节目的制作与发展，促进广播与网络新媒体的融合。

充分利用评奖成果，建立并用好“获奖节目精品库”从2000年开始，北京电台建立了“获奖节目精品库”。由总编室和网络信息中心负责，把全台每次评奖的获奖节目，包括全国性的获一等奖的节目收集输入“获奖节目精品库”。全台采编播人员可通过内部音频网，从“获奖节目精品库”中随时、任意调出自己需要的节目，进行听评分析，开阔眼界，增长知识，吸取经验和营养。

（本文刊登在《北京广播影视》2010年第5期
本文作者：北京电台副总编辑）

创新才能创优

——“北京新闻”编排创作谈

周 舟

2008年和2009年，北京电视台“北京新闻”连续两年获得中国新闻奖电视编排类一等奖，纵观“北京新闻”编排水平的不断提高，梳理不断创新的历程，主要有以下几点经验。

完善机制　提升水准

近年来，北京电视台新闻节目中心在全台率先建立了应对突发事件的应急机制，面对突发事件，可迅速建立应急指挥和编播体系—导演组、报道组、信息组、包装组、SNG直播组、演播室访谈组和导播组，形成一条龙作业体系。2008年，在四川汶川特大地震发生后，“北京新闻”启动应急报道机制，开辟“众志成城 抗震救灾”、“抗震救灾英雄谱”、“爱心跨越千里”等子栏目，用最新鲜的内容、最丰富的报道形式、最快捷的报道打动观众，引导舆论。同时，开创性地做好了全国哀悼日的报道，检验了栏目面对重大突发事件的应急机制和报道水准。

此外，在近年来的密云踩踏事件、东三环京广桥塌陷、河北山火逼近密云、京城突降大雪等突发事件发生时，《北京新闻》都在第一时间向观众传播了最权威、最全面的消息。经过几年的历练，应急报道机制也已经熟练地运用在了各类突发事件和日常新闻的报道中，使《北京新闻》节目的时效性、丰富性和生动性不断被刷新，新闻越来越彰显魅力。

动态编排　立体报道

近年来，电视新闻传播已经由新近发生的事情转变为正在发生的事情，强调新闻的时效性成为各家媒体追求的重要目标之一。“北京新闻”积极探索，在国内省级卫视联播类新闻栏目中率先实施了动态编排和实时直播报道，增强节目的时效性，为联播类新闻栏目的创新发展进行了积极探索。

在北京奥运会报道中，《北京新闻》特别延长至60分钟，进行动态编排和立体报道，在播出中随时插播最新赛事，全景展示城市运行保障。每天报道融合现场消息、新闻特写、赛事直播、SNG直播、本台短评、精彩MV等多种立体报道模式，担当了奥运主办城市的媒体职责，使“北京新闻”在媒体竞争激烈的奥运期间取得了良好的收视和美誉度。

尤其是获得中国新闻奖一等奖的2008年8月8日的“北京新闻”编排更是匠心独具，奥运会开幕，北京万众瞩目，当晚6：30开播的“北京新闻”定位在直击与揭秘8点08分即将举行的奥运会开幕式，以倒计时式的报道方法，通过现场直播和多点报道集纳的动态编排方式，全景展现了即将百年梦圆之前的准备有序与紧张期待。

当天编排，第一时间直击核心新闻现场。节目开始，记者从鸟巢直播点发回直播报道

《今晚百年梦圆：北京迎来奥运时刻》，将观众的激情和关注点拉到了开幕式的核心地带——鸟巢。

随后，多点报道，展现北京准备就绪。从公交保障、安检进展、礼花燃放、气象监测、道路交通等各方面发回报道，介绍北京一切准备就绪，向世界兑现郑重承诺。

而新闻综述“中国喜 世界喜 我们同喜”将观众的情绪再次升华，举城同庆，期待当晚绽放精彩。

节目最后，再次回到鸟巢直播点，记者发回最新消息《今晚百年梦圆：奥林匹克中心区一切准备就绪》，把观众的期待与激情点燃。

总之，当天《北京新闻》节目形式多样、内容丰富、层层递进、扣人心弦。在传递信息的同时，饱含感情，营造了充满期待的紧张与激动，为当晚开幕式举办做了铺垫，烘托出热烈与期盼的浓浓氛围。

精细管理 规范运行

目前，《北京新闻》探索了一套既符合新闻规律又符合发展要求的新闻微观管理模式，对新闻资源实施常效有序管理，保证了对新闻的统筹指挥和新闻资源最大程度的开发利用。

选题：所有新闻，经过记者报题—采访科科长一级审核—编务会二级审核，确定报道角度，丰富报道内容。

稿件：播出稿件，经过采访科科长一级审核文稿—栏目编辑和主编二级审核文稿，最终定稿，对新闻导向和稿件质量层层把关。

考评：建立独立于栏目之外的考评小组，对节目编排和单条新闻进行统一打分和评价，根据节目质量，合理拉开分值差距，一方面鼓励记者更多关注重大新闻、社会热点、民生话题，另一方面，鼓励多劳多得，优质优酬。

舆情：建立舆情分析制度，时刻关注首都和境内外各大媒体的舆情动态，为节目编排和采制提供参考。

（本文刊登在《北京广播影视》2010年第11期，作者单位：北京电视台）

文娱资讯报道的成功实践

——“每日文娱播报”创办经验

朱礼庆

“每日文娱播报”是北京电视台唯一一档文娱资讯类品牌栏目，创办八年来，栏目品质不断提高，成为当今中国文化娱乐界最冷静的观察者和“娱乐价值发现者”，为观众奉献出了一道视听大餐。在北京地区能够收看到的全国数档同类节目中，收视率遥遥领先，广告收入2009年突破亿元大关，位居北京电视台第一名。

一、策划新闻

在“每日文娱播报”新闻报道实践中，策划新闻主要包括选题的深化与完善和选题拓展两个方面。

选题的深化与完善围绕已有新闻线索来展开。在策划和报道的实践工作中，大家总结出了以下策划规律。

一是第一思维否定法。面对一个新闻事件，最好的报道方式应该是经过多次探讨多次否定之后寻找的报道方式。在文化类资讯“京郊发现清末思想品德教材”中，记者否定了简单介绍这本清末教材特点的传统报道方式,而是把这本思想品德教材带到一个小学课堂,与现代思想品德教材对照进行报道,视觉化的对比很好地强化了报道的效果。

二是别样视角(切入点)。一个角度独特观点新颖的新闻报道,既是对观众尽职也是对电视人自己负责。有了别样的视角,找准一个新的切入点,给观众打开一个与众不同的独特的观望世事的窗口,不仅可以吸引住观众的注意力,同时也能树立起栏目的品牌。在《戛纳中国电影三大之夜》里,记者抛开聚集明星的常态视角,从章子怡保镖的角度切入,反映保镖的飞扬跋扈和章子怡对中国媒体的态度。

三是矛盾的发现与放大。人们有看热闹的天性,而新闻事件中的矛盾冲突往往能给现代人以看热闹的满足感。在电视新闻的报道中,我们可以充分利用观众的这种收视动机,努力发掘和"放大"新闻事件中的矛盾和冲突,通过对人物和事件矛盾和冲突的"放大",增强节目的情节感和趣味性,在满足观众收视需求的同时形成收视期待。

选题拓展是对特别节目(重大活动)的策划和议程设置。作为一档文娱资讯类节目,文化娱乐类重大活动的报道是必不可少的环节。一方面可以弥补新闻资讯淡季报道选题不足的缺口,另一方面也可以通过重大活动的报道提高节目的知名度和影响力,加强栏目的话语权。议程设置是指在一定时间内围绕某一社会热点问题进行连续的集团化式的集中报道,以形成特定的社会舆论焦点。从操作层面上讲,要善于预判和发掘文娱事件中的热点潜能,通过栏目自己独特的视点和与众不同的报道方式,把握社会热点炒作的提前量。在"百名明星电话泄露事件"的报道中,栏目策划了一系列针对事件的全方位报道。从明星反应的采录,到相关事件的回顾,到观众对事件的看法,再到事件本身发生发展到结束的追踪报道。

二、放大新闻

《每日文娱播报》记者在实践中总结出了放大新闻的四条准则。

(一)细节放大。细节放大是指用电视手段放大和强化被报道对象诸多细节中最有报道价值的部分,使这一细节更直观更明显地得以呈现。细节放大的手段主要有画面的突出表现(包括特写镜头、推拉镜头和对比镜头的运用等)、解说词的点拨、音响效果的安排以及画面提示符号(字幕、箭头、红圈等)的运用。通过细节放大,把观众最喜欢最想要看到的东西通过电视手段直接准确地呈现在观众面前,力求达到直接、鲜明、生动、谐趣和震撼的表现效果,让观众在不经意间获得尽量大的信息量。在对刘晓庆歌舞剧"金大班的最后一夜"的报道中,记者就抓住了刘晓庆表演中头套滑落的细节,用红箭头和音效进行放大,增强了可视性和趣味度。

(二)故事化报道。故事化的报道方式是增强电视新闻趣味性和吸引力的重要途径之一。在对徐悲鸿《十二生肖图》拍卖的报道中,记者舍弃介绍拍品风格和价值的老套路,从徐老作品里生肖猴忧郁的眼神切入,为观众讲述了徐老一段凄美的爱情故事,感人至深。

(三)现场感的营造。"每日文娱播报"现场感的营造不是现场声画的简单回放,而是选取最具代表性、最有信息量和最富吸引力的声画元素,对现场精华片段的浓缩和重构,用最保鲜的形式去整合包装,然后呈现给观众。

(四)独特观点的表达。"每日文娱播报"节目播出的时间,人们不是在赶着未完成的作业,就是忙着手头的家务活儿,或者在匆忙行走中对街边或车载电视无意的一瞥。在这种注意力投入极少的情况下,最能让人们停下手头的活儿,抬起头来,对着电视认真观看的,是观点的碰撞和独特观点的呈现。需要强调的是,观点的表达不是简单的说教,也不是多方观点的堆砌,必须是在记者很好地把握事件本质、高屋建瓴、一览全局的基础上，有选择、有技巧地加以表现。在“口水出芙蓉”里，记者没有对网络名人“芙蓉姐姐”简单地否定或批判，而是用“芙蓉姐姐”自己语言中的矛盾，建构一个自恋、狂妄甚至荒唐的人物内心世界，让人啼笑皆非的同时发人深省。

三、几个关键词

“每日文娱播报”在长期的实践中形成了一些独特的报道方式和技巧。下面是常用的几个关键词。

（一）打包—组合报道—加深印象—减少信息损耗。

《每日文娱播报》的“打包”更多的是几个相关娱乐的并列组合，它们由某一文化动态、娱乐现象，或者一类气候、一种颜色串联在一起，而围绕某一主题多个侧面进行组合式报道的打包相对较少。

（二）链接——归纳与补足——增加信息量。

“链接”是指在对新闻事件的主体报道后面，加上相关事件的罗列和相关背景的交代与分析，通过新闻事件现象的积累达到对事物规律的探寻，丰富报道的角度，增加新闻资讯的深度和厚度。

（三）展示——满足受众感官延伸需求。

“展示”是资讯类节目中现场声画段落的事后呈现，与解说词和采访同期形成节目的有机构成。它是在节目时长有限而观众又无法到达现场的情况下，对现场有代表性的精彩声画片段有选择的重现。要求少而精，以起到四两拨千斤的效果。它能满足受众感官延伸的需求，增强节目的吸引力。

（四）人物对对碰——满足人们对冲突和交锋的期待。

“人物对对碰”是在新闻事件现场经调度形成事件相关当事人双方的语言交锋，通过交锋发掘事件发生的背景、原因，以及事件背后隐藏的矛盾冲突，再经后期编辑整理以形成或激烈尖锐、或风趣幽默、或捧腹搞笑的碰撞效果。“人物对对碰”要注意人物的重要性，不是有语言交锋就可以做成“对对碰”，还必须加快剪辑的节奏感和画面表现的夸张感，以实现卡通化的渲染效果。

（本文刊登在《中国广播电视学刊》2010年第2期　作者单位：北京电视台）

桃花漫绿谷 传递平谷情

贾春节　张昕

北京市平谷区第十二届国际桃花节暨第六届全民健身体育节，在春意盎然的4月下旬至五一假期举行。平谷电视台吹响集结号，对活动进行了全景式报道。

4月17日，平谷电视台对开幕式进行了现场直播。

开幕式不仅是整个桃花节的缩影，也是让大家了解桃花节的窗口，更是向外界展示“人文平谷、科技平谷、绿色平谷”建设成果的契机。而如何在90分钟内呈现出本届桃花节浪漫、和谐的主题，将平谷的历史文化和地域特色进行强力推介，让外界感知平谷人民的热情与活力，体验平谷的绿色与和谐，是创作团队要实现的目标。为此，平谷广电中心邀请北京电视台来共同录制桃花节开幕式现场节目，同时播出，这样，不仅阵容强大，而且节目品质大幅提升。

紧扣主题　全方位展现平谷特色

为使开幕式主题突出，观赏性强，主创者在节目选择上力求突出平谷特色，着重展现桃花美景、人文风貌、全民健身内容，巧妙地将桃花、旅游、文化、体育等元素融合在一起。

首先选取了能够集中体现平谷特色的四首歌曲为主线，串起整场文艺表演。“在那桃花盛开的地方……”平谷区的形象大使、著名歌唱家蒋大为以其代表作开场，立即点燃了现场观众的热情；三首平谷区歌——于魁智、李胜素等人演唱的京剧《美在绿谷》、李殊带来的歌舞《泃河渡》、著名歌手韦唯演唱的歌曲《桃花恋》，分别展现了平谷悠久的历史文化、优美的自然风光和远近闻名的当地特产，展现了平谷人民的幸福生活和对美好未来的追求。

体现平谷朝气蓬勃、激情四溢的地方节目，也是开幕式上不可或缺的内容。《花开的季节》《奇异旅程》《跳起舞来》《蝶蝶飞》等充满活力的歌舞表演，表现了人们在春意盎然的季节里洋溢的热情，以及徜徉在桃花海中的愉悦心情，成功为本届国际桃花节开幕营造了喜庆热烈的氛围。

体操和武术表演则契合了体育运动、全民健身这一主题。平谷一小的600名学生在《红星闪闪》的童声合唱曲中上场，献上体操表演《七彩阳光》；平谷夏各庄中学和平谷第四幼儿园的同学和小朋友们也带来了精彩的武术和太极表演。这些节目，既展现了平谷青少年的蓬勃朝气，又体现了平谷人对中国传统文化的热爱、继承与弘扬。

除人文历史、自然景观外，开幕式还将平谷区的另一大骄傲——小提琴制造业融入其中。在韦唯演唱《桃花恋》时，现场1000把小提琴为之伴奏，美妙的提琴声在体育场上萦绕，宏大的场面展现出平谷作为“提琴之乡”的风采。

平谷是现代而开放的，为此，开幕式引入具有国际元素的节目，以展现平谷桃花节的多元化和国际化。来自英国、美国、澳大利亚等12个国家的国际友人组成的托宁鼓乐团，带来了充满异国风情的托宁鼓表演，随后，他们又演绎了中国歌曲《桃花朵朵开》，进一步激发了平谷人的自豪之情。

群众参与　展现平谷人的精神风貌

桃花节和全民健身体育节都是群众性的盛会，广大群众应成为开幕式的主角。在60名桃花使者的引领下，全区60余支代表队、1500余名运动员伴随着音乐步入会场。在这些方阵中，最为吸引眼球的莫过于100对身着礼服的新郎新娘，这百对来自首都各行各业的新人通过网络报名、现场报名等方式参加到“浪漫桃花海情定桃花源”的活动中来，他们身体力行地向人们宣传了婚事新办的“低碳”理念，充分展示了当代青年美好的精神风貌，同时也体现人与自然的和谐、美好生活与自然美景的和谐。

平谷第四幼儿园、平谷“一小”、平谷“六小”、平谷夏各庄中学的学生和小朋友们，分别带来了体操、武术、朝鲜长鼓舞和小提琴表演，张张稚气的笑脸，恰似含苞待放的蓓蕾，孕育着新的希望，预示着平谷的明天。

高科技拍摄手段　展现开幕式盛况

为全面展示开幕式的宏大场面，摄制组引入了曾在2008奥运会开幕式和新中国60周年国庆阅兵式等大型活动使用的“飞猫”拍摄系统，这是该系统首次在地方性活动中运用。

开幕式要在平谷电视台进行同步直播，考虑到开幕式场地大、参与表演的人数众多，普通摄像机、摇臂摄像机等设备在拍摄角度和区域上都受到限制，很难完整展现整个开幕式的盛况，摄制人员大胆启用了“飞猫”摄像机。“飞猫”能旋转360°，在移动中实现多角度拍摄，不但可以拍到整个体育场的大全景，将桃花海的恢宏场面尽收眼底，也能够随时捕捉场上成百上千名演员的动作、表情，不遗漏现场任何精彩部分。“飞猫”的使用有效地弥补了常规机位的不足，使整场开幕式在电视屏幕中得到完美的表现，让电视机前的观众如亲临现场，欣赏到一台具有较高艺术水准的文艺演出，充分感受到开幕式现场的热烈气氛。

记者走一线　全景展现桃花节

桃花节期间，平谷广电中心派出由40多人组成的采编播团队，分为5组，深入旅游景区、民俗接待户，对桃花节各项活动进行全方位报道，他们采访播出的《我们准备好了 迎接八方来客》《徒步大道 快乐健身你我他》《百对佳偶畅游桃花海》《老年健身操　欢乐桃花节》《文化庙会引来四方宾客》等新闻报道，从不同视角展现了平谷桃花节的魅力，为营造“北京生态谷，都市桃花源”美好氛围、迎来一批批中外游客发挥了很好的舆论宣传作用。

（本文刊登在《北京广播影视》2010年第5期，作者单位：平谷区广播电视中心）

创新思路 实现双赢

——举办“大龙地产杯”艺术大赛的启示

陈广生

面对金融危机给企业带来的不利影响，顺义区广播电视中心以为全区经济保增长、扩内需为己任，从服务区域经济和社会发展大局出发，转变观念，创新服务，积极探索服务大型骨干企业的新途径、新方式，2009年，为大龙公司策划、承办了“大龙地产杯”我爱我家系列艺术大赛活动，在社会上产生了强烈反响，对展示大龙公司的企业形象、企业文化、促进企业发展起到了不可或缺的作用。这个大型活动的成功举办，也充分展示了顺义广电媒体的综合实力，并由此获得了可观的经济效益。可谓企业、媒体双赢，社会效益、经济效益双丰收。

以艺术手段打造企业影响力

2009年春节过后，顺义广电中心得知大龙公司销售业绩滑坡，除广告以外，更亟待一种行之有效的推广方式，全面宣传企业的形象与业绩。

大龙公司与顺义广电中心一拍即合。顺义电视台文艺部很快拿出了和大龙公司一起举办“大龙地产杯”我爱我家系列艺术大赛大型活动的方案。活动以“爱祖国、爱家乡、爱社区、爱家园”为主题，包括书法、绘画、摄影、舞蹈、演唱五项赛事，参赛作品中既突出爱祖国、爱家乡，也恰当地融进对大龙公司的宣传，如：书法比赛项目中就包括“大龙地产、广厦万间、艺术生活、绿色家园”等内容。各类比赛评出一、二、三等奖和优秀奖后，将举办三场露天大型颁奖晚会。通过系列艺术大赛活动，进一步扩大企业的知名度和影响力。

整合资源　形成合力

本次活动组委会借助区域内广播、电视、顺广传媒网、顺义网城、《顺义时讯》报、户外媒体以及张贴海报等多种形式，全力、全程宣传、报道本次活动。

“大龙地产杯”我爱我家系列艺术大赛持续时间长达8个月，并且面向全国举办。举办一项艺术性强、规模大、评选程序复杂的大型活动，在顺义广电中心还是首次。为保证大赛的权威性、严肃性、客观性、公正性，大赛组委会特别制定了各项赛事细则，并邀请了国内书法、绘画、摄影、舞蹈、演唱等艺术门类的30位专家分别担任各项大赛的评委。

大赛消息在媒体上一经公布就在全国各地引起了广泛关注。五项赛事活动都面向全国，不分地区、不限年龄、无论是专业人员还是业余爱好者都可以报名参赛。参赛者一旦获奖还可在大型颁奖晚会上展示其作品，获奖的舞蹈演员、演唱者将与歌唱家和专业演员同台演出，所以赛事很有吸引力。

统计显示，本次大赛共有2800多人报名参加，收到书法、摄影、绘画、舞蹈、演唱类作品3800多件，参赛者年龄最小的仅5岁，最大的76岁，其中有工人、农民、学生、干部、军人、知识分子等，参赛选手分布于北京、河北、天津、内蒙古、吉林、辽宁、江苏、湖北等全国22个省、直辖市、自治区。参赛范围之广、人数之多、作品水平之高，是评委们没有料到的。年仅9岁的徐子东，是这次活动年纪最小的书法获奖者，她是在生病住院期间，在热心护士们为她腾出的桌椅上赶写的参赛作品。

从2009年7月18日到8月2日，大赛组委会在顺义区第九中学的足球场先后举行了三台颁奖晚会，单场观众都达到了3000多人。晚会坚持艺术的高水准。演唱类一等奖获得者青年歌手刘怡君，形象好，演唱得更好，多年专业院校的刻苦磨炼使她在大赛中脱颖而出。万科花城舞蹈队的精彩舞蹈《菊花台》舞姿雍容华贵、服饰格调清新，被评委认为达到了专业表演水平，其实这是一支由老年人组成的舞蹈队，平均年龄超过50岁。老人们酷爱舞蹈，舞蹈队成立四年来，虽然活动场地不大却每天坚持练功，全队演员达到了国家承认的芭蕾舞四级水平。他们这次报名参赛的3个舞蹈全都获了奖。著名男高音歌唱家魏金栋、当红歌星庞龙、曲比阿乌等现场演唱，把晚会推向高潮。

启示

本次系列大赛活动收到了很好的效果。

大龙公司的知名度和影响力大幅提升。公司领导说他们没想到顺义广电中心有如此强的实力承办这么大规模的艺术大赛；没想到三台颁奖文艺晚会品位这么高雅；没想到大赛和晚会产生的效果这么好。大龙旗下的裕龙三区的楼盘很快销售一空；大龙公司的股票也由2元攀升到17元。

活动的参与者对大赛也给以高度评价。万科花城舞蹈队的编导、74岁的严纪芳退休前是空政文工团的舞蹈演员，颁奖晚会上她激动地说："得不得奖不重要，得几等奖也不重要，重要的是大家能够站在舞台上参与表演，用舞蹈形式抒发我们爱祖国、爱家乡、爱生活的感情已经很高兴了，非常感谢顺义电视台给我们搭建了一个展现自我的平台。"

这次系列艺术大赛涌现出一大批艺术人才，为顺义电视台开办综艺类栏目做了人才储备。

从产业经营上，顺义电视台文艺部转变以往以栏目冠名创收为主的经营模式，尝试与各类媒体联手重拳出击，形成合力共同策划、运作、承办大型活动，此项活动为广电中心创收160万元，成为顺义电视台一次性活动创收最大的一笔，也为媒体产业经营提供了新的思路。

（本文刊登在《北京广播影视》2010年第8期，作者单位：顺义电视台文艺部）

“打油诗”里出新闻

——《拆迁农民“不差钱”巨款挥霍令人忧》创作感悟

刘聪聪　杨朝杰

这两年，北京大兴地区出租车司机中流传着一首打油诗：“哥们开车不为钱，呆在家里老婆烦，1.8T帕萨特，您就给个夏利钱。”这引起了大兴电视台记者的关注，经进一步了解，发现打油诗里讲述的拆迁户出租车司机的状态算是很不错的了，而另有相当部分拆迁农民，拿到数目可观的拆迁补偿款后出现的种种不良行为令人堪忧。

采访缘起：说者无意　听者有心

记者到基层采访，与人们谈起出租车司机那首打油诗以及农村拆迁后发生的种种变化。一位乡镇负责宣传的工作人员幽默地说：“如今到我们这儿来办事找人都得上歌厅或洗浴中心”。记者听了先是一头雾水，再问才知道，原来村里拆迁后，家家户户都拿到了一笔拆迁补偿款，手里一下子有了很多钱便开始享受起来。不仅进歌厅、洗浴中心，还搓麻、打牌，一下输个几十万元不罕见；连大商品销售商都知道拆迁户有钱，直接把汽车开到拆迁现场……说者无意，听者有心，记者愈加感到，这是一个非常有价值的、值得深挖的新闻选题。

着手采访：巧用人脉　寻求突破

要采制出高质量的电视新闻，必须掌握大量的采访资料和鲜活的同期声。然而当记者真正着手采访时，却遭到拆迁村民的拒绝。说自己？这不是什么光彩的事，不想说；说别人呢？又不愿意得罪邻里乡亲。采访很难进行下去。怎么样才能接近采访对象，从他们那里得到鲜活而有价值的素材呢？几名年轻记者正一筹莫展时，大兴广电中心的一位老记者凭借自己多年采访积累的人脉，在拆迁村找到一个朋友，经这位朋友引荐和反复解释，村民消除了心中的疑虑和陌生感，才勉强同意接受我们的采访。采访中，记者努力营造轻松的氛围，和大家聊家常，聊着聊着，村民们就打开了话匣子……

深入采访：透过现象　挖掘根源

采访中，记者从拆迁农民生活状态的表象改变开始，逐步深入了解深层原因，努力挖掘具有普遍意义的新闻价值。

拆迁农民拿到大量的拆迁补偿款后，都纷纷买房、买车，提高生活水平。但也有不少人开始挥霍、赌博，频繁进出高档娱乐场所。记者在采访中还了解到，有的家庭因为暴富，年轻人驾驶着刚买的新车在路上狂飙，造成车毁人亡的悲剧。还有因家庭财产纷争闹得亲属不和、兄弟反目、夫妻对立。一夜暴富砸晕了拆迁农民的头脑，“忙吃喝、忙买车，忙换老婆忙赌博。”农家小院里那种其乐融融的幸福感没有了。

村民单淑娥和崔福双告诉记者，拿到拆迁补偿款后，村子里原来做小买卖的、打工上班的很多都不干了。一方面是农民本身没有太多的文化知识和技术，找不到他们想找的工作；另一方面家里拿到了拆迁款，还有的另有集体分红，有了这么多钱可以待在家里吃喝玩乐。也有人拿着拆迁补偿款投资或买股票，但由于缺乏经验，不了解市场行情，盲目跟风，最终挣钱的不多，大笔的钱却陷了进去。畸形消费、大量劳动力长期闲置，不仅会对他们的未来生活埋下极大隐患，而且势必会对社会发展和稳定造成负面影响。

这些表象中透露出来的是拆迁农民特有的心理和思维方式。长期以来的小农意识和有限的知识水平，使他们难以谋求更加长远的生计，难以适应社会发展的变革。拆迁虽然使农民搬上高楼，但要让农民从生活和思维方式上转变到现代城市发展的进程上来，或许还需要较长一段时间和一些过程。尤为令人心痛的是，拆迁农民的挥霍与攀比心理，影响了他们的后代，孩子们比吃比喝比穿戴，比谁家的车高档，学习却不很上心。面对这些现象该怎么办？谁来帮助拆迁农民在物质富裕的同时，思想和精神生活也健康、丰富起来？

采访梳理：布局谋篇　画龙点睛

经深入采访，记者掌握了丰富、有价值的素材。可如何把这些纷繁复杂却粒粒如珍珠的材料串起来，打造成一个精品，还需要下一番工夫。采访回来，记者对素材进行梳理，剥茧抽丝，去繁就简，将核心理念确定下来，并努力融化在作品里。

后期制作时，创作组精心地谋篇布局，几易其稿，最终确定以那首流传的打油诗开头，以引发受众的兴趣。报道自然地从拆迁出租车司机过渡到拆迁村北臧村，从而充分展现农民拆迁后思想和生活状态方面所发生的变化。采访村民和专家的同期声，真实地将这一现象及所带来的忧思传递给观众。紧接着，主创者又将目光扩延到大兴区域更广泛的拆迁范围，以揭示问题的广泛性和影响的深远性。编后短评进一步深化主题，引发人们的思考。而报道题目《拆迁农民“不差钱”　巨款挥霍令人忧》切题、通俗、上口，为整篇报道起到了画龙点睛的作用。这条新闻于2009年12月上旬在大兴电视台《大兴新闻》中播出后，在社会各界引起强烈反响。此后，拆迁农民的问题也成为区人大代表和政协委员们关注的热点。

（本文刊登在《北京广播影视》2010年第10期，作者单位：大兴区广播电视中心）

统 计

2011／《北京广播影视年鉴》

——记录行业情况　服务业内和社会——

2010年北京地区广播影视单位构成情况

单位：个

项目	合计	行政单位	事业单位			企业单位		
				乡镇广播电视站	影视节目制作机构		企业有线广播电视站	影视节目制作机构
合计	1595	20	111	32	9	1464	12	1323
中央级	212	2	45		6	165		88
市级	1302	2	15		3	1285		1233
其中：系统单位	96	2	14		2	80		28
社会影视制作单位	1206	0	1		1	1205		1205
区县级	81	16	51	32	0	14	12	2

北京地区广播影视法人单位构成（按属性）

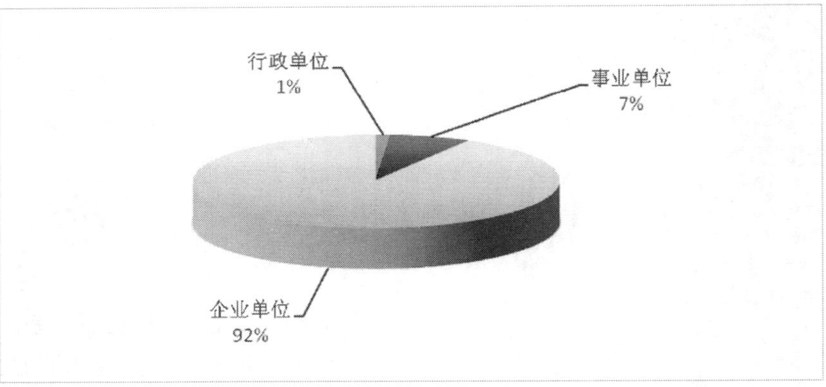

北京地区广播影视法人单位构成（按级别）

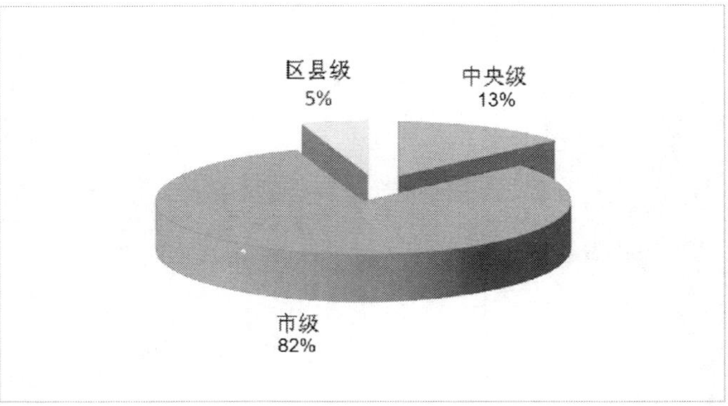

2010年北京地区广播影视从业人员（按级别）

项　目	单位	合计	中央级	市级	区县级
从业人员	人	69379	43112	24651	1616
其中：长期职工	人	61315	38381	21519	1415
按性别分					
男	人	38141	23652	13611	878
女	人	31238	19460	11040	738
按学历分					
研究生及以上	人	5168	3119	1976	73
本科及大专	人	49367	28826	19157	1384
高中及以下	人	14844	11167	3518	159
按职业分					
其中：管理人员	人	11659	6979	4244	436
专业技术人员	人	31420	20938	9531	951
高级	人	4369	2993	1355	21
中级	人	9084	5477	3450	157
初级	人	17967	12468	4726	773
其他人员	人	26300	15195	10876	229

2010年北京地区广播影视专业人员状况

项　目	单位	合计	中央级	市级	区县级
专业技术人员总计	人	31420	20938	9531	951
编辑、记者	人	8998	4856	3500	642
高级	人	1529	1046	471	12
中级	人	2279	905	1267	107
初级	人	5190	2905	1762	523
播音员、主持人	人	1018	469	440	109
高级	人	193	109	82	2
中级	人	375	181	172	22
初级	人	450	179	186	85
工程技术人员	人	9493	7381	1946	166
高级	人	979	746	228	5
中级	人	2443	1756	665	22
初级	人	6071	4879	1053	139

2010年北京地区公共广播节目播出情况

项　目	单位	合计	中央级	市级	县级	中央级占总播出比重（%）	市级占总播出比重（%）	区县级占总播出比重（%）
全年公共广播节目播出时间	小时	355023	236465	68696	49862	66.6	19.3	14.0
新闻资讯类节目	小时	85509	69066	11117	5326	80.8	13.0	6.2
专题服务类节目	小时	128316	90451	26353	11512	70.5	20.5	9.0
综艺类节目	小时	76548	47615	10557	18376	62.2	13.8	24.0
广播剧类节目	小时	7699	2673	539	4487	34.7	7.0	58.3
广告类节目	小时	29649	14420	11547	3682	48.6	38.9	12.4
其他类节目	小时	27302	12240	8583	6479	44.8	31.4	23.7
全年广播剧播出量（集）	集	5559	1347	906	3306	24.2	16.3	59.2

2010年北京地区公共广播节目播出构成

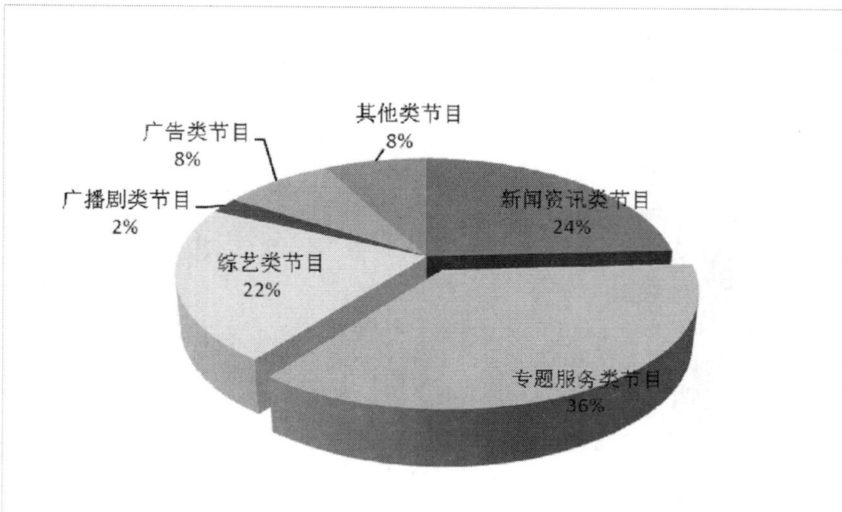

2006年–2010年北京地区公共广播节目播出情况

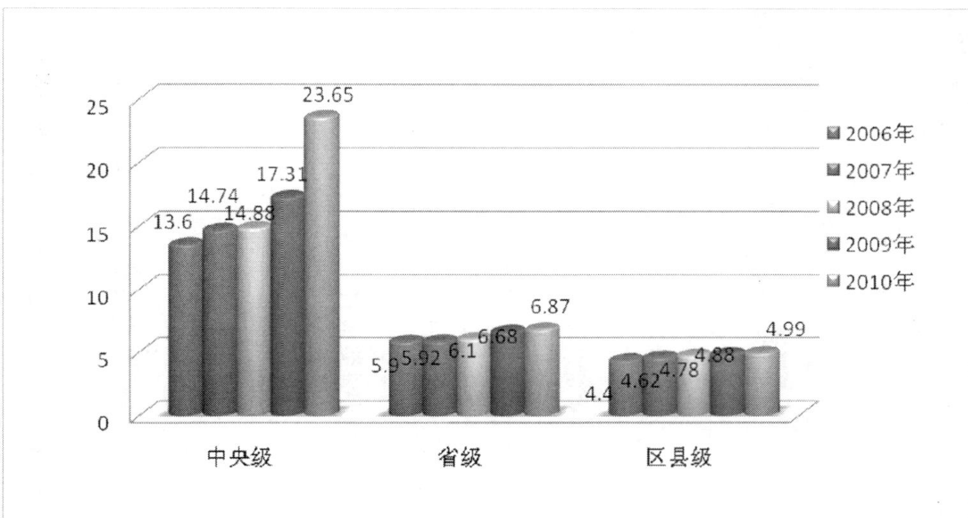

2010年北京地区公共电视节目播出情况

单位：小时

项　目	合计	中央级	市级	县级	中央级占总播出比重（%）	市级占总播出比重（%）	区县级占总播出比重（%）
全年公共电视节目播出时间	332026	224265	84500	23264	67.5	25.4	7.0
新闻资讯类节目	77546	67036	4353	6157	86.4	5.6	7.9
专题服务类节目	98243	61361	28297	8585	62.5	28.8	8.7
综艺类节目	44883	34299	6730	3854	76.4	15.0	8.6
电视剧类节目	76884	52479	24405	0	68.3	31.7	0.0
广告类节目	20611	9090	7628	3893	44.1	37.0	18.9
其他类节目	13859	0	13085	774	0.0	94.4	5.6
全年电视剧播出量（部/集）	2405/66929	1593/42853	812/24076	0	66.2/64	33.8/36	0.0

说明：本表全年公共电视播出时间不含对外节目播出时间。

2010年北京地区公共电视节目播出构成

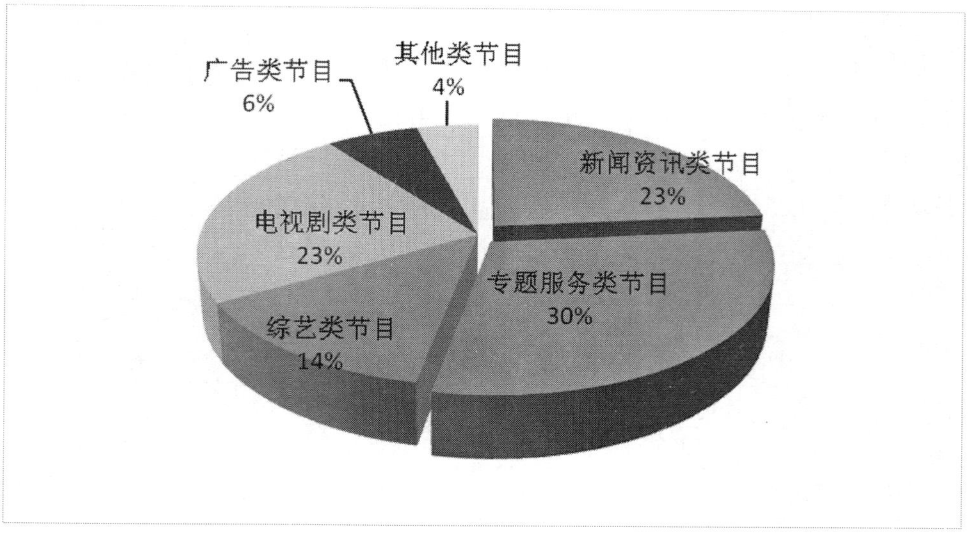

2006年－2010年北京地区公共电视节目播出情况

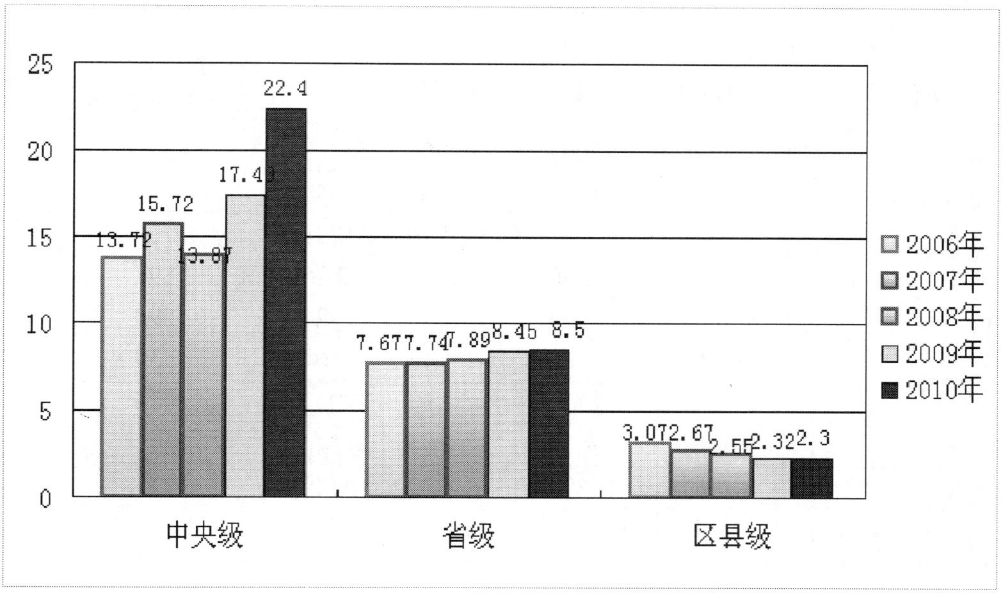

2010年北京地区广播节目制作情况

项目	单位	合计	中央级	市级		区县级
					社会制作单位	
全年制作国内广播节目	小时	362790	219112	120624	50397	23054
新闻资讯类	小时	82980	69640	11242	127	2098
专题服务类	小时	148869	117409	25892	896	5568
综艺类	小时	63580	12367	42289	28387	8924
广播剧类	小时	3680	2013	893	355	774
广播剧	部	80	29	34	15	17
	集	4140	1313	1551	645	1276
广告类	小时	19136	5704	11686	138	1746
其他类	小时	44545	11979	28622	20494	3944
全年制作对外广播节目	小时	1048681	1048681	0	0	0

2010年北京地区电视节目制作情况

项目	单位	合计	中央级	市级		区县级
					社会影视制作单位	
全年制作电视节目时间	小时	147062	62807	68388	48337	15867
新闻资讯类	小时	43710	31960	7549	3879	4201
专题服务类	小时	57241	17929	31794	23711	7518
综艺类	小时	21360	7068	12826	9897	1466
电视剧类	小时	7253	5527	1726	1593	0
电视剧	部	80	16	64	59	0
	集	2726	494	2232	2025	0
广告类	小时	3670	1	1344	122	2325
其他类	小时	13828	322	13149	9135	357
全年制作对外电视节目	小时	122640	113880	8760		

2010年北京地区广播节目制作情况

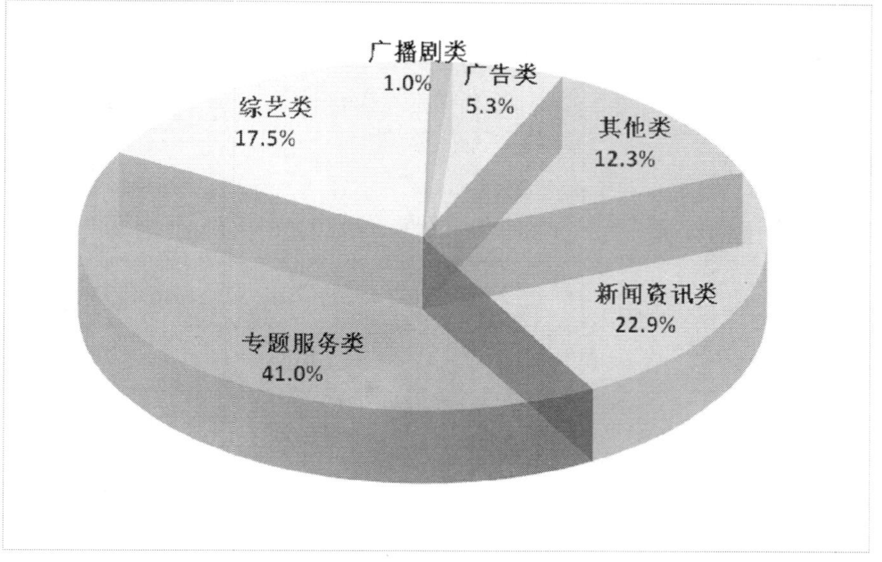

2010年北京地区电视节目制作情况

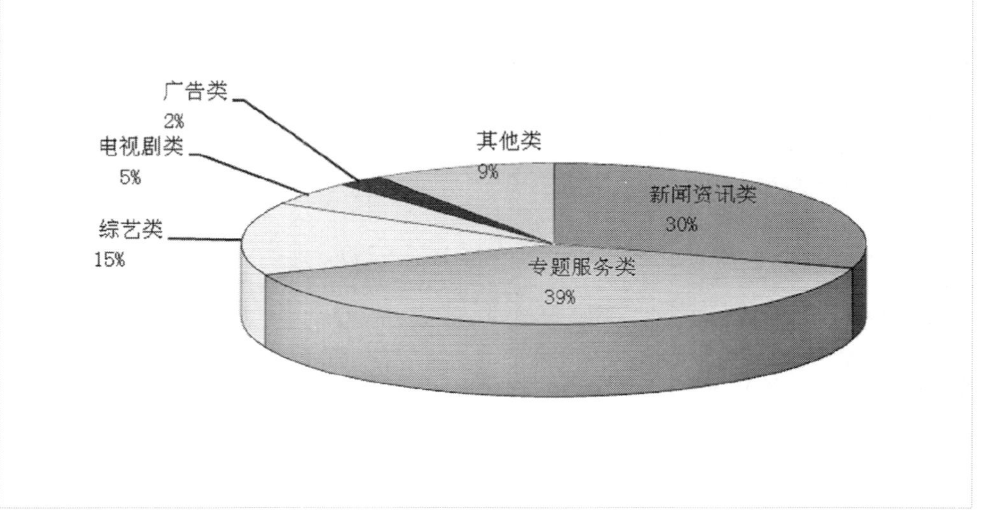

2010年北京地区电视剧、动画片制作情况

项　目	单　位	2010年		
		合计	中央级	市级
一、影视制作单位数	个	1332	94	1238
二、全年制作电视剧数量	部／集	80/2726	16/494	64/2232
其中：系统内	部／集	21/701	16/494	5/207
社会制作单位	部／集	59/2025	—	59/2025
三、全年制作电视剧投资额	万元	167184	12000	155184
其中：系统内	万元	15831	12000	3831
社会制作单位	万元	151353	—	151353
四、全年电视剧销售额	万元	179482	35671	143812
其中：系统内	万元	40443	35671	4772
社会制作单位	万元	139039	—	139039
五、全年制作动画数量	部／集	39/1539	22/708	17/831
其中：系统内	部／集	24/809	22/708	2/101
社会制作单位	部／集	15/730	—	15/730
六、全年制作动画投资额	万元	35217	8709	26508
其中：系统内	万元	9297	8709	588
社会制作单位	万元	25920	—	25920
七、全年制作动画片销售额	万元	31416	7606	23810

2010年北京地区广播影视主要财务指标

单位：人，亿元

项目	从业人员（人）	增加值			资产总额			净资产			财政补助收入			创收收入			利润总额			
		合计	事业	企业	合计	事业	企业	合计	事业	企业	合计	事业	企业	合计	事业	企业		合计	事业	企业
合计	69379	253.97	179.59	74.38	1278.39	696.49	581.90	897.45	610.37	287.08	81.00	74.80	6.20	495.49	267.62	227.86	9.61	25.41	5.66	19.75
中央级	43112	204.58	152.77	51.81	833.12	581.40	251.72	660.68	524.11	136.57	59.44	56.88	2.56	352.76	226.98	125.78	12.85	14.29	2.04	12.25
市级	24651	46.25	23.82	22.43	437.13	107.26	329.87	229.37	78.91	150.46	18.23	14.59	3.64	141.57	39.74	101.83	−3.26	11.06	3.58	7.48
(1) 1）北京广播电视台	9233	35.61	22.72	12.89	272.08	100.94	171.14	173.12	72.83	100.29	10.08	7.28	2.80	74.04	39.66	34.38	2.13	5.44	3.58	1.86
电台	1303	4.72	3.55	1.17	25.64	18.40	7.24	19.98	14.74	5.24	0.44	0.44	0.00	9.98	7.30	2.69	−0.01	0.89	0.61	0.28
电视台	2571	17.66	16.58	1.08	72.62	64.14	8.48	63.54	57.80	5.74	2.13	1.81	0.32	35.69	31.89	3.81	0.41	3.25	2.96	0.29
北广传媒集团	5359	13.23	2.59	10.64	173.82	18.40	155.42	89.60	0.29	89.31	7.50	5.02	2.48	28.36	0.48	27.88	1.73	1.30	0.01	1.29
2）社会影视制作单位	15115	9.54	0.00	9.54	158.73	0.00	158.73	50.17	0.00	50.17	0.84	0.00	0.84	67.45	0.00	67.45	−5.39	5.62	0.00	5.62
3）机关及所属单位	303	1.10	1.10	0.00	6.32	6.32	0.00	6.08	6.08	0.00	7.31	7.31	0.00	0.08	0.08	0.00	0.00	0.00	0.00	0.00
区县级	1616	3.14	3.00	0.14	8.14	7.83	0.31	7.40	7.35	0.05	3.33	3.33	0.00	1.16	0.90	0.25	0.02	0.06	0.04	0.02

说明：财政补助收入中含补助企业的收入。

2010年北京地区广播影视总收入构成情况

项　目	单位	总收入	财政补助收入	广告收入	节目销售收入	有线电视收视费	付费数字电视收入	网络传输收入	其他收入
数额	亿元	576.49	81.00	282.75	27.63	17.43	2.72	21.78	137.18
比率	%	100.0	14.1	50.1	4.8	3.0	0.5	3.8	23.8

2010年北京地区广播影视总收入构成

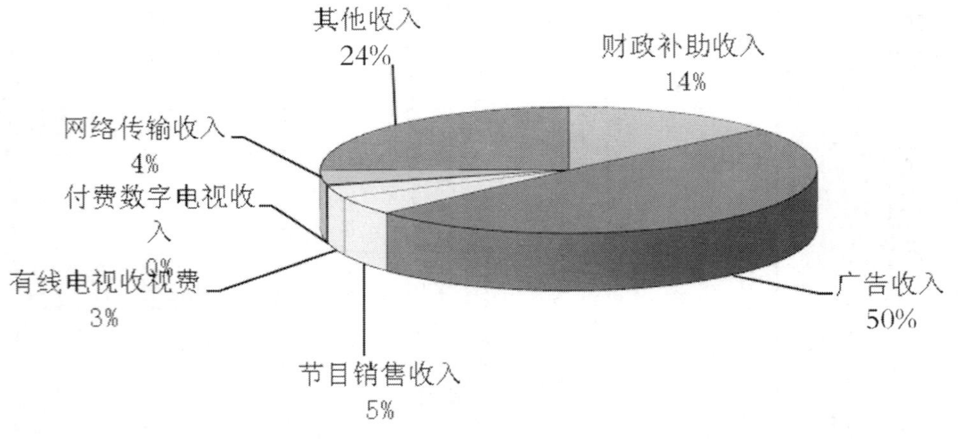

2006—2010年北京电影放映情况

项 目	单位	2006年	2007年	2008年	2009年	2010年
放映场次	万场	28.0	38.0	46.8	62.4	74.3
观影人次	百万人次	12.21	17.11	17.67	24.51	29.2
票房收入	亿元	3.02	3.73	5.37	8.19	11.81

注：以上数据均含二级市场情况。

2006—2010年北京电影放映情况

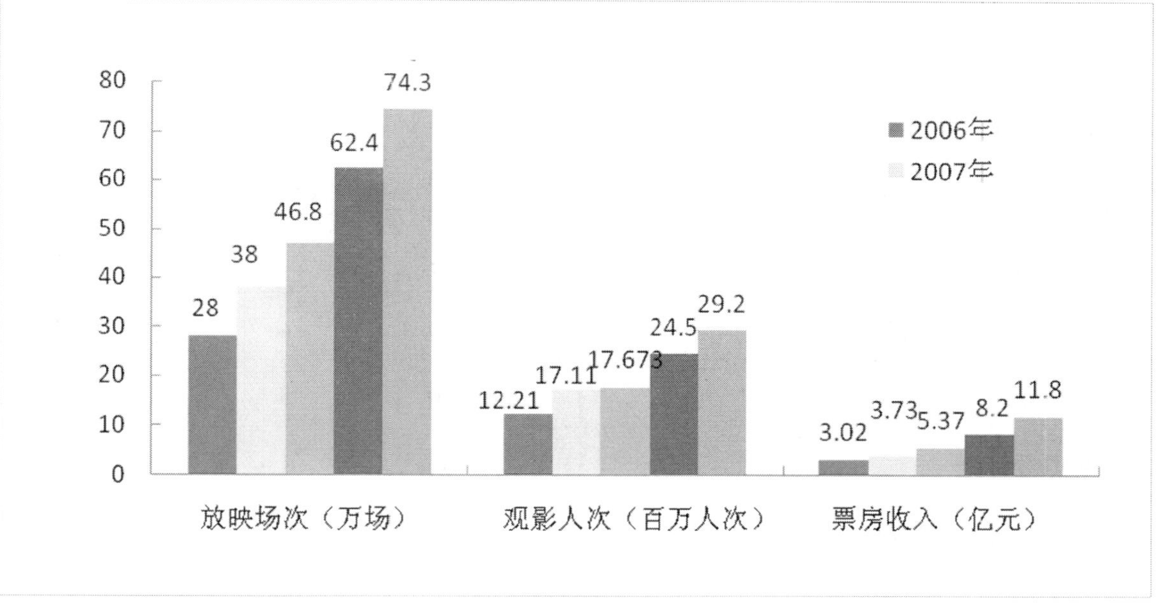

2010年北京市广播影视在全国的排位

项目	单位	全国总量	排位数	北京市所占比重(%)
资产总额	亿元	5472.07	4	8.14
增加值	亿元	1076.15	6	4.59
总收入	亿元	2307.93	5	7.17
创收收入	亿元	2008.91	5	7.10
其中:广告收入	亿元	940.10	4	6.53
收视费收入	亿元	323.04	14	2.91
节目销售收入	亿元	52.3	1	41.68
有线电视用户数	万户	18899.08	21	2.37
数字有线电视用户数	万户	8886.59	13	3.11
制作广播节目时间	万小时	682.03	23	2.11
制作电视节目时间	万小时	274.29	14	3.07
制作电视剧	集	17807.00	3	12.53
电视剧投资额	亿元	46.34	1	34.95
电视节目国内销售额	亿元	50.22	1	41.01
从业人员	万人	75.19	11	3.49

注：统计栏目由北京市电影电视局法规处提供，作者：吴彤

大事记

2011／《北京广播影视年鉴》

——记录行业情况　服务业内和社会——

2010年北京市广播影视大事记

1月

1月1日　北京市广播电影电视局根据电影管理职能的划转，对全市电影发行单位、中外合资影院电影放映许可证换证工作开始进行。

1月1日至4日　北京电视台新创办的《超级出租车》、《非常看法》、《步步为赢》3个栏目开播。《超级出租车》为生活频道一档全新民生访谈类节目；《非常看法》为科教频道一档法治栏目，《步步为赢》为体育频道一档50分钟日播节目，在保有原《快乐健身一箩筐》、《各就各位》的基础上，新增加50分钟的周播节目《健康男女》。

1月1日至2月28日　中国电影博物馆举办“中国电影华表奖获奖影片公益展映”活动。截至2月28日，共展映43部历届华表奖获奖影片，累计放映25场，观众1738人次。

1月5日　北京市委副书记王安顺到北京电视台参加“大爱无疆2009年首都十大教育新闻人物颁奖典礼”。

1月5日至3月31日　中国电影博物馆上映巨幕3D胶片版电影《阿凡达》。共计放映562场，接待观众17.8万人。编著出版了《〈阿凡达〉现象研究》专项调研成果《<阿凡达>现象透视》一书。

1月5日　北京人民广播电台召开2010年工作会议。全台副处级以上干部和北京广播公司各部门、各二级公司的负责人以及电台职工代表132人参加会议，听取并审议台长汪良所做的工作报告及台领导班子成员的述职报告。市广电局局长孙向东到会讲话，市广电局纪检组长王立平及市委宣传部干部处同志出席会议。

1月7日　北京市委宣传部常务副部长陈启刚、宣传部副局级调研员陈建文、市广播电影电视局副局长李春良等到北京电视台听取春节晚会工作汇报，并对春晚筹备进展情况提出指导性意见。

1月7日　北京市广播电影电视局印发《关于转发广电总局〈广播电视安全播出管理规定〉的通知》，对学习贯彻该规定提出要求。规定共八章四十五条，对广播电视安全播出基本保障、日常管理、重要保障其管理、应急管理、监督管理和法律责任等作出明确规定。

1月7日　北京电视台高清频道建设领导小组召开2010年首次会议。会议通过了《北京电视台高清电视技术系统工程专项资金使用流程》，听取了技术部门关于共享播出通道下变换同播和独立播出通道的情况汇报，明确了播出方式“安全播出第一、满足业务需求”的原则。

1月8日　四川省委宣传部常务副部长、省外宣办主任侯雄飞率四川宣传系统考察团到北京电视台考察。考察团观看了北京电视台宣传片，并就新闻节目中心的机构设置、生产流程及如何调动采编人员的生产积极性等问题进行了探讨和交流。四川广播电视台台长陈华与北京电视台台长王晓东就制播分离交换了意见。北京市委宣传部副部长严力强、副局级巡视员苏仁先，北京市广电局副局长丁百之，北京电视台总工程师田方及相关部门负责人参加座谈。

1月8日　北京北广传媒数字电视有限公司《优优宝贝》、《四海钓鱼》频道在第五届数字新媒体产业年会上，分别评为“2009最具市场潜力付费频道”、“2009最受网络欢迎十五佳付费频道”。

1月12日至13日　北京电视台《北京新

闻》栏目播出《人文北京——可爱的北京人》系列报道，报道运用纪实手法，选取身边的普通人，从他们身上挖掘爱岗敬业、团结友爱、创新进取、志愿服务、热心公益等事迹与精神。节目播出的第二天，市委常委、宣传部长、副市长蔡赴朝对该专栏报道给予充分肯定，认为报道准确、生动、感人，达到了很好的传播效果，并要求在专栏开播的第一周，每天在《北京新闻》中播出。

1月12日　北京市广播电影电视局举办视频点播节目审核操作技术培训班，全市6家开办视频点播业务机构的节目审核人员参加培训。经考核合格，参训单位获《北京市广播电视视频点播节目审核操作合格证书》及审核密钥。

1月12日　北京歌华有线电视网络股份有限公司与中国工商银行股份有限公司北京市分行在京签署《银企战略合作协议》。协议主要包括三项内容：银行融资服务，工行为歌华有线及其下属成员单位提供不超过20亿元意向性融资额度，适用范围主要包括流动资金贷款、项目贷款、并购贷款等；现金管理及网上银行服务；银行卡业务。北京市委常委、宣传部长、副市长蔡赴朝及相关单位领导出席仪式。

1月14日　思科公司（CISCO）全球副总裁Surya等一行7人赴北京歌华有线电视网络股份有限公司访问，与歌华有线公司总经理卢东涛等就交互电视业务进行交流。

1月15日　北京市广播电影电视局印发关于启用新版《广播电视站许可证》的通知，在原许可证基础上增加业务范围、有效期、编号等内容。

1月15日　北京市广播电影电视局召开全市广播电视安全播出总结表彰暨安全播出质量年动员大会，总结“2009年国庆保障百日安全播出竞赛活动”情况，宣读首都国庆60周年群众游行指挥部关于表彰首都国庆60周年群众游行创新成果奖、优秀组织单位奖、支持贡献奖的决定和本局关于表彰百日安全播出竞赛先进集体和先进个人的通报。市委宣传部副部长严力强出席会议并讲话，市广电局局长孙向东就组织开展2010年广播电视安全播出质量年活动作动员，副局长杨淑琴、纪检组长王立平、总工程师何桂芝出席会议。

1月15日　北京市广播电影电视局召开“建设世界城市，打造东方影视之都——北京市‘十二五’广播影视发展”主题报告会。清华大学新闻与传播学院常务副院长尹鸿、中国艺术研究院院长助理贾磊磊应邀做主题报告。市广电局局长孙向东主持报告会并讲话，副局长杨淑琴、李春良、臧增祥、丁百之、王霞，纪检组长王立平、总工程师何桂芝出席报告会。

1月15日　《崇高的荣誉——首都政法综合治理系统春节联欢晚会》由北京电视台录制完成。中央政治局常委、中央政法委书记周永康，中央政治局委员、北京市委书记刘淇，国务委员、公安部部长孟建柱，北京市委副书记、市长郭金龙出席。该晚会定于2月11日（腊月二十九日）19：00在北京电视台科教频道播出。

1月18日　上海市文化广播影视管理局副局长王玮等赴北京歌华有线电视网络股份有限公司考察高清交互业务，北京市广播电影电视局总工程师何桂芝、歌华有线公司董事长张淼、总经理卢东涛等陪同考察。

1月19日　北京市广播电影电视局召开北京广播电视收听收看工作总结会，总结部署工作。国家广电总局宣传管理司副巡视员高长力和市广电局局长孙向东、副局长李春良出席会议。

1月19日　北京北广传媒地铁电视有限公司第一届董事会第六次会议召开。公司董事长、北广传媒集团纪委书记、党委副书记贾玉祥主持会议，公司副董事长、地铁运营公司党委副书记齐书志，公司总经理、地铁运营公司副总经理高踪阳，公司全体董事、监事及公司领导班子成员参加会议。

1月20日至2月10日　北京市广播电影电视局印发关于开展“看电影过大年”活动的通

知，对春节期间在京各影院推出该项活动作全面部署。2月10日，市广电局在门头沟区军庄镇灰峪村数字影厅组织“看电影过大年”送电影下乡慰问活动，国家广电总局电影局副局长毛羽、市广电局副局长李春良和市委宣传部文化处负责人出席活动并讲话，门头沟区委、区政府、数字院线公司有关领导和当地群众参加活动。该项活动分为三部分：通过全市电影公益放映系统的近4000个农村数字影厅和300多辆流动放映车送电影下乡；通过城市院线、影院系统推出《孔子》、《财神到》、《花田喜事2010》等10余部贺岁影片；挑选历年精品贺岁影片，通过北广传媒集团数字电视、北京电视台，以主题影片方式在春节期间展播。

1月22日　北京市广播电影电视局召开2010年北京市广播影视工作会议，传达2010年全国广播影视工作会议和北京市宣传部长会议精神，总结工作，部署任务。市委常委、宣传部长、副市长蔡赴朝出席会议并讲话，市广电局党组书记、局长孙向东做工作报告，市委副秘书长肖培和市广电局副局长杨淑琴、李春良、臧增祥、丁百之、王霞，总工程师何桂芝、副巡视员宋春华等出席会议。各区县文委、广电中心、经济技术开发区社会发展局和北广传媒集团、歌华有线公司主要负责人，中国电影博物馆、北京电台、北京电视台全体班子成员以及主要部门负责人，局机关全体人员和局属处级事业单位负责人，特邀行风监督员和市属广播影视社团负责人，部分相关广播电视节目制作单位、影视剧制作经营单位、互联网络视听节目服务单位、电影院线负责人约180余人参加会议。

1月22日　国家广播电影电视总局发布2009年度全国电视动画片制作发行情况通告，北京电视台卡酷动画卫视年产动画片11部共4465分钟，位居北京第一，全国第九位。

1月22至24日　北京电视台体育频道全程直播国际自行车联盟世界杯场地自行车赛（北京站）比赛。这是2010年在中国进行的级别最高的场地自行车赛事，北京电视台体育频道对此进行全程直播并为国际自盟和欧广联制作本次赛事的公共信号。

1月23日　北京市委宣传部、北京市科委联合主办，北京科技协作中心和北京电视台承办的《首都科技盛典》录制成功，并定于2月17日15:30在北京电视台科教频道、2月20日19：40在北京电视台卫视频道播出。

1月24日　北京电台故事广播推出“北京印记——讲述我和新北京的故事”大型故事征集活动，活动历时4个月时间。

1月26日　海润影视制作有限公司摄制的电视连续剧《玉观音》、《重案六组》、《大地》、《亮剑》、《红梅花开》、《沧海》、《战士》《夜奔》等17部剧目获国家版权局颁发的著作权登记证书。

1月28日　北京市广播电影电视局副局长王霞率队到丰台区广播电视中心进行安全检查，区广电中心主任李智、副主任王艳平陪同检查并汇报工作。

1月28日至31日　北京人民广播电台文艺广播主办的“第五届原创新春祝福短信大赛”正式推出，向全国人民、港澳台地区同胞及海外华人征集2010年新春祝福短信。截至1月31日14时，大赛组委会已收到参赛短信近万条，是2009年上传短信数量的3倍多，专题点击量超过500万人次，近4万网民参与短信大赛投票环节。

1月30日　北京歌华有线电视网络股份有限公司召开2010年工作会议，北广传媒集团党委书记刘志远出席会议并讲话。歌华有线公司领导干部、员工共600余人参加了会议。会议对2009年和2010年工作分别进行了总结和部署，并对2009年度“歌华有线星级员工”进行表彰。

1月　北京北广传媒移动电视有限公司开通网站论坛，论坛设置活动专区、服务百姓、节目论坛、公共论坛四大板块，紧密依托节目，增强与电视观众的互动。

2月

2月1日　北京市广播电影电视局召开2010《北京广播影视年鉴》组稿工作会议，总结工作，部署任务。年鉴编委会主任、市广电局局长孙向东出席会议并讲话。北广传媒集团及所属部分单位、中国电影博物馆、北京电台、北京电视台、各区县广电中心、局机关相关处室及部分社会影视机构特约编辑60余人参加会议。

2月2日　北京人民广播电台38人“三下乡”慰问团赴延庆县井庄镇三司村开展“广播三下乡、年货送农家”活动。在这次活动中，北京电台除送上一台慰问演出外，还捐资3万元改造自来水管道，捐赠旅游户21台太阳能热水器，为村民送去米、面、食用油等年货。电台副总编辑亢亚志率队参加。

2月3日　北京市广播电影电视局与市网管办、通管局、执法总队联合召开分类处理视听节目网站专项工作会。

2月3日　北京电视台、市总工会、市温暖基金会联手打造的《暖——2010爱心互助大型义演晚会》在北京工人体育馆举行。晚会分为“温暖，是一盏不灭的灯”、“温暖，是一双相握的手”、“温暖，是梦想开始的地方”、“温暖2010，我的爱”四个篇章，主持人、演员全部为公益出场，公益故事的主人公、爱心家庭和爱心企业的代表也来到现场。晚会定于2月19日（农历正月初六）19：40在北京卫视频道播出。

2月4日　北京市广播电影电视局召开机关中层以上领导干部会议，北京市委组织部副部长吕和顺、市委宣传部常务副部长陈启刚到会宣布市委关于庞微同志为北京市广播电影电视局党组成员、副局长的任职决定。市委组织部宣教政法干部处、宣传部干部处有关负责人参加会议。

2月5日　北京北广传媒移动电视公司为进一步提高节目质量，总结经验，召开“2010年《演艺罗盘》栏目研讨会”。市文化局局长降巩民、北广传媒集团副总经理赵多佳，及业内专家及与该栏目合作的演出场所、剧团、文化公司等16家单位出席会议。

2月7日　北京歌华文化发展集团为广泛开展对外会展业务，在国家文物局、文化部外联局的支持下与意大利文化遗产与活动部文化遗产推介局达成会展合作意向，并举行签约仪式。北京北广传媒集团副总经理兼北京歌华文化发展集团董事长王建琪出席签约仪式。

2月8日　北京市政府副秘书长戴卫带领北京创维海通公司、数码视讯公司等中关村科技企业到北京歌华有线电视网络股份有限公司就自主创新、三网融合、政府采购等工作进行调研，歌华有线公司董事长张淼、总经理卢东涛等陪同调研。

2月9日　北京市文化局局长降巩民及首都图书馆领导一行5人携“文化共享 优质服务”锦旗，对北京歌华有线电视网络股份有限公司在支持农村文化工作中的成绩表示感谢。歌华有线公司董事长张淼、总经理卢东涛接受锦旗并进行座谈。

2月9日　北京市广播电影电视局副局长臧增祥率队到海淀区新闻中心检查安全播出工作。

2月10日　北京市广播电影电视局召开思想政治工作会议。市广电局副局长杨淑琴作工作报告，局长孙向东出席会议并讲话，纪检组长王立平主持会议。中国电影博物馆、北京人民广播电台、北京电视台有关负责人，局政风行风特邀监督员，局机关各处室、局属处级事业单位负责人及有关部门专职工作人员70余人参加会议。

2月11日　北京北广传媒城市电视举行“楼宇电视联播网2010—2014年度广告承包经营合作协议”签约仪式。北京标旗东方广告有限公司成为楼宇电视联播网的独家授权经营单位，合同金额超过1亿元人民币。

2月12日　北京电视艺术中心、北广传媒集团等单位联合摄制的编年体51集长篇电视剧《金婚风雨情》在北京关机。作为《金婚》第二部，该剧以50年风雨历程展现了一对夫妻相濡以沫、同甘共苦的一生，通过一个家庭折射宏阔的时代变迁。导演郑晓龙、编剧王宛平、总制片人曹平，主演胡军、周韵，姜文、祖峰、秦海璐、何琳、吴军、王艳、胡可、张延、李立群、午马、王思懿等。

2月13日（大年三十） 北京人民广播电台联手北广传媒移动电视、优酷网、网易网、DAB数字广播、北京广播网等媒体推出“送金牛欢歌辞旧岁，迎瑞虎笑语贺新春”为主题的“2010年京城百姓除夕大联欢”。联欢会历时10个小时，市民通过电台9个专业广播同步收听，移动电视、地铁电视、网络、手机等媒介随时收看。

2月14日（大年初一） 北京电视台卫视首播《2010北京电视台春节联欢晚会》。晚会以“虎跃中华，花开盛世”为主题，总时长约4小时，首播收视率18.88%，居各省台之首，连续三年创收视新高。

2月14（大年初一）至20日 北京电视台卫视《2010年北京电视台·新浪网首届网络互动春节联欢晚会》连续7天在黄金时段由电视、手机电视、网络三大平台同步播出。作为全球华人第一台三网融合、三屏合一的新春晚，平均收视率3.14%。

2月15日（大年初二） 北京电视台北京卫视第一届《BTV环球春晚》播出。晚会汇集来自多个国家和地区的优秀表演者：俄罗斯高音王子维塔斯、德国歌手海因切、日本歌手乔山中，以及林俊杰、羽泉等。该春晚以开阔的国际视野、高雅的文化品味、自信的大家风范，赢得了观众的高度认可。北京地区收视率达到了8.05%，占有率达到了22.22%，全国25城市收视率达到了1.15%，同时段收视率全国排名第二位。

2月16日（大年初三） 《2010年北京电视台卡酷动画春晚》历时8个月精心创作后，在北京卫视首播，收视率达到2.33%，相较2009年的同期收视率1.2%翻了一番，最高收视率达到3.77%，超越《喜羊羊与灰太狼》等国内外强档动画片收视。

2月25至26日 北京人民广播电台召开2010年思想政治工作会议。台党委书记、台长汪良到会讲话，台党委副书记赵泽勤主持会议。台领导班子成员和各专业台、职能技术部门正职领导，各支部书记和党办、人事部、工会全体人员参加会议。

2月26日 北京市广播电影电视局印发关于成立安全播出质量管理领导小组的通知，局长孙向东为组长；局总工程师何桂芝为常务副组长；副局长杨淑琴、纪检组长王立平为副组长；小组成员为北京电台台长汪良，北京电视台台长王晓东，北广传媒集团副总经理、歌华公司董事长张森，北广传媒集团副总经理赵多佳。领导小组下设办公室，主任由何桂芝兼任。

2月28日 北京电视台捐助的四川省什邡市BTV双盛小学落成并举行开学典礼。中央确定北京市对口支援什邡市灾后恢复重建工作启动后，北京电视台迅速在什邡建立了记者工作站，同时，全台干部职工共捐资500万元，历时两年援建了独立命名的小学——什邡市BTV双盛小学。北京电视台副总编辑张强、张亮等一行5人参加BTV双盛小学落成暨开学典礼仪式，并与什邡市委宣传部、教育局的领导为该校落成剪彩，向学校学生赠送了书包和文具。

2月 北京北广传媒移动电视有限公司与北京电台联合举办“送金牛欢歌辞旧岁 迎瑞虎笑语贺新春——2010年京城百姓除夕大联欢”活动。

3月

3月1日 在北京人民广播电台城市服务管理广播开播五周年之日，北京市委副书记、市长郭金龙到该台调研。郭金龙视察了电台直播间、《城市管理我论我谈》特别节目录制现场，与市民代表交流，并听取台长汪良工作汇报。郭金龙强调：要创新工作思路，拓宽沟通渠道，把北京的广播事业办得更好。副市长黄卫、市政府秘书长孙康林、副秘书长周正宇、市委宣传部副部长严力强、市政府办公厅副主任吴大仓，以及市各相关委办局领导随同视察。

3月1至4月　北京电视台财经频道策划制作的大型系列节目《绿色北京》在北京卫视黄金时段播出7天。节目邀请了北京市发改委、财政局、环保局等11个部门的负责人与观众现场互动，为百姓全面解读“绿色北京行动计划”。该系列节目受到《人民日报》的持续关注。3月28日、4月29日该报相继刊文，详细介绍《绿色北京》节目的播出及其良好社会效果。

3月2日　北京市委宣传部、市互联网宣传管理办公室和北京人民广播电台、北京电视台、北京网络媒体协会主办，北京文艺广播联合北京广播网、千龙网、新浪网、搜狐网、网易网等21家网站共同举办的“第五届原创新春祝福短信大赛”颁奖盛典举行。大赛共收到原创短信作品34294条，总点击量达8700万人次，再次刷新历届短信大赛同期记录。此届大赛共评出“2010年十大最受欢迎新春祝福短信”和“2010年优秀新春祝福短信”特等奖1名、一等奖2名、二等奖7名、三等奖20名。北京市委副秘书长肖培和市互联网宣传管理办公室领导等出席盛典活动并为获奖者颁奖。

3月2日　北京人民广播电台所属北京广播公司召开2010年度工作会。北京电台台长、公司董事长、总经理汪良作工作报告，公司董事、执行副总经理陈晓红主持会议。公司领导及各二级公司负责人出席会议。

3月4日　北京市广播电影电视局召开北京市境外卫星电视整治专项行动工作部署会议。会议传达了国家广电总局加强境外卫星电视节目落地管理和境外卫星电视传播秩序管理的有关精神，部署了《2010年北京市境外卫星电视整治专项行动工作方案》，对各相关单位工作职责作明确分工。首都综治办领导就完善卫星电视整治专项工作例会制度、督察制度、考核制度和加强协调配合等提出要求。市广电局副局长臧增祥主持会议并讲话。首都综治办、市经济和信息化委员会、市工商局、市旅游局、市国家安全局、北京海关、市公安局治安总队、市城管执法局、市文化市场执法总队及各区县文委(含北京经济技术开发区社会发展局)等市境外卫星电视整治专项行动工作领导小组成员单位相关负责人参加会议。

3月4日　北京电视台召开工作会议，总结2009年工作，部署2010年工作任务，全台千余名干部职工参加会议。市委宣传部副部长严力强要求北京电视台要从提高首都文化的软实力，把北京电视台建设成为与首都的发展同步、与首都的地位相称的现代传媒机构的高度去谋划北京电视台的工作；全体干部职工在新的一年要树雄心、立大志，敢于创造、敢于争先，迎接新的形势和新的任务。市广电局纪检组长王立平出席会议。

3月4日　北京歌华文化发展集团承办的“2010年中华世纪坛春节主题文化庙会”在第五届北京春节庙会·灯会·文化活动评选活动中，荣获“北京十大庙会·灯会”称号。

3月6至11日　中国电影博物馆馆长杨永安受美国电影艺术与科学学院理事会邀请，赴美国加利福尼亚州洛杉矶市出席第82届奥斯卡学院奖颁奖典礼，并与美国电影艺术与科学学院前任主席希德·甘尼斯，以及詹姆斯·卡梅隆等奥斯卡电影人交流。

3月10日　北京市广播电影电视局召开中层以上领导干部会议，北京市委组织部副部长吕和顺、市委宣传部常务副部长陈启刚到会宣布市委关于李春良为北京市广播电影电视局党组书记、局长的任职决定。市委组织部宣教政法干部处、市委宣传部干部处负责人出席会议。

3月10日　北京人民广播电台召开听众表彰大会，对120名听众进行表彰。同时，还为北京电台2009年主持人节目展播和2010年移动视听全新春晚“京城百姓除夕大联欢”及春节节目大赛的获奖者颁奖。台长汪良、总编辑陆莹等台领导以及各专业广播、职能部室负责人参加颁奖。

3月12日　北京市广播电影电视局局长李春良、总工程师何桂芝率调研组到歌华有线公司进行有线电视网络调研。调研组察看了有线广播电视网络总前端，详细了解歌华有线电视网络现状、业务开展和安全传输情况，针对高清交互、“三网融合”等热点问题进行座谈研讨。

3月18日　北京市广播电影电视局荣获2009年度北京市电子政务绩效考核“信息安全与运维”优秀单位称号。

3月18日、26日　北京人民广播电台总编辑陆莹、副总编辑王秋分别率队到新浪网、凤凰网和人民网参观学习编采播及经营业务，两批学习人员共70余人。

3月18日至10月　北京北广传媒数字电视有限公司承担的历时两年的北京市科技计划项目（课题）“数字电视内容集成与分发系统技术研究”通过验收，并于10月正式投入使用，为《北京党建》日常节目在互联网上的点播和直播提供相关服务。

3月18至19日　全国人大教科文卫委员会调研组白克明同志一行20余人在京开展文化产业调研。市委宣传部组织相关委办局就全市文化创意产业发展情况、各行业文化产业发展情况作介绍。市广电局局长李春良、北广传媒集团党委书记刘志远参加汇报，并陪同调研组到北京电台、歌华有线公司和万达电影院线调研。

3月19日　北京人民广播电台主办的“2010·数字广播发展交流会”在京召开，上海、湖南、安徽、广东、辽宁、河南、深圳、江西、四川、天津等省市广播界同仁应邀参加。会议通过主题演讲、交流研讨等形式，介绍了数字广播的研发、技术应用及数字广播发展情况。北京电台台长汪良作《融合多媒体终端是数字广播发展的最新成果》主题演讲。

3月19至21日　北京影视艺术家协会召开第五次会员代表大会，报告北京影视协第四届理事会工作，研讨下一届五年工作规划。会议决定: 北京影视艺术家协会更名为北京电视艺术家协会。大会还进行换届选举，选出主席、副主席23人，理事100人；孙向东当选为第五届理事会主席。

3月22日　浙江省广电局一行到北京市广播电视监测中心考察调研，北京市广电局总工程师何桂芝陪同调研。

3月22日　北京市广播电影电视局根据《〈卫星电视广播地面接收设施管理规定〉实施细则》和《国家广电总局关于启用新版〈接收卫星传送的境外电视节目许可证〉通知》，印发《关于北京市换发接收卫星传送电视节目许可证的通知》。

3月22日　北京市广播电影电视局印发关于成立第二届科学技术委员会的通知，经局党组批准，科技委主任委员为局总工程师何桂芝。

3月22日　中国移动与北京中广传播有限公司共同宣布TD+CMMB手机电视业务在全国正式商用。该手机系国内自主创新的移动多媒体广播电视标准，覆盖网络初步建成，已在全国302个城市开通了信号。

3月23日至24日　北京市广播电影电视局召开电影管理六方联席会首次会议，市工商局、公安局、安全局、文化执法总队和北京海关等单位有关领导和人员参加会议。会议传达了国务院办公厅《关于促进电影产业繁荣发展的指导意见》以及中共中央政治局委员、国务委员刘延东在全国电影工作电视电话会议上的讲话精神，通报了北京市电影产业及电影市场管理等有关情况和问题，研究了联席会议机制运行方式和相关事项，商定每季度召开一次例会。

3月24日　北京市广播电影电视局召开党风廉政建设领导小组会议，调整局贯彻落实党风廉政建设责任制领导小组成员，明确2010年党风廉政建设和反腐败工作主要任务及分工，与有关单位签订党风廉政建设责任书。市广电局局长李春良到会并讲话，纪检组长王立平主持会议。局领导杨淑琴、臧增祥、庞微、丁百之、何桂芝，中国电影博物馆、北京电台、电视台主要领导和纪委书记，局机关各处室及局属处级事业单位主要负责人参加会议。

3月24日　北京市广播电影电视局机关党委召开会议，启动“学习三人行”活动。市广电局党组副书记、副局长、机关党委书记杨淑琴到会并讲话，局机关党支部书记及党务干部参加会议。

3月24日　国家广电总局广播科学研究院、北京人民广播电台联合主办，北京悦龙数字广播传媒科技有限公司承办的“推送式广播——数字音频广播新业务国际研讨会”在北京召开。此次会议是CCBN2010的正式会议之一。国家广电总局、广播电视规划院相关领导、WorldDAB相关官员、各地电台和数字广播运营商领导，以及包括奔驰、三星、爱国者、中国移动、中国联通等国内外研发、生产商、运营商代表近150人出席会议。

3月25日　北京电视台卡酷动画卫视旗下卡酷全卡通参加2010东京国际动漫展，吸引了多美、万代、美泰等59余家世界知名动漫玩具企业前来洽谈合作。

3月26日　北京电台节目制作中心为加强广播剧创作，正式成立广播剧社。

3月26日　由北京市广播电影电视局、北京北广传媒集团、北京电视艺术中心等联合摄制的反映青藏铁路建设的38集电视剧《雪域天路》在央视一套黄金时段开播。《雪域天路》用全景式、写实的方式，记录了青藏公路到青藏铁路之间的故事，表现了50年间几万筑路人的悲壮经历和献身精神。主演刘威、岳红、奇道。

3月28日　北京卡酷动画卫视旗下卡酷全卡通品牌荣获2010中国商业地产行业年会“中国最具成长性商业品牌”大奖。

3月30日　北京市广播电影电视局举办财务专题培训班，集中学习财政相关政策、财务管理办法、预算执行和政府采购注意事项等规定，并就如何加强预算管理，提高预算编制和预算执行水平作辅导。市广电局局长李春良、纪检组长王立平出席会议并讲话。

3月30日　北京市广播电影电视局科技委召开二届一次会议，传达总局科技委八届三次会议精神，总结工作，提出2010年工作要点，审议各专业委工作建议。广播、电视、有线和无线专业委主任分别就各自领域新技术作专题发言。国家广电总局科技委秘书长周志强出席会议并讲话，局科技委主任、局总工程师何桂芝作工作报告。

3月30日至31日　北京人民广播电台邀请来自全球绩效标准联盟大中华协会机构主席、21PM智尊企业项目化运作课程体系顾问团总监张玉珏，为全台处级干部进行高级项目化运作培训。

3月31日　北京中北电视艺术中心有限公司与俄罗斯REN-TV电视台合作的28集电视剧《猎人笔记之谜》首映式在京隆重举行。

3月　北京市广播电影电视局“创新机制推动影视动画产业发展”和“首都国庆60周年庆典活动天安门广场大屏幕视频保障”，分别荣获北京市市级国家行政机关2009年度优秀创新项目和创新成果奖。

3月　北京市广播电影电视局党组研究决定：原设置在市广电局宣传管理处的北京市广播电视学会秘书处，划转至北京市广播影视作品审查中心，学会秘书处各项工作转由市广播影视作品审查中心承担；原由局计划财务处代管的北京市广播电视学会财务工作，同时划转由市广播影视作品审查中心代管。

3月　北京北广传媒集团制定贯彻执行党风廉政建设工作的途径和办法等整改措施。

4月

4月1日　北京市广播电影电视局与怀柔区政府主办、首都广播电视节目制作业协会承办的“2010春季首都电视节目推介会”举行。推介会共推出电视剧170部、5200余集，创历史新高。其中，新剧约125部，占总量近70%；处于前期策划的剧目约80部，占总量近50%。全国主流视频网站首次集中以电视节目购买方身份进行交易。

4月1日　北京电视台召开反腐倡廉宣传报道工作座谈会，台长王晓东、副总编辑张亮主持会议，市纪委副书记王海平、宣教室副主任杜晓光、市委宣传部纪检处处长卜秀均等领导出席会议。

4月1日　北京市委宣传部、北京电视台共同主办的“书香北京·文化盛典”大型文化活动新闻发布会及“21世纪10年影响中国图书榜”推选会举行。北京电视台总编辑张晓，著名学者阎崇年，著名作家毕淑敏、虹影，青少年教育专家卢勤，著名文学评论家白烨、止庵、谢玺章等出席会议，共商荐书事宜。

4月2日　北京北广传媒数字电视有限公司与北京市纪委监察局召开研讨会，就数字电视《北京之窗》创办“纠风宣传播出平台”达成合作意向。市纪委监察局副局长、市纠风办副主任宋兰刚，数字电视公司总经理何公明等参加。

4月5日　北京电视台新闻节目中心《特别关注》第一时间播出青海玉树强震报道，及时发布中央、国务院和市委、市政府关于抗震救灾重要指示，播报市委市政府关于向灾区捐助1000万元和各类救灾物资，帮助灾区重建家园的决定。随后，组织记者随北京红十字会救援队和北京医疗救援队，紧急赶赴抗震一线。

4月5日　北京电视台北京卫视与陕西电视台、上海东方卫视联合直播在陕西省黄陵县桥山轩辕殿举行的“文明之光——庚寅年清明公祭轩辕黄帝典礼”取得成功。

4月6日　国家广电总局纪检组监察局副局长麦青率调研组一行到市广电局就特邀政风行风监督员工作进行调研，并与部分监督员代表座谈。市广电局纪检组长王立平陪同调研。

4月6日　北京市广播电影电视局召开安全播出质量管理年活动阶段工作会议，并就ISO9000质量管理体系标准进行培训。局总工程师何桂芝出席会议并讲话。北广传媒集团、北京电台、北京电视台、区县广电中心近200人参加会议。

4月7日至5月　北京市广播电影电视局与北京师范大学联合主办的第17届北京大学生电影节在京开幕。电影节共收到报名参赛影片155部，其中《斗牛》、《建国大业》等39部优秀国产影片获得主竞赛单元，并在北京、上海等全国11个高校主分会场展映与交流。“华语电影高校巡展”定于4月10日～5月8日在北京地区高校免费放映20～30部优秀国产影片。电影节还分别举办大学生影评大赛、“埃里克·侯麦”专题影展、“黑泽明与东方电影”主题研讨会等活动。

4月9日　北京市广播电影电视局与北京银行正式签署《支持北京市广播电影电视产业发展全面战略合作协议》。协议主要内容是：北京银行在三年内为首都广播、电影、电视创意企业提供意向性100亿元人民币专项授信额度，并优先对市广电局推荐的优秀广播影视制作企业和重点项目提供绿色通道。市委宣传部副部长陈冬，市广电局局长李春良、副局长丁百之、纪检组长王立平，北京银行董事长闫冰竹、行长严晓燕等领导出席签约仪式。华谊兄弟、光线传媒、海润影视、小马奔腾等40余家影视制作企业负责人参加签约仪式。

4月12日　北京市广播电影电视局印发2010年北京电影发展和管理工作意见，要求各单位贯彻落实国务院办公厅《关于促进电影产业繁荣发展的指导意见》，做好实施方案和电影发展规划编制工作；加大创作支持力度，促进电影多出精品佳作；加强规范和管理，推动市场良性发展；加强公益放映指导和管理，提高公共服务质量和水平；充分发挥资源优势，大力推进电影节展和交流。

4月12至16日　北京市广播电影电视局组织16家首都影视制作机构代表团赴法国参加2010年戛纳电视节，参展项目66个，参展面积92.2平方米，涵盖电影、电视剧、动画片、纪录片、电视栏目等类别及合作、服务等内容，并成功举办“2010 携手北京”主题论坛，首次在展馆设立“携手北京，共创美好未来”为主题的大型户外广告。

4月13日　北京市广播电影电视局总工程师何桂芝率队到延庆县珍珠泉乡就继续实施远郊广播电视无线覆盖工程进行调研，延庆县广电中心主任孟昭旭陪同调研。

4月14日　北京市电影工作会议召开。传达全国电影工作电视电话会议精神，总结工作，部署任务。国家广电总局电影局副局长毛羽、市政府副秘书长侯玉兰、市委宣传部副部长严力强出席会议并讲话。国家电影专资办主任冯麟、中国电影家协会秘书长许柏林、中国电影发行放映协会副会长耿西林出席会议。北京市农村电影放映工程领导小组、电影专资委、电影管理联席会议成员单位、中国电影博物馆、北京电影学院的领导，各区县文委、电影服务机构和电影制片、发行、放映、协会等各方面的负责人及广播影视行风监督员、新闻媒体记者230余人参加会议。

4月14日　北京市广播电影电视局与中国传媒大学举行《北京市“十二五”时期广播影视发展规划》重大课题签约仪式，全面启动北京市“十二五”广播影视发展规划编制工作。市广电局局长李春良出席签约仪式并致词，市广电局副局长丁百之，中国传媒大学校长苏志武、副校长丁俊杰等出席签约仪式。

4月14日　北京人民广播电台2009年度新媒体视频优秀节目评选揭晓。优秀节目评选分文艺类、综合类、访谈类、专题类四个类别，共评出一等奖3个，二等奖4个，三等奖8个。

4月14日　北京电视台召开2010年思想政治工作会议。台领导班子成员与各党支部（党总支）负责人、各部门负责人、团支部书记、工会小组长和思想政治工作部门全体人员200余人参加了会议。党委副书记、总编辑张晓主持会议，党委书记、台长王晓东讲话，并与台领导班子其他成员、各位台领导与分管部门负责人代表分别签订2010年度党风廉政建设责任书。

4月15日　北京北广传媒城市电视有限公司合作伙伴——北京标旗东方广告有限公司策划的首档栏目《商城闪电手》，在楼宇电视联播网正式开播。

4月16日　原全国人大常委会副委员长何鲁丽到中国电影博物馆参观考察。

4月20日至21日　北京市广播电影电视局召开区县电影管理工作座谈会。会议通报了2009年北京电影业发展情况，进一步明确了区县文委的电影管理职责，部署了2010年区县电影管理工作任务，并重点围绕贯彻落实国务院办公厅《关于促进电影产业繁荣发展的指导意见》和北京市电影工作会议精神、区县“十二五”电影发展规划编制、加强电影市场推动和管理、做好电影公益放映服务等内容，以及各区县文委如何结合工作实际做好电影管理工作进行了研讨，并提出建设性意见。全市18个区县文委电影工作主管领导和北京经济技术开发区有关领导参加了座谈。

4月20日至6月　北京人民广播电台“第四届听众喜爱的名牌栏目”评选活动正式启动。评选投票从次日开始，6月9日结束。栏目评选采取听众直接投票占55%、听众调查投票占45%，两者数据综合统计出参评栏目的最终结果。排序在前10位的参评栏目为“听众喜爱的名牌栏目”，随后的20个参评栏目为“听众喜爱的优秀栏目”。和前三届一样，评选设置260名幸运听众奖，其中一等奖10

名，奖金各2500元；二等奖50名，奖金各1000元；三等奖200名，奖金各400元。

4月20日　北京市政府授予北京歌华有线电视网络股份有限公司传送部员工李军炜“北京市劳动模范”称号，并颁发奖章。

4月20日　参加全国文化企业30强评选活动的北京广播影视企业在中央电视台举办的《“情系玉树，大爱无疆”大型募捐活动特别节目》中踊跃捐款，支持青海玉树灾后建设，捐款共130万元。其中，华谊兄弟传媒股份有限公司捐款100万元，北京紫禁城影业有限责任公司捐款10万元，北京首都华融影院有限责任公司捐款10万元，北京鑫宝源影视投资有限公司捐款10万元。

4月21至23日　北京北广传媒地铁电视有限公司对地铁1、2号线地铁电视及乘客信息系统进行测试，组织监理、设计、施工单位和供货商对地铁1、2号线及乘客信息系统系统的调试数据进行全面的检查测试。

4月22日　北京人民广播电台音乐广播赴日转播《我们热爱音乐我们热爱地球世界地球日主题音乐会》。北京电台第九次参与此活动。

4月23日　北京人民广播电台故事广播、北京图书大厦等承办的第七届北京青少年读书节系列活动暨“低碳生活从读书开始”仪式正式启动。故事广播作为唯一一家广播媒体对活动进行宣传报道。

4月23至5月2日　北京人民广播电台交通广播联合北京广播网对2010年北京国际车展作全程音视频直播报道。交通广播在展馆现场搭建216平方米直播间，每天4个半小时，分上、下午进行现场直播。北京广播网同步推出“2010北京车展专题”，全程配合直播报道，并发布大量独家图片、文字及视频。

4月26日　北京人民广播电台2009年度优秀品牌活动评选活动揭晓。“60年胡同传奇”大型故事征集活动、“边疆·口岸纪行”、“为伟大祖国骄傲——庆祝新中国成立60周年金曲盛典”等8个活动获奖。

4月27日　北京电台爱家广播启动“毛毛狗快回家－爱家宝宝故事会”评选活动。

4月27日　北京北广传媒集团组织所属新媒体单位新闻从业人员参加“三项学习教育”活动专题业务培训，集团副总经理赵多佳对2009年度报送参评优秀节目奖的新闻类、专题类栏目进行了点评，并对下一步如何提升节目质量、提高业务能力等提出具体要求。集团所属数字电视、移动电视、城市电视、北京党建频道的节目制作人员以及集团宣传管理的相关人员共110人参加了此次业务培训。

4月29日　北京市委宣传部和市广电局联合举办三网融合专题讲座。特邀著名电子学专家、中国工程院院士、国家广电总局科技委特邀高级顾问李幼平和广电总局科技委副主任、国家信息化专家咨询委员会委员、国务院推进三网融合工作专家小组成员杜百川教授分别进行授课。市委宣传部副部长严力强主持讲座。市委常委、宣传部部长、副市长蔡赴朝，常务副部长陈启刚、副部长陈冬和市广电局领导李春良、杨淑琴、臧增祥、庞微、王立平、宋春华以及北广传媒集团党委书记刘志远，北京电台总编辑陆莹，北京电视台台长王晓东、总编辑张晓等领导同志到会学习。市委宣传部、市广电局机关，北广传媒集团副处级以上干部；北京电台、北京电视台班子成员和相关部门副处以上干部参加学习。

4月29日　北京市广播电影电视局召开“开展创先争优暨党员作风建设年活动动员大会”，局长李春良、副局长杨淑琴、纪检组长王立平出席会议并讲话。

4月29日　北京人民广播电台历时近两个月的城市服务管理广播《城市零距离》特别节目“2010年度市民对话一把手”结束。3月8日起，节目以“新阶段、新发展、新生活”为主题，相继邀请17位市委办局“一把手”和18位区、县长走进直播间，回答市民提出的问题，获得听众的广泛好评，节目共征集建议及评论1099条。

4月　北京北广传媒集团完成清明节系列报道工作。策划清明节系列宣传节目，通过北广传媒数字电视、移动电视、城市电视、地铁电视、户外大屏幕电视5万多个电视终端累计播出宣传片1000余次，宣传片及新闻专题报道2000分钟。

4月　北京电视台海外节目中心制作的北京市参加上海世博会宣传片《魅力北京》，在上海世博园播出。副市长、北京参博团队主任程红赞扬此片定位准确，大气恢宏，画面精美，节奏张缓得当，剪辑流畅。北京市委常委、市委宣传部部长、副市长蔡赴朝对制作团队表示感谢。

4月　北京市两部国产动画片《我们小孩有力量》和《秦皇岛传奇》被国家广电总局推荐为2010年度第一批优秀国产动画片。

4月　北京中北电视艺术中心有限公司电视连续剧《对手》荣获莫斯科第十二届国际侦探电影电视节最佳电视剧奖。

4月底　北京北广传媒移动电视有限公司圆满完成公交车显示屏更新换型招标采购工作，19寸屏成为移动电视下一代的主力机型。

5月

5月1日　北京电视台海外节目中心制作的8：1超高清宣传片《劳动改变中国》、《北京颂》在天安门广场大屏幕播出，为“五一”增添了欢庆的节日氛围。

5月1日　北京联盟影业投资有限公司制作的国产原创动画片《武林外传（1–100集）》在中央电视台第八频道（CCTV–8）黄金时段播出。

5月1日至10月31日　北京北广传媒城市电视有限公司为配合上海世博会宣传，集成制作、播出新闻栏目《世博直通车》、《播报—世博专版》，短片“世博北京周系列”及《生活提示》等。

5月3日至7日　北京市广播电影电视局副局长庞微率北京动画企业代表团参加第十五届德国斯图加特动画数字娱乐展览会。展览会期间，代表团展示了原创动画作品，北京影视动画协会成员联合举办了8小时的“聚焦北京”中国主题单元活动，介绍作品19部。

5月4日至8日　北京人民广播电台、北京电视台圆满完成为期5天的上海世博会“北京活动周”直播任务。

5月4日　美国自由国际（LGI）公司首席执行官Michael Fries等一行11人赴歌华有线公司访问，就三网融合业务的开展、市场应对策略等情况与北广传媒集团党委书记刘志远、歌华有线公司总经理卢东涛等进行了交流。歌华有线公司副董事长马健、常务副总经理王振华、副总经理吴瞻民、总工程师何拥军、北广传媒集团运管部负责人等也参加了交流。

5月5日　中国电影博物馆举办“公益影展观影团”活动。北京电影学院电影学系领导率该校学生来馆观看公益电影《黑炮事件》，并与该片导演黄建新交流座谈。

5月7日　中央政治局常委李长春在北京电视台BTV大剧院观看朝鲜歌剧《红楼梦》，并亲切会见主要演职人员。中央政治局委员、中央书记处书记、中央宣传部部长刘云山，中央政治局委员、国务委员刘延东，中央政治局委员、中央书记处书记、中央组织部部长李源潮一同观看演出。中央和国家机关有关部门负责人、朝鲜驻华大使崔秉官以及专程随艺术团来华的朝鲜文化省副相韩铁，北京市委常委、宣传部长、副市长蔡赴朝，北京电视台台长王晓东、总编张晓等陪同观看。

5月8日　北京市广播电影电视局局长李春良、副局长臧增祥到北京新浪互联信息服务有限公司调研。

5月10日　郭章鹏兼任北京歌华有线电视网络股份有限公司党委书记；张淼因工作需要不再兼任北京歌华有线电视网络股份有限公司党委书记。

5月12日　北京市委常委、宣传部长、副

市长蔡赴朝率电影《第一书记》创作工作领导小组成员在北京市广播电影电视局审看该部影片初定版，对影片给予肯定，并提出修改意见。中宣部新闻局副局长刘汉俊及中组部、国家广电总局有关部门领导，市政协原副主席、北京人民艺术剧院院长张和平，市委宣传部常务副部长陈启刚、副部长张淼，安徽省委宣传部副部长郎涛，市广电局局长李春良、副局长庞微，安徽演艺集团党委副书记李梅梅等领导参加审看。

5月14日　北京市广播电影电视局副局长庞微率调研组一行到北京光线传媒有限公司调研。

5月14日至17日　北京市广电系统圆满完成第六届中国（深圳）国际文化产业博览交易会北京展区参展任务。北京展区以“世界城市，创意北京”为主题，展示了北京建设世界城市的全新战略。北广传媒集团、北京电台、电视台向社会各界展示了高清交互数字电视、手机电视、听立方、移动多媒体数字广播(DAB)、流媒体等首都广播影视产业最新发展成果。期间，中央政治局委员、中央书记处书记、中宣部部长刘云山，北京市委常委、宣传部长、副市长蔡赴朝等领导视察北京展区。市委宣传部副部长张淼，市广电局局长李春良、副局长丁百之，北广传媒集团书记刘志远等陪同视察。北京歌华有线电视网络股份有限公司还展示了“高清交互”各项应用、城市管理监控系统以及NGB可视智能终端业务。展区4天接待人流总量超过百万，受到主办方和各参展单位的一致好评。

5月14日　北京北广传媒集团党委召开“创先争优”活动动员会，部署落实《关于在基层党组织和党员中深入开展创先争优活动实施方案》，集团所属各单位党委（总支）专职副书记及党务工作负责人参加会议。集团党委副书记、纪委书记王伟出席会议并提出四点具体要求。

5月14日　在全国文化产业发展信息发布会上，北京歌华有线电视网络股份有限公司、华谊兄弟传媒股份有限公司北在第六届中国(深圳)国际文化产业博览交易会上分别荣获2009年中国文化企业30强称号。

5月17日至6月4日　北京人民广播电台24名处级干部及后备干部赴法国培训。此次培训课程内容涉及法国及欧洲媒体发展趋势、法国媒体管理、法国电台电视台现状、法国电台节目安排、新媒体的发展等主题，聘请具有丰富理论知识和媒体实践经验的专家授课。期间，学员还到法国国内电台和法国国际电台参观座谈。

5月18日至26日　国家广电总局培训中心主任李革华、副主任张朴宽分别率总局机关处级干部和全国广播影视系统省级台长培训班共80人，到北京人民广播电台开展现场教学活动。北京电台台长汪良就电台改革发展和经营管理情况与同行进行交流。

5月18日　北京人民广播电台举办2010年下半年广告招标会，70多家客户和代理公司代表参与对交通广播、音乐广播、文艺广播的29块标版广告的竞标。招标总额达9974万元，同比增长45%，再创历史新高。

5月18日　北京歌华有线电视网络股份有限公司第四届董事会第四次会议选举现任董事郭章鹏为董事会董事长，张淼因工作需要辞去歌华有线公司董事、董事长职务。

5月18日　中国电影博物馆举办“国际博物馆日”专题活动。

5月21日至22日　斯里兰卡电影代表团和阿拉伯世界国家代表团分别参观中国电影博物馆。

5月25日　第八期北京CBD传媒商会沙龙《媒体的产业化运营探索》在北京人民广播电台举办。活动由北京CBD传媒商会主办、北京电台承办，汇聚朝阳区内23家主流媒体和文化企业参与。商会副会长、北京电台副台长常青主持沙龙座谈会。

5月26日　北京市广播电影电视局印发《北京市广播电视转播站运行维护管理办法

（实行）》。该办法共六章三十二条，重点对基本保障、运行和维护、安全播出管理、专项资金管理和监督等作明确规定。

5月26日　国家广电总局组织“全国广播影视系统省级台长培训班”一行60人，在总局培训中心副主任张朴宽带领下，到北京人民广播电台开展现场教学活动。北京电台台长汪良围绕电台的改革发展和经营管理情况向同行作介绍。

5月26日至5月28日　中央巡视组组长徐光春（中）在北京市副市长刘敬民（左）的陪同下到民营企业光线传媒和北京歌华有线电视网络股份有限公司调研，光线总裁王长田、歌华有线总经理卢东涛分别汇报了各自企业的发展情况。

5月27日　中央政治局委员、中央书记处书记、中央组织部部长李源潮审看反映农村优秀基层干部、安徽省凤阳县小岗村原第一书记沈浩同志先进事迹的影片《第一书记》，并为剧组题词“向新时代的共产党人沈浩同志学习！”。中组部常务副部长沈跃跃、副部长王秦丰、部务委员傅思和、秘书长高世琦，中宣部新闻局巡视员、副局长刘汉俊，国家广电总局电影局副局长张宏森，北京市委常委、宣传部长、副市长蔡赴朝，宣传部常务副部长陈启刚、副部长张淼，市广电局局长李春良等参加审看。

5月28日　北京北广传媒影视公司拍摄的32集电视连续剧《雾柳镇》在北京卫视上星播出。之前，该剧已在湖南等多家电视台播出，均获较高收视率。

5月29日　北京电视台体育节目中心制作，近20家省市电视台的体育频道、文体频道联合出品、共同出资的南非世界杯特别节目《哎呦足球》栏目剧开机。

5月29日　北京歌华文化发展集团所属歌华莱恩文化体育发展有限公司在昆明成功举办“莫文蔚2010年演唱会”。12月18日、12月24日分别在成都、长沙两地成功举办该演唱会。

5月30日　北京市文化局文化艺术活动中心、北京电视台公共频道联合主办的“我的北京我的家——2010北京市群众文化年”系列活动之“2010百姓DV大赛”正式启动。

5月31日　北京广播电视台成立大会召开。经国家广播电影电视总局批准，北京市委、市政府决定，由北京北广传媒集团、北京人民广播电台、北京电视台整合组建为北京广播电视台。北京广播电视台业务范围涵盖广播电视的采编、制作、播放、传输以及新媒体开发等全部领域，产业链完整。中宣部副部长孙志军、中华全国新闻工作者协会党组书记翟惠生、国家广电总局副局长赵实，北京市委常委、宣传部长、副市长蔡赴朝等领导出席大会，并为北京广播电视台揭牌。赵实、蔡赴朝和市广电局局长李春良分别讲话。国家广电总局办公厅主任朱虹、传媒机构管理司司长陶世明和中央三台有关领导，市委宣传部常务副部长陈启刚、副部长严力强、张淼和市属相关委办局主要负责人，市广电局领导班子成员，北京广播电视台领导班子成员，北广传媒集团、北京电台、北京电视台部门处级以上领导干部，各区县委宣传部、区县广电中心负责人，以及社会各界代表到会祝贺。

5月　北京市广播电影电视局局长李春良、副局长庞微率局相关业务部门组成的调研组，分赴通州、海淀等区县调研国家动画产业基地建设情况。

5月　经北京市编委批准，中国电影博物馆由北京市广播电影电视局所属事业单位调整为市政府直属事业单位。

5月　席伟航任北京人民广播电台总编辑。

5月　北京北广传媒移动电视有限公司纳入市公交集团应急指挥体系，双方共建常态联系机制。

5月　北京中北电视艺术中心出品的、新中国成立60周年重点献礼电视剧《内线》，在乌克兰第六届共赢国际电视节上荣获最高奖项——“共赢”一等奖。

6月

6月1日至20日　北京人民广播电台新闻广播启动环渤海大型采访活动——《舞动中国经济第三极》。20名记者在近20天的时间里兵分五路，奔赴天津、河北、山东、山西、辽宁和内蒙古等地25座城市、行程6000公里，对被誉为“中国经济增长第三极”的环渤海经济圈进行全方位深入报道，并在《北京新闻》推出15集专题报道，在《记者视线》推出5集深度报道。

6月1日至5日　北京歌华文化发展集团所属歌华莱恩文化体育发展有限公司分别在广州、上海、北京三地成功举办“Michael Bolton 2010中国巡回演唱会”。歌华莱恩通过独立运作此次巡演，成为了具备以国际水准全程运作国际艺人在中国大陆巡演的演出商。

6月1日至30日　北京人民广播电台举办第十五届“听评月”活动。来自社会各界听众2636人次通过撰写稿件、论坛评论、热线等方式参与活动，共收来稿2170篇。节目评议范围从系列台、广播网、《新广播》报、数字广播等扩展到 “点播服务”（推送式广播）。

6月1日　北京市广播电影电视局副局长庞微率队到北京国立常升影视文化传播公司调研。

6月2日　北京市广播电影电视局召开人大建议、政协提案办理工作总结座谈会，副局长臧增祥出席会议并讲话。截至5月31日，市广电系统承办的22件市“两会”建议、提案全部办结，办复率、代表委员同意率均达100%。

6月4日　北京市广播电影电视局印发通知，就市广电局与各区县文委签订《北京市农村电影放映工程建设目标责任书》作出部署。

6月8日　北京人民广播电台多媒体广播节目RBC综合频道正式开播。市委副秘书长肖培、北京广播电视台常务副台长兼北京电台台长汪良、北京广播电视台副台长陆莹、北京电台总编辑席伟航，以及电台其他台领导、各专业广播台长出席开播仪式。RBC综合频道在DAB终端中播出，共有15个访谈栏目，每天6点至24点播出。《行走天下》、《城市零距离》、《1039都市调查组》、《中国歌曲排行榜》、《演艺群英会》、《1039交通服务热线》、《今夜私语时》、《爱家帮你忙》等8个名牌栏目为频道主打内容。

6月9日　北京市广播电影电视局局长李春良、局纪检组长王立平、局总工程师何桂芝等先后到朝阳区安翔里小区和北京创维海通公司亦庄生产基地调研高清交互推广情况及高清交互机顶盒生产情况，北京歌华有线电视网络股份有限公司董事长郭章鹏、总经理卢东涛等陪同调研。

6月10日　日本东京电视台动漫考察团来北京电视台参观访问。

6月12日　由中国广播电视协会主办、中国广播文艺委员会承办、北京人民广播电台协办的“第七届全国广播娱乐节目评析研讨”颁奖会在北京广播大厦举行。颁奖会共评出9个一等奖、15个二等奖、27个三等奖节目。

6月12日至13日　北京市广播电影电视局组织召开“十二五”广播影视发展规划研讨会。“十二五”广播影视发展规划课题组汇报了发展规划编制进展情况，介绍了规划编制的工作思路、发展目标、主要举措和保障措施，听取了相关方面的修改意见建议。市广电局局长李春良、副局长丁百之、纪检组长王立平、总工程师何桂芝、巡视员洪兵出席研讨会。局机关相关业务处室及北京广播电视台、北京广播电视学会、首都电视节目制作业协会、北京影视动画协会和部分区县广播电视单位负责人参加研讨。

6月18日　北京市广播电影电视局召开全市广播电视节目制作经营机构管理工作会议。

6月20日　北京电视台 BTV手机电视iPhone客户端综合浏览量突破百万关口，达1284471次。在iPhone平台上主要以北京电视台的8个频道直播、节目点播、个性化服务

（财经、路况等）为主要内容。

6月21日　来自格鲁吉亚、马来西亚、尼泊尔等21个国家的40余位广播电视中高层管理官员来北京电视台参观访问。来宾参观了北京电视台41层观光大厅、13层播出部机房、演播楼7层高清新闻演播室、2层1000平米演播室及BTV大剧院。北京电视台副台长邵宣堂向来宾们介绍了北京电视台的整体情况。

6月22日　北京北广传媒地铁电视有限公司召开会议，公司负责人向股东双方领导汇报地铁1、2号线地铁电视及PIS系统工程进展情况。北京广播电视台党委书记刘志远、副台长苏仁先，地铁电视公司总经理高踪阳，北京广播电视台各部室领导听取了工作汇报。

6月23日　北京电视台与青海电视台共同举办的《第三届青海国际水与生命音乐之旅——2010世界防治荒漠化和干旱日主题音乐会》在黄河发源地青海省贵德县圆满闭幕，并于当晚20：30在青海卫视进行现场直播。

6月25日　北京市广播电影电视局决定即日起受理2009年度《北京市关于支持影视动画产业发展的实施办法（试行）》专项资金申请项目，规定申报作品须为2008年1月1日至2009年12月31日期间首播的影视动画片。

6月25日　第十届中国企业"未来之星"评选结果揭晓，北京电视台卡酷动画卫视获中国企业"未来之星"——2010年度最具成长性新兴企业。

6月26日　"盛视2010全国春节电视文艺晚会评选暨颁奖晚会"评选揭晓，北京电视台荣获综合及单项奖项二十三项。其中，《2010北京电视台网络互动春晚》、《2010年北京电视台春节联欢晚会》、《暖——2010爱心互助大型义演》分别获综合奖一、二、三等奖；《2010年北京电视台动画春晚》获一等奖，《2010 BTV环球春晚》、《崇高的荣誉——BTV法制晚会》、《2009年北京最美的乡村主题晚会》获三等奖。

6月28日　国家广电总局2009年度少儿精品发展专项资金及国产动画发展专项资金评审揭晓，北京市5个作品获3个项目奖励，奖金总额78万元。其中，北京电台《男孩，女孩》栏目、《毛毛狗的口袋故事》节目分别获得"优秀少儿广播栏目"二等奖和鼓励奖；北京电视台卡酷动画卫星频道获"优秀少儿频道、动画频道"一等奖；北京联盟影业投资有限公司《武林外传》、北京张琦动画制作工作室有限公司《小鼠和大象的创意》分别获得"优秀国产动画片"二等奖和鼓励奖。

6月28日　北京人民广播电台召开纪念中国共产党建党89周年暨开展创先争优活动大会，对2009—2010年度先进党支部、优秀共产党员和优秀党务工作者进行表彰。台党委书记、台长汪良讲党课，总编辑席伟航主持会议。

6月28日　北京电视台庆祝中国共产党成立89周年暨先进表彰大会在BTV大剧院隆重举行，北京电视台全体共产党员、入党积极分子、团支部书记和部分干部职工1000余人参加大会。大会宣读北京电视台党委《关于表彰2010年度先进党支部、优秀共产党员、优秀党务工作者》的决定，与会领导为获奖代表颁发荣誉证书和鲜花，33名新党员上台进行入党宣誓。北京广播电视台党委书记刘志远出席大会并讲话，北京电视台党委书记、台长王晓东代表台党委讲话，台党委副书记、总编辑赵多佳主持大会。

6月29日　北京电视台摄制的反映北京对口支援什邡灾后重建的大型纪录片《和你在一起》开机。

6月29日　北京北广传媒数字电视有限公司召开经营管理工作会议，北京广播电视台副台长、数字电视公司董事长郭章鹏出席会议。

6月30日　北京市广播电影电视局召开纪念建党89周年暨"群众心中的好党员"表彰大会。局长李春良作专题党课，副局长杨淑琴宣读局党组关于授予安凭等10人"群众心中的好党员”荣誉称号的表彰决定，优秀党员代表做大会发言。局纪检组长王立平主持会议。

6月30日　国家广电总局培训中心组织的“广西壮族自治区广电局经营管理培训班”一行45人在广西广电局纪检组组长王玲的带领下，到北京人民广播电台进行现场教学活动。北京电台副台长陈晓红及广告管理部、广告经营部分责人介绍了经营管理情况。

6月30日至7月1日　陕西省副省长郑小明率省政府考察团一行13人，就北京广播电视体制改革情况进行调研。北京市委常委、宣传部长、副市长蔡赴朝，市政府副秘书长侯玉兰，市委宣传部常务副部长陈启刚、副部长张淼，市广电局局长李春良、副局长臧增祥、总工程师何桂芝，市财政局副局长吴素芳，北京广播电视台党委书记刘志远，北京广播电视台台长王晓东、北京歌华有线公司董事长郭章鹏等陪同调研。

6月　全市广播影视业上半年累计创收56.7亿元，同比增加12.42亿元，增长28%。其中，广告收入27.4亿元，同比增加4.4亿元，增长19.1%；电影票房收入5.3亿元，同比增加2.31亿元，增长77.3%；社会影视制作单位累计创收13.8亿元，同比增加3.91亿元，增长39.5%；区县广电中心累计创收0.49亿元，同比增长4.3%。

6月　北京电视台栏目发行（传统媒体发行）签约额已近2000万元，同比增长100%，创发行业绩新高。

6月　北京北广传媒影视公司拍摄的38集电视连续剧《风车》开机。导演孔笙、张永新，主演李晨、宋佳、霍思燕、杨立新、丁志诚、韩童生、赵军、陈炜、刘敏涛等。

6月底　北京北广传媒移动电视有限公司设在中央电视塔、名人广场、京广中心、491发射台发射机建设工作完成，更新为国标发射机。

6至7月　北京北广传媒城市电视有限公司在第十九届南非世界杯足球赛期间，持续进行跟踪报道，精心制作一批专题节目《来吧世界杯——倒计时》、《来吧世界杯——直通车》、《难忘世界杯》，每天高频次播出，为户外观众及时了解世界杯情况提供便利。

6月　北京中北电视艺术中心实施影视剧“走出去工程”，与俄罗斯REN-TV合作拍摄的28集电视剧《勇士的最后秘密》（又名《猎人笔记之谜》）在俄罗斯REN-TV电视台晚间黄金时段面向俄罗斯全境及独联体国家播出，并在以色列电视台播放，受到好评。该剧由中方拍摄，俄方提供协助，以预购方式购买全球俄语播出权。

6月　首都广播电视节目制作业协会2010年会员大会在京举行。审议通过《工作报告》、《修改会章的报告》、《财务报告》和《审计报告》，完成协会第二届理事会和监视会换届工作，差额选举出第二届理事会理事55家、第二届监事会监事5家。全体理事就整合行业生产要素、加强影视版权保护、应对三网融合及制播分离等行业发展交换意见。国家广电总局电视剧管理司司长李京盛、副司长王卫平，市广电局副局长庞微出席会议并致辞。

7月

7月1日　反映全国优秀共产党员沈浩先进事迹的电影《第一书记》首映式暨图书《沈浩日记》首发式在人民大会堂举行。中央政治局常委、中央书记处书记、国家副主席习近平在活动开始前会见了电影主创人员等代表和沈浩亲属，并作重要讲话。中央政治局委员、国务院副总理回良玉，中央政治局委员、中央书记处书记、中央宣传部部长刘云山，中央政治局委员、中央书记处书记、中央组织部部长李源潮参加会见。李源潮出席电影首映式。北京市委常委、宣传部长、副市长蔡赴朝，市委组织部副部长吕和顺、市委宣传部副部长张淼、市广电局局长李春良、副局长庞微，以及中央、国家机关，安徽省委有关负责同志参加首映式。影片由北京市委宣传部、安徽省委宣传部、北京市广电局、北京广播电视台、北京人艺、安徽省演艺集团、安徽电影制片厂、安徽广电传媒产业集团联合拍摄，北京紫禁城影业公司出品。

7月1日　经国家广电总局电影局批准，北京市广播电影电视局即日起试行属地电影剧本（梗概）备案、电影片审查工作。负责北京市（中央和国家机关、军队所属的以及在国家工商总局注册的电影制片单位除外）各电影制片单位（包括经工商注册登记成立的各类影视文化公司）电影剧本（梗概）备案工作；负责对重大革命和重大历史题材影片、重大理论文献影片和中外合作影片以及其他影片中的胶片电影进行初审，对其他数字电影进行终审。

7月1日　北京北广传媒集团召开纪念中国共产党成立89周年暨创先争优活动座谈会。集团所属各单位领导班子成员，党办、工会、纪检、团委（支部）书记，专兼职政工干部100余人参加会议。会议由北京广播电视台纪委书记王伟主持。歌华集团、歌华有线、鼎视公司和市三八红旗奖章获得者、数字电视公司节目总监梁自珍分别介绍了创先争优活动的进展情况及经验体会。北京广播电视台党委书记刘志远出席会议，并对下一阶段创先争优活动提出的四点要求：以高度的政治责任感，抓好创先争优活动；创先争优活动要紧紧围绕推动中心工作开展；抓好宣传；抓好督促落实。

7月1日　湖南省委常委、宣传部长路建平一行到歌华有线公司调研并参观了总前端机房。市委宣传部常务副部长陈启刚等陪同调研，北京歌华有线电视网络股份有限公司总经理卢东涛等陪同调研。

7月1日　陕西省委宣传部副部长、省广电局局长任贤亮率省考察团一行8人到北京人民广播电台参观调研。北京市广播电影电视局副局长臧增祥，北京广播电视台党委书记刘志远、常务副台长兼北京人民广播电台台长汪良陪同考察。

7月1日　北京北广传媒城市电视有限公司户外大屏电视网络新建于奥林匹克中心区景观大道的26块LED屏幕开始播出节目。

7月2日　北京北广传媒地铁电视有限公司与华视传媒集团有限公司签署《地铁1号、2号、13号和八通线地铁电视系统广告经营权协议》。北京广播电视台党委书记刘志远，地铁电视公司总经理高踪阳，华视传媒集团董事局主席李利民及集团高层，地铁电视公司领导班子及中层干部参加签约仪式。

7月7日　2010年中国科协港台17名大学生在北京人民广播电台广播公司暑期实习活动开始。北京电台副台长常青主持欢迎仪式，副台长陈晓红代表电台致词。这是北京电台连续第四年接待港台大学生实习。

7月8日　电影《第一书记》在安徽举行首映典礼，北京市委常委、宣传部长、副市长蔡赴朝率北京代表团应邀参加，安徽省委常委、组织部长段敦厚，省委常委、宣传部长臧世凯等出席。国家广电总局电影局副局长毛羽，北京人民艺术剧院院长、该片艺术总监张和平，市委宣传部常务副部长陈启刚、市委组织部副部长吕和顺、市广电局副局长庞微、北京广播电视台台长王晓东、北京紫禁城影业公司董事长张强和影片主创团队代表、北京市属主要媒体记者参加首映典礼，并与当地干部群众进行座谈交流。

7月9日　北京人民广播电台台长汪良在中国广播电视协会广告信息工作委员会一届三次会议暨中国广告协会广播分会七届三次会议上，被评为"首届中国广播广告最具影响力人物"之一。

7月10日　北京人民广播电台举行第四届"听众喜爱的名牌栏目"颁奖典礼。中华全国新闻工作者协会党组书记翟惠生，中国广播电视协会秘书长张莉，北京市委副秘书长肖培，北京市新闻工作者协会主席刘牧雨，北京广播电视台党委书记刘志远，北京广播电视学会会长张晓爱，北京市广电局副局长庞微，北京广播电视台常务副台长、北京电台台长汪良，北京广播电视台副台长陆莹，北京电台总编辑席伟航等领导出席典礼并颁奖。《一路畅通》等10个名牌栏目获评听众喜爱的名牌栏目”称号，《先听为快》等20个优秀栏目获得“听众喜爱的优秀栏目”称号。

7月12日　南非世界杯落下帷幕。赛事的32天里，北京电视台体育频道200人全力投入，“步步为赢 · 赢在世界杯”每天直播17个小时。南非报道组的12名记者每天进行三档共60分钟视频对播，并完成2000分钟新闻回传，实现三地实时卫星视频连线直播。总导播根据频道编排，将体育新闻演播室、1000㎡演播室、海洋沙滩狂欢节以及外来比赛信号进+行无缝串联。《足球一百分》特别节目通过技术手段，发挥电视、电脑、手机的优势，实现三屏融合。

7月14日　北京市广播电影电视局召开中层以上领导干部会议，市委组织部副部长吕和顺、市委宣传部常务副部长陈启刚到会宣布关于杨培丽同志为北京市广播电影电视局副局长的任职决定。市委组织部宣教政法干部处、宣传部干部处有关负责人出席会议。

7月14日至15日　北京市广播电影电视局举办2010年北京市互联网视听节目持证机构培训班，新浪、搜狐、优酷等114家持证网站相关负责人和市文化执法总队、信息网络视听节目传播监管中心有关人员180余人参加培训，市广电局副局长臧增祥作开班动员。

7月16日　北京市召开三网融合工作协调小组首次工作会议，启动市三网融合试点工作。会议明确了协调小组成员、协调小组及其办公室职责，审议通过市三网融合工作专家组、安全评估小组名单，提出近期重点工作：加快推动广电、电信业务双向进入加快信息基础设施建设；强化网络信息安全和文化安全监管；大力推动本市信息文化创意等相关产业发展。市委常委、宣传部长、副市长蔡赴朝和副市长苟仲文担任协调小组组长，并对开展试点工作作动员部署。协调小组由市委组织部、宣传部、市广电局、市经信委、市发改委、市财政局、市通管局以及北京广播电视台等38家单位主管领导组成。

7月16日　市政府督查室组成的联合检查组到丰台区了解歌华有线公司高清交互数字电视推广情况，走访丰台城南嘉园高清交互数字电视用户，并听取情况汇报。北京市广播电影电视局副局长臧增祥、北京歌华有线电视网络股份有限公司总经理卢东涛等陪同检查。

7月17日至18日　北京歌华有线电视网络股份有限公司联合《法制晚报》在朝阳区常营经济适用房小区住欣家园举办“住福爱心，服务进社区”活动，现场发放、安装高清交互机顶盒，首次实现在小区推广现场有线数字电视全业务办理，近千户居民办理了有线数字电视入网手续。

7月18日至22日　北京市广播电影电视局派团参加在宁夏银川举办的首届塞上江南影视节活动。以“建设世界城市，打造东方影视之都”为主题，通过灯箱、大屏幕、实物展示等方式，宣传北京市广播影视改革发展成就，重点推介北京广播电视台及首都广播电视节目制作业协会、北京影视动画协会等单位推荐的少儿节目、影视动画、影视剧等项目。

7月20日　北京市委宣传部副部长、首都文明办主任陈冬，副主任马润海一行7人赴北京歌华有线电视网络股份有限公司就高清交互业务开展情况及“文明首都”项目策划情况进行调研，歌华有线公司董事长郭章鹏、总经理卢东涛等陪同调研。

7月21日　北京广播电视台召开赴英培训交流总结汇报会。台党委书记刘志远、纪委书记王伟等领导及培训团成员20多人参加会议，观看了《建设世界城市，打造强势媒体》培训汇报录像，从“创新”、“聚合”、“品牌”、“精细化管理”、“企业文化和价值观”五个方面进行了培训总结。

7月23日　北京市召开电影《第一书记》表彰座谈会。市委书记刘淇，市委副书记、市长郭金龙会见影片主创人员，与受表彰集体和个人代表座谈，并作重要讲话。市委副书记王安顺出席座谈会。会议宣读了市委组织部、宣传部关于表彰该部影片创作集体的决定，市委常委、宣传部长、副市长蔡赴朝和市委常委、组织部长吕锡文向市广电局等受表彰单位代表和个人颁发荣誉证书。

7月26日　北京市委宣传部、河北省委宣传部、张家口市委市政府主办，北京电视台承办的《饮水思源 相约沽源——第十四届“京张心连心”大型文艺演出》，在张家口市沽源县闪电湖畔举行。北京、河北、以及张家口市委市政府的各级领导和上万名观众在草原上欢聚一堂，共同观看了演出。

7月27日　中国电影博物馆、北京紫禁城影业有限责任公司联合主办的电影《第一书记》主题曲发布仪式暨电影物品捐赠仪式举行。北京紫禁城影业有限责任公司、北京人民艺术剧院有关领导，该馆馆长杨永安，影片导演陈国星，主演杨立新，制片人钱重远，主题歌词作者、北京人民艺术剧院院长张和平，曲作者舒楠和演唱者谭晶等出席活动。

7月28日　广东电台台长张云江、副台长谭天玄率总编室、广告部主任和7位频率总监、副总监一行11人赴北京人民广播电台考察交流。北京广播电视台常务副台长、北京电台台长汪良、北京电台副总编辑张松华和有关中层干部参加座谈。

7月28日　北京电视台与青海电视台共同举办《玉树不倒 感恩祖国》文艺晚会。北京市委书记刘淇，青海省委书记强卫，北京市市长郭金龙，北京市委常委、常务副市长吉林，北京市委常委、宣传部长、副市长蔡赴朝等领导观看演出。

7月　北京北广传媒移动电视有限公司开展ISO9001质量管理体系建设，推行SOP《标准化工作手册》工作，向公司科学化、规范化管理迈出了重要的一步。

7月　鼎视数字电视传媒有限公司就智能卡的库存管理，开通流程，授权变更流程，授权查询与刷新流程，智能卡的退、换、归还流程，以及智能卡“备卡”的管理工作进行了梳理，编写了《智能卡开通和授权变更管理办法》，提高了工作效率。

7月　由北京市广播电影电视局、北京人民广播电台、北京电视台组成的赴美国、墨西哥访问团一行6人，对美国、墨西哥的广播电视行业协会及媒体进行工作访问。

8月

8月3日　北京市委宣传部副部长严力强专程来到北京电视台，听取了北京电视台纪念建党90周年、辛亥革命100周年节目策划工作的汇报。台领导王晓东、赵多佳、张强、朱江、张亮、王澎参加会议。严力强在认真听取9个项目的详细汇报后，逐一进行了点评，提出指导性意见。

8月4日　北京市委宣传部副部长张淼、北京广播电视台党委书记刘志远、北京广播电视台副台长陆莹到电视剧《风车》剧组探望演职人员。

8月6日　北京市三网融合工作协调小组召开副组长首次会议。副组长、市政府副秘书长戴卫，侯玉兰主持会议。副组长、办公室主任、市广电局局长李春良和协调小组成员、总工程师何桂芝就近期该项工作进展情况做汇报。与会人员商议了本市三网融合试点实施步骤，达成一致意见，并研究了相关资金保障等问题。市委宣传部副部长张淼和市发改委、市经信委、市财政局、市通管局等领导参加会议。

8月8日至22日　北京歌华文化发展集团承办的“2010第一届北京奥运城市体育文化节——奥运城市夏日广场”文化体育系列活动在北京奥林匹克公园中心区举办。活动由奥城露天剧场、爱动健身营、玲珑露天影院、主题展览、奥运徽章收藏展等五个板块组成。

8月8日至27日　北京歌华文化发展集团在中华世纪坛南广场成功举办以"时尚从城市开始"为主题2010年"北京节拍"活动。核心活动"我秀我舞台"，为京城百姓打造了一个展示才华、体现风貌的平台。期间，共组织群众性广场活动数十场，共接待直接观众5万多人次，为中华世纪坛打造公共文化服务平台奠定了坚实基础。

8月9日　国家广电总局党组副书记、副局长赵实率队到北京电视台就国家广播影视"十二五"规划进行调研，并参观北京电视台新媒体实验室和高清播出机房。北京市广电局局长李春良、北京广播电视台台长王晓东、总编辑赵多佳、副台长邵宣堂、总工程师田方等领导陪同调研。

8月10日　中国广播电视协会和北京人民广播电台联合主办的第三届"赢在创意"全国广播栏目大赛颁奖典礼在北京广播大厦举行。协会评奖办主任赵德全、北京市广播电视学会会长张晓爱、北京电台台长汪良、北京电台总编辑席伟航等领导出席。

8月10日　北京北广传媒地铁电视有限公司地铁电视开始试播。地铁电视每日5:30～23:00播出，内容涵盖新闻资讯、生活服务、法制、娱乐资讯和公益宣传等，节目短小精悍，时效性强，信息量大，着力打造政府公共信息发布平台、城市应急预警平台、市民生活资讯服务平台和企业广告平台。节目信号在地铁1号线、2号线、5号线、8号线、10号线、13号线和八通线的车厢及站台全部开通，并与公交车、楼宇和户外大屏幕电视组成联播网。北京广播电视台党委书记刘志远，北京地铁运营公司董事长、党委书记谢正光，北京广播电视台副台长苏仁先、北京电视台总编辑赵多佳、北京地铁运营公司党委副书记杜秀君、副总经理徐小林参加试播。地铁电视公司总经理高踪阳主持会议。

8月11日至9月11日　北京人民广播电台文艺广播和北京曲协主办"迎中秋'红星'第一届北京青年相声节"。相声节分开幕式、展演阶段、闭幕式三个阶段。演出20余场，主要以业余青年相声演员为主。

8月12日　北京首家视频网站乐视网在深圳证券交易所创业板市场成功上市，股本1亿元，成为国内首家A股网络视频网站。该公司拥有电影版权2324部，电视剧版权43097集。2010年自制网络剧《约定》5集，每集5分钟，向中国电信视讯新干线发布。北京市政府、市广电局、中关村管委会及海淀区委等领导为该网上市挂牌。乐视网创立于2004年，主要从事互联网视频和手机电视服务业务，是影视剧互联网发行及3G手机电视内容服务的门户网站。

8月19日　北京市新闻出版局孙瑛副局长率市新闻出版局报刊处、监察处一行五人到报社就"北京地区报刊发展与广告监管"问题开展调研，报社社长李浩、总编辑张彪分别汇报相关情况。北京广播电视台苏仁先副台长陪同调研。

8月20日　北京市委常委、宣传部长、副市长蔡赴朝，副市长苟仲文到北京电视台，就北京市三网融合工作进行调研。市政府副秘书长戴卫、市委宣传部副部长张淼、市广电局局长李春良等领导参加调研。北京广播电视台党委书记刘志远、北京电视台台长王晓东、总编辑赵多佳、总工程师田方陪同调研。蔡赴朝、苟仲文等领导视察了北京电视台电视节目及新媒体实验室，听取了关于筹备北京网络广播电视台的工作汇报，观看了北京广电系统开展三网融合工作电视短片《三网融合，北京广电在行动》，市委宣传部副部长张淼做相关情况汇报。

8月20日　北京市广播电影电视局召开市广电系统2010年"小金库"专项治理工作会议。传达北京市有关会议精神，动员部署广电系统该项工作和假发票专项治理工作任务。市广电局纪检组长王立平主持会议并讲话。北京电台、北京电视台，局机关和局属事业单位以及广电系统13个社团组织负责人参加会议。

8月20日　北京市广播电影电视局召开《北京志·广播电视志》篇目研讨暨总局、国家各台联系会。总局办公厅、中广史学会、中央电台、国际电台、中央电视台、中国教育电视台，及北京广播电视台、北京电台、电视台等单位代表，市地方志编委会常务副主任段柄仁、市地方志办公室主任王铁鹏出席会议。局党组副书记、副局长杨淑琴首先代表市广电局致欢迎辞，表示要为第二轮修志提供全力保障，并感谢国家广电总局、国家各台以及市地方志办给予的指导和帮助。局巡视员洪兵对如何开展第二轮修志工作做了介绍。

8月23日　北京歌华有线电视网络股份有限公司在第十九届北京国际广播电影电视设备展览会上，展出高清交互数字电视业务和宽带业务。中央政治局常委李长春来到歌华有线公司展台，听取和观看了高清交互数字电视业务介绍和演示。北京广播电视台党委书记刘志远、歌华有线公司董事长郭章鹏等陪同参观。

8月24日　北京市三网融合工作协调小组召开二次会议，协调小组组长、市委常委、宣传部长、副市长蔡赴朝和副市长苟仲文出席会议，副组长、市广电局局长李春良主持会议。会议原则通过《北京市三网融合试点总体方案（草案）》、《北京地区IPTV集成播控平台建设实施方案（草案）》、《北京地区手机电视集成播控平台建设实施方案（草案）》、《北京联通三网融合试点实施方案（草案）》、《歌华有线三网融合工作试点实施方案（草案）》、《北京移动三网融合手机电视业务分发试点实施方案（草案）》、《北京电信三网融合试点实施方案（草案）》、《北京市三网融合IPTV监管平台建设实施方案（草案）》、《网络与信息安全技术管控平台的属地化建设实施方案(草案)》等九个方案（草案），市三网融合协调小组38家成员单位有关领导参加会议。

8月25日　北京人民广播电台城市服务管理广播等单位联合推出“2010年北京城市服务管理广播‘中宇万家节水改造’公益行动”。

8月26日　北京市委宣传部、密云县委、县政府、市水务局联合主办，北京电视台承办的《碧水润京华——纪念密云水库建成50周年主题晚会》在北京电视台大剧院录制完成。中央政治局委员、北京市委书记刘淇，市委副书记、市长郭金龙与水库建设者们共同庆祝密云水库50岁生日，中央有关部门和北京市领导周英、蒋旭光、胡和平、蔡赴朝、吉林、李士祥、牛有成、夏占义等观看晚会。

8月28日至9月4日　北京电视台圆满完成“2010年首届世界武搏运动会”柔道、柔术、空手道、剑道、跆拳道五个项目电视直播。

8月　北京人民广播电台北京广播网手机Wap网站正式开通，提供北京电台的优秀原创音频资源。节目内容主打娱乐性和服务性，便于移动人群使用手机收听专业广播的最新节目。

8月　北京北广传媒移动电视有限公司与北京市气象局建立气象预警发布平台，通过移动电视向市民发布极端天气预警信息。

8月至10月　北京北广传媒移动电视有限公司与北京电视台联合举办了“中秋盼团圆家书抵万金”一封家书征集活动。北京电视台《特别关注》栏目连续8期集中报道。

9月

9月2日　张健民、汪家镠、陈广文等市老领导在市委常委、宣传部长、副市长蔡赴朝陪同下到北京电视台参观考察，听取了北京广播电视台台长、北京电视台党委书记、台长王晓东的工作汇报，对北京电视台的工作给予充分肯定，同时提出了一些中肯的意见、建议，表达了殷切希望。老领导们参观了观光大厅、科教节目中心、新媒体实验室、新闻高清演播室、BTV大剧院等。老领导们对北京市媒体建设成就感到满意。

9月2日　北京市广播电影电视局印发

《北京市信息网络视听节目服务持证单位从业人员教育培训管理暂行办法》，对培训人员范围、培训方式和内容、培训工作备案制等做出明确规定。

9月2日　北京市广播电影电视局组织宣传管理处、电影管理处等相关处室人员到北京青青树动漫科技有限公司就动画电影及衍生产品情况进行调研，市广电局副局长庞微、纪检组长王立平参加调研。

9月3日　北京市委副书记、市长郭金龙主持召开市政府常务会议，审议通过《北京市三网融合试点总体方案》、《北京地区IPTV集成播控平台建设实施方案》、《北京地区手机电视集成播控平台建设实施方案》、《北京联通三网融合试点实施方案》、《歌华有线三网融合工作试点实施方案》、《北京移动三网融合手机电视业务分发试点实施方案》、《北京电信三网融合试点实施方案》、《北京市三网融合IPTV监管平台建设实施方案》、《网络与信息安全技术管控平台的属地化建设实施方案》等九个方案，并上报国务院三网融合工作协调小组办公室。

9月3日　国家广播电影电视总局工会主办，北京市广播电影电视局、北京广播电视台承办，中国移动北京公司协办的全国广电系统第二届职工“中国移动杯”乒乓球比赛在北京工人体育馆开幕。国家广电总局纪检组长、机关党委书记王莉莉等领导出席开幕式，北京市广电局局长李春良、北京广播电视台党委书记刘志远及中直工委、总局直属机关、市委宣传部、共青团北京市委、市总工会、市乒乓球协会等相关单位和全国广电系统共42位司局级领导参加开幕式。本届比赛共有41支代表队、350多名职工参加。市广电局副局长杨淑琴主持开幕式。北京市广电局、北京广播电视台荣获比赛最佳贡献奖。

9月8日　北京市广播电影电视局局长李春良会见来访的法国戛纳电视节主办方——瑞得公司董事长施保罗，双方就有关合作事宜进行磋商。副局长庞微和有关处室负责人参加会见。戛纳电视节作为北京电视节目向世界展示形象的重要窗口，市广电局已连续三次组团参与节展活动，并取得可喜成果。

9月8日　北京市广播电影电视局印发《北京市影院组织活动管理办法》，进一步明确影院活动组织与监管责任，强化影院观影秩序和活动安全措施。

9月9日　北京市广播电影电视局印发关于加强广播电视播出管理工作的通知，就各区县文委（含北京经济技术开发区发展局）加强中秋及国庆期间广播电视播出管理工作作部署。

9月10日　北京市委常委、宣传部长、副市长蔡赴朝和副市长苟仲文到北京市广播电视监测中心、北京歌华有线公司和北京天天宽广网络科技有限公司(悠视网)开展三网融合试点工作第二次专题调研，听取各单位对广播电视、互联网视听节目传播、宾馆饭店视频点播监管平台工作情况和IPTV、手机电视、网络电视台监管思路，以及高清交互数字电视双向网改造、高清交互机顶盒推广、利用高清交互数字电视网络开展电信业务准备情况和下一步工作计划的汇报，视察了市广播电视监测中心工作环境和运行状况，现场观摩了家庭用户利用高清交互数字电视网络和高清交互机顶盒开展宽带上网、视频点播、交互多媒体信息服务等应用情况的演示，进一步了解了悠视网开展网络电视及互动媒体平台功能和服务情况，对各单位如何在开展三网融合试点工作中更好地发挥职能作用提出了具体要求。市政府副秘书长戴卫和市广电局局长李春良、总工程师何桂芝，北京广播电视台副台长郭章鹏，以及市经信委、市发改委、市财政局、市通管局、中关村管委会等三网融合协调小组成员单位有关领导陪同调研。

9月14日至15日　北京市广播电影电视局举办第一期影院经营与管理培训班。邀请北京电影学院管理系主任俞剑红教授主讲。首都影院、万达国际影城、中华娱乐宫影院等单位介绍了经营与管理先进经验，并对《北京市电影放映场所经营单位安全管理规范》有关内容和影院安全工作进行了讲解，全市各院线及61家影院经理参加了培训。

9月17日至24日　受国家广电总局电影局派遣，以中国电影博物馆馆长杨永安为团长，中国参赛影片《走路上学》导演彭臣等为团员的中国电影代表团一行3人，应邀赴朝鲜参加第十二届平壤国际电影节。

9月18日　北京电视艺术中心、上海电视传媒有限公司、东阳市花儿影视文化有限公司等单位联合摄制的大型宫廷情感电视连续剧《后宫·甄嬛传》开机仪式在京郊门头沟戒台寺举行。该剧总导演：郑晓龙，编剧：流潋紫，主演：孙俪、陈建斌、蔡少芬、李天柱、李东学。

9月19日　北京电视台公共节目中心与北京市旅游局合作，圆满完成《世界之城 美丽北京》“第十二届北京国际旅游节开幕式”直播任务。

9月20日　北京市副市长苟仲文率由市政府副秘书长戴卫、市科委副主任朱世龙，北京广播电视台所属歌华集团董事长王建琪及有关人员组成的北京国际设计周代表团，赴英国伦敦举办“2011北京国际设计周官方发布与媒体推介活动”。

9月25日　北京电视艺术中心等单位联合摄制的编年体长篇电视剧《金婚》荣获北京影视春燕奖“最佳长篇电视剧奖”，导演郑晓龙获“最佳导演奖”，主演张国立获“最佳男主角奖”。

9月26日　北京市委组织部常务副部长史绍洁率调研组一行9人到北京电视台参观调研。北京广播电视台党委书记刘志远，北京广播电视台台长兼北京电视台台长王晓东，北京广播电视台纪委书记王伟、副台长苏仁先和北京电视台纪委书记窦晓东及北京人民广播电台领导等参加调研。

9月26日　北京人民广播电台举办2010年度采编播人员培训班。总编辑席伟航、副总编辑亢亚志、张松华、台长助理李捷、各专业广播和有关行政技术职能部门领导，以及全台440多名采编播人员、宣传管理人员参加培训。

9月26日　北京电视台制作的大型系列片《人民大会堂》举行新闻发布会。

9月28日　北京广播电视台纪委书记王伟、副台长苏仁先率检查组分别到北京广播电视报社、北京广播影视物业管理中心、北广传媒数字电视、移动电视、城市电视和鼎视、影视公司实地检查“十一”期间前安全播出保障工作，并慰问播出部一线员工。

9月28日　解放军总政群工办及驻京大单位群工部门领导约60人，到北京电视台参观，首都精神文明建设委员会办公室陈冬主任、副主任马润海陪同参观。

9月29日　北京市广播电影电视局局长李春良、副巡视员宋春华率局安全监管办公室、电影管理处相关人员，到耀莱影城、万柳影城等部分影院和海淀区六郎庄、西北旺镇等农村电影放映厅，检查国庆节前影院安全工作落实情况和农村电影公益放映设施状况，重点对放映厅、疏散通道、消防设施、监控设备、安全制度和应急措施落实情况等进行检查。

9月29日　北京市委宣传部副部长张淼率队到中国电影博物馆检查安全工作，中国电影博物馆党委副书记、纪委书记李米莉，副馆长邢建毅陪同检查。

9月30日　北京市广播电影电视局局长李春良、总工程师何桂芝及局科技处、北京广播电视监测中心负责人到北广传媒移动电视、城市电视中央电视塔播出机房，实地检查转播准备工作。

9月30日　北京电视台搭建的北京IPTV集成播控分平台，与中央IPTV集成播控总平台对接、与北京联通公司的传输链路连通。

9月至11月　北京电台外语广播推出“第

二届北京百校少年儿童外语艺术大赛”，全市共有180所学校，5万余名中小学生报名参赛。

9月　北京北广传媒数字电视有限公司与北京市福利彩票发行中心签署合作协议，依托北京地区有线数字电视平台开展电视彩票业务，打造集彩票公益宣传、彩票导购、电视购彩、视频彩票游戏等多种功能于一体的一站式彩票服务电视平台，寻求彩票事业公益宣传与数字电视应用服务创新“双突破”。

10月

10月1日　北京电视台海外节目中心制作的8：1超高清宣传片《灵动北京》、《国旗颂》在天安门广场大屏幕播出，烘托节日气氛。

10月1日　北京北广传媒城市电视有限公司8处户外大屏幕——保利、工美、天阶、鼎好、太阳宫、来福士、奥运中心区（26块地面小屏）、大观园，通过北京电视台“纪实高清”频道同步成功转播了《国家大剧院2010国庆音乐会》。

10月11日　北京国际电影季组委会办公室成立。

10月12日　北京市广播电影电视局召开机关党建工作会议，部署创先争优重点工作。进一步深化“我是党员我承诺”活动；开展优秀党建工作创新项目评比；积极开展“双学双比双提高”活动；建立完善领导联系点制度。局党组副书记、副局长杨淑琴出席会议并讲话。截至9月底，局机关各党支部开展创先争优“学习三人行”活动已开讲9次，听课人数超过100人次。

10月13日　北京北广传媒数字电视有限公司制作的反映北京文化创意产业四年来发展情况的专题片《创意北京》，于中国北京国际文化创意产业博览会世博会宣传推广周期间在LED屏上滚动播出，吸引了大批世博游客关注，北京电视台《北京新闻》进行专题报道。

10月14日　北京市委副秘书长、市委党建工作领导小组办公室主任张建明、市委组织部常务副部长史绍洁、副部长刘宇辉等一行到北京数字电视党建频道进行调研。

10月1日至15日　北京市广播电影电视局举办新入局干部培训班，采取授课讨论、观看专题片等方式，对18名新招录人员进行“三个强化”（即强化局情意识、廉洁自律、基础工作）岗位任职培训。局党组成员、纪检组长王立平出席开班动员并授课。

10月15日　北京歌华文化发展集团与北京天竺综合保税区在歌华大厦签署战略合作协议，歌华集团党委副书记黄光显，顺义区人民政府区长、综保区管委会党组书记、主任王刚代表双方签约。双方共同规划、建设、运营“北京国际文化贸易服务中心”，在天竺保税区形成国内首个“保税区内的文化保税专区”，成为北京文化走出去的前沿试验区。北京市副市长程红、市政府副秘书长刘志及各相关单位领导、企业代表、新闻媒体等出席签约仪式。

10月19日　文化部文化产业司司长刘玉珠、副司长高政一行到北京电视台调研动漫文化产业发展情况。北京电视台副总编辑张强和卡酷动画相关领导出席调研座谈会。同日，以色列国防军新闻发言人贝内亚胡准将一行到北京电视台参观，北京电视台张亮副总编等陪同参观。

10月19日　国家广电总局在上海召开中国广播电视年鉴第26届年会，北京市广播电影电视局荣获2009—2010年度年鉴工作先进单位（连续十年）。

10月21日　北京市广播电影电视局局长李春良、副局长杨培丽、纪检组长王立平、总工程师何桂芝及局高清监管小组相关处室成员到北京电视台对频道高清化工作进行调研。北京电视台总编辑赵多佳、总工程师田方及有关人员陪同调研。

10月22日　北京市委副书记、市长郭金龙，市委常委、宣传部长、副市长蔡赴朝圈阅《北京市广播电影电视局关于请市政府作为北京国际电影季主办单位等事项的请示》，同意北京市政府与广电总局共同作为北京国际电影季主办单位。

10月22日　北京市副市长程红率北京市工商业联合会会员参观考察民营企业——北京光线传媒股份有限公司，光线总裁王长田介绍企业发展情况。

10月22日　北京电视台海外节目中心与青少节目中心整合后统一规划的新青少频道发展方案通过。青少·海外节目中心第一阶段重点推出六档日播栏目，打造晚间“三益+三高”的两大黄金节目带，以益智、益能、益心的《北京青年》、《书香北京》、《谁在说》和《军情解码》、《北京客》、《探索》形成连续不断的晚间播出系列。周末娱乐节目和大型活动的筹备也同时启动。

10月23日至24日　北京市广播电影电视局承办的2010年全国广播电视编辑记者、播音员主持人资格考试北京考区工作圆满完成。北京考区资格考试设5个考点、103个考场，考生共3098人，人数居全国之首。其中，广播电视编辑记者2626人，播音员主持人472人；北京考生占55%，外地考生占45%；从业人员占60%，在校生占15%，社会其他人员占25%。国家广电总局副局长赵实及人事司司长邹伟，纪检组副组长、监察局局长范玉刚，人事司副司长张宏等领导，在市广电局领导李春良、杨淑琴、杨培丽、王立平、王霞的陪同下巡视检查了北京考区工作，并对考区秩序、组织工作等给予充分肯定。

10月23日至28日　北京市电影行业协会组队的北京电影代表团参加东京国际电影节。代表团15家电影公司共推介电影作品40余部，设置展台6个，集中宣传“北京电影”品牌，吸引了众多国际购片商和海外华人的关注。此外，还在当地影院展映《唐山大地震》、《十月围城》、《倾城》、《非常完美》、《孔子》、《伟大的伟》等6部影片。北京市广播影视作品审查中心承办了组队工作。

10月25日　北京市广播电影电视局召开北京市“十二五”时期广播影视发展规划专题研讨会，局领导班子成员，机关各处室、局属各单位负责人参加会议。局相关处室及课题组介绍了规划编制情况，与会各级领导结合分管工作及部门职责任务，对“十二五”时期广播影视发展的指导思想、目标任务、重点工程等提出建议。市广电局党组书记、局长李春良就认真总结经验，解放思想，理清思路，编制出适应时代需求、符合客观实际的“十二五”广播影视发展规划提出明确要求。

10月25日　国家广电总局向北京市广电局下发《广电总局关于举办北京国际电影季的批复》，同意由广电总局与北京市人民政府合作，于2011年4月23–28日在京举办首届北京国际电影季，同意由广电总局主要领导担任组委会主席，分管领导担任常务副主席，电影局等各相关单位主要负责同志担任副主席，原则同意北京市广电局提交的活动方案。

10月25日　意大利总统乔治奥·纳波利塔诺及夫人、中国驻意大使丁伟、意大利驻华大使谢飒、总统随行人员等一行来到中华世纪坛世界艺术馆参观，北京歌华文化发展集团董事长王建琪、中华世纪坛世界艺术馆馆长王立梅接待贵宾。

10月26日　北京广播电视台召开第一次领导干部大会。台领导班子成员、所属各单位领导班子成员及台机关人员参加会议。台党委书记刘志远做了深入学习贯彻党的十七届五中全会精神和市委市政府以及市委宣传部对北京广播电视台的工作要求，进一步统一思想、凝聚共识、明确任务、开创新局面的报告。北京广播电视台党委副书记、常务副台长汪良宣布任命各职能部室领导的决定。

10月26日至11月1日　国家人防办、北京市人民政府共同主办，北京市民防局、北京市委宣传部协办，北京电视台、北京市歌剧舞剧院共同承办的“人民防空之歌”庆祝新中国人民防空创立60周年大型文艺晚会在京西宾馆举行。晚会时长90分钟。11月1日22:30分晚会在北京卫视频道播出。

10月27日　北京市广播电影电视局印发《广播电视节（剧）目内容补贴资金管理办法（试行）》。该规定共8章17条，主要从组织机构与职责分工、基本要求和分类、审定程序和执行标准、考核与评价、监督与检查、罚则等方面对补贴资金管理作明确规定。

10月27日　第二十届中国新闻奖评选揭晓，北京人民广播电台新闻广播的广播系列《探访大学生就业之路》和城市服务管理广播的新闻专栏《城市零距离》获评一等奖；谢先进、李彬的广播编排《北京新闻（10月2日）》获二等奖；戚天的广播消息《北汽收购萨博全部知识产权，开中国汽车企业海外收购先河》获三等奖。北京电视台电视系列《乡村新发现》、电视编排10月31日《晚间新闻报道》获三等奖。北广传媒移动电视专题《百姓心中好交警孟昆玉》获三等奖。

10月28日　北京电视台与清华大学、北京大学、中国人民大学、北京航空航天大学、北京邮电大学、中央财经大学、中国传媒大学等首都七所知名高校签署共建实习基地协议。按照协议，北京电视台根据事业发展需要向七所高校提供实习岗位。

10月29日　北京市广播电影电视局和怀柔区政府联合主办的2010年秋季首都电视节目推介会在怀柔隆重开幕，全国各省市的100多家电视节目制作公司、80多家电视剧播出机构、近20家新媒体公司和20多家海外电视节目播出机构参会，共计推出193部6000余集各类电视剧，项目规模为历届最高。本届推介会首次吸纳北京影视动画协会旗下14家动漫制作公司30部动漫精品参会。开幕式现场为10部获得2009年度北京广播影视奖（电视剧类）作品颁奖，为5个北京市优秀影视剧本（含电视动画片）专项创作资金获资助项目颁发资助资金，并举办了影视产业发展论坛。国家广电总局副局长田进、市政府副秘书长侯玉兰出席开幕式并讲话。市委宣传部副部长严力强、市广电局党组书记、局长李春良、怀柔区委书记王海平、首都广播电视节目制作业协会副会长尤小刚分别在开幕式和影视产业发展论坛上致辞。国家广电总局法规司司长才华、电视剧司副司长王卫平、传媒机构管理司副司长潘晓文，以及中央电视台副台长胡恩、怀柔区委副书记萧有茂等参加开幕式和影视产业发展论坛，市广电局副局长庞微主持了开幕式。全国70余家电视台、13家主流视频网站，近10个亚洲地区国家播出机构的650余名代表参加了推介会。

10月30日　以“受众需求与当下中国电影叙事能力”为主题的“中国电影博物馆2010学术年会”在馆内举行。来自中国艺术研究院、中国电影艺术研究中心、北京大学、清华大学、北京师范大学、中国传媒大学、北京电影学院等众多机构的专家学者、影评人、业内一线创作者和普通观众代表，共百余人齐聚中国电影博物馆，同中国电影博物馆研究人员一道，为中国电影如何更好地讲故事把脉会诊，建言献策。

10月　北京电台城市服务管理广播主办的问城网（http://www.wenbj.cn）开通“WAP手机访问”、“短信通知”、“邮件订阅”、“热门关键词”、“相关问题关联”、“搜索专题”、“站内信”等最新功能，逐步成为与公众交流沟通的桥梁和纽带。

10月　北京市2010年村村通有线广播试点工程建设任务完成。完成了门头沟区王平镇、昌平区流村镇、延庆县旧县镇、密云县河南寨镇4个乡镇、97个行政村有线广播工程的施工任务。

10月　北京电视台与《北京娱乐信报》签署宣传合作协议，《北京娱乐信报》将以每周一次、每次一版的篇幅刊发“BTV专版”，全面介绍北京电视台大制作、大活动、名主持人和观众关注的热门话题。

10月　由北京北广传媒数字电视有限公司承担的“数字电视节目内容集成和分发平台”系统正式投入使用，成功为《北京党建》日常节目在互联网上的点播和直播提供相关服务。

11月

11月4日　北京广播电视台党委书记刘志远率台领导班子成员和各部室正副主任到北京电视台调研。北京电视台党委副书记窦晓东、副台长郜宣堂及党委办公室、办公室、总编室、研发部、总工办等部门负责人参加调研活动。

11月5日　北京市广播电影电视局副局长丁百之、纪检组长王立平及特邀监督员庞敏等做客“首都之窗”网站，通过“政风行风热线”网络视频直播栏目，就广电文化创意产业发展等热点问题，与广大网民朋友进行交流。

11月5日至8日　北京北广传媒数字电视有限公司在由中国广播电视协会数字付费频道工作委员会举办的首届会员大会上获得七个奖项：公司总经理何公明获“行业最佳带头人”称号；韩震宇获“地方播出频道优秀制片人”称号；《利优比游钓行——利优比日本漫游记》、《成长指标》获“2009年度全国播出二等创优栏目”；《明星妈妈育儿经》获得“2009年度全国播出三等创优栏目”；《棋魂——陈祖德超越自我》、《燕京歌唱部落》获得“2009年度地方播出三等创优栏目”。

11月7日　由北京北广传媒影视公司出品，海润影视公司、南京军区政治部、连奕名工作室联合摄制的28集电视剧《五湖四海》开机。北京市广播电影电视局副局长庞微、北京广播电视台副台长陆莹出席新闻媒体见面会。

11月8日　北京市广播电影电视局印发《北京市村村通有线广播工程施工工艺规范(试行)》、《北京市村村通有线广播工程技术要求及验收规范（试行)》、《北京市村村通有线广播工程建设专项资金及设备管理制度（试行)》，要求各有关区县文委遵照执行。

11月8日至11日　北京大学、清华大学、中国人民大学和中国传媒大学师生代表160余人相继到北京人民广播电台参观。电台党委副书记赵泽勤、副总编辑亢亚志等接待师生代表。

11月10日　北京市广播电影电视局印发《关于学习贯彻北京市人民政府关于进一步加强和改善行政执法工作意见的通知》，要求各单位加强组织领导，制定计划方案，坚持边学边改，切实做好广播影视行政执法工作。

11月10日　北京市广播电影电视局召开“2009年度北京市广播影视奖”节目类获奖作品颁奖大会，表彰获奖作品289个，节目创优先进个人79人。其中，影视剧类作品13个，广播电视节目类作品194个，技术类作品70个，报刊类作品12个，涵盖广播电视新闻、社教、播音与主持、文艺、境外播出、优秀栏目、技术质量、电影、电视剧9个类别以及报刊消息、通讯和评论3个类别。原国家广电总局副总编辑、规划院院长、广电总局发展研究中心主任黄勇应邀做专题报告。北京市广电局副局长庞微主持会议。北京市广电局巡视员洪兵以及北京广播电视台、北京电台、北京电视台有关领导参加大会。

11月10日　北京电视台承办的2010年度中国播音主持“金话筒奖”颁奖典礼在国家大剧院举行。北京人民广播电台李莉、婧琳，北京电视台姜华、王业等45位播音员主持人获奖。

11月12日　北京国际电影季组委会正式成立并召开首次会议，宣布组委会主席、副主席组成人员和组委会成员单位名单，研究电影季方案并提出修改完善意见和建议。国家广电总局副局长、组委会常务副主席张丕民和市委常委、宣传部长、副市长、组委会常务副主席蔡赴朝分别作动员讲话。

11月12日至28日　北京人民广播电台选派20人的报道团队赴广州进行第十六届亚运会报道。8位记者共发录音、专题300多条，评论、连线 200多条，采访涉及40个项目，120多场比赛，到达30多个场馆，采访了近70位获奖运动员。

11月12日至27日　第十六届亚运会在广州举行期间，北京歌华体育文化传播股份有限公司作为亚运会体育展示服务商，圆满完成各类项目测试赛、体育展示团队技能大赛、制定各竞赛场馆体育展示应急预案等一系列相关体育展示任务，得到组委会的好评。

11月14日　北京广播电视台党委书记刘志远、纪委书记王伟、副台长苏仁先等领导到北京电视台调研。

11月17日　北京北广传媒城市电视有限公司户外大屏电视联播网在第三届中国新媒体盛典上获"2010中国户外新媒体领军品牌"奖。

11月17日至21日　由文化部、广电总局、新闻出版总署和北京市政府共同主办，北京市委宣传部等26个委办局协办的第五届中国北京国际文化创意产业博览会成功举办。以"建设世界城市，打造东方影视之都"为主题的广播电影电视展面积2000平米，集中展示了首都广播影视产业发展成果和未来发展趋势。突出特点是：参展单位数量和展览热点之多、项目发布和签约总量之大、活动形式之丰富，创历届文博会广播影视展览之最。由北京北广传媒集团、北京人民广播电台、北京电视台整合组建的北京广播电视台首次以新身份参展，旗下14家单位的不同业务形态和表现形式，分为电台、电视台、歌华有线、数字及户外电视、便携式新媒体、影视制作出版、歌华文化七大展区，每日接待参观人数超8000人次，累计接待约3万人次，初步洽谈项目50余个。《人民日报》、新华社、中央人民广播电台、中央电视台、《经济日报》、中新社、香港《文汇报》、《北京日报》、《北京青年报》等10多家媒体对北京广播电视台进行了深度采访报道，《光明日报》、《中国青年报》等主要媒体竞相转载共300余篇，人民网、新浪网、搜狐网等主要网络媒体转载1000余篇。"三网融合"概念在展览会上深入普及；首都广播电视制作协会、北京影视动画协会等单位集中发布和展示了大量新的剧目。

11月17日至23日　北京歌华文化发展集团所属歌华中演文化有限公司与全国摄影家协会合作，在当代艺术馆成功举办《世纪光影——2010全国摄影艺术展览》。该摄影展已作为歌华今后五年的固定展览项目之一。

11月18日　第五届中国（北京）国际文化创意产业博览会开幕当天，北京银行与北京博纳影视文化交流有限公司、北京小马奔腾影视文化发展有限公司等四家文化创意影视类企业签订了全面战略合作协议，授信总规模达2.6亿元。北京市广电局副局长丁百之，北京银行副行长许宁跃，北京银行商务中心区管理部总经理赵明，以及北京博纳影视文化交流有限公司总裁于东等签约企业的领导参加签约仪式。

11月18日　北京市广播电影电视局印发《电影专场放映管理工作办法》，对加强电影专场放映组织与保障工作、资金管理等作出明确规定。

11月19日　中央政治局常委李长春参观北京国际文化创意产业博览会北京广播电视台、歌华有线公司等展台，听取了北京三网融合试点工作介绍，观看了北京网络广播电视台模拟展示平台、歌华有线三屏融合、城市管理物联专网等演示。中央政治局委员、北京市委书记刘淇，中央政治局委员、书记处书记、中宣部部长刘云山，中央政治局委员、国务委员刘延东，文化部部长蔡武，新闻出版总署署长柳斌杰，市委副书记、市长郭金龙，国家广电总局副局长张海涛，市委常委、宣传部长、副市长蔡赴朝等领导陪同参观。

11月20日　2010"第五届中国创意产业年度大奖"在北京歌华大厦揭晓，北京人民广播电台台长汪良荣获最高奖项——"2010第五届中国创意产业杰出贡献奖"。

11月22日　北京市广播电影电视局主

办，北京歌华文化发展集团承办的广播电影电视高峰论坛举行。论坛主题为“建设世界城市，打造东方影视之都”。原博鳌亚洲论坛秘书长龙永图、国际展览局主席吴建民应邀做精彩演讲。市政府副秘书长侯玉兰出席论坛并致辞，市委宣传部副部长张淼参加高峰论坛活动。国家广电总局、市委市政府、市人大以及市广电局、中国电影博物馆、北京广播电视台、区县文委、广电中心、区县文创办、文化创意产业集聚区、广播电视节目制作经营机构、互联网视听节目网站、金融机构、大专院校、新闻媒体等500余人参加论坛。

11月22日至25日　北京市广播电影电视局局长李春良、副局长杨淑琴、纪检组长王立平、总工程师何桂芝率相关业务部门和援疆工作技术专家组赴新疆和田地区，就对口支援工作情况进行调研。调研组一行实地考察了和田地区现有广播电视设施情况，与和田地区地委副书记刘剑共商下一步援建工作。

11月24日　北京市广播电影电视局副局长庞微率有关业务部门负责人参加由首都广播电视节目制作业协会召开的电视节目外销座谈会，就进一步完善电视节目外销工作具体措施，以及确定外销方式、出口途径、交易模式等内容进行深入研讨。北京中北电视艺术中心有限公司、北京慈文影视制作有限公司、海润影视制作有限公司、华谊兄弟传媒股份有限公司等影视制作发行单位负责人参加会议。

11月24日　北京电视艺术中心、北广传媒集团等单位联合摄制的编年体长篇电视剧《金婚风雨情》在北京卫视举行开播新闻发布会。北京电视台总编辑赵多佳、副总编辑张强、影视剧中心主任赵彤、主任助理于金伟等领导出席。

11月25日至26日　北京广播电视台召开2010年经营工作会议。台属18家单位汇报交流了工作情况和经营思路。台党委书记刘志远，台党委副书记、台长王晓东出席会议并讲话，台纪委书记王伟主持会议。台属各单位主管领导、财务部门和经营管理部门负责人及台总部有关部室负责人80余人等参加会议。

11月26日　北京市广播电影电视局召开北京市互联网视听节目服务持证单位管理工作会议，传达上级有关精神，通报全市2010年互联网视听节目服务管理工作情况，讲解互联网视听节目有关政策法规并提出具体要求，并邀请有关专家辅导授课。市广电局副局长臧增祥到会并讲话。市属121家持证单位内容总编、监控总监和市通管局、市文化市场行政执法总队等有关部门及局信息网络视听节目传播监管中心负责同志、市网络视听节目社会监督员等共计260余人参加会议。

11月29日　北京歌华有线电视网络股份有限公司完成2010年100万高清交互机顶盒用户推广任务。据第三方格兰研究统计显示，用户对歌华有线公司高清交互数字电视服务的总满意度在96%以上。北京成为全国高清交互数字电视用户拥有量最多的城市。

11月30日　北京电视台组织召开重要信息系统安全等级保护定级专家评审会。经由市公安局、中国科学院等单位派员组成的专家组对北京电视台14个重要信息系统评审确定，播出系统、网站系统、新闻系统、主干系统等4个信息系统为三级防护系统，办公网系统、普通编辑系统、深度编辑系统、综合编辑系统、高清编辑系统、宣传片编辑系统、包装系统、体育节目系统、演播共享系统、媒资编辑系统等10个信息系统为二级防护系统。

11月　北京电视台推进高清系统工程项目建设成效明显：完成高清一期所有项目招标工作，累计招标金额约5.4137亿元；全部完成6个高标清同播播出平台的软硬件系统的搭建工作；圆满完成高清制播网络系统中高清主干平台、高清总编室／广告编播系统、高清新闻网、高清制作网改扩、高标清兼容共享审片配音系统、高标清兼容收录系统改扩等项目的系统搭建工作；高清新闻演播室技术设备已进行设备上架、系统连接及安装调试；高清制播网络系统各个接口全部调通，展开海量数据测试工作；新闻节目中心使用的60台高清P2卡摄像机全部到货，顺利完成所有摄像机的使用培训工作；为保障高清系统设备用电，全部完成动力系统UPS增容400KVA工程项目。

11月　北京市广播电影电视局先后举办三期公务员能力建设暨党员教育培训班，特邀中央党校、市人力社保局、市直机关工委有关专家教授授课辅导，并以广播影视行业管理和公共文化服务、影视（动画）产业基地发展、推进"三网融合"试点工作等为主题，赴兄弟省市广电部门深入考察调研。全局有140余人分期参加培训。

11月至12月初　北京北广传媒移动电视有限公司完成510辆公交车新终端的安装。

12月

12月1日　"中国电影博物馆第四届青年论坛之电影特效特技制作人论坛"举办。论坛主题为"科技让电影飞翔"。来自于内地、香港地区、台湾地区和美国好莱坞等国内外的电影特效特技方面的青年制作人、导演、专家学者及业界精英，围绕"电影特效特技制作"发表观点。

12月1日　北京歌华有线电视网络股份有限公司与青海昌荣优视文化传播有限公司举行高清交互数字电视广告代理合作签约仪式，确定由该文化传播有限公司代理歌华有线公司2011年高清交互数字电视广告业务。

12月1日至31日　北京人民广播电台举行2010年"主持人节目展播"，旨在"汇聚精彩节目、展示主持人风采"，9个专业广播及总编室共推出31位主持人的节目进行展播。

12月2日　第一届北京国际电影季新闻发布会在北京市政府发布厅召开。国家广电总局电影局副局长喇培康、市委宣传部副部长张淼、市广电局局长李春良、市广电局副局长庞微、组委会办公室执行主任赵东鸣出席会议，市外宣办主任王惠主持会议。会上向首都新闻界发布了电影季整体方案和形象大使推选、海报征集、LOGO定向征集等方案，通报了电影季筹备工作进展情况。

12月4日　北京人民广播电台和团市委联合主办的第五届北京高校青春歌会总决赛在北京广播大厦举行。十名校园歌手经两轮比赛，最终来自北京体育大学的周子豪、北京交通大学的胡晓彤和北京体育大学的闫美美荣登歌会三甲。共青团北京市委员会副书记沈千帆，北京电台总编辑席伟航、副总编辑王秋，北京市志愿者联合会特聘专家陈廷军将军，希望工程北京捐助中心主任、北京青少年发展基金会秘书长陈淑惠等领导出席决赛并为获奖歌手颁奖。

12月7日　北京广播电视台召开2009年度新媒体获奖节目表彰大会，对北广传媒移动电视公司等四个新媒体单位27个优秀作品及个人进行了表彰，各新媒体单位负责人和获奖人员代表共80余人参加会议。台党委书记刘志远出席会议并讲话，副台长苏仁先总结了2009年度新媒体节目创优工作，对2011年新媒体节目制作工作进行了部署。北广传媒移动电视公司记者王琛、北京人民广播电台副总编亢亚志、北京电视台艺术委员会主任刘冰代表获奖单位和个人作了交流发言。

12月8日至10日　北京市广播电影电视局组织市属18家影视制作机构赴新加坡参加亚洲电视论坛，推介北京电视剧作品，与外方达成电视节目协议（含意向）473.27万美元。

12月9日　北京市市委宣传部副部长严力强到北京电视台听取"2011年BTV春晚"、"网络春晚"、"环球春晚"的筹备、宣传情况，以及卫视、青少、公共·新闻频道的改版编排方案工作汇报，并提出指导性意见。

12月10日　北京歌华有线电视网络股份有限公司16亿元可转换公司债券第三次成功上市交易。可转债按票面金额100元/张平价发行，期限为发行之日起6年。上市首日收盘价为126.98元，涨幅达27%。募集资金主要用于高清交互服务机房建设、双向网建设及工程改造建设项目。

11月7日至12月11日　北京广播电视台倾力打造，北广传媒影视公司与海润影视公司、南京军区前线文工团联合拍摄的迎接中国共产党建党90周年献礼剧《五湖四海》在福州开机。该剧编剧王培功，导演连奕名，主要演员连奕名、王千源、何政军、张光北、刘琳、刘敏涛。12月11日，北广传媒影视公司在福州举行媒体见面会。总政宣传部艺术局、北京市委宣传部、北京市广电局、南京军区政治部电视艺术中心有关领导出席见面会并慰问了演职人员。北京市广电局副局长庞微、北京广播电视台副台长陆莹出席会议并讲话。

12月15日　国家广电总局副局长张丕民率总局电影局有关人员到中国电影博物馆调研。张丕民一行听取了关于中国电影诞生105周年暨中国电影博物馆成立5周年纪念活动设想及制定中国电影博物馆“十二五”规划的工作汇报，并就有关问题提出了具体意见和要求。中国电影博物馆馆长杨永安，中国电影家协会主席、中国电影基金会会长李前宽，中国电影基金会常务副会长薛桂芝参加调研。

12月15日　北京广播电视台副台长苏仁先到城市电视公司调研，听取该公司领导和经营团队对楼宇电视终端拓展、户外大屏平台建设、广告经营、节目制播、技术维护、公司管理等方面的情况汇报，就下一步经营状况提出指导性意见。

12月16日　北京市广播电影电视局召开全市广播电视节目制作经营机构管理工作会议。传达国家广电总局有关文件精神，布置2010年度广播电视节目制作经营机构业绩审核工作。市广电局副局长臧增祥出席会议并讲话。北京市属持有广播电视节目制作经营许可证机构的有关负责人近800多人参加会议。

12月17日　北京市市委副秘书长肖培到互联网视听节目服务持证网站“优酷网”进行调研，听取了该网负责人对其境外公司在美国纽约证券交易所挂牌上市情况和优酷网的内容、原创、市场、战略以及党团建设等情况介绍，对网站所取得的成绩给予充分肯定。市广电局副局长臧增祥及市网管办有关领导陪同调研。

12月17日　北京市文化创意产业领导小组办公室会议批准，北京歌华有线电视网络股份有限公司申报的《面向三网融合基于有线电视宽带及无线宽带的网络互动应用交易系统》项目获得北京市文化创意产业发展专项资金支持，支持金额为1884.41万元。

12月18日　北京电视台体育节目中心和国家体育场联合主办的第二届“鸟巢欢乐冰雪季”开幕。

12月23日　北京市广播电影电视局组织东城、西城、朝阳、密云文委和十四区县广电中心技术人员，在密云县河南寨地区进行了防范非法无线广播、电视信号插播突发事件应急处置和800兆集群电话调度通信演练，并召开总结会。

12月23日　《文明新北京》——“做文明有礼的北京人”主题晚会在人民大会堂隆重举行，北京电视台对晚会进行了录制。中共北京市委副书记、北京市政协主席、市委政法委书记王安顺出席晚会录制并为濮存昕、章子怡、蔡明、冯巩颁发了“做文明有礼的北京人”活动的形象大使聘书。

12月20日至29日　北京电视台卫视频道高标清同播开播仪式举行。20日6点整，台长王晓东按下控制按键，卫视高标清信号顺利准时播出，标志着北京电视台6个高标清同播系统如期完成。播出均采用新的软、硬件设施，绝大部分节目是通过高清总编室备播库传送到高清播出备播库再迁至播出服务器播出，实现了真正意义上的全台高清网络化制播流程。台办公室、总编室、总工办、播出部、动力部、网管部、卫视节目中心、新闻节目中心等部门负责人参加仪式。12月29日，BTV350高清新闻演播室暨新闻高清非线制播系统正式启用，台总编辑赵多佳按下启动按钮。

12月26日　第一届北京国际电影季"电影看世界"纪录片征集活动启动暨官网签约仪式举行。国家广电总局电影局副局长喇培康宣布"电影看世界"纪录片征集活动启动，市广电局局长李春良宣布搜狐为北京国际电影季官方网站战略合作伙伴，市广电局副局长庞微出席了活动。

12月28日　北京歌华文化发展集团所属歌华文化产业投资基金管理有限公司成立，主要业务为发起和管理产业基金，投资于文化资产整合、大型文化产业项目、文化企业上市等，是集团打造文化服务供应商的重要组成部分。

12月31日　由北京电视台、北京电台、北京歌华文化发展集团共同主办的"京昆名家名段演唱会"在中华世纪坛当代艺术馆小剧场上演。

12月31日　中国电影博物馆完成2009年度国家广电总局课题《中国城市居民观影行为、偏好与影响因素研究》：对北京、上海、深圳、武汉、天津、长春、成都、西安、乌鲁木齐、合肥、张家口、德阳等12个有代表性的一、二、三线城市的3000名城市居民开展问卷调查，访谈影院经理20余位。针对每个城市和全国特点形成13篇数据报告，并完成最终成果《中国城市居民观影行为、偏好与影响因素研究报告》。

12月31日　北京歌华文化发展集团所属中华世纪坛当代艺术馆建成。当代艺术馆以现、当代艺术文化特征及未来艺术发展趋势为学术内核，集剧场、影院、美术馆为一体，构建学术研究、展示演艺、整合策划、制作发行、交流推介等一体化专业化服务体系。

12月31日　北京歌华文化发展集团承办的《你好！北京》迎新文化活动在中华世纪坛举行。活动由新年仪式音乐发布活动、新年钟声活动、中华世纪坛当代艺术中心开幕仪式、"京昆名家名段演唱会"及《合·盒》新媒体艺术展组成。北京市委常委、宣传部长、副市长蔡赴朝，文化部外联局党委书记侯湘华，北京市委宣传部副部长张淼等出席。

年内　北京广播电视台建立完善了《北京广播电视台公章管理办法（暂行）》、《北京广播电视台（总部）内部会计控制制度及财务管理规定（试行）》、《北京广播电视台信息工作若干规定（试行）》等一批规章制度，初步完成了制度管理体系建设。

年内　北京市广播影视作品审查中心审查电视剧70部2255集，引进电视剧2部50集，电视剧剧本13部；审查动画片15部820集8567分钟；审查电影21部，电影剧本76部。制定《电影审查工作程序》、《审查管理人员工作职责》、《放映厅管理制度》、《机房管理制度》。

年内　北京市广播电影电视局信息中心编制了《2011年至2015年北京市广播电影电视局电子政务发展规划》；完善了《北京市广播电影电视局网络与信息安全事件应急预案》、《北京市广播电影电视局信息中心管理规定》；制定了《北京市广播电影电视局信息中心机房管理制度》；完成局网站综合业务平台和机房改造。

年内　北京市广播电影电视局离退休管理服务中心认真落实政治待遇、生活待遇，及时向大家传达有关重要文件和会议精神，经常与老同志进行思想沟通，组织一系列参观、考察活动，协调有关部门按时足额为老同志报销医药费并按时发放退休费，协助组织老同志年度体检，及时看望生病住院的老同志，认真处理老同志来信来访，较好的保持老同志队伍的稳定。

年内　北京市广播电影电视局后勤服务中心围绕全局中心工作，圆满完成年度安全保卫、房管、房改、绿化植树、固定资产管理，制定了《局2010年公务用车费用调配方案》、《局公务用车维修、保养费用规范办法（试行）》等办法，以及局机关办公家具配置、干部职工医疗体检工作等各项保障工作。

年内　北京音像资料馆（北京广播电影电视研究中心）参与举办北京市“十二五”广播影视发展主题报告会工作，编辑印发研究业务“三刊一书”，开展音像资料建设规划工作，完成“北京广播影视音像资料数据库应用开发项目”申报，推进资料制作和存储抢救工作，完成约60次拍摄任务，制作DVD光盘60余张，拍摄照片近3000张，抢救刻录本馆译制片母带节目105部。

年内　北京市广播电视监测中心为贯彻落实“2010年广播电视安全播出质量年活动”精神，全面加强质量管理工作。根据具体的工作内容与业务要求，有针对性地制定管理措施及实施方案，确保了北京电台所有中波、调频及数字多媒体（DAB）广播节目、北京电视台所有模拟及数字高清电视节目、朝阳、海淀等14个区县广电中心广播和电视节目以及远郊区县5个高山无线转播站广播电视节目，北广传媒部分数字电视、城市电视、移动电视节目以及歌华有线电视网络一、二级分中心传输的中央、北京及外省市卫星电视节目的安全播出。

年内　北京人民广播电台建成全国唯一成功运营、覆盖城市和农村的数字广播网（DAB）系统；多媒体广播节目RBC综合频道正式开播；北京广播网综合影响力稳居全国省级电台网站首位；北京问城网开通新功能，用网络内容反哺节目、进行“台网融合”开放性尝试，成为与公众交流沟通的桥梁和纽带。

年内　北京电视台网站建设初具规模；BTV手机电视客户浏览量突破200万，同比增长近300%，客户总量已达60余万，收费客户10余万，总营业额突破200万元，同比超过40%。

年内　北京北广传媒新媒体建设取得显著成效，规模化、产业化的发展格局逐步形成。移动电视全年更新车辆终端屏幕1.2万块，终端总量已达2.4万块；城市电视全年新增800多块屏幕，终端总量达1.2万个；地铁电视安装电视终端1.18万个；户外大屏幕电视已达7处8块。

年内　鼎视数字电视传媒有限公司集成传输33套付费数字电视标清节目，5套高清卫视节目。付费节目在全国落地销售区域达170家，覆盖数字电视用户数6473.186万户，覆盖有线电视户数11259.11万户。

年内　北京广播电视台所属北京中广传播有限公司经营的CMMB手持电视，在北京地区建设发射点16个，在全国300多个城市开通信号。

年内　北京音像公司重点录制了市政府批准的补贴项目《智化寺音乐》专题片和精品民乐项目《中国时尚民乐》系列专辑，开展《国学管理讲座》、《智化寺专题片》人员专访的拍摄工作，配合纪念反法西斯战争胜利65周年出版了《神圣的战争》俄文版专辑，与北京星光大道影视制作公司联合拍摄了60集电视连续剧《我们都是80后》，

年内　瑞特影音贸易公司配合北京市广播电影电视局对境外卫星用户的持证情况进行了一系列清理整顿工作。同时，承担了市广电局传媒机构管理处境外卫星节目数字监看平台、监测中心天线架设、宣武门商务酒店系统安装调试、中国国际广播电视出版社监控系统安装调试、教育部考试中心卫星电视前端建设等项目的实施，为用户及时提供了优质服务。

年内　北京广播影视物业管理中心重点围绕安全、服务、管理、经营、创新五方面确保了市广电局、北京广播电视台等用电保障，确保了建外、安乐林办公区、各宿舍区的后勤保障，确保了供暖、供冷、消防监控、电话总机、保洁、职工食堂安全无事故。新承接了皂君庙办公区和歌华有线总部基地办公楼物业管理工作；完成食堂就餐区的装修维修；组织广电系统绿化基地植树活动，全年共植树12000棵。

年内　北京北广置业有限公司除坚持以资产保值增值为目标，积极做好相关房产的出租管理工作外，加强农转工历史遗留问题研究，对多年未决的安置政策界定问题上报市、区人力资源和社会保障局，已得到初步认可，为下一步稳妥解决农转工的问题奠定了基础。

年内　北京紫禁城影业有限责任公司拍摄了电影《第一书记》、《嘻游记》、《惊沙》、《茶树飘香》、《隐婚男女》、《大路朝天》、《倩女幽魂》、《堵车》、《罪爱（原名：魔术外传）》9部；拍摄了电视连续剧《人是铁饭是钢》（33集）、《李春天的春天》（24集）、《情洒嵩山》（16集）、《微风吹乱的爱情》（36集）、《以母亲的名义》（38集）、《双城生活》（30集）6部，实现了社会效益与经济效益的双丰收。

北京电视艺术中心拍摄制作完成了电视剧《金婚风雨情》（51集）、《雪域天路》（38集），正在拍摄电视剧《后宫·甄环传》（50集）、《笑脸》（36集），正在筹拍大型文献纪录片《延安儿女的故事》（12集）。

北京中北电视艺术中心有限公司拍摄的电视剧《对手》（45集）、《内线》（32集）、《猎人笔记之谜》（28集），在北京、江苏、上海、山东、甘肃、河南、云南、贵州等省市电视台热播。古装电视剧《大唐女巡按》（30集）年底投放市场。《对手》荣获第12届莫斯科国际侦探影视节“最佳电视剧奖”。

年内　北京北广传媒影视公司拍摄完成电视剧《风车》（38集），实现了当年立项、当年开机、当年签约、当年回款；向中国共产党成立90周年和党的十八大献礼电视剧《五湖四海》（28集）正在拍摄之中。

年内　海润影视制作有限公司拍摄了电视连续剧《五湖四海》（28集）、《重案六组4》（36集）、《天阵》（28集）、《火烧云》（34集）、《无情道》（24集）、《流泪的新娘》（27集）、《江湖奇案》（32集）、《剑侠情缘》（33集）、《断喉弩》（28集）、《尖刀战士》（34集）、《水上游击队》（35集）、《橄榄树》（34集）、《风雨桃花镇》（36集）、《护国军魂传奇》（36集）、《扇娘》（34集）、《断剑》（34集）、《和婆婆一起出嫁》（28集）17部。

年内　华谊兄弟传媒股份有限公司拍摄了电影《全城热恋》、《谍海风云》、《唐山大地震》、《歌舞青春》、《线人》、《狄仁杰之通天帝国》、《西风烈》、《非诚勿扰II》8部。拍摄了电视连续剧《倚天屠龙记》（40集）、《故梦》（42集）、《爱上女主播》（30集）、《复婚》（30集）《风声传奇》（30集）、《黑玫瑰》（36集）、《谍变1939》（36集）、《梦想光荣1942》（31集）、《追捕》（30集）、《南下南下》（38集）、《我的孩子我的家》（43集）、《拯救女兵司徒慧》（32集）、《烽火影人》（31集）13部。

年内　北京金英马影视文化股份有限公司拍摄了电视连续剧《侠隐记》（29集）、《傻春》（34集）、《家，N次方》（30集）、《郎心如铁》（30集）、《生死大营救》（24集）、《匪娘》（23集）6部。

年内　北京光线传媒股份有限公司投资并发行了电影《花田喜事2010》、《变相黑侠》、《感情生活》、《出水芙蓉》、《全城戒备》、《精武风云—陈真》、《爱出色》作品7部。投资制作并发行了电视连续剧《我和老妈一起嫁》。

年内　北京鑫宝源影视投资有限公司拍摄了电视连续剧《婚姻保卫战》（33集）、《老牛家的战争》（30集）。

年内　北京京都世纪文化发展有限公司公司拍摄了40集电视连续剧《杨贵妃秘史》（49集），与湖南卫视共同制作完成了电视剧《80、90向前冲》（40集）。

年内　北京小马奔腾影视文化发展有限公司拍摄了电视连续剧《我是真的》（29集）、《子弹上膛》（25集）。

年内　北京中联华盟文化传媒投资有限公司拍摄了电视连续剧《爱在苍茫大地》（51集）。

2010年北京市区县广播影视大事记

1月

1月5日　海淀区政府常务副区长杨志强，区委常委、宣传部长李彦来，副区长傅首清等领导到区新闻中心进行调研。

1月10日　朝阳区广播电视新闻中心、海淀区新闻中心、丰台区广播电视中心、石景山区广播电视中心联合召开座谈会，确定四区联席会议制度和每周六的新闻互播办法。

1月12日　房山区广播电视中心所属北京方正广告公司在“争创广告行业精神文明先进单位”活动中，被中国广告协会授予“2008—2009年度全国广告行业文明单位”称号。

1月15日　第三届《北京—清明诗会》专题研讨会在石景山区广电中心召开。区委常委、宣传部长徐维功，市委宣传部宣传处、社科规划办、《前线》杂志及北京电视台文艺中心等有关领导、专家、学者及电视导演参加会议，就举办该届诗会初步设想进行研讨。

1月21日　大兴区广播电视中心创办的《大兴手机报》试运行。

1月28日　内蒙古自治区新河县广播电视中心调研组到延庆县广播电视中心调研，调研组一行走访了各科室、制作机房和演播大厅，双方就广播电视业未来发展方向问题进行探讨。

1月29日　平谷区广播电视中心召开记者站工作会议，总结2009年记者站新闻报道工作，部署2010年宣传工作任务，并开展新闻专题业务培训。

1月　丰台区广播电视中心《人大在线》栏目荣获2008年度首都社会治安综合治理优秀新闻作品二等奖。

1月　房山区广播电视中心创办的反映广电团队整体精神风貌的内刊《广电团队》（双月刊）出版，刊物每期约5万字、照片20幅，内部发行550本。

1月　顺义区召开2010年全区农村数字电影工作会，总结工作，部署2010年放映任务和春节期间“看电影过大年”活动，表彰优秀组织单位、优秀放映厅（队）和先进放映员。

1月　顺义区委宣传部、广播电视中心联合举办第二届“顺义的骄傲”大型评选活动颁奖盛典，评选活动共收到来自全国各地投票200余万张。

1月　怀柔区副区长周东金、区政协副主席董林等领导前往汤河口慰问广播电视转播站职工。

1月　怀柔区广播电视中心制作的专题片《与共和国同行——怀柔60年60事》系列报道，完成编印专刊、刻制光盘工作。

1月　昌平广播电视台2010年春节晚会—《相聚春天》录制完成。晚会充满传统文化和现代元素，历时三个多小时。

2月

2月1日　《怀柔新闻》栏目推出全新板块“新闻资讯”，快捷播报政府信息、生活资讯、百科资讯等。

2月2日　朝阳区广播电视新闻中心制作的专题片《传承奥运精神 建设文明朝阳》，全面反映了朝阳区创建全国文明城区的工作，得到区领导好评。

2月4日　房山区广播电视中心呼军旗、刘兵兵获2009年度中国广播电视协会首届全国广播电视生活节目电视优秀制作人，王侠获广播优秀主持人，李文娟获广播优秀编辑。

2月12日　平谷区委常委、宣传部长闫维洪到区广播电视中心慰问。座谈中闫维洪对中心一年来工作给予肯定，并对2010年工作提出要求。

2月12日　房山区区委、人大、政府、政协四大部门领导刘伟、祁红、史全富、曹淑荣、苗立峰、赵佳琛、马丽英、吴会杰到区广电中心慰问春节期间坚守工作岗位的干部职工。

2月22日　石景山区广播电视中心与四川省资阳市广播电视局签定合作协议，并确定先期各互派两名新闻工作者交流学习。

2月25日　石景山区委常委、副区长付生柱到区广播电视中心调研。

2月28日　平谷区广播电视中心圆满完成本区第二十届农民艺术节民间花会秧歌进城大拜年活动的电视直播任务。

2月　朝阳区广播电视新闻中心出资冠名2010朝阳国际风情节，名称为“朝阳传媒”。

2月　朝阳区广播电视新闻中心《朝阳报》陆续在每个版面开辟专栏。在头版设置“文明朝阳”，每期一篇文章报道创建工作，重大活动配发评论。“社会新闻版”设置“文明就在你身边”，反映百姓身边故事。“文化生活版”每期都有街乡委办局和各单位的文明创建工作动态新闻。

3月

3月5日　石景山区广播电视中心举办“百年颂歌·时代风采”纪念“三八”国际劳动妇女节100周年电视文艺晚会。市妇联副主席李彦梅，区领导荣华、赵玉民等出席。

3月5日　昌平区委副书记王书合、区妇联主席王璐到区广播电视中心为荣获“全国三八红旗集体”授牌。

3月6日　怀柔区广播电视中心在《怀柔新闻》中新增的生活专题版块“看事说事”开播。“看事说事”版块立足百姓生活，以记者出镜的方式讲述发生在百姓身边的新事，每周六晚播出，时长3～4分钟。

3月15日　通州区文化馆向通州电视台赠送“报道及时宣传可信，废寝忘我炉火纯青”锦旗一面。

3月15日　顺义区广播电视中心与世界500强企业MTV公司达成协议，安排部分文艺编导赴动感音乐频道参与“超级舞台”栏目的制作，学习编辑程序及制作技术。

3月15至19日　平谷区广播电视中心完成景台山微波站传输设备由1642向1662的升级扩容改造。

3月16日　丰台区委常委、组织部长于长辉，副部长肖敬到区广播电视中心宣布谷卫任区委宣传部副部长、区广播电视中心党组书记、主任职务的决定。

3月18日　大兴区广播电视中心资讯频道进入歌华有线数字信号传输系统，频道用户覆盖由原来的3万户升至14万户。

3月22日　大兴电视台荣获2009年北京市安全生产月活动“优秀新闻报道奖”。

3月25日　怀柔区举办2010年数字电影放映员培训班，全区14个镇乡、2个街道文化中心和39个新建数字影厅的放映员共80多人参加培训。

3月26日　房山区委常委、纪委书记王智慧到区广播电视中心进行党风廉政建设工作调研。

3月29日　朝阳、海淀、丰台、石景山四区广播电视系统主任联席会第三次会议在海淀召开，重点讨论了节目互换、人员交流、事业发展等问题。联席会制度自2009年10月启动以来，四区共互换新闻节目24期。

3月　西城区召开境外卫星电视接收持证工作会议，与各持证单位签订《安全播出管理使用责任书》。

3月　朝阳区广播电视新闻中心推出328集《儿童天地》电视新栏目并播出。

3月　通州区广播电视中心召开表彰大会，对2009年度宣传工作中做出突出成绩的12个优秀记者站及16名优秀通讯员进行表彰奖励。

3月　怀柔区汤河口南山广播电视转播站怀柔电台、电视台覆盖工程竣工。覆盖工程使汤河口镇、宝山镇、琉璃庙镇、长哨营满族乡和喇叭沟门满族乡可收听、收看怀柔两台节目。

4月

4月1日 《海淀新闻》进行全新改版，播出时间由每期15分钟增至25分钟，期数由每周五期增至一周七期，加大对全区经济、城乡一体化和社会事业发展宣传报道力度，实现当天新闻当天播。同时，增加来自兄弟区县的报道和国内国际新闻。

4月1日 怀柔电台《成长》栏目开播，每周四12：00播出，时长30分钟。栏目旨在通过宣传使全社会对未成年人给予广泛的关注和关爱。

4月7日 湖北省武汉市洪山区宣传部长率队到海淀区新闻中心进行工作考察，着重了解《海淀报》办报经验。

4月7日 丰台区广播电视中心召开全区通联工作会议，总结2009年度工作，对10个优秀记者站进行表彰，并开展新闻业务培训。

4月9日 密云县广播电视中心召开记者站工作会议，对2009年度成绩突出的记者站和优秀记者进行表彰。

4月10日 昌平区广播电视中心举办新闻业务培训班，邀请中央电视台摄影导演、高级记者、中国传媒大学兼职教授孙曾田进行业务教学。

4月11日至13日 平谷区广播电视中心举办全区2010年广播电视编辑记者业务培训班。

4月14日 平谷区广播电视中心光缆接入媒体资产管理系统，实现与北京电视台的互联互通。

4月15日 密云县委常委、纪委书记张晓兰，副县长程文华、杨姗等领导到县广播电视中心调研。

4月17日 平谷区广播电视中心对区第十二届国际桃花节暨平谷区第六届全民健身体育节开幕式进行现场直播取得成功。

4月19日 怀柔电视台《怀柔好人》百集系列专题片首播，每周一、三、五各播出一集，每集5～6分钟，电台同期播出。

4月21日 北京市广播电影电视局巡视员洪兵和北京电视台、北京电台资深编辑一行到昌平区广播电视中心就优秀广播影视作品评选工作开展调研。

4月22日 石景山区广播电视中心在北京国际雕塑公园成功举办《我们只有一个地球》大型公益宣传录制活动。

4月23日 房山区广播电视台变更新台标，原台标废止。

4月23日 怀柔电视台与区发改委联合开办的《发展与改革》专题栏目首播，每周日19：37分播出，时长13分钟。

4月26日 丰台区委常委、宣传部长李明圣到区广播电视中心调研。

4月28日 新疆于田县委宣传部部长杨淑英到延庆县广播电视中心调研，延庆县委宣传部常务副部长许新文陪同调研。

4月29日 石景山区庆祝五一国际劳动节颁奖晚会《劳模之光》在区广电中心举行。市总工会副主席王玉英，区委书记荣华、政协主席倪国峰等领导参加晚会并为获奖者颁奖。

4月 房山区电视台《情动绿港》栏目正式登录凤凰网宽屏社区，凤凰网视频首页设置主导视窗。

4月 平谷区广播电视中心荣获“2009年北京市安全生产月活动优秀新闻报道奖”。

4月 怀柔区印发《关于基层文化设施和文化人才规范使用的八项管理办法》，以加强镇乡、街道数字影厅、广播电视设施等文化设施规范化、程序化管理。

4月 怀柔区“春风暖人心、电影促和谐”主题电影展映月活动圆满结束，共放映电影3000余场次，观众10万人次。

5月

5月1日 大兴区广播电视中心网站《中华兴网》全新改版，设新闻、阳光调频、兴网视频、博客精粹、我行我秀、时尚家人、兴情、便民、旅游等20余个频道。

5月6日　石景山区广播电视中心在台湾街安装的2块共70平方米户外LED大屏幕开播。

5月7日　石景山区委常委、组织部长李文起，区委常委、宣传部长徐维功到区广播电视中心调研。

5月8日　顺义区广播电视中心联合北京电台在鲜花港万花馆广场举行“听北京广播，选名牌栏目”评选推荐活动。同时，顺义电台对鲜花港郁金香文化节进行现场直播，顺义电视台进行了现场录制。

5月19日　密云县代县长王海臣率队到县广电中心就如何加强环境整治、打击拆违、劳动与社会保障等重点工作进行专题调研。

5月22日　门头沟区广播电视中心举办业务培训班，邀请北京广播电视学会主管人员就新闻、专题评奖等进行讲座。

5月24日　怀柔电视台《文化怀柔》栏目全新改版，设立《文化全记录》、《百村史话》、《文化资讯》等三个板块，以宣传文化工作，展示地域文化特色。

5月25日　石景山区委常委、宣传部长王文光到区广播电视中心调研。

5月25日　房山区委常委、宣传部长赵佳琛到区广播电视中心参加“创先争优活动”动员会。

5月28日　丰台区广播电视中心与区委党校第26期中青班联手开展“握话筒展现丰台风采，提素养助推丰台崛起”主题实践活动。

5月至9月　朝阳区广播电视新闻中心与孙河地区合办《孙河家园报》，并与朝阳区城管大队合办《朝阳城管报》；6月与朝阳二院合办《朝阳二院报》；8月与区老干部局合办《朝阳老干部报》；9月与区教育局合办《朝阳教育报》。

6月

6月1日　昌平区广播电视中心所属永安电视大屏幕开始播出公共频道自办节目。

6月5日　丰台区广播电视中心《丰台新闻》开设“创先争优”专栏，重点报道全区各系统各单位的党建工作、基层党组织活动和优秀党员事迹等。

6月7日　怀柔电视台《宏怀法制时刻》、《周日特别报道》和《今日三农》三档专题栏目经改编制作后在怀柔电台主要时段播出，每周一期。

6月8日　顺义区广播电视中心推出的以聚焦政务环境建设为题的《科学发展 惠泽群众》系列报道开播。

6月10日　海淀区文委承办第七届海淀文化节《中国动画的下一个九十分钟——全球市场下中国动画的未来》论坛在北京电影学院举行。

6月24日　房山区文委联合公安、消防等部门举办安全生产处置突发事件综合应急演练。副区长卢国懿参加演练，区内电影放映等人员密集场所经营单位法人、负责人现场观摩。

6月29日　门头沟区代区长王洪钟到区广电中心调研，实地察看了机房、演播厅等场所，听取了广电、新闻中心工作汇报。

6月　大兴区广播电视中心记者黄河、刘聪聪采制的电视节目《“三转变”全面提升乡村旅游价值》，在第三届中国旅游电视艺术周荣获旅游报道好作品三等奖。

6月　顺义区广播电视中心全力以赴做好第十九届燕京啤酒节宣传播报工作，对开幕式、文艺晚会、啤酒文化广场、项目签约等全面跟进，得到区领导的高度认可。

7月

7月1日　大兴电台阳光调频广播FM986正式实现网络视频同步直播。

7月7日　平谷区广播电视中心与区气象局实现网络传输气象预报节目，结束了气象局用车送节目带的历史。

7月8日　石景山区广播电视中心根据区委、区政府对口支援工作的指示精神，派出专题报道组赴西藏堆龙德庆县拍摄援藏专题片。

7月13日　通州区新建广播电视发射塔竣工并投入使用。塔高148米，历时两年完成，为区委、区政府“为民办实事”工程。市广电局局长李春良、总工程师何桂芝，通州区委书记王云峰等领导为新塔正式投入使用剪彩。

7月16日　房山区广播电视中心举办“打造新型都市传媒　助推三化两区发展暨房山广电新传媒启动盛典”活动。市广电局总工程师何桂芝、房山区长祁红、区委副书记张祝华、区委常委宣传部长赵佳琛、副区长卢国懿等领导出席启动仪式。

7月19日　房山人民广播电台FM96.9开播。

7月20日　门头沟区人大主任李慷云到区广播电视中心调研。

7月29日　门头沟电视台创办一档时政性专题栏目《视点关注》，栏目宗旨是结合区中心工作进行政策解读，为群众释疑解惑，搭建政府与群众良性沟通的平台。

7月　石景山区广播电视中心推出“百姓心目中的好党员”系列报道——《创先争优展风采》。

7月　怀柔区广播电视中心媒资节点系统通过市广电局媒资系统验收，正式投入使用。此媒资节点内接怀柔电视台“制播存”一体网，外联北京电视台和其他各区县电视台。

7月　延庆县广播电视中心出台五项措施加强转播站管理：规范运行维护，严格竣工验收，恪守各项技术安全管理规定；组织有关专家对转播站运行情况进行普查，对发现的问题及时安排大修或整改；建立月检、季检、年检制度，实行每日巡查，严格巡查检修；加强转播技术基础知识培训；定期开展经验交流，改进工作。

7月　大兴广电中心赵长军获中国广播电视协会“十佳百优理论人才”荣誉称号。

8月

8月1日至30日　怀柔区开展“夏日浓情、电影惠民”电影展映月活动，全区284家数字影厅和16支流动放映队共放映影片30余部。

8月2日　门头沟区广播电视中心对综合频道节目编排和播出时间进行调整：全天播出节目由原来的首播6小时增加到顺播18小时；开播时间由原来每日7:30改为每日6:10，关机时间为次日零时左右。

8月13日　延庆县广播电视中心召开民主评议政风行风座谈会，市广电局副局长王立平及延庆电台、电视台特邀监督员出席会议，中心主任孟昭旭及主要领导参加会议。

8月25日　怀柔区广播电视中心制作的电视宣传片《开放的怀柔欢迎您》播出，时长5分钟。

8月　昌平区广播电视中心荣获北京市安全生产月活动组委会颁发的“2010年北京市安全生产月活动优秀新闻报道奖”。

9月

9月7日　顺义电视台开办的法制专题栏目《是非方圆》开播。栏目旨在结合社会经济发展特点，以典型案例、动态消息、专题纪实、特别报道结合的形式，普及法律知识。

9月8日　通州区广播电视中心节目制作中心建成并投入使用。制作中心经过半年的紧张施工，通过验收测试，信号质量和各项技术指标符合国家甲级标准。

9月24日　平谷区广播电视中心牵头制作的《全民创卫谱新篇 京东绿谷展新颜——平谷区创建国家卫生区纪实》完成。

9月25日　丰台区委常委、宣传部长李明圣到区广播电视中心调研，对《丰台新闻》提出整改要求，暂停播出《百姓直通车》和《话说丰台》栏目，待重新策划后开播。

9月29日　房山区委常委、宣传部长赵佳琛，副区长卢国懿到区广播电视中心就国庆期间宣传和安全播出情况进行检查。

9月　顺义区广播电视中心圆满完成“北京顺义第七届农业博览会暨第五届旅游文化节开幕式”的策划、组织、协调、录制及播出工作，得到了市、区领导的一致好评。

10月

10月12日　延庆县广播电视中心完成新旧光传输设备切换，新的前端播出系统正式启用。

10月17日　海淀区新闻中心首次组成的现场直播团队对全区首届职工运动会进行实况转播，并取得成功。

10月29日　丰台区常务副区长冀岩到区广播电视中心做人口普查电视动员讲话。

10月29日　通州区政协文体委委员到区广播电视中心调研。委员们先后参观了新改造的播出机房、试运行的制播存管平台以及新建的广播电视发射塔。

10月30日　通州电视台首次承办的“做文明有礼的北京人，通州区巩固创建成果、建设现代化国际新城”主题知识竞赛活动取得成功。

10月　怀柔区广播电视中心系列报道“与共和国同行——怀柔60年60事”荣获第十九届“北京新闻奖”二等奖。

10月　密云县文委在实施“农村电影放映工程”中注重发挥党员志愿服务队伍作用，义务为各数字影厅维修放映设备137次。

11月

11月2日　石景山区广播电视中心举办《和谐家园》故事会，区委书记荣华等领导参加。

11月5日　丰台区委召开专题会议，听取区广播电视中心关于《丰台有线电视新闻节目现状分析及整改方案》的汇报。

11月5日　石景山区广播电视中心首次承接大型文艺活动——《实业公司五周年庆典》取得成功。

11月8日　丰台区广播电视中心《丰台新闻》推出《回顾“十一五”展望“十二五”》专题栏目。

11月8日　通州区广播电视中心改造的方正“无忧”数字播控系统正式启用。该系统由主备数据库、二级存储服务器和盘阵、迁移服务器、主备视频服务器、32路矩阵、三台播出工作站等设备构成。

11月8日　第十一届中国记者节到来之际，房山区委常委、区委宣传部长赵佳琛，副区长卢国懿到区广电中心慰问。

11月8日　延庆县广播电视中心以“今年我最棒”为主题欢庆第十一届记者节。县委常委、宣传部部长盛桂荣，县新闻中心、县交通局、县公安局等联办栏目单位领导出席。

11月19日　北京市14区县广电主任联谊会在石景山区广播电视中心举行。会议就如何推出新的合作模式和促进事业发展等进行交流、研讨。区委常委、宣传部部长王文光出席会议。

11月22日　通州区广播电视中心召开“记者站规范化建设暨培训工作会”，为31个记者站颁牌，并颁发话筒台标。

11月29日　丰台区委常委、宣传部长李明圣到区广播电视中心指导工作，对新闻改版及专题片方案提出意见。

11月　平谷区广播电视中心为庆祝平谷区人大常委会成立30周年制作的电视记录片——《不负人民重托》播出，片长42分钟。

12月

12月14日　延庆县广播电视中心媒资管理站正式挂牌。该站建成后可与北京电视台和其他区县电视台进行音像资料交换，实现视频资料的资源共享。

12月16日　延庆县委常委、副县长甘靖中到县广播电视中心检查廉政风险防范管理工作。

12月24日　中央电视台《新闻联播》以《北京聚焦效应打造文化创意产业高地》为题，对石景山区文化创意产业发展进行报道。

12月31日　通州区区长岳鹏，区委常委、宣传部部长张秀余，副区长刘淑华等领导到区广播电视中心对干部职工进行慰问。

12月　平谷区广播电视中心为区人大、政府、政协制作的电视专题片《执政为民》、《情系民生》和《连心桥》完成。

索 引

2011/《北京广播影视年鉴》

——记录行业情况　服务业内和社会——

索　引
INDEX

汉语拼音索引

A

B

Y

Z

数字索引